KB236385

파워 실전 바둑

⑤ 파워 속력 행마

– 판을 구상하고 대세를 주도하는
균형감각 키우기

머리말

　　바둑의 승패는 궁극적으로 집의 많고 적음에 의해 결정되지만 그 과정을 하나하나 살펴보면 행마의 연속입니다. 바둑의 본질은 일련의 맥(급소)을 따라 움직이는 행마라 해도 과언이 아닙니다. 한칸, 날일자, 마늘모 등의 평범한 기본행마에 계획과 목표가 생기면, 두는 수마다 힘이 실리고 속도가 붙게 됩니다. 파워 실전 바둑 5권의 제목인 '파워 속력 행마'는 '대세를 주도적으로 이끌어가는 행마'의 강한 표현으로 발 빠른 행마, 나아가 인터넷 시대에 맞는 바둑의 이상형을 나타내는 말로 이해해도 되겠습니다.

　　포석의 중요한 고비나 중반의 문턱에서 어떻게 둘 것인지는 거의 감각에 의지하며, 전투가 벌어져서야 수읽기라는 힘이 작용하게 됩니다. 보통 발이 느리다, 빠르다 또는 두텁다, 엷다 하는 문제는 방향과 대세를 보는 감각과 가까이 맞닿아 있으며, 그런 감각에 바탕을 둔 구상력으로 우리는 몇 수 앞까지 행마의 길을 머릿속에 그리게 됩니다.

　　그러나 구슬이 서 말이라도 꿰어야 보배입니다. 바둑이 늘려면 좋은 책과 스승도 중요하지만 실전에서 경험을 쌓는 것이 무엇보다 필요합니다. 물론 행마에 대한 이론을 무시할 수는 없습니다. 바둑은 단순 명쾌하지 않으며, 다소 복잡하고 어려울지도 모르는 실전적 이론을 포함하고 있습니다. 아무렇게나 두는 실전 경험은 그 효과가 미미할 뿐입니다.

　　바둑에서 '실전 지상주의'로 흐르기 쉬운 대표적인 분야가 바로 초반입니다. 그러므로 50수 안팎의 초반에 판을 제대로 보고 읽는 적절한 이론을 겸비한다면 실전이 훨씬 유익하고 재미있을 것입니다.

　　이 책은 그 같은 관점에서 이론과 실전을 겸비한 초반 행마의 전략적 사고와 운영방법을 주로 다루며, 내용의 범위는 초반 정석과 포석을 중심으로 중반 전투까지라고 말할 수 있습니다. 속력 행마라 하여 '나비처럼 날아서 벌처럼 쏘는' 것처럼 신출귀몰한 이미지를 떠올릴 필요는 없습니다. 바둑은 한 수 한 수 교대로 두는 게임이므로 말의 경주처럼 매번 쉽게 치고 달리는 식의 일방적인 리드는 있을 수 없습니다. 속력 행마는 특별한 것이 아니라 세력과 실리, 두터움과 엷음, 돌의 무거움과 가벼움, 돌의 모양 등 바둑의 일반적 속성을 토대로 합니다. 다만 거기에 한 발 더 나아가 행마의 능동적 구상을 강조합니다. 그런 뜻에서 '방향을 읽고 대세에 뒤지지 않는 균형감각을 토대로 초반의 주도권을 잡는 전략'이라고 하면 가장 충실한 정의가 될 수 있겠습니다.

이 책은 다음과 같이 구성했습니다.

1부 '이론 행마편'에서는 행마의 기본부터 실전적 행마 이론까지를 체계적으로 다뤘습니다. 세부 이론을 토대로 바둑에서 중요한 방향감각과 대세감각을 키우는 것을 목표로 삼고, 포석에서 필요한 벌림, 다가섬, 갈라침, 집의 구축 등과 초중반에 필요한 침입, 삭감, 공격 등을 담았습니다.

2부 '실전 행마편'은 앞에서 익힌 이론을 토대로 실전에서는 어떻게 구체화시키는지에 초점을 맞췄습니다. 1부가 이론편이라 할지라도 실전적 흐름으로 되어 있어 여기서 다루는 실전 행마의 테마를 배우는 데 간극이 없이 자연스러울 것입니다. 여기에는 초반을 능동적으로 이끌어가는 전략을 기본 주제로 다뤘고, 프로의 실전에서는 이것이 어떻게 구체화되는지 감상할 수 있습니다.

아무쪼록 이 책을 통해 주변 애기가로부터 "초반의 구상력이 좋아지고, 행마에 힘의 리듬과 생동감이 실렸다."는 애기를 듣는다면 바랄 바가 없겠지요.

4　포석의 기본감각

2·· 실전 행마편

1 초반을 주도하는 전략

2 실전 속력 행마(포석에서 행마법)

이론 행마편

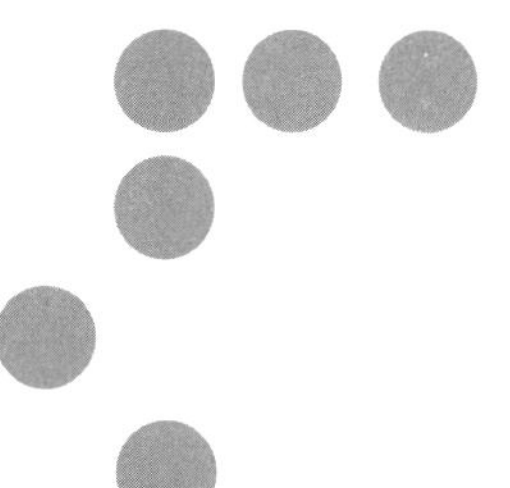

1장

행마의 기초

한판의 바둑은 두는 수마다 행마의 연속이다. 한칸 뜀, 날일자, 마늘모… 마치 장기를 둘 때 차(車)나 마(馬) 등을 움직이는 것과 마찬가지로 상대의 동태를 살펴 그때마다 올바른 행마를 통해 정확한 맥과 급소를 구사할 수 있어야 한다.

그러나 바둑과 장기는 행마를 운용함에 있어서 근본적인 차이를 나타낸다. 장기는 행마의 쓰임새가 정해진 기물을 움직이는 것이므로 보다 가시적이고 수읽기나 추리의 폭도 제한된다. 이에 반해 바둑은 행마의 형태도 다양하며 무궁무진한 변화를 함축한다.

바둑을 잘 둔다는 것은 행마를 잘한다는 뜻과 통하며, 맥과 쓰임새를 자연스럽고도 정확하게 꿰뚫고 있다는 말도 된다. 기력향상을 위한 기초학습으로서 행마를 형태별로 분석하고 그 특성을 알아둘 필요가 거기에 있는 것이다.

바둑에 나타나는 모든 행마를 일일이 열거하는 데는 한계가 있으므로, 우선 포석단계에서 가장 보편적으로 쓰이는 형태들을 중심으로 간략하게 설명하기로 한다.

▨ 한칸 뜀

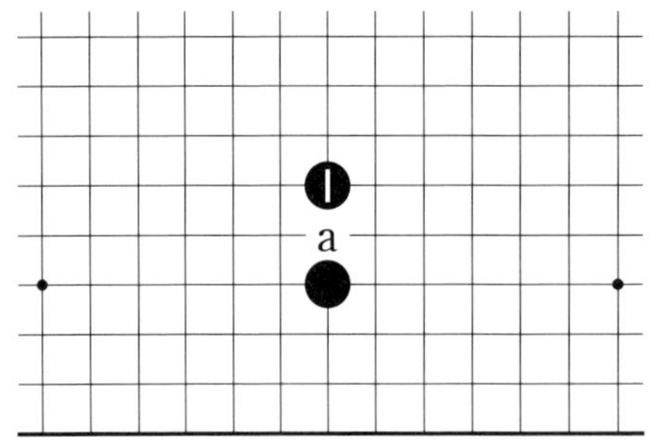

'돌의 연결 또는 발전'이란 측면에서 흑1의 한칸 뜀은 가장 기초가 되는 행마로 중앙으로 진출할 때 효율적이다. '한칸 뜀에 악수 없다'는 유명한 격언이다.

단, 주변에 상대의 돌이 접근하면 백a로 끼워 노골적으로 차단하는 수가 있다.

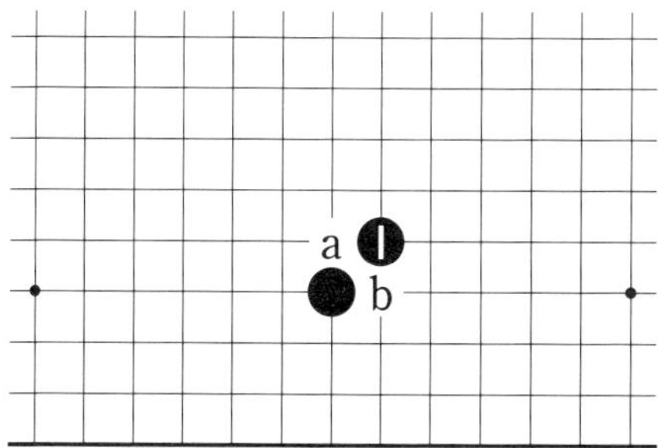

마늘모

흑1의 마늘모는 확실한 연결이 보장된다. 바둑은 상호 착수의 원리에 따르므로 그림에서 보듯 백a면 흑b, 백b면 흑a.

포석단계에서는 국면의 균형을 취할 때 많이 쓰인다.

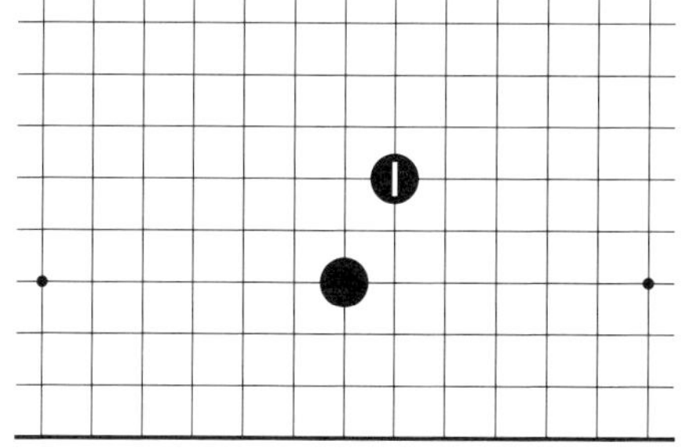

날일자

날일자는 돌의 연결과 발전을 추구하는 면에서 한칸 뜀과 유사한 성질을 갖고 있다.

변에서 가볍게 진출하거나 집을 둘러 쌀 때 애용되며, 중반 행마로서는 '공격은 날일자'라는 격언이 유명하다.

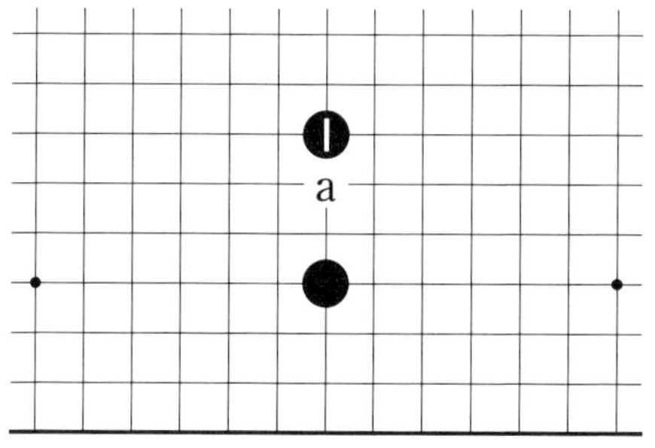

두칸 뜀

흑1의 두칸 뜀은 무엇보다 경쾌한 것이 특징이다. 다만 a의 한칸보다 한줄 더 가는 만큼 무엇보다 연결이 불확실하다.

중앙 쪽으로 경쾌하게 모양을 펼 경우 흔히 쓰이며, 변에서 벌릴 경우 1립2전의 원칙에 따라 두칸이 기본으로 되어 있다.

눈목자

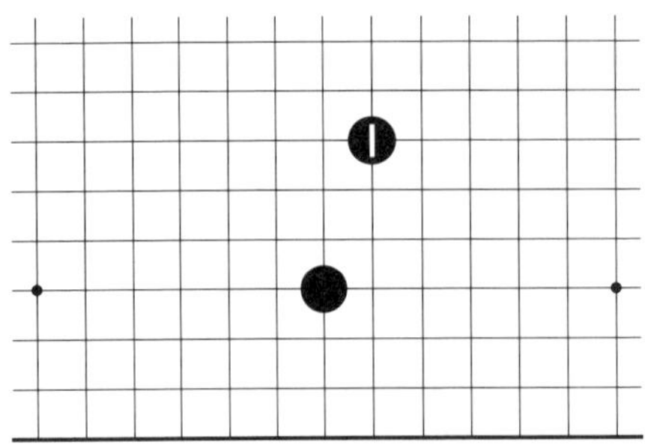

흑1의 눈목자는 날일자보다 한줄 더 간 형태로, 연결보다는 발전을 추구하는 행마라고 할 수 있다.

변에서 가볍게 벌리거나 중앙으로 모양을 펴고자 할 때 많이 쓰인다.

세칸 뜀

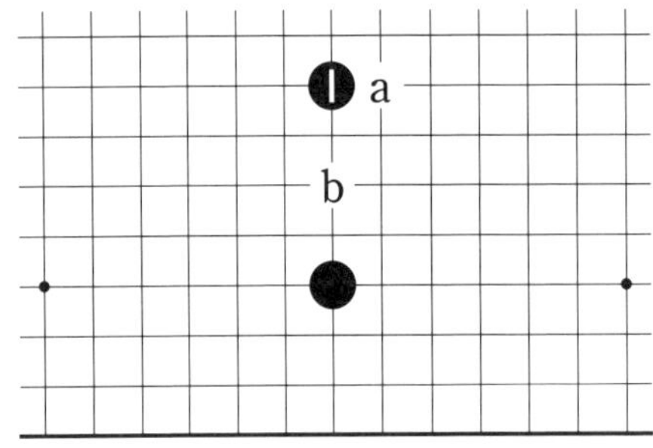

한줄 옆 a의 곳과 함께 돌의 발전에 중점을 둔 행마이다. 상대가 b의 곳에 뛰어들면 분단을 면치 못한다.

a의 곳에 흑돌이 추가될 경우 변에서는 2립3전의 원칙을 준용한다.

늘어섬

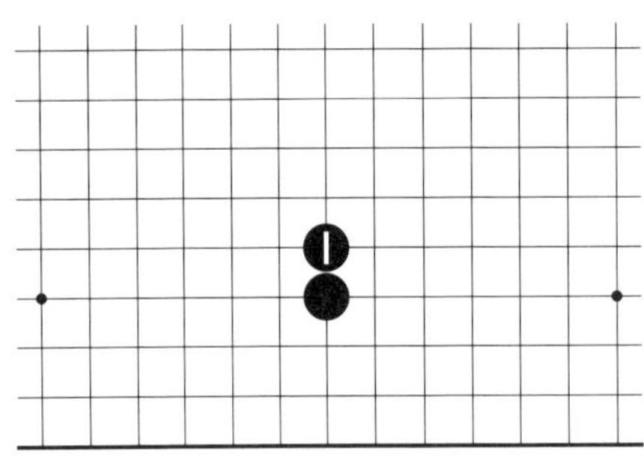

흑1은 기착점과 그 자체로 한 몸이 되므로 가장 확실한 연결법이라 할 수 있다. 물론 돌의 발전성에서 보면 가장 떨어지는데, 안전과 효율은 반비례의 관계에 놓여 있음을 알 수 있다.

포석단계라면 귀나 변에서 완전한 방어 수법으로 잘 쓰이는데, 이를 특히 '쌍점'이라고도 부른다.

▨ 젖힘

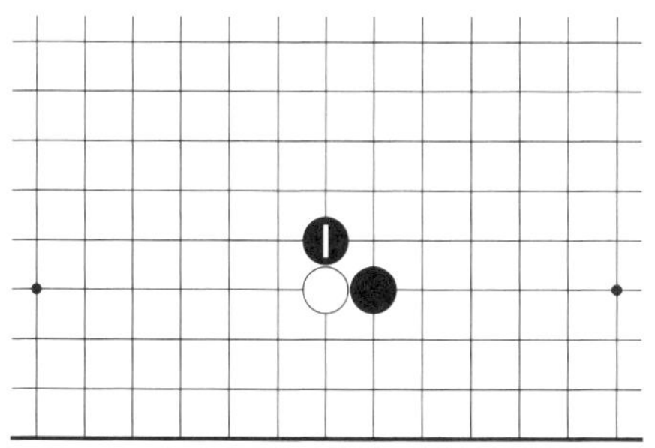

‘붙이면 젖혀라’는 격언은 유명하며 돌과 돌이 부딪치는 접근전에서 많이 나타난다. 상대가 붙여오면 가만히 늘어야 할 경우가 있지만, 대개는 흑1처럼 젖히는 게 기리에 충실한 뜻이 있는 만큼 이를 잘 구별해서 써야 한다.

▨ 붙임

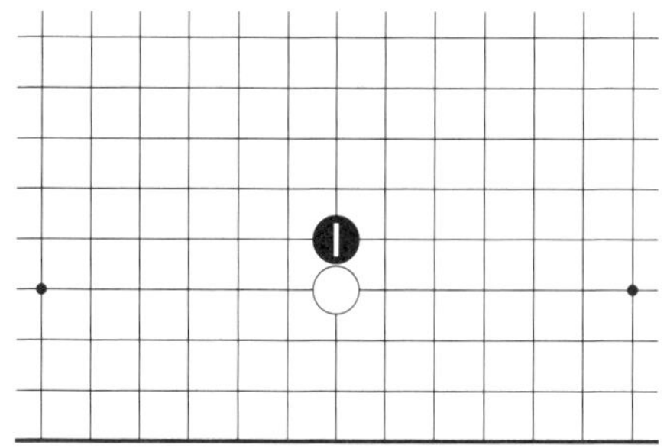

붙임은 말 그대로 상대의 돌 옆구리나 등에 직접 닿게 하는 행마를 말한다. 상대의 약한 말에 붙이는 것은 기리에 어긋나며, 거꾸로 자신의 약한 말을 수습하거나 타개하고자 할 때는 붙여가는 것이 요령이다. ‘타개는 붙임으로부터’라는 격언은 유명하다.

▨ 끊음

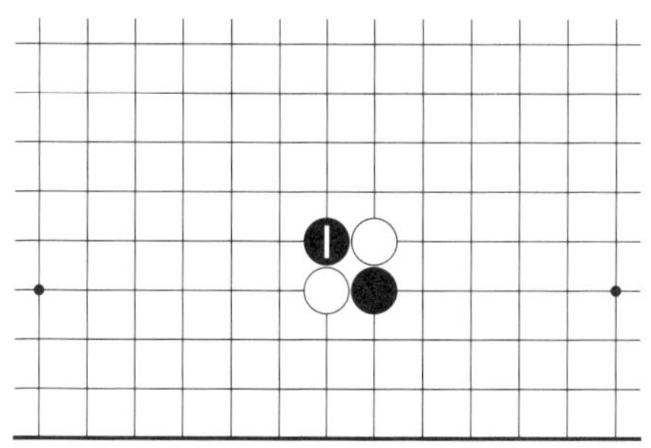

흑1처럼 상대의 돌과 돌 사이에 두어 분단하는 모양을 말한다. 기자절야(棋者切也) 즉 ‘바둑은 끊는 것이다’는 말이 있는데, 이는 중반 싸움에서 상대를 공격하거나 자신의 돌을 타개하고자 할 때 반드시 끊어야 함을 강조한 격언이다.

붙이면 젖히고 거기서 끊는 경우를 ‘맞끊다’라고 한다.

행마의 쓰임새에 따른 여러 가지 유형

🄻 벌림과 다가섬

바둑은 집을 많이 차지한 사람이 이기는 게임이므로 자신의 돌로부터 나가거나 상대의 진영에 다가서는 수법은 행마의 기본을 이룬다고 할 수 있다. 귀에서는 정석의 분야가 있어서 흑과 백이 일정한 틀을 따라 지켜야 할 행마가 있듯이 변에서도 나름대로의 원칙을 지켜야 한다. 물론 그것들이 절대적인 사항은 아니고 주변 세력의 배치나 전체의 포석과 긴밀한 연관 속에서 행해진다.

같은 집을 에워쌀 때도 1립2전이나 2립3전의 원칙을 따르되, 평면적인 것보다는 고저의 밸런스를 중시하는 눈이 필요하다.

그리고 상대의 진영에 다가설 때도 '강한 세력에 가까이 가지 마라'고 하는 격언을 항상 유념해야 한다. '위기십결'에도 '세고취화(勢孤取和: 자신의 세력이 약할 때는 화평을 취하라)'라는 항목이 있지 않은가.

'벌림과 다가섬'은 가장 기본적이고 중요한 사항이므로 특별히 상세히 다루기로 한다.

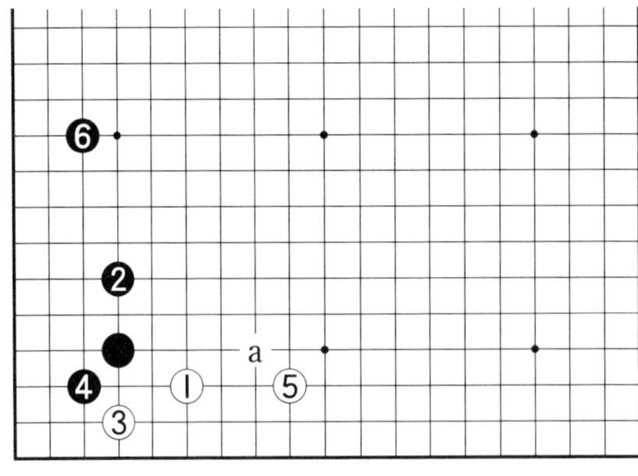

1도

1도 (정석에서)

백1부터 흑6까지 현대의 대표적인 정석이다.

여기서는 백5의 행마가 초점. 변에서 단독으로 벌릴 경우에는 이 두칸이 기본이다. 백5로는 a로 높이 가는 것도 있다.

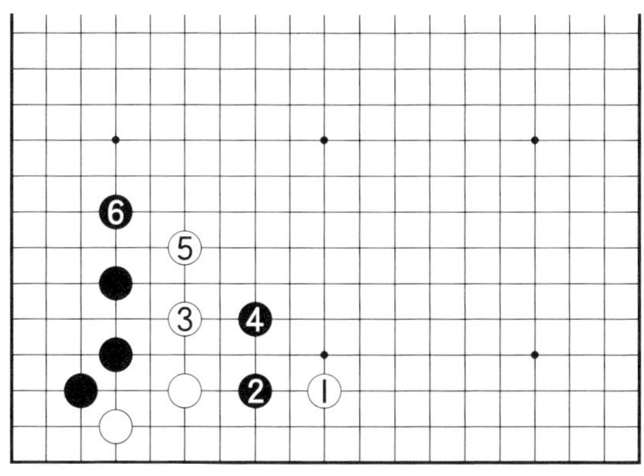

2도

2도 (과속)

백1로 세칸을 벌리는 것은 속도가 지나치다. 흑2로 당장 뛰어 들어오는 약점이 그것으로 이하 흑6까지, 백은 근거를 잃은 채 공배를 달리는 모습이며 좌변은 좌변대로 흑에게 집을 허용한다.

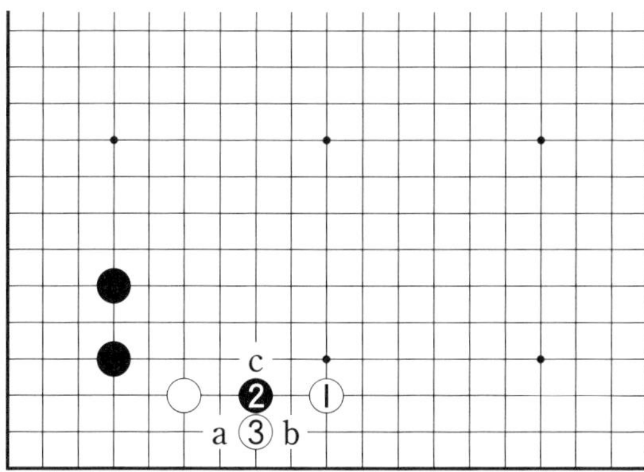

3도

3도 (그냥 벌린다)

백이 세칸을 벌리고 싶다면 처음부터 백1로 두는 게 낫다. 흑2에는 백3으로 아래에 붙여 다음 흑a든 b든 한쪽을 맞끊어 어떤 식으로든 수습할 수 있다. 백이 3 다음 이곳을 보강한다면 c의 위붙임이 보통.

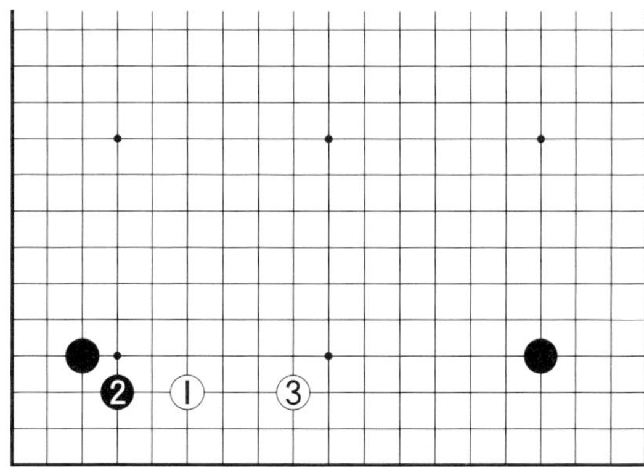

4도

4도 (백3의 두칸이 상식)

흑의 소목에 백1로 걸치고 흑2의 마늘모로 지키면 백3의 두칸 벌림으로 안정하는 것이 상식이다.

흑에게 귀의 집을 10집 정도 확정시켜 주었지만, 주변과의 균형을 고려해 차분한 바둑으로 이끌자는 취향이다.

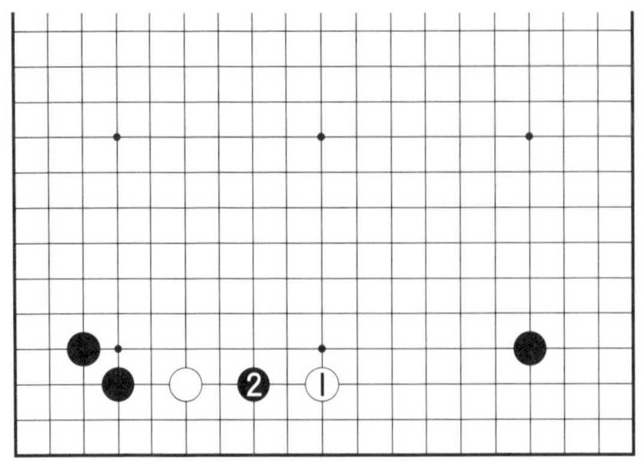

5도

5도 (무리한 벌림)

백1로 세 칸 벌리는 것은 한마디로 무리한 행마이다. 변 쪽으로 스피드를 내고 있지만 보폭이 지나쳐 당장 흑2로 뛰어들면 마땅한 수습책이 없다. 3도와는 달리 흑의 귀는 강한 굳힘인 데 주목하자.

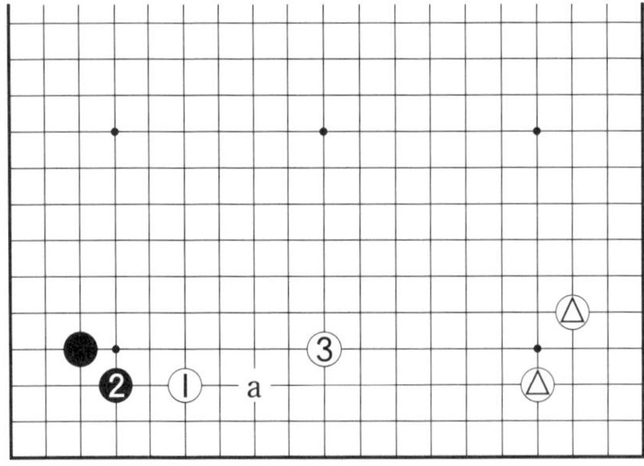

6도

6도 (주변 배석에 따라)

일례로, 반대편에 백△의 굳힘이 대기하고 있는 경우이다. 이때는 백3의 세 칸 벌림을 감각적으로 두고 싶다. 흑a의 침입이 남지만 그쯤은 무시하고 오른쪽의 세력을 확장하는 데 주력한다.

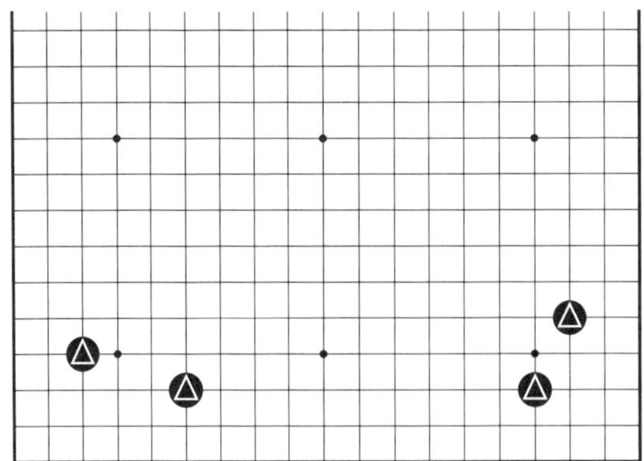

7도

7도 (갈라침의 위치는?)

좌우의 귀에 흑△의 굳힘(세력)이 있다고 가정하자. 이때는 당연히 흑의 세력을 분산시키는 것이 중요한데, 그 착점의 위치를 맞춰보기 바란다.

　갈라치기와 벌림을 연관시키는 문제이다.

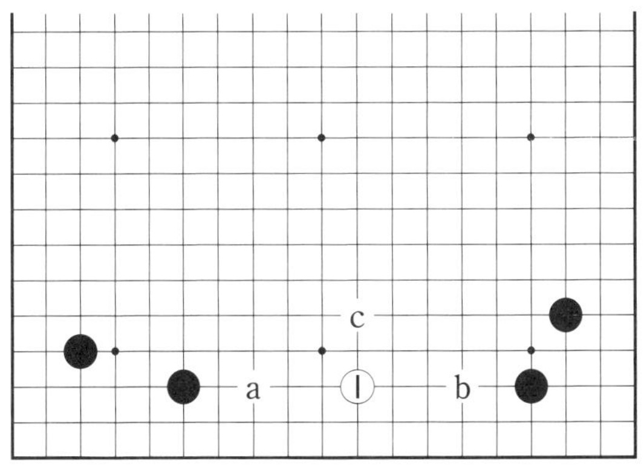

8도

8도 (벌림을 염두에 둔다)

백1로 갈라침이 적정선. 다음 흑이 어느 쪽으로 다가서더라도 백a와 b의 두 칸 벌림으로 안정하는 수가 맞보기이다. 흑의 주변 세력이 이보다 더 강할 때는 흑의 다가섬에 백c로 한 칸 뛰는 행마도 가능하다.

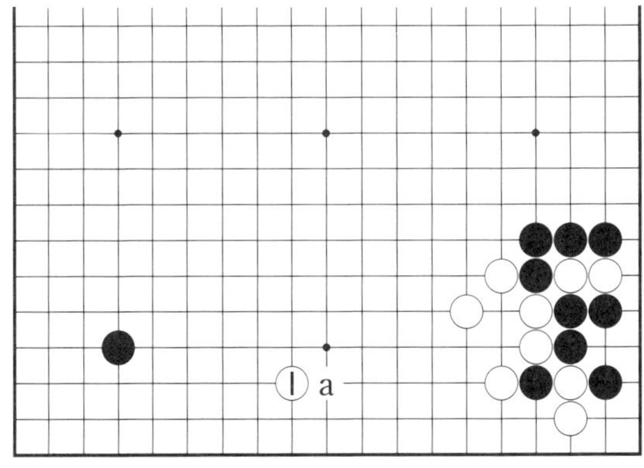

9도

9도 (뒤가 없다)

백1로 갈라치는 것은 무계획한 행동. 흑2로 다가설 경우 백3의 한칸으로 벌릴 여유밖에 없다.

이것은 공간이 좁은 만큼 당연히 불안정한 모양으로 백이 곤란을 자초하고 있다.

10도 (한껏 벌린다)

우하 쪽에 강력한 두터움이 있는 국면. 그냥 벌린다면 백1까지라야 세력이 제대로 살아난다. 투자한 돌의 가지만큼 한껏 벌린다는 생각이 중요하다. 한 줄 좁은 a는 돌이 다소 중복된 느낌. 그러나…

10도

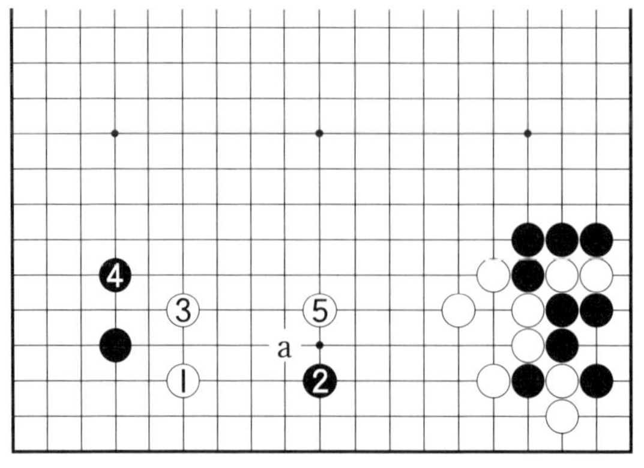

11도

11도 (적극적인 사고)

단순히 벌린다는 사고를 좀 더 발전시키면 백1로 걸쳐 흑의 응수를 묻는 것이 유력히다.

흑2로 뛰어든다면 백3에서 5로 씌우는 작전이 그럴 듯하다. 물론 흑2로 4면 백a로 벌려 만족한다.

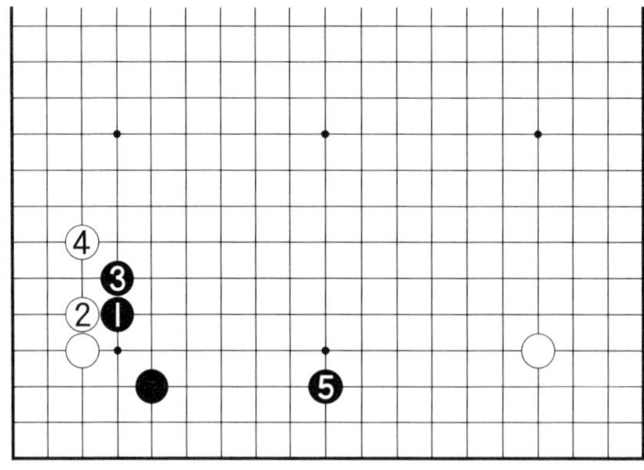

12도

12도 (세력 확장)

국면을 바꿔 흑1, 3으로 눌러가고 5로 크게 벌리는 데까지는 하나의 정석이다. 백에게 미리 실리를 내주었으므로 그것을 보상받는다는 생각으로 흑5로 한껏 전개하는 사고가 중요하다.

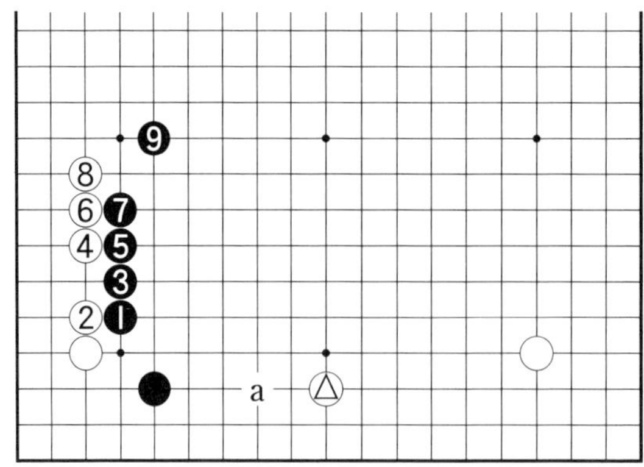

13도

13도 (허장성세)

백△로 전개한 곳에서 흑1, 3으로 씌우는 것은 엉터리 수이다. 백에게 실리를 허용하면서 흑9까지 쌓은 벽이 효과적이지 못하다. 흑1로는 a의 벌림 또는 4나 5의 곳에서 협공하는 수를 모색할 일이다.

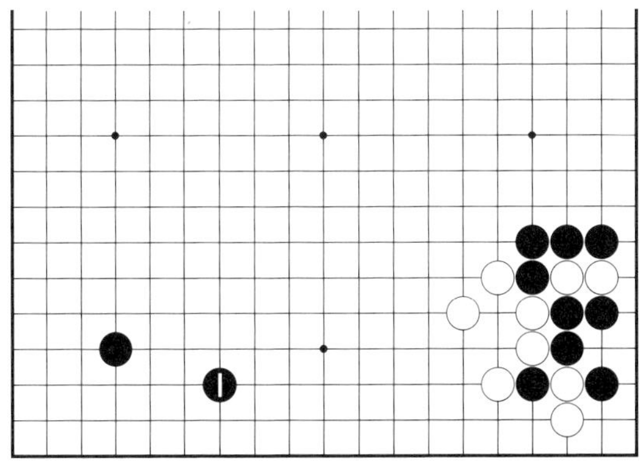

14도

14도 (밸런스가 좋다)

다시 10도의 장면. 흑이 먼저 둔다면 1의 눈목자 굳힘이 밸런스가 좋은 감각이다. '두터움에 가까이 가지 마라'는 격언대로 멀리 보이는 백의 강성한 세력을 경계하며 자중하는 태도가 마땅하다.

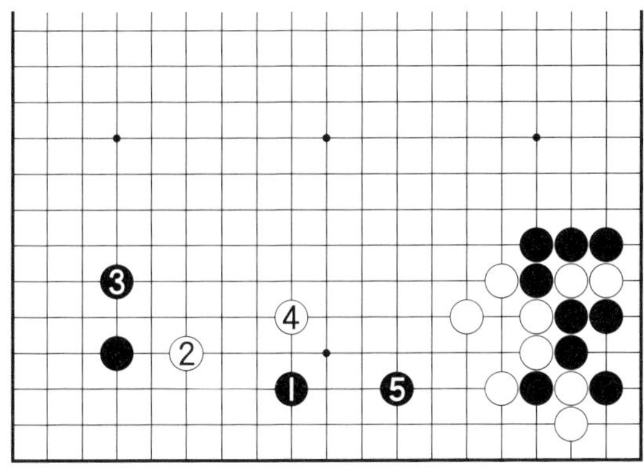

15도

15도 (사서 고생하는 꼴)

흑1은 속도가 지나치다. 당연히 백2로 뛰어들고 흑3에 백4의 모자 공격이다.

흑5부터 강력한 세력에 달려들며 삶을 꾀하는 광경인데, 두터움에 가까이 간 죄로 인해 혹독한 시련이 예상된다.

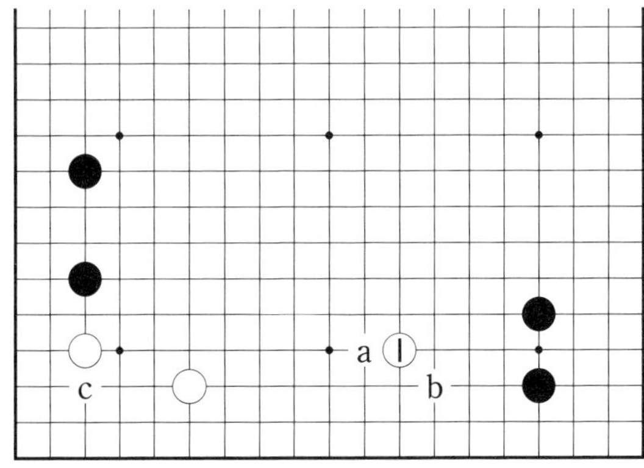

16도

16도 (다가섬을 견제)

우하 흑의 굳힘을 견제해 한껏 전개한 백1에 주목한다. 이 수 대신 백a면 흑b로 다가서는 수가 남으며, 흑c의 붙임 등 좌하 방면은 어차피 모두 집이 되기는 힘들다.

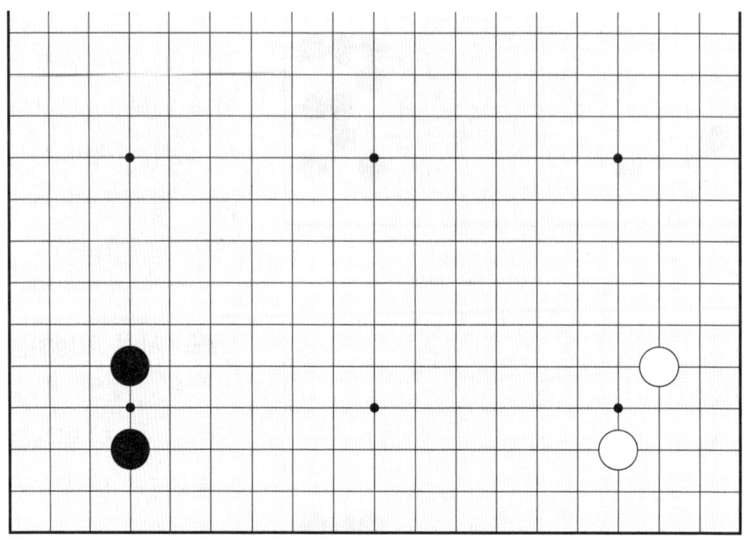

▨ 큰 자리 감각

좌하에 한칸굳힘이 있고 맞은편에 백의 날일자굳힘이 있다. 자, 이와 같은 국면에서는 어떤 식으로 전개하는 게 좋은지 생각해 보자.

원포인트 ☞ 상식

흑1의 화점 아래가 큰 곳. 탐험가가 미개척지에 깃발을 내리듯 단순히 크게 벌려가는 감각으로, 굳힘이 마주하고 있는 곳의 가운데를 선점하는 것은 무엇보다 큰 자리다. 물론 백의 입장에서 먼저 두어도 이곳이 필쟁점.

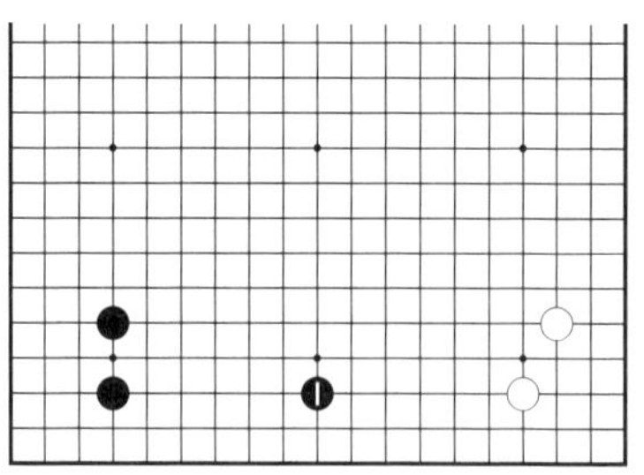

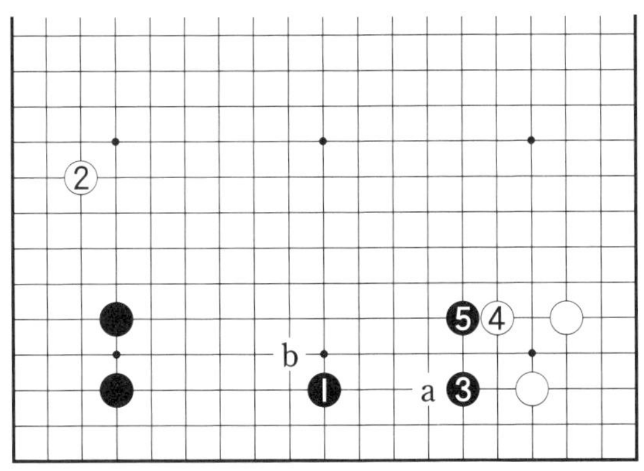

1도

1도 (변화)

흑1까지 벌리면 백은 2 정도로 손을 돌리는 것이 보통이다. 계속해서 흑3으로 벌리고 백4에 흑5로 붙여 나가는 싸움은 하나의 변화이다. 흑3으로 a면 침착하나 대신 백b의 삭감이 눈에 보이는 급소가 된다.

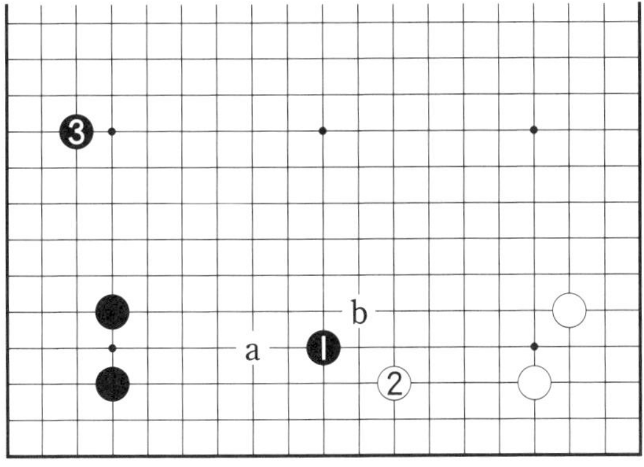

2도

2도 (기략의 한수)

흑1로 높이 가는 것도 생각할 수 있는데, 뭔가 기략을 품은 수이다.

백2로 다가서면 흑3으로 양날개를 펴 좌하의 세력이 그럴 듯해진다. 이후 백a로 뛰어든다면 흑b의 마늘모로 두어 싸움이다.

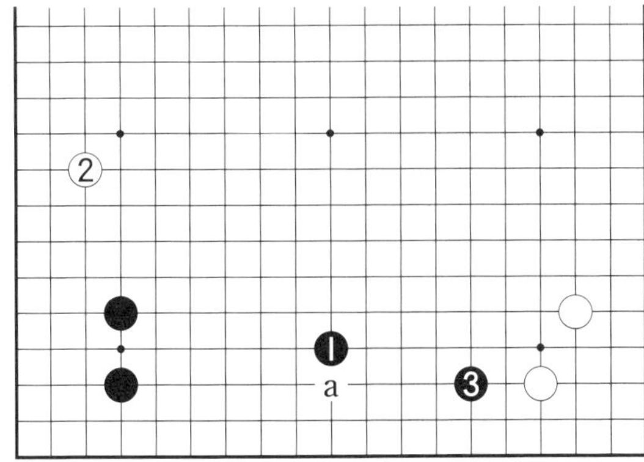

3도

3도 (규모를 크게)

흑1로 화점을 차지한 수에 대해 백2로 향한다면 흑3으로 한번 더 다가선다.

흑1이 a지점에 있는 것보다 고저의 밸런스가 좋으며 하변 일대의 흑 세력이 웅장하다.

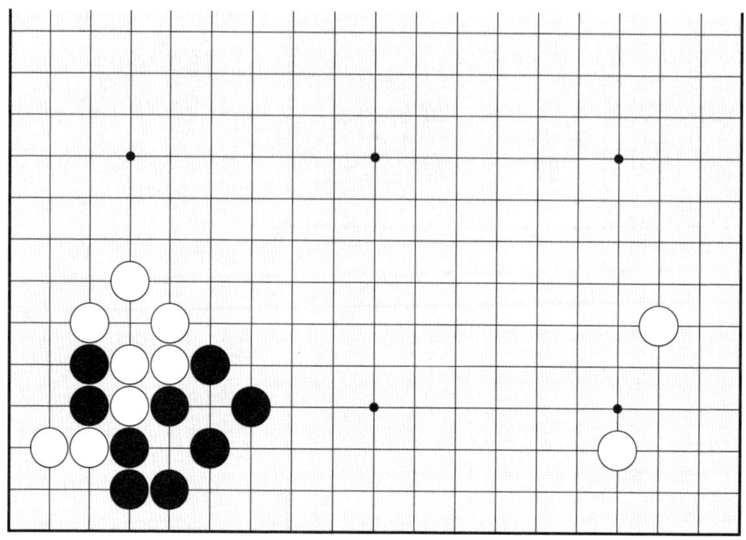

▨ 벌림의 적정선

좌하에서 '작은 밀어붙이기 정석'이 막 끝난 시점이다. 반대쪽에는 백의 눈목자굳힘이 마주하고 있다.

흑은 하변을 어떤 식으로 전개할지, 강대한 세력을 활용하는 적정선의 문제이다.

원포인트 ☞ 네칸 벌림에 대해

세력과 벌림의 관계를 상식적으로 잘 알고 있다면 흑1까지 벌리는 것이 한도일 것이다. 그러나 이 형태는 백2로 다 가서는 것이 귀를 보강하는 절호점. 좁지만 요점이 되고 있다. 흑은 좌변에서도 실리를 크게 허용하고 있어 왠지 미약한 느낌을 지울 수 없다.

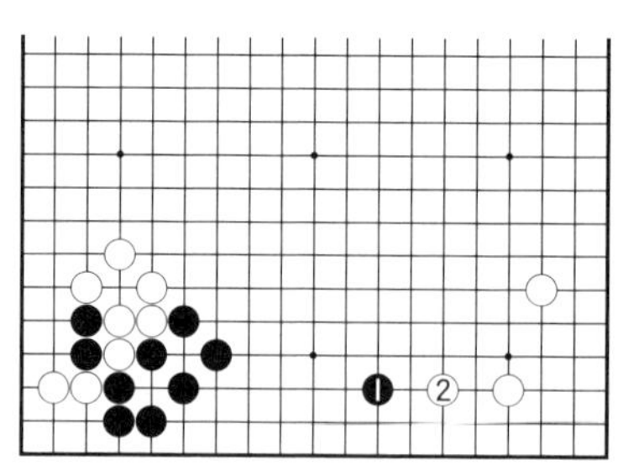

1도 (바짝 다가섬)

흑1로 바짝 다가서는 것이 좌하의 막강한 세력을 온전하게 활용하는 길이다. 백2라면 흑3의 날일자로 지키는 리듬을 얻는다. 이 흑의 세력은 규모에 있어 백의 양쪽 실리에 충분히 대항하고 있는 모습이다.

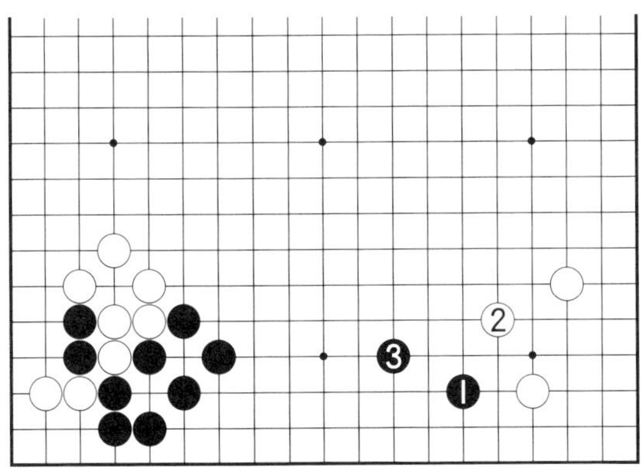

1도

2도 (싸움)

흑1의 다가섬에 대해 백2로 협공해 흑의 세력화를 방해하러 나오면 흑3으로 뛰어나와 9까지 공격하는 진행이다.

　좌하의 두터움을 크게 작용시키며 싸운다.

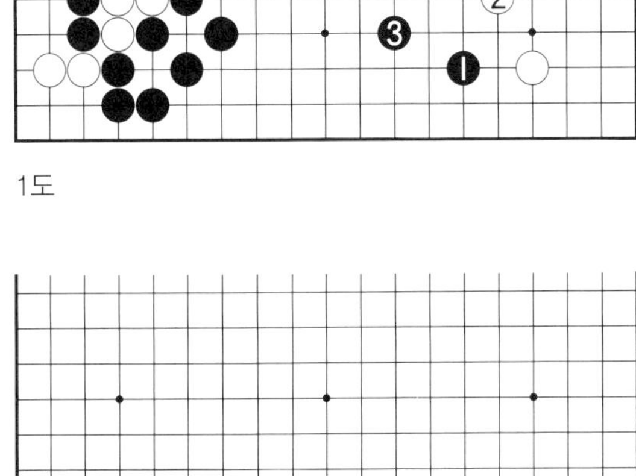

2도

3도 (귀를 부순다)

2도의 3으로 이 그림 흑1로 붙여 귀를 부수러 가는 수단도 있다. 백2로 서면 보통이고 흑3, 5로 젖혀이은 후 7로 달린다.

　다음 백은 8로 누르고 흑9 때 백10으로 젖혀두는 데까지 일단락이다.

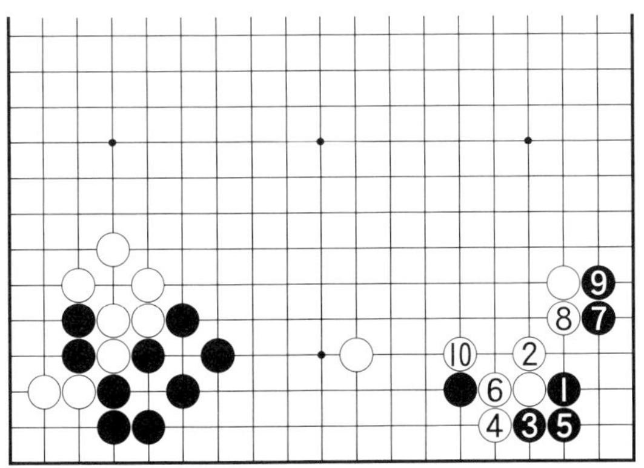

3도

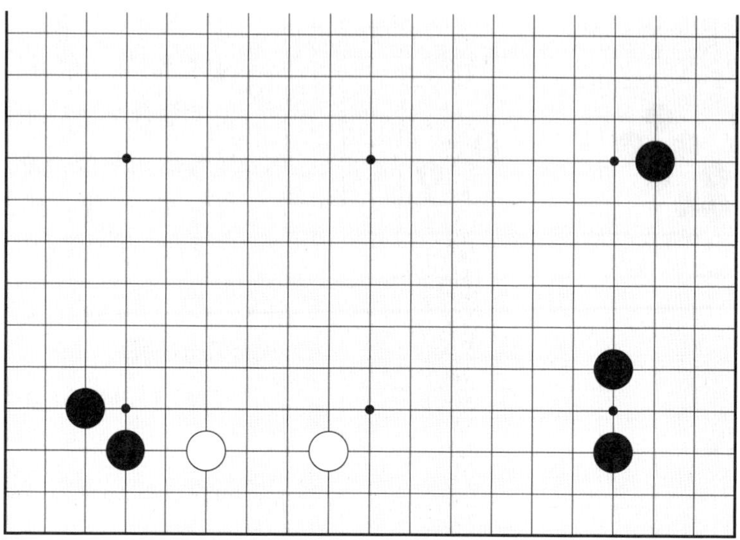

▨ 균형 감각

　백이 하변을 어떻게 전개할 것인지 우변의 흑 세력을
의식해 벌림의 형태를 결정하고 싶은데, 역시 중요한 것은
밸런스 좋은 행마 감각이다.

원포인트 ☞ 붙여늘기에 대해

백1로 흑의 한칸굳힘의 옆구리에 붙여
가는 수는 맥이지만, 우변에 흑▲가 대
기하고 있어 집이 크게 확정된다.

　반면에 백은 하변에서 세력을 선수
로 쌓았다고는 하지만 흑a, b 등 삭감
의 여지가 많다. 결국 백1은 악수라고
단정하고 싶다.

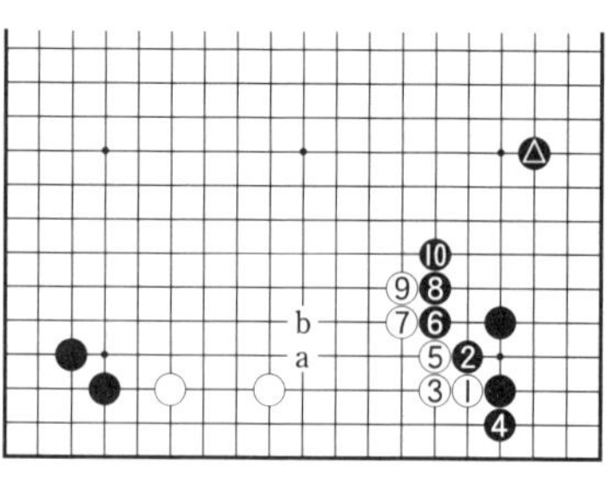

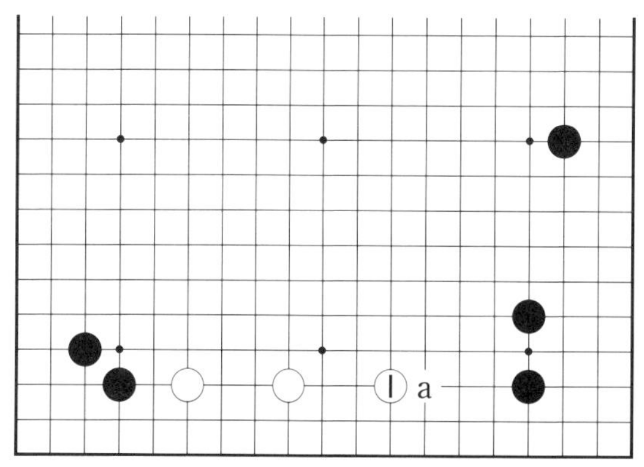

1도

1도 (저위)

백1은 변의 진영을 확장하는 지극히 상식적인 벌림이다. 그러나 너무 저위로 흘러 발전성 면도 그렇고 우하 흑 세력으로의 영향이 미미하다. 물론 백1로 a의 세칸은 1립2전 원칙에 어긋난 수이다.

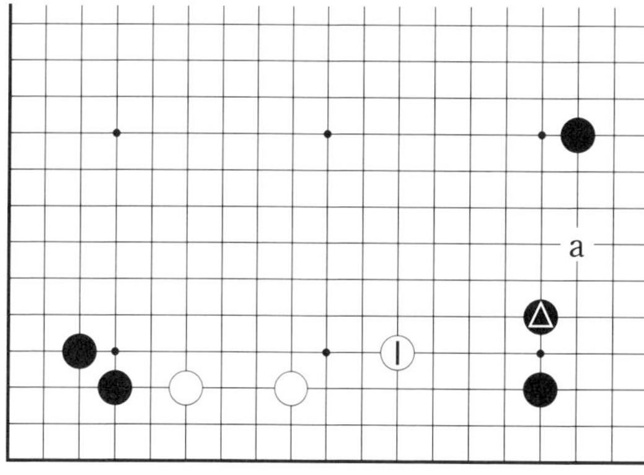

2도

2도 (높은 두칸이 모양)

우하의 흑이 ▲의 높은 굳힘이므로 백은 이것과 밸런스를 맞추는 행마가 필요하다.

백1의 높은 두칸이 정답. 나아가 장차 a로 뛰어들 경우 백1이 원군으로 작용할 것이다.

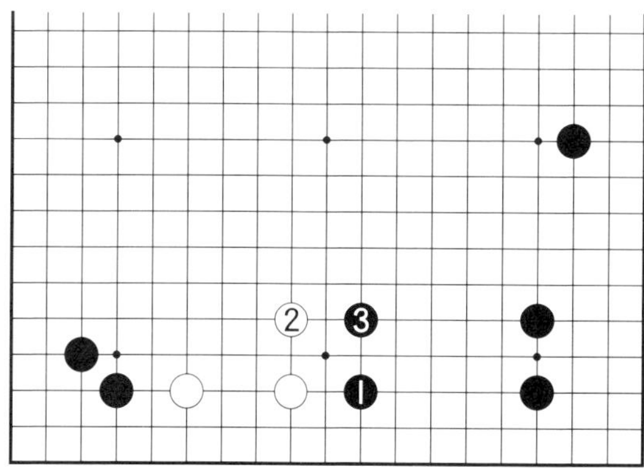

3도

3도 (흑이 먼저 두면)

흑이 먼저 두면 1의 다가섬이 제일감의 자리다. 백은 2로 뛰지 않을 수 없고 흑3으로 같이 뛰게 되면 우하 일대의 흑 세력이 크게 부풀어 오른다.

역시 앞 그림 백1은 안정과 삭감을 겸한 일석이조의 수였다.

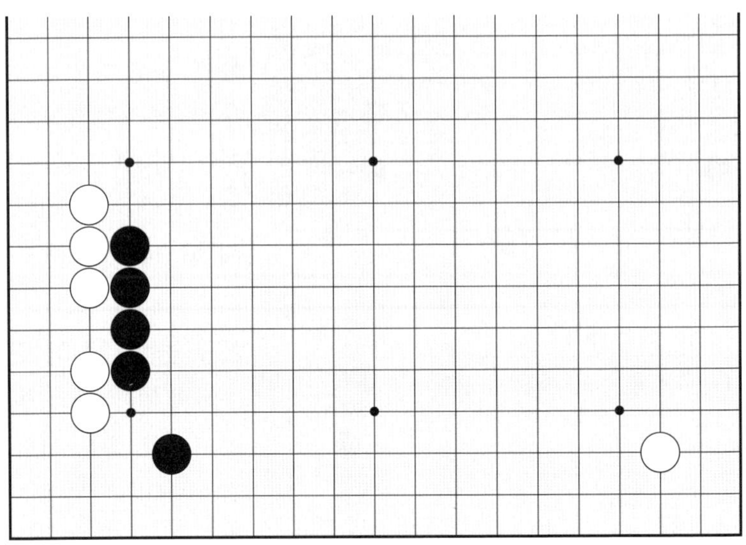

▨ 걸칠 것인가, 벌릴 것인가

좌하 쪽의 모양에 주목. 흑의 다음 한수는 하변을 어떻게 전개하느냐이다. 벌리더라도 항상 그 적정선 또는 한도가 있다는 것을 명심하고서….

원포인트 ☞ 협공 가능성

우하귀가 백의 3三이므로 흑1로 걸쳐 가는 수가 먼저 떠오른다. 다음 백a라면 2의 자리에 벌려 하변의 흑 세력이 이상적인 구도가 될 것이다.

그러나 백은 2로 협공할 가능성이 짙다. 흑은 좌변에서 실리의 손해를 먼저 보고 있어 탐탁지 않다.

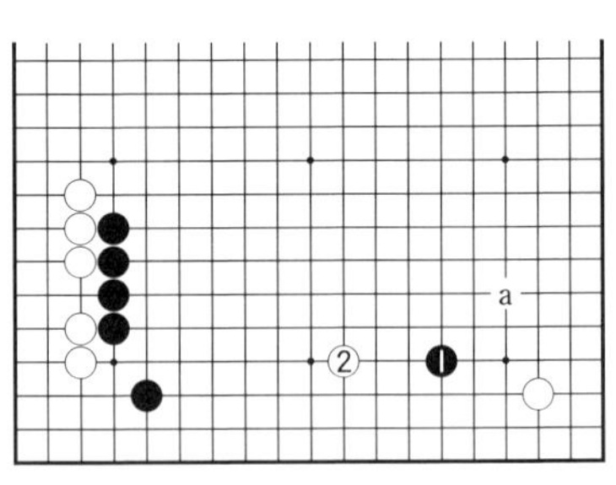

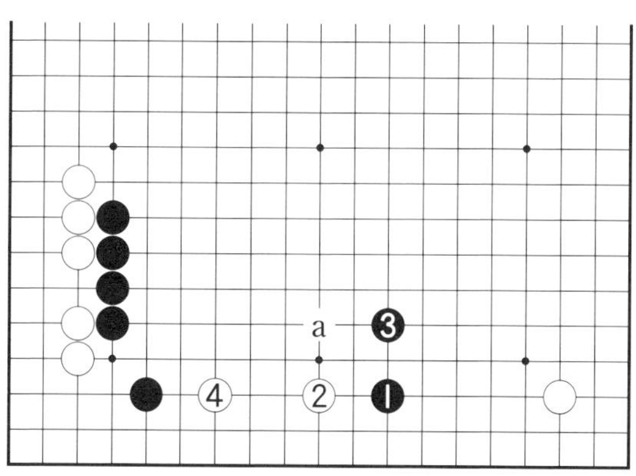

1도

1도 (지나친 확장)

왼쪽의 흑 모양이 6줄의 세력이라 해서 흑1까지 벌리는 경우. 백2로 뛰어들고 흑3에는 백4로 벌리거나 a로 한칸 뛰면 흑은 이 백을 잡을 자신이 없다. 단순 벌림이라도 한칸, 두칸 차이에 신경을 써야 한다.

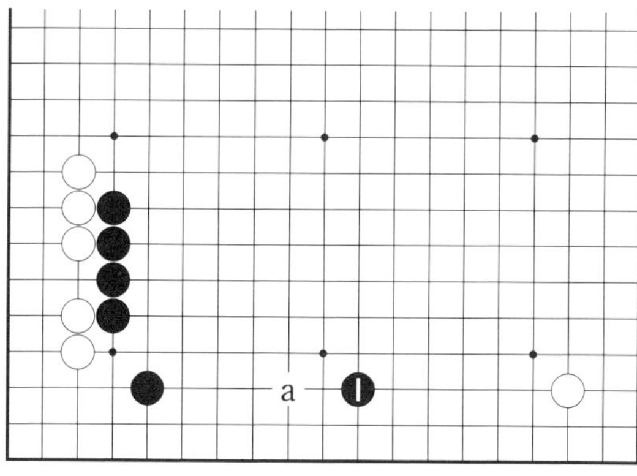

2도

2도 (적정선)

벌림 또는 갈라침에서 중요한 것은 중용과 조화의 감각이라 할 수 있다. 흑1의 다섯칸 벌림이 한도이다. 이것이라면 백이 a 등으로 뛰어들기 힘들 것이며, 하변의 흑 세력은 상당한 확정가를 갖는다.

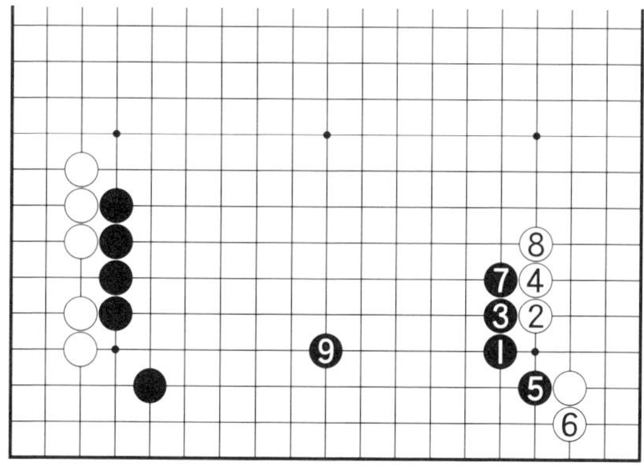

3도

3도 (전투에 자신 있다면)

흑1로 걸치고 백2의 날일자에 흑3~7로 방벽을 쌓은 다음 9로 크게 벌리는 것도 생각할 수 있다.

　다만 이같이 노골적인 방법은 힘에 자신 있는 분에 한한다.

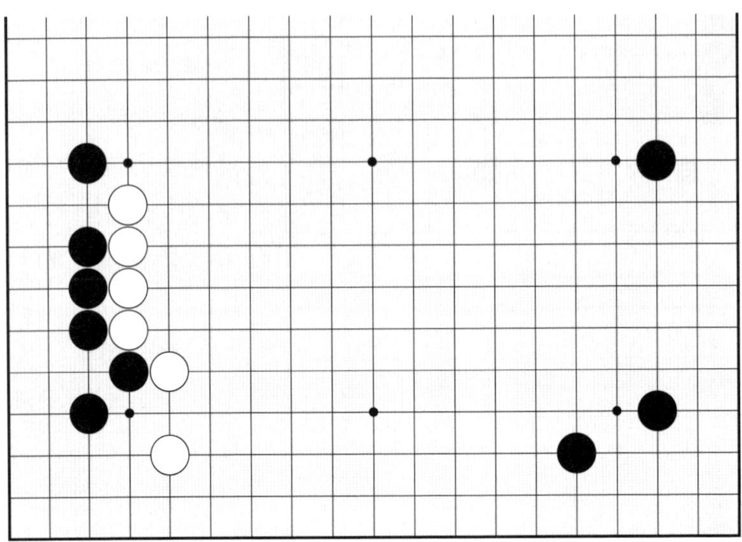

▨ 3선이냐, 4선이냐

　역시 하변의 행마가 초점으로 행마의 위치에 관한 문제
이다. 변의 벌림에 있어서 3선과 4선, 그 한줄의 차이는
크다. 우하 쪽 흑의 날일자굳힘을 염두에 두고 다음 한수
를 생각해 보기 바란다.

원포인트 ☞ 저위

백1의 다섯칸 벌림. 벌림의 한도로서는
적정선이나 돌의 밸런스에 문제가 있어
보인다.

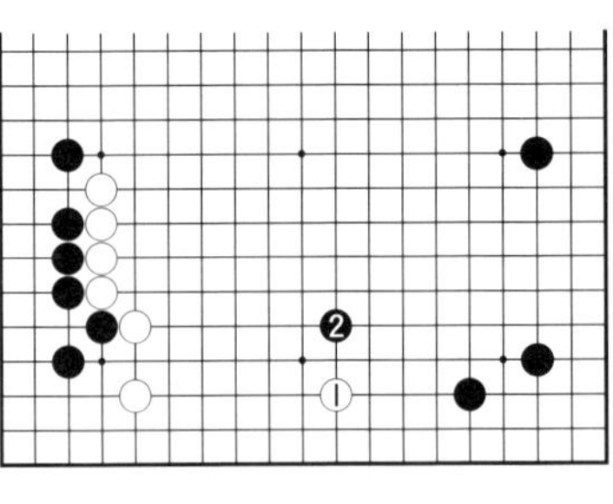

　흑2의 모자씌움이 왼쪽 백의 세력을
지우면서 오른쪽 흑 세력을 키우는 절
호점이 된다. 백1이 3선의 저위였던 탓
이다.

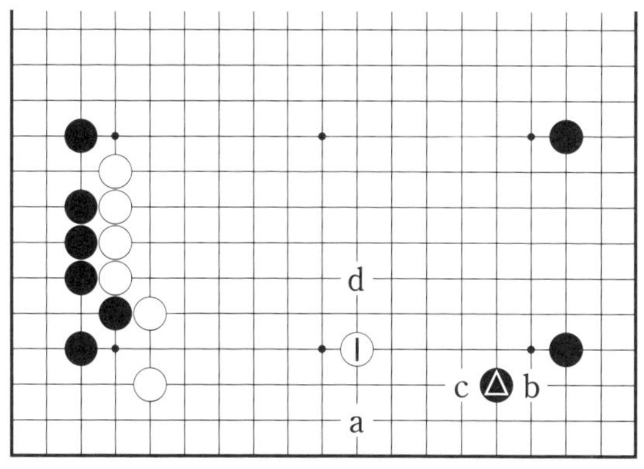

1도

1도 (높이 벌린다)

우하 흑▲가 저위이므로 백1로 높이 벌리는 것이 밸런스 감각이다. 흑a로 미끄러져 들어오는 수가 껄끄러우나 그러면 백b나 c 등의 수단이 남아 엷다. 4선의 백1에 대해 흑d로 모자씌움은 힘들 것이다.

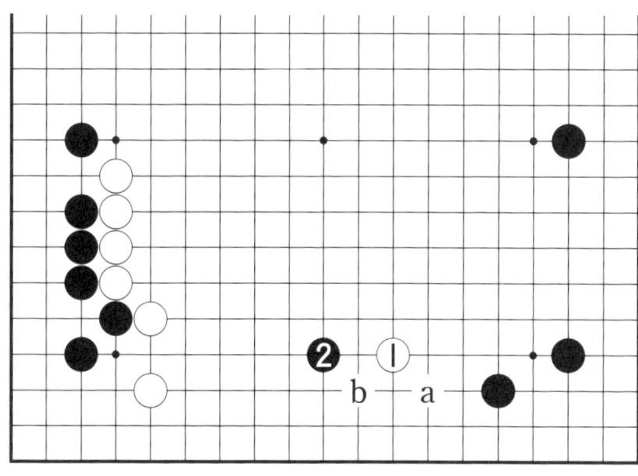

2도

2도 (벌림이 지나치다)

백1은 벌림이 지나치다. 흑의 강한 굳힘을 향해 너무 가까이 간 죄가 크다. 흑은 당연히 2로 협공할 것이다.

이것으로 왼쪽 백의 세력은 안개처럼 흩어질 운명이다. 백1로 a도 마찬가지로 흑b.

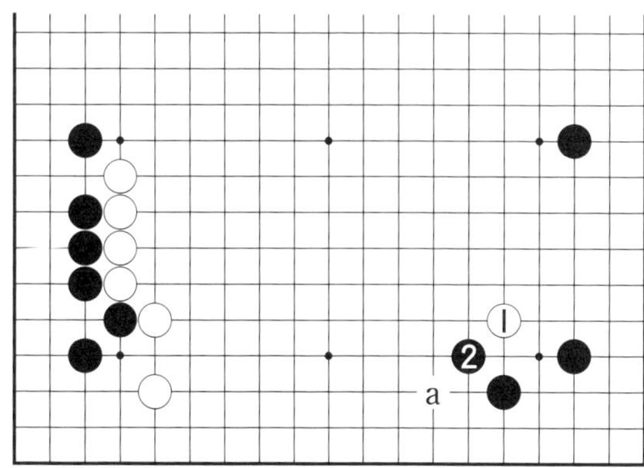

3도

3도 (딴청을 부리다)

하변의 벌림을 생략한 채 백1로 삭감하는 것은 엉뚱한 발상이다.

흑2(또는 a)로 자신이 벌려야 할 방향에 상대의 돌이 오게 하므로 처음부터 손해를 보고 들어간 꼴이다.

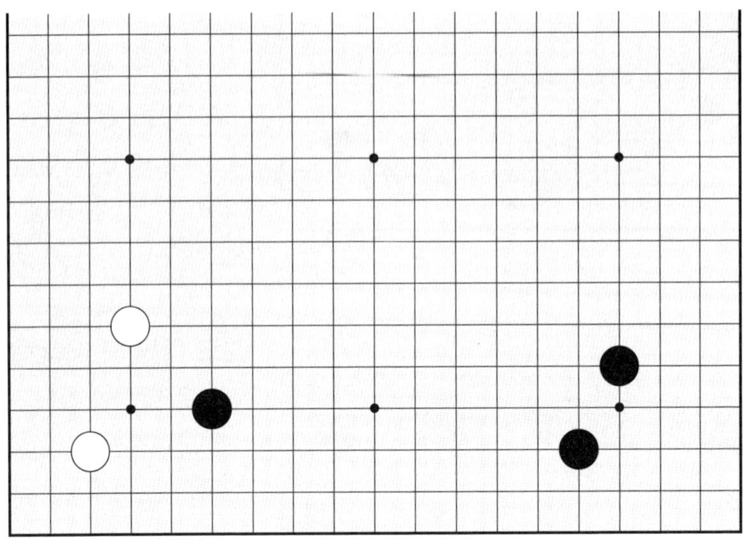

▨ 한 줄의 차이

좌하에서 3三 정석이 진행 중이다. 흑의 다음 한수는 당연히 하변 쪽 전개인데, 포석에 따라 행마도 조금씩 달라진다. 주변 배석을 관찰하는 균형감각이 포인트이다.

원포인트 ☞ 높은 세칸이면

흑1의 세칸 높은 벌림은 어떤지. 물론 이것도 부분적으로는 정석이지만 이후의 포석에 문제를 안고 있다.

백2로 쌍방 세력의 분기점을 먼저 차지하는 수가 절호점이다. 다음 백a의 침입이 남는데다가 하변 흑 세력은 발전의 여지가 적다.

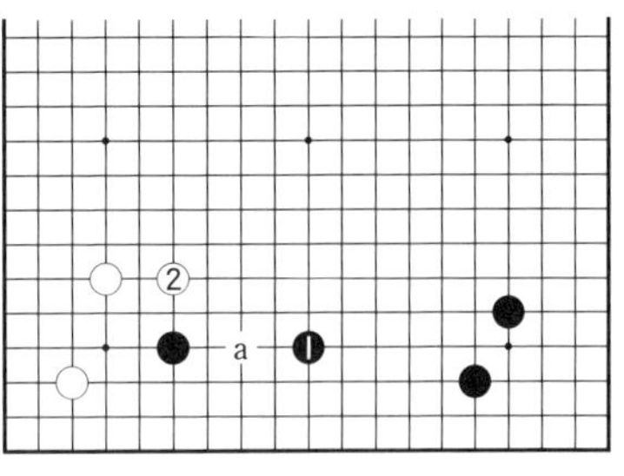

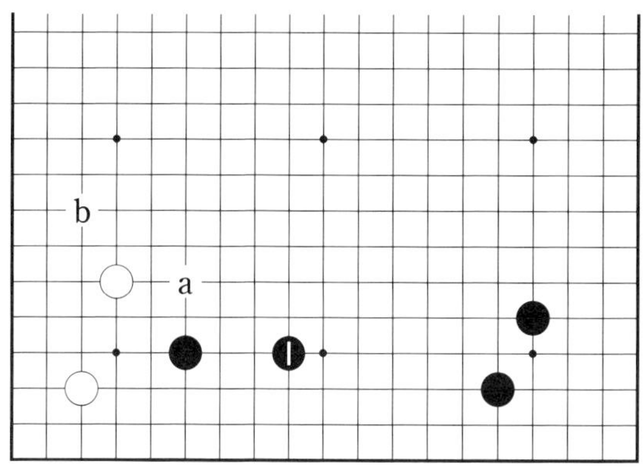

1도

1도 (두칸이 정답)

흑1의 두칸이 올바른 태도. 좁은 듯하지만 다음 백a의 뜀에 대비하고 있다.

그래도 백이 a로 뛴다면 흑b로 뛰어들어가 싸운다. 이처럼 한칸의 차이는 큰 것이다.

2도 (배후에 세력)

좌변에 흑▲의 벌림이 있는 상황이라면 문제는 달라진다. 이때는 흑1의 세 칸으로 벌려 전체의 흑 세력을 입체화하는 전략으로 나가는 것이 좋다. 흑a의 두칸은 부분적 사고로 다음 백b의 침입이 남는다.

2도

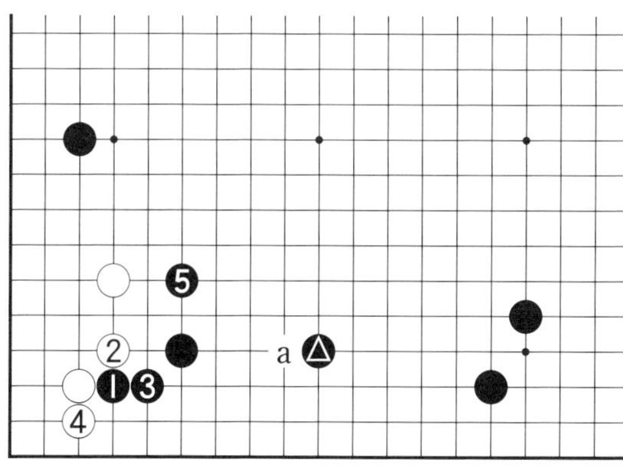

3도

3도 (한 줄의 효율)

2도에 이어 백이 손을 빼 다면 흑1로 붙인 후 3, 5 로 확장하는 것이 기분 좋 다. 이때 흑▲가 a에 있는 것보다는 당연히 효율적인 자세이다.

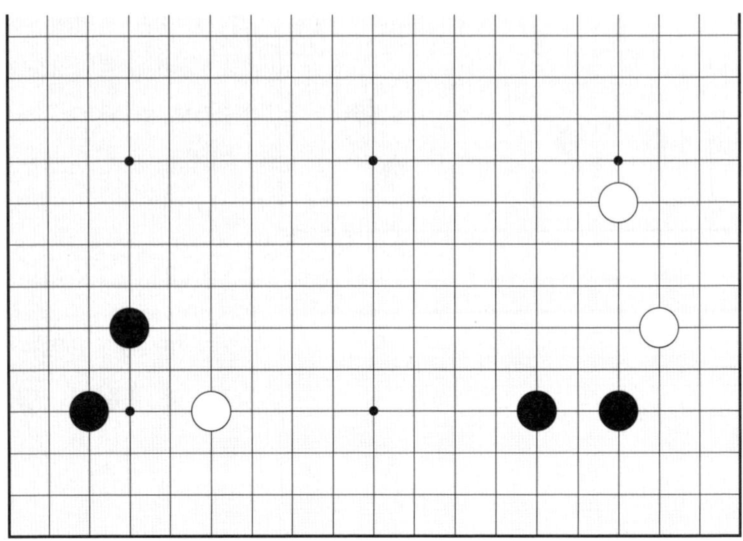

▨ 미세한 차이를 포착하라

　좌하 백의 두칸걸침으로부터 어떤 식으로 전개하느냐가 초점이다. 우하 쪽 흑의 한칸 구도와 연계해 가장 좋은 벌림을 이끌어내 보자.

원포인트 ☞ 들뜨게 된다

백1로 단순히 두칸을 벌리는 경우. 흑은 당연히 2로 바짝 다가서서 전체가 들뜨는 모습이 되는 것이 불만이다.

　귀쪽에서 백이 a로 붙여가는 수단이 있지만 흑b, 백c, 흑d로 두어 하변의 백을 공격할 것이다.

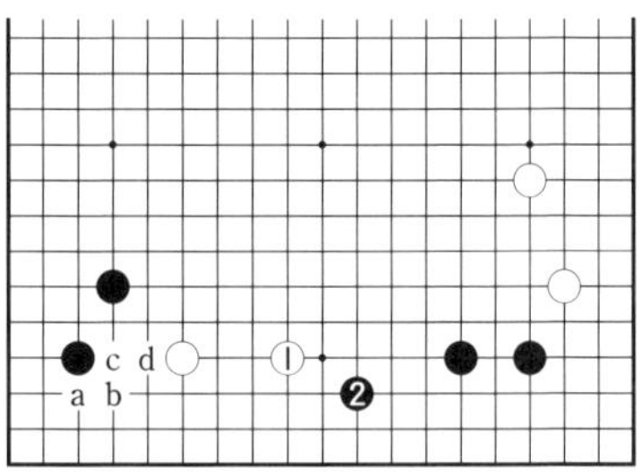

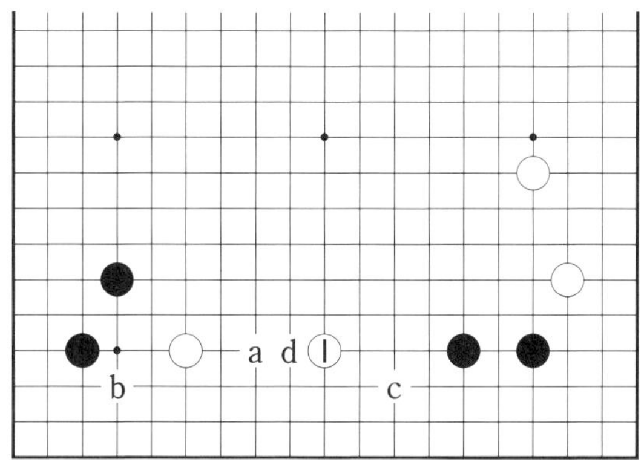

1도

1도 (어정쩡하다)

백1의 세칸은 어정쩡하다. 당장 흑a의 침입이 있고, 흑이 b로 귀를 보강하기만 해도 백의 자세가 불안하다. 그렇다고 우하 흑에 영향을 주는 모습도 아니다. 또한 백1로 c는 흑d의 갈라치기 공격이 두렵다.

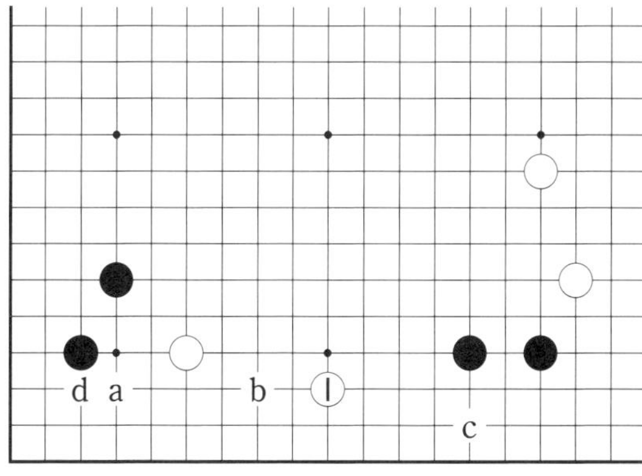

2도

2도 (세칸 낮은 벌림)

백1로 낮게 벌리는 것이 안정과 속도 면에서 옳은 행마이다. 좌하 쪽에서 백a가 들으므로 흑b로 뛰어들기 곤란한 모양이며, 멀리 백c로 미끄러지는 수, d로 붙여가는 변화 등 함축성이 많다.

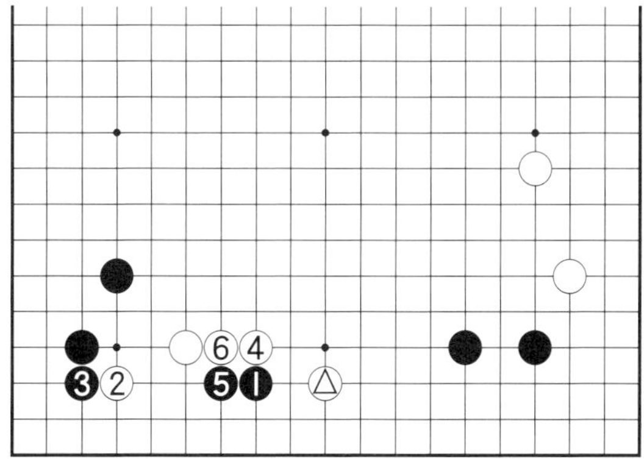

3도

3도 (변화)

백△에 대해 흑1로 뛰어드는 것은 무섭지 않다. 백2, 흑3을 교환해 두는 것이 긴요한 수이다.

　다음 백4에서 6으로 외곽을 봉쇄하는 작전으로 나가 충분하다.

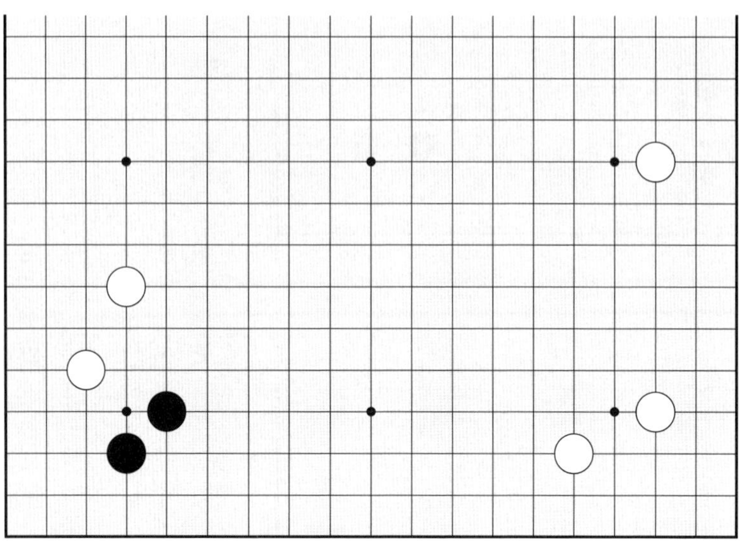

▨ 상대에게도 여지를 주라

변에 전개하고자 할 경우, 때로는 상대에게도 벌릴 여지를 주는 마음가짐이 필요하다. 좌하 흑이 소목으로부터 마늘모한 이 틀에서는 어떤지….

원포인트 ☞ 소극적 세칸 벌림

흑1은 ▲의 돌로부터 세칸을 벌린 모양. 이것은 언뜻 2립3전의 원칙에 걸맞은 행마인데, 백2로 다가서면 우하의 백 세력이 넓어진다.

좌하의 흑은 생각보다 견고한 진영으로, 흑1의 벌림은 너무 소극적인 느낌이 든다. 흑의 불만.

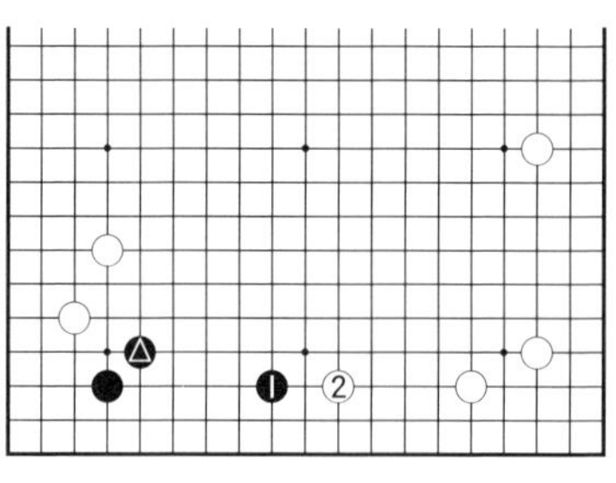

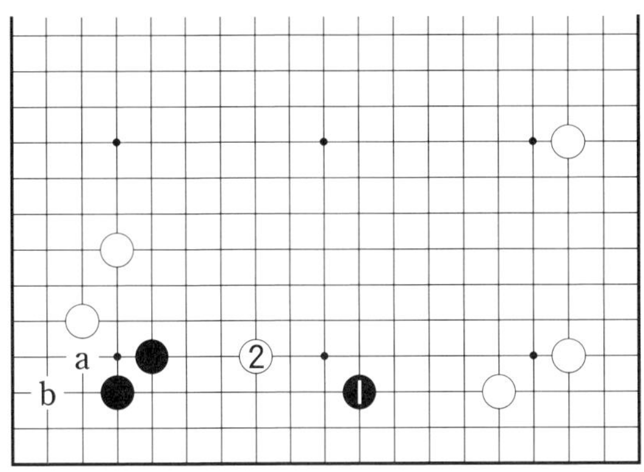

1도

1도 (다섯칸 벌림)

흑1의 다섯칸 벌림은 지나치다. 백은 우하를 지키기에는 너무 좁으므로 2로 뛰어든다.

다음 흑a 정도인데 흑1의 돌이 무색해진다. 백2로는 그냥 b로 달리고 흑2를 두게 하는 것도 있다.

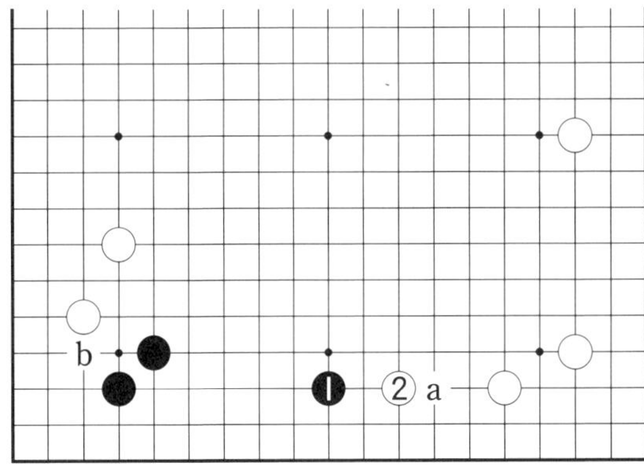

2도

2도 (네칸이 정답)

흑1의 네칸 벌림이 온당하다. 다음 흑a로 두칸 벌릴 여지를 남기고 있어 좋다. 백2에는 흑b로 귀를 지키는 수순이 온다. 앞 그림에 비하면 훨씬 유연한 태도로서, 자신의 실익도 함께 도모하는 모양이다.

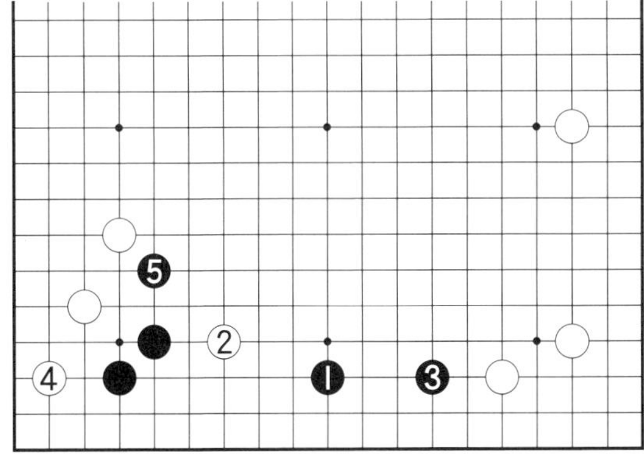

3도

3도 (중앙 싸움으로)

흑1에 대해 백2로 갈라쳐 오면 대꾸하지 않고 흑3으로 벌려 간다.

백4는 실리와 근거의 요충지이며, 흑5로 진출해 지금부터는 서로의 힘에 맡기는 바둑이 예상된다.

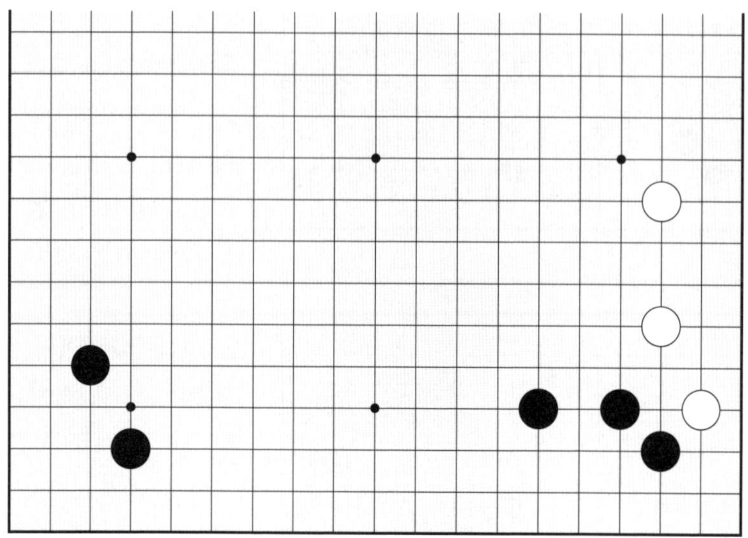

▨ 갈라치기의 상식

하변 일대의 흑이 한수 더 들이면 대세력으로 변한다. 백은 이를 미연에 방지하고 싶은데, 어떤 전략을 쓰는 것이 좋을까? 갈라치기의 상식에 관한 문제.

원포인트 ☞ 치우치다

백1은 세력을 분산시키는 방법으로서 일단 그 방향은 맞는데 초점에서 벗어나고 있다.

흑2로 다가서서 백3의 좁은 벌림을 강요한다. 당장이라도 흑4로 지켜 백이 궁색한 모양이다. 백1로 2여도 흑1로 마찬가지.

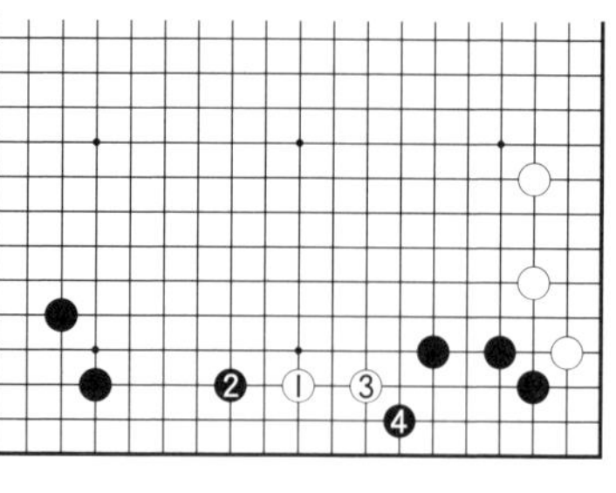

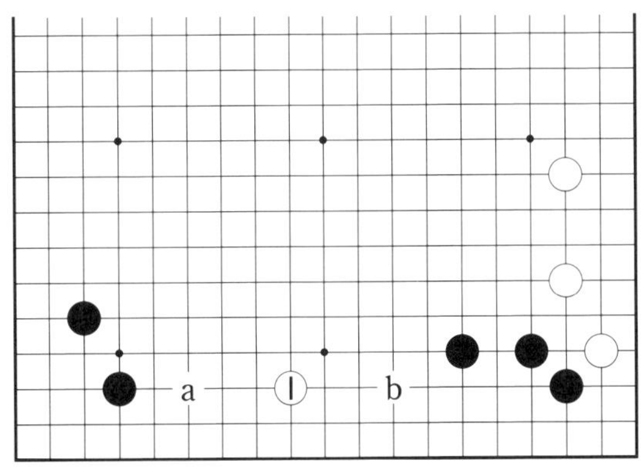

1도

1도 (백1이 무게중심)

백1로 한가운데를 갈라치는 것이 정답. 다음 좌우에서 백a와 b의 벌림을 맞보아 안정하는 모양이다.

　이처럼 벌릴 때는 상대가 어느 한 쪽을 다가올 것에 대비해 그 지점을 선정하는 감각이 중요하다.

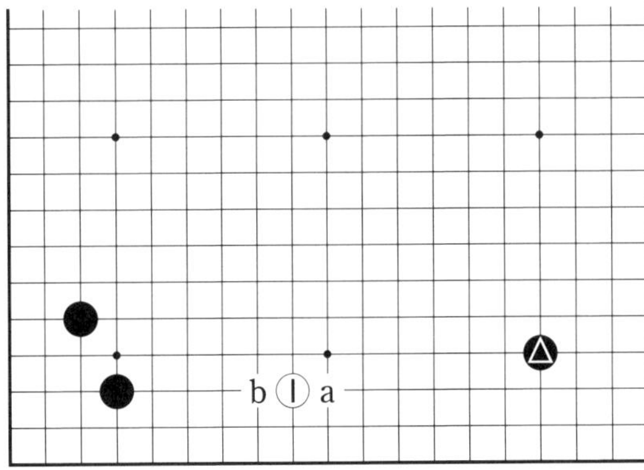

2도

2도 (치우치지만 취향)

우하가 단순히 흑⍙의 화점일 때는 백1의 갈라침이 경우에 따라 기략 있는 감각으로 역시 좌우의 두칸 벌림이 맞보기이다. 백1로 a일 경우 흑이 b로 다가서는 것을 꺼린 하나의 취향이라 할 수 있는데….

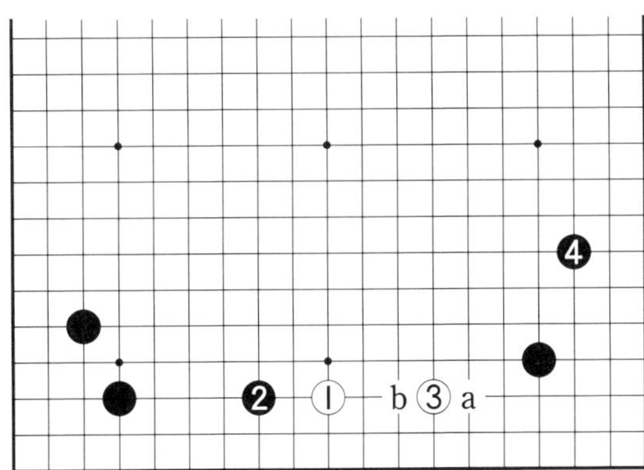

3도

3도 (이유)

백1로 한가운데를 갈라치면 흑은 2로 다가설 가능성이 크다. 보통처럼 백3이라면 흑4의 눈목자로 받는 리듬이 좋아진다.

　그래서 실전에서는 흔히 백3으로 a에 걸치고 흑b로 뛰어드는 변화가 많이 이루어진다.

② 집을 에워싸는 행마

집을 에워싼다는 것은 바둑판의 일정한 공간이나 범위를 확실하고 구체적인 집으로 만드는 일이다. 상대의 침입을 봉쇄해 약점이 없는 집을 형성해 놓으면 거꾸로 상대의 집에 돌입해갈 수 있는 틈이 생긴다.

3선과 4선의 밸런스를 유지하는 방법, 5선 이상에서는 어떤 행마를 할 것인지, 그리고 단순히 에워싸는 데에서 더 나아가 전선을 확대하는 방법 등이 이번 항목의 테마이다.

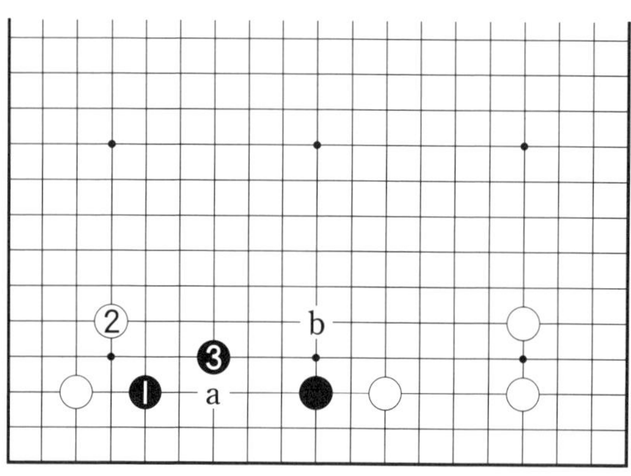

1도

1도 (밸런스)

그림과 같은 배치에서 흑1로 다가선 다음 3의 날일자가 밸런스가 좋은 감각이다. 흑3 대신 a의 한칸 따위는 두지 않는다. 또한 흑3으로 b로 뛰는 것은, 스케일은 크지만 백a의 침입이 남아 온당치 못하다.

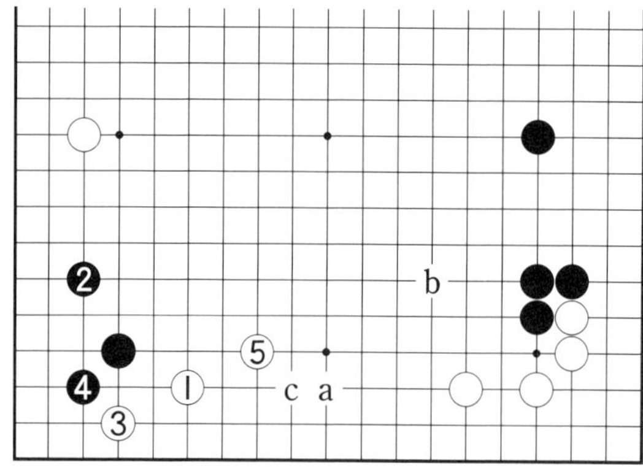

2도

2도 (효율적 위치)

백1, 3으로 둔 다음 5로 높이 가는 데에 주목하기 바란다. 당장은 흑a의 급소가 보이지만 장차 백b로 모양을 크게 펼치는 경우를 생각하면 5가 c에 있는 것보다 지금의 그림이 효율적이다.

3도 (활용)

하변과 같은 배치에서 흑1이면 백은 2의 삭감을 활용하고 4로 붙여온다. 다음 백a, 흑b를 가정하면 흑이 충분한 결과라고 할 수 있을지….

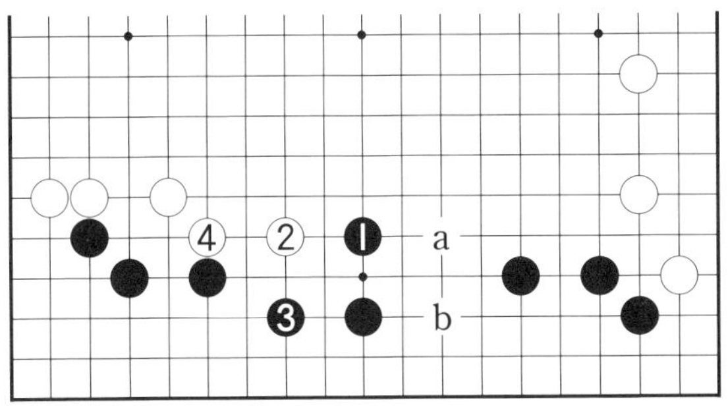

3도

4도 (당당한 작전)

흑1에서 3으로 공작을 취한 다음 5로 모양을 펴는 수가 당당하다. 백6에 흑7로 지키면 3도보다 하변의 집이 크다.

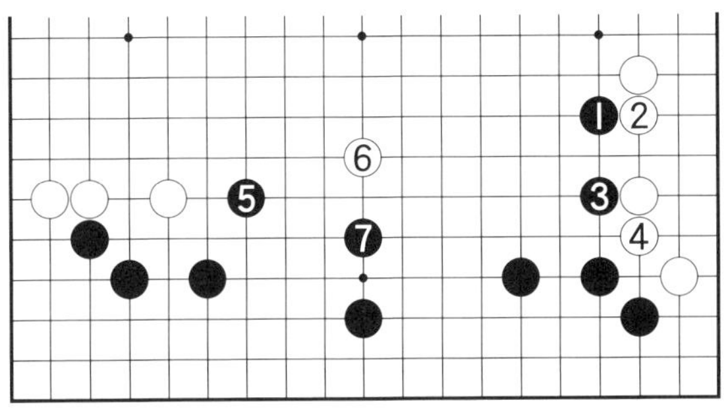

4도

5도 (입체적 사고)

귀와 변의 사이를 잇고 있는 고저의 흐름에 주목하자. 모름지기 집을 둘러쌀 때는 돌의 효율과 발전성을 생각해야 하고, 평면적인 것보다는 입체적이라야 한다. 같은 돌 수를 투자해 집을 짓더라도 저위로 흐르면 발전성이 떨어지고, 4선 이상의 세력선만을 고집하면 안정성이 떨어진다.

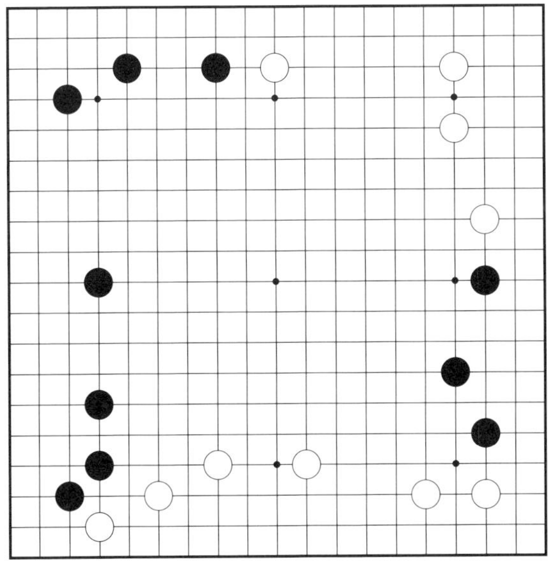

5도

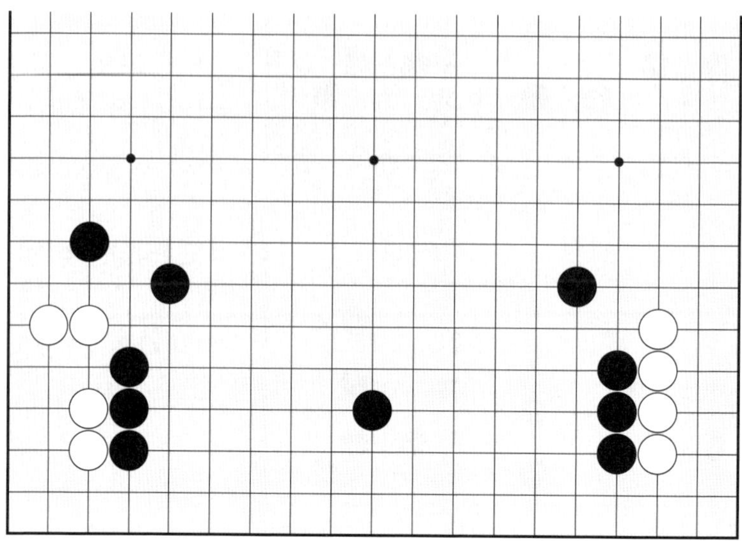

▨ 큰 모양을 지킨다

하변 흑의 세력이 웅장하다. 백이 이 지역에 대한 삭감을 방치할 경우 흑은 어떻게 지킬 것인가?

같은 지킴이라도 엷은 지대를 보강하는 행마가 효율적이라 말할 수 있다.

원포인트 ☞ 삭감 후 끝내기

흑1로 뛰는 수는 에워싸는 범위가 좁지만 견실하게 하변을 확정가로 만들겠다는 태도이다. 그러나 백2나 a로 위쪽에서 삭감하고서 b, c로 양쪽에서의 끝내기가 선수임을 보면 흑의 대모양은 생각보다 별게 아니게 된다. 그것을 실제로 살펴보면….

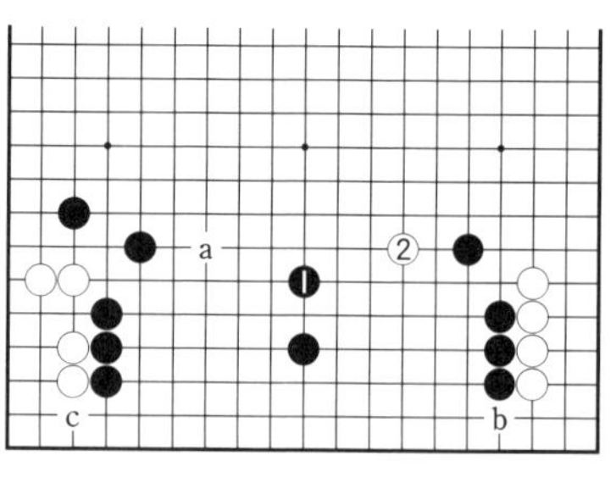

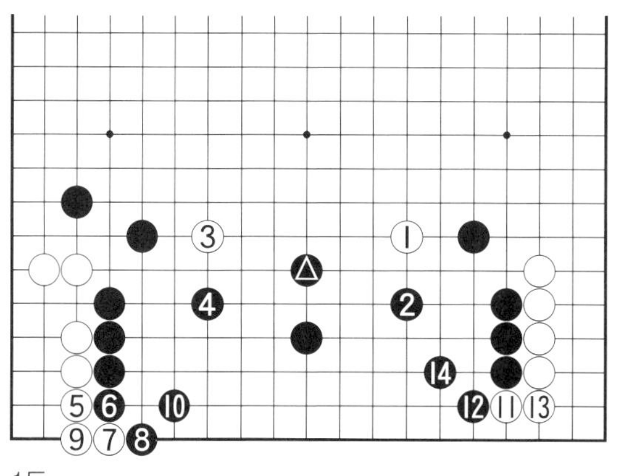

1도

1도 (상하 활용)

흑▲의 지킴에 대해 백1, 3으로 위에서 깎고 아래서는 5, 7에 이어 11, 13의 젖혀이음을 선수로 둔다면 흑집은 40집 정도의 확정가에 불과하다.

이렇듯 소극적인 착점으로는 백을 이길 수 없다.

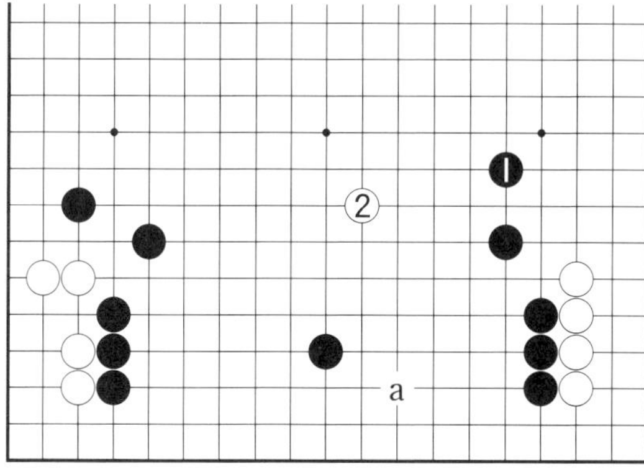

2도

2도 (단순한 모양 확대)

흑1로 뛰는 수. 행마 자체는 당당하지만 뭔가 산만한 느낌을 지울 수 없다. 이번에는 백도 2로 얕게 삭감하러 오고, 장차 a로 직접 부수러 들어가는 수를 볼 것이다. 그러고 보면 2의 곳은 서로간의 급소.

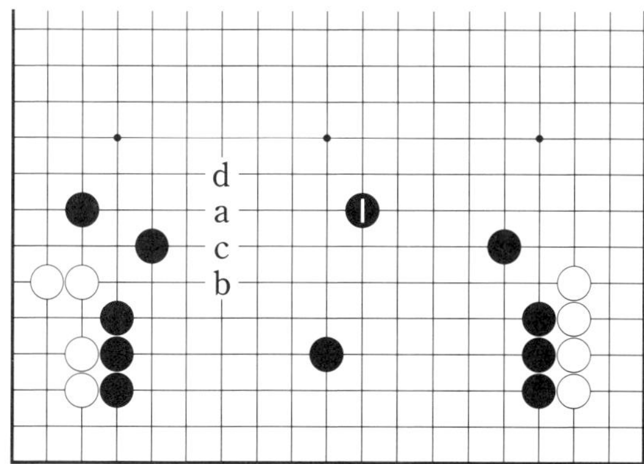

3도

3도 (입체적 모양 확대)

흑1로 크게 둘러싸는 수가 중앙으로의 발전성을 보면서 하변의 집을 크게 보전하는 안성맞춤의 행마이다. 백도 직접 뛰어들려면 '강심장'을 요한다. 다음 백a라면 흑b의 지킴, 백c면 흑d로 공격한다.

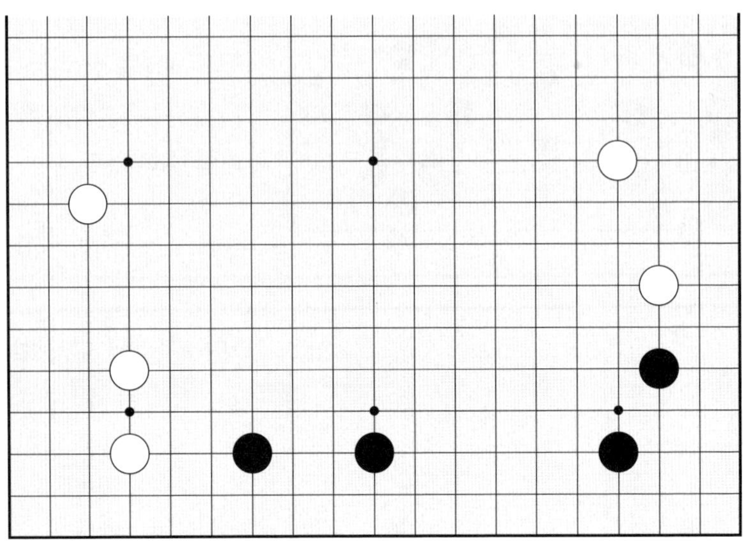

밸런스의 감각

　흑이 하변을 둘러싸는 방법을 생각해 보자. 행마는 여러 가지이나 어느 한 쪽으로 치우치는 구도를 짜서는 안 된다. 장차 삭감의 여지나 세력과의 밸런스를 고려해야 할 것이다.

원포인트 ☞ 굳힘부터 두면

흑1로 우하 쪽부터 확대하는 수는 백2로 어깨 짚어오는 수를 당해 흑집은 보기보다 커지지 않는다.

　흑3에는 백4의 뜀이 예정된 행마이고 이곳을 갈라침 당하면 중앙의 백 세력이 말을 하게 된다. 또 흑3으로 a, 백 b, 흑c는 맛이 나쁘다.

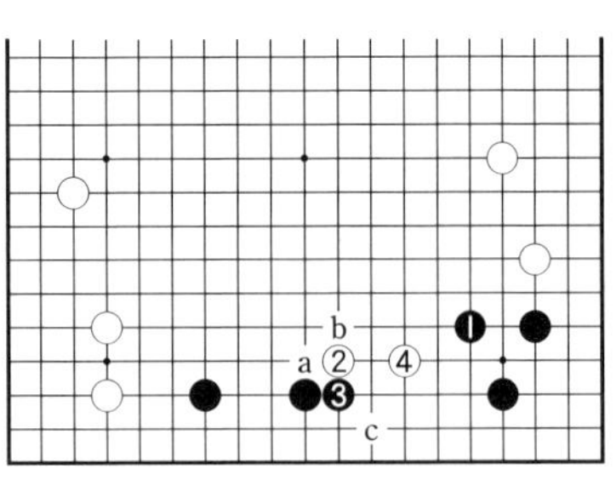

1도 (날일자)

흑1로 날일자하는 것은 백2가 모양의 급소가 된다. 다음 흑a라면 백b의 젖힘을 보아 역시 큰 집이라 할 수 없다. 백2에 흑b라면 귀쪽에서 백c로 붙이는 맥이 남는다.

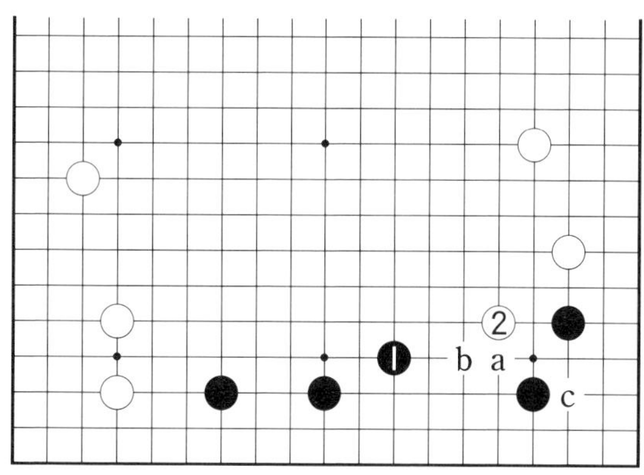

1도

2도 (직접 침입)

흑1로 위쪽 날일자라면 백은 2로 붙여 들어가는 맛이 고약하다. 흑3에 백4에서 6으로 뛰어나온다. 다음 백a의 붙임을 보아 물론 잡히지 않을 말이다.

국면에 따라서는 백2 대신 6, 흑b의 진행으로 만족할 수도 있을 것이다.

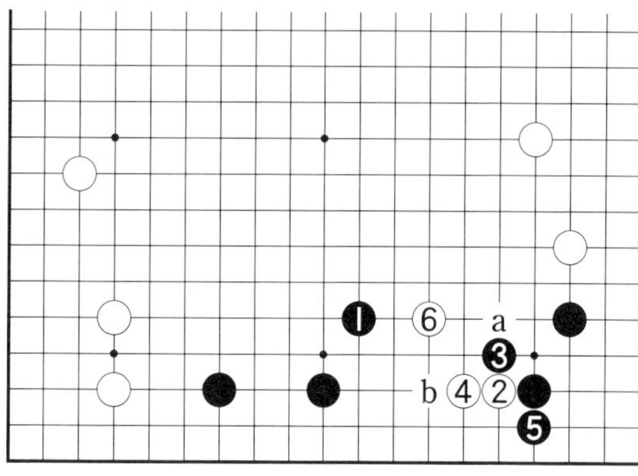

2도

3도 (눈목자가 정답)

흑1의 눈목자로 에워싸는 수가 이 경우 균형감각에 맞는 행마이다.

다음 백a면 흑b로 받아 두고 백c면 흑d. 이것이면 모양의 중복 없이 상당한 확정가를 약속받고 있는 훌륭한 진용이다.

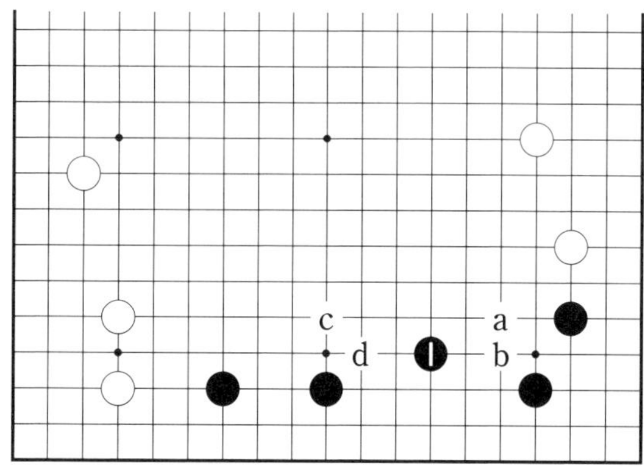

3도

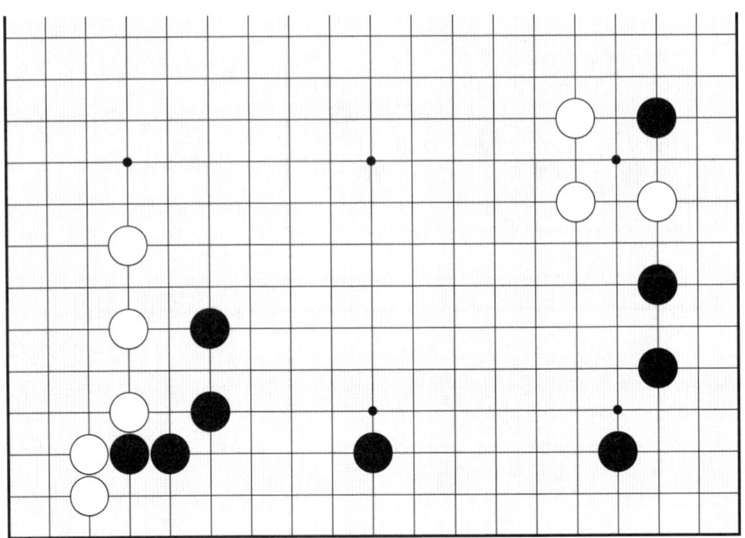

▨ 신축성 있게

막연하게 모양만 키워서는 알맹이 없는 세력이 되기 쉽다. 상대의 돌이 강할 때는 신축성을 발휘해 지키는 방법도 달라져야 한다.

원포인트 ☞ 공작

흑1의 눈목자로 지키는 수. 하변 세력의 규모를 생각하면 이것이 제일감이지만 백2에서 4로 붙여오는 공작을 피할 수 없다. 흑5에는 백6으로 되젖혀 쉽게 부서지는 모양. 흑1로 a나 b로 확대해도 대동소이한 모습이다.

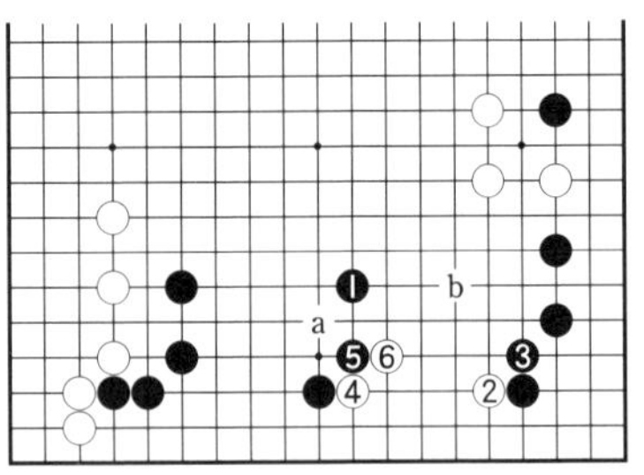

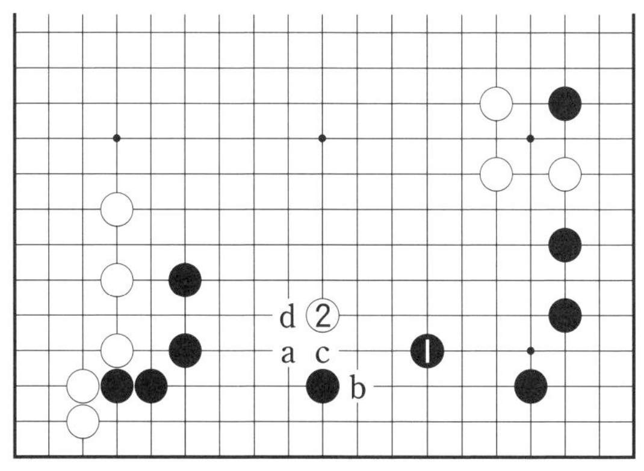

1도

1도 (불균형)

흑1의 눈목자로 변 쪽을 지키는 수는 밸런스가 나쁘다. 백2의 모자 삭감으로 하변의 엷은 맛을 노려와 역시 집이 크지 않는 모양이다. 흑a라면 백b의 붙임이 있고, 흑c라면 백d로 늘어 선수를 내준다.

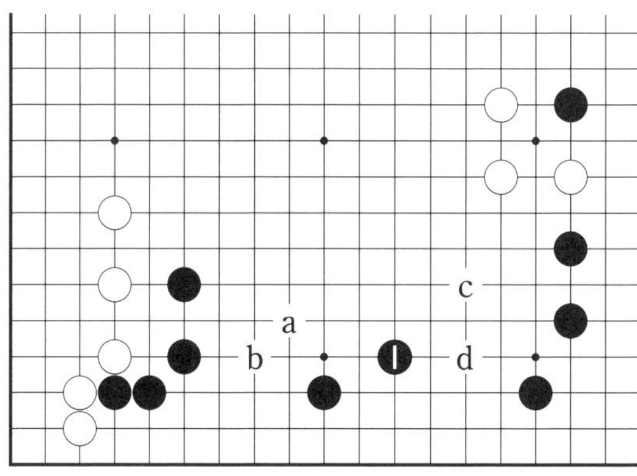

2도

2도 (날일자 한수)

흑1의 날일자가 견실한 수단. 간격이 좁긴 하지만 우변의 백 세력을 염두에 두고 약간은 여유 있게 지키는 것이 온당한 태도이다. 백도 당장은 뾰족한 수가 없으므로 a, 흑b, 백c, 흑d로 두는 게 현명하다.

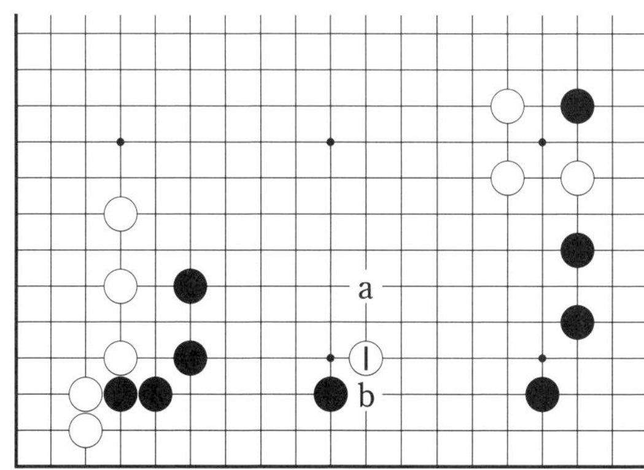

3도

3도 (손뺌은 불가)

흑이 하변을 방치하면 백1로 어깨짚는 수가 통렬한 삭감의 급소가 된다. 이에 대해 흑a로 씌워 다음 백b 이후 뚜렷한 공격책이 있는지….

백1이 오는 순간 흑은 애써 울타리를 친 하변의 보고가 무너지고 만다.

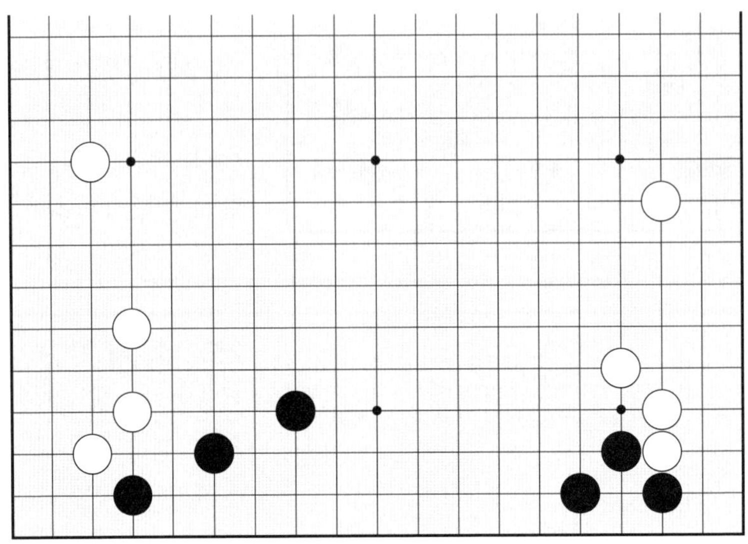

▨ 한줄의 차이는 크다

　한수로 하변을 모두 지킬 수 없다. 다만 우하와 우변의
모양을 유심히 살피면 최선의 수를 찾을지도….

원포인트 ☞ 집이 납작하다

백a의 급소를 방지해 흑1로 두칸 전개
하는 수. 언뜻 보아 무난한 행마 같지
만 백2로 뛰기만 해도 흑은 납작한 모
양으로 집을 지어야 하니 별로 기분이
유쾌하지 못하다.

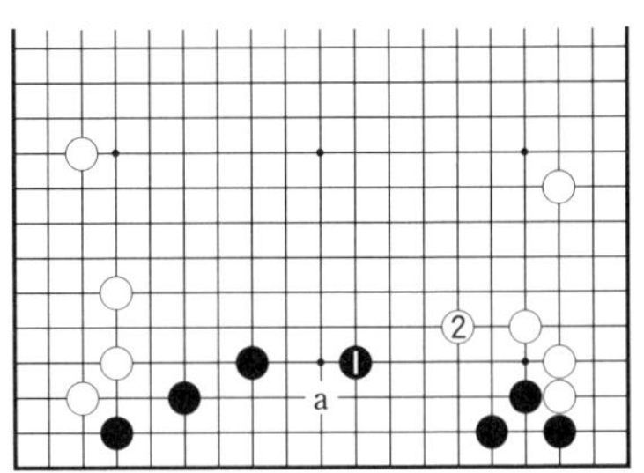

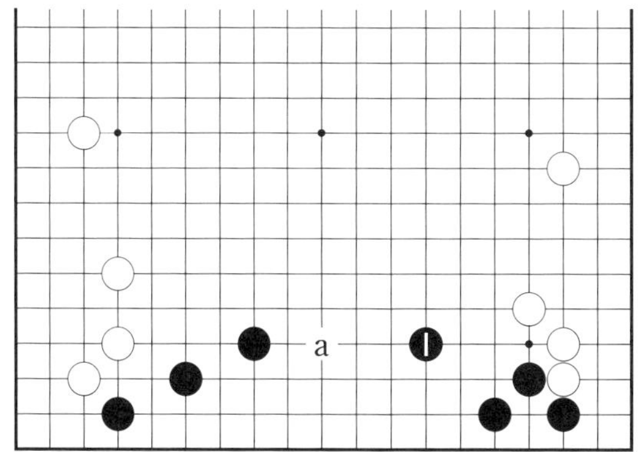

1도

1도 (침입이 남는다)

흑1로 우하를 보강하는 기분으로 하변을 둘러싸는 것은 정석의 일종이지만 너무 미온적인 행마이다. 왼쪽에서 백a의 뛰어들기가 남아 어정쩡하다.

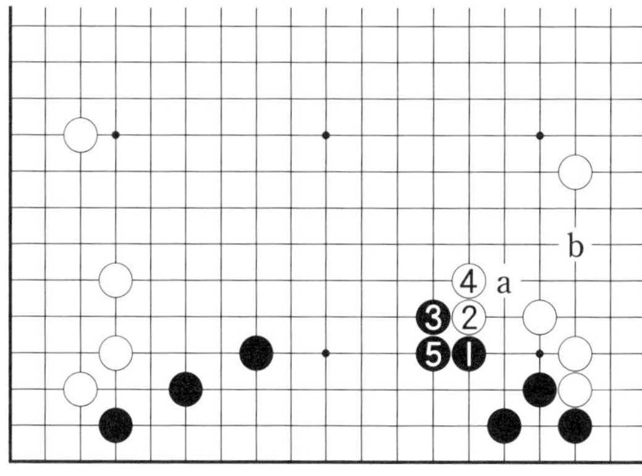

2도

2도 (날일자 행마)

흑1의 날일자를 두는 것이 다음 흑a, 백b로 두는 확장 수단을 포함한 튼튼한 행마이다. 따라서 백은 2, 4로 붙여뻗는 정도인데 흑5로 꽉 이어둔 데까지 하변의 흑집이 효과적으로 건설되었다.

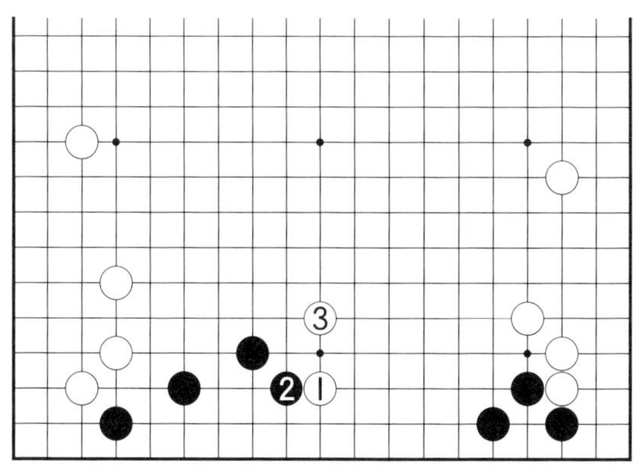

3도

3도 (손을 빼면)

흑이 하변을 방치하면 백1로 걸쳐 들어오는 수가 침입의 급소가 된다.

흑2에는 백3으로 뛰어나가 하변의 흑집이 크게 삭감되는 모습이다.

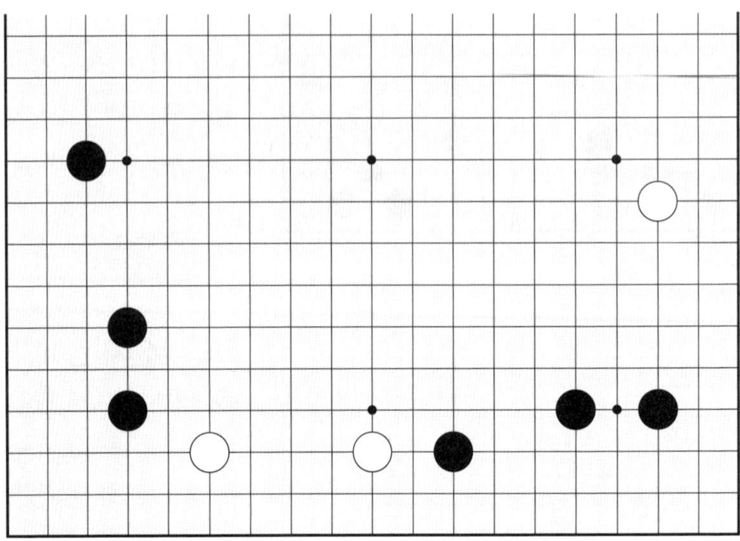

▧ 돌의 방향

백은 우변의 다가섬과 하변의 지킴 중에서 어느 쪽을 우선해야 할까?

같은 지킴이라도 수순이 중요하며, 손을 빼더라도 대응책을 꿰뚫고 있어야 한다.

원포인트 ☞ 안정

먼저 자신의 약한 말부터 돌보는 태도가 중요하다.

먼저 좌하 쪽에서 백1로 미끄러진 다음 3으로 틀을 잡는 것이 정답이다. 백은 급전을 피하면서 다음 a나 b의 침입을 본다. 백1로 단순히 3으로 두고 흑c, 백d로 되는 진행도 가능하다.

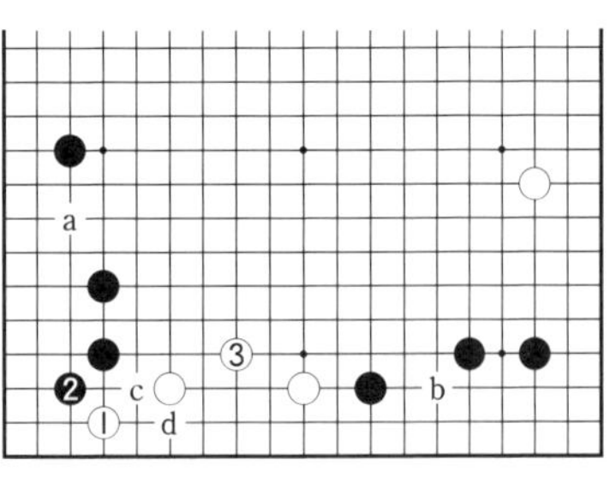

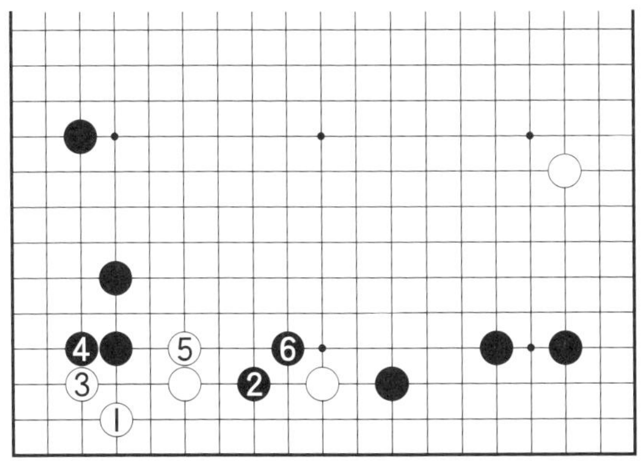

1도

1도 (반격)

백1 때 흑은 2로 갈라치는 반격수단이 있다. 백3을 허용해 집으로 손해이나 흑6으로 싸움의 주도권을 쥐려는 태도이다. 그러나 백도 좌변 어딘가를 뛰어드는 수단이 즐거워지므로 일장일단이 있다.

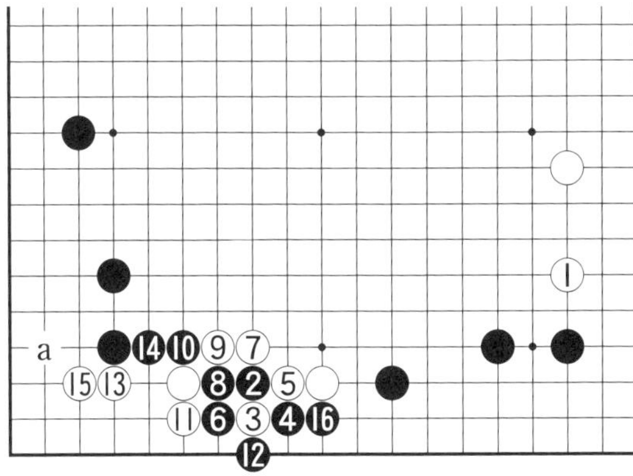

2도

2도 (전투)

백1로 우변을 다가서는 것은 흑2의 침입을 불러 급전을 피할 수 없다. 백3은 수습의 맥이지만, 이하 흑16까지 중앙 쪽의 백 일단이 정처 없는 곤마신세가 된다. 중앙 백을 달아나면 흑a의 한방이 아프다.

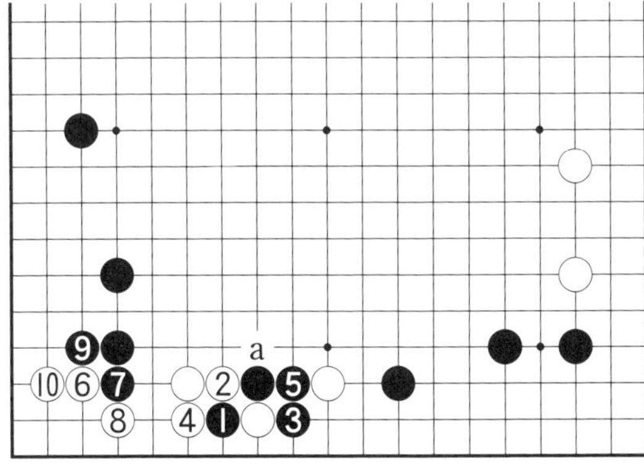

3도

3도 (변화)

2도의 4 대신 이 그림 흑1로 젖히는 것은 정석의 일종이지만 찬성할 수 없는 맥이다.

백2, 흑3 다음 백이 a로 몰지 않고 4로 막는 수가 침착하다. 이하 10까지면 백도 둘 만할 것이다.

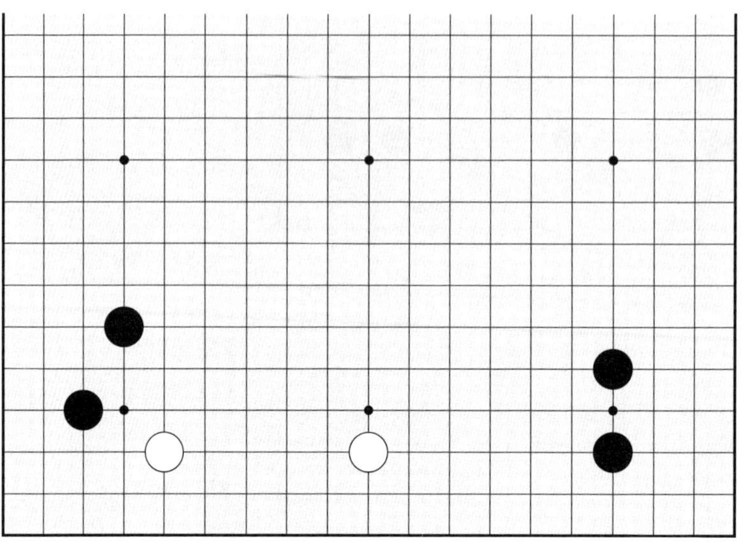

▨ 지키는 수순 (1)

행마 자체는 에워싸는 형태가 아닐지라도 그것을 대체해 보다 좋은 결과를 기약할 수만 있다면…. 교과서식이 아닌 실전적인 수법 또는 자유자재한 발상을 해보자.

원포인트 ☞ 느슨

백1의 날일자는 단순히 에워싸는 행마로 어딘가 맥빠진 느낌이 든다. 아낌없이 흑2로 붙여 세워주고 4로 다가서는 수가 커서 흑이 양쪽을 다 둔 결과이다. 한마디로 백1은 견실이 지나치다.

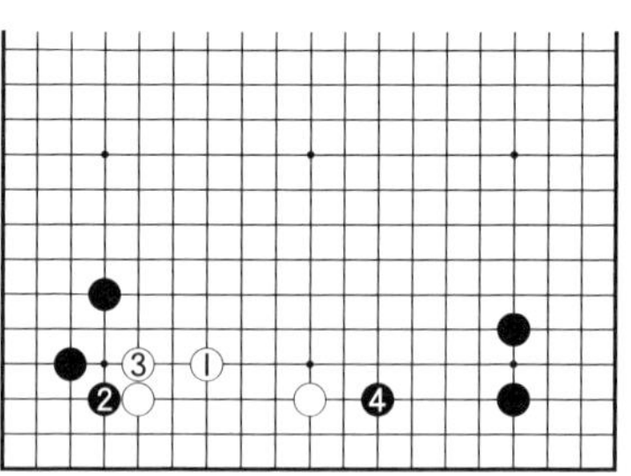

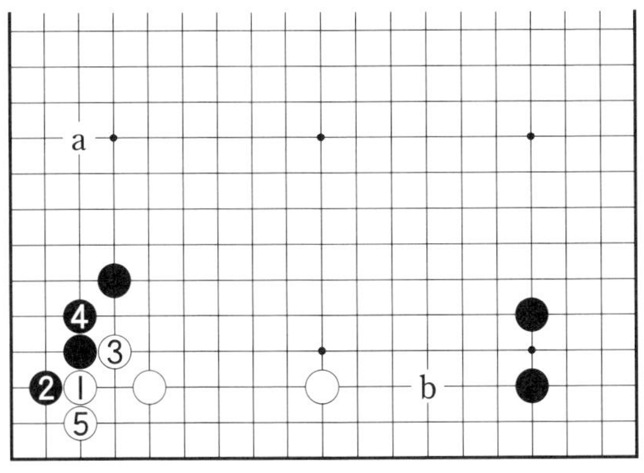

1도

1도 (효과적)

백1, 3으로 부풀리고 5의 뻗음이 재미있는 수단이다. 다음 흑a의 벌림과 교환된다면 백은 이 자체로 흑의 하변 침입을 완화시킨다. 국면에 따라서는 흑4로 5에 되모는 수를 피해 단순히 백b도 가능하다.

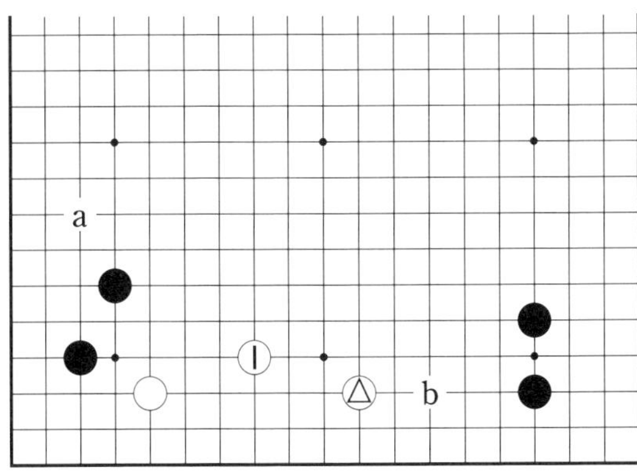

2도

2도 (한줄의 차이)

백의 벌림이 △로 한줄 더 간 형태라면 백1로 지켜놓고 a의 다가섬을 보는 것이 유력하다. 좌하 쪽 날일자 진영과 거리를 유지하면서 하변을 안정시키고 있다. 이젠 흑b의 다가섬이 좁은 점에 주목.

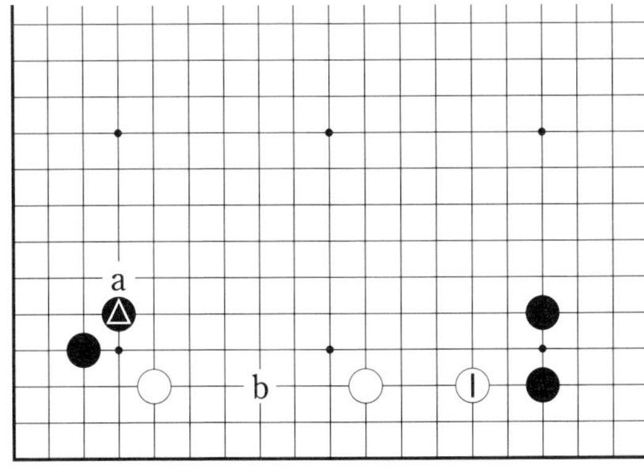

3도

3도 (귀가 마늘모라면)

흑이 a의 날일자가 아닌 ◈의 마늘모라면 귀쪽에 특별한 수단이 없으므로 백1로 차분히 전개해 둔다. 흑이 b로 뛰어들더라도 오른쪽은 근거가 있으므로 귀의 한점은 수습하기 쉬울 것이다.

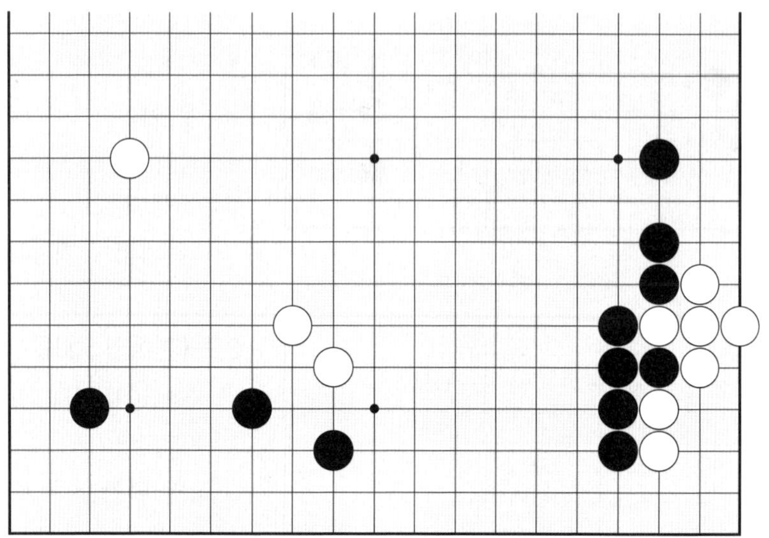

▨ 지키는 수순 (2)

　하변에서 좌하에 이르는 지역을 어떻게 지킬 것인지 수순의 묘를 발휘해 보자.

　어느 한쪽만 편중되게 지키면 백은 마음 놓고 국면을 풀어갈 것이다.

원포인트 ☞ 소극적 지킴

좌하 진영의 허술함을 지킨다면 흑1의 한칸, 이것으로 귀의 집은 확실하다.

　그러나 바깥 백에 대한 공격이 부자유스러울 뿐 아니라 다음 백에게는 a, 흑b를 교환해 축머리를 공작해 두고 c로 붙여가는 수단이 있어 하변 흑진은 크게 부서진다.

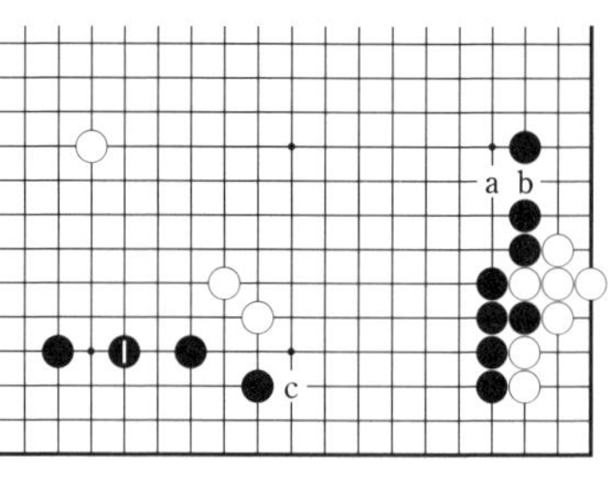

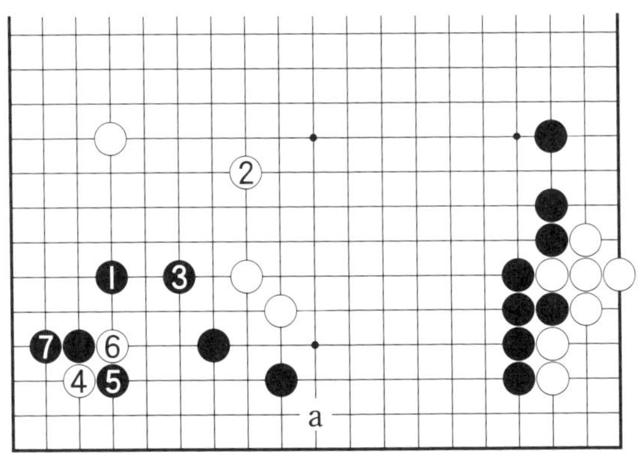

1도

1도 (미흡)

흑1의 확장은 원포인트 흑 1보다 진일보한 형태이다. 백2에는 흑3으로 견실하게 둘러싸 바깥 백의 엷음을 추궁한다. 그러나 백4, 6으로 맛을 남긴 다음 a로 돌입하는 수가 고약하다. 구체적으로 표시하면….

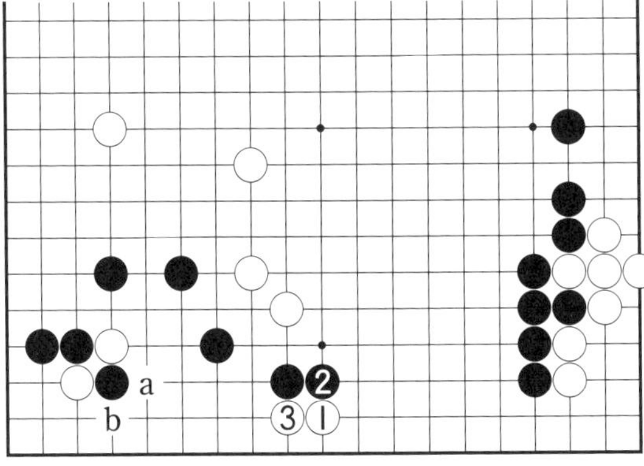

2도

2도 (맛)

백1로 뛰어들면 흑2로 막지 않을 수 없는데, 백3으로 밀고 들어가 흑은 뾰족한 응수가 없다. 다음 흑이 어떻게 두든 백a, b의 단수가 듣고 있어 잘 잡히지 않는 모양이다.

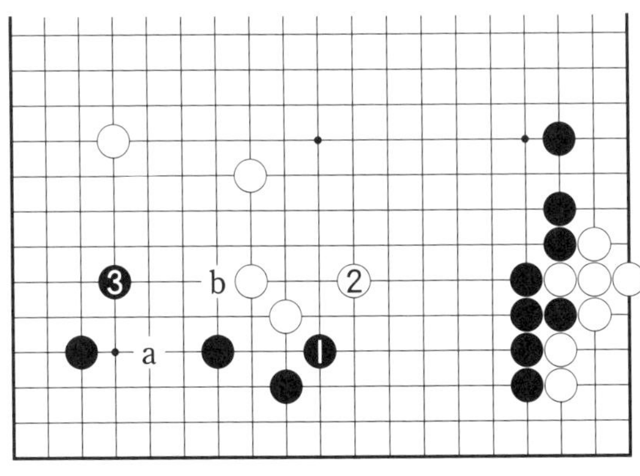

3도

3도 (수순)

흑은 먼저 1의 마늘모를 두어 백2의 날일자를 응수시킨 다음 3으로 크게 둘러싸는 것이 수순이다.

도중 백2로 a에 뛰어든다면 흑b로 붙여 싸우러 나가 중앙 쪽에 약한 말을 두고 있는 백은 부담이 클 것이다.

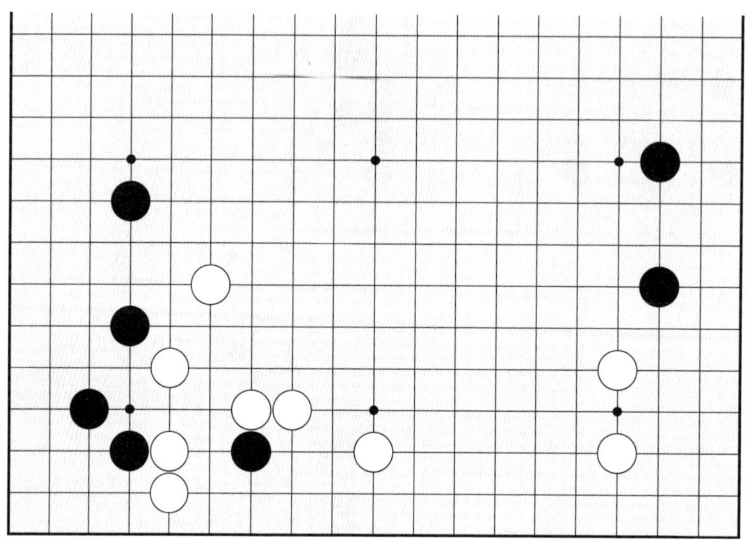

▨ 역으로 삭감의 급소를 두라

　　집을 에워싸고 확대하는 급소는 상대의 입장에서 보면 삭감의 급소가 된다. 단지 배후의 세력과 얼마만큼 균형을 유지하면서 행마를 펼칠 것인가가 문제이다.

원포인트 ☞ 일감이지만 후수

백1로 어깨를 짚어 3, 5로 벽을 쌓는다. 세력을 넓히는 행마로는 일감에 떠오르는 행마이지만, 이것은 백의 후수라는 게 문제이다.

　　흑6으로 뛰어들면 원대한 세력의 구도에 금이 가는 모습이다. 백a 정도로 지키기가 어정쩡하다.

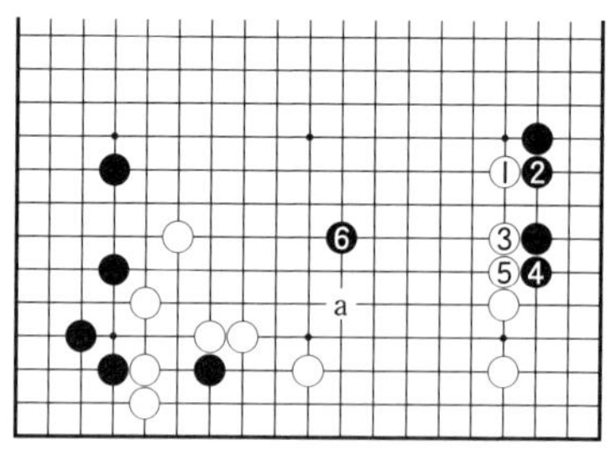

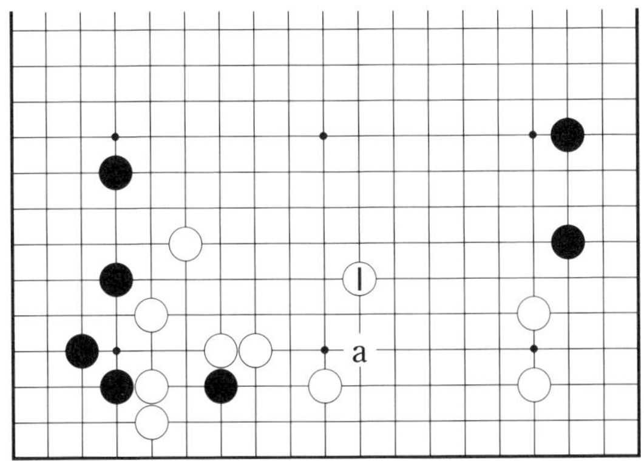

1도

1도 (규모가 작다)

방치하면 흑a의 삭감에 대비해 백1의 눈목자로 구축하는 수단은 어떤가?

그러나 이것은 규모가 작고 왼쪽 세력과 중복된 모양이 되어 탐탁지 않다.

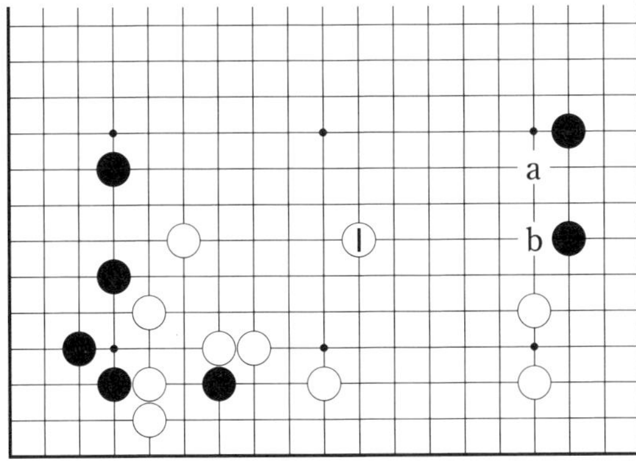

2도

2도 (적정 규모)

백1로 크게 모양을 펴는 수가 a, b의 연타를 함축해 세력을 살리는 행마이다. 흑은 어떻게든 삭감해 오겠지만 최소 이 정도의 규모로 가져가야 돌이 제빛을 발하게 된다. 한 줄의 차이는 크다.

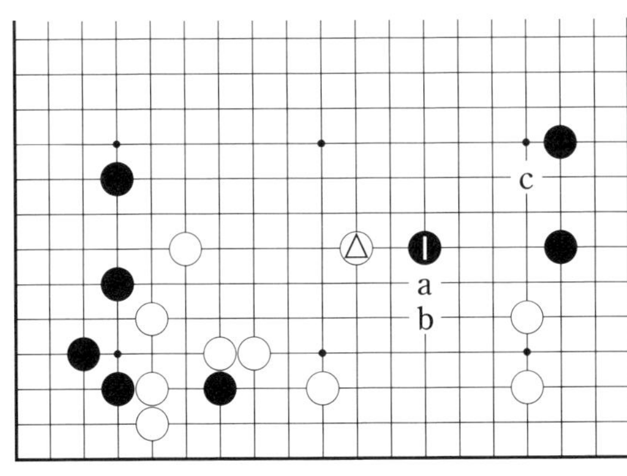

3도

3도 (삭감의 한도)

백△에 대해 흑1로 삭감하는 것이 한도이다.

다음 백이 a나 b로 저지하느냐, c 이하로 어깨짚어 공격에 나서느냐의 선택은 전체 국면의 상황에 따른다.

❸ 침입을 위한 행마

　침입이란 말 그대로 상대의 집이 완성되기 직전에 그것을 방해해 부수러 들어가는 수단을 말한다. 상대의 경계 안에 들어가 집을 파괴하고 근거를 없애는 것이므로 단순히 벌리고 다가서는 행마보다 준엄히며, 돌과 돌이 직접 부딪치면서 긴장을 불러일으킨다.

　포석단계에서는 일련의 정석과 함께 나타나는 경우도 있으나 대개는 중반 전투의 양상을 띠게 마련이다. 우선 침입의 기본적인 형태를 몇 가지 제시하고, 예제를 통해서는 여러 가지 유형과 그에 따른 대처법을 중심으로 살펴보기로 한다.

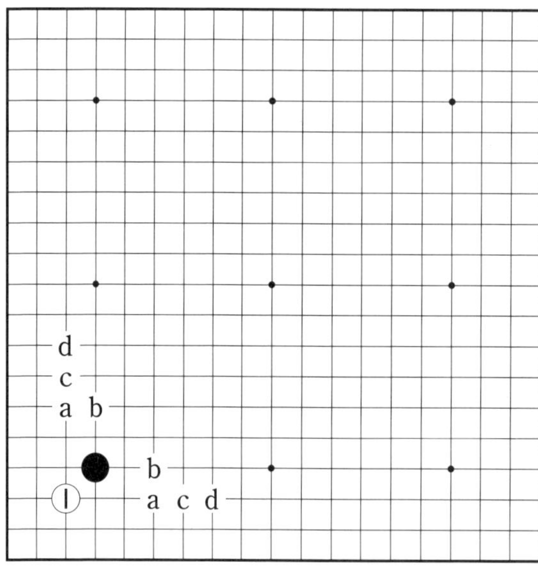

1도

1도 (3三 침입)

단순히 백1로 3三에 뛰어드는 수. a, b, c, d 등 주변에 흑돌이 추가되어 있는 경우가 보통인데 흑의 응수는 그때마다 달라진다.

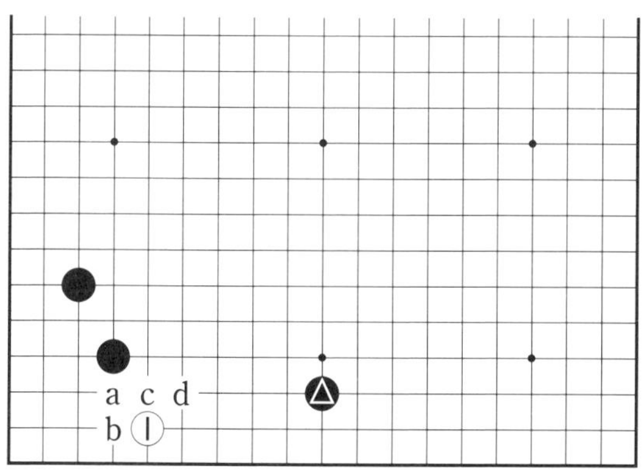

2도

2도 (2선 침입)

귀의 날일자굳힘에 흑△의 전개가 있는 진영에서 백1의 저공비행은 상용의 침입수단이다.

다음 흑a, b, c, d 등 다양한 응수법이 있지만 흑이 백 한점을 일방적으로 핍박하는 경우는 없다.

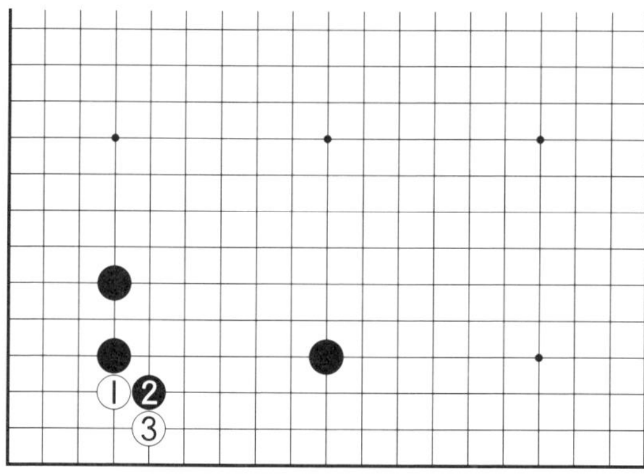

3도

3도 (붙임)

한칸굳힘의 형태에서도 마찬가지. 백1의 붙임에 이를 제압할 욕심으로 흑2면 백3으로 되젖히는 맥이 있다. 어쨌든 화점에서는 한 수 더 들인 형태라 해서 완전한 집으로 볼 수 없으며 이후의 운영이 관건이다.

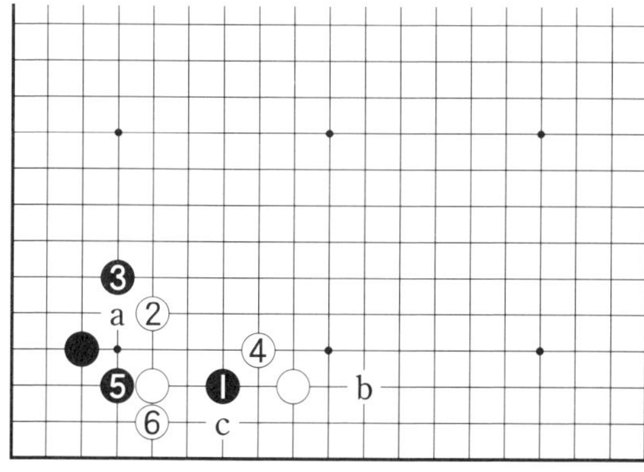

4도

4도 (세칸 벌림에서 침입)

세칸 벌림의 한가운데 흑1로 뛰어들었을 때 이하 백6까지의 수순은 한점을 버림돌로 이용하여 모양을 정비한다.

흑a, b가 추가되어 있다면 백2로는 c의 붙임이 보통이다.

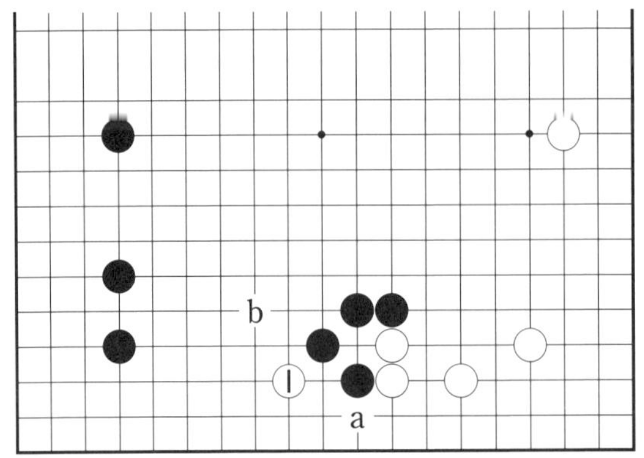

5도

5도 (침입의 급소)

이런 모양이라면 백1의 침입이 급소. 이 한수로 흑의 세력은 무사하기 힘들다. 다음 백a로 건너는 것과 b로 진출하는 수가 맞보기인 모양이다.

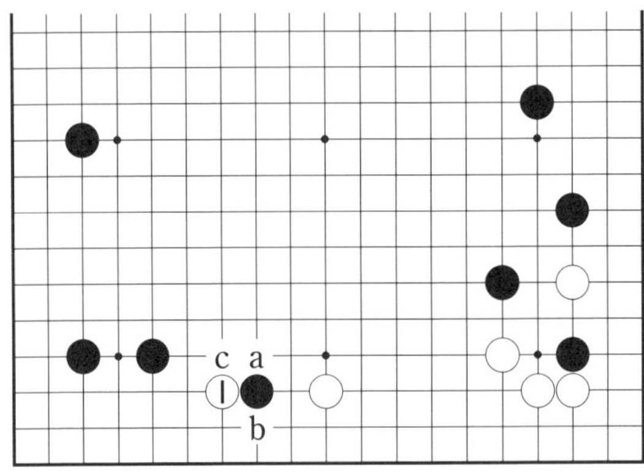

6도

6도 (안쪽 붙임)

좌하 흑진을 향해 백1의 안쪽 붙임이 기억해 둘 만한 맥이다.

다음 흑a로 늘면 백b로 젖혀잇고, 흑c로 젖혀도 단순히 백b에 젖히는 수단으로 수습한다.

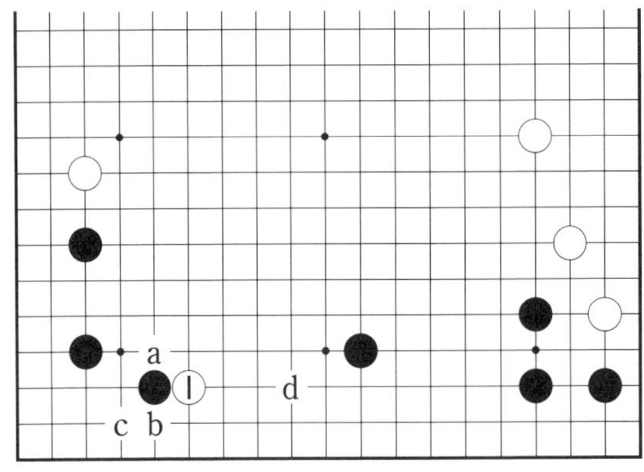

7도

7도 (옆구리붙임)

하변 일대의 흑 진영을 부수는 수단으로, 백1의 옆구리붙임이 돌에 리듬을 구하는 유력한 맥이다.

다음 흑a라면 백b, 흑c를 교환하고 백d로 벌리는 것이 리듬이다.

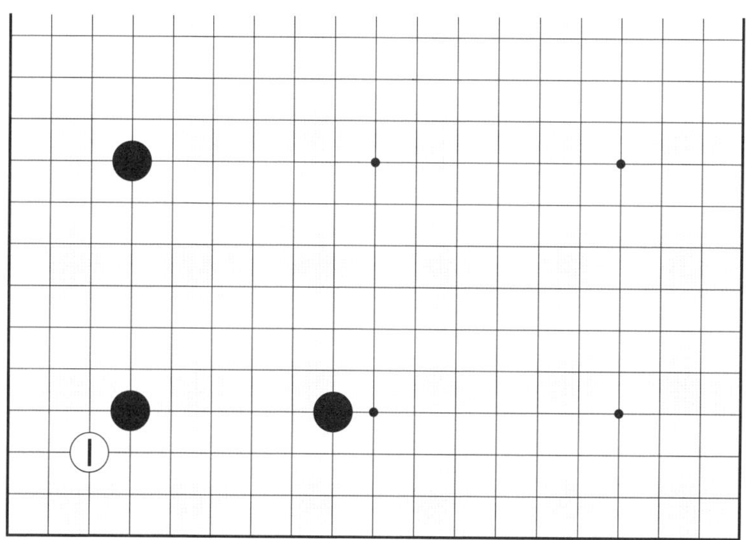

단골메뉴 3三 침입

단독으로 3三에 뛰어드는 것은 선수로 귀의 실리를 뺏으려는 목적에서 두어진다.

상대의 대응 방법에 따라 정반대의 결과가 나타나는 경우도 있는데, 여기서는 기본적인 4가지 패턴을 제시한다.

원포인트 ☞ **기본형**

흑2로 넓은 쪽을 막는 것은 지극히 당연한 발상이며, 백3에 흑4로 젖히고 이하 12까지가 보통이다.

백은 흑의 외세를 강화시켜 주었으나 선수로 귀의 실리를 도려내고 있다. 흑의 벌림이 좁으면 모양의 중복을 면하기 어려운 데 주의한다.

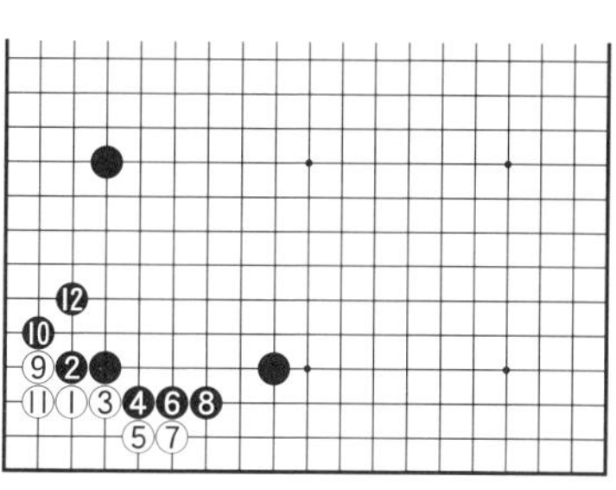

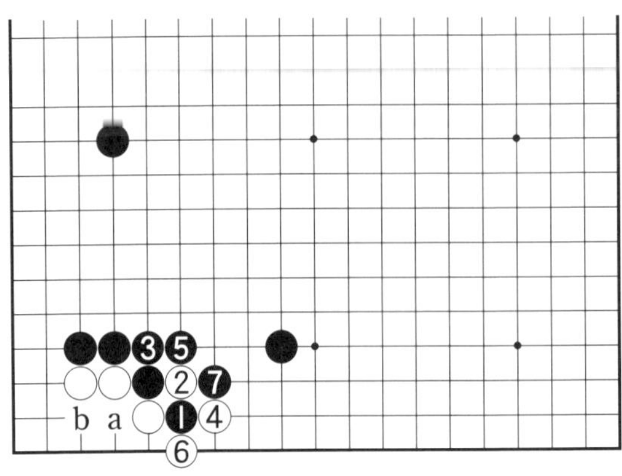

1도

1도 (선수로 세력을)

원포인트 6으로 흑1의 이단젖힘은 하나의 맥. 이하 8까지 선수로 세력을 굳힌다. 흑5로는 a에 몰아 백6, 흑b로 귀를 취하는 선택도 있지만 보통은 좋지 않다. 또한 백6으로 7이면 흑a 이하로 부분적으로 흑이 유리한 모양이 된다.

2도 (귀보다는 변)

흑▲의 이단젖힘에 백1, 3으로 끊는 수법도 있다. 그러면 흑4 이하 8로 귀를 취하고 백은 9까지 변을 부수는 것으로 만족한다. 이 갈림의 유 불리는 좌변의 세력관계에 따른다.

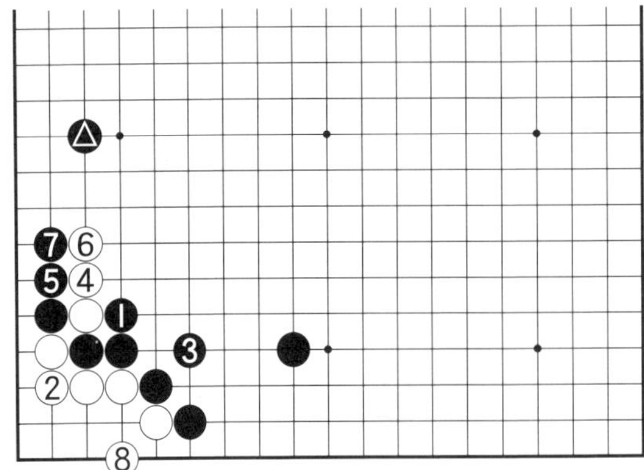

2도

3도 (변의 낮은 위치)

변 쪽에 흑의 배석이 ▲로 낮은 위치라면 흑1로 몰고 백4에 흑5 이하로 따라나가는 변화도 가능하다.

이 경우라면 백은 1도와 같이 하변에서 사는 게 나을 것이다.

3도

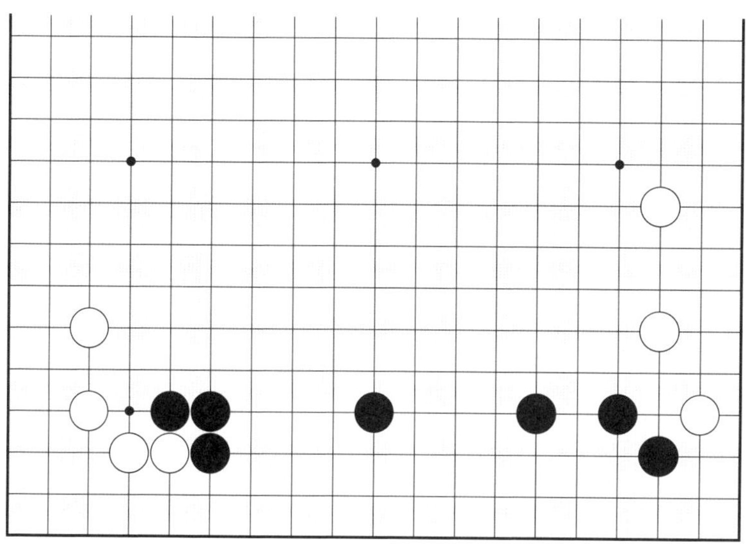

▨ **저공비행**

　실전에서도 빈번히 나오는 형태로, 백이 상용의 급소를 둔 이후에 정형화된 수순을 외워둘 필요가 있다.

　다만 침입의 타이밍은 전체 국면의 형세와 관련해 신중히 결정할 문제이다.

원포인트 ☞ 3선 상의 침입에 대해
백1의 3선 침입은 한가운데의 급소이나 흑2로 붙여 뾰족한 수단이 생기지 않는다. 백1 대신 a의 침입도 흑b로 대동소이한 모양이다. 그리고 백c로 두어 흑d 때 백e로 마늘모하는 수도 있는데 때로는 유력하다.

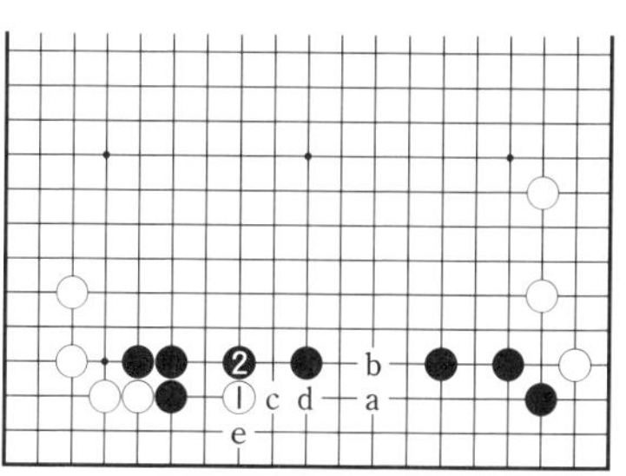

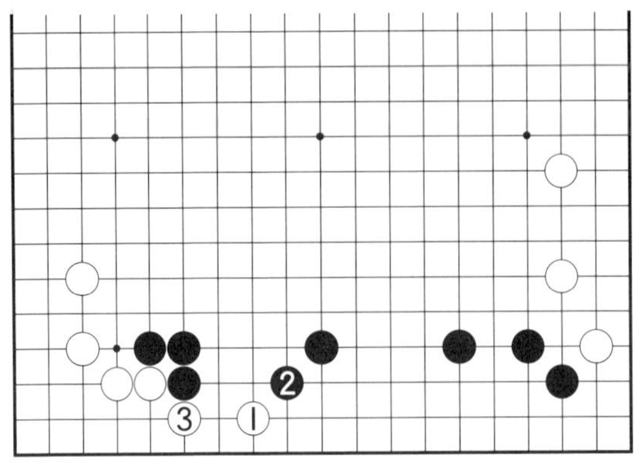

1도

1도 (2선의 급소)

백1로 2선에 잠입하는 수가 이 형태에서는 상용의 행마이다. 흑2의 마늘모로 받으면 백3으로 건너 후수지만 흑의 실리를 크게 빼앗고 있다. 이른 시기에는 백3은 보류하고 둘 가능성이 많다.

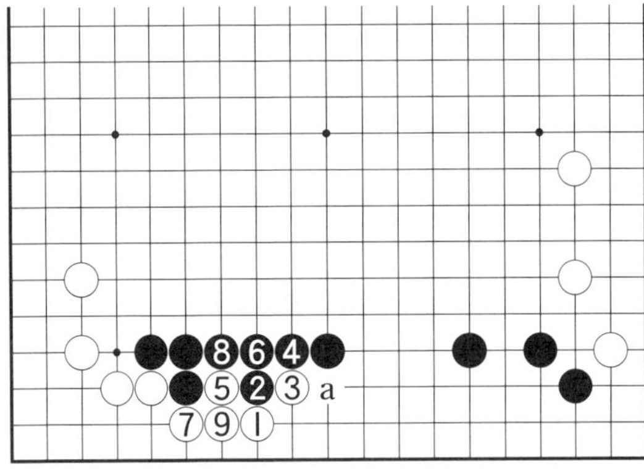

2도

2도 (실리 대 두터움)

흑의 입장에서는 2로 붙여 누르고 이하 백9까지 처리하는 것이 정형화된 패턴으로 실전에서 흔히 두어진다. 다음 흑a면 보통으로 백이 선수로 실리를 빼앗고 흑은 두터움을 얻은 것으로 만족한다.

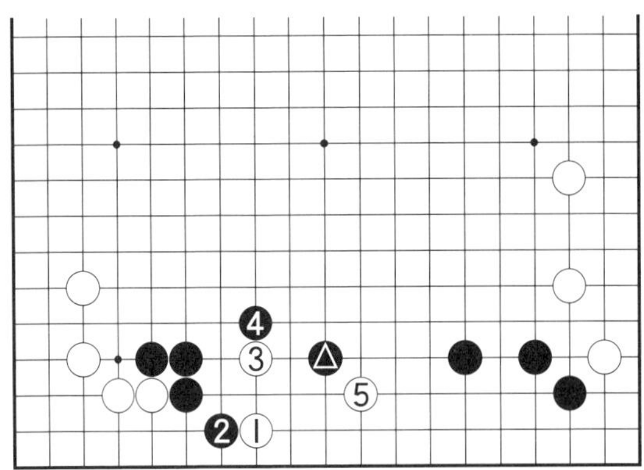

3도

3도 (변으로 진출)

백1에 대해 흑2로 차단하면 백3, 흑4를 교환해 두고 백5로 뛰어나간다.

이처럼 흑△의 높은 벌림이 있는 형태에서는 3선보다는 2선의 침입이 눈모양의 탄력도 그렇고 수습하기가 용이하다.

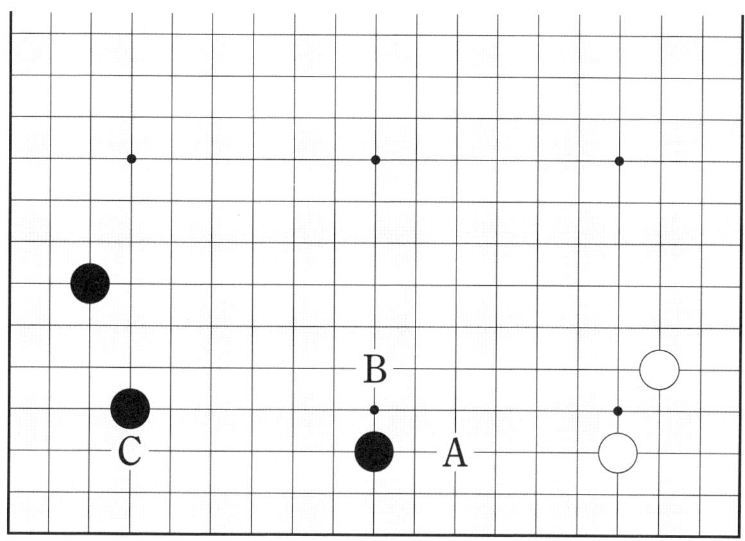

▧ 뿌리부터 부수러 간다

　큰 자리에 대한 감각으로 친다면 백A의 다가섬이 떠오른다. 그러나 이 수는 흑B로 뛰어 모양을 넓히거나 C로 굳히게 해주어 백은 다시 생각을 요한다. 뭔가 근본적으로 흑진을 부수는 방책을 연구해 보자.

원포인트 ☞ 뿌리부터

백1로 3三에 뛰어드는 것은 세력의 뿌리부터 뒤흔드는 수단이다.

　흑2로 넓은 쪽을 막고 백3에는 흑4, 6으로 강하게 젖혀 막는다. 이하 14까지 흑에게 두터운 외세를 허용했지만 대신 백은 선수로 귀를 파고 산다.

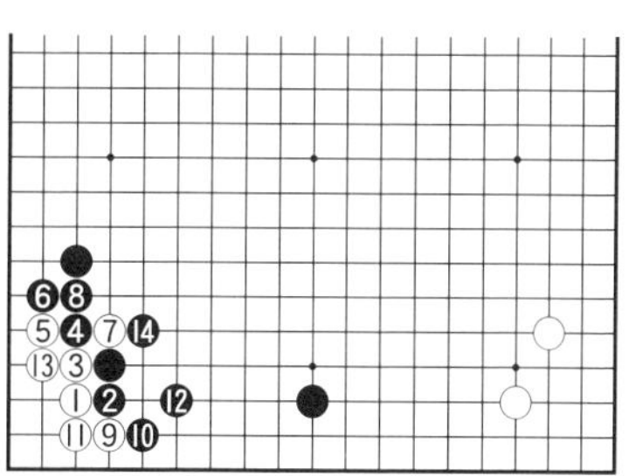

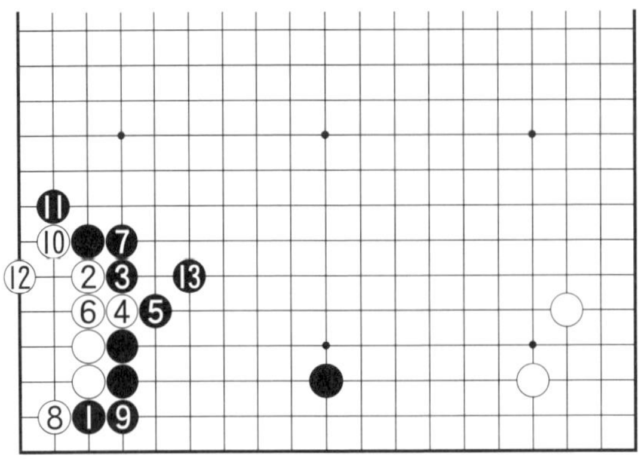

1도

1도 (집에 짜다)

흑1로 아래쪽을 섰히는 섯은 집에 짠 수법. 백은 귀를 받지 않고 먼저 2로 뛰어 붙이는 것이 요령이며 12까지 귀에서 산다. 하변의 흑집이 불어나 있으나 두터움에 있어서는 원포인트보다 다소 떨어진다.

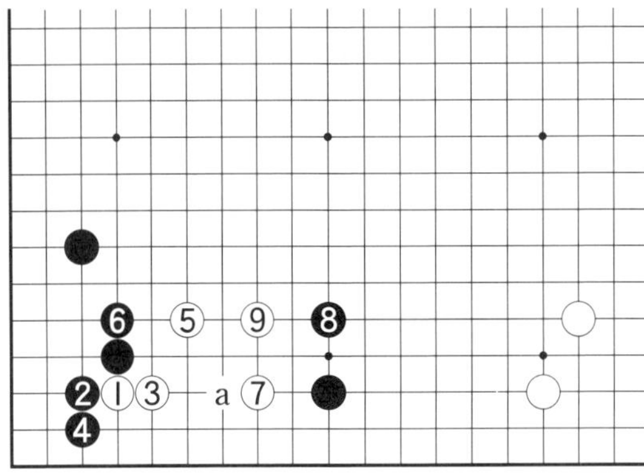

2도

2도 (귀의 붙임)

백1로 붙여가는 것도 급소. 흑2로 받으면 백3으로 끌고 이하 9까지 틀을 갖추어 안정한다. 도중 흑6은 침착한 방비로, 곧장 a로 다가서던가 하면 백이 6의 자리에 붙여가 흑 모양이 일그러진다.

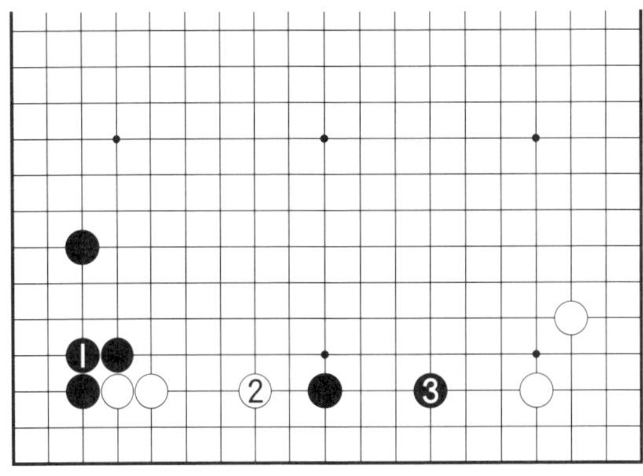

3도

3도 (일책)

백이 붙여끈 수에 대해 흑1로 꽉 잇는 것도 일책. 백2로 벌리기를 기다려 흑3으로 같이 하변을 차지하는 진행이 되는데, 흑1과 3은 서로 연관된 작전이라 해석할 수 있다.

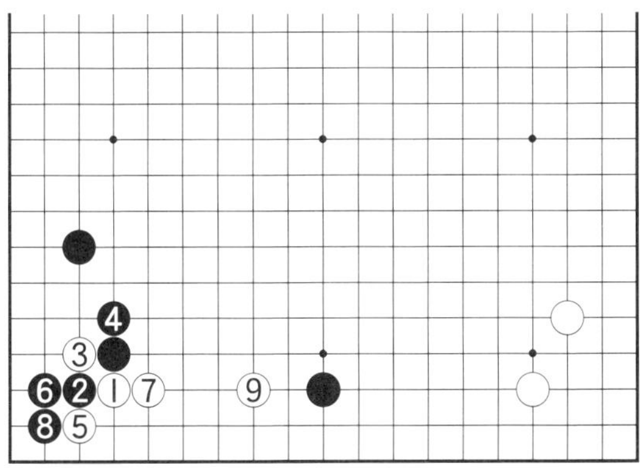

4도

4도 (맞끊음)

백1로 붙여 3으로 맞끊는 수법. 접바둑 같은 데서 상수가 쓰는 기략의 한수라 할 만한데, '맞끊으면 한쪽을 뻗어라'는 격언대로 흑4가 간명한 응수이다. 백도 5, 7을 선수하고 9로 벌리는 자세가 좋다.

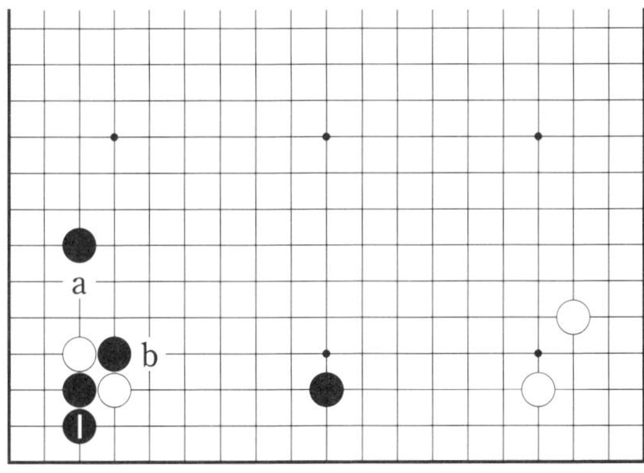

5도

5도 (저항)

흑은 1로 뻗어 저항하는 수단을 고려할 수 있다.

백a면 흑b 등으로 서로 난해한 운영이 되지만, 자신의 힘을 실험하는 의미에서라면 흑1의 강수를 둘 만하다.

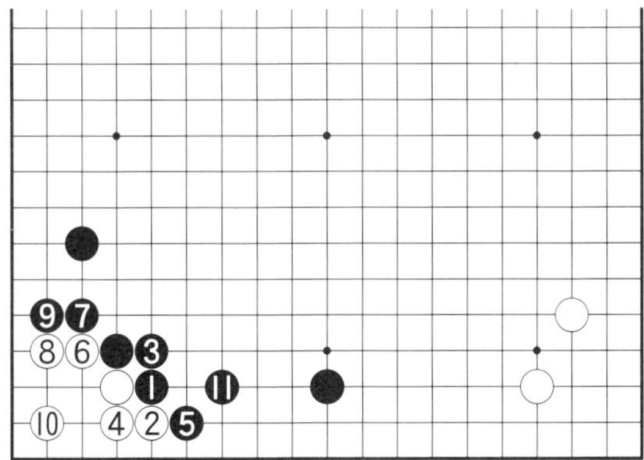

6도

6도 (외세 지향)

흑1로 바깥쪽을 막아 외세를 지향하는 태도도 있다. 백2에는 흑3으로 꽉 잇고 백4 이하 흑11까지가 기본 틀이다.

이 형태는 맞바둑에서도 흔히 나오는 정석화된 수순이다. 흑9로는…

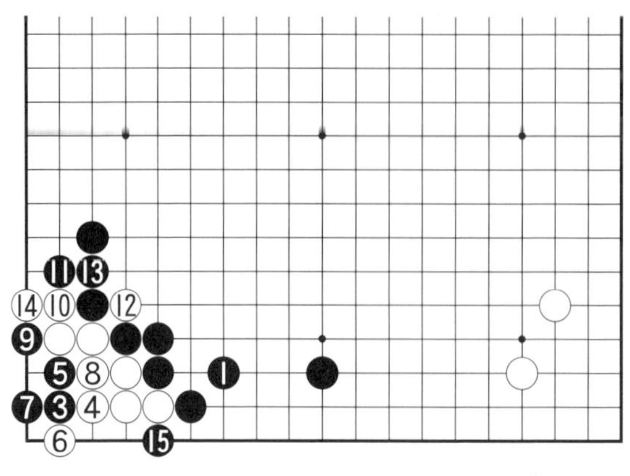

7도 (늘어진 패)

난눈이 흑1로 호구치고 백이 손을 빼면 흑3으로 치중해 들어가는 수를 본다. 백4에는 흑5에서 7 이하로 두어가 귀의 백이 무사하지 못하다. 흑15로 젖혀간 데까지 1수 늘어진 패.

7도   ②…손뺌

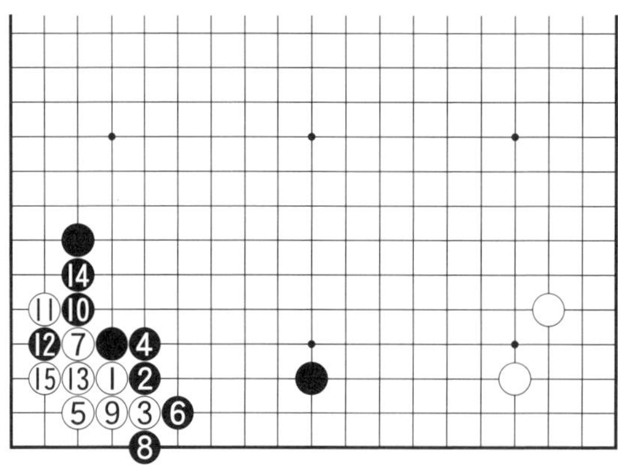

8도 (호구이음)

백이 축 관계가 좋을 경우 5로 호구치는 수단도 있다. 흑6으로 막고 백7에서 흑8, 10 때 백11로 이단젖히는 것이 맥. 여기서 흑이 축이 나쁘다면 12로 몰고 나서 14로 늘어두는 데까지 쌍방 호각이다.

8도

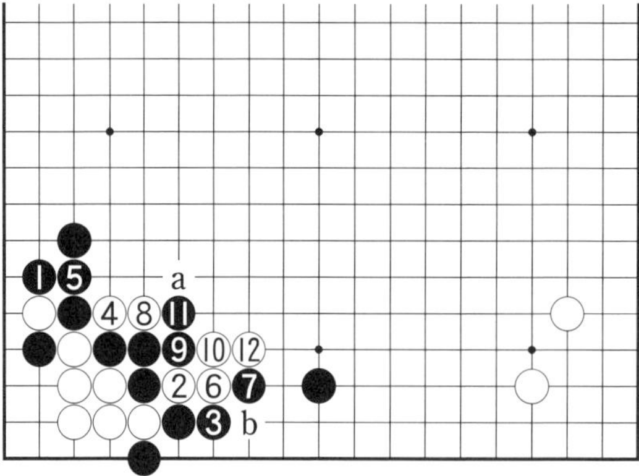

9도 (축 관계)

앞 그림의 14로 이 그림 흑1로 잡는 것은 백2로 끊는 것이 노림이다.

흑3으로 늘 수밖에 없는데 백4로 몰고 나서 6으로 눌러나간다. 흑7에는 백8 이하 12의 꼬부림까지, 백은 다음 a로 모는 축과 b의 끊음이 맞보기이다.

9도

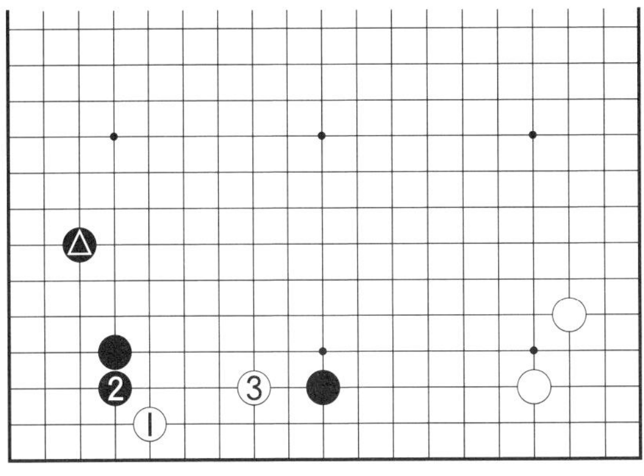

10도

10도 (경쾌하지만)

백1로 낮게 들어가 3으로 틀을 잡는 것도 경쾌하게 흑집을 부수는 수단이 된다. 그러나 이 경우는 흑❲△❳의 폭이 좋아 백이 약간 불만이다. 백1, 3의 수단은 흑의 귀가 날일자굳힘일 때 많이 쓴다.

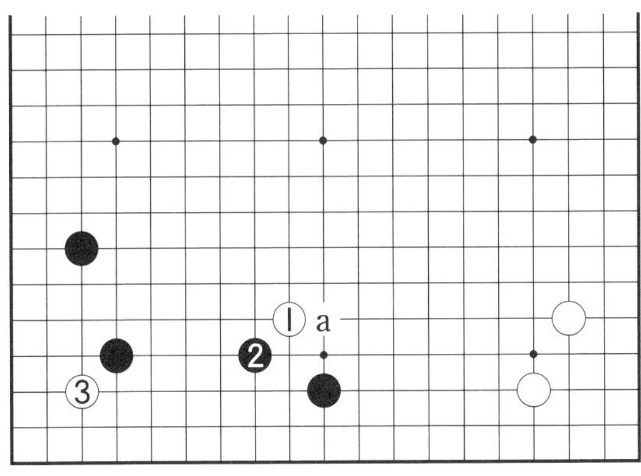

11도

11도 (삭감 후 침입)

직접 뛰어드는 수단과는 별도로 백1(또는 a)로 가볍게 삭감하는 경우도 있다. 흑2로 받기를 기다려 백3으로 뛰어드는 진행인데, 삭감과 침입을 병행하는 수순이 척척 맞아떨어지는 느낌이다.

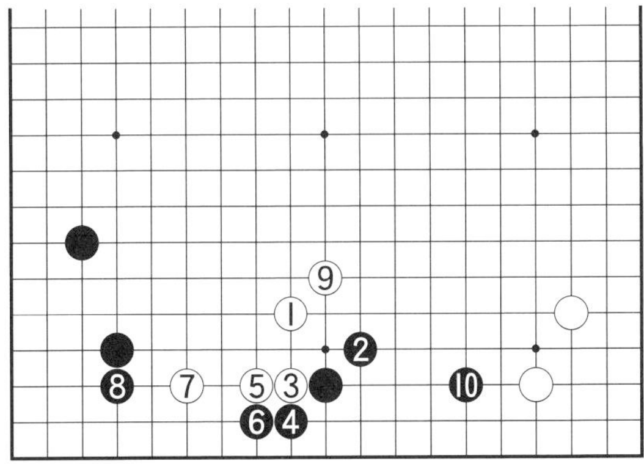

12도

12도 (반발)

백1은 외세를 제한함과 동시에 침입의 효과를 보려는 것으로, 그 같은 백의 의도를 거슬러 흑2로 반발하는 것이 기세이다.

백은 3으로 붙여 들어가고 이하 흑10까지의 진행을 상정할 수 있다.

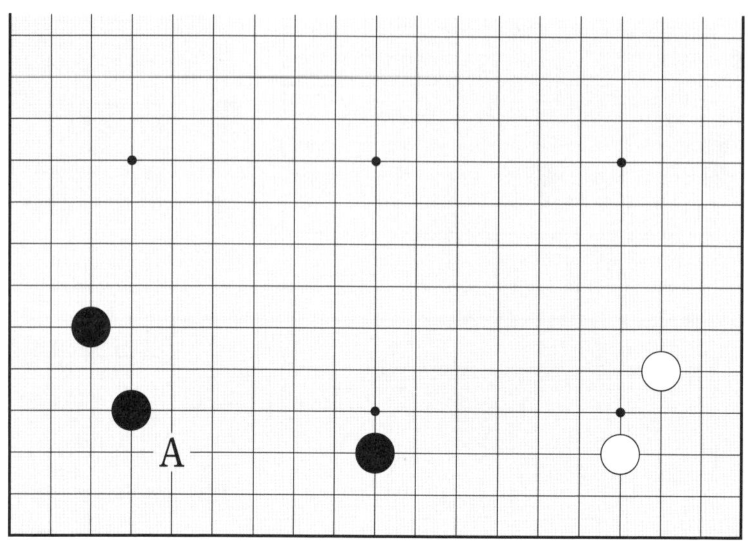

날일자굳힘의 주변

흑A로 굳히기 전에 백이 먼저 뛰어든다면? 앞의 예제
와 유사한 형태이나 좌하 흑의 굳힘이 눈목자에서 날일자
로 바뀌어 있는 데 주목한다. 이 미묘한 틈새를 둘러싸고
흑백 간의 공방은 매우 다른 양상을 드러낸다.

원포인트 ☞ 패

좁은 날일자 진영 속이라 해도 백1로
직접 뛰어들면 이하 7까지 간단히 패가
난다. 문제는 백이 뛰어드는 시기를 어
떻게 잡느냐로, 팻감 관계가 유 불리를
결정한다.

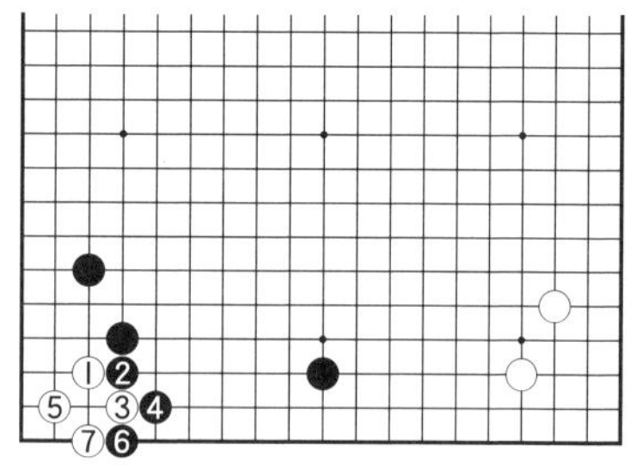

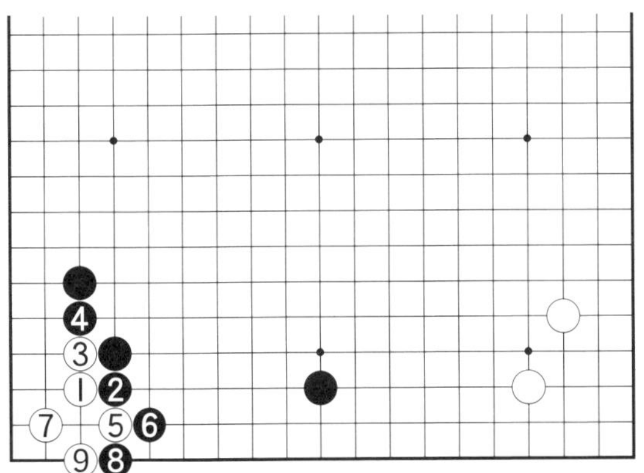

1도

1도 (부담)

백3으로 한번 더 밀고 5 이하 9로 두어도 패이다.

원포인트와 비슷한 형태이긴 하나 백이 패에 질 때를 생각하면 손해인 모양으로 백은 기필코 이겨야 하는 부담이 따른다.

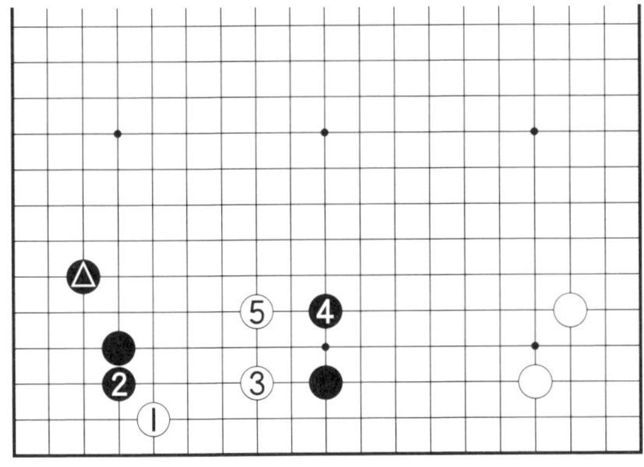

2도

2도 (유력한 저공비행)

백1로 낮게 걸쳐 들어가는 것이 유력한 수법이다. 흑2로 나란히 서 두면 가장 무난한 응수이며, 백3으로 벌려 안정하는 데까지 필연이다. 백의 입장에서는 흑△의 폭이 좁다는 데 포인트를 두고 있다.

3도

3도 (백2가 호착)

2도 4로 이 그림 흑1로 두어온다면 백은 받지 않고 2, 4로 가볍게 전환하는 것이 좋은 태도이다.

백2로 3에 받는 것은 흑a, 백b, 흑c로 눌러 백이 저위를 강요당한다.

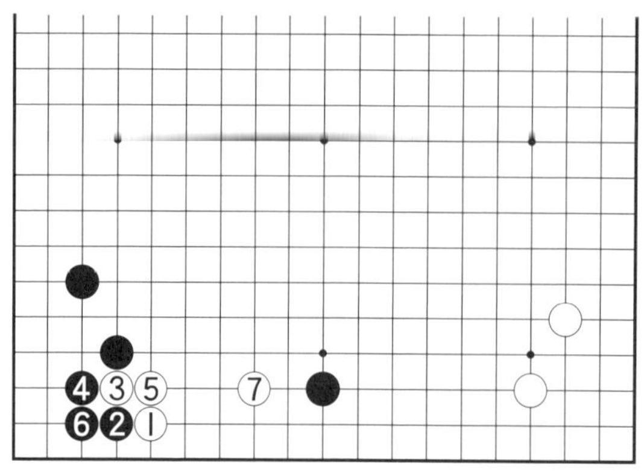

4도

4도 (백, 만족)

흑2로 붙이는 것은 십에 짠 수이나 백3으로 끼워 넣어 수습한다.

흑4, 6에 백7로 벌린 데 까지 흑이 활용 당한 느낌 으로, 흑4로는 5의 자리에 모는 것이 기세이다. 이에 대해서는 잠시 후에….

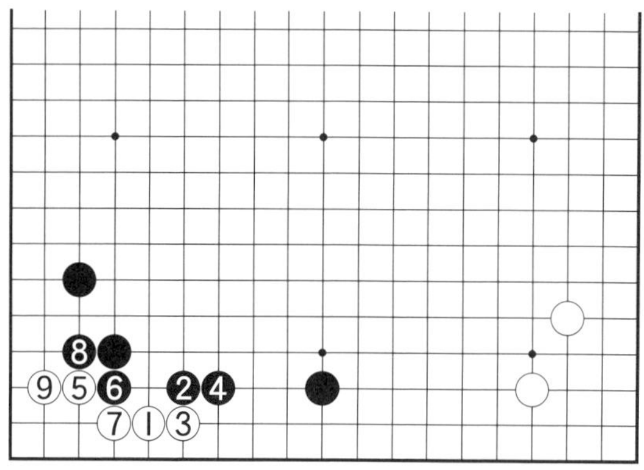

5도

5도 (모양 중시)

흑2로 씌우는 수는 약간 속수인 느낌이 없지 않지 만 좌변에 큰 모양을 기대 하는 수법이다. 백에게 실 리를 크게 내주어 부분적 으로는 손해이지만, 경우 에 따라서는 훌륭한 작전 이라 할 수 있다.

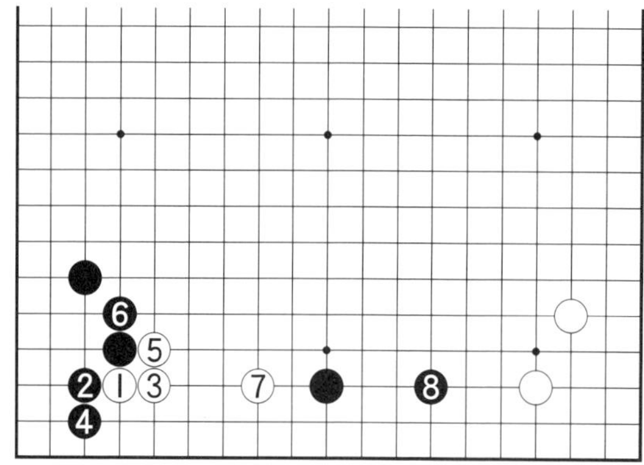

6도

6도 (붙임)

날일자굳힘에 대해서도 백 1로 붙이는 수단이 가능하 다. 흑2로 안쪽을 받으면 백3에서 7로 터를 잡고 흑 8의 벌림까지 쌍방이 만족 하는 갈림이다.

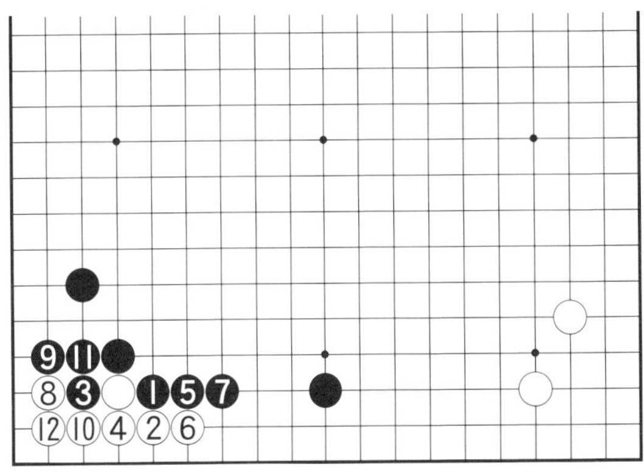

7도

7도 (외세)

흑1로 바깥을 막는 것은 외세지향. 백2로 되젖히는 것이 맥이며 흑3의 단수를 결정하면 이하 백12까지 귀를 크게 잠식한다.

도중 백2를 3의 자리에 느는 것은 흑2로 내려서서 귀의 백이 위험하다.

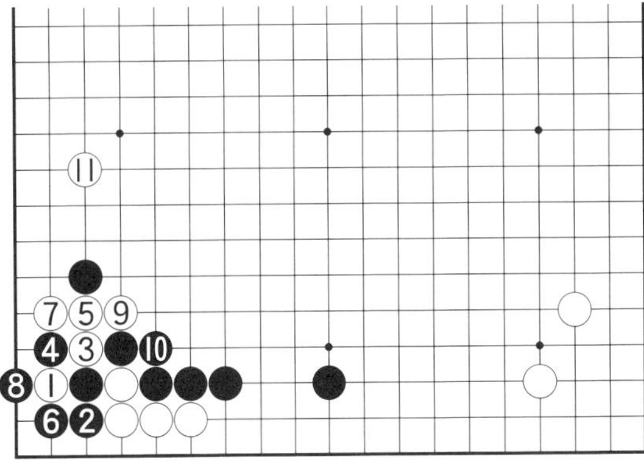

8도

8도 (흑, 나쁨)

백1 때 흑2로 내려서는 것은 백3으로 끊는 수가 성립한다.

흑4로 몬 다음 6으로 잡을 수밖에 없는데 백7, 9에서 11까지 좌변이 백의 터로 바뀌어서는 흑이 나쁘다.

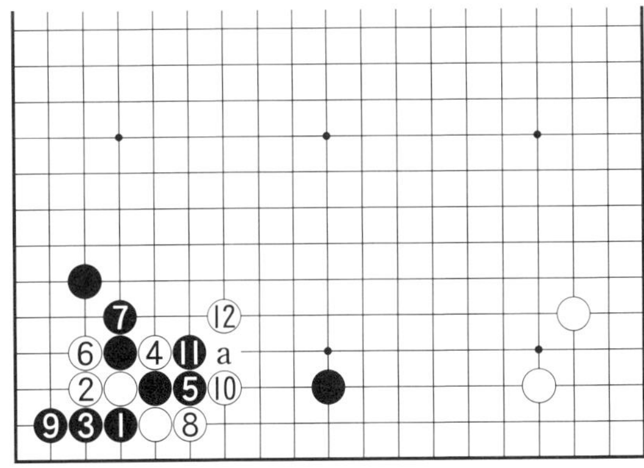

9도

9도 (흑, 실리지향)

흑1, 3으로 몰고 나가는 것은 실리지향의 수법으로 유력하다.

백은 잡힌 석점을 사석으로 삼아 10에서 12로 헤쳐 나오는 데까지 일단락한다. 백12로는 단순히 a에 미는 것도 가능하다.

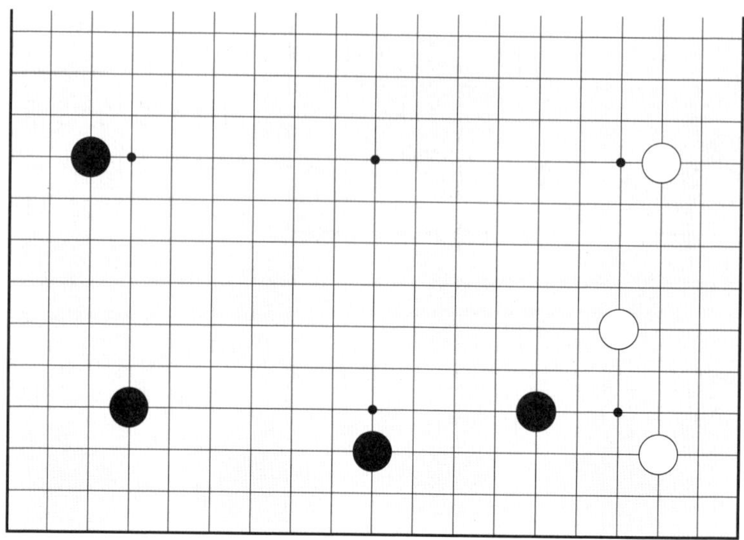

🀫 양날개 포진에서

오른쪽을 도외시한다면 좌하 흑 모양은 귀의 화점으로
부터 양날개를 펴고 있는 포진임을 눈여겨보기 바란다.

이런 형태에서는 어떤 침입의 방법들이 있는지…. 물론
하나의 정답은 없다.

원포인트 ☞ 걸쳐 들어가기

걸쳐 들어가는 방향은 흑▲의 강약을
비교해 더 약한 쪽을 택한다.

백1, 3 다음 5로 가볍게 날아오는
데까지는 하나의 모양이라 할 수 있다.
백5로는 a나 b도 가능하다.

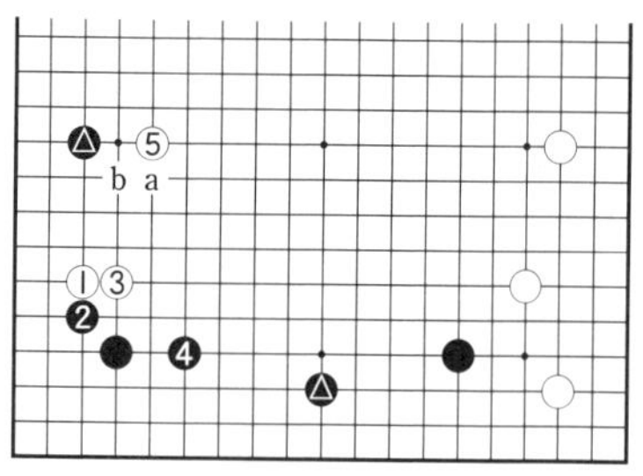

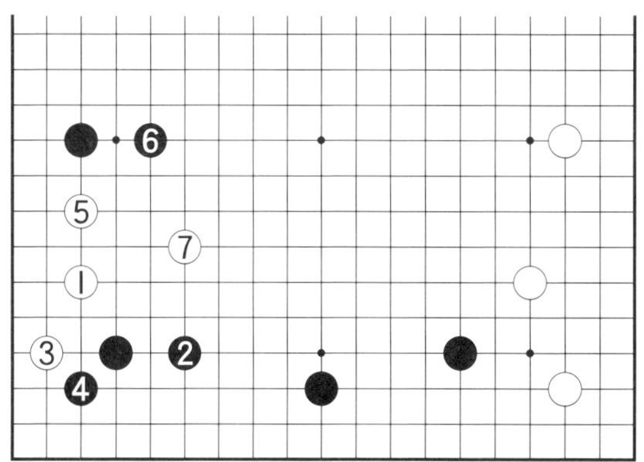

1도

1도 (느슨)

흑이 원포인트처럼 마늘모 붙임을 두지 않고 2로 그냥 뛰는 것은 느슨하다.

백3, 5로 쉽게 터를 잡게 해 양날개 포진의 위력이 다소 희석된 느낌이다.

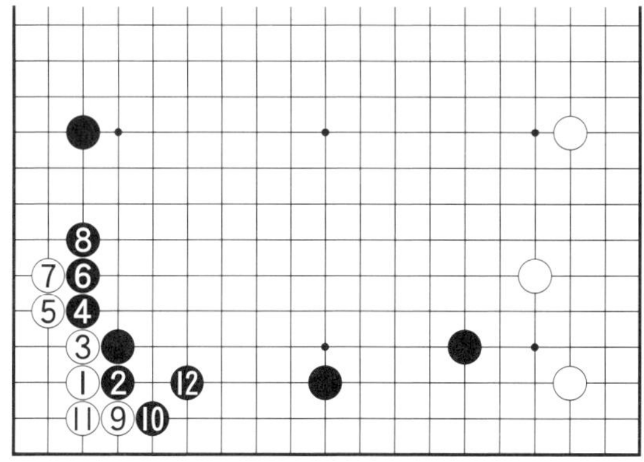

2도

2도 (상형)

흑△가 높게 자리하고 있는 경우에는 백5로 모양을 갖추는 것이 상형이다.

이후 흑은 a의 마늘모나 b의 쌍점 또는 c로 뛰어 공격을 계속하게 된다.

3도

3도 (간명)

곧장 3三에 뛰어들면 가장 간명하긴 하다. 이는 화점 양날개 포진의 약점이라고 할 수 있는데, 흑2로 넓은 쪽을 막는 것이 원칙이다.

이하 12까지 일단락한 다음 하변 일대에서 큰 세력을 도모한다.

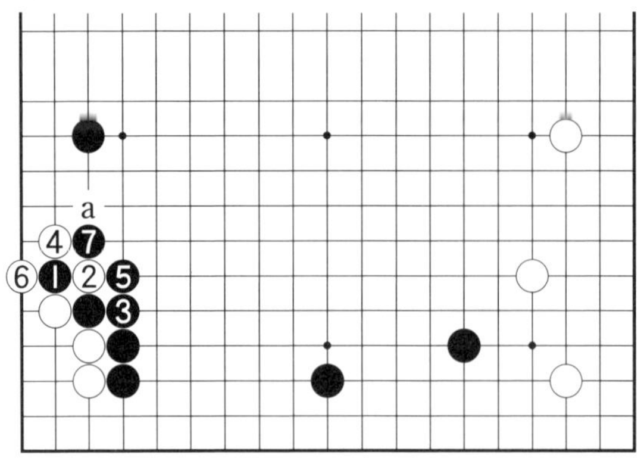

4도

4도 (흑, 선수)

3도 6으로 이 그림 흑1로 이 단젖히는 것도 유력한 수법이다. 흑7 다음 백이 1에 이으면 흑은 선수로 세력을 쌓는 것으로 만족한다.

국면에 따라서는 백8로 a에 모는 것도 가능하다.

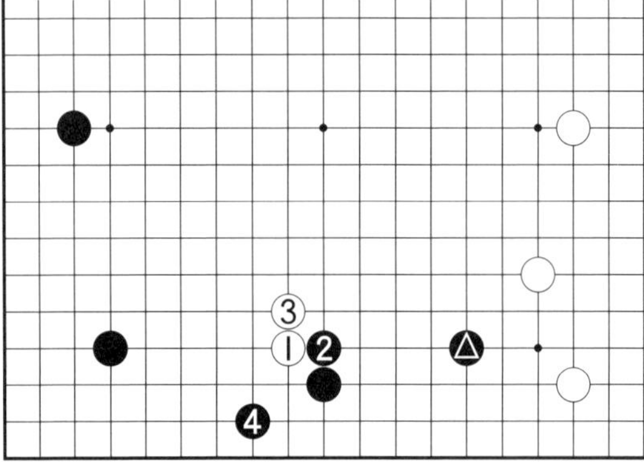

5도

5도 (삭감)

백이 직접 뛰어들지 않고 1로 어깨를 짚는 것은 삭감의 수법이다. 그러나 흑 ▲ 방면의 간격이 넓어 백의 이러한 태도에는 문제가 있어 보인다.

6도 (경쾌한 뜀)

백3으로 뛰는 것은 부분적으로 경쾌한 태도이다. 흑4에 손을 빼더라도 삭감의 목적을 달성하고 있는 모습이지만 한편으로는 흑집을 굳혀주고 있다.

수순 중 흑2로 a에 밀면 백b의 뜀이나 4의 늘기가 요령이다.

6도

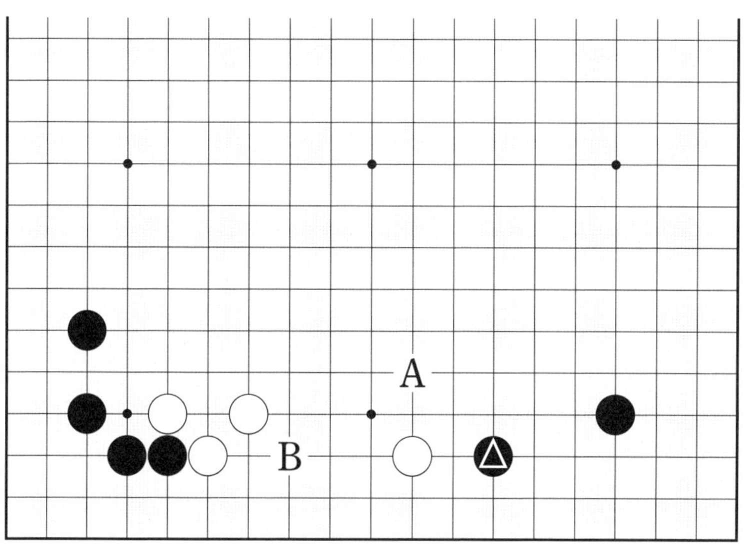

▨ 정석에서의 뛰어들기

　소목 정석. 흑▲의 다가섬이 오면 세칸 벌림의 약점을 파고드는 수단이 성립한다. 백이 미리 A로 뛰어 지킨다면 훌륭한 진용이지만, 초반에 다른 곳이 급할 때 흑B의 침입을 허용하는 경우도 많다.

원포인트 ☞ 급소

흑1로 뛰어드는 수가 건넘을 함축하는 급소. 백2로 위에서 막는다면 흑3으로 하나 나가두고 5로 알뜰히 넘는다.
　이것은 논외의 그림이지만 초심자라면 이같이 어리석은 수를 둘지 모른다.

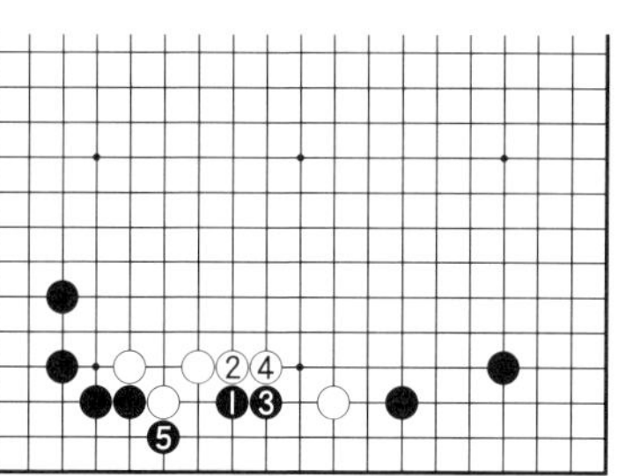

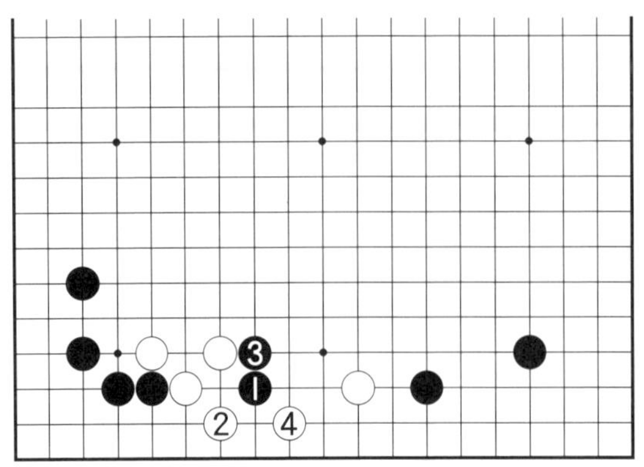

1도

1도 (건넘 저지)

흑1에는 백2로 두어 흑이 왼쪽으로 건너는 것을 막는 한수이다.

그러나 다음 흑3으로 올라서는 것은 기략이 없는 태도로, 백4로 깨끗이 넘고 나면 흑 두점만 무거운 모습이다.

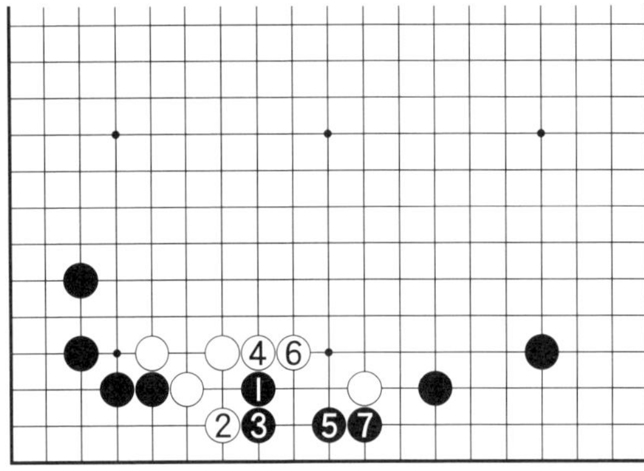

2도

2도 (두터움 허용)

흑3으로 아래쪽을 막는 것도 무거운 행마. 백4로 압박하는 자세가 두터워 흑5, 7로 넘은 데까지 흑이 별로 한 게 없다.

전체적으로 흑의 실리가 백의 두터움에 못 미치는 결과이다.

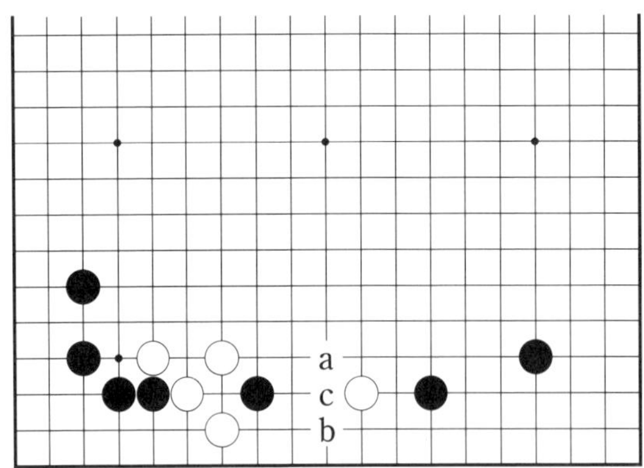

3도

3도 (3가지의 수단)

흑은 a나 b로 비켜 나오는 것이 가장 유력한 행마이다. 흑c로 붙이는 특수전법도 있지만, 그것은 필연적으로 패싸움을 함축하므로 비상시가 아니면 a나 b가 보통일 것이다.

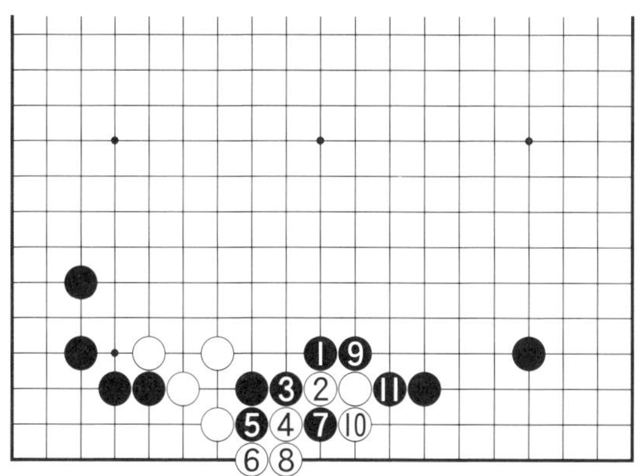

4도

4도 (등을 두텁게)

먼저 흑1로 위쪽으로 나오는 경우. 백2로 미는 것은 급소이며 이하 흑11까지는 하나의 상형이라 할 수 있는데, 흑은 중앙 쪽에 두터움을 쌓는 것이 포인트이다.

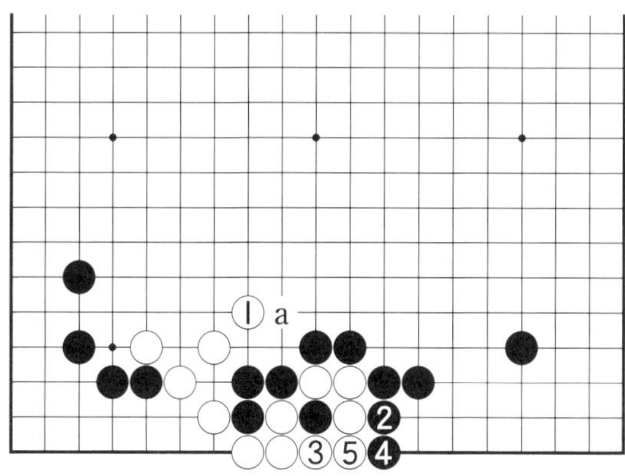

5도

5도 (백1이 요점)

계속해서 백1로 마늘모하는 수가 요점으로(백이 손을 빼고 이곳을 흑이 두어도 마찬가지 요점), 흑2, 4의 단수를 결정한 다음이면 흑a의 보강은 서두르지 않아도 된다.

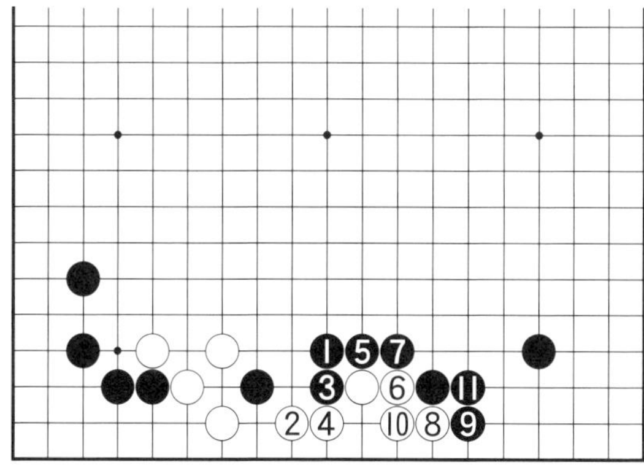

6도

6도 (외세 강화)

단순히 백2로 건너는 것은 백의 불만이다. 흑은 알기 쉽게 3에서 5 이하로 결정해 외세를 강화한다.

흑의 입장에서 이 결과가 5도보다 더 좋다는 것은 명약관화하다.

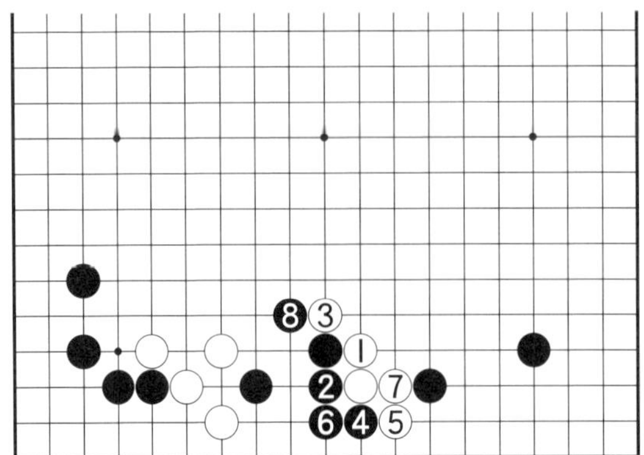

7도

7도 (백이 괴롭다)

백1로 끝상 막는 것은 무리. 흑2로 강하게 차단하고 나오면 좌우로 분단된 백만 괴로운 처지에 빠진다. 백3에 흑4, 6으로 아래쪽을 젖혀잇고 8까지….

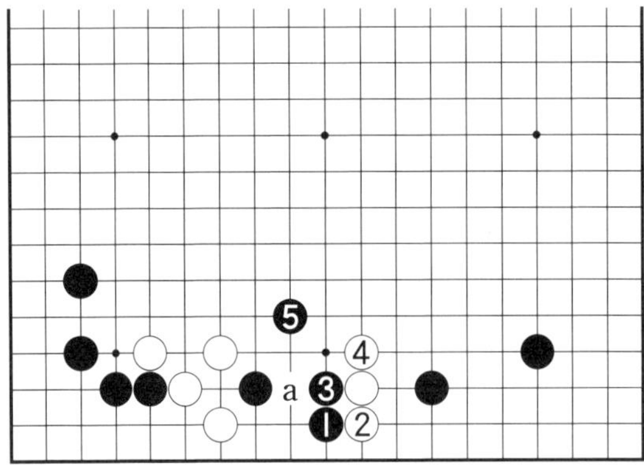

8도

8도 (아래쪽 달림)

이번에는 흑1로 턱밑을 달리는 경우. 앞의 형태보다 흑이 집을 중시하는 수법이다. 백2로 막바로 막는 것은 흑3에서 5로 가르고 나와 좌우로 분단된 백이 좋지 않다. 백2 대신 3, 흑 a, 백2면 흑5로 마찬가지.

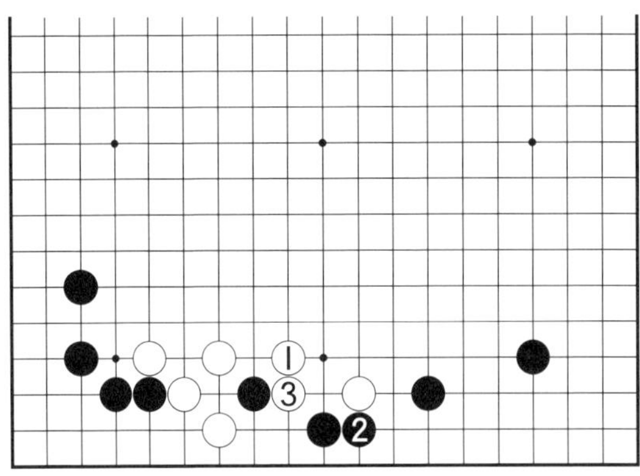

9도

9도 (씌우는 맥)

백1로 씌워 가는 것이 맥. 흑2로 건넌다면 백3으로 눌러 충분히 두터운 자세를 유지한다.

따라서 흑2는 다른 궁리를 요하는 곳이다. 이에 대해서는 잠시 후에….

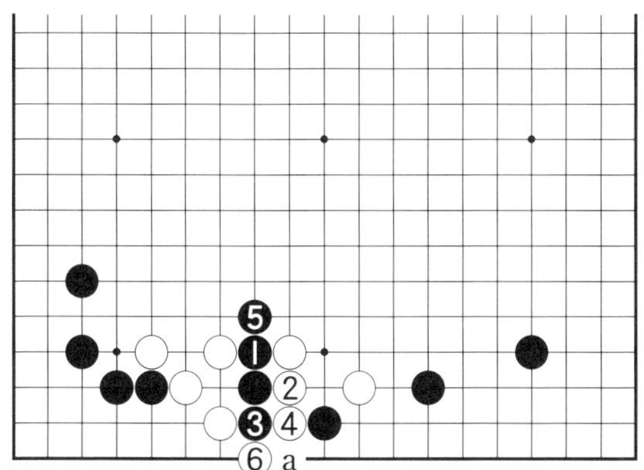

10도

10도 (흑, 크게 불리)

흑1로 직접 뚫자고 드는 것은 백이 2, 4로 같이 뚫고 내려와 6까지 흑이 더 이상 둘 수 없는 모양이 된다. 수순 중 흑3으로 4면 백3의 끊음이고, 흑5로 a는 백5.

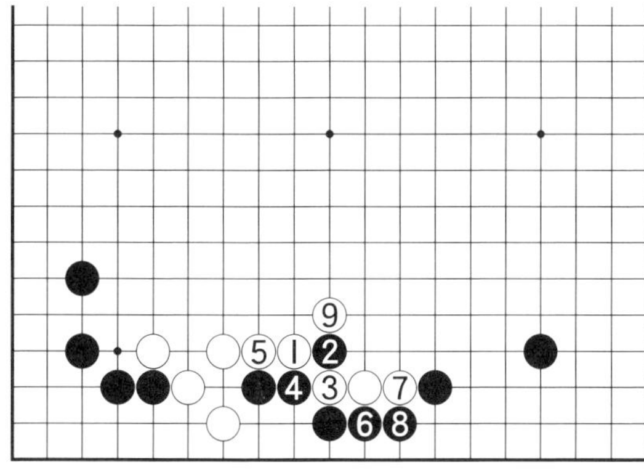

11도

11도 (정석)

백1의 씌움에는 흑2로 건너붙이는 것이 꼭 기억해 두어야 할 맥이다. 백3, 5로 두기를 기다려 흑6 이하로 넘는다. 백9까지는 하나의 정석적인 수순으로 이번 예제의 완결판 중 하나라고 할 수 있다.

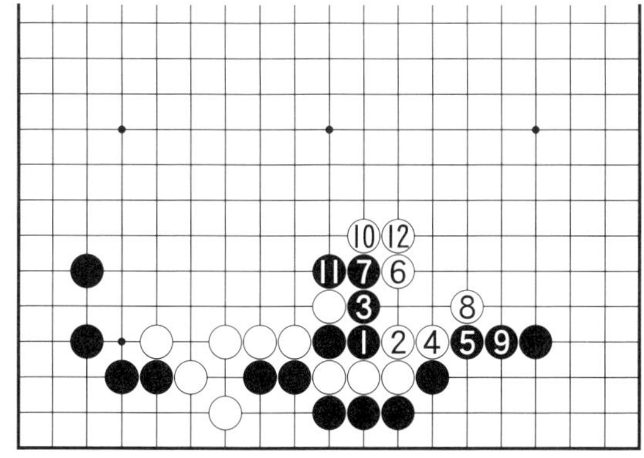

12도

12도 (싸움)

흑1로 당장 움직이는 수도 있다. 다음 우변 쪽의 축 관계가 흑에게 유리하다면 이하 12까지는 거의 필연의 진행이다. 그러나 좌변 쪽에 백의 세력이 대기하고 있으면 흑이 다소 힘든 싸움이 예상된다.

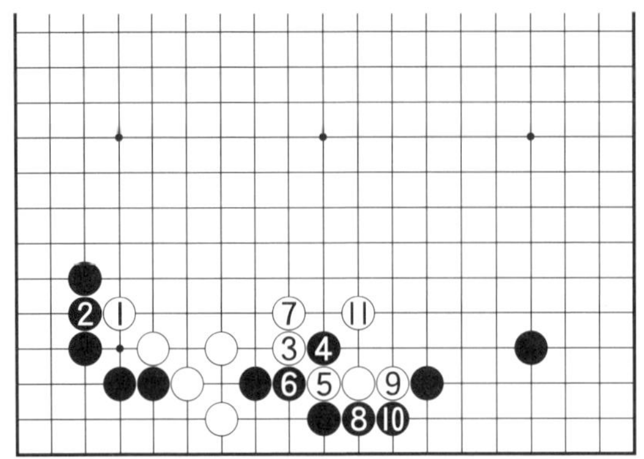

13도

13도 (견실)

백이 앞의 그림을 싫어해 1로 먼저 늘여다보고 나서 3 이하로 두면 견실하다. 백은 7로 서서 흑10까지 된 다음 11의 장문으로 잡을 수 있는 것이 자랑이다.

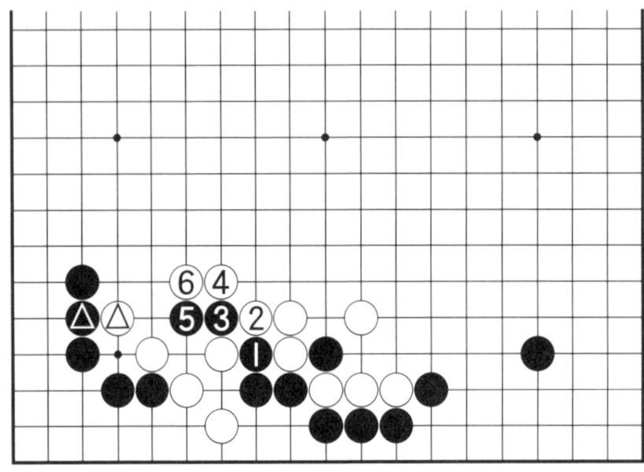

14도

14도 (교환의 의미)

백△, 흑▲를 교환해 둔 것은 흑1 이하로 나와 끊음을 대비해 둔 의미이다.

물론 들여다본 것 자체는 다소 손해이긴 하지만 이 그림에서와 같은 전투를 피하기 위한 임기응변이라 할 수 있다.

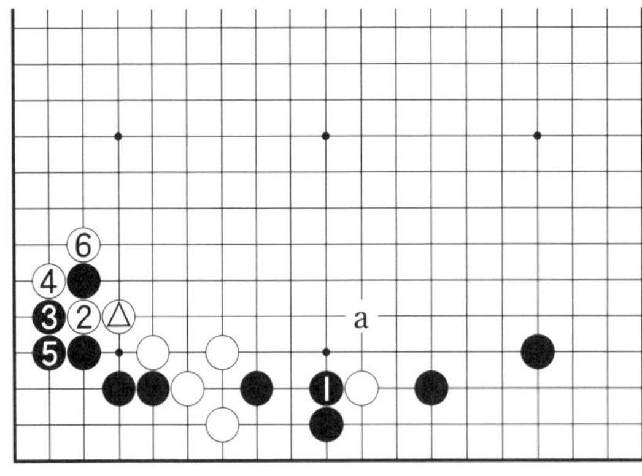

15도

15도 (손을 빼면)

백△에 손을 빼서 흑1로 둔다면 백2, 4로 나와 끊는 것이 통렬하다.

흑5에 백6으로 잡아 이 축이 성립한다면 당연히 백이 유리한 바꿔치기라고 할 수 있다. 하변의 흑은 백a의 삭감수단이 있어 생각보다 별 게 아니다.

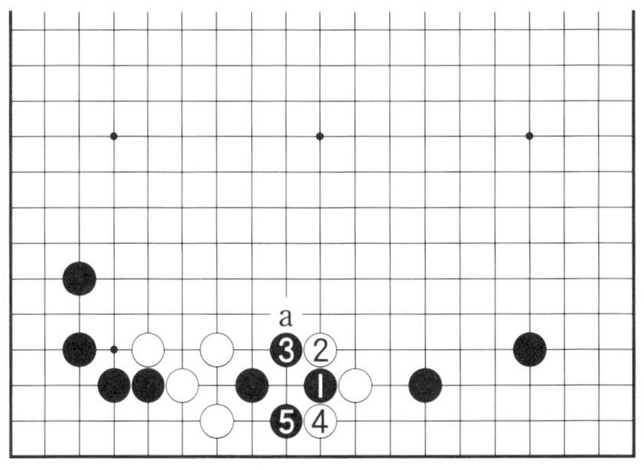

16도

16도 (큰 패)

흑1로 붙이는 수는 앞서 한 차례 말한 것처럼 비상시에 쓰는 특수전법이다.

백은 기세 상 2, 4로 젖혀 몰고 흑은 3, 5의 패 모양으로 응한다. 여기서 한 번 더 백a로 젖히면 그야말로 큰 패싸움이 된다.

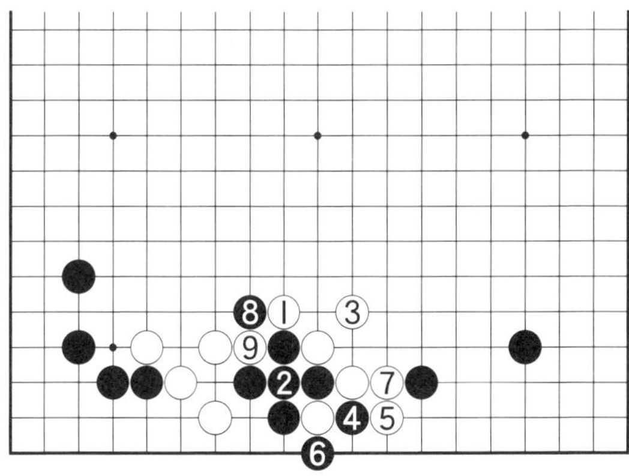

17도

17도 (흑, 죽음)

백1로 젖힌 수에 흑2로 잇는 것이 득이라고 판단하는 것은 수읽기 착각이다.

백3으로 호구치는 것이 필살의 한수로 이하 9까지 흑이 그대로 죽고 만다.

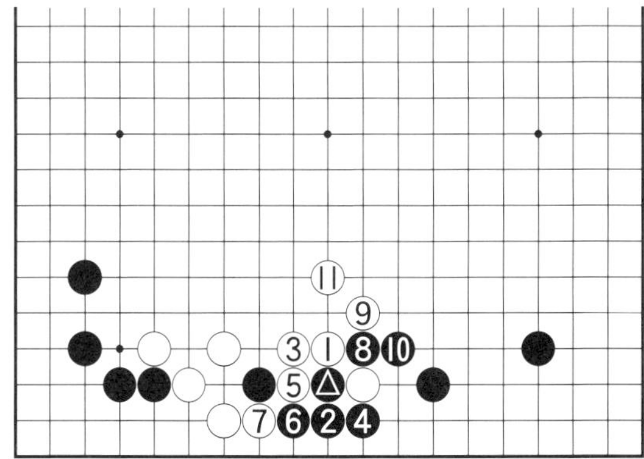

18도

18도 (백, 세력으로)

사이길이지만 흑△로 붙이고 나서 굳이 패를 피하려면 흑2로 내려서던가 해야 하는데, 그러면 백은 3이하로 세력을 쌓는 진행이 된다. 아무튼 특별한 경우가 아니면 흑△로는 역시 1이나 2의 곳이 보통이다.

　삭감은 말 그대로 상대의 세력이나 집을 줄이는 것이다. 집을 줄인다는 의미에서는 끝내기와 같으나 삭감의 행마는 보통 쌍방의 모양과 접하고 있는 중심선에서 이루어지므로 자신의 세력이나 집을 넓히는 발판이 되기도 한다.

　주로 3선의 돌을 향해 위에서 압박하는 형태를 띠며, 적절한 시기를 놓치면 역습을 받을 우려가 있다. 삭감의 요체는 타이밍으로, 변화가 많아 여러 가지 유형을 섭렵해 두어야 한다. 대표적인 수단 3가지만 소개한다.

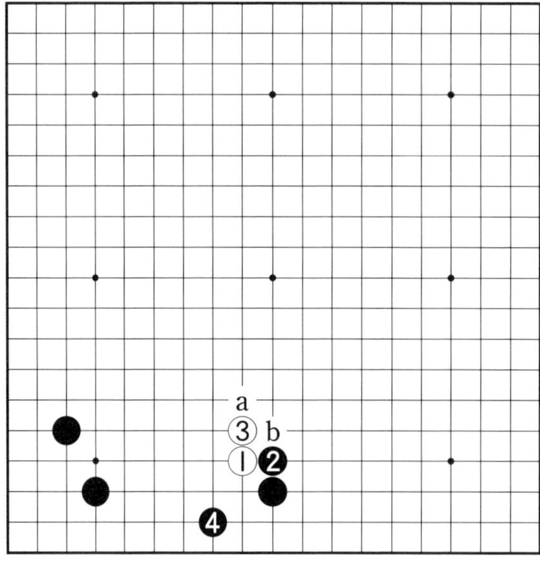

1도

1도 (마늘모 어깨짚음)

백1의 마늘모로 어깨짚고 3으로 느는 것이 기본 행마. 삭감의 효과로는 가장 준엄하다(백3 대신 a로 뛰는 수도 있다).

　흑4로는 b에 한번 더 미는 것도 가능하다.

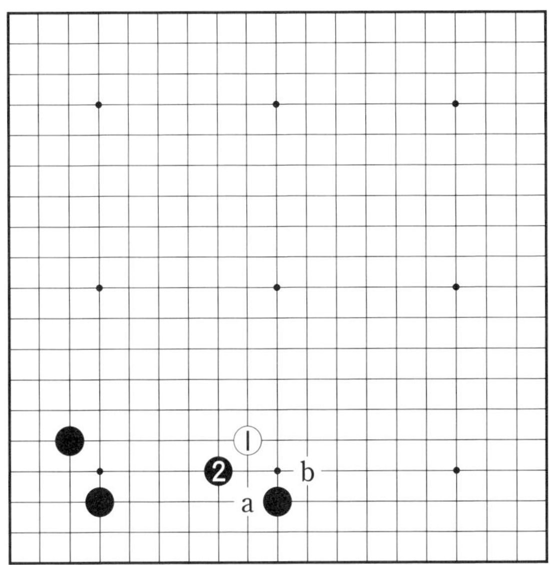

2도

2도 (날일자)

백1의 날일자는 a의 붙임을 보아 응수를 강요하는 행마이다. 흑2에 백b가 후속수단으로 많이 쓰인다.

　흑2 대신 b의 마늘모도 있는데 공격에 뜻을 둔 모양이다.

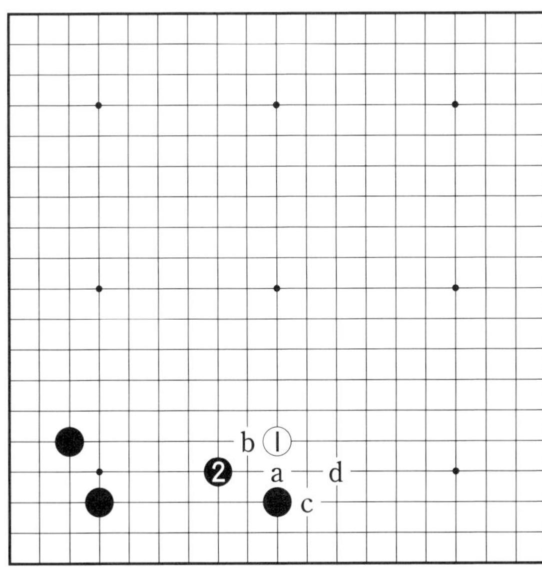

3도

3도 (모자)

백1의 모자는 흑이 이곳에 두어 모양을 확장하는 것을 미리 막아 둔 의미가 있다.

　흑은 2의 날일자, a의 치받음, b의 붙임이 응수법으로 되어 있다. 흑2 다음 백이 둔다면 c나 d가 유력하다.

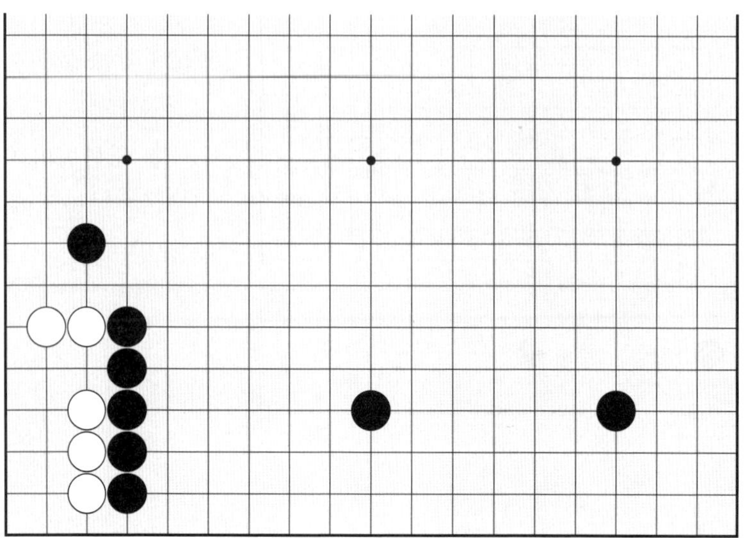

▨ 3연성의 주변

　　3연성 포석에서 발생한 형태. 큰 모양을 보면 무턱대고 부수러 들어가는 경우는 없었는지….

　　다양한 형태의 침입과 삭감의 수단을 익혀 세력에 임하는 사고를 길러주기 바란다.

원포인트 ☞ 평범

백1로 바깥에서 걸쳐가면 보통. 흑이 평범하게 2의 한칸으로 받고 이하 백5의 벌림까지는 가장 보편적인 정석이자 서로 불만 없는 모양이라 할 수 있다.

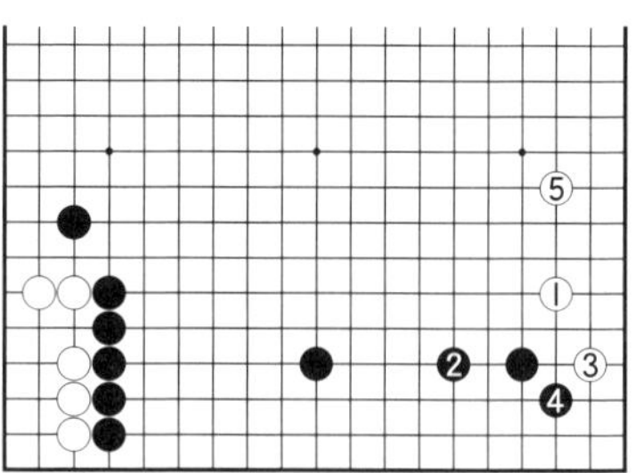

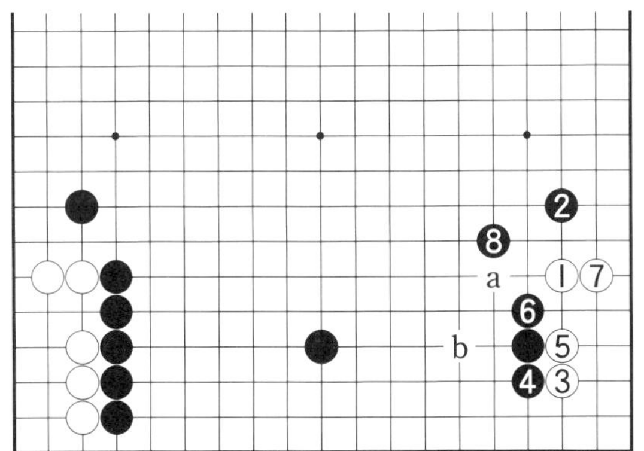

1도

1도 (하변에 큰 세력)

흑은 좌하에서처럼 2로 협공하는 것도 유력한 방법이다. 이후 백3의 3三 뛰어들기를 유도해 강대한 세력을 쌓을 수 있다.

백3으로 a에 뛴다면 흑 b로 받아 싸움이다.

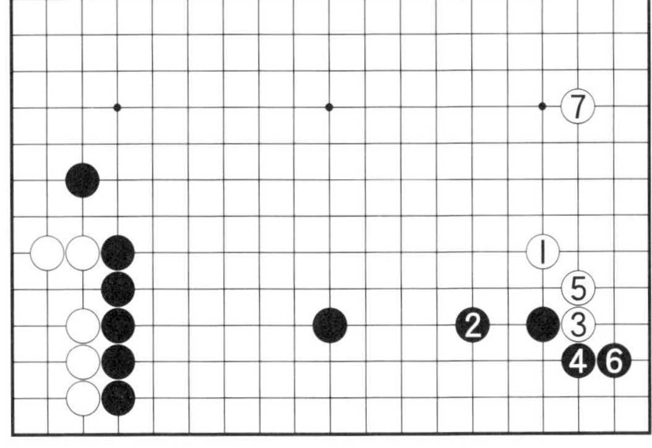

2도

2도 (경우에 따라)

1도의 한칸협공을 싫어해 백1로 높이 걸쳐 들어가는 것도 일책이다.

흑2로 뛰면 백3, 5로 붙여끌고 7로 벌리는 데까지 일단락하는데 부분적으로 백의 손해라 할 수 있다.

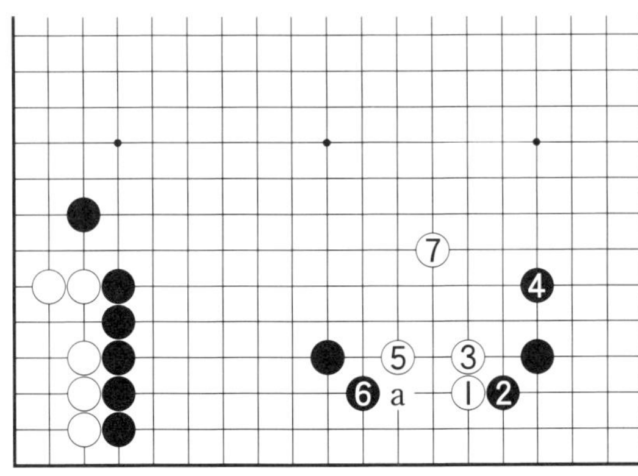

3도

3도 (백, 괴롭다)

백1로 안쪽에서 걸쳐가면 흑은 당연히 2, 4로 붙여세우고 백5, 7로 달아나는 진행이 예상된다.

경우에 따라 가능한 수이나 보통은 백이 괴로움을 자초하고 있다. 흑a의 급소가 남아있다.

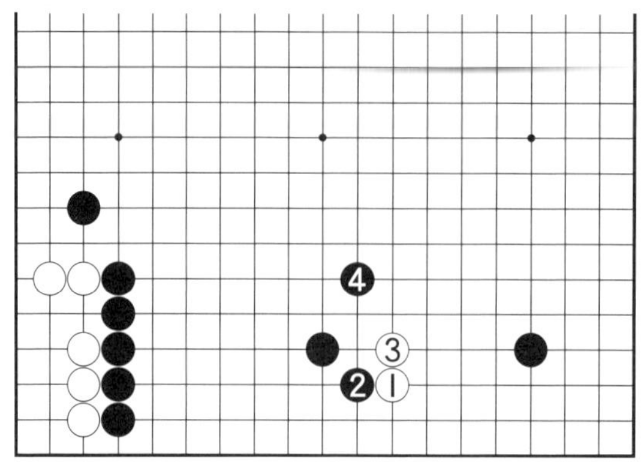

4도

4도 (흑, 호조의 공격)

백1로 깊숙하게 뛰어드는 수도 썩 좋지 않은 결과를 낳는다.

흑2로 붙이고 4의 날일 자로 두어 흑 호조의 공격 이다.

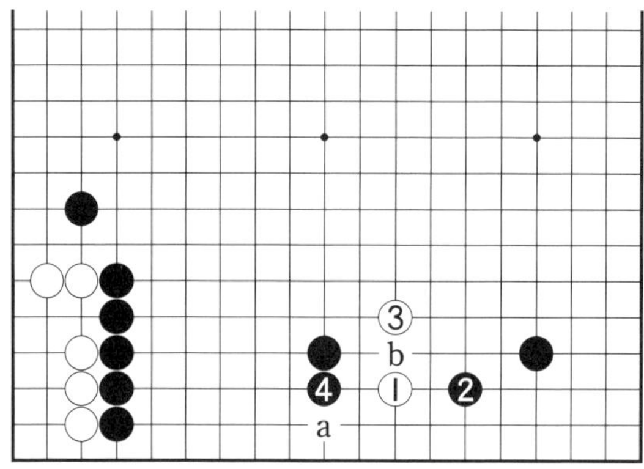

5도

5도 (근거를 빼앗는다)

백1에는 흑2로 협공하는 것도 유력한 수법이다. 백 3으로 뛴다면 흑4로 쌍점 을 서서 백의 근거를 빼앗 고 두는 것이 요령이다.

백3으로 a에 달린다면 흑b로 붙여 봉쇄한다.

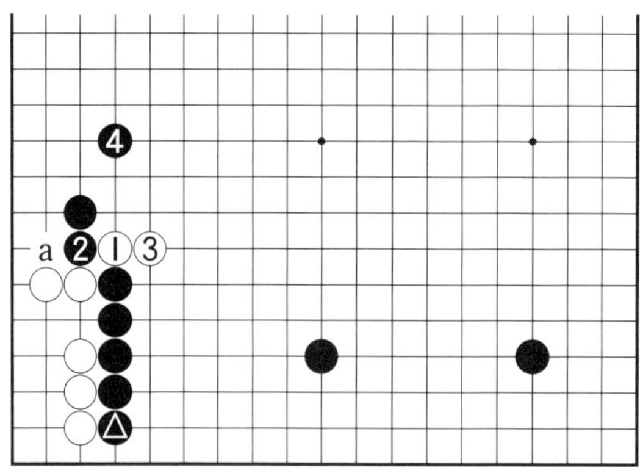

6도

6도 (싸움)

왼쪽의 흑 모양은 백1로 젖혀 싸움을 거는 수단이 남아 있다. 그러나 아래쪽 에 흑▲의 막음이 있는 경 우라면 당장은 백이 괴로 운 싸움이 예상된다.

더구나 흑a의 막음이 귀 에 대해서 선수로 듣고 있 는 모양이다.

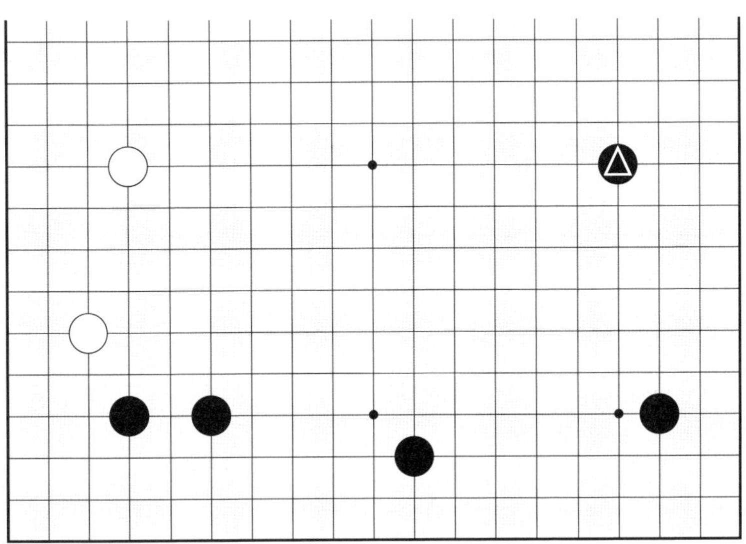

▨ 중국식 포진에서

　하변 일대는 흑의 '낮은 중국식'에서 파생한 형태로 우변의 화점에 ⓐ의 벌림이 추가된 국면이다. 우선 침입과 삭감을 정하는 방향은 우하 쪽인데, 견실한 소목이 버티고 있으므로 걸쳐 들어가는 방법부터 신중을 요한다.

원포인트 ☞ 무겁다

백1의 날일자로 낮게 걸쳐 들어가는 것은 발상부터 문제가 있다.
　흑은 당연히 2로 붙여세우고 4의 날일자 공격으로 호조이다. 백3은 a로 뛰는 수도 있지만 상황은 크게 달라지지 않는다.

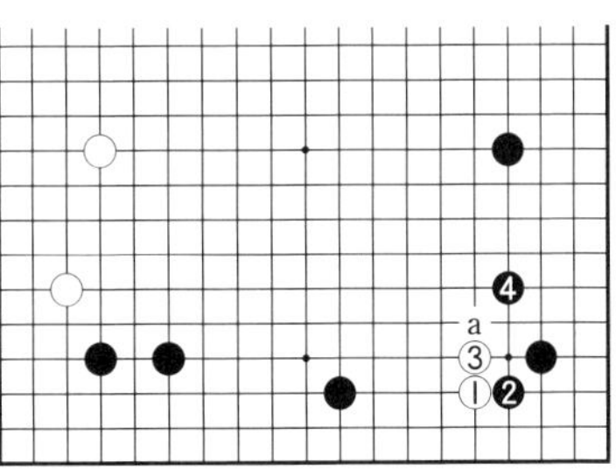

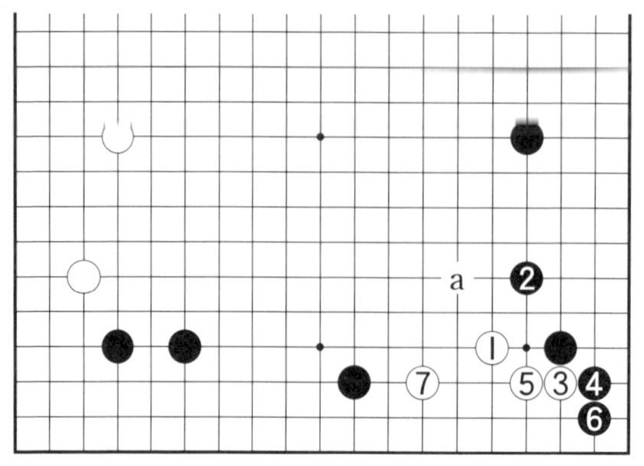

1도

1도 (작은 삶)

이곳을 두려면 당연히 백1의 높은 걸침이 감각이다. 흑2의 날일자로 받으면 보통이고 백3, 5로 붙여끌어 7까지, 다소 옹색하지만 흑진에서 살아간다.

다음은 흑a의 한칸 뜀이 좋은 곳이다.

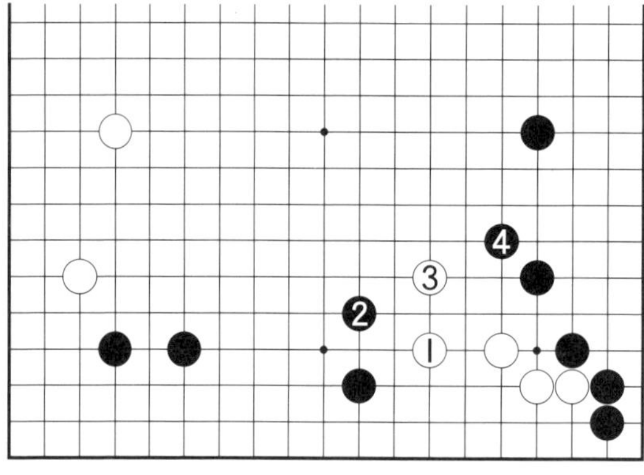

2도

2도 (일장일단)

백1로 높이 가고 흑2에 백3으로 한발 먼저 뛰어나가는 것도 가능하다.

이것은 1도보다 안정성에서는 떨어지지만, 중앙쪽으로 빨리 달아나는 형태이므로 일장일단이 있을 것이다.

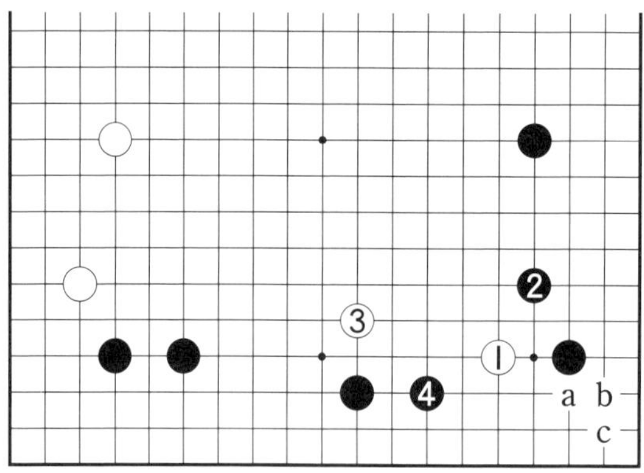

3도

3도 (삭감)

백1로 걸쳐만 두고 3으로 날아오르는 것도 일책이다. 침입 반 삭감 반의 성격을 띠는 행마인데 귀쪽에 백a, 흑b, 백c로 두는 맛을 남기면서 가볍게 전환하자는 의미일 것이다.

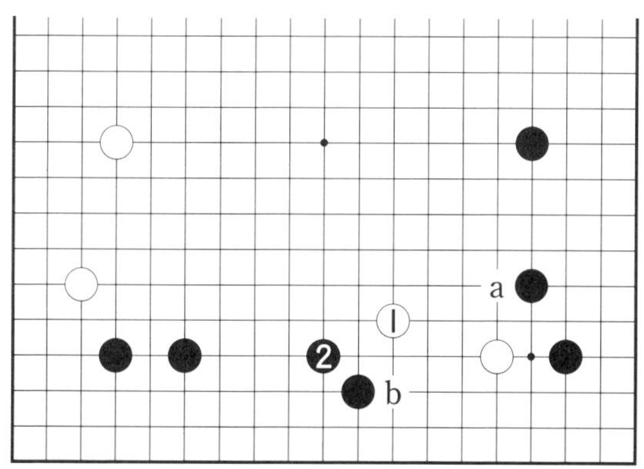

4도

4도 (눈목자)

백1의 눈목자로 뛰어나오
는 것도 기지 있는 행마로
다음 a로 붙여나오는 수와
b로 붙여 수습하는 수를
맞보기로 삼는다.

백1에 대해 흑은 2의 마
늘모로 자세를 잡는 것이
상용의 틀이다.

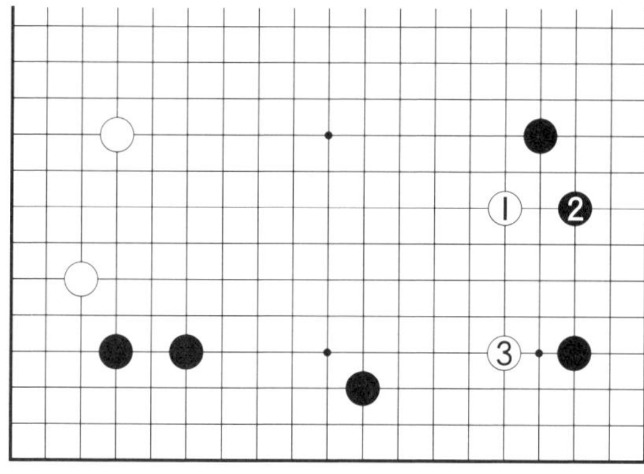

5도

5도 (삭감 후 걸침)

분위기를 싹 바꿔, 백1로
우변부터 삭감한 후 3으로
두는 것도 재미있는 수법
이다.

이와 같은 수를 둘 때는
바둑판 전체의 상황을 잘
판단해야 한다. 흑2로 3이
면 백2.

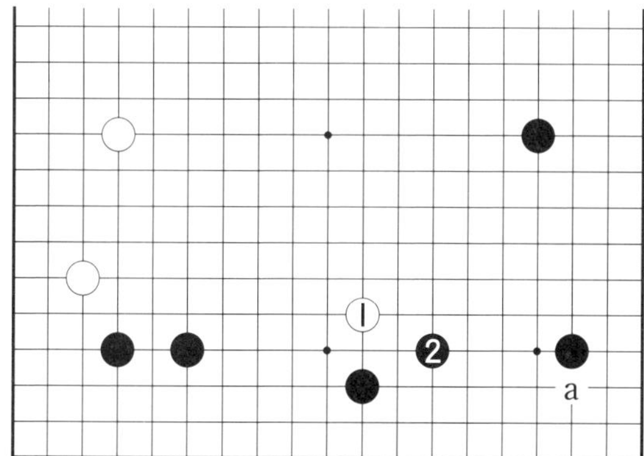

6도

6도 (모자는 느슨)

백1의 모자는 순수하게 삭
감을 위주로 한 수이나 흑
2의 날일자로 받고 나면
어딘가 모르게 싱거운 느
낌이다.

물론 백a로 붙이는 맛
은 남아 있다.

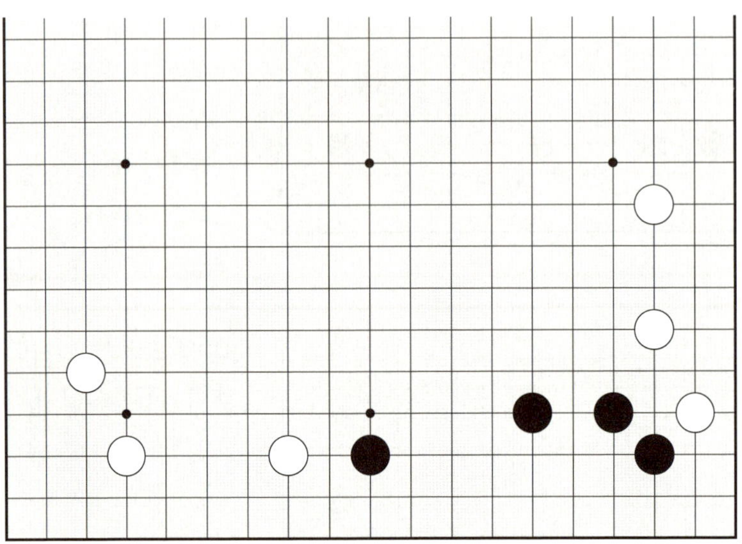

▨ 굳힘의 주변 (1)

　날일자굳힘에서 생긴 형태. 결론부터 말하면 좌하 쪽 백의 진영은 이대로는 집이 되지 않는다.

　흑의 입장에서 침입의 급소는 어디일까? 흑의 두 번째 수가 성패를 좌우한다.

원포인트 ☞ 마늘모에 마늘모

흑1로 뛰어드는 것은 눈에 보이는 급소. 백2의 마늘모로 공격하는 한수이나 흑3의 마늘모로 진출하는 수가 호착으로 흑은 잡히지 않는다.

　흑3으로 a에 미는 것은 백b로 머리를 얻어맞아 좋지 않은 행마이다.

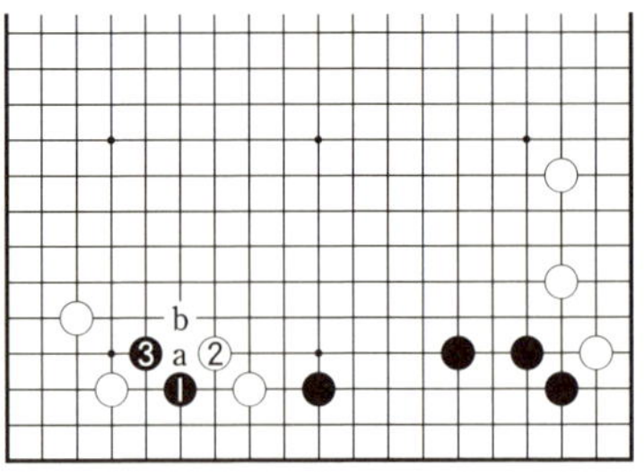

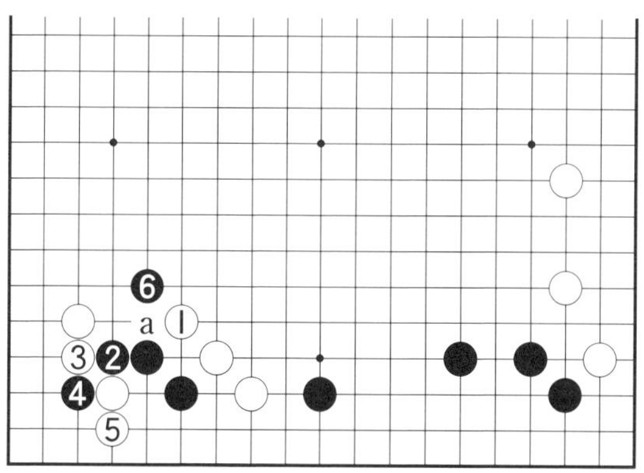

1도

1도 (맥)

원포인트 다음에 백은 1로 추격해야 하는데 흑2, 4로 나가 끊어 두고 6으로 뛰어나가는 것이 맥이다.

흑4의 한점 때문에 백a로 나가 끊는 것이 성립하지 않는다.

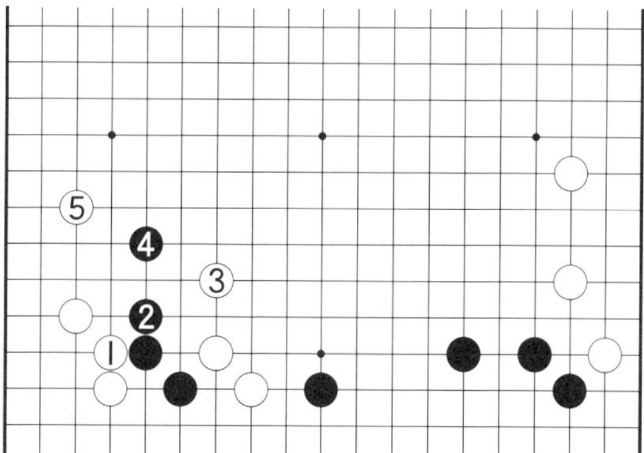

2도

2도 (호각)

이상으로 침입한 흑 한점을 잡을 수 없다는 결론.

따라서 1도의 1로는 이 그림 백1로 막는 것이 보통일 것이다. 흑2, 4로 진출하고 백5로 따라나서는 진행이 예상된다.

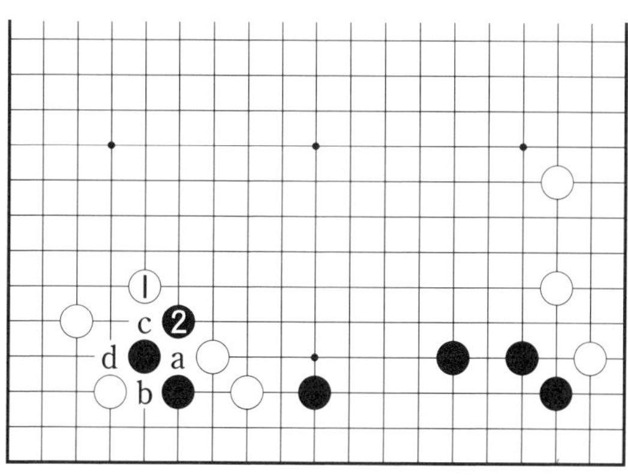

3도

3도 (수습)

백1로 씌우는 수에는 흑2로 재차 마늘모하는 수가 맥이다. 이후의 공방이 난해하긴 하나 자세히 살펴보면 흑이 잘 잡히지 않는다는 것을 알 수 있다.

백a, 흑b, 백c, 흑d는 백 불만의 결과.

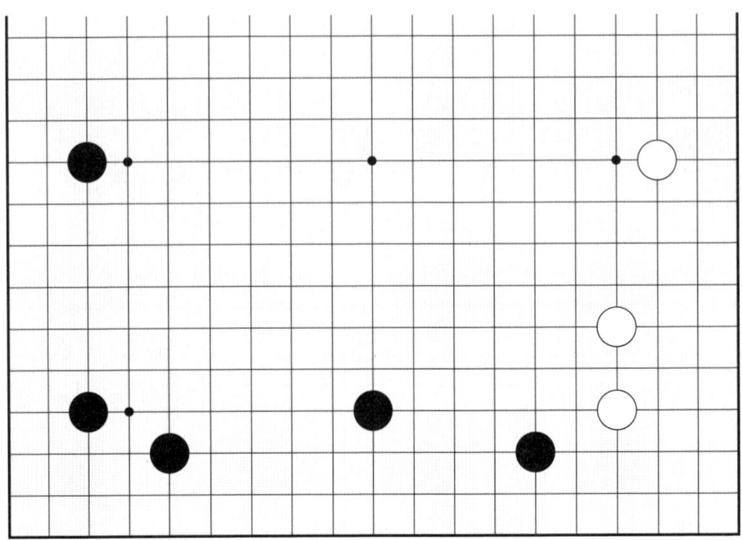

▨ 굳힘의 주변 (2)

　이번에는 흑이 좌하 날일자굳힘 주변으로 양날개를 펴고 있는 포진에서 테마를 찾았다.

　화점이 아닌 소목에서의 굳힘이므로, 백은 단독으로 침입하기보다는 얕게 삭감하는 수단을 쓰고 싶다.

원포인트 ☞ 맞끊음

굳힘의 한가운데에 두는 백1이 삭감의
급소. 이에 대해 흑이 좌변을 중시한다
면 2의 날일자로 받는다. 백3, 5로 붙
여 맞끊는 것이 상용의 맥인데…

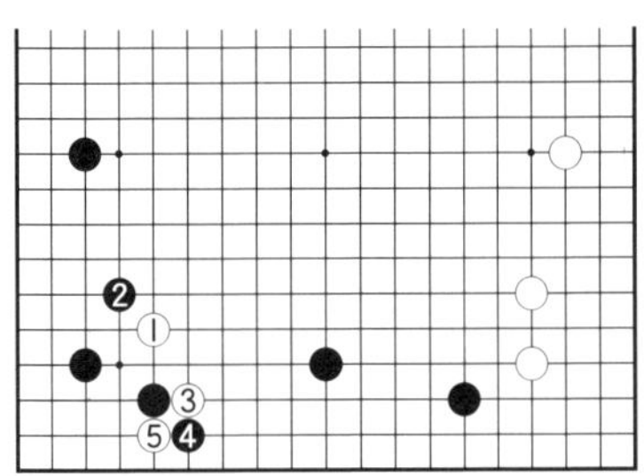

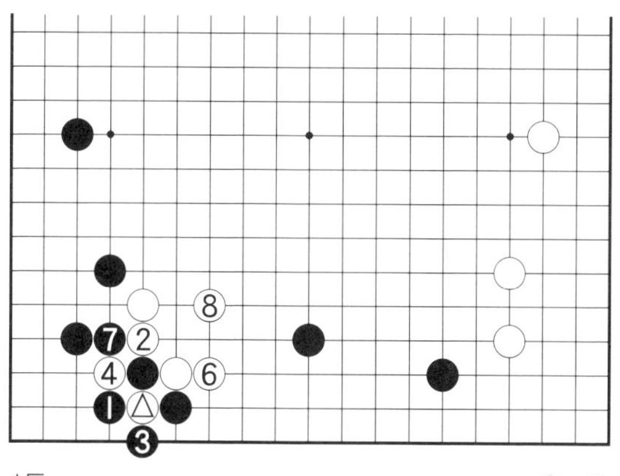

1도

1도 (안정)

흑1로 잡기를 기다려 백2로 모는 한수. 흑3으로 한 점을 따낸다면 백4의 단수를 마저 들게 하고 6에서 8로 틀을 갖춘다. 이것으로 백은 흑진 한가운데서 안정하는 모양을 취해 소기의 목적을 달성했다.

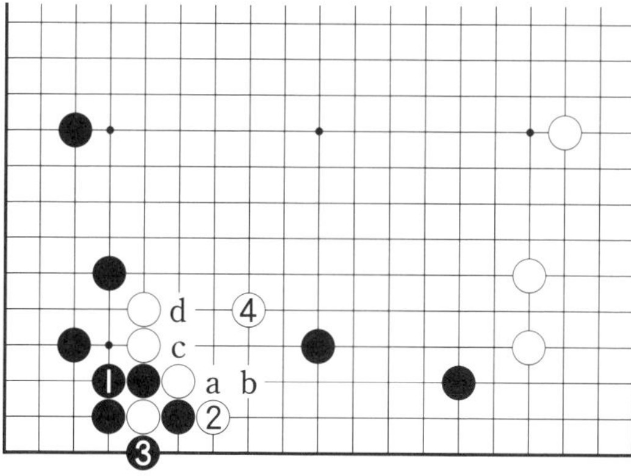

2도

2도 (백4가 호착)

흑1로 잇는다면 백2의 단수를 또 한번 들게 할 수 있는 것이 자랑이다.

마지막 백4로 훌쩍 뛰는 수가 경쾌한 행마로 기억해 둘 필요가 있다.

이후 흑a에는 백b, 흑c, 백d로 정돈한다.

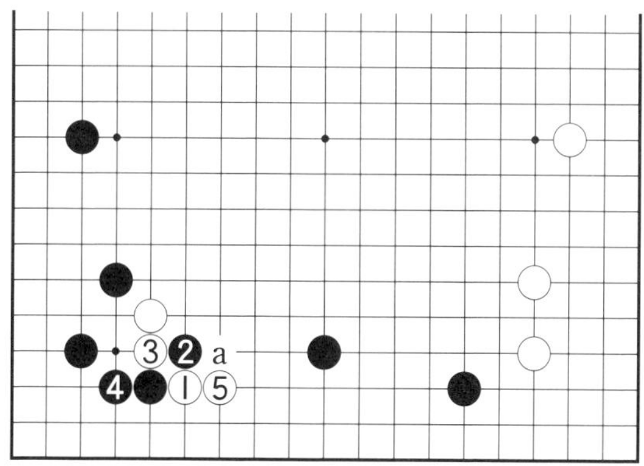

3도

3도 (반격)

백1로 붙인 수에 대해 흑2로 반발하는 수가 있음에 주의를 요한다.

흑4 다음 백a의 축이 불리해 5로 늘어야 한다면 백이 괴로운 싸움이다.

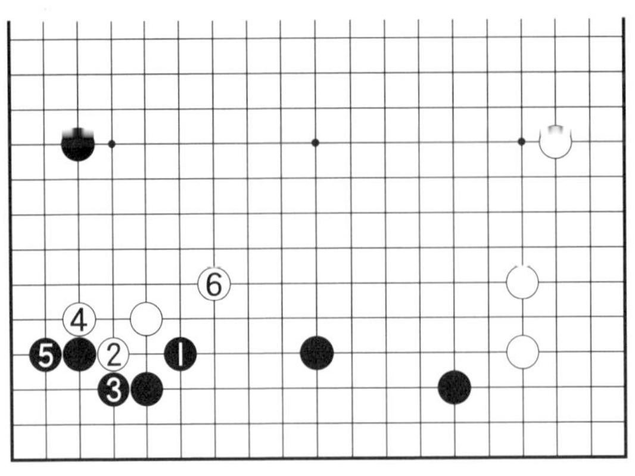

4도

4도 (하변 중시)

흑은 하변을 중시해 1의 마늘모로 이쪽을 받으면 보통이다. 백은 2, 4를 교환해 두고 6으로 가볍게 날아오른다.

자체로 백은 흑 진영에 대한 삭감의 효과를 충분히 보고 있다.

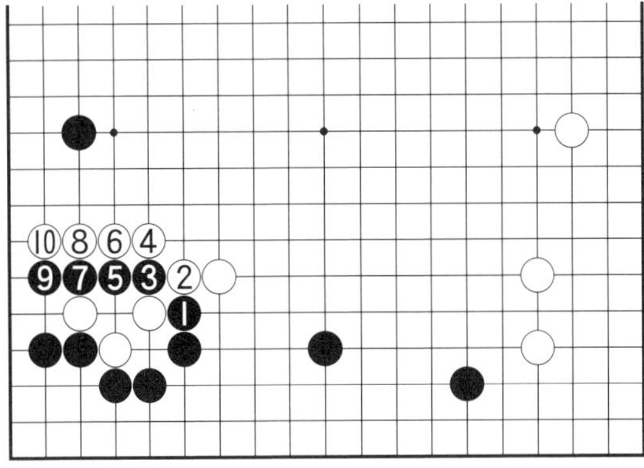

5도

5도 (아낌없이 버린다)

4도에 계속해서 흑이 당장 1에서 3 이하로 끊는다면 백은 4부터 일사천리로 밀어붙인다.

백은 석점을 사석으로 이용하면서 좌변에 또 다른 세력을 쌓았으니 당연히 좋은 결과이다.

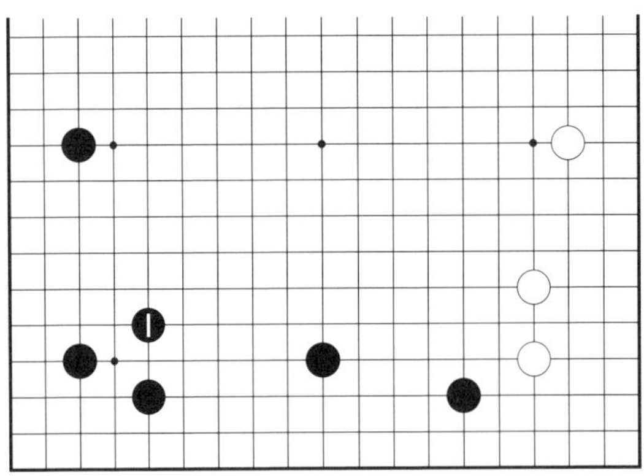

6도

6도 (천하의 요점)

'상대의 급소는 나의 급소'. 백이 하변의 흑진에 대한 삭감을 방치한다면 흑1로 두는 수가 천하의 요점이 된다.

이것으로 좌우의 흑 세력은 거의 집으로 굳어질 가능성이 크다.

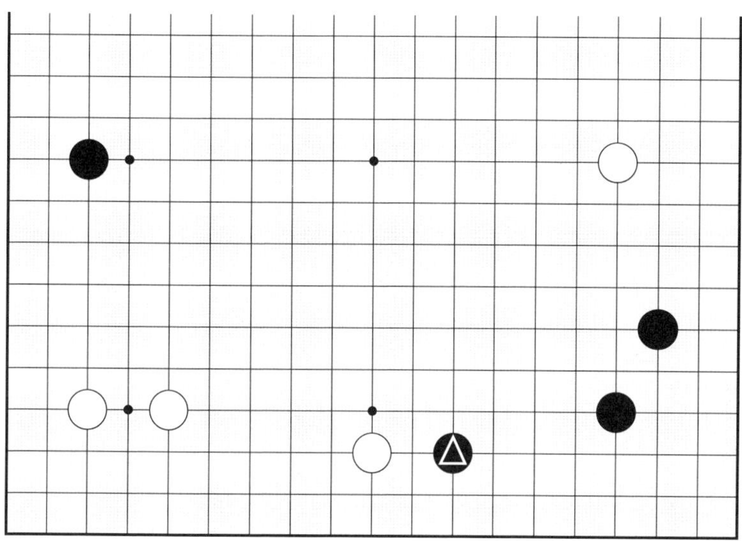

▨ 굳힘의 주변 (3)

한칸굳힘에서 화점 아래로 날개를 펴고 있는 백 진영에 주목하기 바란다. 원래 한칸굳힘은 측면에서 다가서는 것에 약하지만 그보다는 흑▲가 오면서 백 진영 전체에서 침입의 문제가 발생한다.

원포인트 ☞ 침입의 급소

흑1이 침입의 급소. 백2의 마늘모로 압박하면 흑3의 날일자로 진출한다.

백4로 귀쪽을 지키고 흑은 5에서 7로 뛰어나가는 진행인데, 이것은 오른쪽의 백이 다소 무거운 느낌이어서 흑이 둘 만할 것이다.

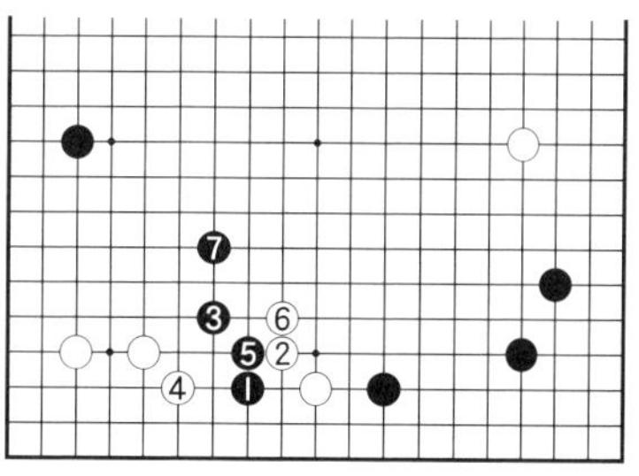

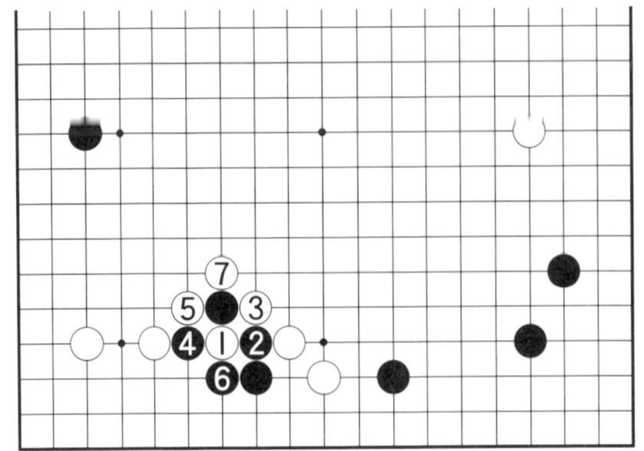

1도

1도 (건너붙이는 맥)

날일자의 약섬을 노려 백1로 당장 건너붙이는 수단은 어떤가?

흑2, 4로 한점 잡기를 기다려 백5, 7로 되몬다. 여기까지는 봉쇄를 위한 상용의 맥이라 할 수 있는데…

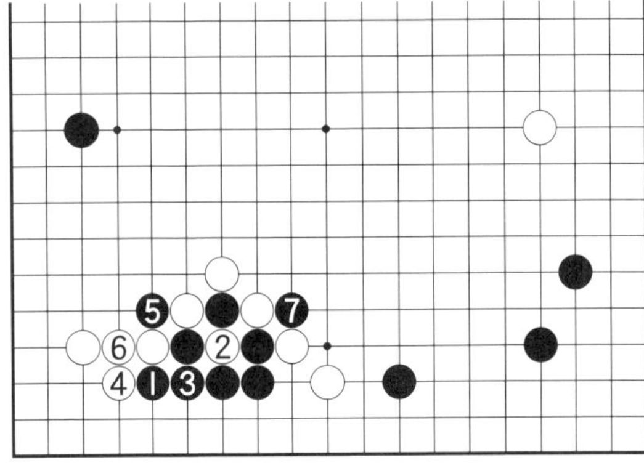

2도

2도 (필연의 수순)

흑이 위쪽을 끊어 패를 하면 백은 뒤돌아볼 것 없이 빵빵 때려낼 것이므로 흑1로 호구치는 정도이다.

백도 이젠 2로 따내고 나서 4로 막는다. 흑5, 7로 끊은 다음이 문제인데…

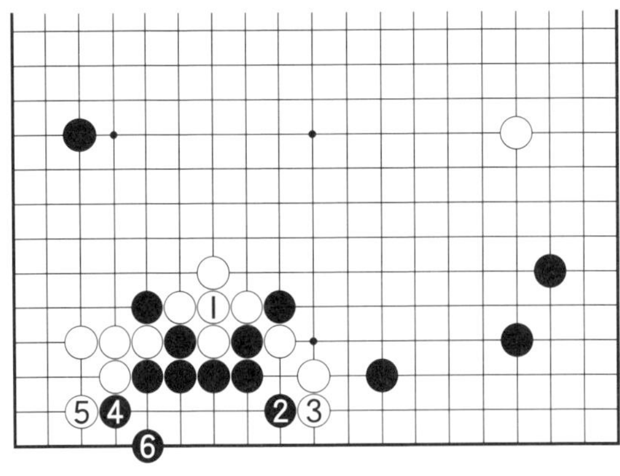

3도

3도 (바깥 단점)

백은 1로 잇는 한수이고 흑은 2에서 6까지 사는 정도이다. 이후의 싸움은 서로 미정이지만, 흑의 입장에서는 백의 바깥 단점을 얼마만큼 유효하게 이용할 것이냐에 따라 국면의 우열이 결정될 것이다.

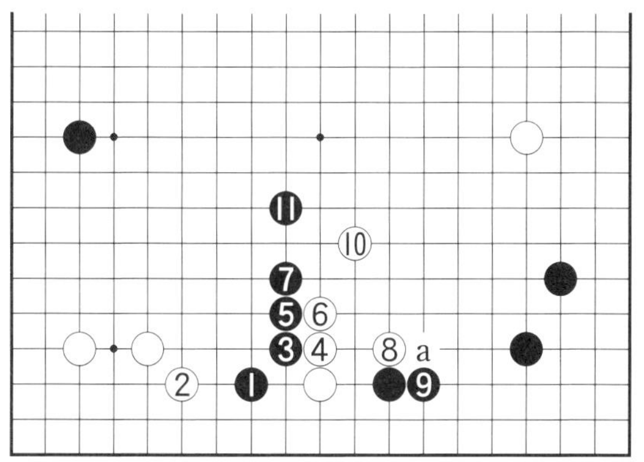

4도

4도 (힘겨루기)

흑1의 침입에 대해 백2로 귀쪽을 지키는 변화. 이번에는 거꾸로 흑3으로 씌우고 11로 뛴 데까지 쌍방 간에 힘겨루기의 바둑이 예상된다. 흑9는 정수로 a에 젖히는 것은 백9로 끊어 너무 쉽게 수습시켜 준다.

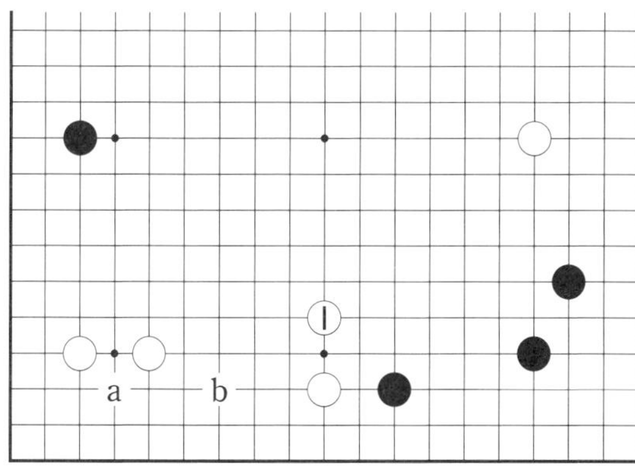

5도

5도 (백의 지킴)

흑의 침입이 오기 전에 백1로 뛰어두면 좌하는 훌륭한 진용이다.

아직도 흑이 a나 b로 성가시게 구는 맛이 남아 있지만, 이대로 굳어진다면 30집에 가까운 큰 집이 확정된다.

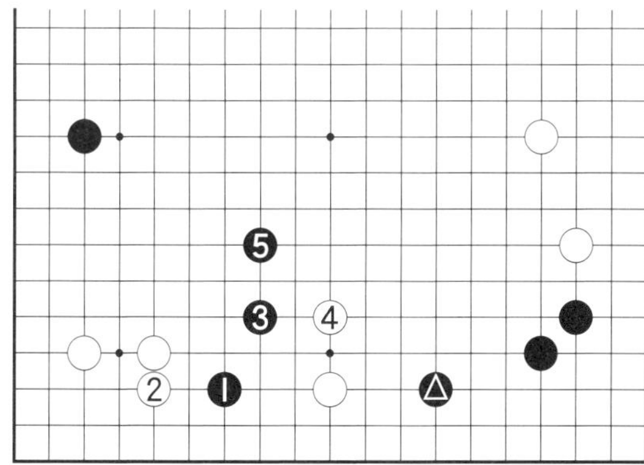

6도

6도 (침입의 장소)

측면의 다가섬이 흑▲의 위치라면 1로 뛰어들고 싶은 곳이다.

백2로 귀를 지키면 백3에서 5로 뛰어나간다. 주위의 배석이 달라지면 그때마다 행마의 형태도 바뀌는 순발력이 필요하다.

5 공격을 위한 행마

중반전투는 바둑의 꽃이라고 말하는데 그 중에서도 공격이 역시 으뜸이다. 승패를 떠나 상대의 약한 말을 표적으로 삼아 호쾌한 공격을 펼치는 것이야말로 바둑의 매력을 한껏 느끼게 해주기 때문이다.

물론 공격을 함에 있어 급소를 놓치거나 행마를 한번 삐끗 잘못하면 그 파장도 큰 법이다.

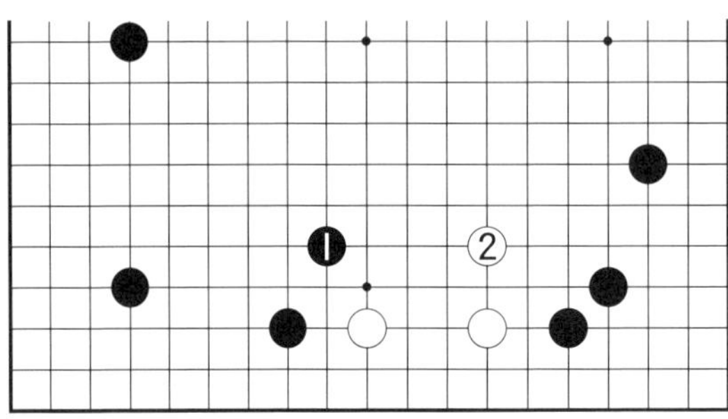

1도

1도 (날일자 공격)

하변 백의 두칸 벌림을 어떻게 공격할까? 흑1은 '공격은 날일자로'라는 격언대로 화려한 감각이지만, 백2로 뛰면 다음 공격이 마땅하게 떠오르지 않는다.

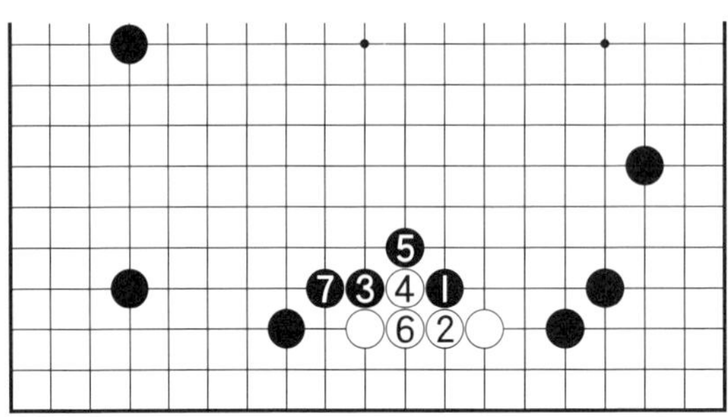

2도

2도 (공격의 효과)

흑1이 맥을 정확하게 짚는다. 백2라면 흑3으로 붙여 백4에는 이하 흑7까지, 백을 한쪽에 가두면서 좌하의 흑 세력을 한껏 키우는 효과가 그만인 모습이다.

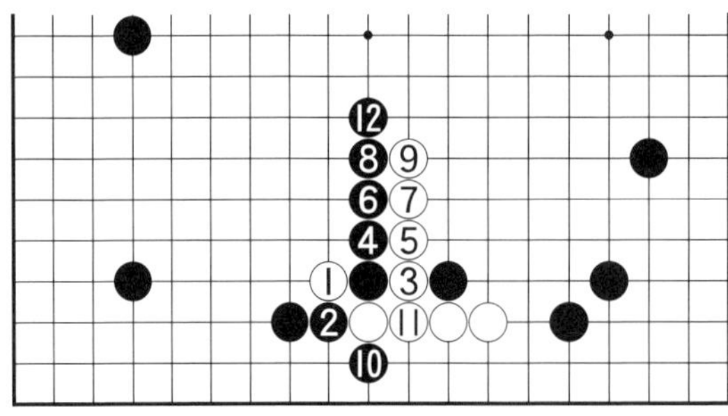

3도

3도 (악수 본능)

백은 본능적으로 1로 젖혀 나오기 쉬운데 실은 악수에 가깝다. 흑2로 끊고 이하 12까지, 백이 망했다고 해도 좋을 것이다.

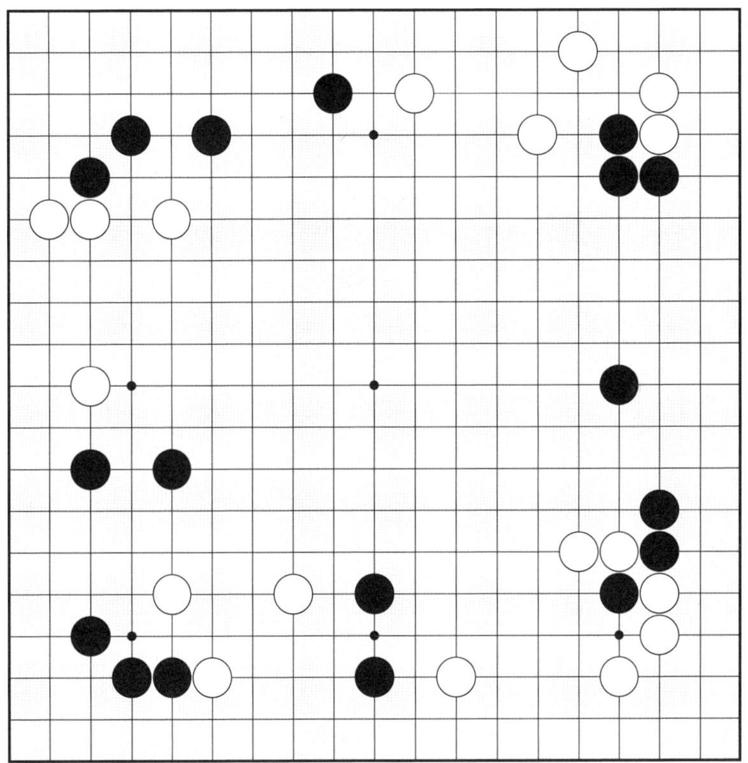

가벼운 돌을 공격할 경우

　처음부터 문제가 어렵다고 생각할지 모르겠다. 공격의 방향은 당연히 하변의 백 석점인데, 지극히 가벼운 모양새를 취하고 있어 성급하게 달려들면 낭패를 보기 쉽다.

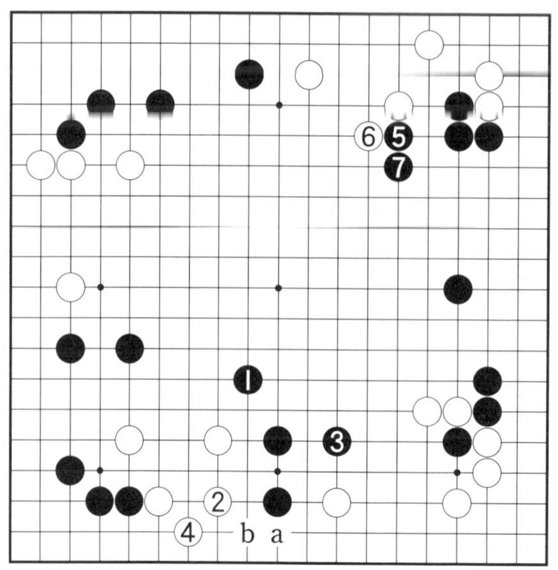

1도

1도 (크게 포위한다)

흑1의 날일자로 크게 포위하고 싶다. 백2로 안정을 서두르기를 기다려 흑3의 ㄱ자 뜀이 1과 호응하는 요점이다. 백4는 삶의 급소이며, 흑은 가볍게 우상 쪽으로 손을 돌려 5, 7로 붙여끈다.

이 정도면 전체적으로 우변의 흑 세력이 목소리를 높이는 국면으로 흑이 충분하다. 흑3이 온 다음 백a면 흑b로 젖히는 것이 중요.

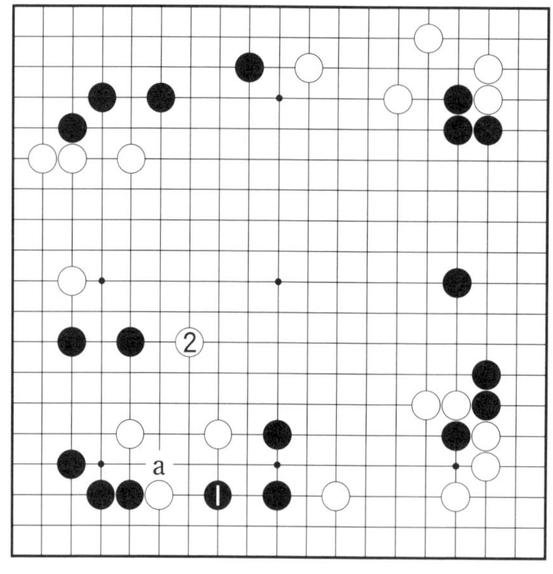

2도

2도 (공격 효과가 작다)

흑1의 한칸은 견실한 취향이나 백2로 가볍게 날아오르게 해 뒤가 허전하다.

백2 다음 흑a는 물건이 작다. 또 흑1로 a로 젖혀 힘을 써 봐도 백1로 지켜 싱겁다.

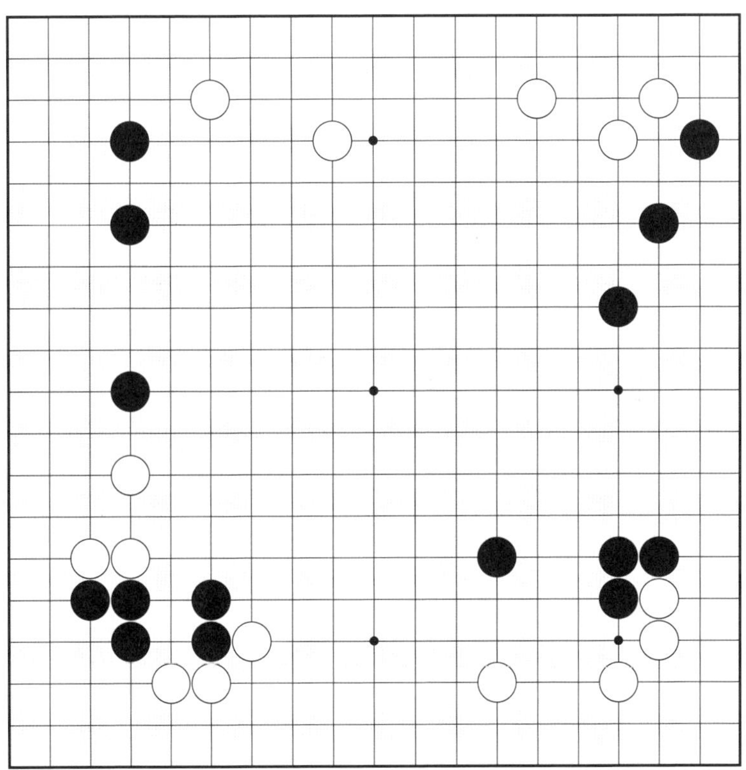

▨ 공격하는 리듬

　공격의 초점은 좌변의 백 석점. 좌하 흑 일단도 아직은 충분히 안정되어 있는 모양은 아니지만 그것을 고려해 리듬을 구하며 공격하고 싶다.

　힌트는 '3수의 수읽기'. 급소를 선점해 최후에 두고 싶은 곳을 간다는 수순의 묘이다.

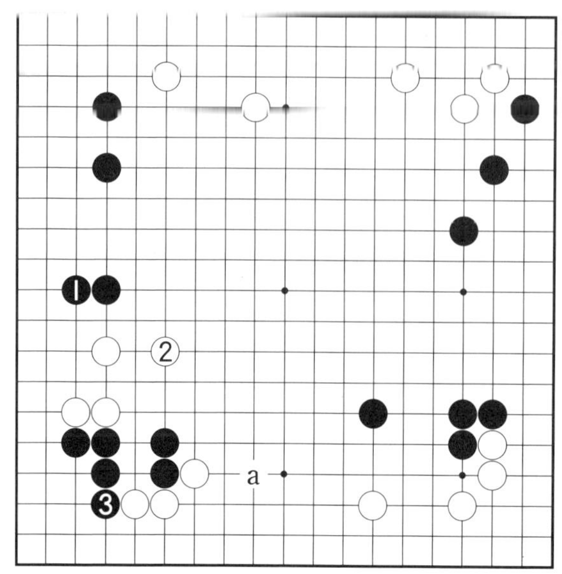

1도

1도 (리드미컬한 공격)

흑1로 철수를 내려 좌변 백에 근거를 주지 않는 것이 급소이다. 백2로 뛰어나가기를 기다려 흑3으로 귀를 지킨다.

이로써 흑은 좌변과 귀를 동시에 단속하는 리듬을 얻었으며, 다음에 a로 공격하는 수를 보고 있다.

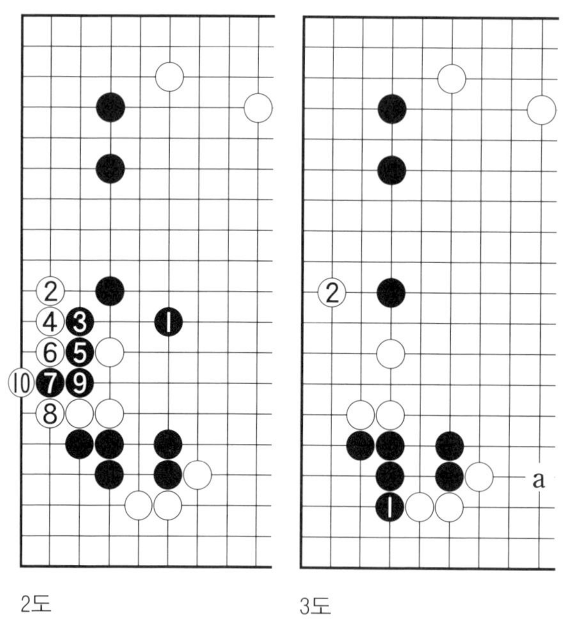

2도

3도

2도 (변이 파인다)

흑1의 날일자는 다분히 상식에 치우친 행마. 백은 당연히 2로 미끄러져 들어올 것이고 이하 10까지, 흑은 귀의 엷음만 드러내고 있다.

3도 (소극적)

흑1은 귀는 완벽하게 지키고 있지만 백2로 안정해 싱거워진다.

이제는 흑a로 두어도 1도와 같은 공격의 효과를 기대하기는 어렵다.

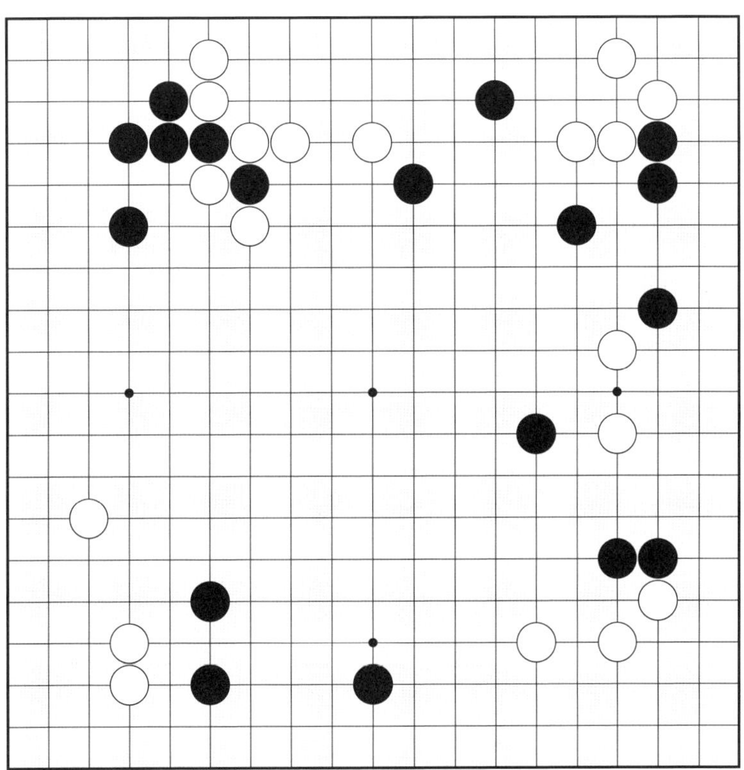

수비를 겸한 공격

우변의 백 두점을 어떻게 공격할 것인가?

주변 흑돌들이 다소 산만한 느낌이어서 자신을 지키면서 공격할 필요가 있을 것 같은데….

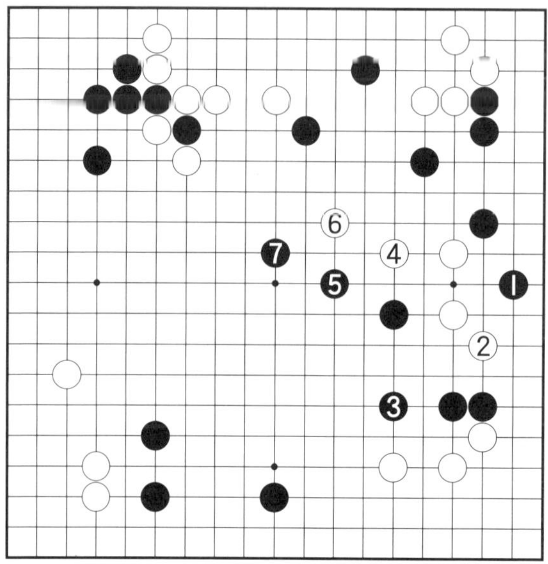

1도

1도 (호조의 공격)

흑1로 날리는 것이 요점. 이렇게 백의 근거를 빼앗아 두면 백은 2로 마늘모하는 정도이고, 그때 흑3으로 뛰어 모양을 갖춘다. 백4에 흑5, 7로 호조의 공격. 이로써 상변에 흩어져 있는 흑 두점도 자연스럽게 연결해올 공산이 커졌으며, 흑은 무엇보다 중앙을 크게 제압하는 모습이다.

2도 (책략이 없다)

흑1로 미는 것은 힘을 엉뚱한 데 쓰고 있는 격. 백2로 훌쩍 뛰어나가 싱겁다. 더군다나 백a를 방어해 흑b로 두어야 하는데, 이것은 1도와 천양지차이다.

3도 (기분에 치우치다)

위세 당당하게 둔다면 흑1로 씌우는 수이지만 백2에서 4, 6으로 달아나게 되어 역시 백a의 반격만 남는다.

2도   3도

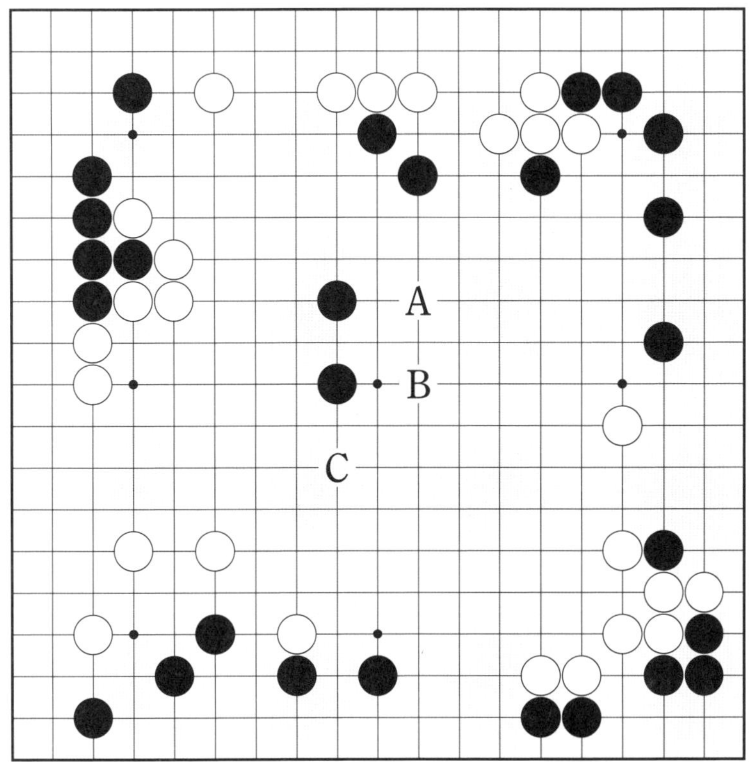

감각 테스트

공격감각을 테스트하기에 안성맞춤인 문제.

중앙 근방에 엷게 흩어져 있는 흑 일단을 어떻게 요리
할 것인지 A, B, C 중에서 골라주기 바란다.

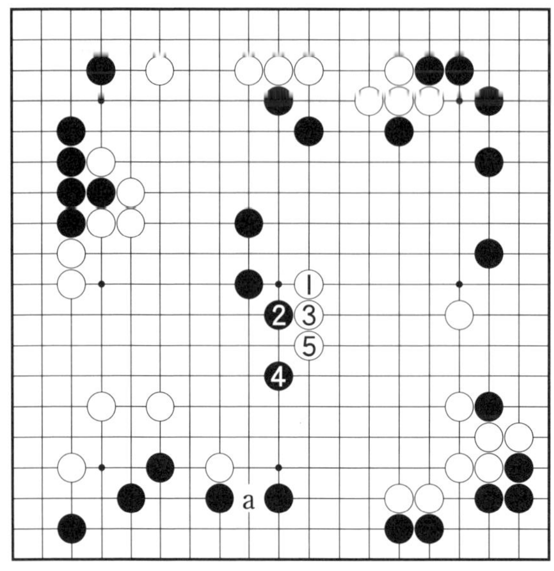

1도

1도 (효과 만점)

백1로 급소를 짚어가는 것이 좋은 감각이다. 흑은 2로 마늘모해 나오는 정도인데 백3, 5로 계속 추격한다. 좌변의 백이 두터운 만큼 흑이 안정을 하려면 적지 않은 노력을 필요로 할 것이며, 그에 따라서 백은 a로 끼우는 노림 등을 포함해 공격의 효과를 충분히 볼 수 있을 것 같다.

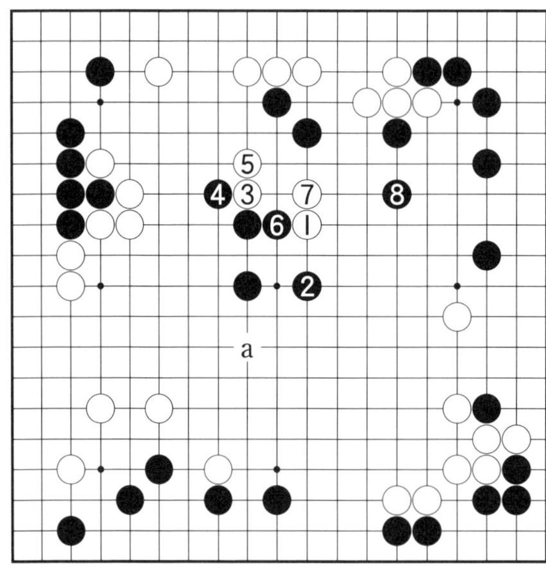

2도

2도 (스케일이 작다)

백1은 흑 모양의 급소를 찌르고 있으나 스케일이 작다. 흑2로 가볍게 벗어나고 백3에는 흑4에서 8로 두어 공격의 효과가 밋밋해지는 모습으로 백의 불만이다.

그렇다고 백1로 a는 흑2로 뛰어 모양만 갖추게 해줄 뿐이다.

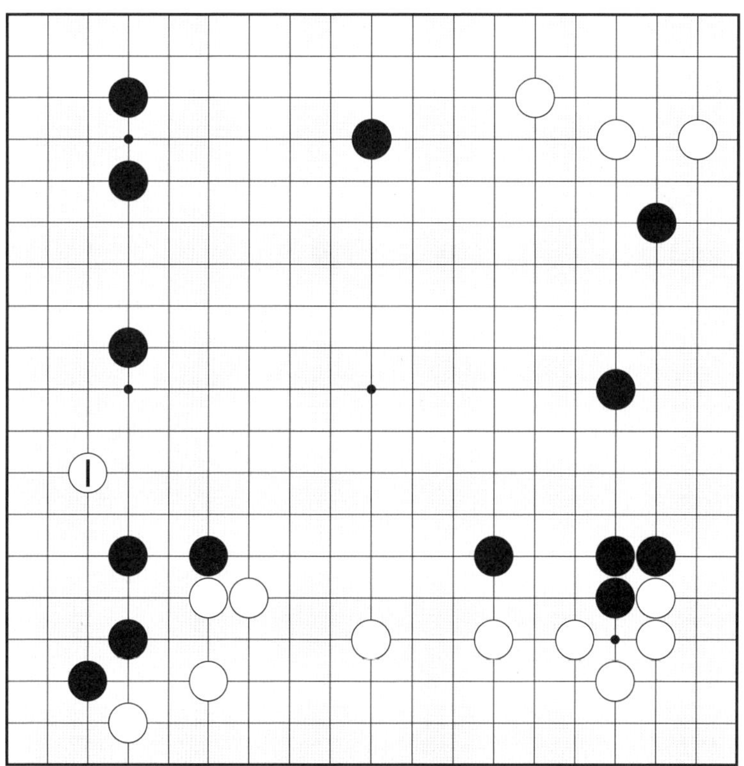

▨ 내모느냐 가두느냐

　백1의 침입에 대해 흑이 어떻게 두어야 할까? 보다시피 아래쪽 흑 넉점이 약간 불안한 자세여서 흑이 '대놓고' 공격하는 것이 힘들다고 생각되지는 않는지….

　밖으로 내몰아 공격할지, 안으로 가두어 공격할지 올바른 판단 아래 행마를 결정해 보기 바란다.

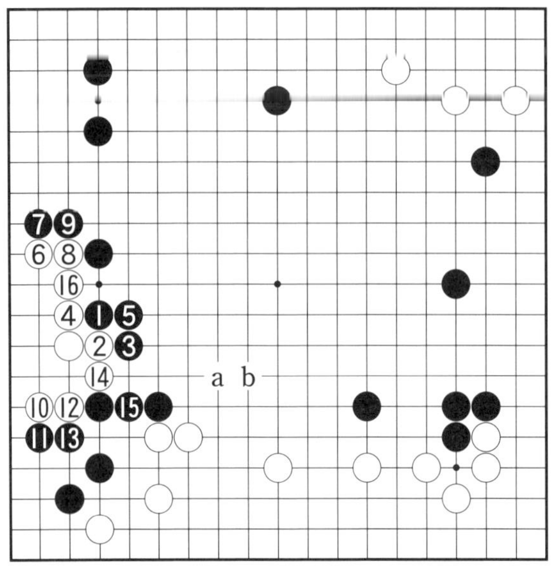

1도

1도 (살려주고 둔다)

흑1로 씌우는 것이 두터운 공격이다. 안에서 살려주고 외벽을 쌓아 충분하다는 생각으로 백2, 4에는 흑5 이하 15까지 두터운 벽을 마련할 수 있는 것이 자랑이다. 백16 다음 흑은 a나 b 정도로 막강한 외세를 자랑하며, 이렇게 상대를 좁은 곳에 가두면서 세력을 쌓는 것이야말로 바둑의 묘미이기도 하다.

2도 (내모는 것은 의문)

흑1로 근거를 빼앗고 싶지만 백2로 뛰어나오게 해 좋은 공격이었는지 의문이다. 흑7까지 주춤거리는 동안 백은 8까지 중앙을 활보해 단번에 공수가 역전된 모습이다.

3도 (어정쩡한 행마)

흑1에서 3은 고육지책에 불과하다.

백4로 달려 쉽게 수습하는 모양으로 좌하의 흑은 여전히 엷다.

2도   3도

▦ 예제 6

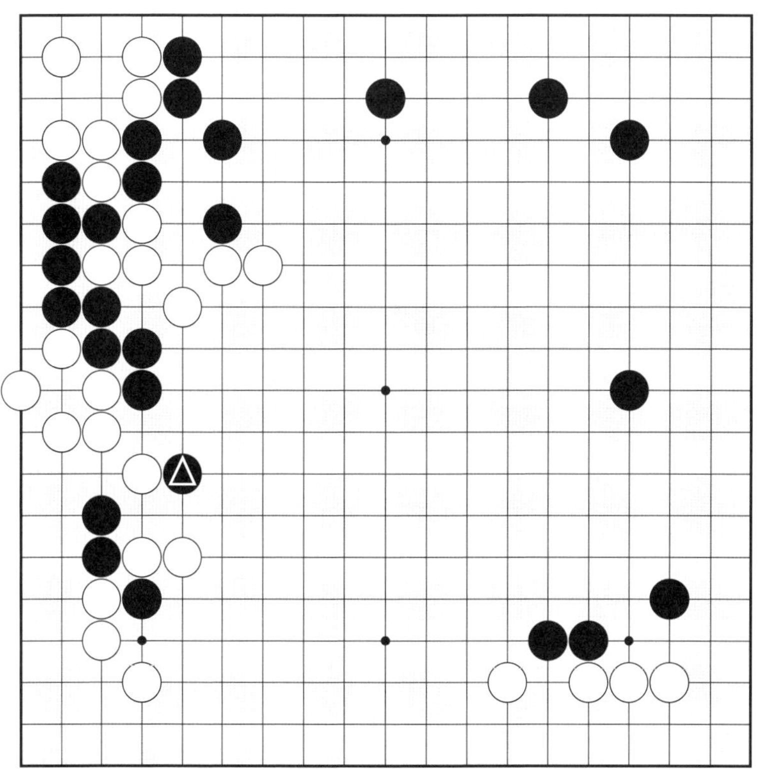

▨ 단숨에 주도권을 잡는 리듬

좌변 쪽의 공방이 초점으로, 흑은 방금 ▲로 붙여 위험
에 몰려 있는 아홉점이 달아나게 하려고 한다.

가운데의 백도 결코 강한 돌은 아니라는 것에 유의하면
서 다음 행마를 생각해보자.

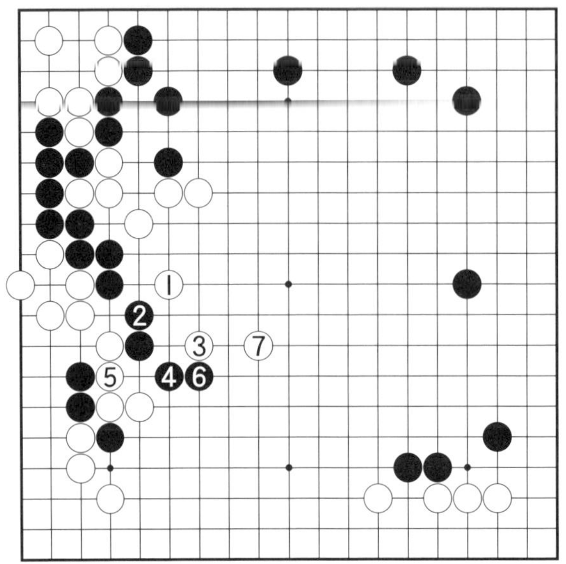

1도

1도 (공격은 날일자)

'공격은 날일자'라는 석 언에 꼭 늘어맞는 국면 이다.

백1, 3의 날일자 연타 가 호착. 흑4에는 맛좋 게 백5로 잇고 7로 뛰어 나오는 리듬을 얻는다.

이로써 흑은 하변 쪽 으로 정처 없이 헤쳐나 가야 될 상황이며 백의 승세가 눈에 보인다.

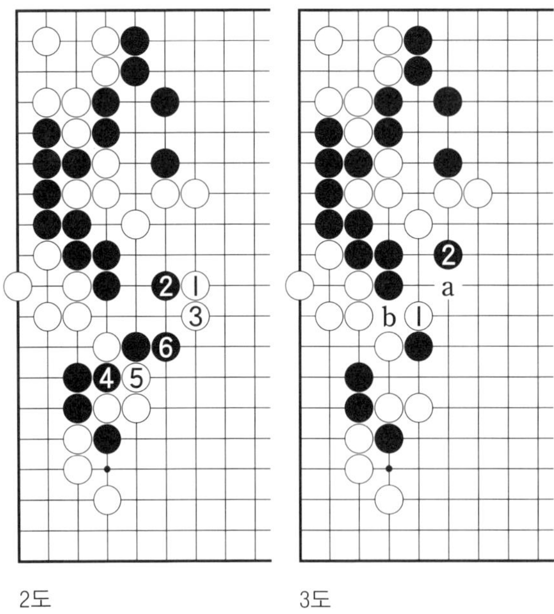

2도   3도

2도 (적시의 반격)

백1은 한줄 유연하게 둔 것이지만 차이는 크다. 흑2로 붙여 임시조치하 고 4로 끊은 것이 적시 의 활용이다.

6으로 머리를 내민 데 까지 흑은 좀처럼 공격 당할 말이 아니다.

3도 (흑2, 호착)

백1로 젖혀나오는 것은 흑2로 뛰는 수가 급소의 지킴으로, 공격의 리듬 이 뚝 끊긴 모습이다. 다 음 백a면 흑b.

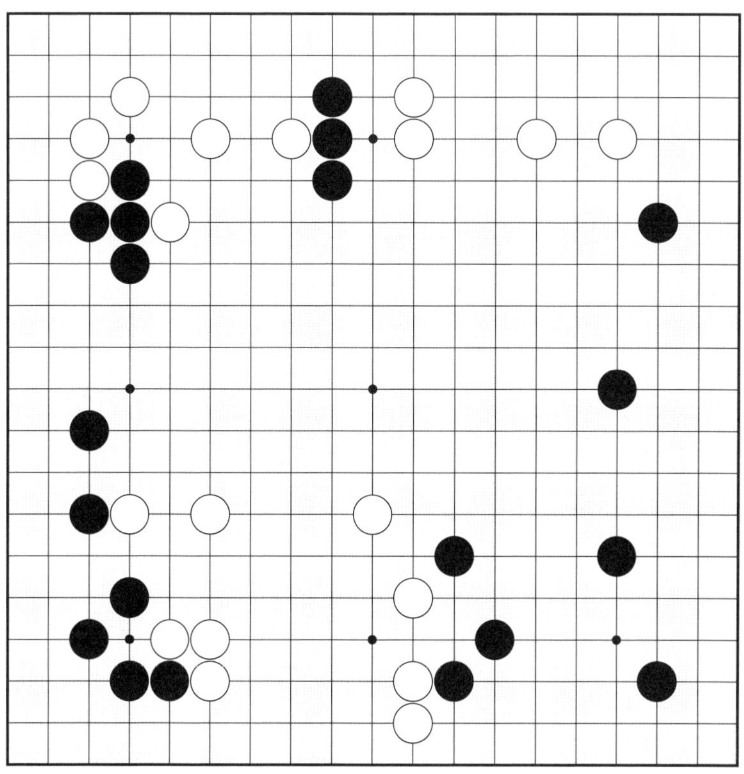

▨ 추격의 방향

　상변의 흑 석점을 공격하는 문제이다. 사냥감을 어느 쪽
으로 몰아가느냐에 따라 공격의 부수익도 크게 달라진다.
　주변의 배석을 잘 살펴 공배를 달리지 않도록 한다.

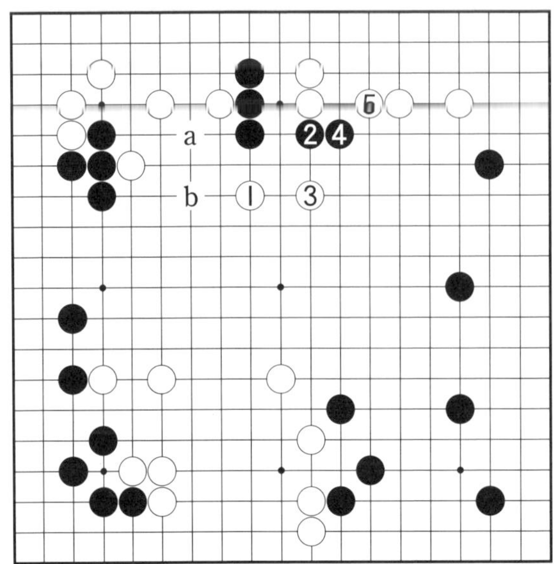

1도

1도 (모자 공격)

백1의 모자가 시의적절한 공격. 흑2로 붙여나오기를 기다려 다시 한 번 백3으로 압박하고 흑4에는 백5로 지켜두는 게 좋은 요령으로, 흑은 여전히 곤마이며 백은 중앙에 발언권을 높이고 있다. 흑2로 a면 백b로 씌워 더 이상 진출하기는 어려운 모양이다.

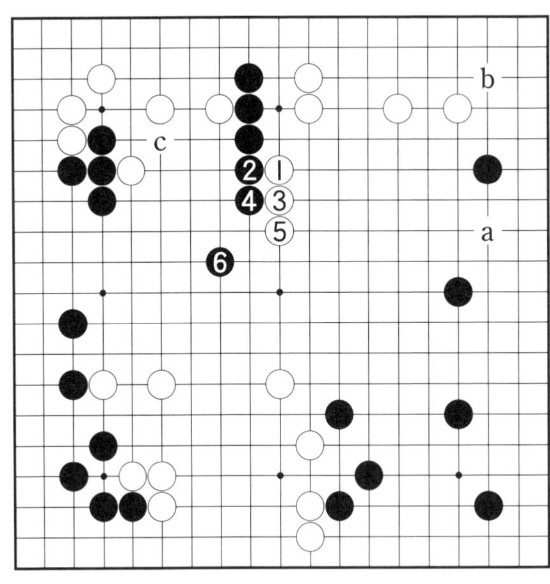

2도

2도 (급소를 비켜나가다)

백1로 씌우는 수는 매력적인 급소이긴 하나 흑6까지 달아나고 나면 공격의 효과가 1도보다 크게 떨어지는 모습이다.

백은 5까지의 두터움이 그리 크게 작용하지 못하는 점이 불만이다. 보다시피 다음 백a면 흑b가 있으며, 오히려 흑쪽에서 c로 붙여 모양을 키우는 수가 남았다.

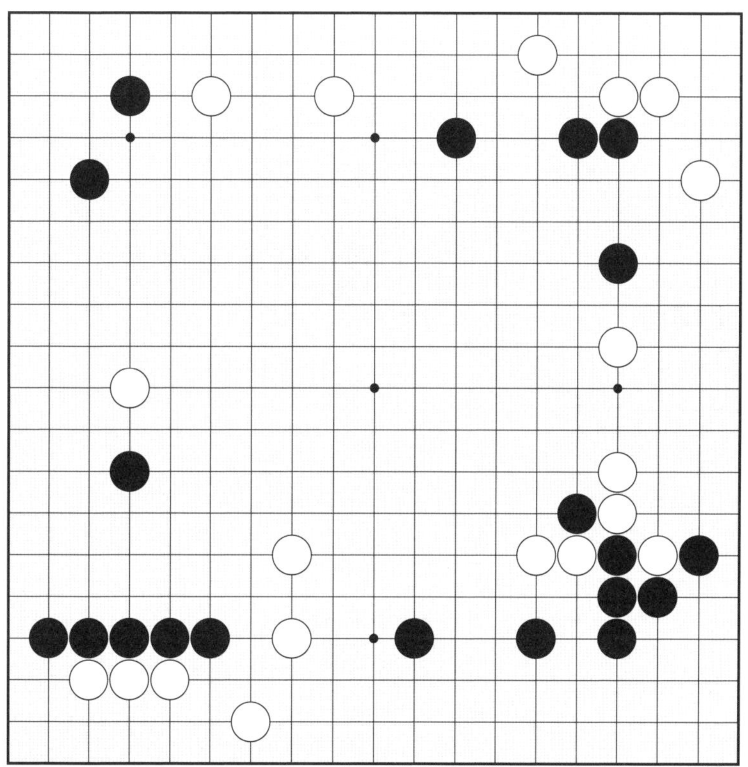

완급을 조절하는 능력

우상의 흑에 대한 공격이 초점으로 어느 지점부터 손을 댈 것인가?

힌트가 너무 추상적일지 모르지만, '훌륭한 공격은 쌍방의 힘 관계를 잘 파악해 완급을 조절하는 능력이 뒤따라야 한다'는 것이다.

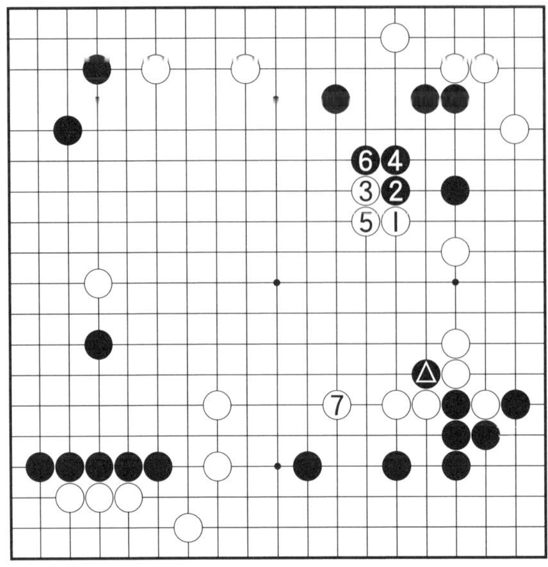

1도

1도 (참는 힘)

흑 일단도 약하긴 하지만 백노 흑△로 늦겨 있어 결코 맘껏 힘을 쓸 수 없다는 것을 미리 알아 두어야 한다. 백1의 날일자 정도로 위협사격에 그치는 게 현명하다. 흑도 2, 4로 붙여뻗는 정도이고 백은 5에서 7로 중앙의 모양을 확장하는 것으로 만족한다. 전체적으로 백이 집의 균형상 충분한 모습이다.

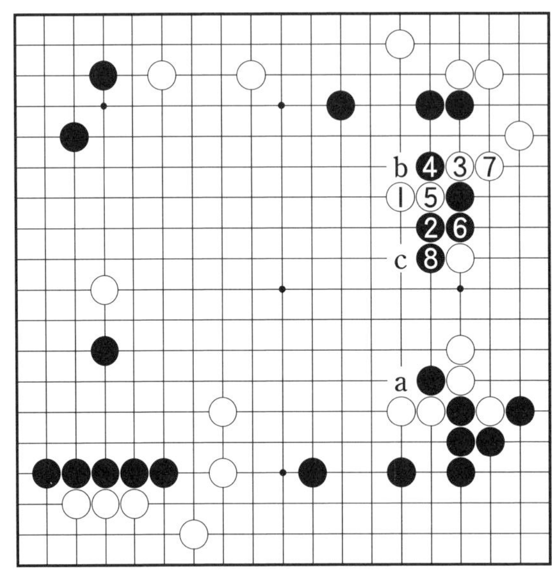

2도

2도 (지나친 진입)

백1의 모자공격은 너무 노리고 두는 느낌이 짙은 수로 흑2가 무서운 반격이다. 백은 3으로 건너붙여야 하는데 흑6, 8로 우변의 백에 압박을 가하며 나온다. 다음 아래쪽에서는 흑a, 위쪽에서는 흑b, 이 두 군데의 요소가 있어 백이 결코 환영할 만한 그림이 아니다. 백1로 c는 흑1로 두어 싱거운 진행이다.

▦ 예제 9

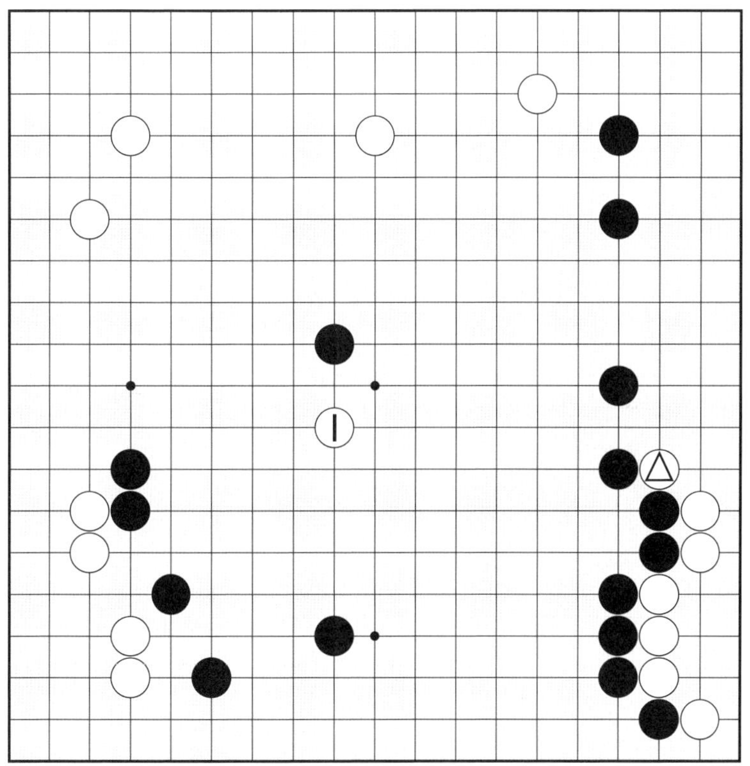

▨ 특공대 투입

중앙의 흑 세력 속으로 깊이 뛰어든 백1의 한점을 어떻게 공격할 것인가?

백은 △로 젖혀둔 이쪽의 맛을 믿고 있지만, 흑이 거기에 너무 신경을 쓰면 대세점을 놓치기 쉽다.

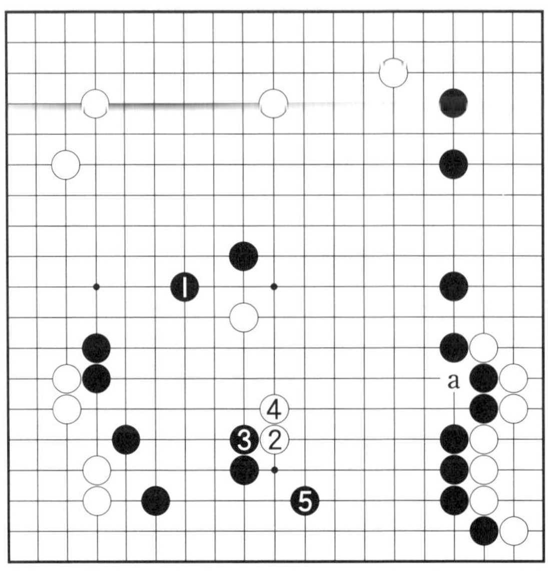

1도

1도 (날일자 씌움)

세력감에 흑1의 날일자로 포위하고 싶다. 깊이 뛰어든 백 한점을 용서하지 않겠다는 태도로 백2, 4에는 흑3에서 5로 두어 공격의 고삐를 늦추지 않는다.

이후는 백a로 끊고 나오는 수 등 난해한 변화를 함축하고 있는 곳으로 쌍방이 승부처를 맞고 있는 국면이다.

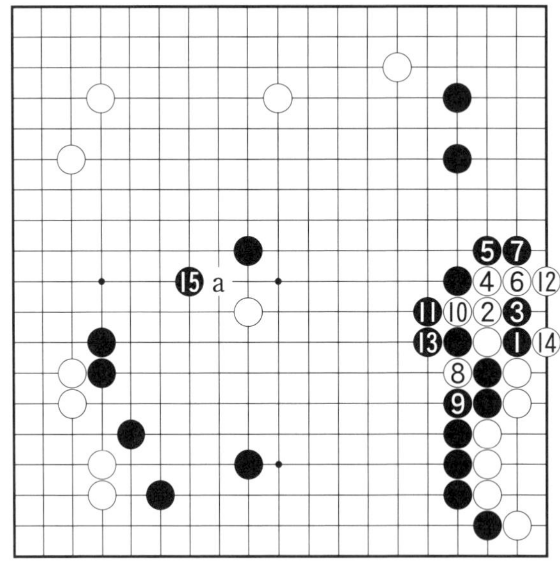

2도

2도 (수읽기 독단)

흑이 먼저 우변을 1, 3으로 끊어 백4로 움직이면 흑5, 7 이하 13까지 이곳에 강대한 두터움을 쌓을 수 있다. 백이 이렇게만 두어준다면 흑은 15로 포위해 단번에 우위에 선다. 그러나 이것은 흑의 일방적인 생각. 백4로는 손을 돌려 a로 달아나던가 해서 작전을 간파할 것이다.

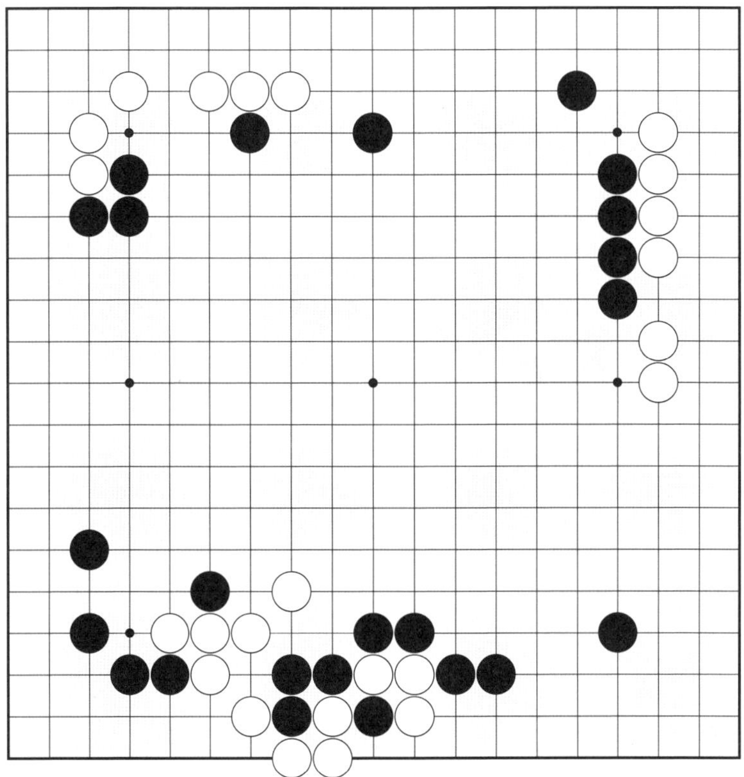

▨ 모양 확장과 공격을 동시에

　세력작전을 펼치려면 단순히 모양을 넓히는 것보다는 상대에게 영향력 있는 수나 노림을 우선해야 한다.

　일련의 작전을 통해 모양확대와 공격, 이 두 가지 명제를 동시에 달성할 수 있다면 더 이상 말할 나위가 없을 것이다. 흑의 다음 한수는 어디일까?

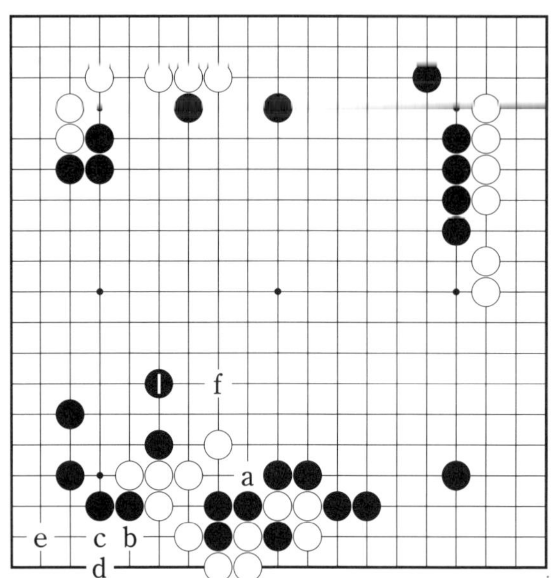

1도

1도 (노림을 갖는다)

흑1의 한칸 뜀이 좌변의 세력을 넓히면서 하변 백에 노림을 갖는 호착이다.

이다음 흑a로 이으면 백은 확실히 두 눈이 나지 않은 모양으로(백b, 흑c, 백d에는 흑e), 달리 둔다면 흑f의 활용 등 흑이 즐거운 진행이라 할 수 있다.

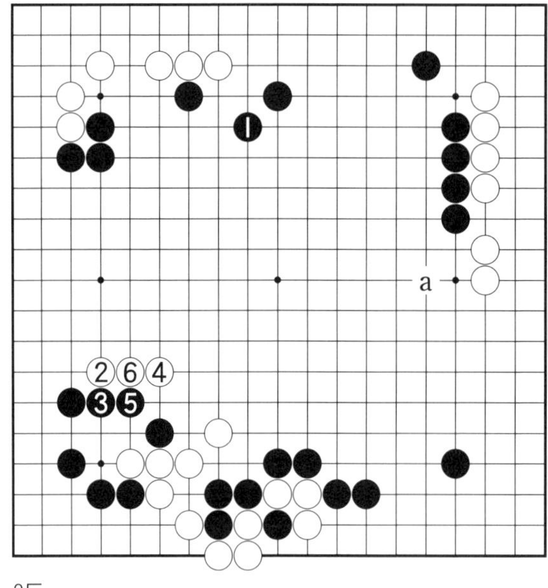

2도

2도 (초점이 빗나가다)

흑1(또는 a)로 둘러싸는 것은 완착. 백2로 어깨 짚는 수가 좌변의 흑 세력을 삭감하는 급소가 된다.

흑3에는 이하 6까지 백은 하변의 불안을 해소하면서 바둑의 양상이 크게 바뀌고 만다.

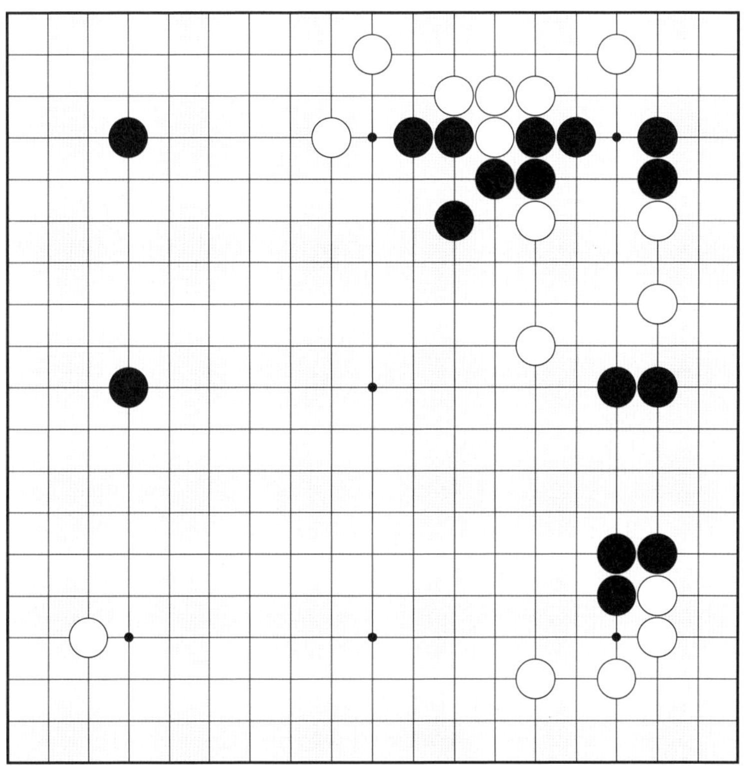

▨ 공격은 이렇게 하라

　우변의 엷은 백 넉점이 초점. 직접 모양의 허술함을 찔러 응징하느냐, 아니면 외곽에서 크게 공격해 부수 이익을 노리느냐?

　흑의 다음 한수로부터 그럴듯한 그림을 만들어보기 바란다.

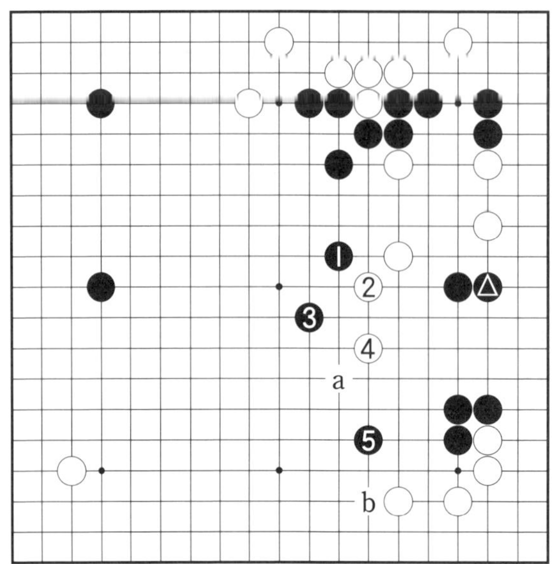

1도

1도 (크게 공격)

공격은 될수록 크게…, 흑1의 모자가 정답이다. 우변에 흑▲가 더해져 흑이 견실한 장소이므로 백을 강한 돌 쪽으로 몰고 간다는 감각이기도 하다. 백2의 마늘모로 나온다면 흑3, 5로 다음 a와 b가 맞보기. 교과서적인 행마 장면이 만들어진다.

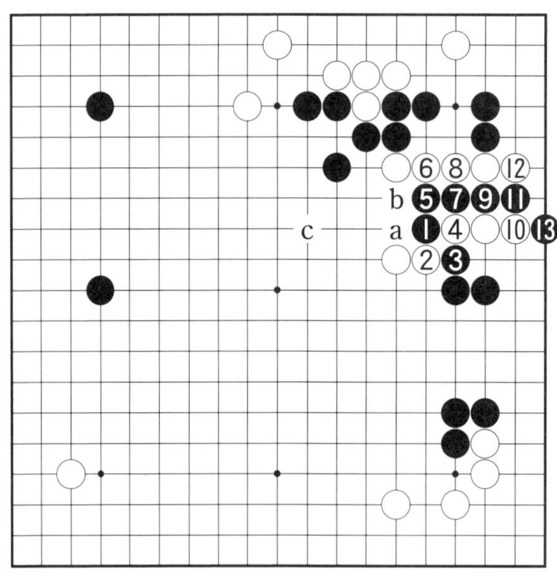

2도

2도 (힘만 잔뜩)

흑1로 급소를 파고드는 것은 백돌도 탄력 있는 모양이어서 뜻대로 잘 안 된다. 백2부터 반발이 의외로 강력해 4로 끊고 6 이하로 죄어들어가 12까지 뚫고 내려가는 멋진 사석작전이 기다리고 있다. 흑13 다음 백a, b가 다 들으니 c 정도로 뛰기만 해도 오히려 위쪽 흑이 위험하다.

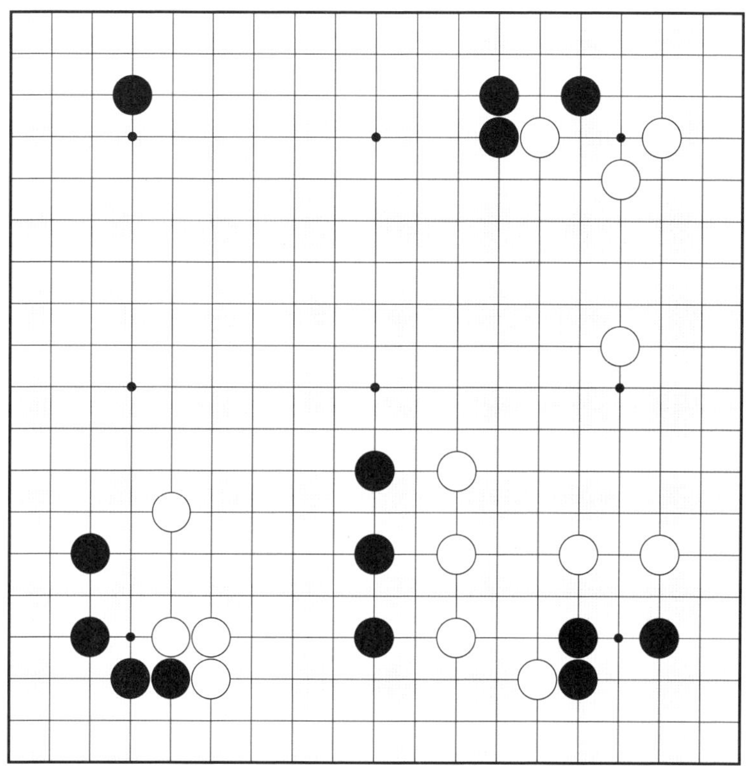

두터움과 공격

공격은 감각의 수읽기로 출발하지만 너무 도전적이어서는 낭패를 보기 쉽다. 항상 자신을 돌보면서 두텁게 실행하는 것이 중요하다.

흑의 입장에서 다음 행마의 초점은 좌하 쪽. 자, 어떻게 시작해야 할까?

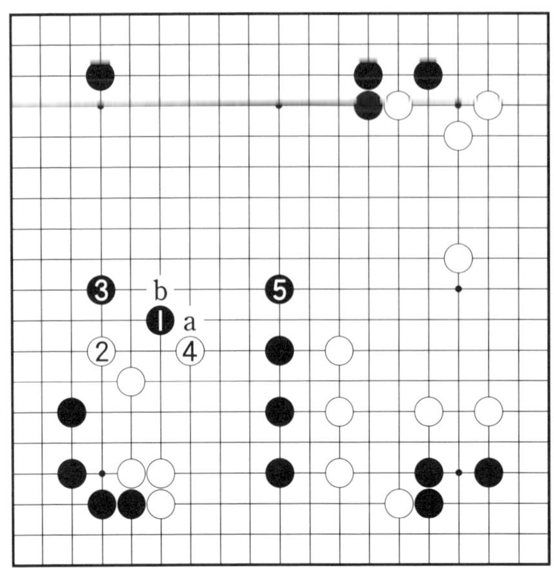

1도

1도 (보강을 겸한 공작)

흑1로 하변 석점을 보강하는 기분으로 공격하는 것이 호착이다. 백2라면 흑3으로 크게 길을 가로막고, 백4에는 흑5로 유유히 뛰어나간다.

이후 백a에는 흑b로 좌변 쪽을 슬슬 늘며 두어 흑이 전체적으로 충분한 국면일 것이다.

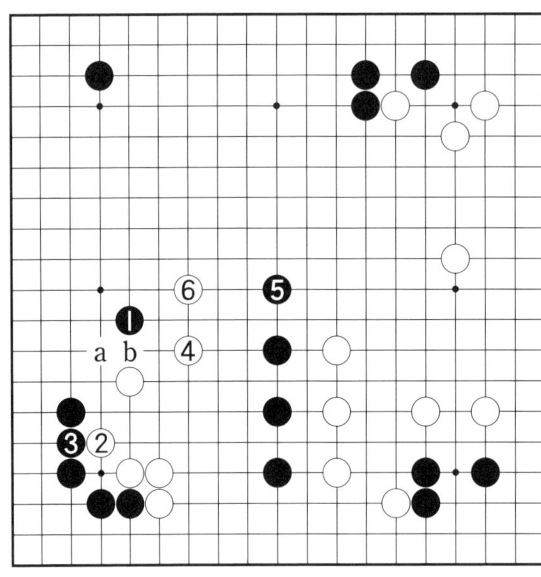

2도

2도 (반격이 무섭다)

흑1로 직접 모자 씌우는 것은 백2, 흑3을 거쳐 백4로 갈라쳐 나오는 반격이 무섭다. 흑5로 뛰지 않을 수 없고 백6까지, 흑은 1도에 비해 크게 떨어지는 그림이다.

그리고 흑1로 a는 백이 b부터 죽죽 밀어붙이고 5의 자리에 씌워 공수가 완전히 역전된다.

2장

행마의 방향

포석단계에서 가장 중요한 사항은 매 국면마다 큰 자리가 어디냐 하는 문제일 것이다. 아마추어끼리의 바둑에서는 포석이 승부에 직결되는 예는 많지 않으나 풍부한 감각을 몸에 익혀야 한다는 점은 중요하다. 부분적으로 좋은 수라도 전체적인 관점에서는 그렇지 못하다면 당연히 기각되는 게 옳다.

이 장에서는 초반 정석선택의 기로에서 올바른 방향을 찾아가는 것을 주된 테마로 삼기로 한다.

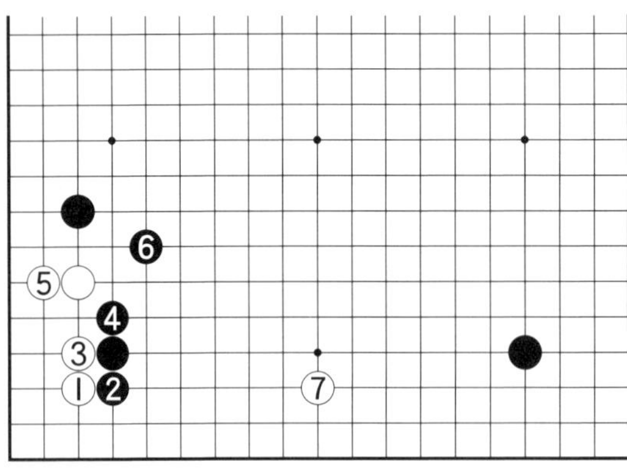

1도

1도 (낙제점)

하변이 2연성인 포석. 백1로 뛰어든 수에 대해 흑2쪽을 막고 6까지의 정석을 쓰는 것은 낙제점이다.

백이 선수를 잡아 7로 갈라치고 나면 흑의 세력이 단번에 빛을 잃는다.

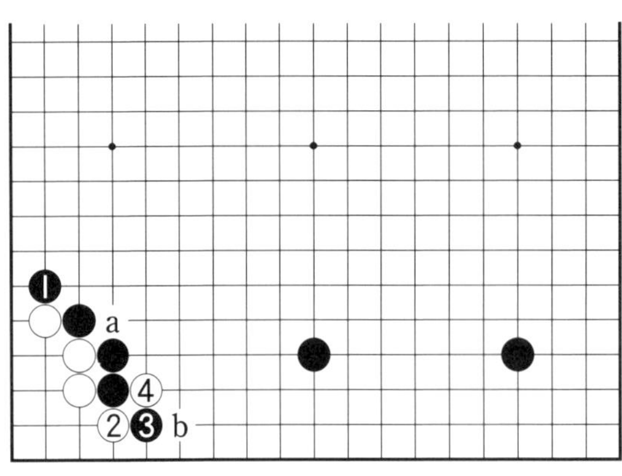

2도

2도 (이단젖힘은 잘못)

이번에는 3연성의 포석. 흑1로 이단젖힌 것은 문제있다. 백2, 4로 젖혀 끊은 것이 흑의 잘못을 응징하는 호착이다. 다음 흑a, 백b의 진행을 예상할 때 흑이 펼친 세력구도에 크게 금이 간 모습이 된다.

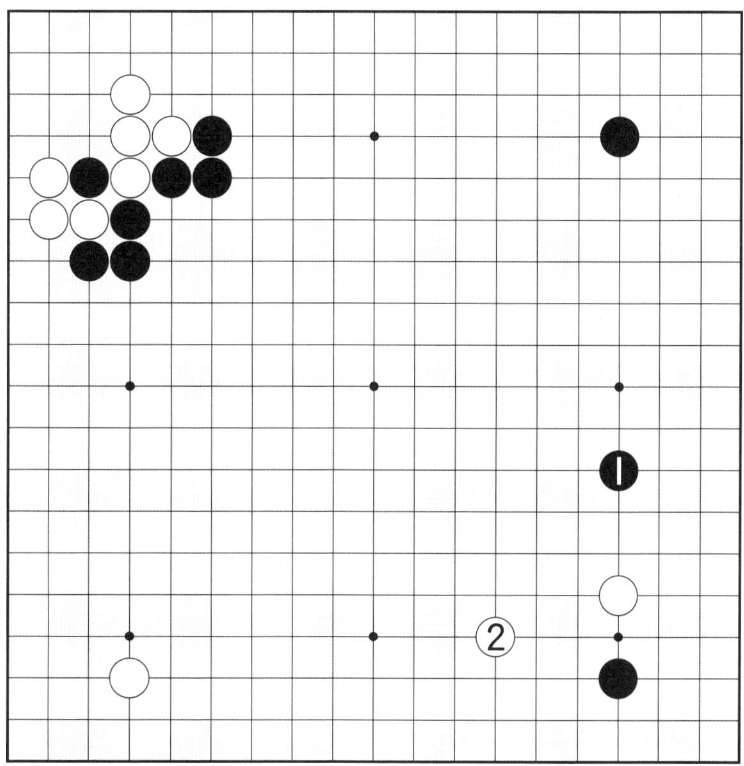

▨ 두터움을 살리는 작전

흑1로 두칸높은협공을 하고 백2의 눈목자로 씌워왔다.

이제부터 정석의 시작이라 할 수 있는데, 포인트는 좌상 흑의 두터움의 존재이다. 흑의 적절한 작전을 선택해 주기 바란다.

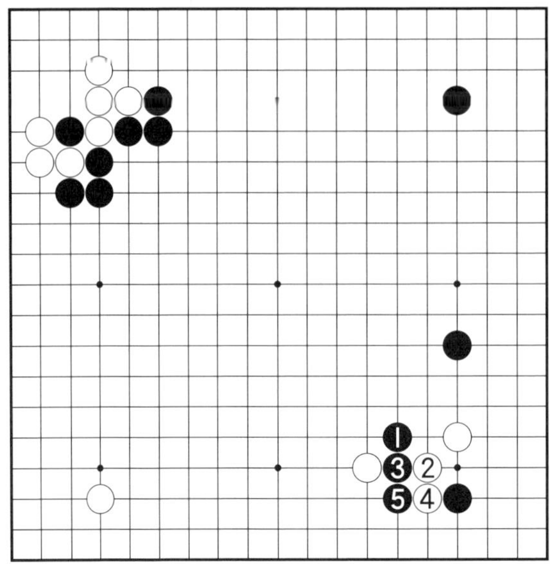

1도

1도 (두터움 쌓는 정석)

흑1의 밭선자로 갈라지는 수가 국면에 딱 맞는 정석선택이다. 백2에는 흑3에서 5로 뚫고 내려간다.

이로써 흑은 외곽에 두터움을 쌓는 것이 기정사실이 됐으며, 좌상의 두터움과 호응해 흑이 이상적인 포석이라 할 수 있을 것이다.

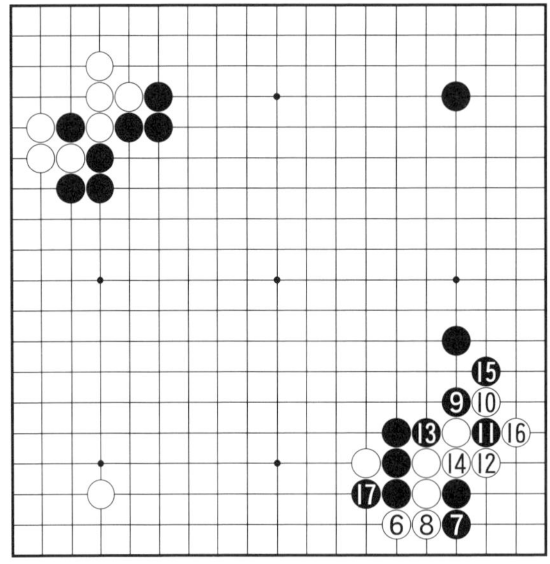

2도

2도 (원대한 세력작전)

1도에 계속해서 백6에는 흑7, 백8을 교환해 두고 흑9로 붙여간다. 백10에는 흑11로 강하게 끊어가 이를 활용해 이하 15까지 바깥을 두텁게 해 둔다.

흑은 17까지 좌상의 세력이 우상의 화점과 연계돼 원대한 세력작전 구도를 만드는 데 성공한 모습이다.

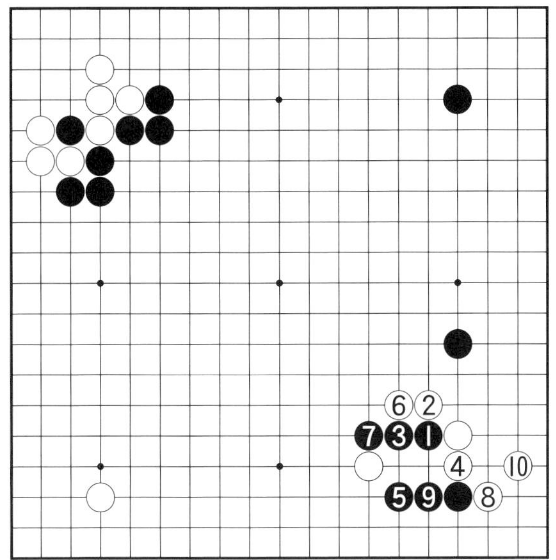

3도

3도 (정석선택 실패)

흑1로 붙여가 이하 10까지 두는 것은 평범한 정석을 따른 것이지만, 실은 좌상의 두터움을 전혀 활용하지 못하고 있다.

물론 이래도 한판이라고 할 수 있지만 유리한 포석으로 만들 수 있는 찬스에서 그대로 주저앉은 꼴이다.

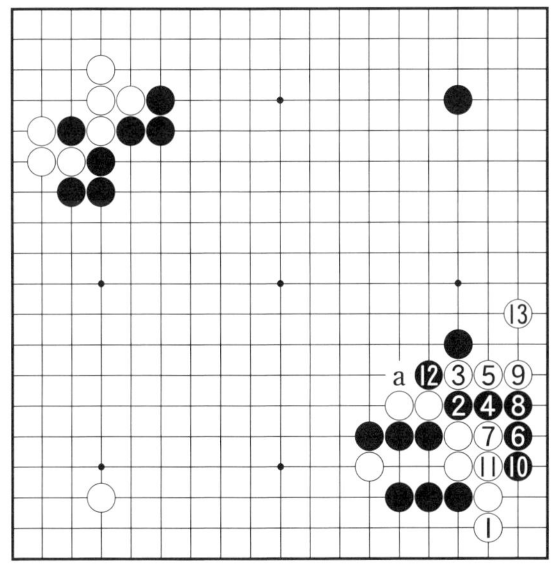

4도

4도 (백1은 무리)

참고로 3도의 백10은 정수로, 이 그림 백1로 뻗는 것도 정석이나 여기서는 무리이다.

흑이 당장 2로 끊어와 백3 이하로 치고 내려가서 13까지 된 다음 흑a의 축이 성립하므로 백이 망하는 결과이다.

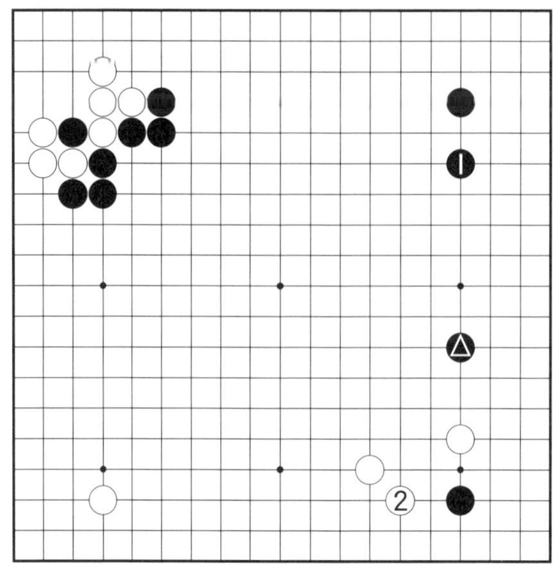

5도

5도 (일책이지만)

좌상의 흑 세력을 의식해 흑1로 손을 돌리는 것도 일책이긴 하지만 백은 볼 것 없이 2의 마늘모로 우하를 제압해 둘 것이다.

정석 도중에 손을 빼는 것은 금물. 돌의 기세상 협공한 흑▲의 체면이 서지 않는다.

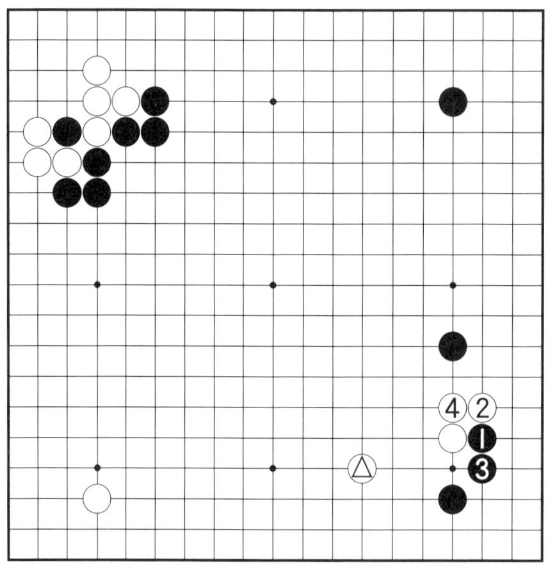

6도

6도 (나약)

백△에 대해 흑1, 3으로 붙여끄는 것은 나약하기 그지없는 태도이다.

위쪽에서 협공한 흑 한점의 체면이 서지 않으며, 이런 수순은 정석의 범주에도 들어가지 않는다.

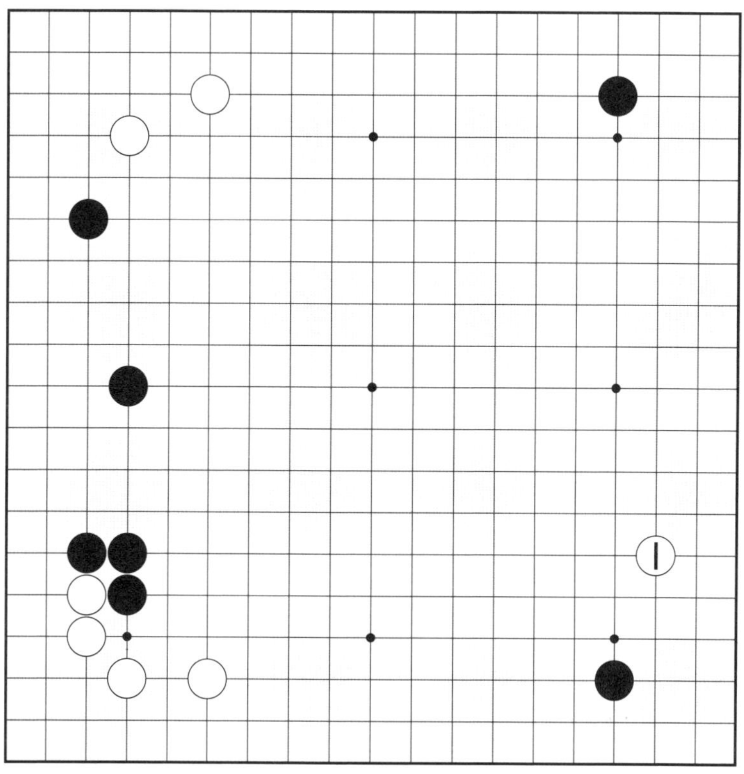

주문을 거스르다

　우하에서 백1의 두칸낮은걸침(눈목자걸침)을 들고 나왔다. 흑은 어떤 정석을 써도 무방하다고 생각해서는 곤란하다. 좌하 백의 배석을 염두에 두고 백의 주문에 걸리지 않도록 각별히 주의해야 한다.

1도 (우변에 주력)

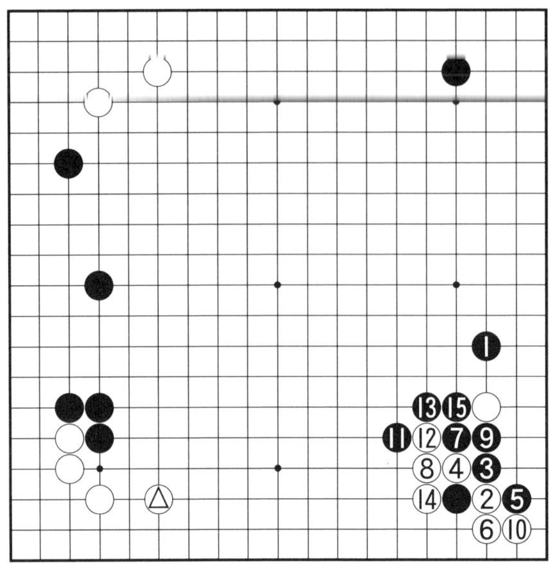

1도

하변은 백△의 칼날이 나와 있으므로 그것을 의식해 돌의 방향을 정해야 한다.

흑1의 협공을 선택한 근거는 거기에 있었다. 백2부터 이하 흑15까지는 기본 정석으로, 전체적인 배석으로 보아 흑이 우변에 두터움을 쌓는 구도가 그럴 듯하다.

2도 (변화)

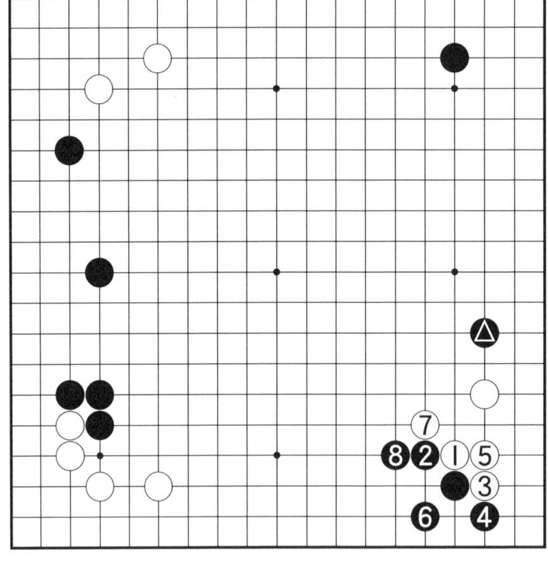

2도

흑△에 대해 백1로 붙여 3으로 비트는 수도 있다.

이때는 흑4의 이단젖힘이 맥이다. 이하 8까지의 진행이 보통으로 이것도 흑이 나쁘지 않을 것이다.

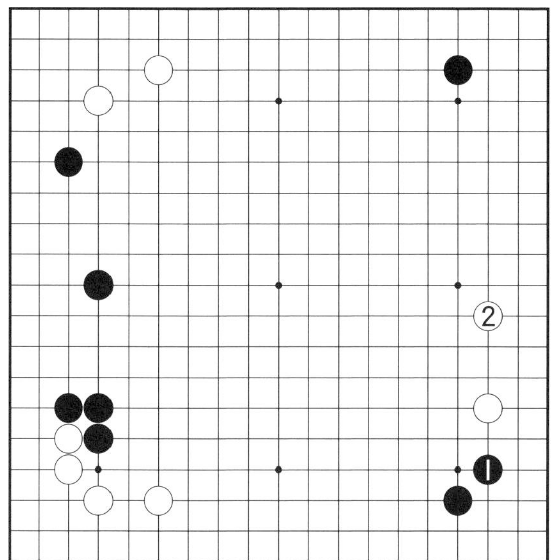

3도

3도 (소극적)

흑1 마늘모로 지켜도 나쁘지 않지만 너무 소극적이다.

백2로 평범하게 지키고 나면 다소 밋밋한 느낌으로 서로 미세한 바둑으로 진행될 것이다.

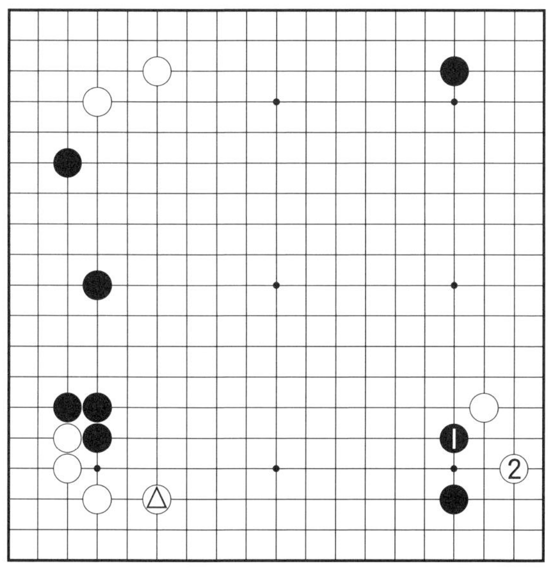

4도

4도 (방향 잘못)

흑1로 씌우는 수는 하변에 세력을 쌓겠다는 행마이지만, 앞서도 말했듯이 백△의 존재를 까맣게 잊은 듯한 태도이다. 힘을 엉뚱한 방향으로 쓰는 '감각 제로'의 수랄까.

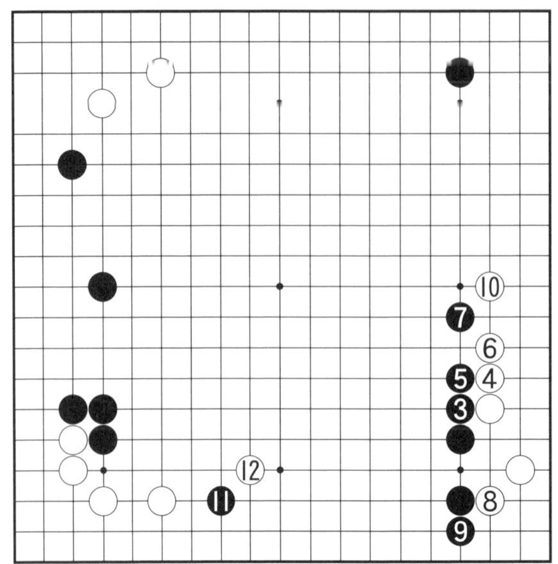

5도

5도 (허장성세)

세심해서 흑3 이하로 크게 밀어붙이고 11로 하변을 차지해도 백12의 삭감이 적시타이다.

흑은 우변에서 허용한 실리의 대가를 찾을 수 있을지 의문이다.

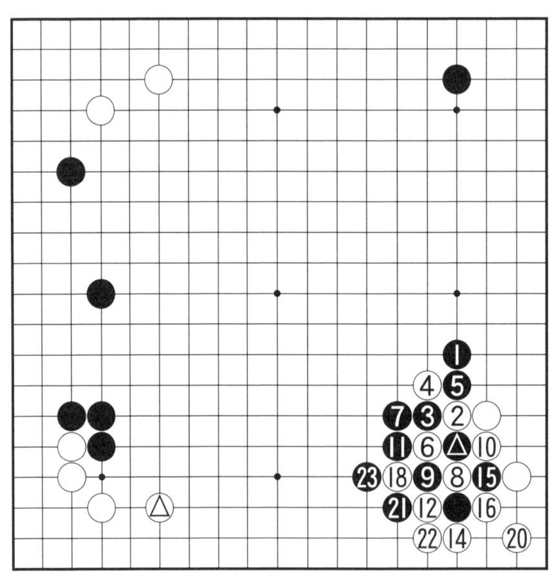

6도

6도 (출발점부터 잘못)

흑1로 크게 씌우고 백2에 흑3 이하의 대형정석을 써도 상황은 변하지 않는다.

출발점 흑△의 잘못으로 좌하에 돌출해 있는 백△가 빛나는 결과이다.

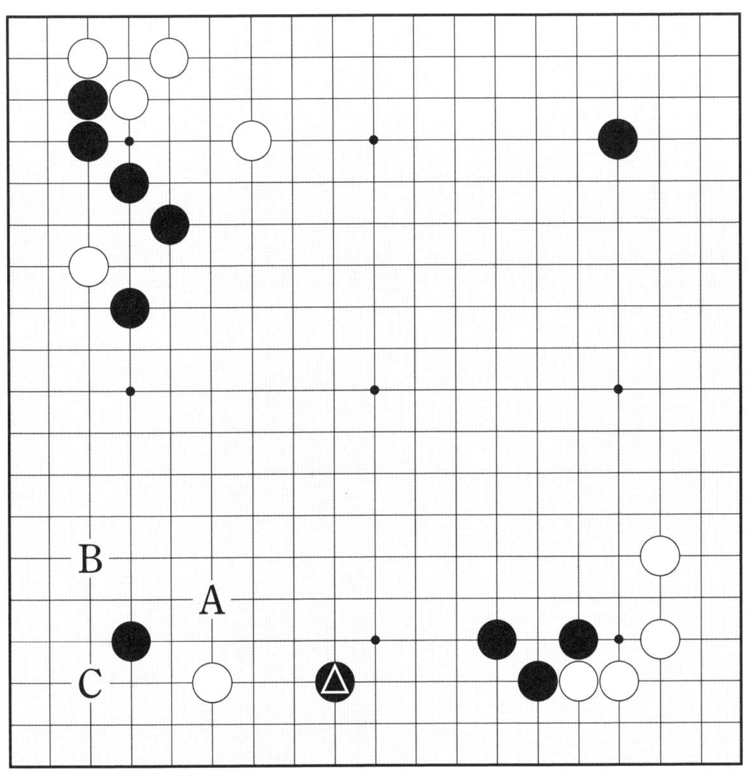

▨ 수습의 방향

　우하귀에서 붙여끌기 정석으로 시작해 흑●로 벌려 일단락한 장면이다.

　여기서 협공당한 백 한점을 어떻게 수습하느냐가 테마이다. 정석선택의 문제로서 A, B, C의 3가지 길이 있는데….

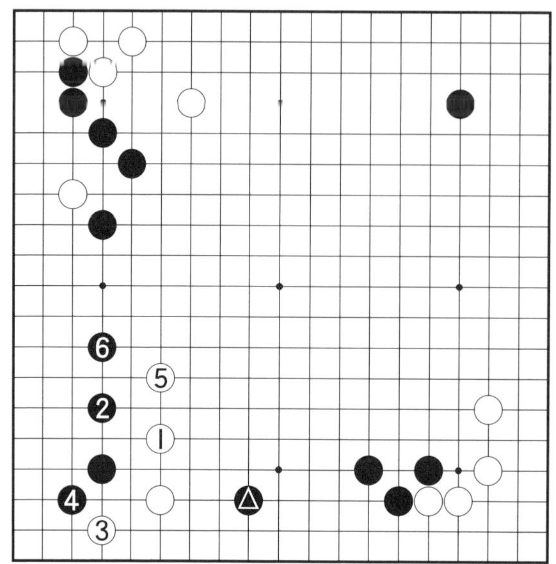

1도

1도 (실패)

백1로 뛰는 것은 흑2로 같이 뛰어 이후의 행마가 마땅치 않다.

보다시피 자신이 전개해야 할 방향에 흑▲가 다가와 있어 근거가 불안한 모양이다. 백은 이 자체로 포인트를 크게 잃고 있다.

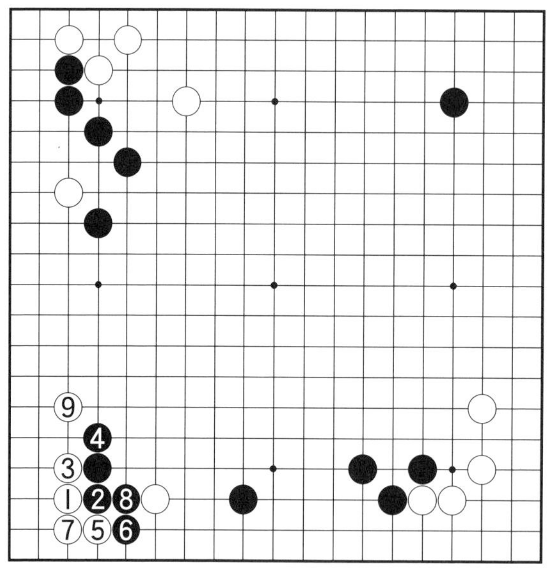

2도

2도 (3三침입)

상대의 협공을 맞아 정면으로 부딪치기보다 때로는 적당히 타협하는 자세가 중요하다.

백1로 평범하게 3三에 들어가는 것이 정답. 흑도 2쪽을 막는 것이 올바르며 이하 9까지 기본 정석인데, 이것으로 한 판의 골격이 대략 결정된 국면이다.

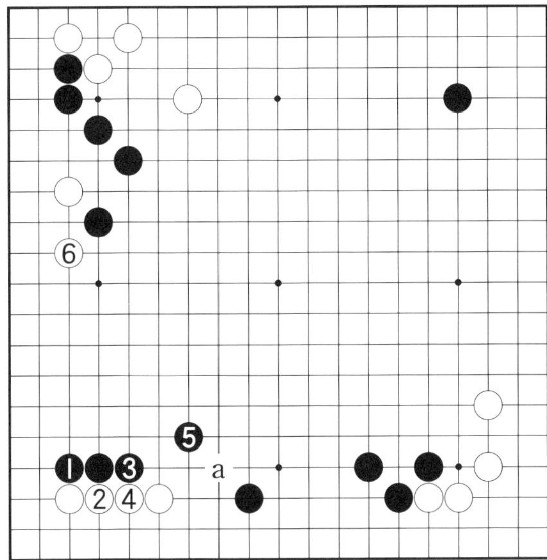

3도

3도 (방향이 나쁘다)

흑1로 막으면 백은 당연히 2에서 4로 둔다. 흑5로 둘러싸는 모양 자체가 엉성하며(백a가 남았다), 백6으로 뛰어나오는 것이 절호의 타이밍이다.

흑1은 발상에 문제가 있으며, 단언하건데 정석 책에도 이렇게 두라고 권하는 장면은 없다.

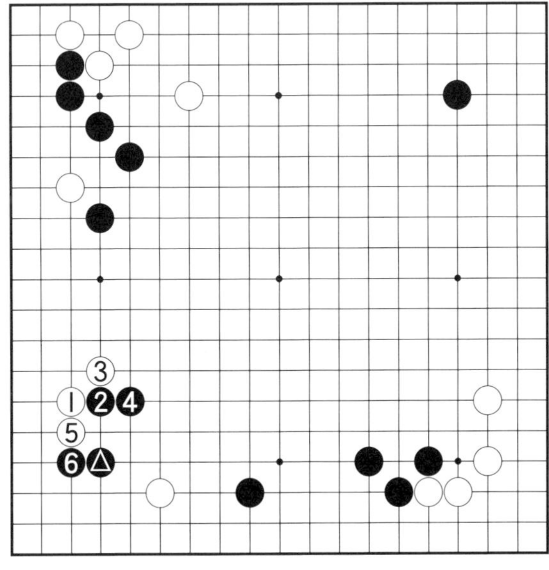

4도

4도 (양걸침)

백1로 양걸침하는 것도 일책. 그렇다고 백이 흑△의 돌을 공격하고 있다고 생각하는 것은 착각이다.

힘 관계에 있어서 좌하 쪽은 흑이 강한 지역이고 백1은 수습을 위한 하나의 계책일 뿐이라는 인식이 중요하다. 흑2로 붙여뻗고 이하 6까지면 보통이다.

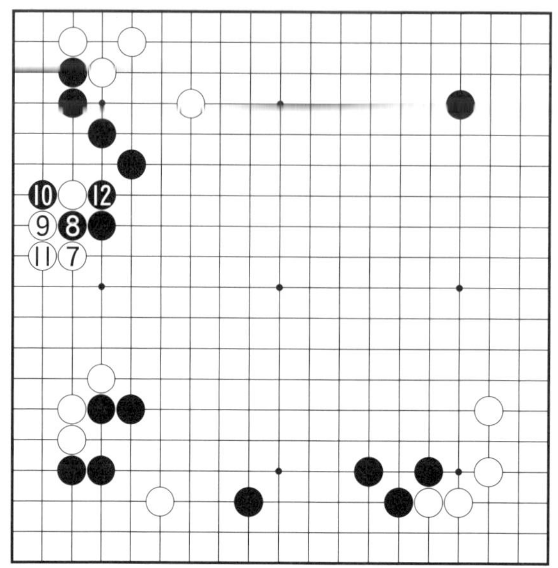

5도

5도 (한판의 바둑)

4도에 계속해서 백1로 뛰어 나오는 것이 임기 응변의 호착이다.

흑8에서 12로 두텁게 꼬부려 잡아두는 데까지 전체적으로 잘 어울린 한판의 바둑이라 할 수 있다.

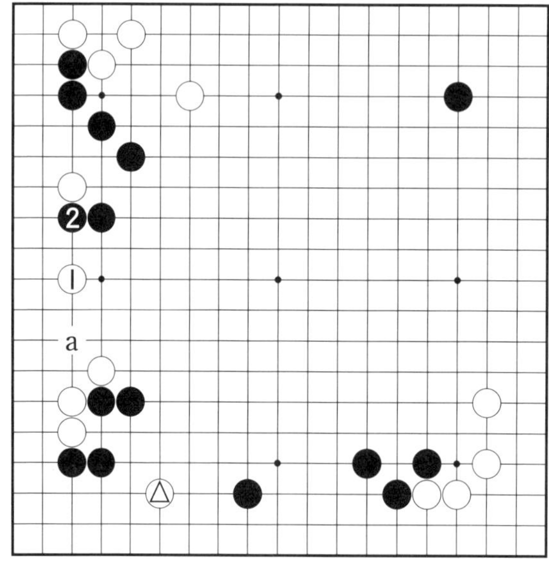

6도

6도 (정석선택 실패)

백1로 벌리는 것은 부분 적으로는 정석이지만, 그 러면 흑은 볼 것 없이 2 로 막아 한점을 제압해 버린다.

더구나 좌변 백에는 흑a의 약점 때문에 하변 의 △를 움직이기가 쉽 지 않은 모양이다.

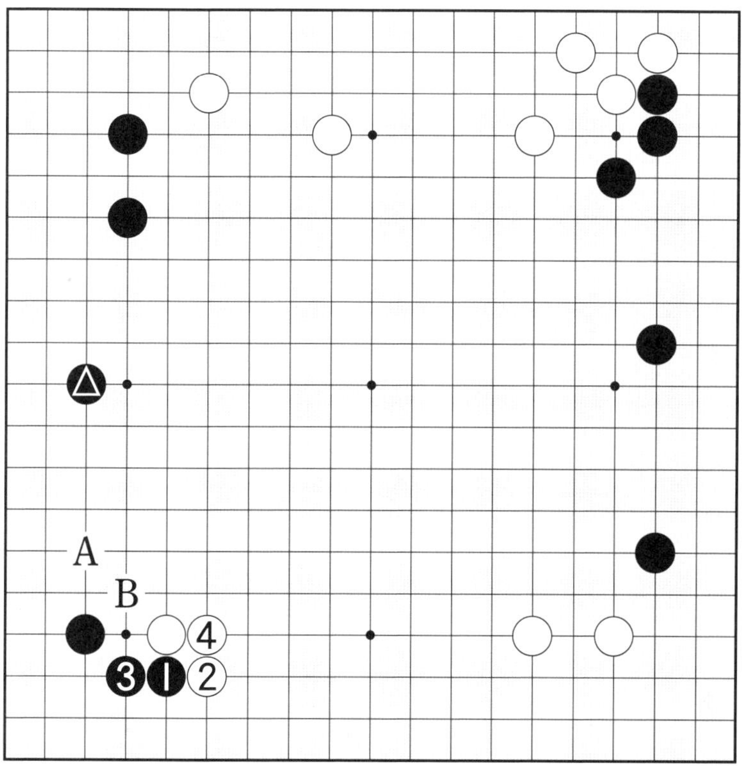

밸런스 감각

흑은 1, 3으로 붙여끌고 백은 4로 견실하게 이었다.

여기서 흑의 다음 한수는 A와 B의 두 가지이다. 선택의 포인트는 좌변 흑▲. 당신의 밸런스 감각을 묻는다.

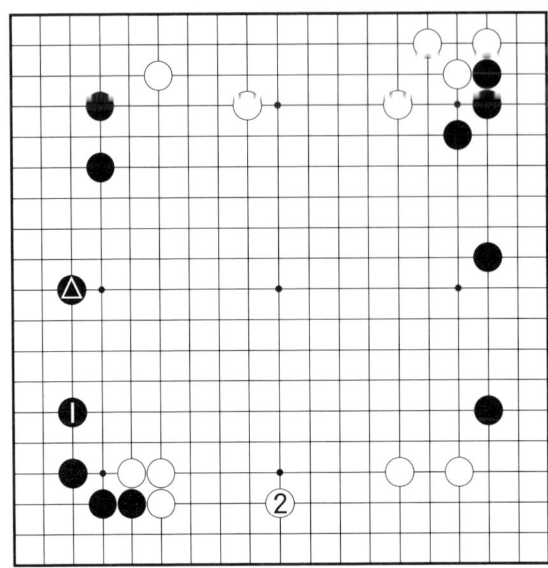

1도

1도 (한칸은 실패)

흑1의 한칸은 부분적으로 가장 많이 쓰이는 정석이지만 돌의 고저 밸런스에 문제가 있다.

보다시피 좌변의 흑❶ 한점이 같은 3선 상에 있어 너무 평면적이며 발전성이 없는 형태인 것이다.

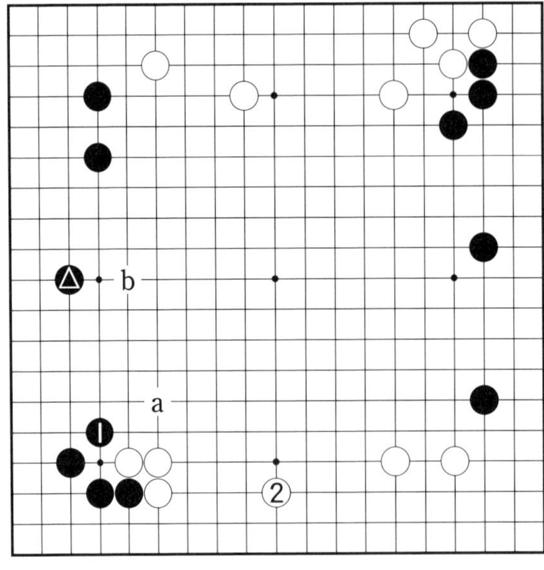

2도

2도 (고저의 균형)

흑1의 마늘모가 정답. 좌변에 흑❶가 제3선의 낮은 위치이므로 1로 높이는 것은 포석의 기본적인 사항에 속한다.

다음 흑a의 확장 또는 b의 지킴을 생각하면 '과연' 하고 고개가 끄덕여질 것이다.

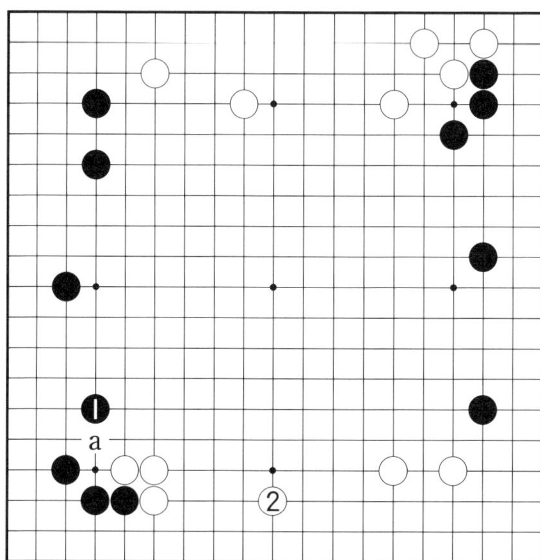

3도

3도 (날일자 유력)

흑1의 날일자도 때로는 유력한 방법이다. 흑1이 a에 있는 것과는 약간의 뉘앙스가 달라지나 고저의 균형감각을 지키고 있는 점에서는 일맥상통한 모양이며 좌변은 훌륭한 진용이다.

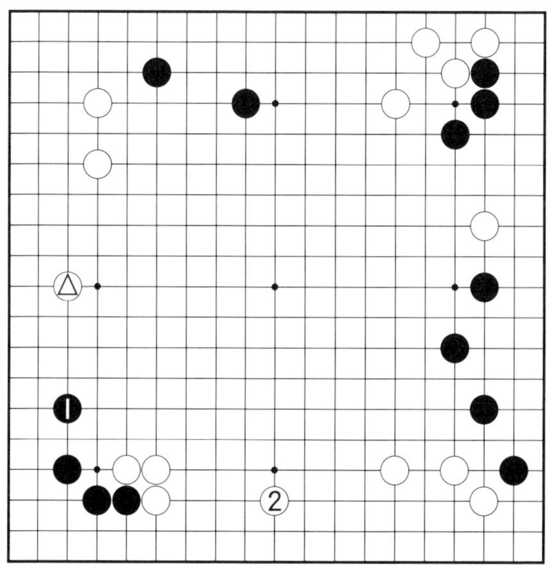

4도

4도 (행마의 원칙)

상황을 바꿔, 좌변이 똑같은 모양이라도 백의 진영이라면 자신부터 견고하게 지키는 흑1의 한 칸이 옳은 행마이다.

3선 상에 상대의 말(△)이 가까이 있으면 허점을 보이지 않도록 같은 3선의 위치를 지키는 것이 변에서 행마를 하는 원칙이기도 하다.

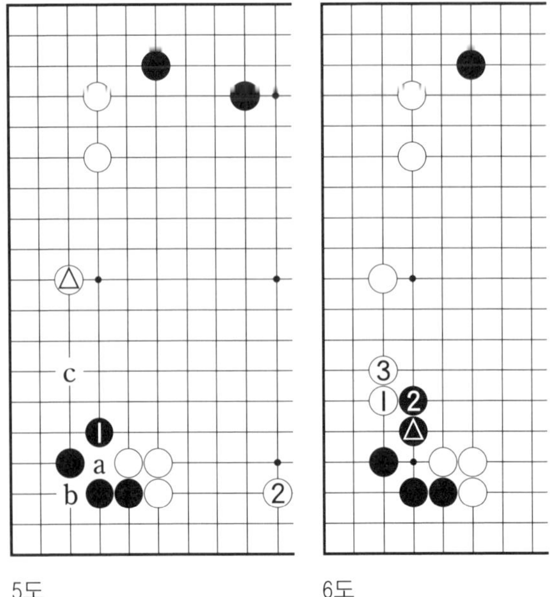

5도

6도

7도

8도

5도 (둔한 감각)

같은 이치로, 좌변에 백 ⚠가 있음을 뻔히 알면서도 흑1로 마늘모하는 것은 감각이 둔하다. 장차 백a에 흑b면 백c로 다가서는 급소가 남았다.

6도 (급소 다가섬)

흑⚫의 경우에 몇 가지 추가사항. 백1로 턱밑에 다가서고 흑2에 백3으로 늘어두면 귀의 맛이 고약해진다.

7도 (백의 노림)

가령 백1로 내려서 흑2로 막는다고 하면 백3으로 치중하는 노림이 남는다. 흑a면 백b로 이상 없이 넘는 모양이다.

8도 (맞보기)

흑은 1로 막던가 해야 하는데, 백2로 급소를 찝어 다음 a와 b가 맞보기이다. 흑1로 2면 말할 것 없이 백1로 넘어 귀를 크게 잠식한다.

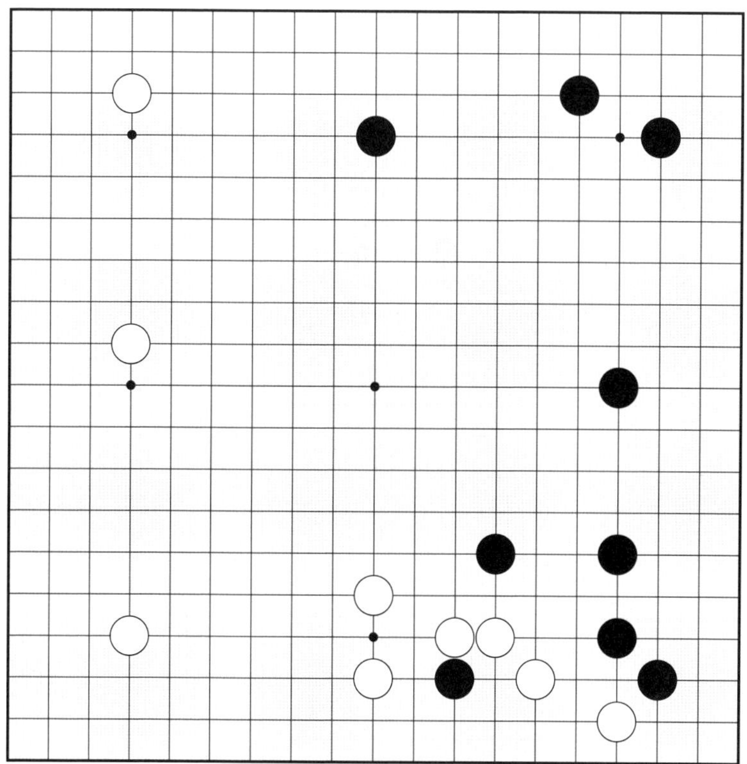

▨ 어디서부터 삭감할까

삭감의 포인트는 아무래도 좌하 쪽. 흑의 다음 한수는 어디인가?

포석이론에서 강조하는 기본 원칙의 한 가지만 지킨다면 원하는 구도를 만들 수 있다.

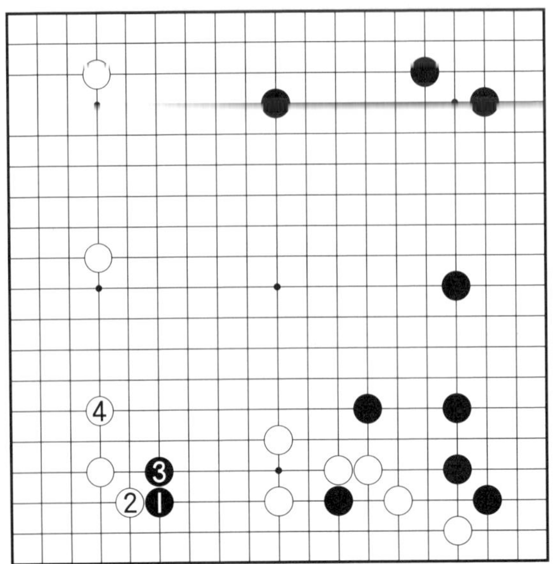

1도

1도 (방향착오)

흑1로 깊숙 들어가는 깃은 시작부터 살못되었다.

백2, 4가 호착으로 흑은 굳이 백의 강한 지역에 뛰어들어 사서 고생하는 격이 아닐 수 없다.

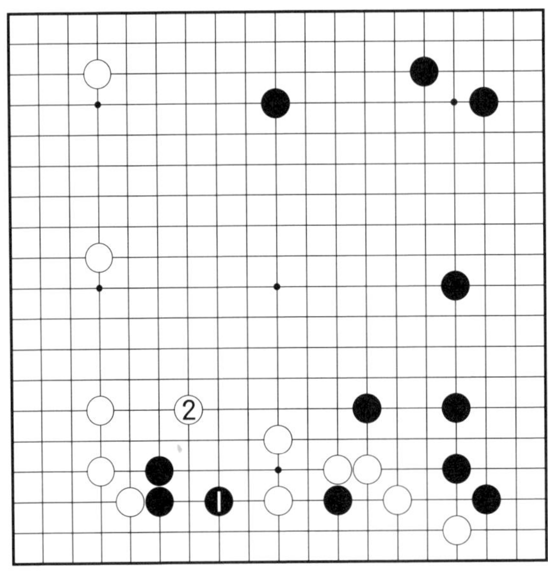

2도

2도 (흑, 최악)

흑이 하변에 뛰어든 체면을 살리자면 1로 모양을 갖추던가 해야 하는데, 백2가 안성맞춤의 봉쇄가 된다. 물론 이것은 흑에게 최악의 그림으로 실전에서는 달리 두겠지만, 예를 들면 그렇다는 것이다.

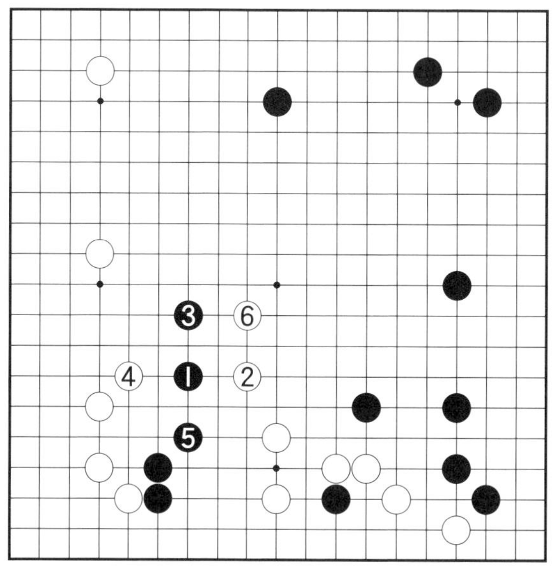

3도

3도 (일방적으로 쫓기다)

행마 자체가 엷기는 하지만 흑1로 달아나지 않을 수 없는데, 백2가 매서운 추격이다. 흑은 동행할 곤마도 없이 그야말로 고생길이 훤하다.

계속해서 흑3에는 백4로 한방 먹이고 나서 백6. 백의 일련의 행마에서 공격의 전형을 보는 듯하다. 그만큼 흑이 몰리고 있다.

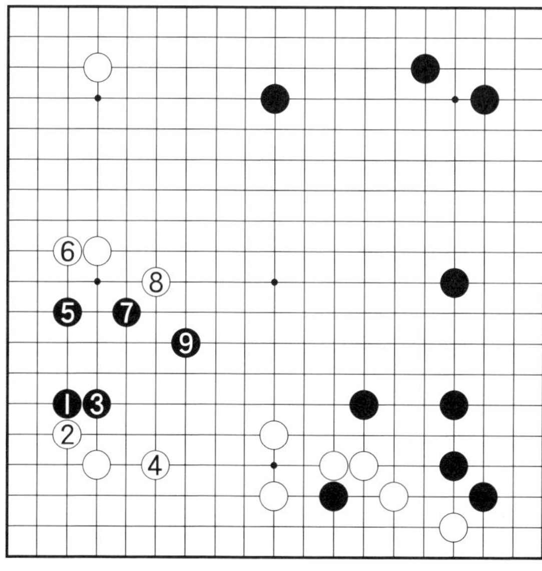

4도

4도 (원칙 준수)

하변은 백의 세력권인 만큼 흑1로 바깥에서 걸치는 것이 포석의 기본 원칙이자 합당한 선택이다. 백2, 4로 붙여 세워 공격해 오더라도 흑5로 벌릴 여유를 얻고 백6에는 흑7에서 9로 진출한다. 결과적으로 흑은 비교적 순탄하게 좌변을 부수고 있다.

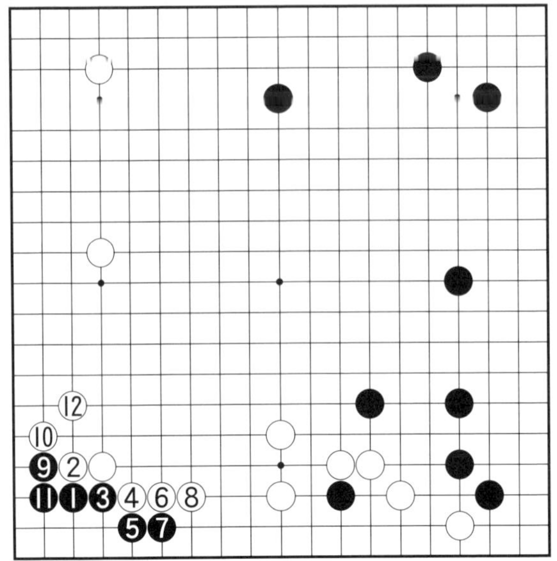

5도

5도 (3三침입)

흑1로 3三에 들어 가는 것도 고려할 수 있다.

백2로 막고 이하 12 까지는 기본 정석으로, 흑은 선수로 귀의 실리 를 차지했으므로 이 그 림도 괜찮아 보인다.

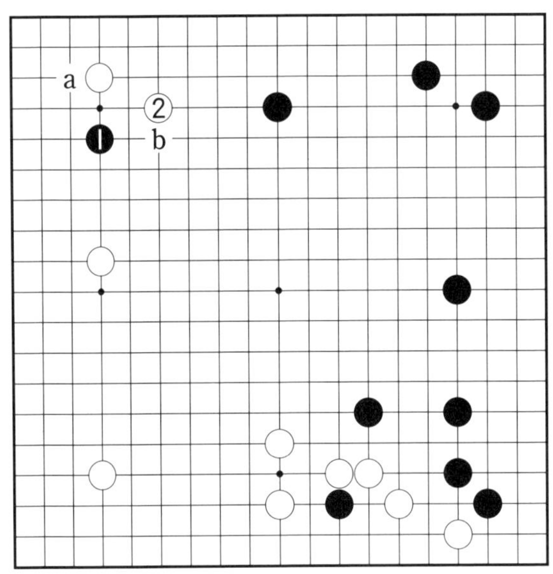

6도

6도 (방향 잘못)

하변의 상황과는 거리가 먼 얘기지만, 흑1로 좌 상을 걸쳐가는 것은 방 향 잘못이다. 백2의 날 일자로 받아 다음 흑a든 b든 고생길을 자초하는 모습이다.

이곳은 먼저 하변의 삭감을 서두르고 나서 차후에 뛰어 들어가는 수를 보는 게 마땅하다.

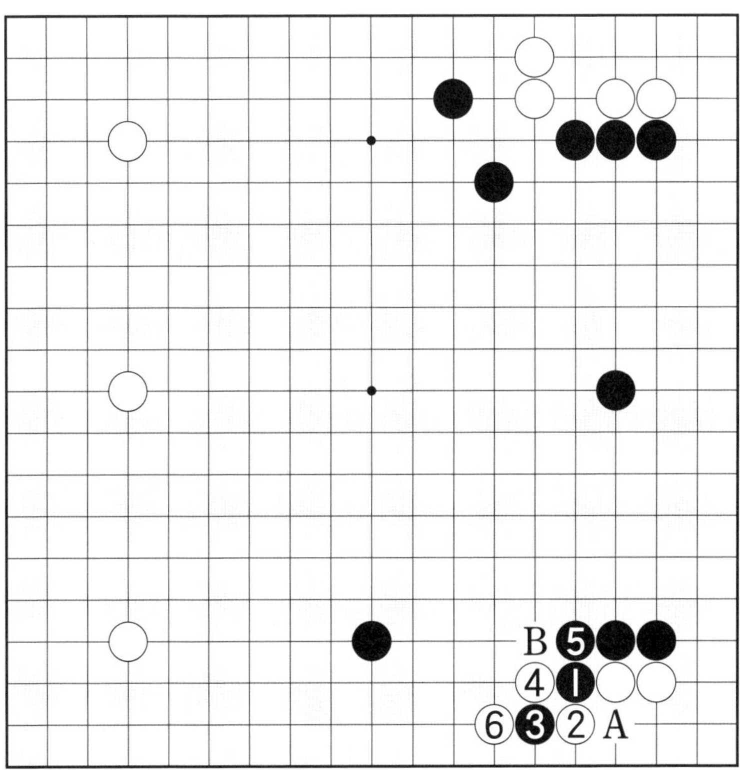

▨ 두 갈래 길에서

　3연성 포석에서 백이 곧장 3三으로 뛰어들어 생긴 장면이다.

　백6까지 된 다음 흑은 A로 끊어 귀의 실리를 취하느냐, 아니면 B로 몰아 우변의 세력을 확대하느냐, 두 갈래 길이 있는데….

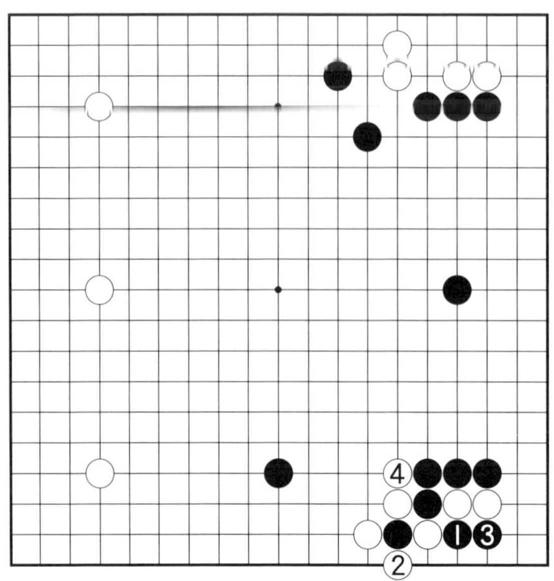

1도

1도 (백4, 급소)

흑1, 3으로 끊어 누점을 잡은 것은 귀의 실리를 중시한 수법이다.

그러나 백2로 3선 이래의 이 빵때림이 우변의 세력 건설에 지대하게 나쁜 영향을 미친다. 백4로 밀어올리는 수가 절호의 급소이다.

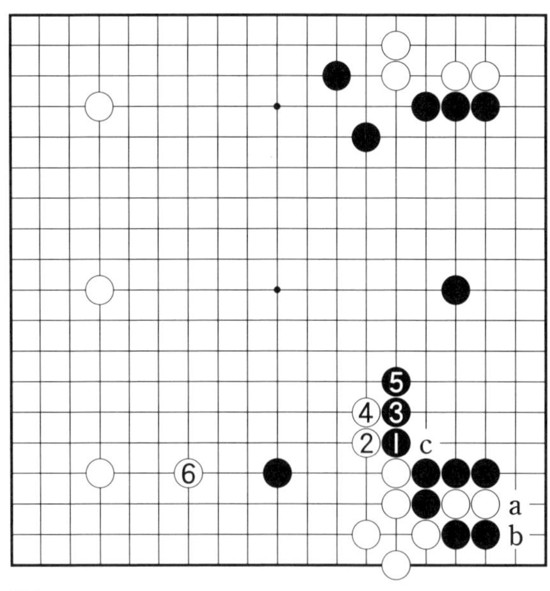

2도

2도 (백, 대성공)

흑은 1, 3, 5로 젖혀늘어 우변의 집이 크다고 보는 사람은 시야가 좁다. 우변은 흑이 선투자한 곳. 어디까지나 일방가이며 오히려 6으로 전개한 하변 백의 구도가 이상적이다.

흑3으로 4에 젖히는 것은 무리로 귀에서 백a, 흑b 다음 백c로 끊어 큰 사건이다.

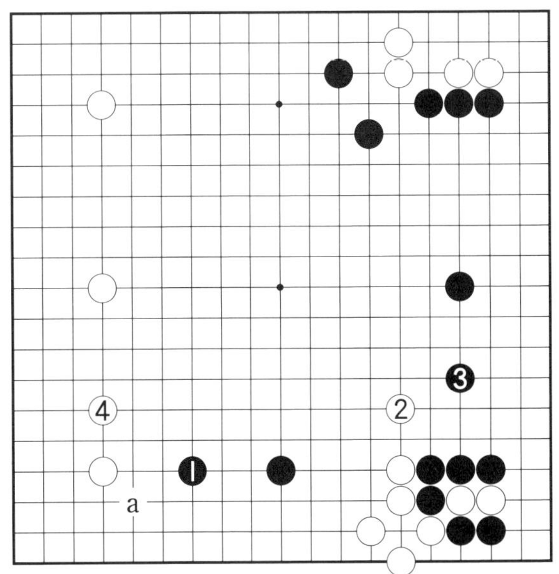

3도

3도 (때 늦다)

그렇다고 우하를 방치한 채 흑1로 손을 돌리는 것은 때 늦은 발상으로 어색하기까지 하다.

백2의 뜀이 기분 좋은 행마로 흑3에 백4로 돌아서서 다음 a의 요처를 본다.

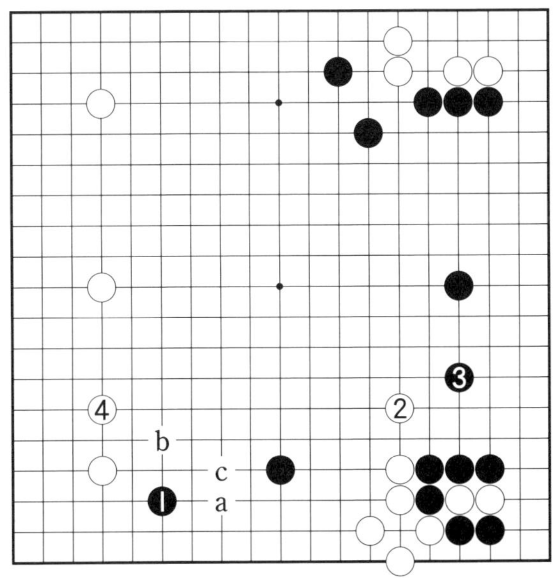

4도

4도 (백, 충분)

흑1로 걸쳐도 백2, 흑3을 선수하고 4로 지켜두어 백은 충분하다.

흑은 백a의 침입을 방비해 b나 c 등으로 지켜야 하는데, 어쨌든 흑은 우변에 원대한 세력을 건설하려던 구도에 크게 금이 간 모습이다.

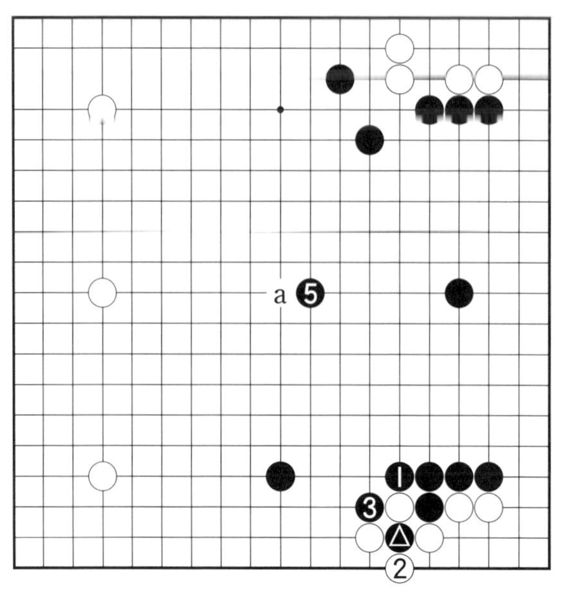

5도

5도 (웅장한 세력)

흑1로 모는 깃이 두터움을 살리는 선백이다. 백2로 때린다면 기세 좋게 흑3으로 한번 더 몬다. 백4로 이으면 보통인데, 흑5 또는 a로 크게 둘러싸 흑의 대세력이 웅장해진다.

다시 말하지만 돌의 방향은 우변의 3연성을 빛나게 하는 구도로 나가야 한다.

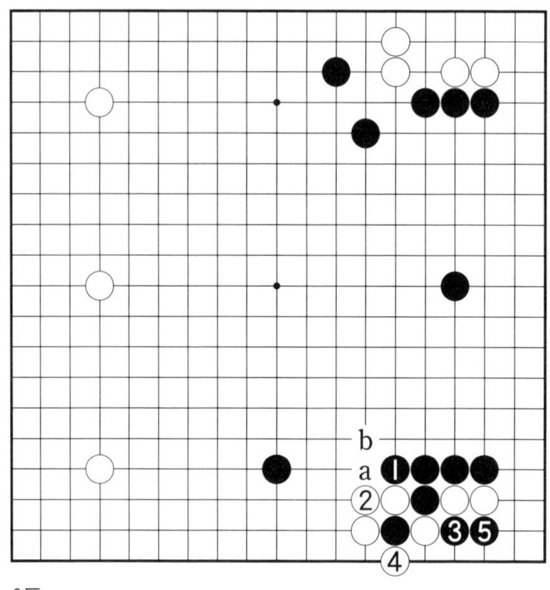

6도

6도 (흑, 실·세 겸비)

흑1 때 백2로 잇는다면 이제는 흑3, 5로 귀의 두 점을 끊어 잡아 실리가 크다.

1도에 비한다면 흑이 실리와 세력을 동시에 차지하고 있는 모양이다. 백a에는 흑b로 한 줄의 차이는 크다.

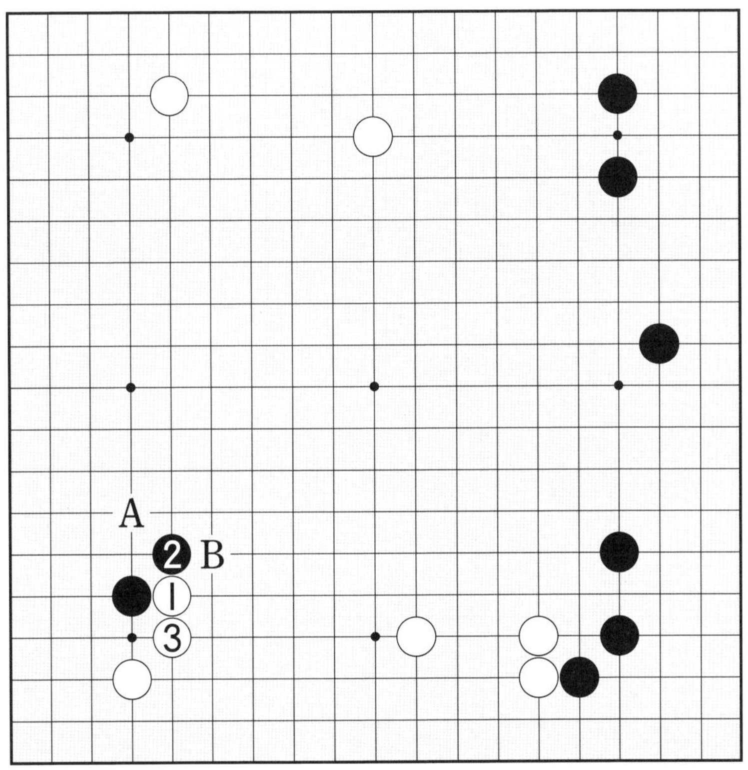

▨ 하변의 배석에 주목

아마추어의 바둑에서 흔히 나올 만한 장면. 좌하에서 백 1, 3으로 붙여끈 다음 흑이 작전의 기로에 섰다.

흑A면 기본 정석이며 흑B로 두는 수도 있다. 하변의 배석을 염두에 두고 작전의 방향을 선택해 보기 바란다.

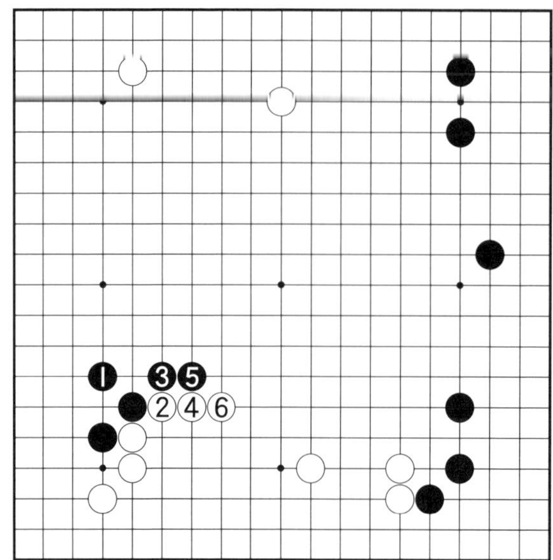

1도

1도 (상식에 얽매이다)

흑1의 호구이음은 백2에서 6으로 젖혀 늘어 하변의 백이 이상적인 형태가 된다.

다시 말하지만 부분적으로는 정석이라도 주변의 배석을 무시하면 상대적으로 나쁜 결과를 가져온다는 것을 명심해야 한다.

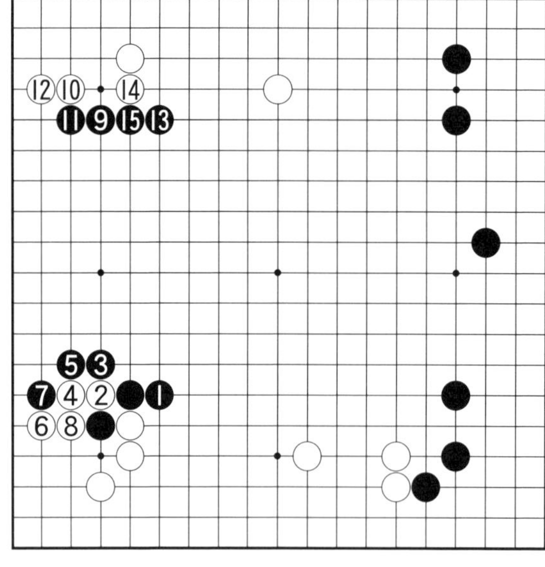

2도

2도 (세력 작전)

여기서는 흑1로 뻗는 정석을 택하고 싶다.

흑은 백에게 상당한 실리를 허용했으나 선수를 잡아 좌상 쪽에서 흑9로 걸치는 것이 절호점이다.

이하 흑15까지 좌중앙 일대의 흑 세력이 훌륭한 구도를 자랑한다.

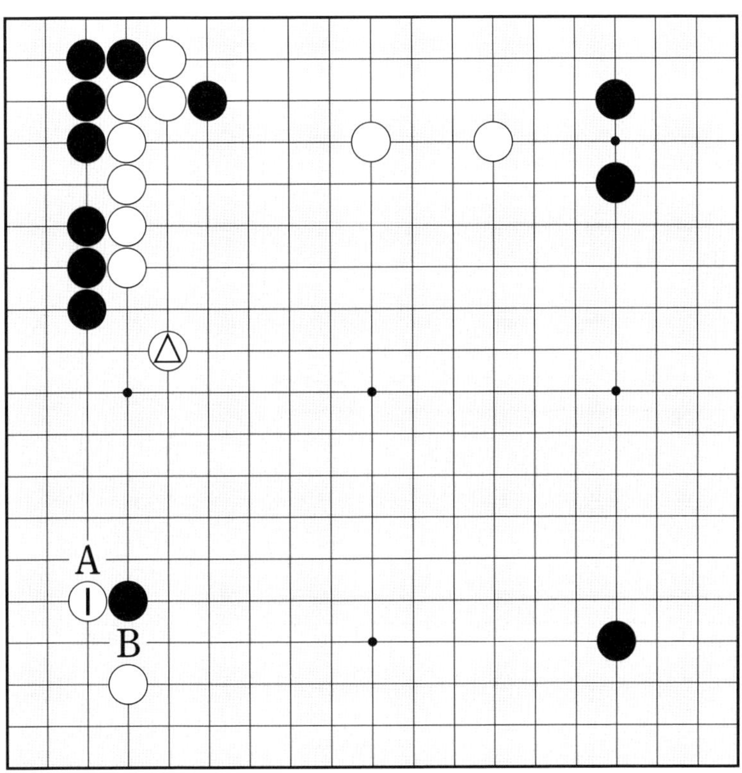

▨ 방향감각

백1의 아래붙임에 대해 흑이 어떻게 받을 것인지 A, B 중에서 첫수를 결정해 보자.

중앙에서 백△로 모양을 펴온 수에도 불구하고 좌변의 집을 키워야 한다고 생각되면 흑A, 하변을 중시하면 흑B 일 것이다.

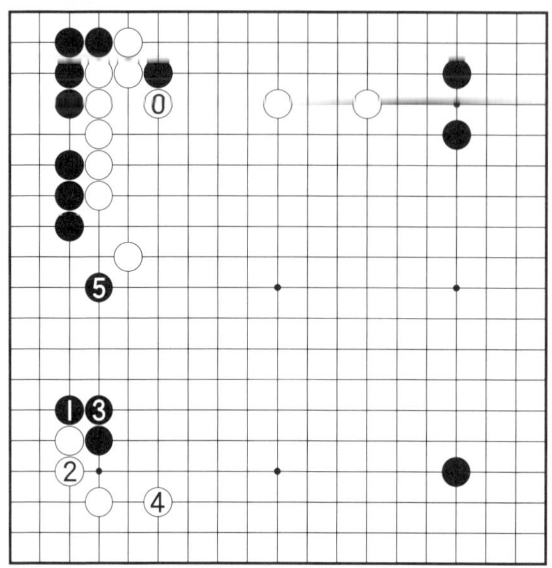

1도

1도 (이상감각)

흑1로 막고 3에서 5로 벌리는 것은 기본 정석으로, 좌변의 집을 중시한 태도이다. 백도 정석대로 4로 받아두고 흑5까지로 일단락한다.

그러나 흑이 그렇지 않아도 단단한 좌변의 진영에 5로 굳이 한수 더 들여 에워싸는 것은 작으며, 백은 평범하게 6으로 젖혀두기만 해도 흑의 불만일 것이다.

2도

2도 (대범하게 밀어붙인다)

좌변은 더 이상 두지 않아도 이미 큰 집이 나 있는 곳이다.

따라서 흑1, 3으로 이쪽을 밀어붙이는 것이 올바른 돌의 방향이다. 백4에는 손을 빼서 흑5로 우변의 큰 자리에 선행한다.

누가 봐도 이 그림이 눈에 확 들어오는 진행일 것이다.

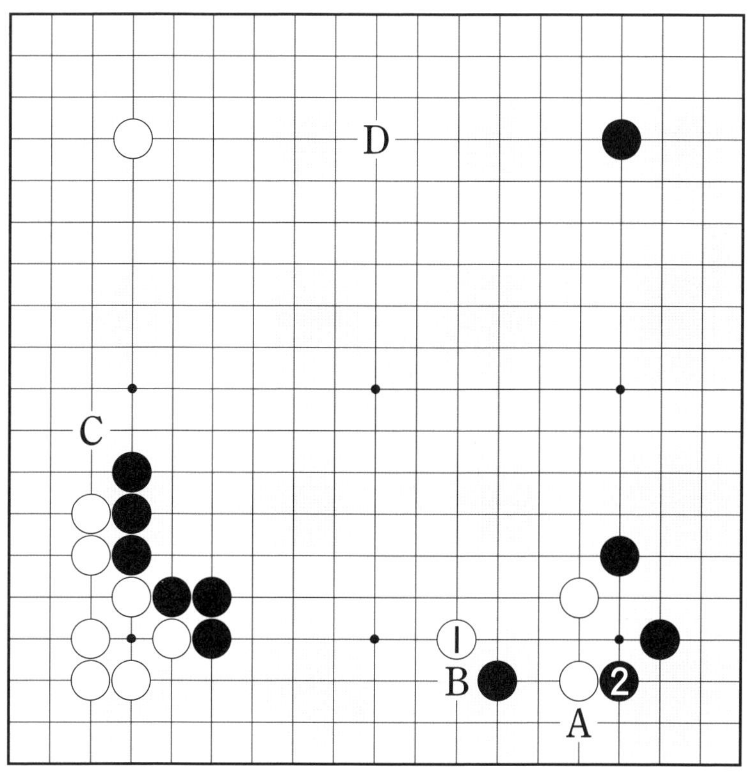

▨ 두터움이란

우하에서 백1로 씌운 수에 흑2로 귀쪽을 붙여왔다.

상식적으로 백A의 내려섬이지만 B로 바깥을 막는 수,
아예 C나 D로 손을 돌리는 작전도 있을 것 같은데…

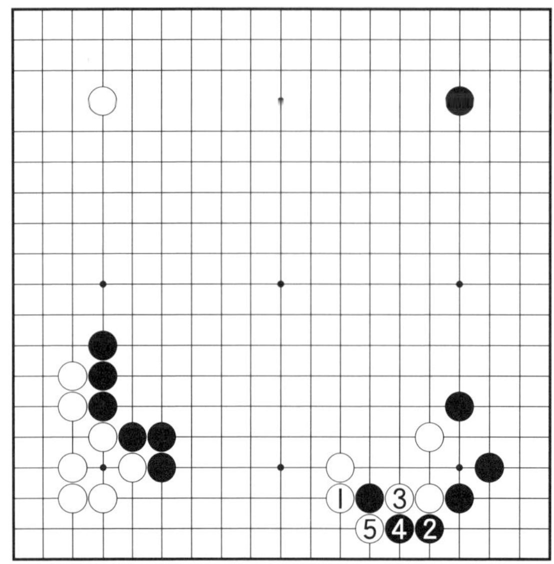

1도

1도 (두터움 견제)

상대의 두터움은 그것대로 인정해 주는 겸손이 때로 필요하다.

백1로 막는 온건책이 정해이다. 흑2 이하 5까지는 하나의 정석으로, 이곳에서 안정과 동시에 멀리 좌하 흑의 두터움을 견제하는 것이 포인트이다.

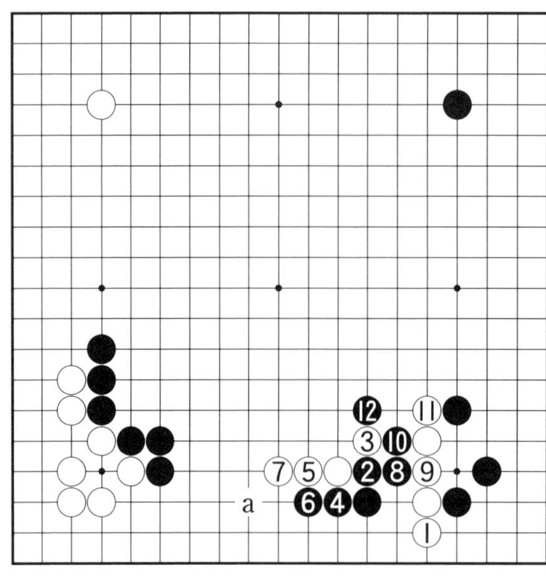

2도

2도 (난폭하게 끊는다)

백1로 내려서는 것도 부분적으로는 정석. 그러나 이 뒤가 평온치 않다.

흑2에서 백7까지 된 후 흑은 왼쪽의 두터움을 믿고 a의 뜀을 보류한 채 8, 10으로 난폭하게(?) 두어올 것 같다. 흑12까지 백 넉점이 분리되어서는 그야말로 흑의 두터움이 크게 작용해 백이 곤란에 빠졌다.

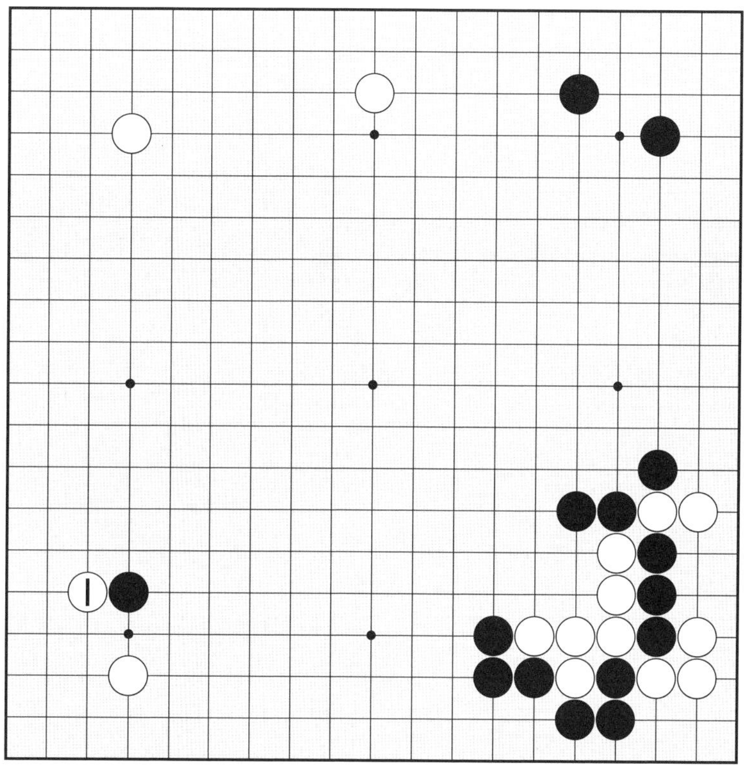

▨ 밀어붙이기 정석의 주변

　좌하에서 백1로 붙여왔다. 이후의 정석은 몇 가지로 한 정되어 있으나 감각적으로 방향을 맞추고 이후의 진행을 머릿속에 그려보기 바란다. 힌트는 오른쪽의 배석에 있다.

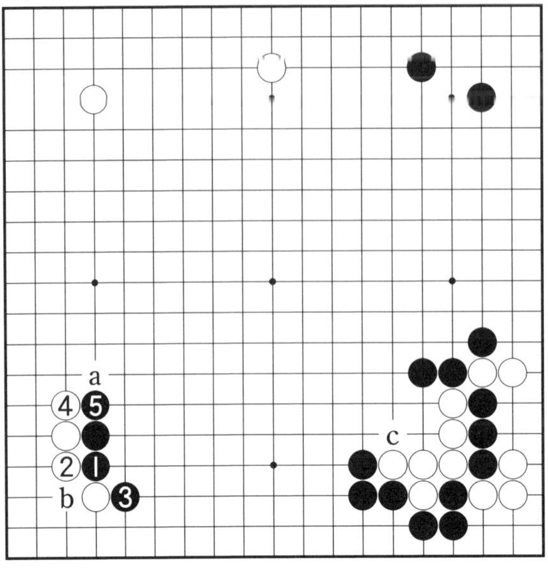

1도

1도 (밀어붙임)

흑1, 3으로 밀어붙여 오른쪽 흑의 두터움을 살리는 것이 올바른 정석 선택이다. 백4에는 흑5로 계속 밀어가 하변을 확장할 태세. 이후 백이 우하에서처럼 a로 둔다면 흑도 b로 끊어간다.

이 싸움은 오른쪽에 두터운 벽이 있는 만큼 흑이 무서울 게 없을 것이다(흑c가 절대 선수).

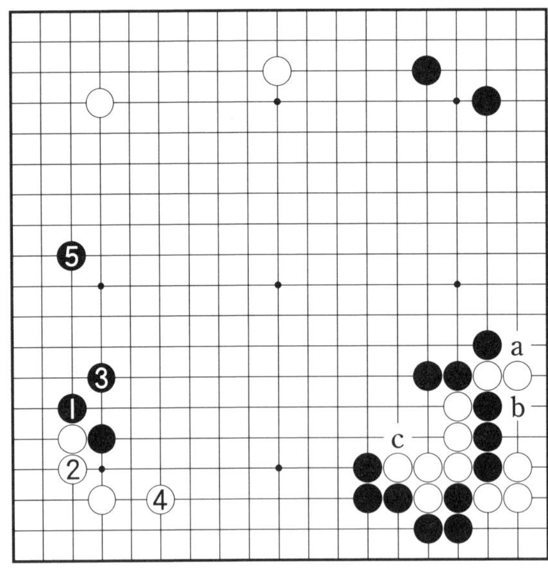

2도

2도 (백4가 절호점)

흑1에서 5까지의 평범한 정석을 따르는 것은 이 장면에서는 엉터리이다. 백4가 칼끝처럼 나와 있어 멀리 오른쪽 흑의 두터움이 그대로 희석되고 만다. 또한 흑이 섣불리 a, 백b로 교환하는 것은 흑c가 듣지 않게 되어 의문이다. 보류할 곳은 보류하고 두는 게 바둑의 묘미이다.

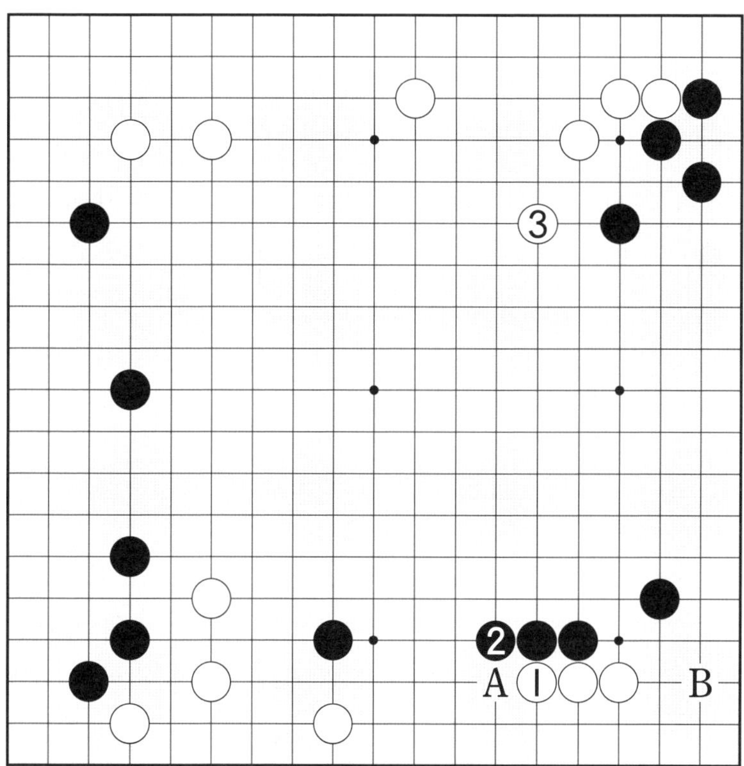

▨ 결정을 보류하라

　백1로 밀고 선수를 잡아 3으로 두어 왔다.

　여기서 흑은 우변의 세력을 어떤 식으로 견지해 나갈 것인가? 우하는 물론 흑A면 백B로 되는 자리이다.

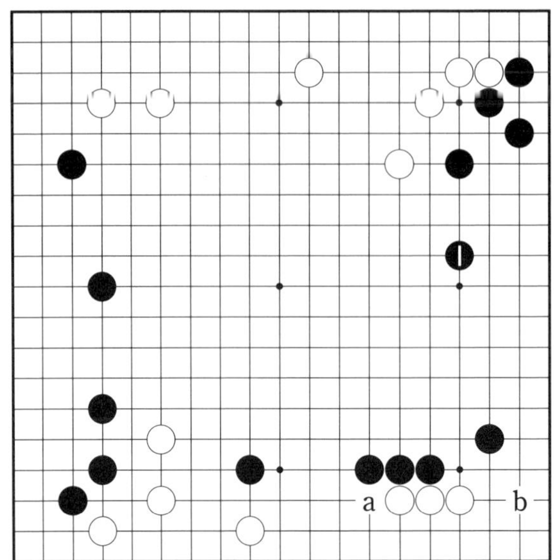

1도

1도 (결정을 보류한다)

그냥 흑1로 전개해 우변의 집 차지에 주력하는 것이 정해이다. 기세로는 흑1 대신 a로 막고 싶지만 그러면 백b로 뛰어 우변이 엷어진다.

다시 얘기하면 결정을 보류하고 두는 것이 우변의 세력건설에 묘미가 있다는 것을 강조하고 싶다.

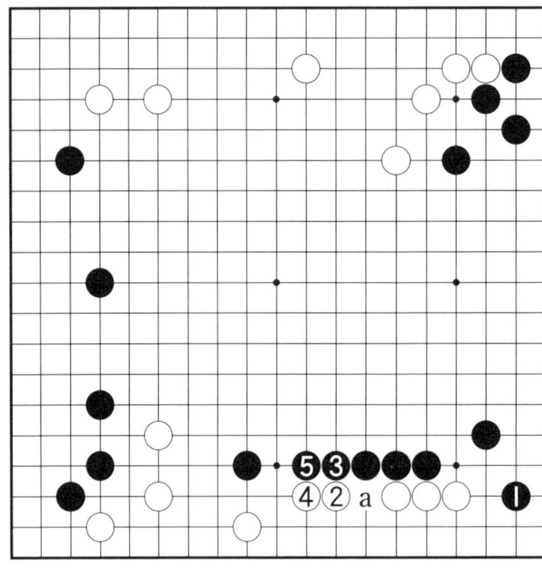

2도

2도 (장래 가능성)

우변이 어떻게 될 지는 정확히 알 수 없으나 우하는 장차 흑쪽에서 1로 미끄러져 들어갈 가능성이 높다. 백2에는 흑3부터 밀어붙여 중앙을 확대한다.

흑a, 백1의 교환을 미리 결정하지 않아야 한다는 이유는 거기에 있었던 것.

3장

공방의 급소

포석의 일반적인 순서는 당연히 큰 자리를 찾아가는 것이다. 더불어 '공방의 급소'를 우선하는 안목을 기르는 게 중요하다. 물론 거기에는 '두터움과 엷음', 전체적인 형세판단 등의 문제가 포함되지만, 어디까지나 '큰 자리보다는 급한 곳'이라는 사고를 몸에 익히는 게 중요하다.

이번 장에서는 모두 20개의 테마를 테스트 형식으로 꾸몄다.

1도 (꼬부림이 급소)

흑1로 꼬부리는 것이 공방의 급소. 큰 자리라 하면 감각적으로 하변의 a 부근이 눈에 들어오지만 백이 거꾸로 흑1의 자리를 막아 좌상의 흑이 정처 없이 중앙 쪽으로 내몰리는 상황과 비교해 보라.

2도 (공배 진출)

어정쩡한 행마는 금물. 흑1로 나가봐야 백2, 4로 두어와 a는 여전히 남은 채 공배를 둔 거나 진배없다.

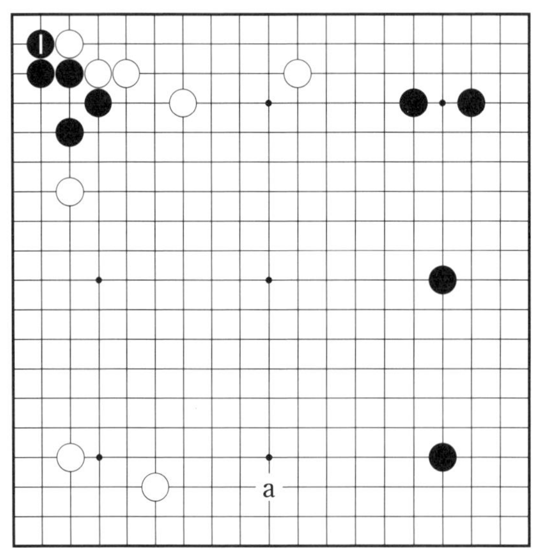

1도

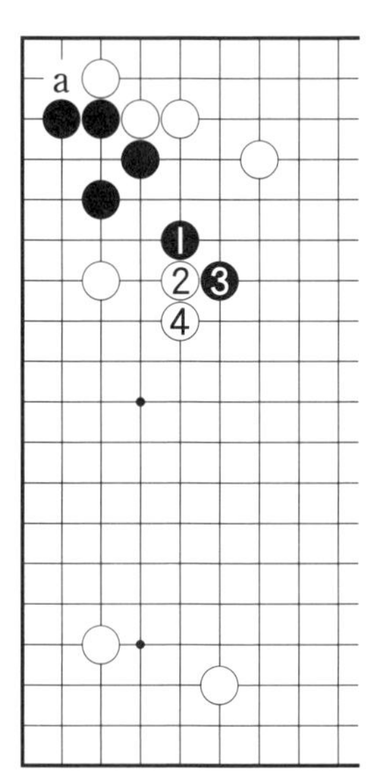

2도

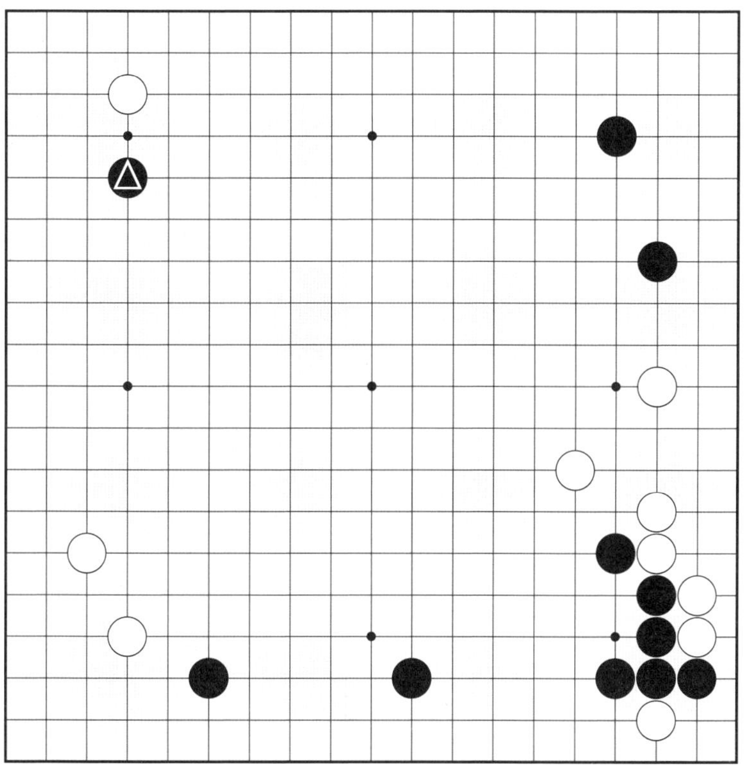

▨ 받느냐 협공이냐

프로 정상의 바둑에서 취재한 것으로 정석선택에 관한 문제이다.

흑▲로 걸쳐온 수에 대해 백은 어떻게 두어야 할까? 하변 일대의 미니중국식으로 출발한 우변 백의 배석이 힌트이다.

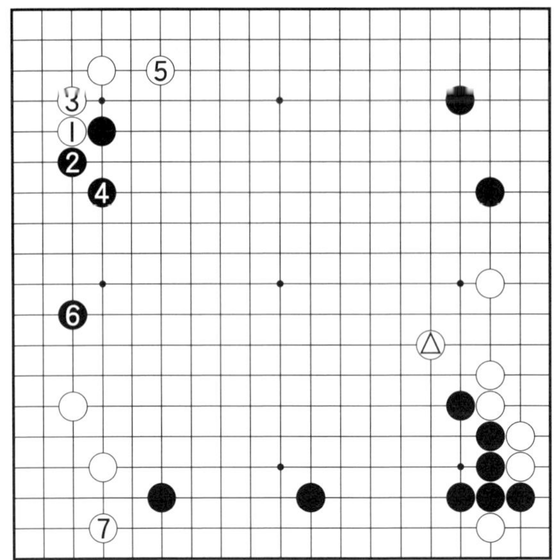

1도

1도 (평범하게 붙인다)

백1, 3, 5의 아래붙임 정석이 평범하면서도 적합한 대응이다. 흑6으로 벌리기를 기다려 지체없이 백7로 귀를 지켜두어 서로 숨이 긴 바둑이 예상된다.

중앙의 세력균형의 문제로서 백△로 머리를 내밀고 있는 데 주목한다.

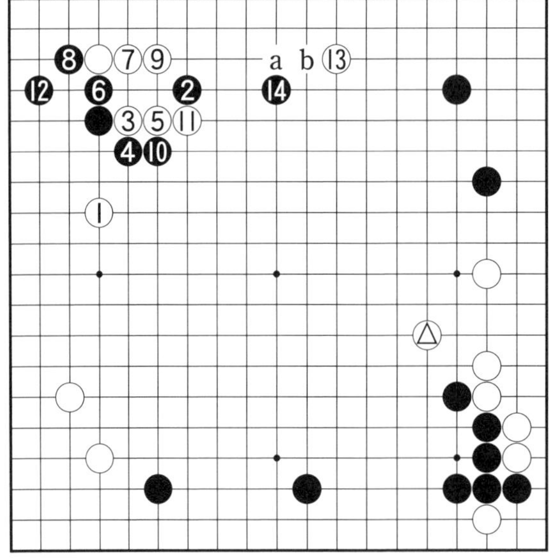

2도

2도 (이상감각)

이것은 실전. 백1로 협공하는 것은 이상감각이다. 앞서도 얘기했지만 백△로 머리를 내밀고 있는 상황에서 굳이 협공할 이유가 없었다.

이하 12까지 흑의 실리가 크다. 또 백13이 흑14의 침입을 불러 과욕이다. 백a나 b로 참을 곳이었다.

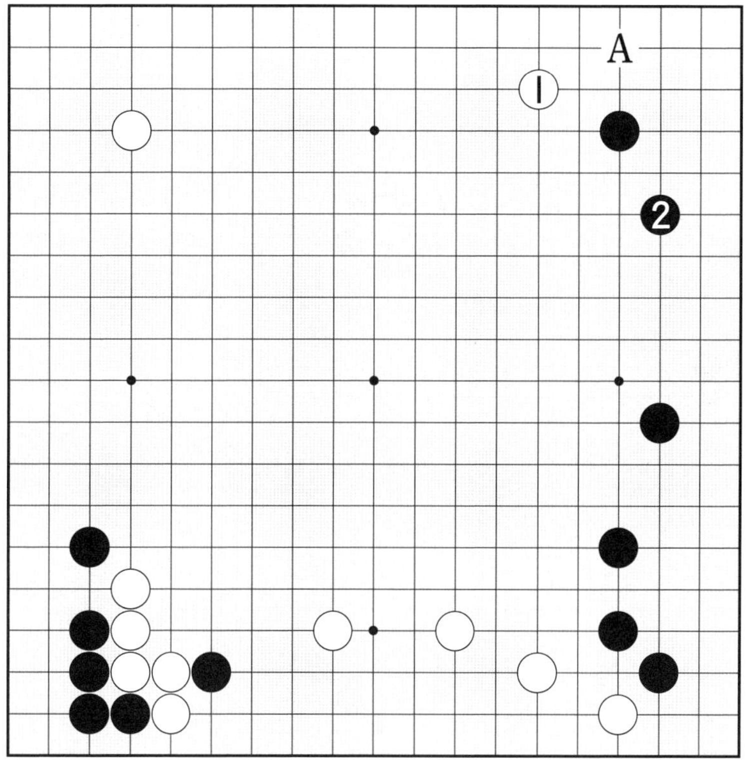

스피드냐 두터움이냐

우상에서 백1로 걸쳐 흑2로 받았다. 여기서 백은 A로 미끄러져 들어갈 것인지, 아니면 다른 작전을 모색할 것인지….

'속도와 두터움'의 문제를 생각하면서 초반 골격을 짜보기 바란다.

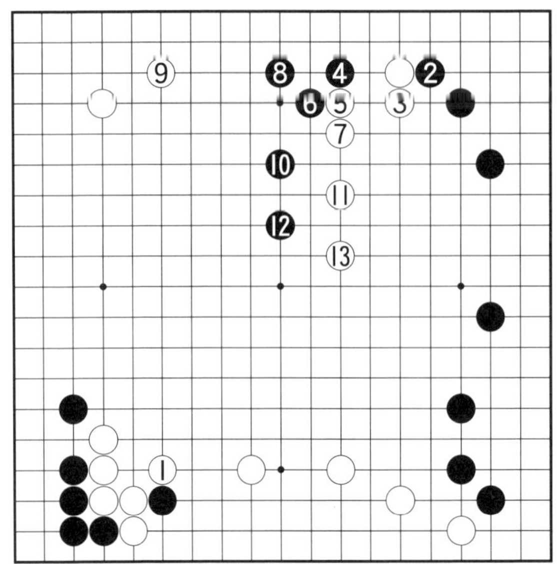

1도

1도 (두텁게 둔다)

백1로 젖혀 이곳 한점을 제압하고 싶은 국면이다. 흑2에서 4의 공격에는 백5, 7로 붙여뻗고 흑8에 백9의 날일자굳힘이 요소이다.

이하 13까지 백이 전체적으로 두터운 국면으로 보여진다.

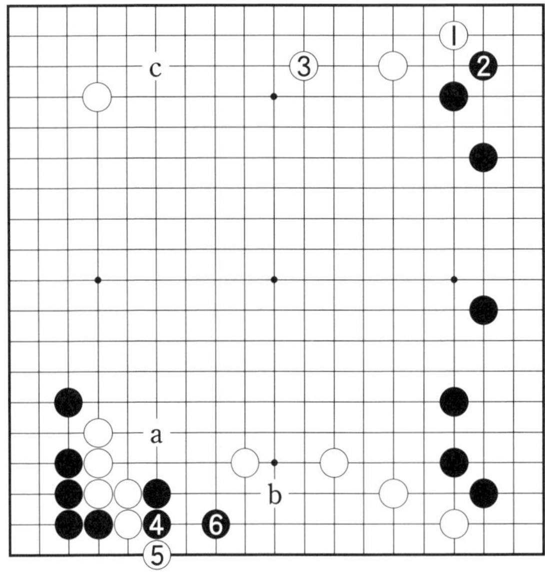

2도

2도 (너무 평범)

정석대로 백1, 3으로 두는 것은 흑이 4에서 6으로 움직일 공산이 크다. 다음 a, b가 맞보기로 실리의 균형이 무너지는 모습이다. 또한 흑2로는 c에 맞걸쳐 가는 것도 가능하다.

⊞ 테마 03

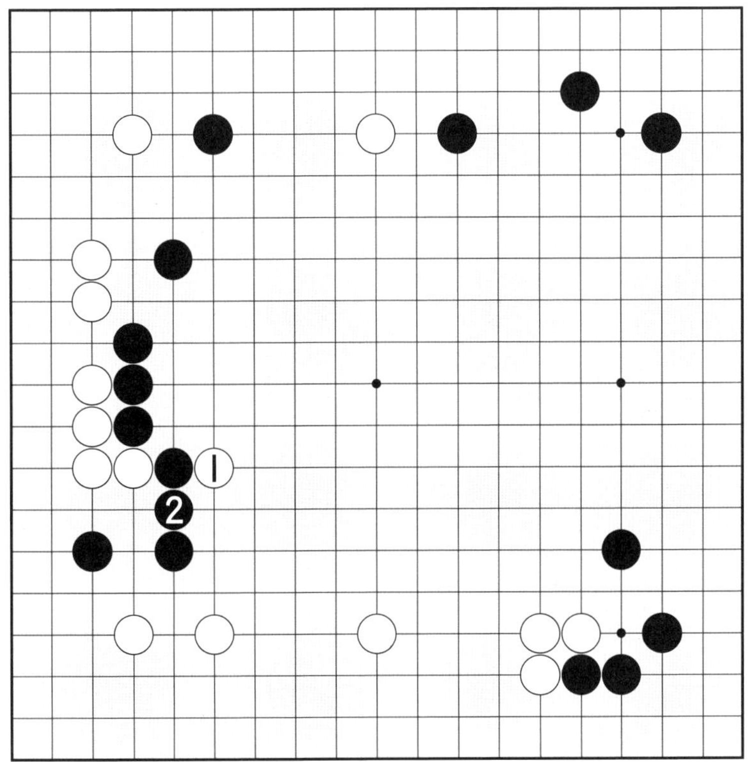

▨ 공격의 방법을 묻는다

방금 백1로 껴붙이자 흑2로 꽉 이었다.

다음 백은 흑 일단을 어떤 식으로 추궁해 들어가 국면을 리드해야 할지 생각해보자.

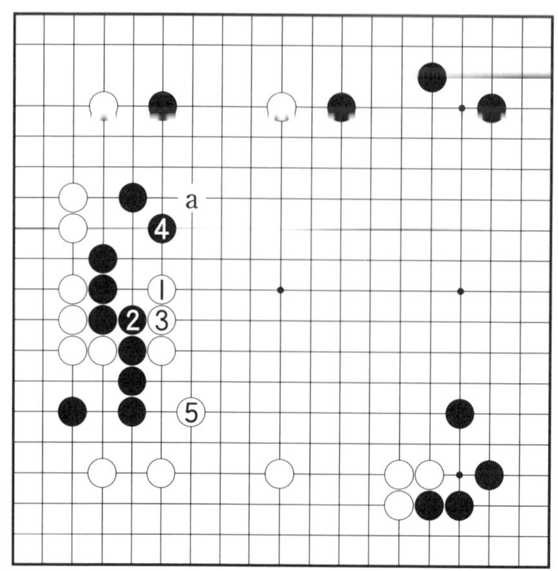

1도

1도 (두터움의 공격)

백1로 재차 들여다보고 3으로 꽉 잇고 싶은 자리이다. 흑은 4로 달아나는 정도인데 거기서 5로 하변을 둘러싸 백이 활발한 국면이다.

흑4로 5에 뛰어나온다면 백a의 눈목자 공격으로 흑의 응수가 궁할 것이다.

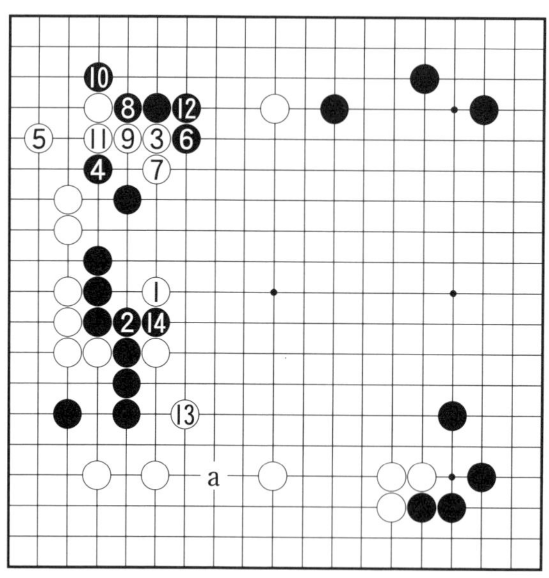

2도

2도 (실속 없는 공격)

백1, 흑2 다음 백3으로 갈라쳐 공격하는 것은 너무 도전적인 인상이다. 흑4의 마늘모를 들게 한 후 6의 젖힘 이하 12까지 튼튼하게 지켜 둔다. 백13에는 흑14로 뚫어 더 이상의 공격은 안 되는 모습으로, 더군다나 하변에 흑a의 침입이 남아 있어 백이 실속이 없다.

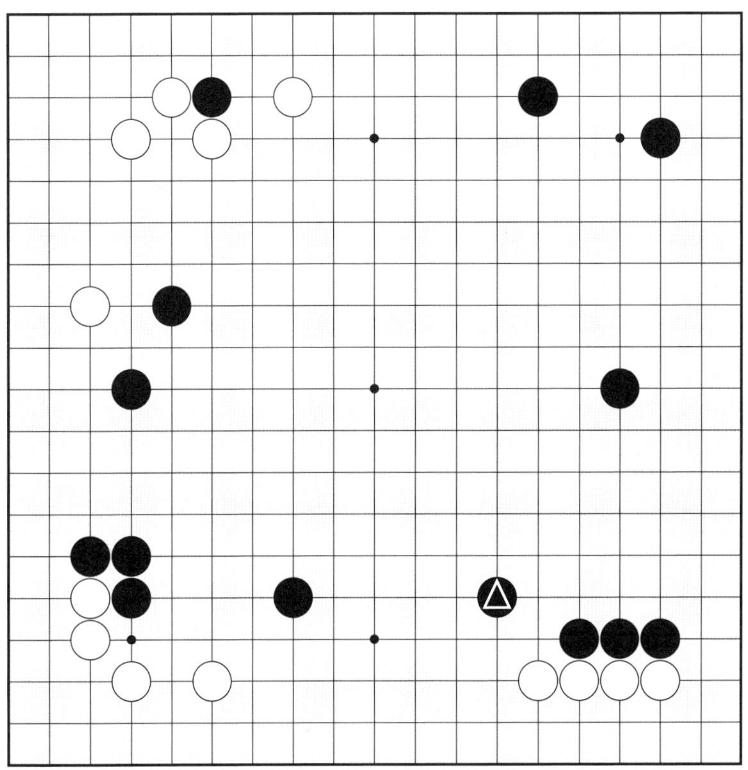

▨ 삭감의 테크닉

　백이 우하귀 3三에 뛰어들어 생긴 모양으로 방금 흑▲로 날일자해 우변을 크게 키워왔다.

　이런 장면에 딱 어울리는 삭감의 테크닉이라면? 돌의 경중을 잘 살펴 최상의 구도를 만들어보기 바란다.

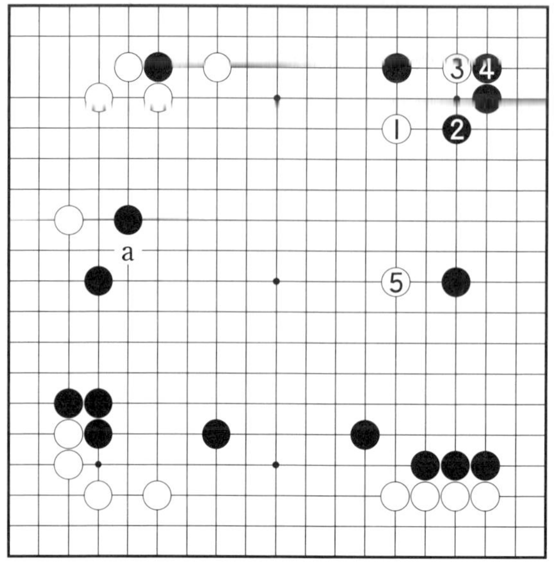

1도

1도 (3박자 리듬)

우상 흑의 굳힘을 양해 백1의 모자로 씌우는 것이 삭감의 급소이다. 흑은 우변을 중시해 2의 마늘모로 받는 한수인데 백3, 흑4를 교환해 두고 백5로 모자 씌우는 리듬이 좋다. 이것으로 중앙에서 흑의 돌은 상당 부분 발언권이 줄어들었으며, 백a의 건너붙임이 약점으로 남았다.

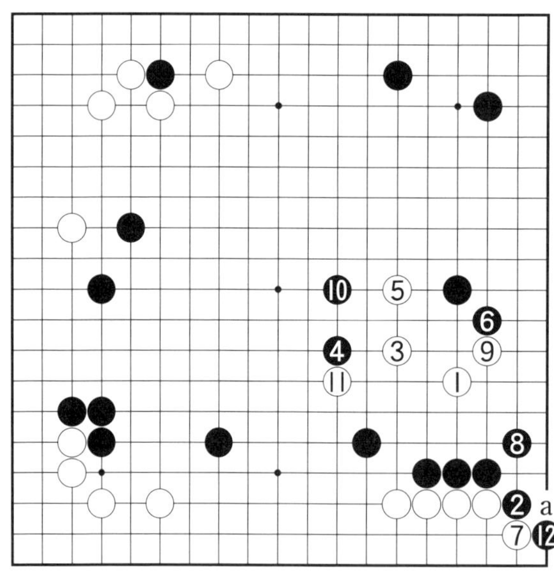

2도

2도 (노골적인 침입)

백1로 우변에 직접 뛰어드는 노골적인 수법을 들고 나간 것이 실전이다. 흑2에 백3으로 달아났으나 흑4의 모자공격부터 이하 12까지 흑이 순조로운 국면으로 보인다. 백3으로는 7에 받고 흑8 때 백a로 모는 것이 기세일 것이다.

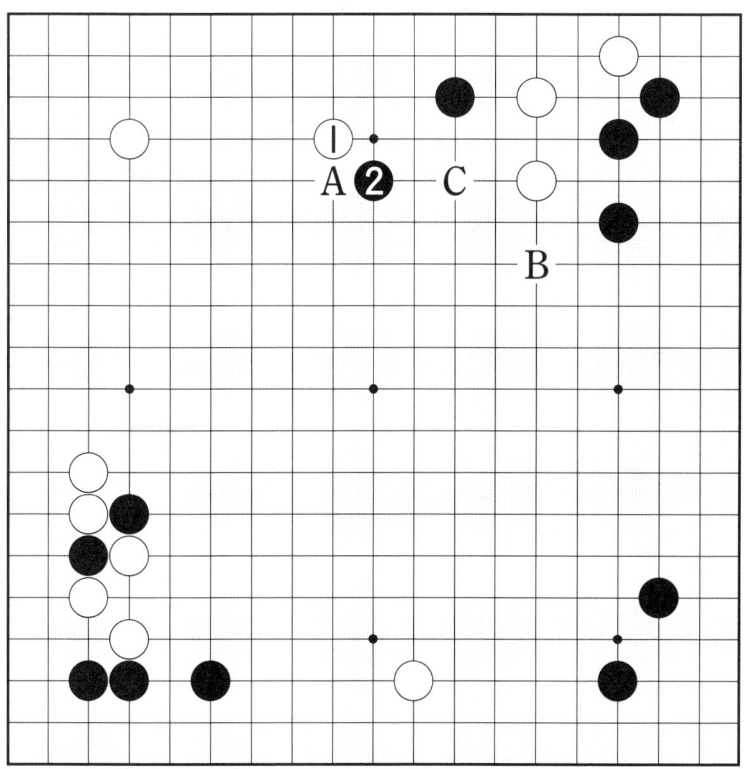

▨ 공방의 포인트를 찾아라

흑은 세 귀의 착실한 실리로, 백은 좌변일대의 두터움으로 잘 어울린 바둑이다.

상변에서 백1로 협공하자 흑2의 밭전자로 뛴 장면이다. 다음 백은 A로 밀어올릴 것인지, B나 C로 뛸 것인지…

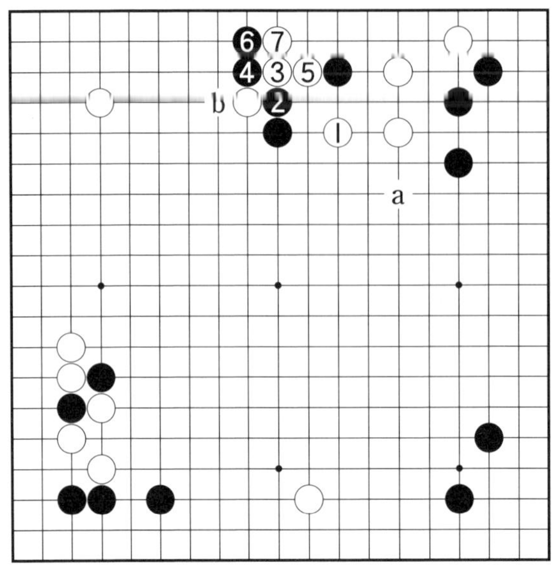

1도

1도 (급소 뜀)

백1의 ㄱ자로 뛰는 것이 요소 중의 요소. 흑2로 두는 정도인데 백3으로 젖히는 것이 준비된 급소 연타이다.

흑4, 6에는 백7로 꽉 막는 수단이 성립해 흑이 산만한 모습이다. 흑 b의 축은 성립하지 않는데 주목한다.

백1로 단순히 a에 뛰는 것은 무책이다.

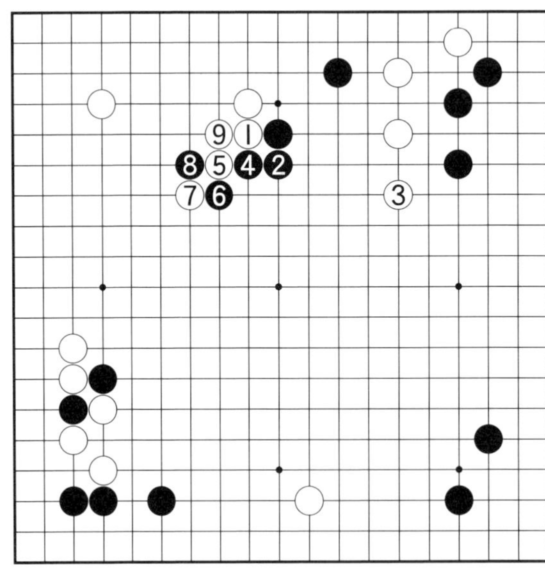

2도

2도 (난해한 싸움)

백1로 밀어두고 3으로 뛰는 것도 방법이다. 다만 이것은 흑4에서 백9까지 난해한 싸움이 예상되어 아무래도 1도보다 떨어진다.

수순 중 백3으로 6은 흑3으로 씌워와 백이 곤란하다.

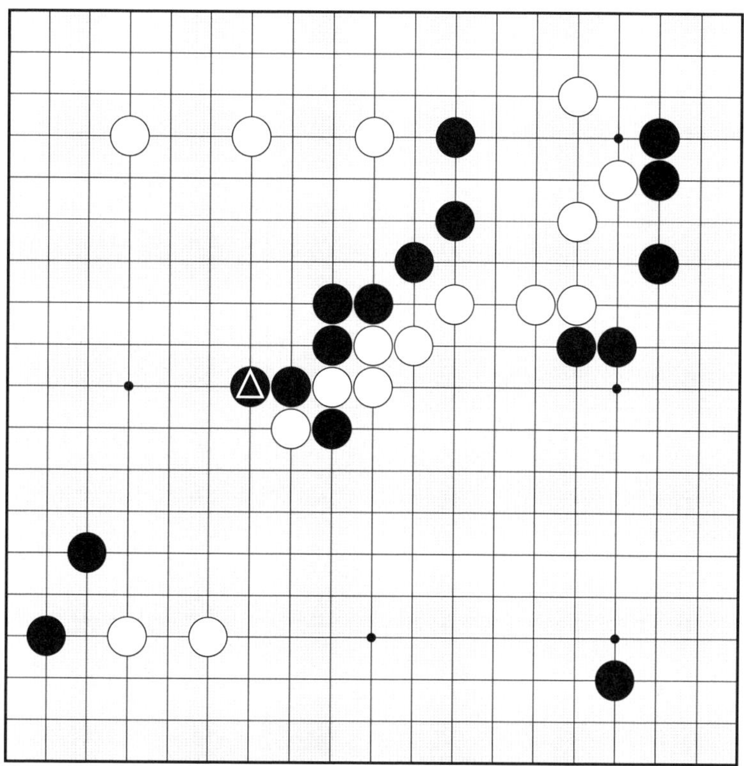

▨ 싸움의 테크닉

우상에서 소목 두칸높은협공 정석으로 출발해 방금 흑▲
로 뻗어 중앙싸움의 양상이다.

백은 한점을 그대로 방치해서는 축으로 잡히는 모양으
로, 여기서 백은 어떻게 국면을 이끌지 생각해 보자.

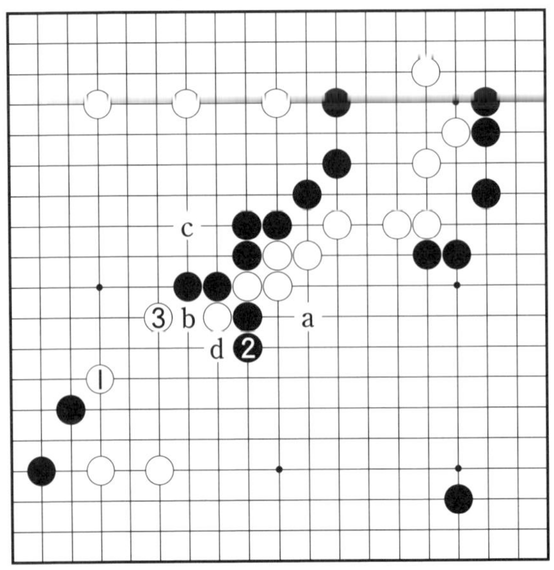

1도

1도 (어깨짚음이 호착)

백1로 어깨짚는 수가 축 머리와 좌변의 압박을 보는 일석이조의 수단이다. 흑2로 서면 백3으로 뛰어 싸워 나간다.

흑a의 공격이 있긴 하지만 백b의 이음이 c의 급소를 보고 있어 주도권을 잡아나갈 것 같다.

흑2로 좌하를 받는다면 백c, 흑b, 백d로 역시 유력한 싸움이다.

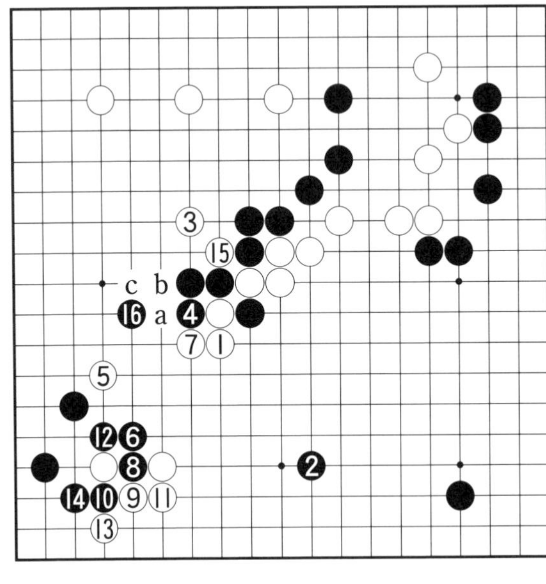

2도

2도 (기교 부족)

단순히 백1로 뻗고 흑2로 큰 자리에 돌아선 것이 실전이다.

백3부터의 공격이 박력은 있었으나 백15가 흑16으로 뛰게 해 실효성은 의문시된다. 백15로는 a, 흑b, 백c로 이단 젖힐 찬스였다.

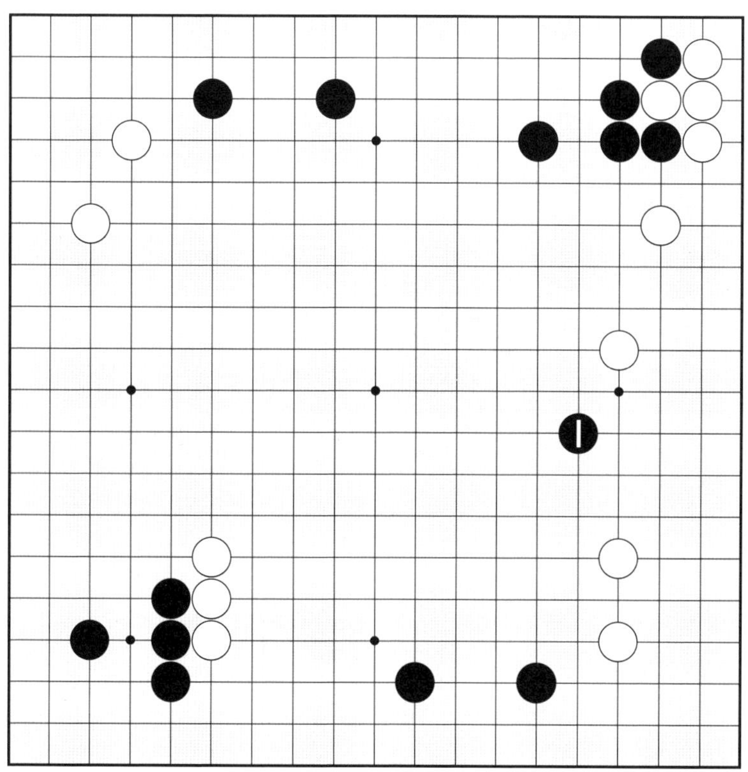

▨ 공격의 감각

우상의 정석이 일단락한 다음 흑1로 다소 어정쩡하게 갈라왔다.

백이 이 한점을 어떻게 요리해 국면의 주도권을 장악할 수 있을지 당신의 공격감각을 묻는다.

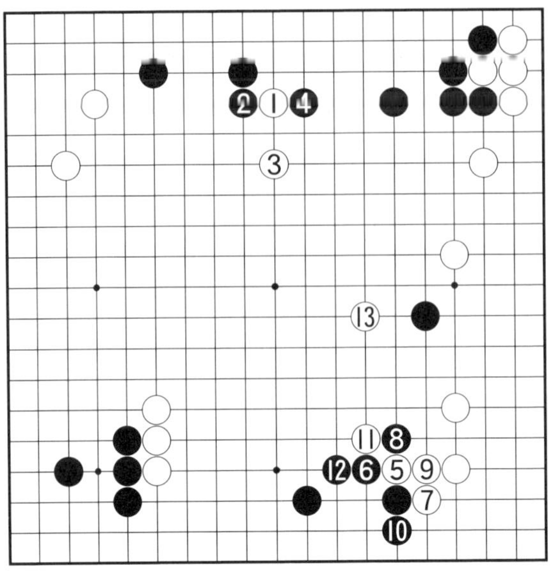

1도

1도 (유력한 사전공작)

멀리 상변에서무터 전단을 마련하고 싶다. 백1로 어깨짚는 것이 좋은 감각. 흑2에 경쾌히게 백3으로 뛰고 흑4를 기다려 백5, 7로 전환한다.

이하 흑12 때 백13으로 공격에 나서면 우변 흑 한점의 타개가 궁한 모습으로 전체적으로 백이 주도권을 장악한 국면이다.

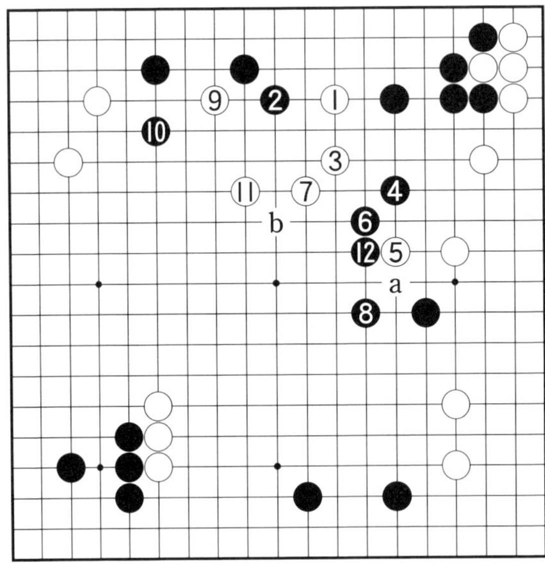

2도

2도 (너무 단순한 싸움)

실전은 백1로 뛰어들었으나 흑2, 4로 양쪽을 가르며 나와서는 오히려 백이 괴로운 모양이다. 흑12까지 흑의 호조.

결과적으로 백1은 상변의 흑집을 조금 부수긴 했으나 흑에게 역습의 실마리를 허용한 죄가 크다. 도중 흑8로는 12에 밀어두고 백a 때 흑b로 추격하는 것도 유력한 방법이었다.

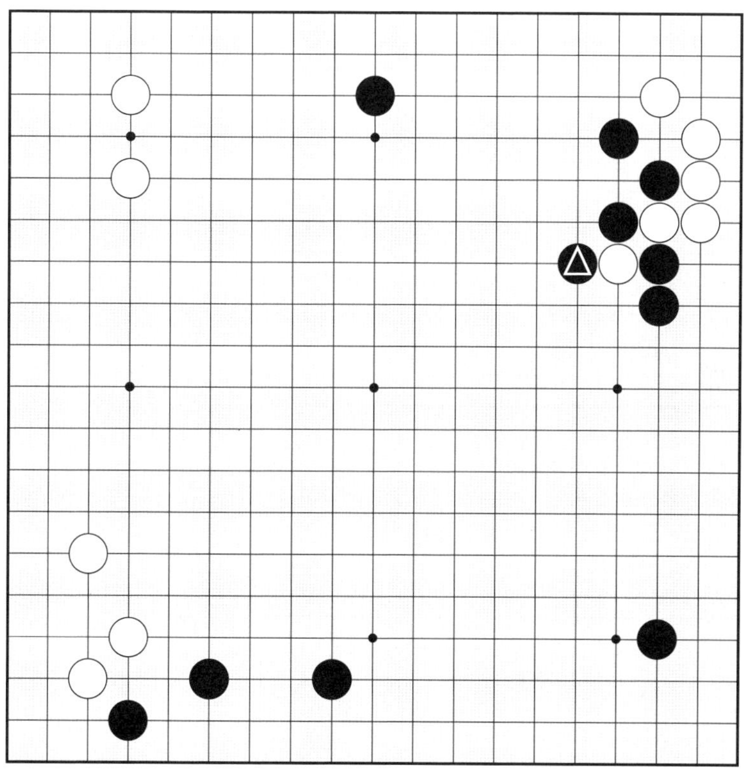

▨ 축머리의 공방

　흑△로 잡아 우상의 정석이 일단락되었다.

　여기서 우하 일대의 흑 세력을 어떻게 견제해 국면의 균형을 유지할 것인지, 하변 축머리의 공방이 관건인데….

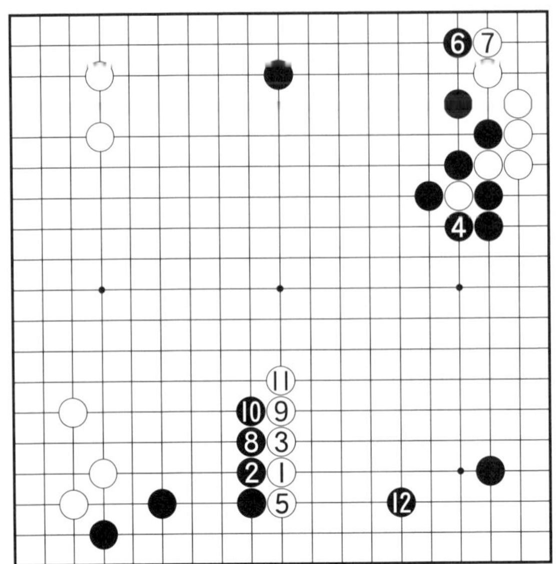

1도

1도 (어깨짚음)

백1로 어깨짚는 것이 눈탁한 것 같지만 실은 강력한 수이다.

흑2, 백3 다음 흑4로 따내고 이하 백11까지, 백이 축머리를 이용해 흑 세력을 크게 분산시키고 있어 두터운 국면으로 보인다. 이에 대해 흑은 12로 우하를 굳혀 일단락이다.

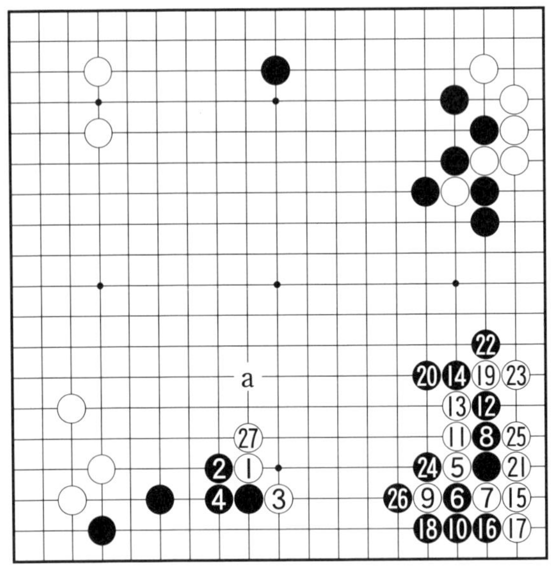

2도

2도 (백, 무겁다)

실전에서는 백1, 3으로 두고 5부터 붙여 격렬하게 두어나가 27의 뻗음으로 돌아왔으나 백이 무거운 자세이다.

다음 흑a의 모자씌움이 절호의 공격으로 백의 괴로움이 눈에 보인다. 백5로는 24의 곳에 걸치는 수가 보통일 것이다.

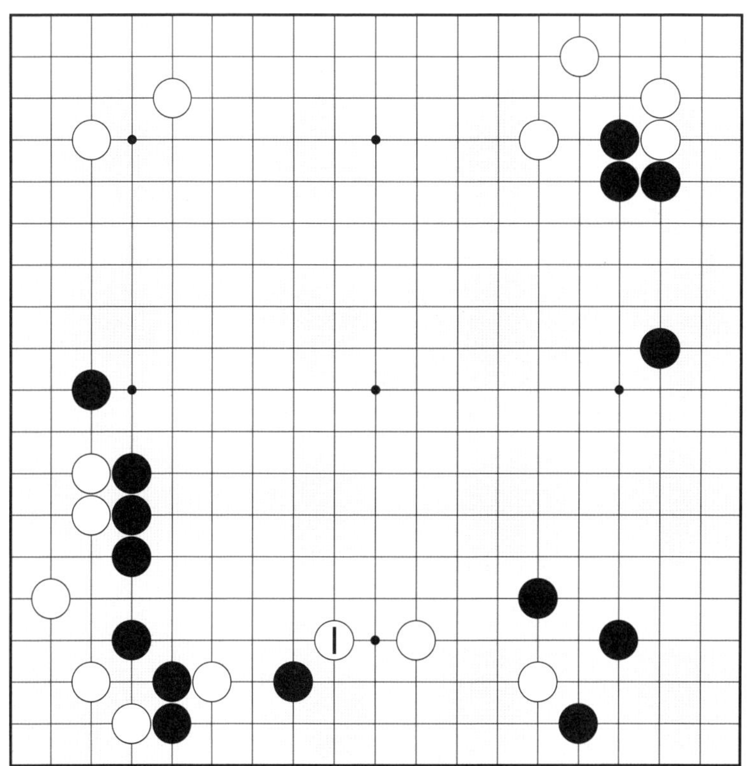

▨ 어느 쪽을 밀 것인가

하변의 공방이 초점. 백1로 어깨짚은 수에 대해 흑이 과연 어느 쪽을 미는 것이 올바른 행마일까?

이 한번의 선택에 따라 국면의 양상은 크게 달라진다.

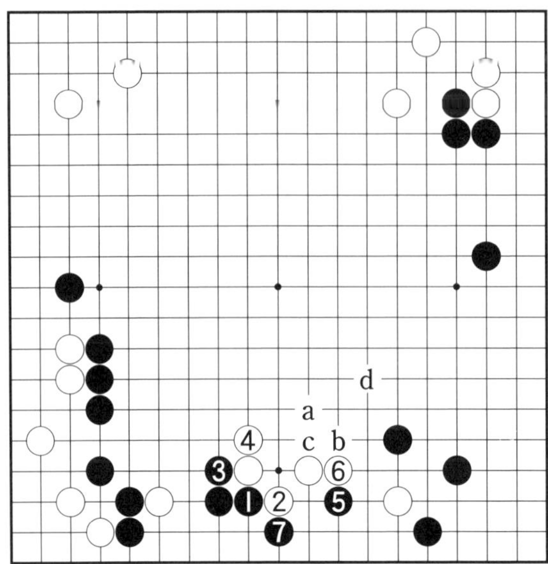

1도

1도 (수순의 묘)

흑1로 옆쪽을 밀고 3으로 두는 것이 올바른 수순이다. 이렇게 밀어 놓은 효과로 백4 때 흑5로 뛰어드는 리듬을 얻고 백의 근거를 빼앗아 추격을 계속한다.

백2로 a에 뛰면 흑b, 백c, 흑d로 역시 이상적인 공격의 형태이다.

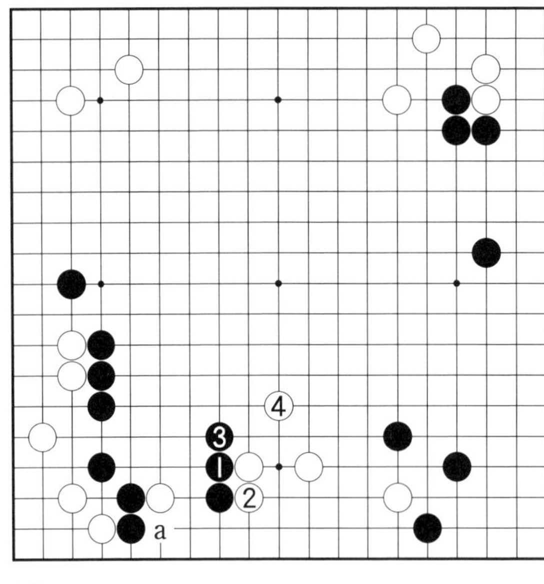

2도

2도 (근거를 주다)

흑1로 이쪽을 미는 것은 백2로 막히는 게 아프다. 흑3에 백4로 가볍게 뛰어나가게 되면 더 이상의 공격이 어려운 모습이다.

더구나 백a의 맛이 남아 흑이 내키지 않는 그림이다.

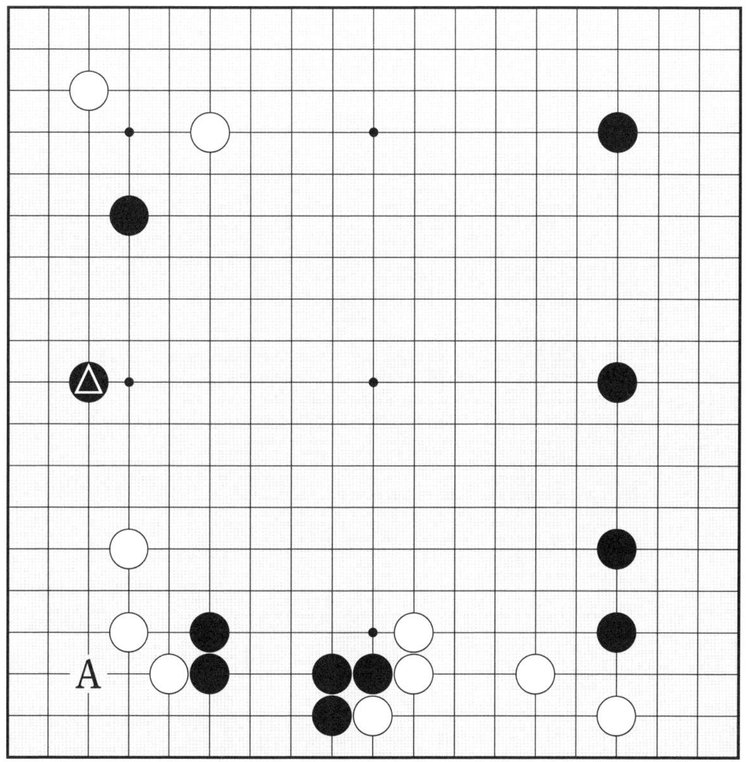

▨ 침입의 타이밍

좌변에서 방금 흑▲로 전개한 장면. 어디서부터 전단을 구해야 할지 작전의 기로에 섰다.

힌트는 좌하귀 A의 약점을 완화시키는 연구를 하라는 지침이다.

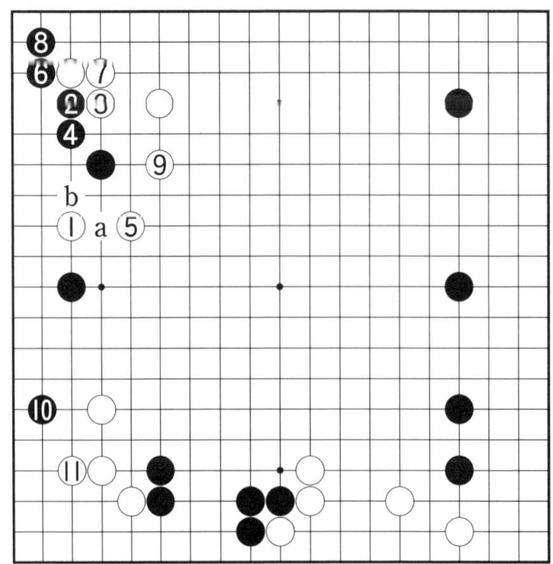

1도

1도 (백의 페이스)

백1로 즉각 뛰어드는 것이 절호의 타이밍이자 좋은 착상이다.

흑2, 4로 연결을 저지할 때 백5로 뛰어나가 이하 11까지, 백 페이스의 싸움으로 이끌 수 있다. 흑2로 a면 백b로 물론 백이 좋다.

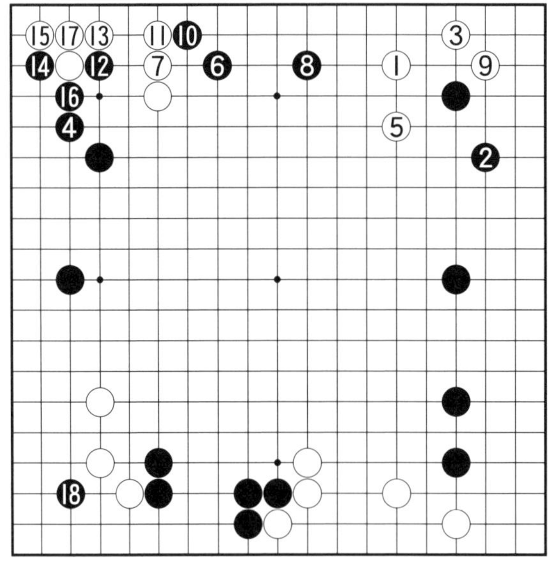

2도

2도 (흑, 주도권)

실전은 백1로 걸쳐 우상 흑 모양의 삭감에 주력했으나 흑4의 지킴을 허용해 좌상이 엷어졌다.

계속해서 흑6으로 다가서서 좌상변의 백진을 일그러뜨리고, 18로 귀의 약점을 직접 추궁해서는 백이 순탄치 않은 바둑으로 보인다.

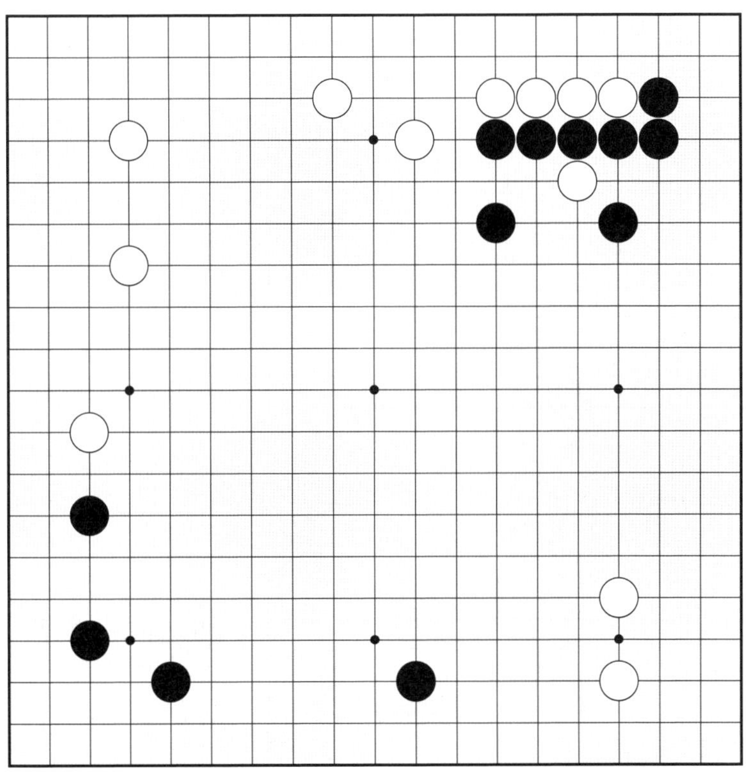

큰 곳 중의 큰 곳

가장 큰 자리는 과연 우변 쪽이냐, 좌상 쪽이냐. 포석에 밝은 사람은 돌의 형편을 살피는 감각이 발달되어 있어 의외로 간단히 맞춘다.

참고로 좌상을 먼저 들어가더라도 후수를 뽑아서는 낙제점이다.

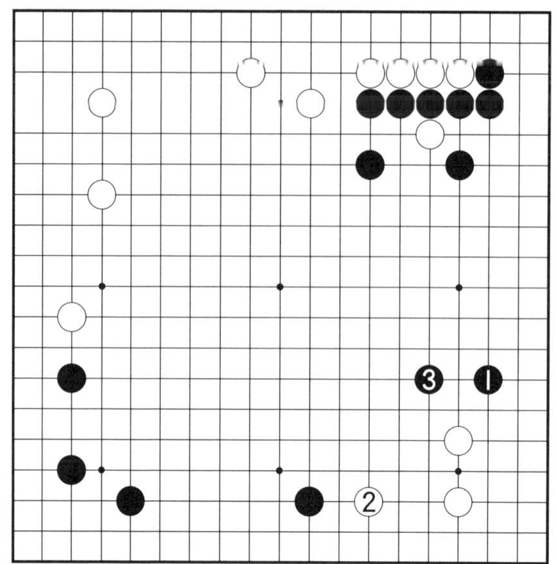

1도

1도 (절호점)

우상에 흑의 강대한 누터움이 있고, 우하는 측면이 열려 있는 백의 한칸굳힘 형태이다.

이런 배경에서 흑1로 다가서는 수가 절호점으로 떠올라야 한다. 백2로 벌린다면 다시 흑3으로 뛰어 우상의 두터움과 호응해 중앙에 웅대한 세력이 건설되었다.

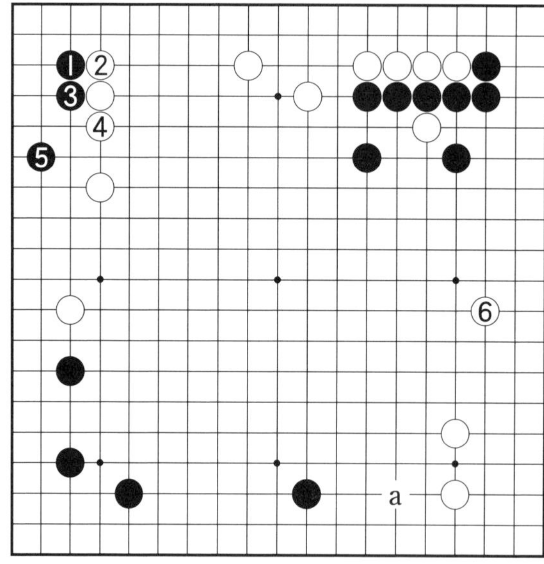

2도

2도 (두터움이 운다)

흑1로 3三에 뛰어드는 것은 선수로 좌상귀를 파헤친다는 생각인데 그게 잘 안 된다.

백4로 가만히 뻗는 수가 적절한 행마. 거꾸로 백이 우변 6으로 손을 돌리게 되면 공방의 급소가 역전된 모습이다.

흑1로 a도 방향착오로 백6으로 벌려 우상 흑의 두터움이 울게 된다.

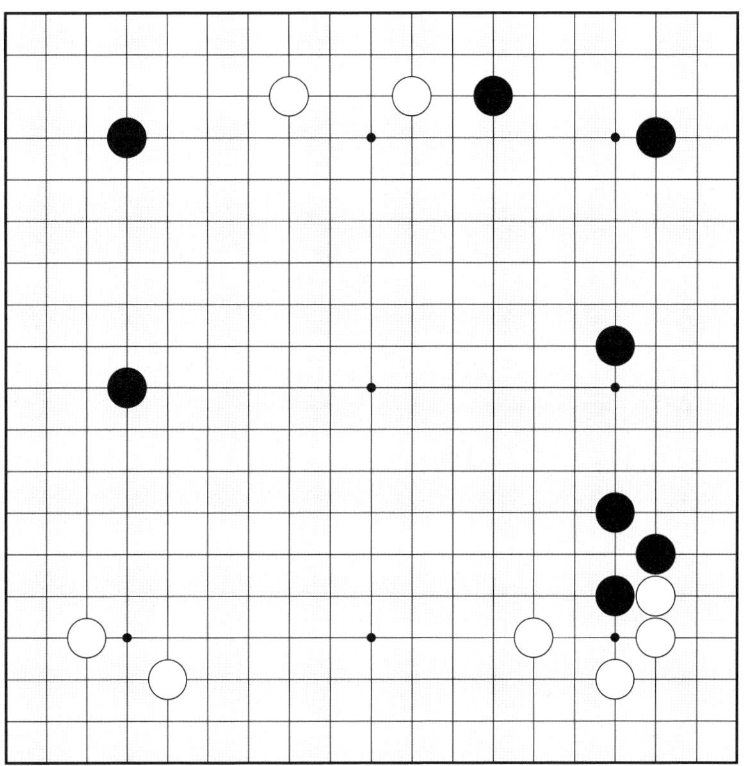

▨ 맛좋은 큰 자리

포석은 넓은 곳만을 두는 것에 한하지 않는다. 좁더라도 상대에게 충분히 압박을 가해 공격의 효과를 볼 수 있다면 바로 그 점이 가장 큰 곳이 된다.

일단 얘기는 그럴 듯한데, 이 장면에서 어떻게 적용할 것인지 생각해보자.

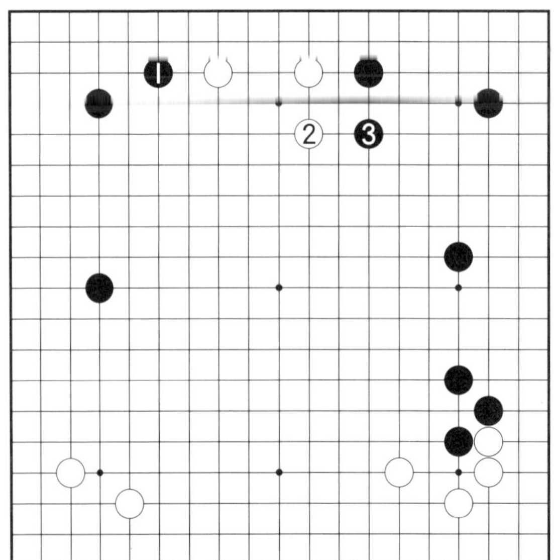

1도

1도 (멀리 우상귀까지)

흑1의 다가섬이 놓치고 싶지 않은 급소. 백2로 보강하면 흑3으로 뛰는 리듬이 좋은 곳으로 좌상의 흑진을 강화한 동시에 우상까지 지키는 효과를 얻고 있다.

좁더라도 상대의 두 칸 벌림을 타이트하게 압박한 효과이다.

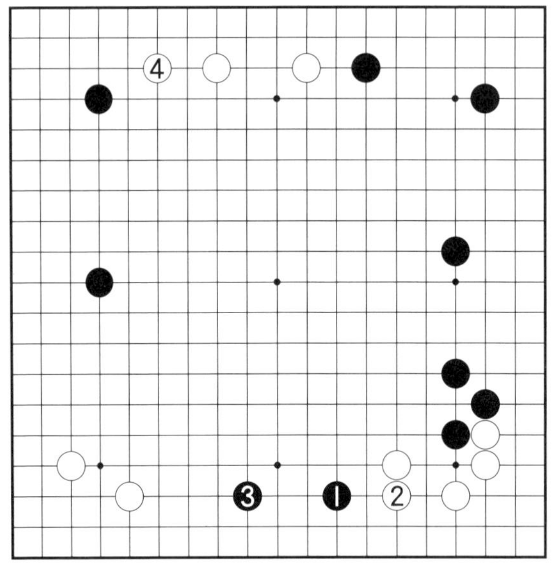

2도

2도 (초점에서 벗어나다)

흑1도 우하의 백에 대해 급소이긴 하나 1도의 흑1에는 못 미친다.

백2면 흑3으로 벌리던가 해야 하는데, 좌상에서 백4로 다가서는 수가 호착이 된다.

4의 곳은 좁지만 쌍방 간의 급소라는 얘기.

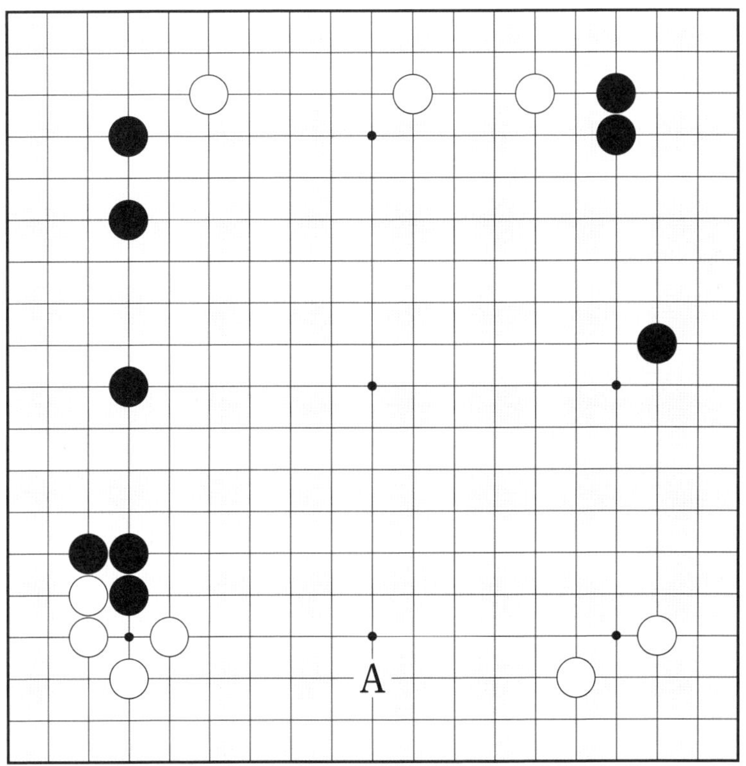

▨ 의외의 약점

　큰 자리라면 하변 A의 갈라침 또는 우변의 어딘가가 후보지로 떠오른다.

　그리고 상변 백진은 헤집고 들어갈 공간은 작지만 침입의 손길을 기다리는 듯도 하다. 돌을 많이 투자한 지대라 해서 반드시 안전한 것은 아니기에…

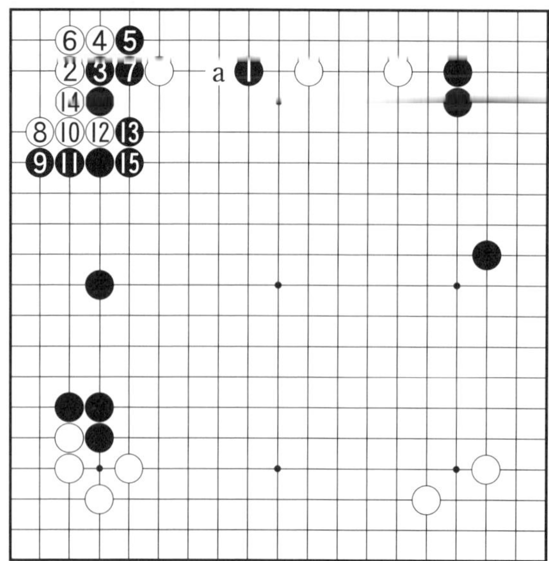

1도

1도 (단호한 뛰어들기)

결단코 흑1로 뛰어들고 싶은 국면. 언뜻 평온해 보이던 상변에 풍파를 일으키는 모습으로, 의외의 약점을 찔린 백은 2 이하로 귀를 사는 정도이다. 흑15까지 강대한 벽을 형성해 놓으면 1의 한점이 백의 두칸 벌림을 정면으로 압박한 모습이다. 따라서 흑1로 a는 백2 이하의 같은 수순을 생각하면 박력 부족이다.

2도

2도 (급소 외면)

흑1로 하변을 갈라치는 것은 평범하게 집으로 나가자는 작전이나 시급한 현안의 급소를 외면하고 있다.

　백은 2에서 4로 상변을 보강해 기실 큰 걱정거리 하나를 덜어버린 셈으로, 덤을 내야 할 흑이 재미없는 바둑이 된다.

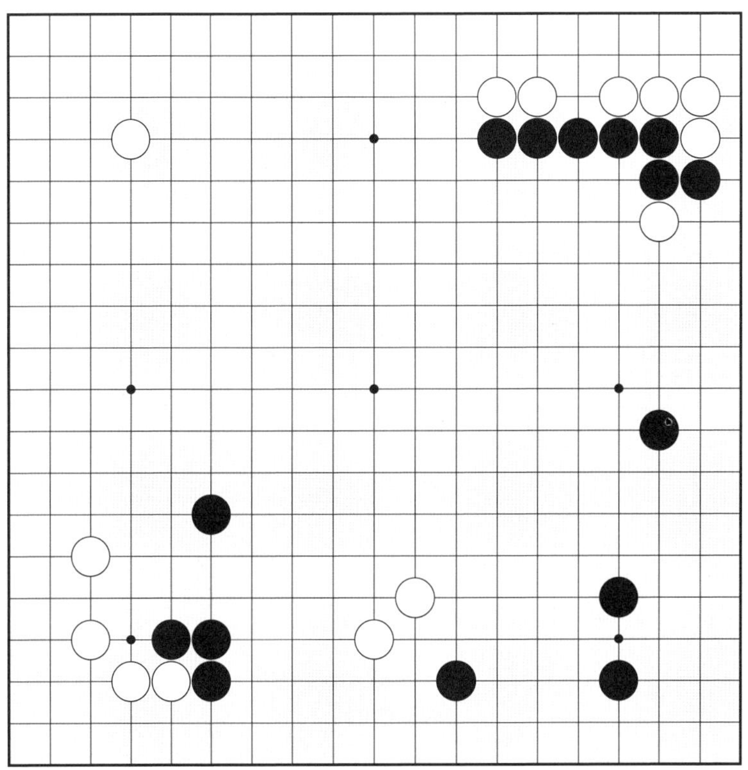

▨ 흑 세력의 한가운데서

흑해(黑海) 한가운데서 섬처럼 떠있는 백 두점. 다음 행마를 어떻게 할 것인가?

'공략할 테면 해보라'며 좌상 방면쯤으로 손을 돌릴 생각이 나는지, 용기와 만용은 분명 다른 것이다.

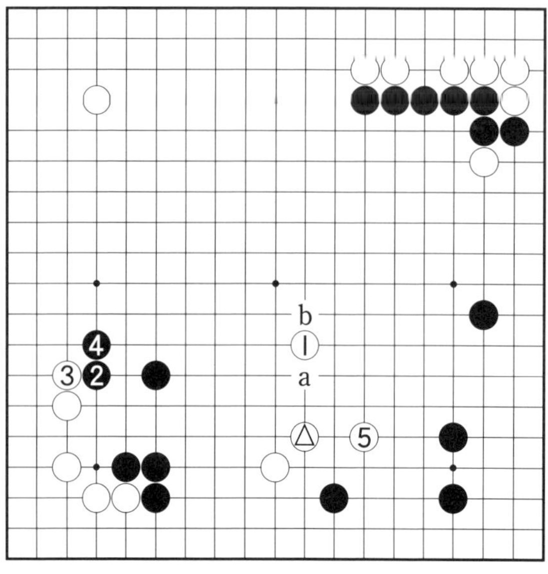

1도

1도 (두칸 뜀 보강)

백1의 두칸 뜀 정도로 유유히 달아나 둘 곳으로, 이런 모양에서 백△의 마늘모와 호응하는 행마이다. 둬놓고 보면 자신의 안전과 흑 세력의 삭감을 겸하는 일석이조의 수임을 알 수 있다.

흑이 2, 4로 왼쪽 넉점을 보강하면 다시 백5로 뛰어 둔다. 백1로 a는 위축된 행마로 흑b의 모자를 부른다.

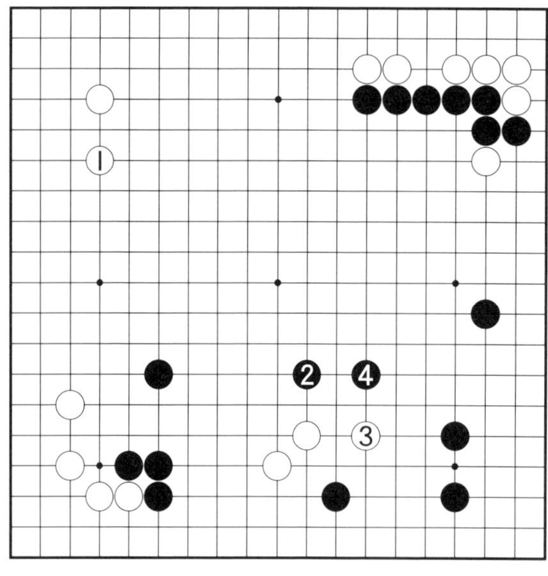

2도

2도 (백의 전선에 먹구름)

백1로 손을 돌리는 것은 초점에서 크게 빗나간 행동이다. 흑은 볼 것 없이 2에서 4로 맘 놓고 공격을 펼쳐 백의 전선에 먹구름이 낀다.

물론 죽을 말은 아니라도 손을 뺀 대가를 톡톡히 치를 것이고 바둑도 나빠질 것이 뻔하다.

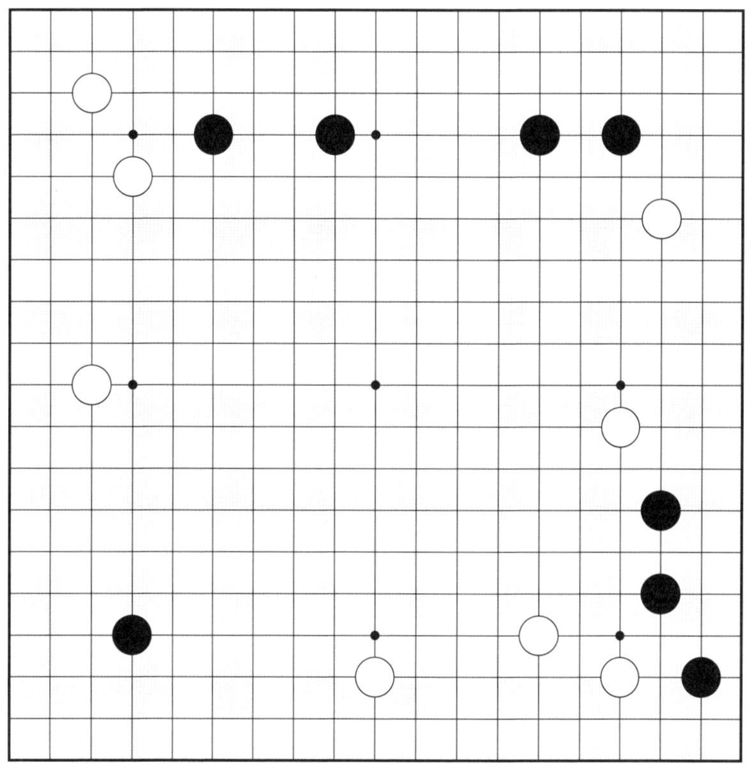

▨ 표적을 포착하라

　포석에서 가장 강조할 것은 단순히 큰 자리를 찾는 일뿐 아니라 상대가 약세를 드러내고 있는 지역을 기민하게 포착해야 한다.

　상대의 취약부를 찌를 때 훨씬 효과적으로 국면의 주도권을 장악하는 계기가 되기 때문이다. 자, 어느 곳인가?

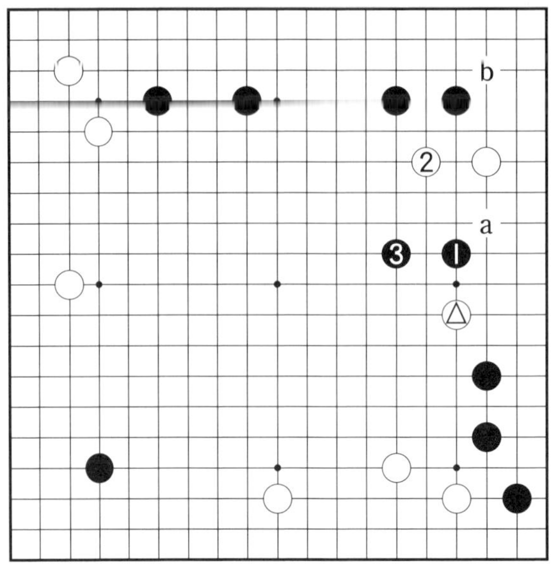

1도

1도 (때 이른 주도권)

흑1로 뛰어는 것이 성납. 이곳 백을 분단하며 주도권을 장악한다. 백2로 뛰어나온다면 흑3으로 같이 뛰어 상하의 백은 괴롭기 짝이 없는 모습이다.

흑1로 a의 공격은 백이 △를 가볍게 보고 b의 3三으로 변신해 흑이 별게 없다는 것도 추가 사항이다.

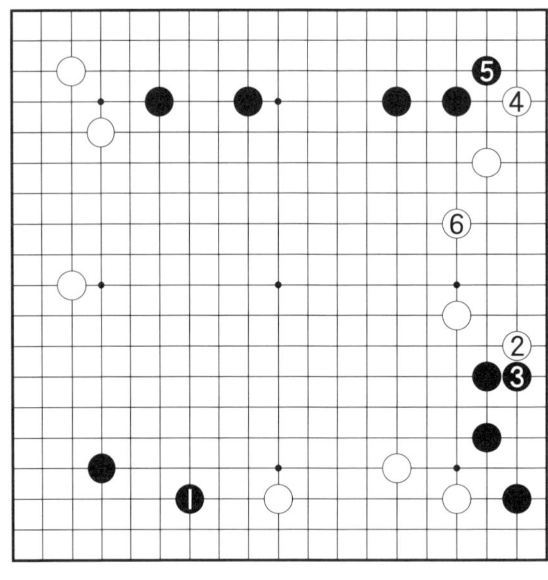

2도

2도 (찬스를 놓치다)

흑1로 다른 곳을 두던가 하면 백2의 날일자를 하나 두고 4에서 6으로 깨끗하게 수습한다.

좌하 쪽은 주위의 배석을 보더라도 급할 게 없는 곳으로 이쪽을 굳이 서두르다 국면의 포인트를 놓치고 있다

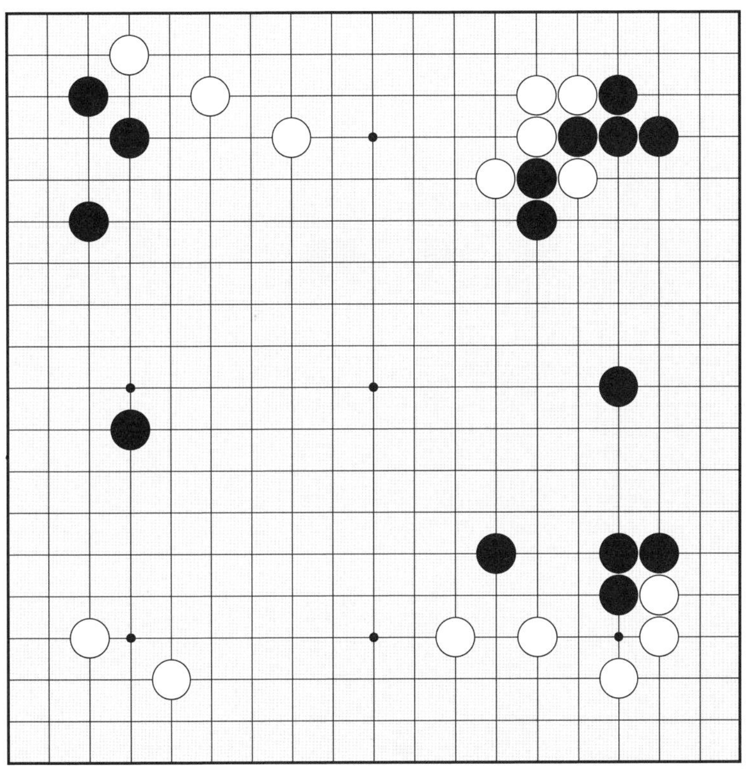

▨ 단순 명쾌하게

테스트 문제라는 기분보다는 단순 명쾌한 감각을 확인 시험한다고 할지….

아마추어들에 관한 얘기지만 좋은 곳에서 직감으로 수를 쥐어짜다 대세를 그르치는 경우를 왕왕 본다. 흑의 다음 한 수는 어디인가?

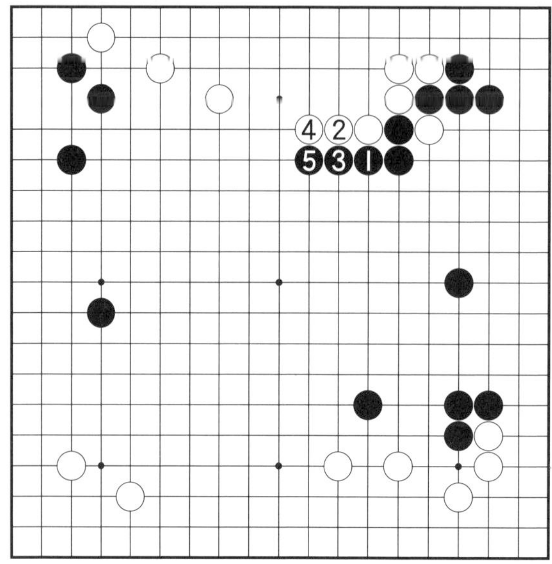

1도

1도 (밀어붙인다)

흑1에서 5, 일식선으로 밀어 붙이는 것이 정답. 단순 명쾌하게 두는 것이 세력바둑에서는 유력한 작전으로 통할 때가 많다.

상변의 백집을 굳혀 주는 데 신경 쓰기보다는 자신의 울타리를 최대한 확장한다는 사고방식이다.

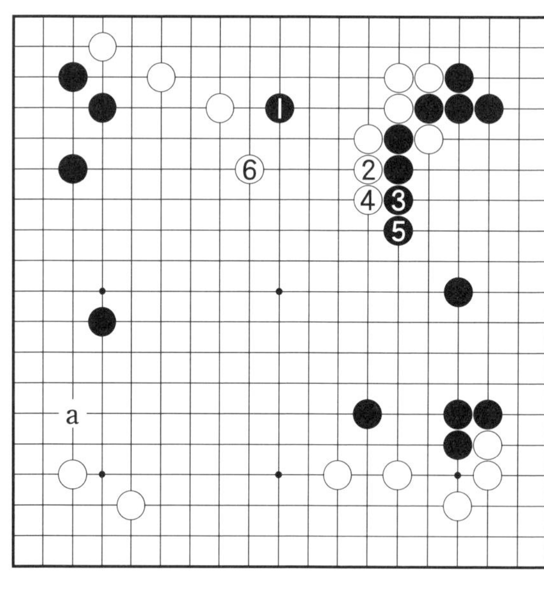

2도

2도 (무모한 뛰어들기)

흑1로 뛰어드는 것은 백2의 명당자리를 빼앗기고 6으로 씌워와 흑이 거의 나락으로 떨어지는 국면을 초래한다.

이처럼 상대의 세력권도 인정해 주는 유연한 감각이 필요하다.

아예 손을 돌려 흑1로 a쪽을 다가서는 것도 백2의 급소를 허용해 낙제점이다.

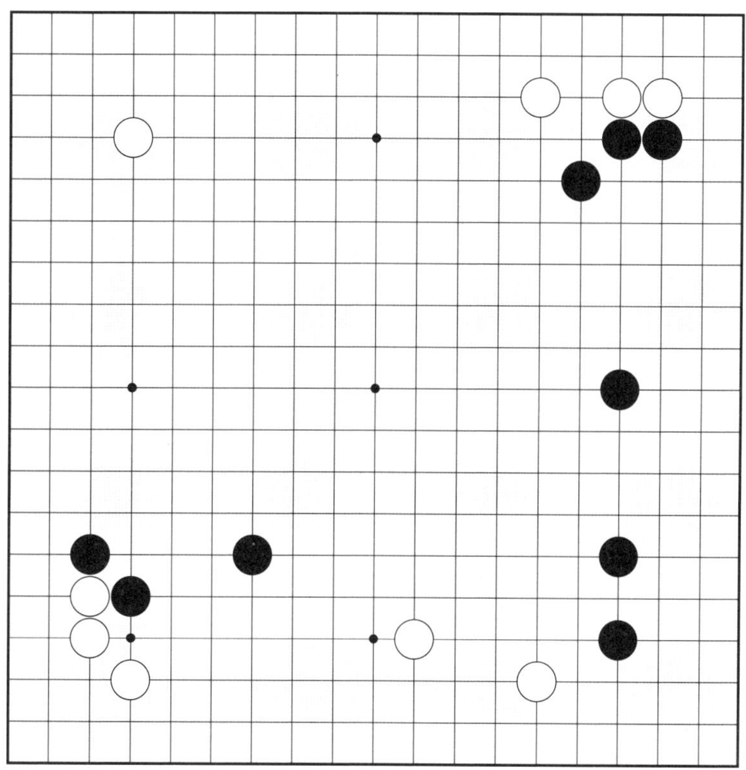

▨ 3연성의 기본 사고

　3연성 포석의 기본 사고법은 당연히 자신의 거점인 우변을 소중히 하는 데에 있다.

　'지키기보다는 크게 확장하고 상대가 뛰어들면 과감히 맞아 싸운다'. 그렇다면 흑의 다음 한수는 어디인가?

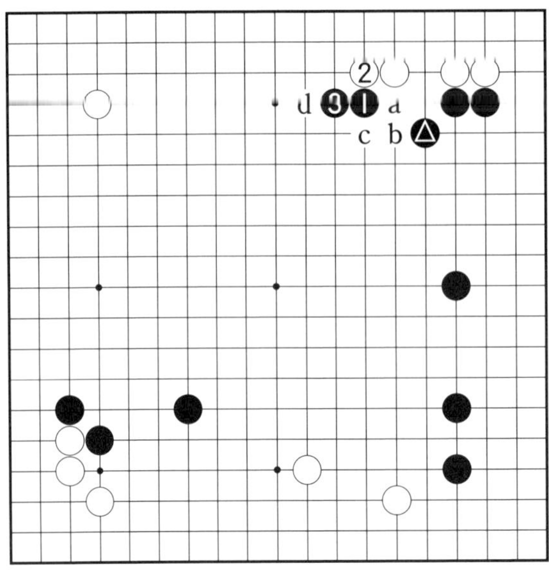

1도

1도 (크게 씌운다)

흑1로 씌워 백의 저위를 강요하는 것이 정답. 이 수는 흑▲의 마늘모 때부터 예정했던 것으로 우변의 흑 세력을 최대한 넓혀 중앙은 자신의 영역임을 주장한다.

백2로 a, 흑b, 백c로 나와끊으면 흑d로 뛰는 것이 준비된 행마법이다. 또 흑1로 c의 뜀은 백3으로 받게 해 나약하다.

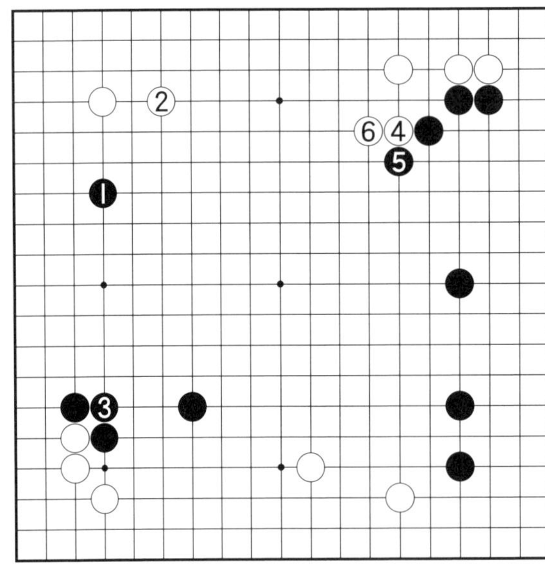

2도

2도 (스케일에서 진다)

우상은 이 정도로 보류하고 흑1로 걸쳐 3으로 잇는 것은 언뜻 침착한 행동 같지만, 이렇게 두는 사람은 3연성의 기본 바탕부터 다시 배워야 한다.

백4, 6으로 붙여느는 순간 흑은 벌써 스케일에서 지고 들어가는 모습이다.

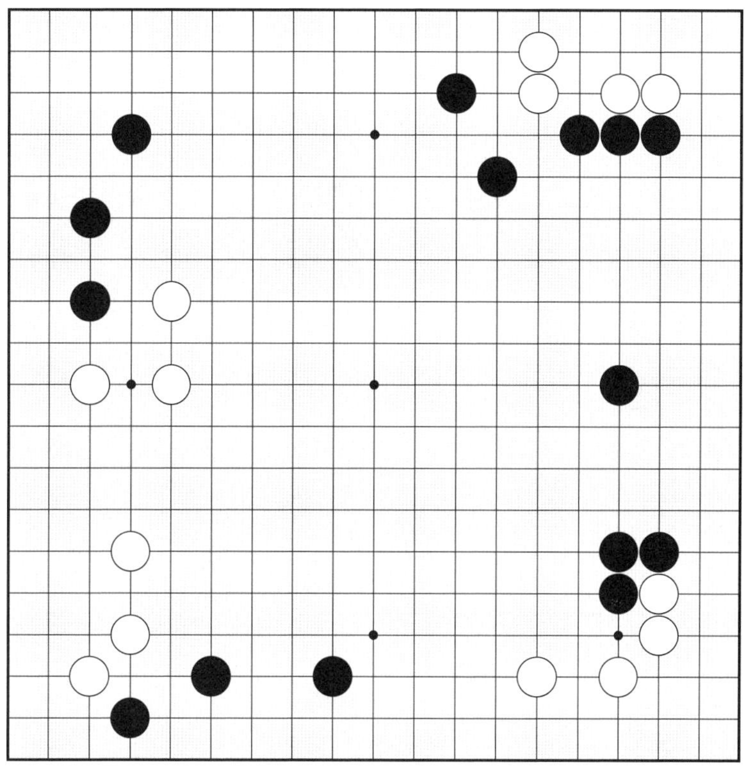

▨ 대 잠수함 작전

　문제의 테마는 흑 세력에 대한 침입. 틈새가 많이 열려 있는 상변은 이대로 방치해도 되나 우변은 흑의 집으로 굳어지기 일보 직전이다.

　세력을 부수는 전용행마랄까, 백의 '대 잠수함 작전 1호'는 어디인가?

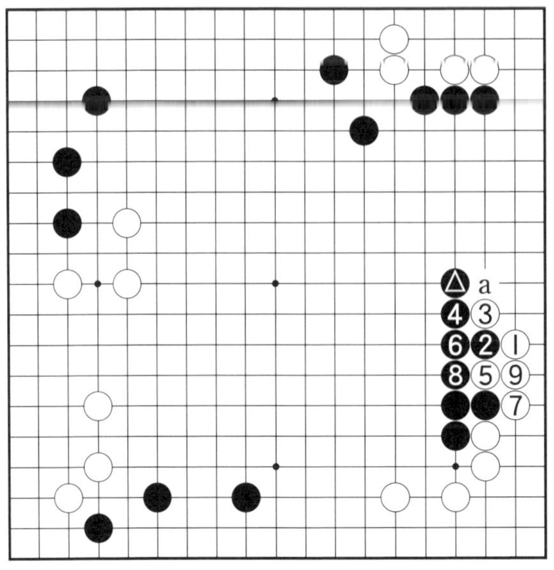

1도

1도 (2선 치중)

우면의 흑 신형은 ⬘의 높은 벌림이라는 데에 착안한다.

　백1로 2선에 잠입해 들어가는 수가 정답. 흑2로 뛰어붙여 이하 백9까지 일단락하는 게 보통인데, 흑에게 철벽을 쌓게 해주었지만 현 국면에서는 백이 번 실리가 돋보인다. 다음 백a가 짭짤한 수로 남았다.

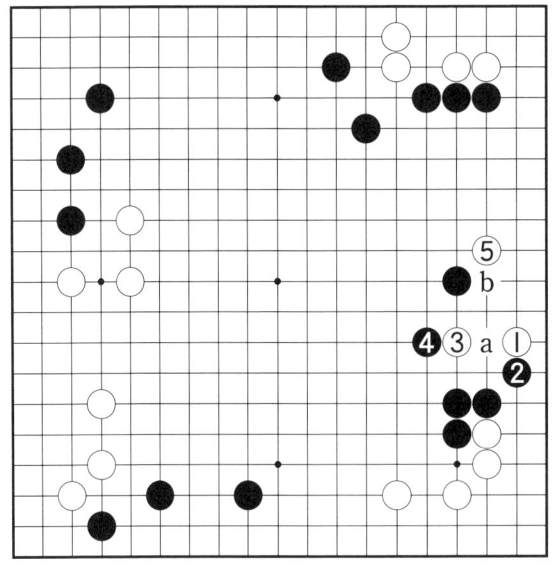

2도

2도 (크게 산다)

흑이 백1의 건넘을 차단해 흑2로 붙인다면 백3에서 5의 뜀이다. 백이 흑 세력 한가운데서 휘젓고 사는 모양이니 흑은 이렇게는 함부로 두지 못할 것이다.

　얘기가 늦었지만 백1로 a는 당장 아래로 건너는 수가 없어 흑b의 쌍점으로 공격해오면 일방적인 수세에 몰린다.

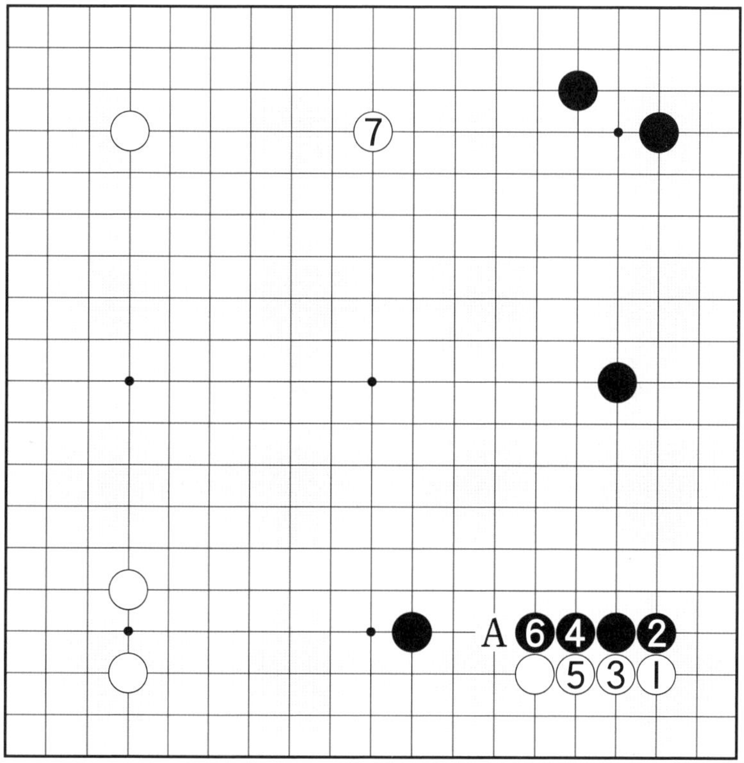

▨ 사전공작의 묘

우하에서 흑의 두칸높은협공에 백1로 뛰어들어 흑6까지 일단락된 뒤 백7로 상변의 큰 자리를 차지한 장면이다.

흑의 다음 큰 자리는 당연히 좌변의 갈라침이지만, 우하 백A로 젖히는 맛이 신경 쓰이는데….

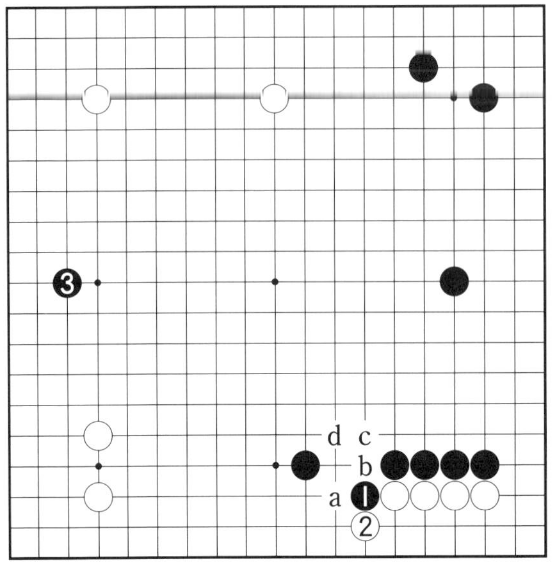

1도

1도 (활용의 의미)

흑1로 하나 젖혀 두고 3의 갈라침으로 향할 자리. 물론 흑3으로 a에 늘고 있을 기분은 안 나는 곳이며, 백2는 흑이 거꾸로 이 자리에 내려서는 것과 비교하면 손을 뺄 수 없다.

또, 흑3 다음 백b라면 흑c로 몰고 d로 뻗어 두어 바깥의 두터움으로 충분하다.

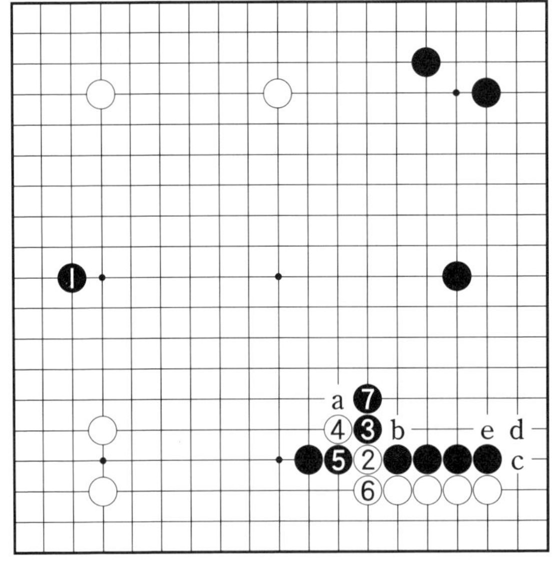

2도

2도 (맛이 남는다)

그냥 흑1로 좌변을 갈라치면 백2가 눈에 보이는 급소 젖힘이다. 백4로 이단 젖혀 흑7까지 되는 모양인데, 장차 백a로 움직이는 맛이 남았다.

그렇다고 흑7로 a의 축으로 잡는 것은 백b로 몰아 놓고 c, 흑d, 백e로 끊는 맥이 있어 사건이 발생한다.

테마 20

● 흑 차례

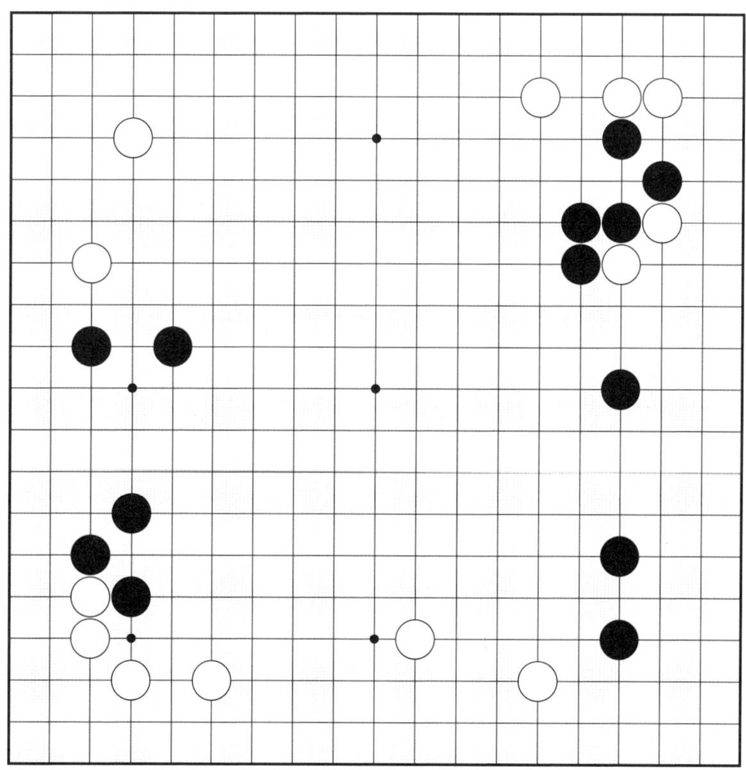

상황 판단

상변을 백의 세력권으로 간주하느냐 아니냐는 두는 방식이나 태도에 따라 크게 달라질 수 있다.

그렇다면 흑은 어디서부터 손을 댈 것인가? 급소를 두는 결단력이 관건이다.

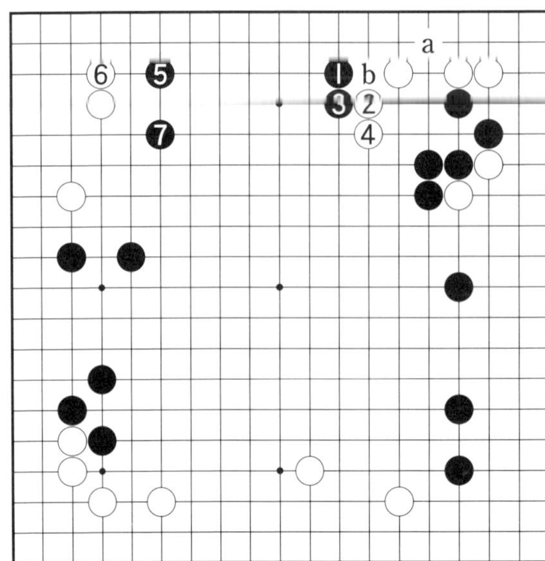

1도

1도 (급소 다가섬)

상변의 백은 생각보다 엷다. 흑1의 다가섬이 첫번째 급소. 백은 흑a의 급소를 방지해 2로 마늘모하는 정도인데, 거기서 흑3으로 밀어 놓고 5, 7까지 상변에서 그럴듯한 진지를 구축한다.

백2로 b에 치받는 수도 있으나 역시 흑3으로 유사한 모양이다.

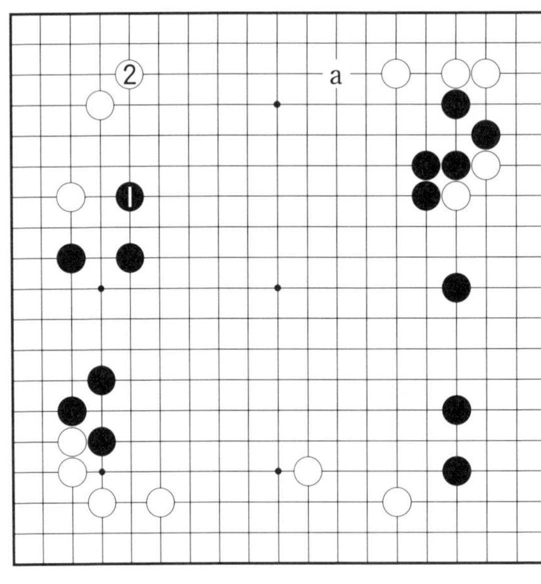

2도

2도 (나쁜 영향)

흑1로 뛰는 것이 중앙 세력을 의식해 시원한 행마 같으나 실은 생각이 부족하다.

백2의 마늘모로 지키면 이젠 흑a로 다가서는 급소의 위력이 현저히 떨어지는 모양이다.

흑1은 책략의 여지를 스스로 없앤 악수라 단정해도 좋을 것이다.

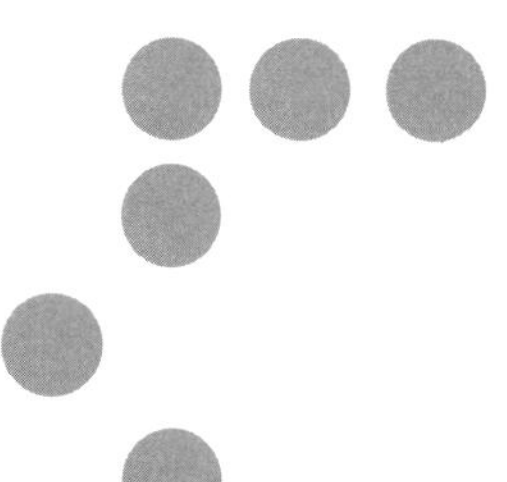

4장

포석의 기본감각

받느냐 협공하느냐, 그리고 같은 걸침이나 다가섬 중에서도 어느 쪽이 먼저인지… 이 장은 앞에서 배운 행마의 이론적 토대를 배경으로 실전 포석에서는 어떤 감각으로 임해야 할 것이지에 초점을 두었다.

포석단계에서는 한 수 두는 방향에 따라 국면의 성격이 크게 바뀌거나 형세의 유불리가 결정되는 경우가 많다. 그러므로 돌의 방향, 돌의 흐름에 강해지면 자연 바둑판을 보는 시야가 넓어지고 훌륭한 전략이 가능해진다.

그 같은 뜻에서 '방향감각', '대세감각'이라는 주제 아래 각각 10개의 테마를 실었다.

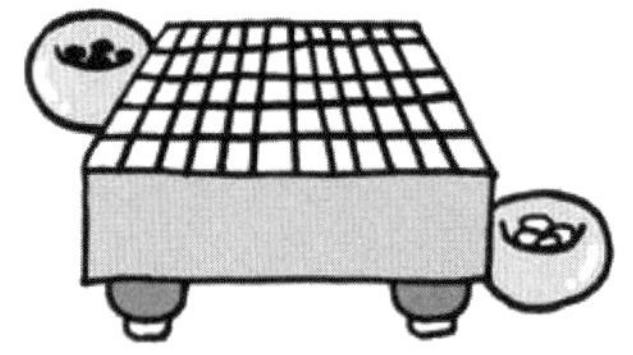

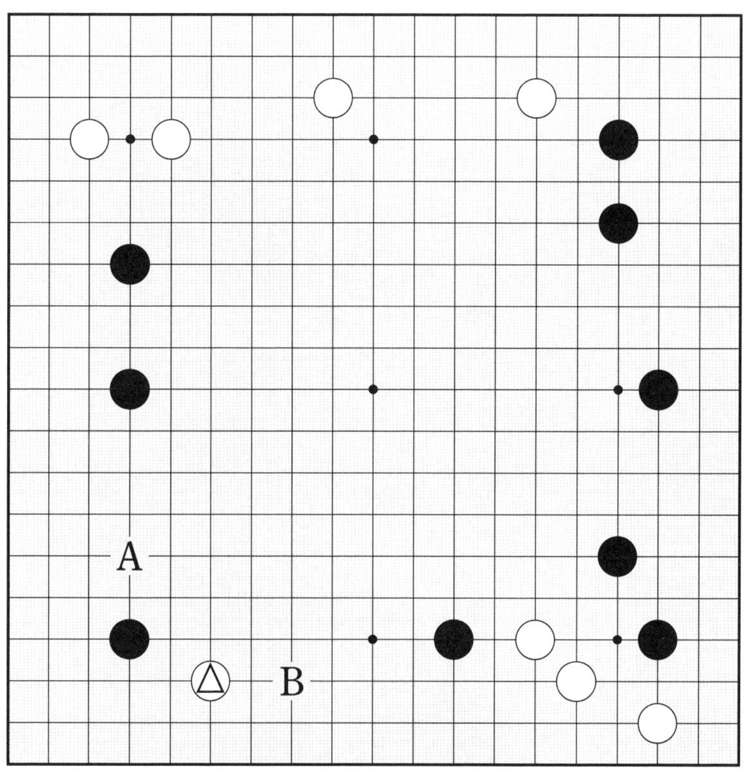

걸침의 사고 (1)

　2점 바둑. 방금 백△로 걸쳐왔다. 흑은 좌변 쪽으로 받아야 할까, 아니면 하변 쪽에서 협공해야 할까?

　방향을 결정하는 요소는 주변의 배석이다. 떠오르는 정석수순을 머릿속에 그려보고 첫수를 A, B 중에서 선택하기 바란다.

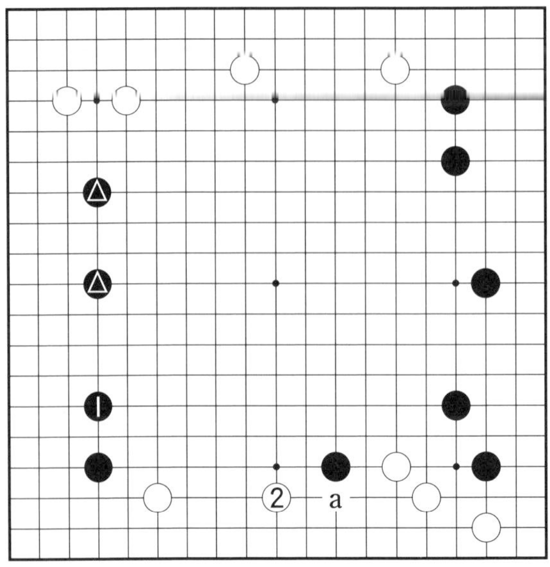

1도

1도 (실패)

흑1로 받는 것은 백2로 하변을 벌리게 해서 실패이다. 다음 백a면 연결이 되는 모양으로, 그렇지 않아도 백이 가고 싶은 자리를 가도록 등을 떠밀어준 꼴이 아닐 수 없다.

그리고 좌변은 흑⬤ 두점 자체가 원래 가벼운 돌이다. 그런 쪽을 평면적으로 에워싸는 흑1은 감각이 나쁜 것이다.

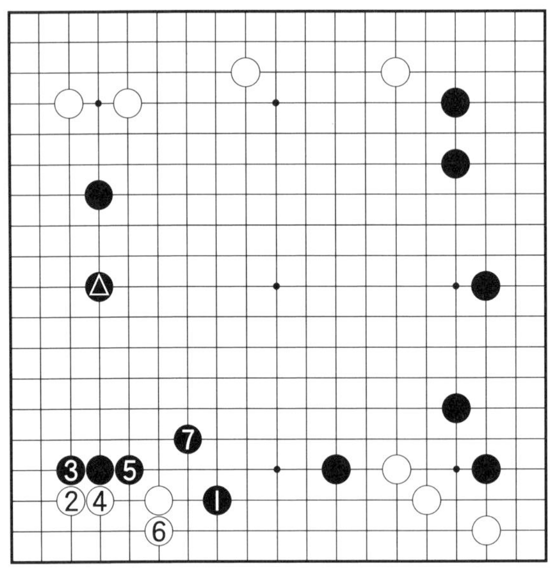

2도

2도 (일석이조)

흑1이 협공과 벌림을 겸하는 일석이조의 호점이다. 다음 백2로 3三을 뛰어든다면 흑3쪽을 막아 이하 7까지, 흑⬤와 고리를 이루어 좌하변 일대에 그럴듯한 세력이 생겼다. 흑이 충분한 포석이다.

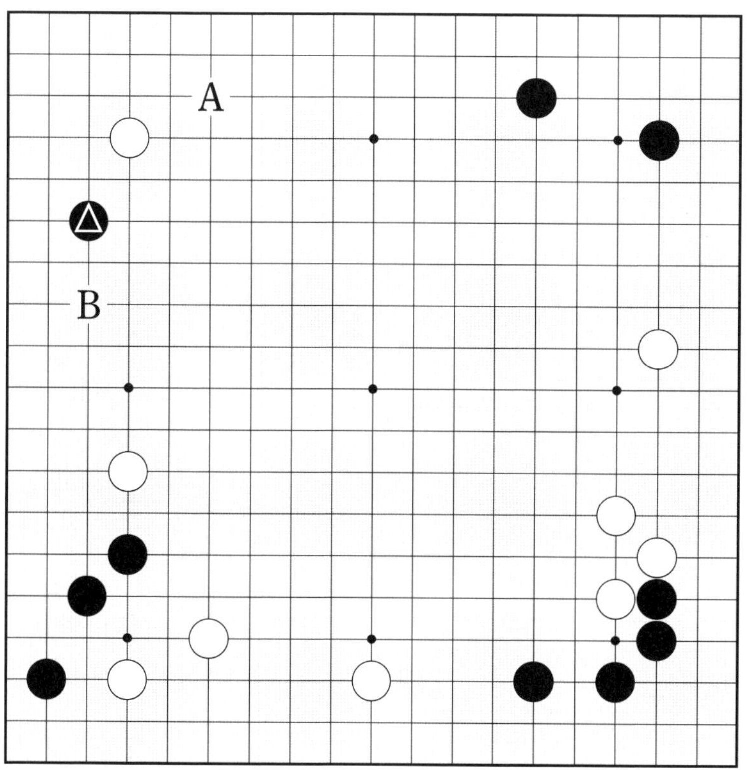

▨ 걸침의 사고 (2)

　좌하 쪽 배석이 흑백만 바뀌었을 뿐 앞 테마의 우하 배석과 똑같다. 흑▲의 걸침에 백의 다음 한수는 A의 날일자 받음인가, B의 한칸협공인가?

　해결의 관건은 달라진 상변 쪽 배석을 어떻게 생각하느냐인데, 그 점에 주의해 포석을 구상해보기 바란다.

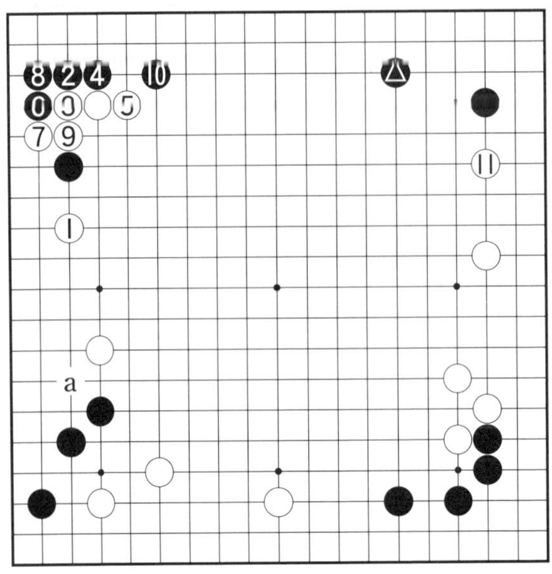

1도

1도 (좌변 중시)

역시 백1로 협공하고 싶다. 여기서 중요한 점은 흑2의 3三 침입 때 백3으로 이쪽을 막아야 한다는 것이다. 이하 흑10까지 되고 나서, 다음 우상의 큰 자리인 백11로 벌려간다. 이후 좌변에서는 백a의 마늘모가 호점. 백3으로 4는 막는 방향이 나쁘다. 우상 쪽에서 칼날처럼 나와 있는 흑△에 주의한다.

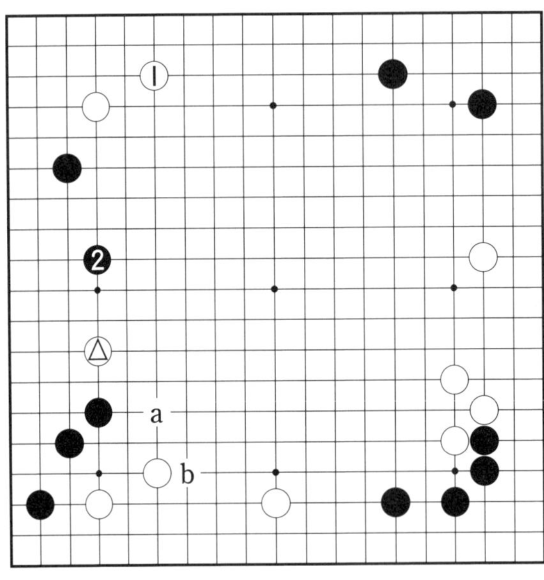

2도

2도 (전세 역전)

백1로 곱게 받는 것은 아무렇게나 두어도 괜찮다는 태도이다. 다음 흑2가 벌림과 협공을 겸하는 일석이조의 수가 된다.

이후 흑a가 b의 붙임을 보는 호착으로 남은 점을 생각하면 백△가 외롭게 떠있는 꼴이다.

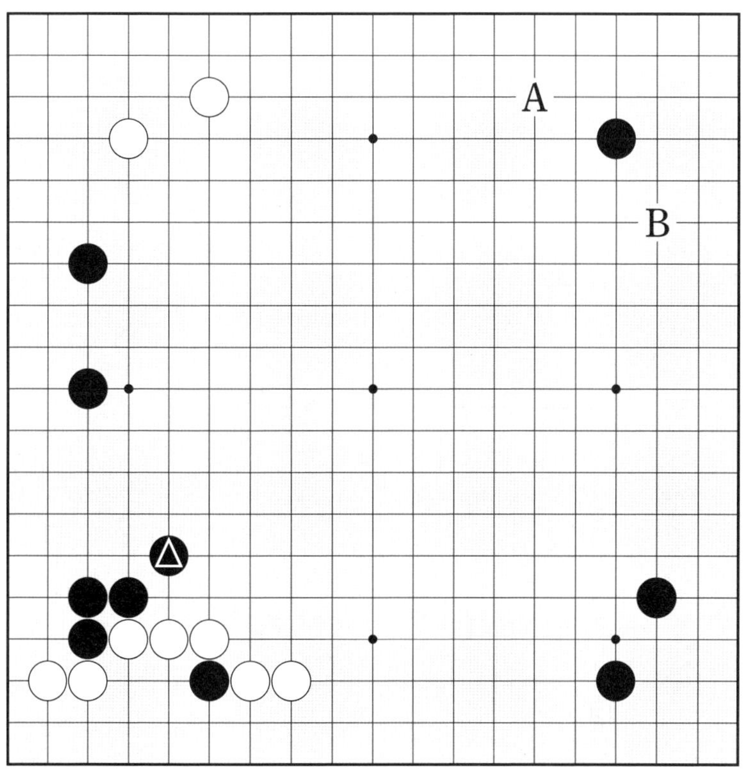

걸침의 사고 (3)

　방금 흑▲로 두고 나서 눈길이 가는 곳은 우상 방면이다. 백의 다음 한수는 A와 B 중에서 어느 쪽이 좋을까?

　우하귀 흑의 굳힘의 존재에 신경을 쓰면 자연스레 해답이 나올 것이다.

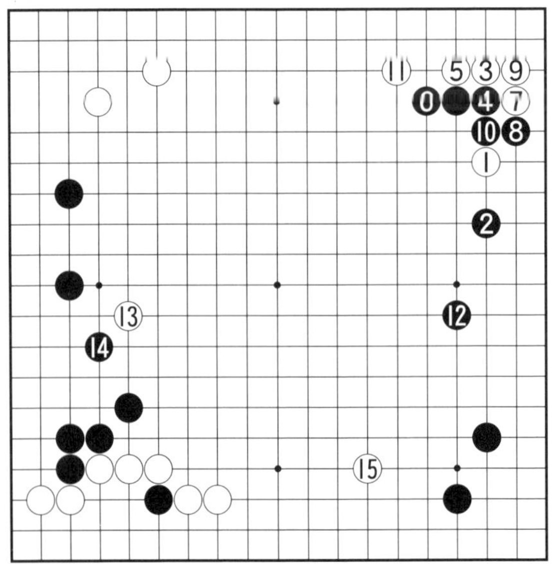

1도

1도 (올바른 방향)

백1의 걸침이 올바른 방향이다. 흑2의 한칸협공에는 백3으로 뛰어들어 귀를 차지하는 정도로 만족한다. 다음 흑12로 우변을 둘러싸고 백은 좌변에서 13의 잽에 이어 15로 흑 세력을 삭감하러 간다. 이로써 '백 실리, 흑 세력'의 좋은 구도라 할 것이다.

2도 (흑, 폭넓은 구도)

백1에는 흑2로 받고 다음 백3으로 전개하는 정도인데, 하변 흑4가 절호점이어서 흑이 폭넓은 구도로 보인다.

우변의 흑 세력은 백a면 흑b, 백c면 흑d로 보기보다 삭감이 어렵다는 데 주의한다.

3도 (갈라침은 의문)

우변을 갈라치는 발상은 나쁘다. 백1 정도인데 흑4, 6으로 공격하는 리듬이 그만이다.

2도   3도

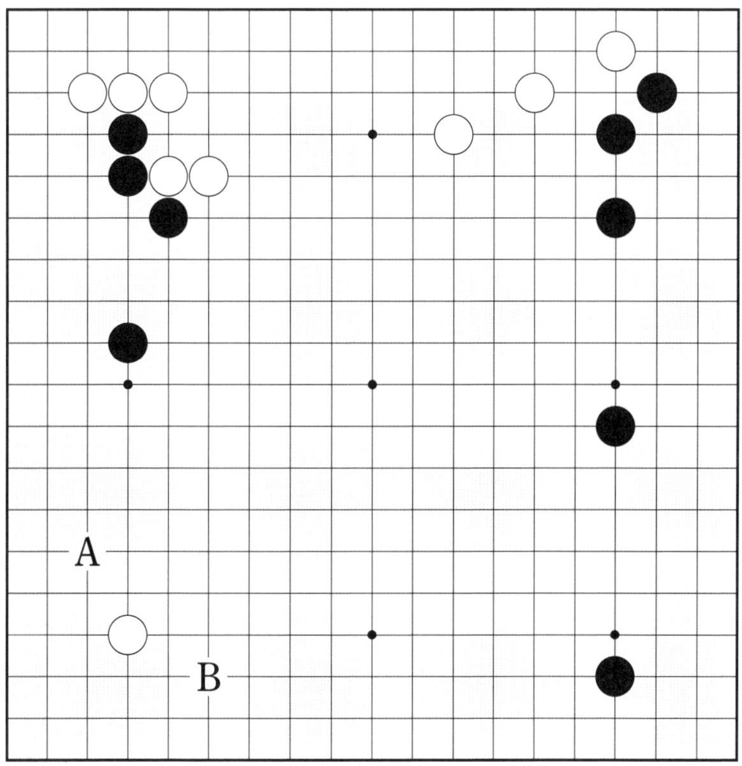

걸침의 사고 (4)

흑이 좌하의 백에 걸친다면 A와 B 중에서 어느 쪽이 현명할까?

집이나 세력은 일관되게 힘을 경주하고 싶은 곳이 있는가 하면 반대로 적당히 가볍게 여겨야 할 곳도 있다. 좌상의 정석 형태를 어떻게 생각하느냐에 따라 방향이 자동 결정되는데….

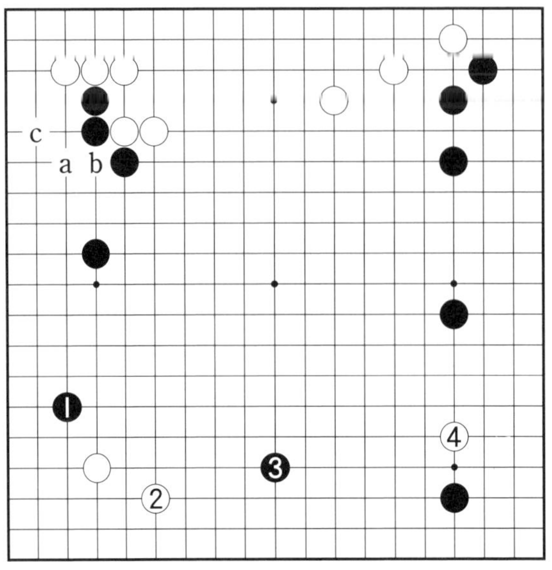

1도

1도 (뒷문 열린 곳)

흑1로 걸치는 것은 기본적인 감각에 문제가 있다. 좌상의 형태는 백a, 흑b, 백c의 뒷문 열린 곳. 이쪽은 어디까지나 가벼운 진영임에도 불구하고 그 같은 곳을 애써 둘러싸고 있는 흑1은 방향이 나쁜 것이다. 백2로 차분히 받아두고 흑3에는 백4로 우하에 뛰어드는 리듬이 기분 좋다.

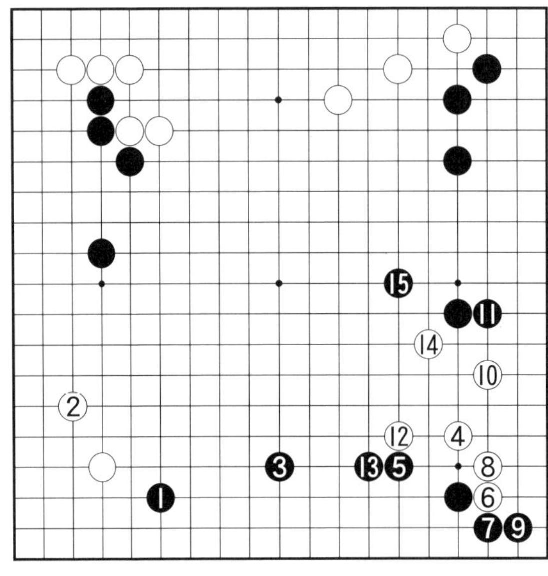

2도

2도 (흑의 이상형)

당연히 흑1로 이쪽에서 걸치고 3으로 전개해야 할 자리이다. 이렇다면 하변에서 우변에 이르는 대세력이 그럴듯해진다. 또한 좌상의 흑 일단이 이젠 상하의 견고한 백진을 사이에 두고 가볍게 터를 잡고 있어 벌써 흑이 이상적인 자세이다.

백4 이하 흑15까지는 '흑의 호조'를 나타낸 하나의 가상도이다.

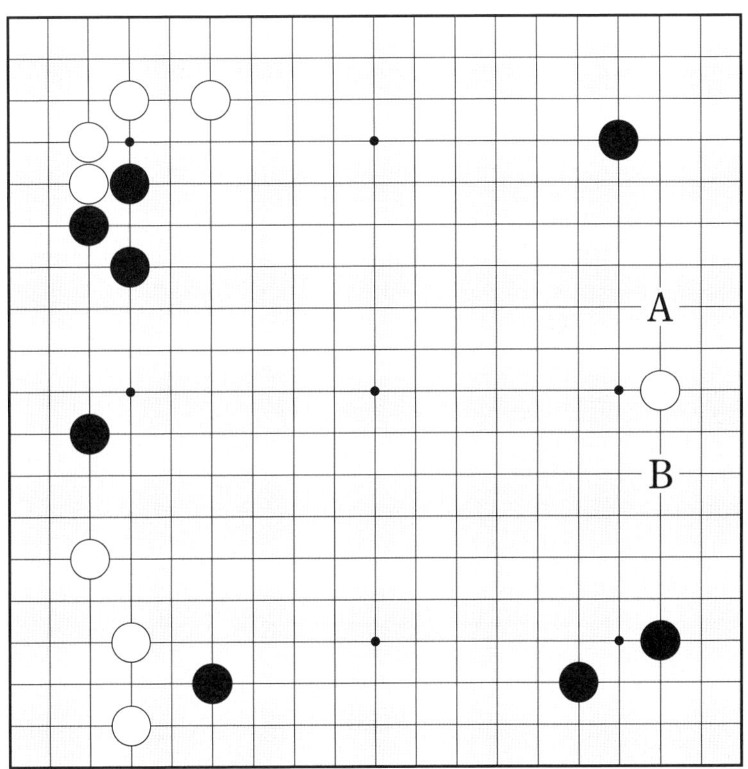

다가섬의 방향

　좌상에서 좌하 방면의 포석이 일단락되고 이제 남은 곳
은 우변이다. 다음 흑이 다가서는 방향은 A인가 B인가?
　흑은 어느 쪽을 먼저 두어도 한판의 바둑이라고 생각하
는지 모르지만….

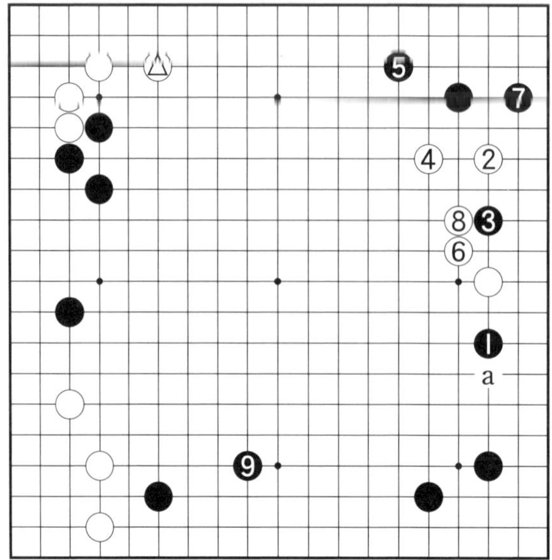

1도

1도 (우하에서 다가섬)

우하 굳힘으로부터 나가서는 흑1이 포석의 상식. 백2로 걸치면 흑3으로 뛰어들어 이하 백8까지가 정형화된 패턴인데, 이것이면 흑이 발빠른 포석이다.

처음부터 흑3의 다가섬은 다음 백a인데, 좌상 백△가 나와 있어 돌의 방향이 거꾸로이다.

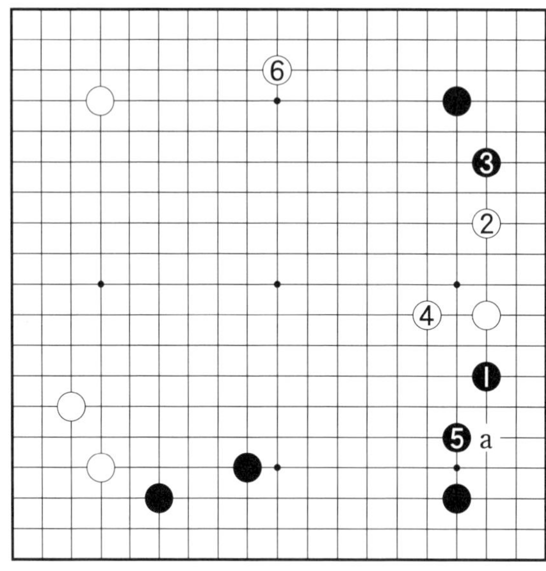

2도

2도 (참고)

이 포석에서도 흑1이 옳은 방향이다. 이하 백6까지는 프로의 실전 예인데 흑1로 한껏 다가서는 수에 주목한다. 흑5는 백a에 대비한 정수.

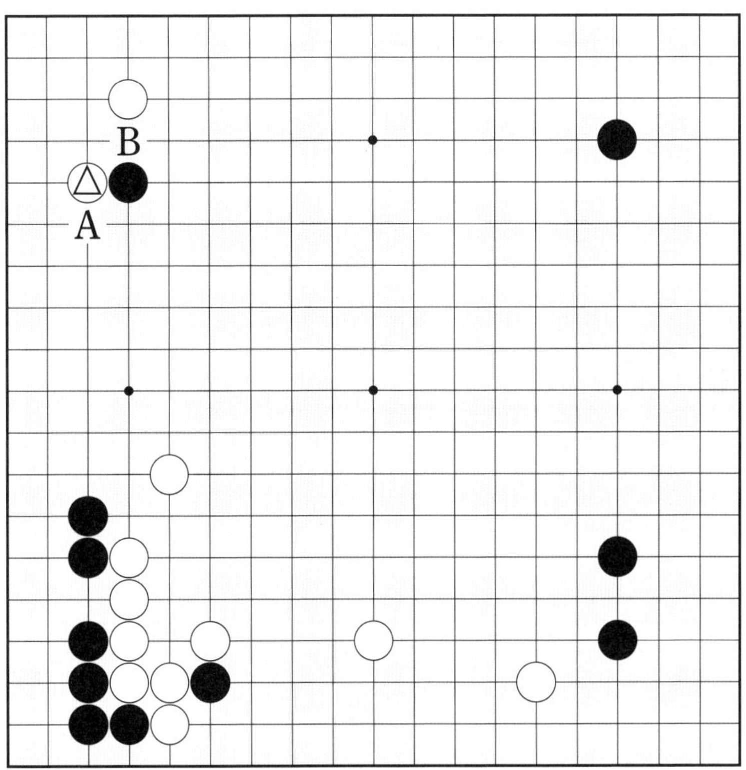

중시하는 방향은 어디인가

백△의 붙임에 대해 흑은 손을 빼지 않는 이상 A와 B, 두 가지 선택밖에 없다.

좌변을 둘러싸려면 흑A의 막음. 반면에 상변을 중시한다면 흑B부터의 밀어붙이기. 방향에 따라 선악이 뚜렷하게 갈리는 대표적인 테마이다.

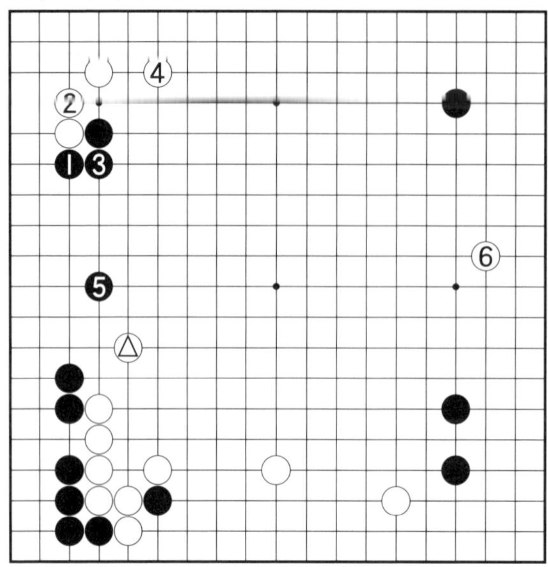

1도

1도 (한쪽에 편재)

흑1은 좌변을 중시하는 방향이다. 백4, 흑5까지 일단락하는데, 이 진행은 흑이 좌변을 모두 집으로 만들고 있지만 좌하의 확정지로부터 에워싸는 발상에 문제가 있다. 더구나 백△로 머리를 내밀고 있지 않은가.

백6으로 우변을 갈라친 데까지, 한마디로 '흑 불만'의 포석이다.

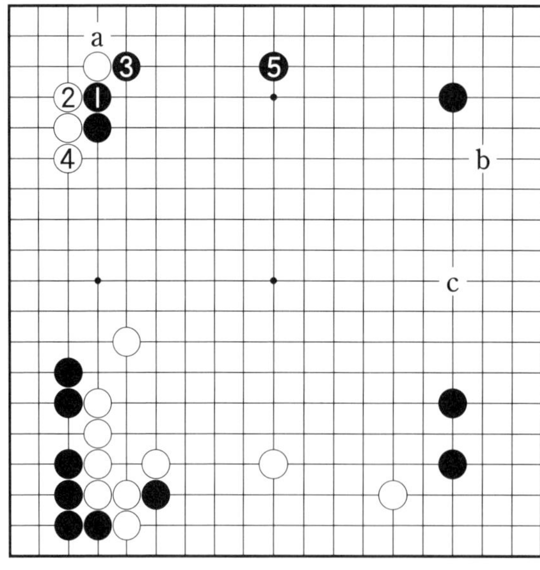

2도

2도 (품을 크게 가져간다)

흑1, 3으로 밀어붙이는 것이 올바른 방향. 백4에 가볍게 손을 빼서 흑5로 크게 벌려둔다. 다음 백a라면 다시 흑b로 우상귀를 굳히는 게 요령이다.

또한 흑5로는 단순히 c로 3연성을 펴는 작전도 좋은 감각이다.

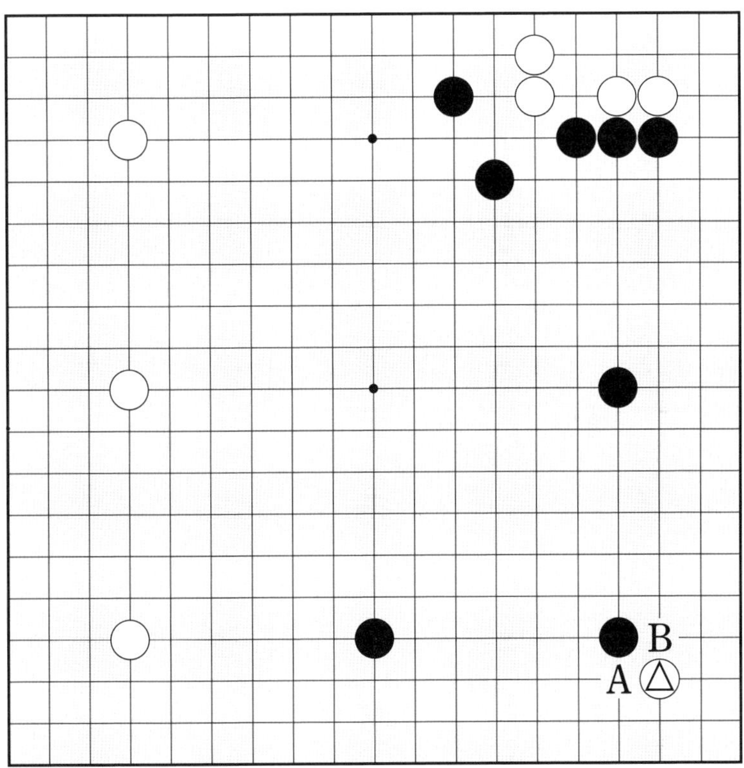

3三 처리의 기본

　방금 백△로 뛰어들었다. 흑의 다음 한수는 A인가 B인가?

　우변일대의 거대한 흑 세력은 이대로 집이라고 할 수 없지만, 막는 방향에 따라 세력의 부피도 크게 달라질 것 같다. 이것은 3연성 포석의 단골형이므로 정해의 수순을 숙지해 두도록 하자.

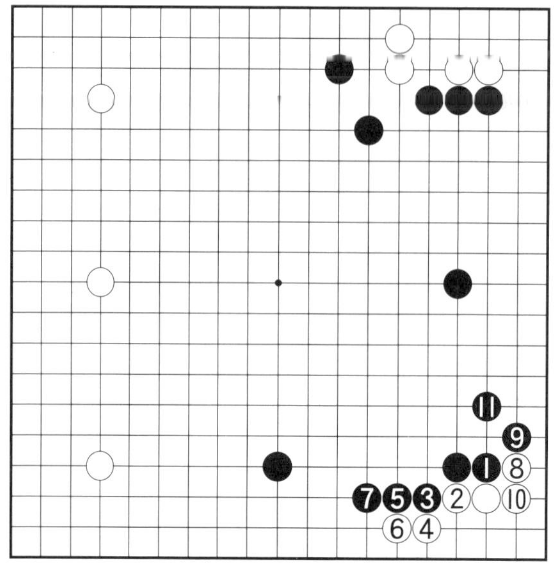

1도 (넓은 쪽을 막는다)

'넓은 쪽을 막아라'. 흑1로 막아 우변을 중시하는 태도가 옳다. 이하 흑11까지는 기본정석으로, 세력은 이렇게 골이 깊은 방향으로 쌓는 것이 좋다.

그릇으로 말하면 아래 부분이 불룩한 항아리 모양이라야 한다.

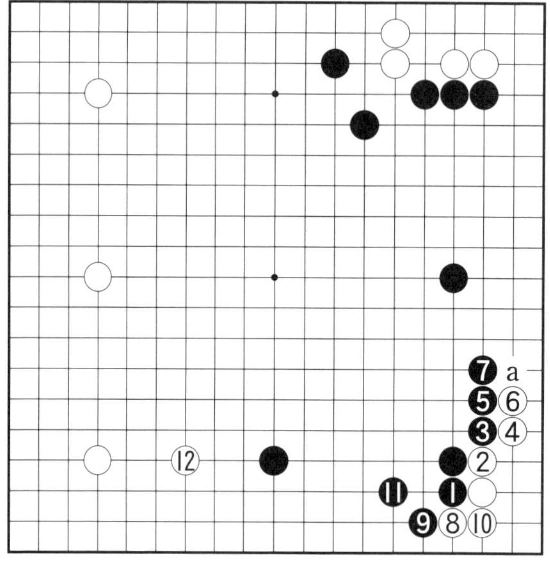

2도 (실패)

흑1 이하도 부분적으로 똑같은 정석. 그러나 백2부터 자신이 소중히 해야 할 방향으로 기어들게 만들어 벌써 초점이 빗나가고 있다.

앞 그림에 비하면 흑 세력은 기다랗고 홀쭉하게 변한 모습이다. 더구나 백a로 밀고 들어오는 것이 큰 수로 남아 있다.

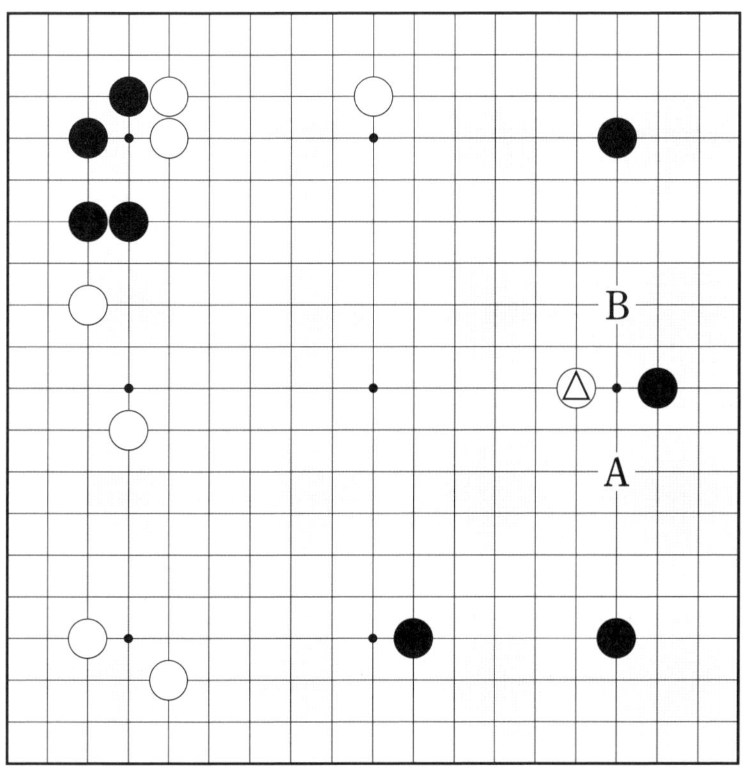

▨ 모자를 벗는 방향

　프로바둑에서 나온 장면. 포석이 한창 진행되고 있는 가운데 방금 백△로 모자를 씌워 왔다.

　흑의 다음 착점은 '모자는 날일자로 받아라'대로 A 아니면 B. 이런 국면에서는 어느 쪽이 올바를까?

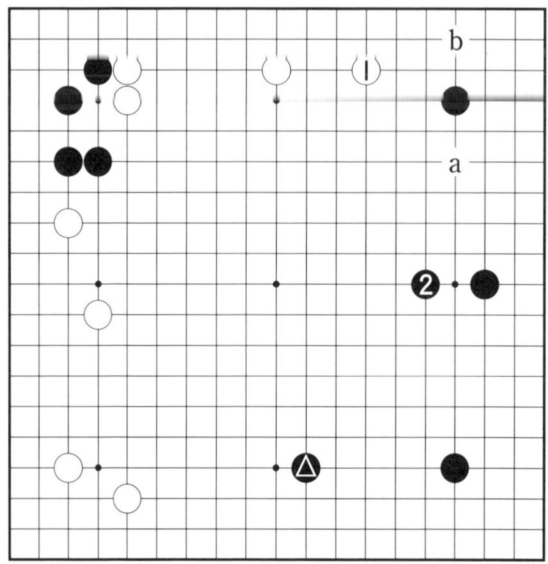

1도

1도 (이상형)

장면도 백△의 수로 이 그림 백1로 상변을 두칸 벌리는 것도 유력하지만, 그러면 흑2로 한칸 구축하는 수가 하변 ▲와 호응하는 필쟁의 요처가 된다. 거꾸로 흑2로 a면 백2의 모자를 당해 흑▲의 가치가 반감되는 모습이다. 더구나 우상은 우상대로 백b의 달림이 남았다.

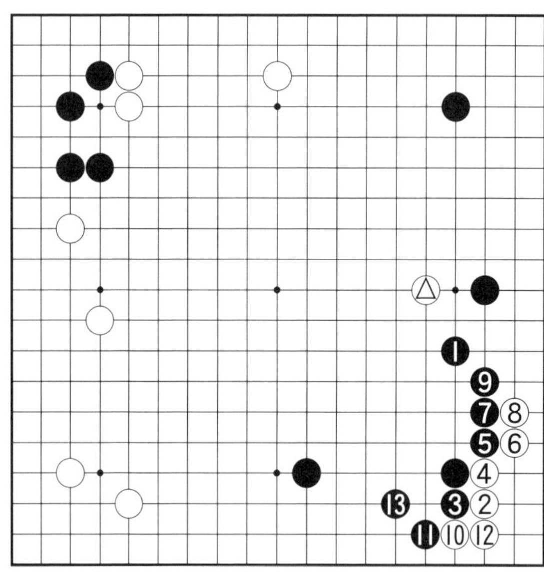

2도

2도 (세력의 중복)

흑1의 날일자는 백의 주문에 그대로 빠진 꼴. 백2로 당장 3三에 뛰어들어 이하 흑13까지 선수로 귀를 파헤치고 나면 양날개를 편 흑 세력에 심한 주름살이 들어간 모습이다.

애초 백△ 때부터 노리던 '선삭감 후침입'의 주문에 편승한 결과로, 방향을 잘못 잡아 스스로 중복을 부르고 있다.

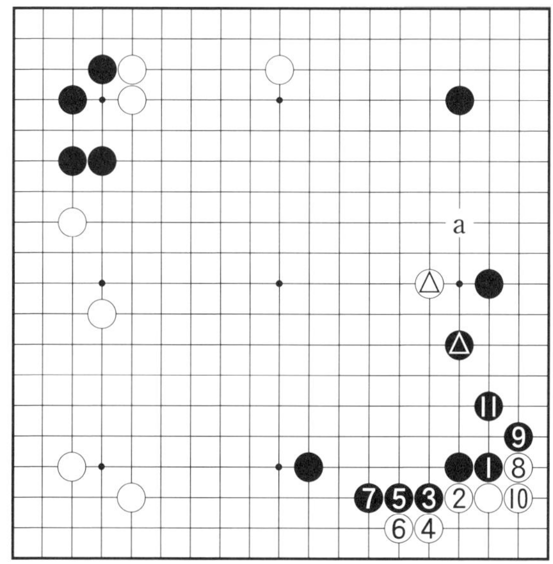

3도

3도 (마찬가지)

흑1쪽으로 막아도 백2 이하 흑11까지 상황은 크게 달라지지 않는다.

우하의 모양이 먼저 이뤄지고 나서 백△로 모자 씌웠다고 가정하면 이제 와서 흑▲로 받을 바보는 없을 것이기 때문이다. 당연히 a쪽 날일자로 받을 것이다.

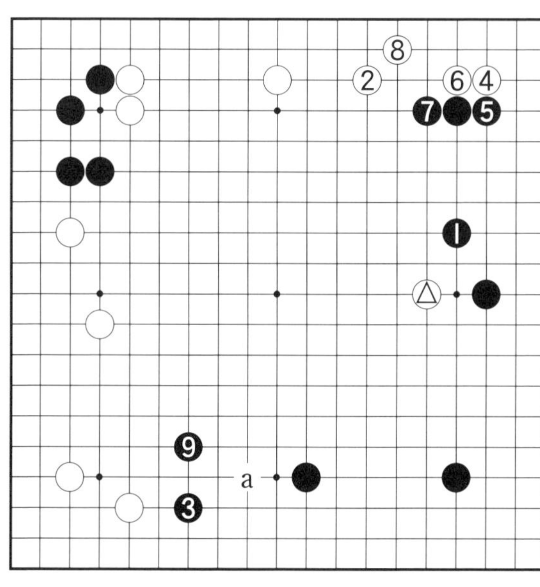

4도

4도 (올바른 날일자)

장면도로 돌아가, 백△의 모자에 대해 흑1의 날일자로 받는 게 옳다. 백2는 큰 자리. 흑3은 거꾸로 백a로 두는 것과 비교하면 역시 놓칠 수 없는 곳이다.

백4는 먼저 우하 방면의 삭감수도 있는데 그 선택이 어렵다. 다만 이쪽을 둔다면 3三, 이 한곳. 흑5 이하 백8까지는 이렇게 될 곳이다.

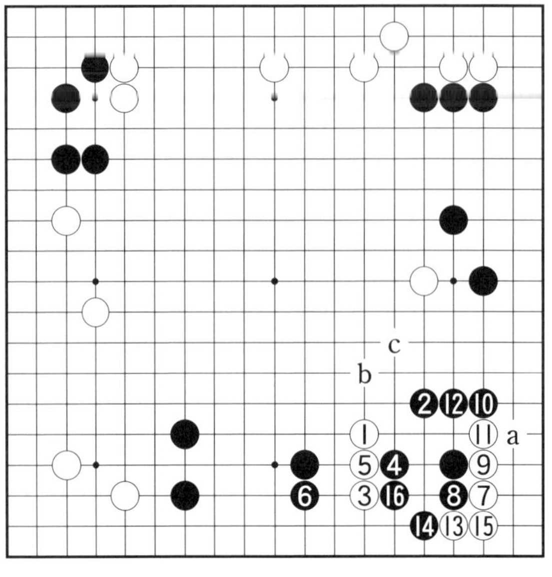

5도

5도 (흑, 호조)

앞 그림에 계속되는 실전진행.

　백1의 날일자 삭감에 흑2는 공격에 뜻을 둔 수이다. 백7 이하 15까지 선수로 살았으나 이후 흑a부터의 젖혀이음이 듣고 백b의 진출에는 흑c로 갈라치는 공격을 예상할 때 백이 온전히 수습하려면 상당히 시달릴 것 같다.

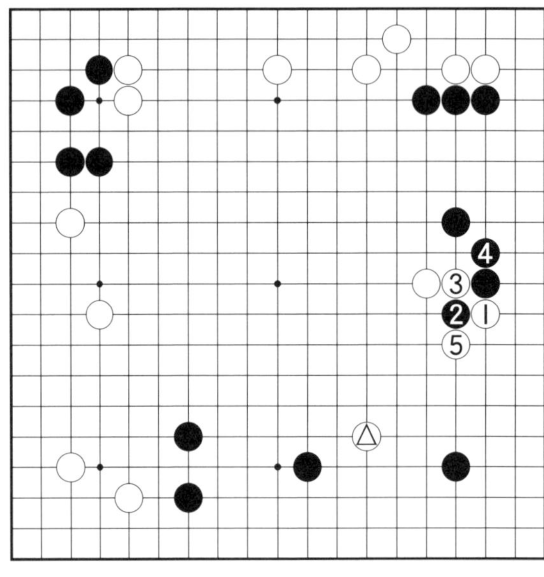

6도

6도 (고등전술)

백△(앞 그림 1)는 일종의 고등전술. 우선 흑 세력을 얕게 삭감해 상대의 응수를 살피면서 아울러 백1로 붙여가는 노림도 갖고 있다.

　흑2로 젖혀 나올 경우 백3에서 5로 모는 축머리를 겸한 뜻이 그것으로, 백△는 말하자면 '다목적용 정찰기'인 셈이다.

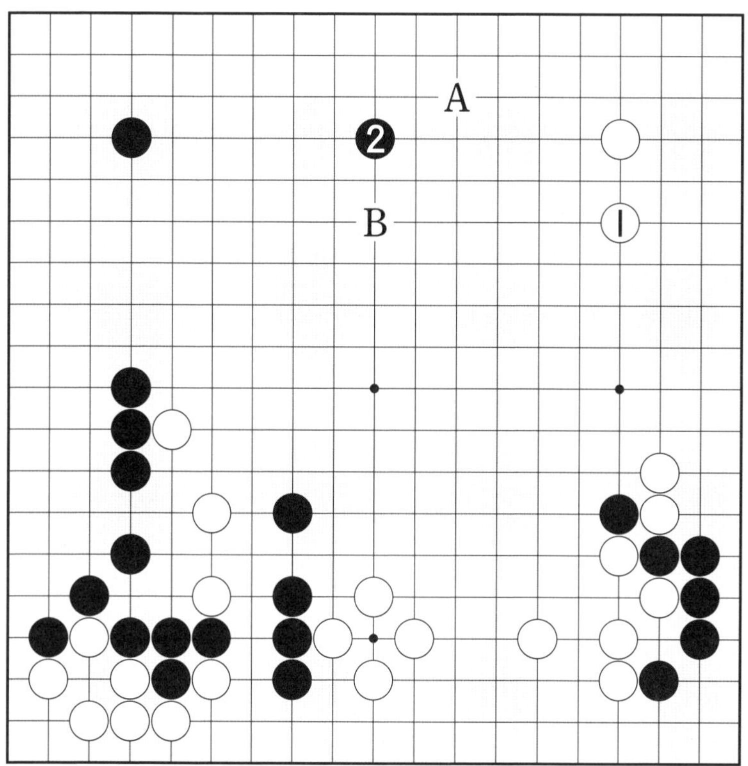

세력이냐 실리냐

　좌하와 우하 쪽 싸움이 끝나고 포석이 마무리되려는 시점. 쌍방이 대세력으로 맞서고 있는 가운데 방금 백1로 우상을 굳히자 흑2로 상변을 넓혀 왔다.

　포석에서는 때로 수읽기보다는 감각에 의존하는 편이 더 정확하게 맞아떨어지기도 한다. 우선 세 수를 예상할 수 있다면 금상첨화. 먼저 백은 A일까 B일까?

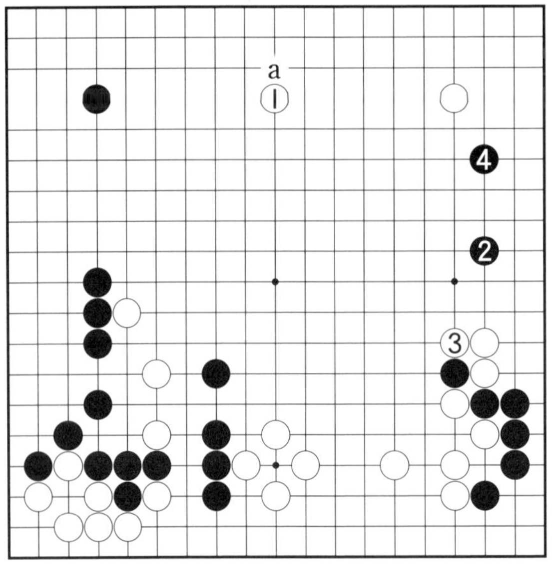

1도

1도 (금이 간 포석)

먼저 상변노 백1로 우상을 지킨 이유에 대해….

쌍방이 화점으로 대치하고 있는 경우 포석의 통념으로 보면 먼저 변의 큰 자리를 차지하는 것이지만(백1 또는 a), 그러면 흑2에서 4로 우변의 백 세력을 분산해 전체적으로 백이 재미없는 포석이 된다.

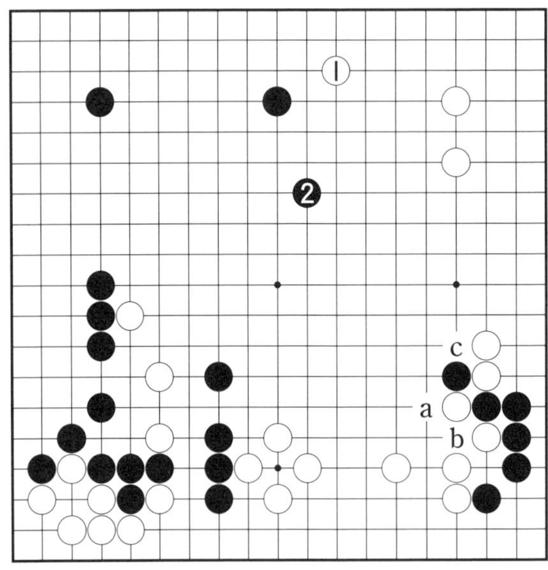

2도

2도 (역행)

다시 장면도의 상황. 백의 다음 한수는 국부적으로는 1로 다가서는 것이지만 지금까지 중앙을 중시한 흐름에 역행한다. 백1에는 흑2의 눈목자로 가운데 세력을 부풀리기만 해도 백은 할 말이 없게 된다.

더구나 우변에서는 흑a, 백b, 흑c부터 압박하는 수가 남은 것도 괴로운 맛이다.

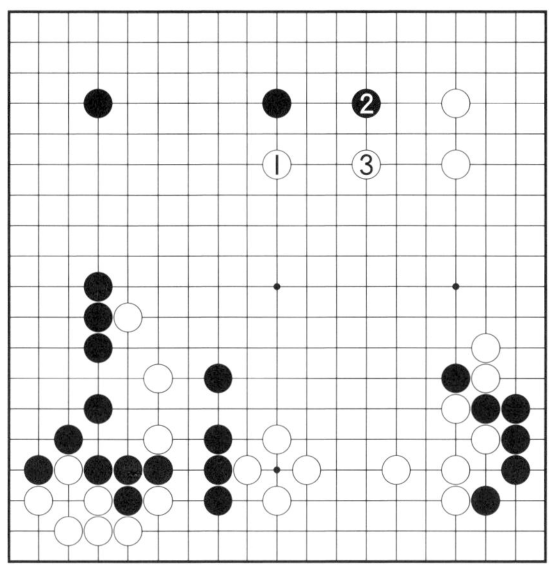

3도

3도 (모자씌움)

백1로 모자를 씌우는 수가 좋은 감각. 좌변의 흑세력이 부푸는 것을 제한하면서 중앙을 크게 운영하려는 원대한 뜻을 담고 있다. 흑2에 다시 백3으로 씌운 것은 1의 뜻을 계승한 점이다.

모자씌움은 보통 3선에 대해서 두는 경우가 많으나 때로는 이렇게 4선에 대해서도 아주 유력한 착점이 된다.

4도

4도 (백, 유망)

앞 그림에 이어지는 실전진행. 흑1부터의 행마는 백의 고압작전을 의식한 것으로 중앙 백 세력의 삭감이 급선무라고 판단했기 때문이다.

백12의 침입은 앞서 △의 모자 때부터 노리던 수로, 먼저 14에 걸치면 흑이 12의 자리에 좁혀와 백의 운신이 거북해진다.

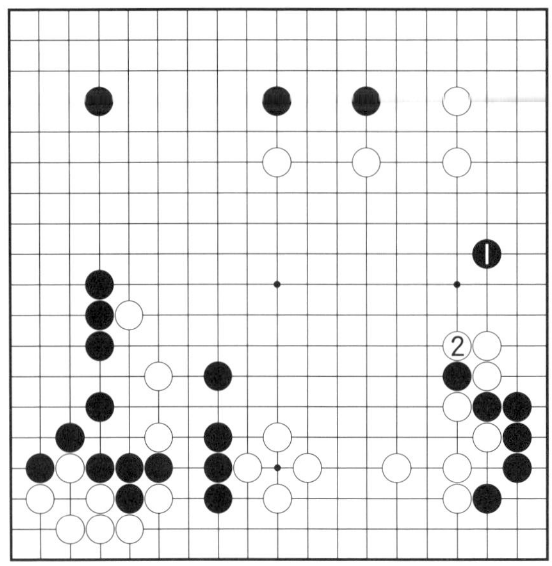

5도

5도 (모험)

앞 그림 1로 이 그림 흑 1로 뛰어드는 작전은 어떨까?

그러나 백의 강대한 세력권 속에서 무사히 수습해야 하는 것이 큰 부담이다. 무엇보다도 백2가 맛좋은 꼬부림으로 흑의 입장에서는 앞 그림처럼 위쪽에서 눌러 막는 수를 없앤 마이너스가 크다.

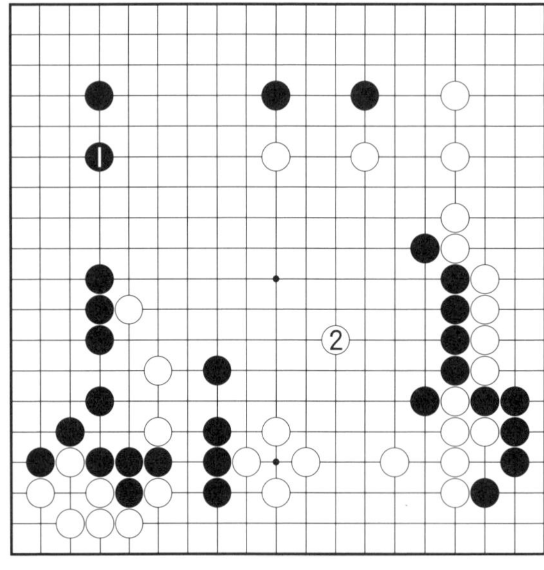

6도

6도 (흑, 괴롭다)

4도 흑11의 보강은 생략하기 힘들다. 가령 이 그림 흑1로 좌상을 굳히던가 하면 백2로 두어 오른쪽 흑 일단이 크게 핍박받을 것이다.

역시 4도의 실전에 관한 얘기인데, 이후 흑백 간에 어려운 싸움이 예상되지만 전체적으로 실리에서 앞서고 있는 백이 오히려 유망한 바둑이라고 생각된다.

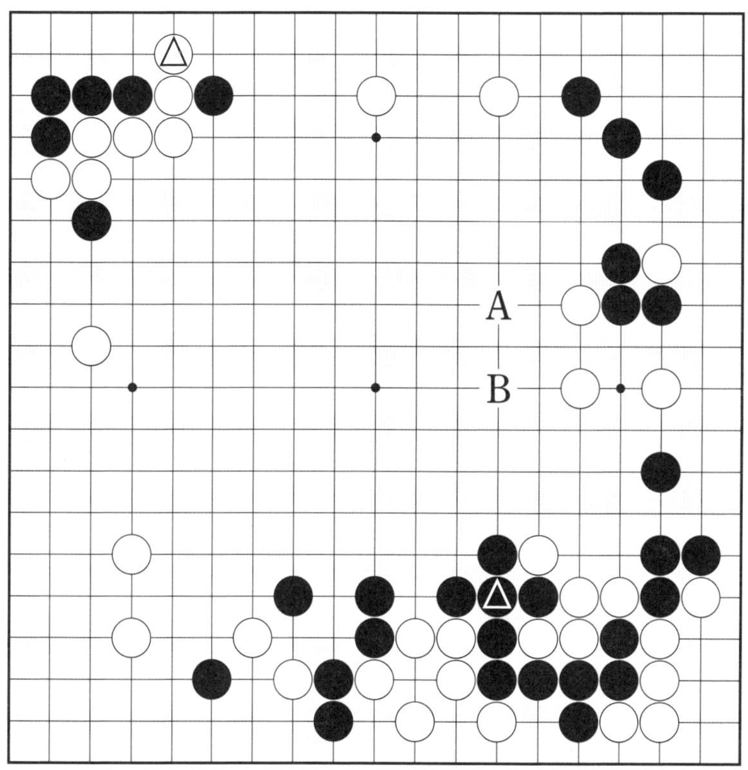

▨ 공격의 급소

　방금 전 흑▲로 이어 패를 해소하고, 좌상에서 백△로 빠져 큰 바꿔치기가 이루어졌다.

　여기서 흑의 다음 한수가 초점. 누구라도 눈길이 가는 방향은 우변 백 석점에 대한 공격인데, 더 구체적으로 A와 B 중에서 선택해보기 바란다.

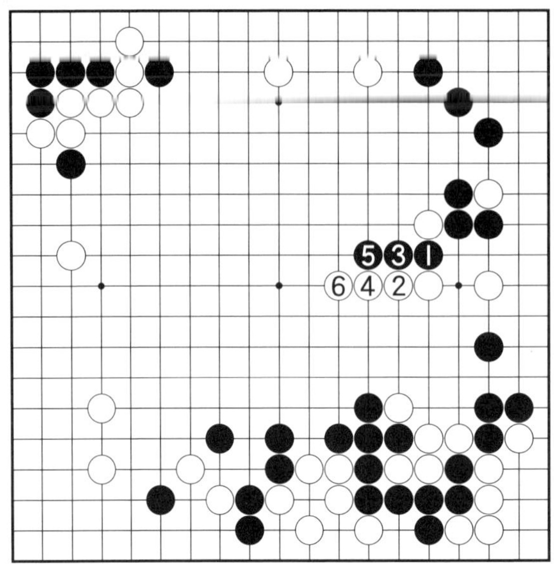

1도

1도 (초점을 벗어나다)

먼저 흑1로 끼우는 수는 초점을 벗어나고 있다.

백은 곱게 2로 늘어 흑3, 5에는 백6까지, 이것은 위쪽에 생기는 흑세력보다는 아래쪽에서 없어지는 세력 손실이 더 크다.

흑1은 근본적으로 부분에 치우친 수였다.

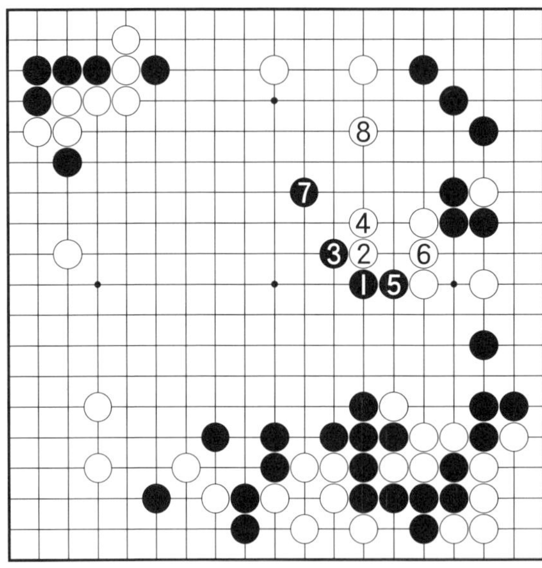

2도

2도 (후속공격이 없다)

다음 흑1로 덮어가는 수. 앞 그림보다는 방향과 감각에서 모두 좋으나 이후 백2로 붙여나오는 수를 간과하고 있다.

흑3으로 젖혀 5, 7로 공격하는 정도인데 백8로 쉽게 연결해 이젠 사정권 밖이다. 마땅한 후속공격이 없어서는 실패가 역력하다.

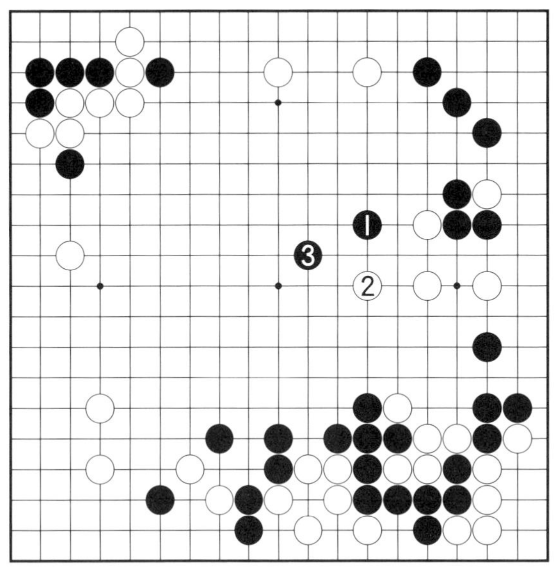

3도

3도 (나의 두터움 쪽으로)

흑1이 자신이 두터운 쪽인 하변으로 몰아가는 올바른 방향이다.

'상대의 강한 돌에 가까이 가지 마라'는 격언을 뒤집어 생각하면 흑1의 뜻을 알 것이다. 백2라면 흑3으로 덮어간다. '달아날 테면 달아나보라'는 으름장이다.

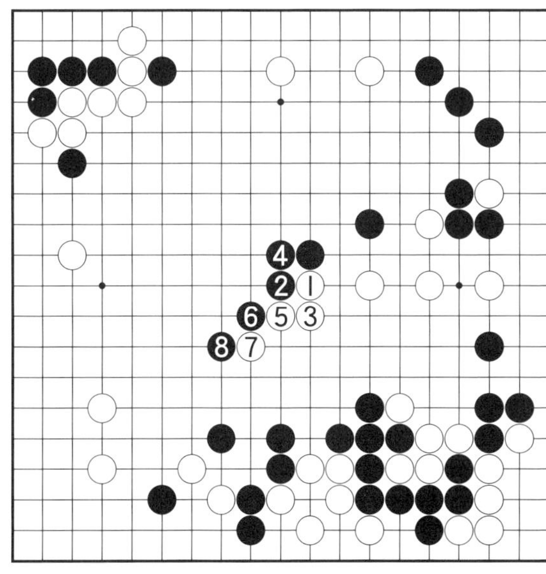

4도

4도 (파상공격)

계속해서 백1, 3으로 붙여둔다면 흑4로 이어두고 백5에는 흑6, 8의 이단젖힘이다. 하변 흑 세력의 골이 깊어 백은 흑의 포위망을 빠져나가기가 힘들다.

이젠 백이 안에서 살더라도 좌변 백진이 온전치 못할 것이다.

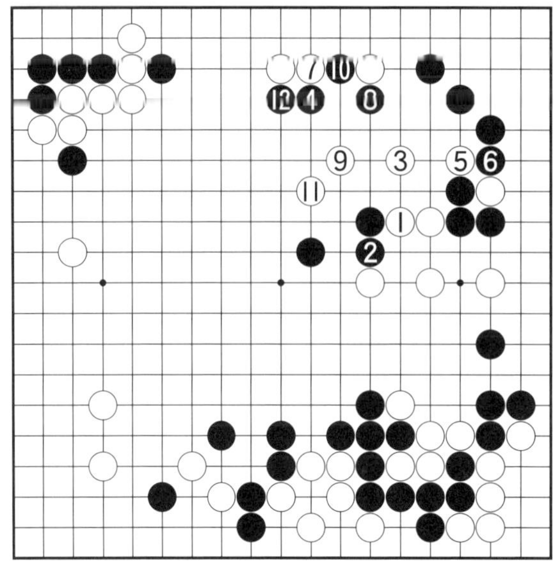

5도

5도 (공격의 부산물)

이것은 실전. 백은 고민 끝에 1로 치받고 3부터 위쪽으로 달아났는데, 다음 흑4가 좋은 기대기 공격이다.

백5에서 7로 받았으나 흑8에서 12까지 상변 백이 크게 다친 모습으로, 이것은 전형적으로 상대의 연결을 강요하면서 얻은 공격의 부산물이다.

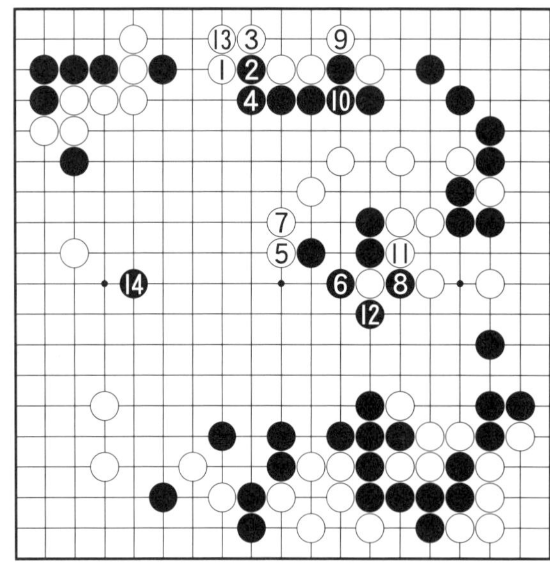

6도

6도 (흑, 우세 확립)

백1로 뛰자 흑2, 4로 약점을 남기고 백5에는 흑6 이하 12까지 중앙을 살찌우는 것으로 만족한다. 백13의 보강을 기다려 다시 흑14. 이 수는, 겉으로는 좌변 백진을 삭감하는 착점이지만 실은 은근히 중앙 백 일단도 노리고 있음에 주목하라. 이쯤해서 흑이 우세한 국면이라고 자신있게 말할 수 있다.

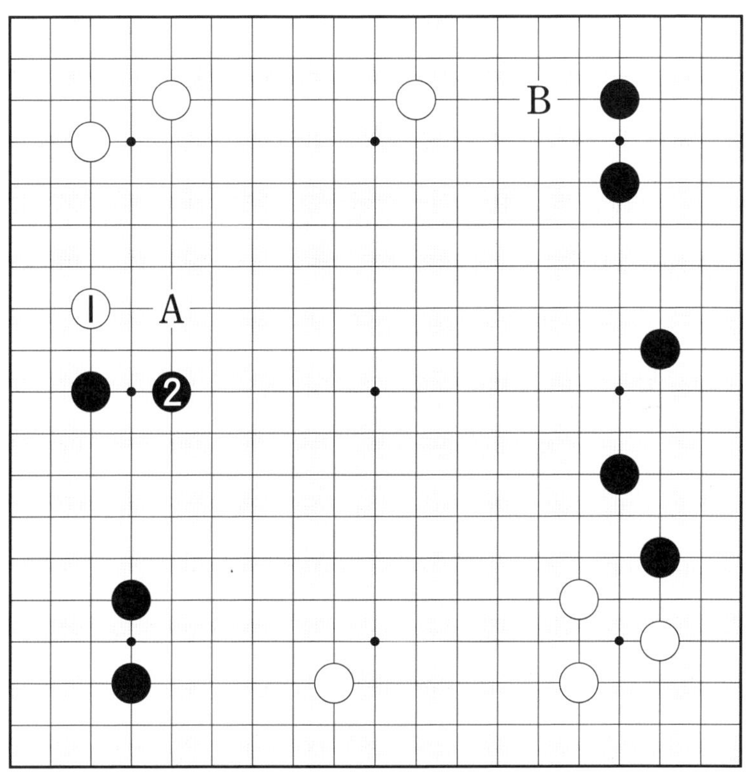

▨ 작전의 기로

백의 다음 한수가 초점. 백으로서는 집모양을 넓힐 것인지 아니면 집을 굳힐 것인지, A의 뜀과 B의 벌림 중에서 선택해보길 바란다.

포인트를 잘못 잡으면 대번에 꿈이 없는 포석이 된다는 것이 힌트라면 힌트.

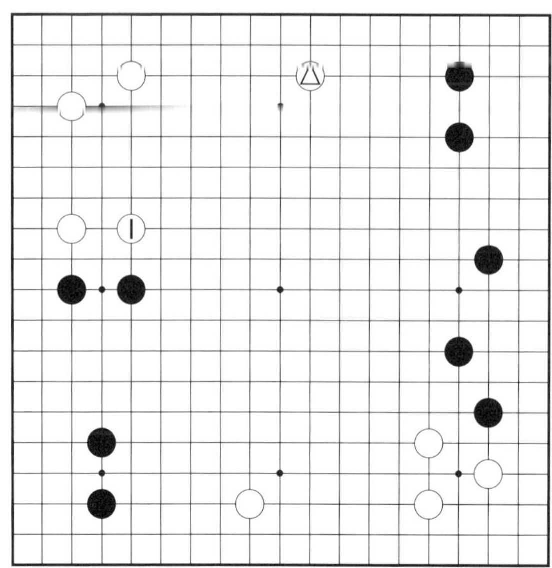

1도

1도 (입체화)

이 국면에서는 백1의 한 칸 뜀이 요점. 위쪽 굳힘에서의 벌림과 밸런스를 이루어 집모양을 입체적으로 만들어야 한다.

이쪽 좌변 모양에서 백△로 벌려갔다고 생각하면 1의 뜻을 쉽게 알 수 있을 것이다.

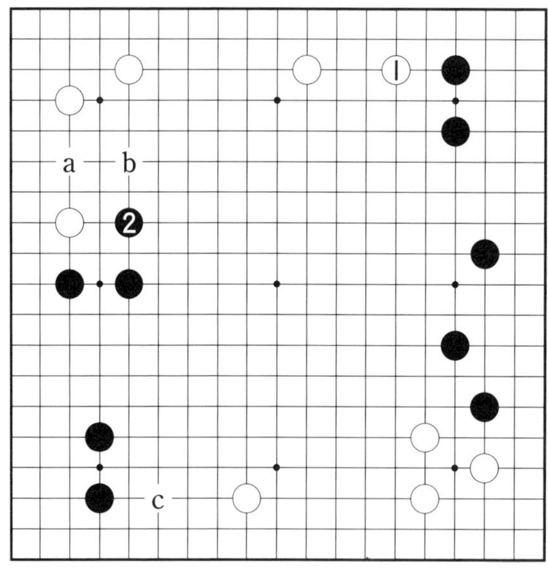

2도

2도 (집의 축소)

상변 백1의 벌림도 자신의 진지를 넓히는 요점이긴 하지만, 다음 흑2로 뛰는 수가 좌상 백 모양을 찌부러뜨리는 호착이 된다. 이를 1도의 백집과 비교해보길 바란다.

그리고 흑2로는 a에 뛰어들고 백2, 흑b로 두는 것도 일책이며, 백1로 좌하 c는 비슷한 가치이다.

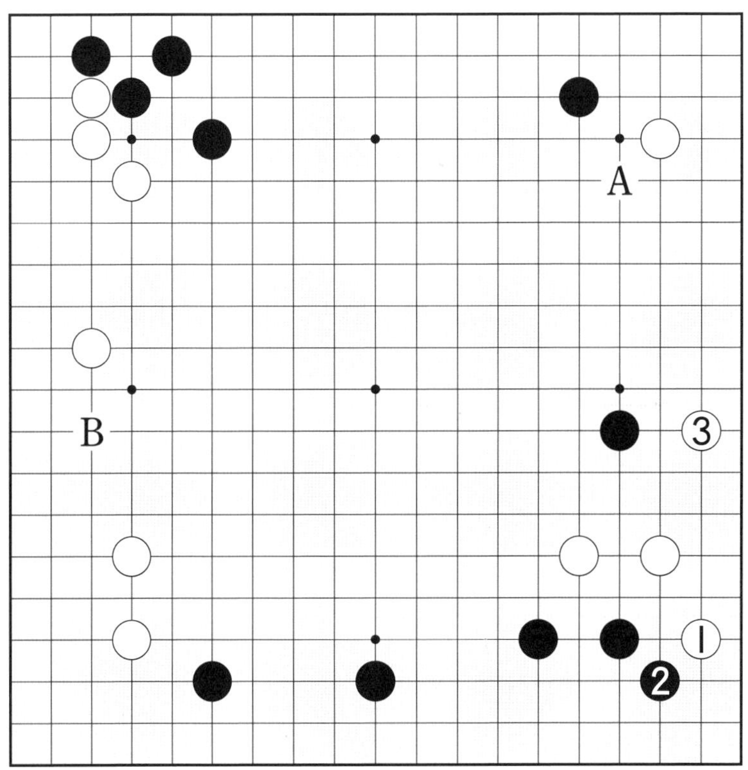

바둑판을 보는 시야

　우하에서 백1, 3으로 미끄러져 정석이 일단락된 장면.

　다음 흑은 A의 씌움을 결정할 것인가, 아니면 좌변 B의 곳에 뛰어들 것인가? 바둑판 전체를 잘 둘러보고 판단하길 바란다.

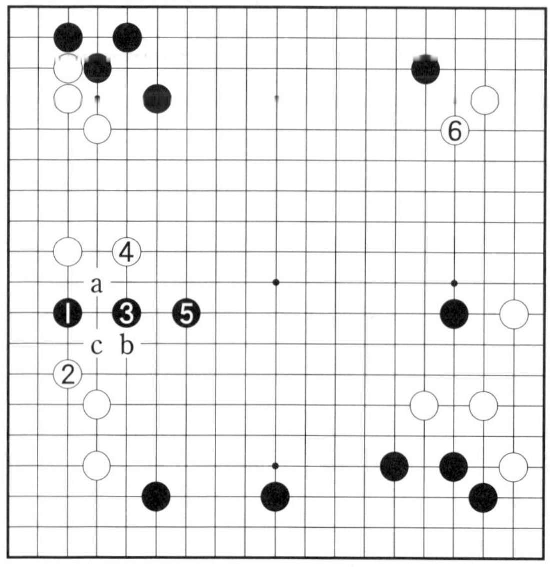

1도

1도 (백6, 호점)

흑1은 좌변 백진을 삭감하는 급소. 백2면 흑3, 5로 뛰어 나가게 되는데, 다음 우상에서 백6의 마늘모가 호착이 된다.

이것은 전체적으로 우변일대의 백 세력이 돋보이는 포석이다.

그리고 주제 밖의 얘기지만 백2로는 a, 흑b 때 백c로 건너붙이는 수도 있다.

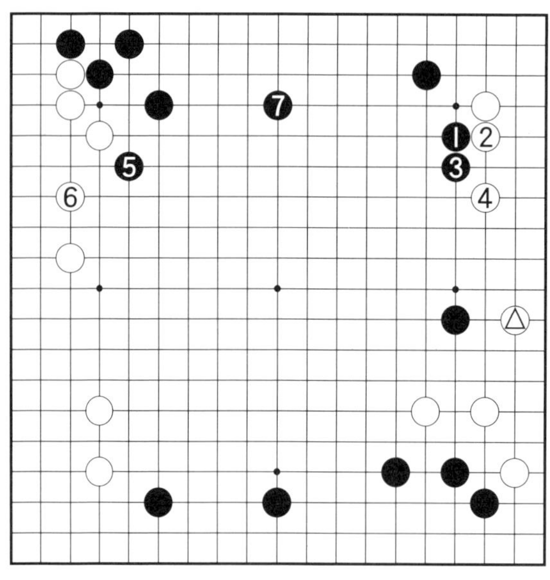

2도

2도 (양쪽 씌움)

우변 백△의 위치가 낮다는 점에 주목한다.

여기서는 흑1로 씌워갈 찬스. 백2에서 4로 뛰는 정도인데 다시 좌상에서 흑5의 씌움을 듣게 하고 7로 벌린다.

이로써 흑이 중앙을 크게 제압해 대세를 리드하고 있는 국면이다.

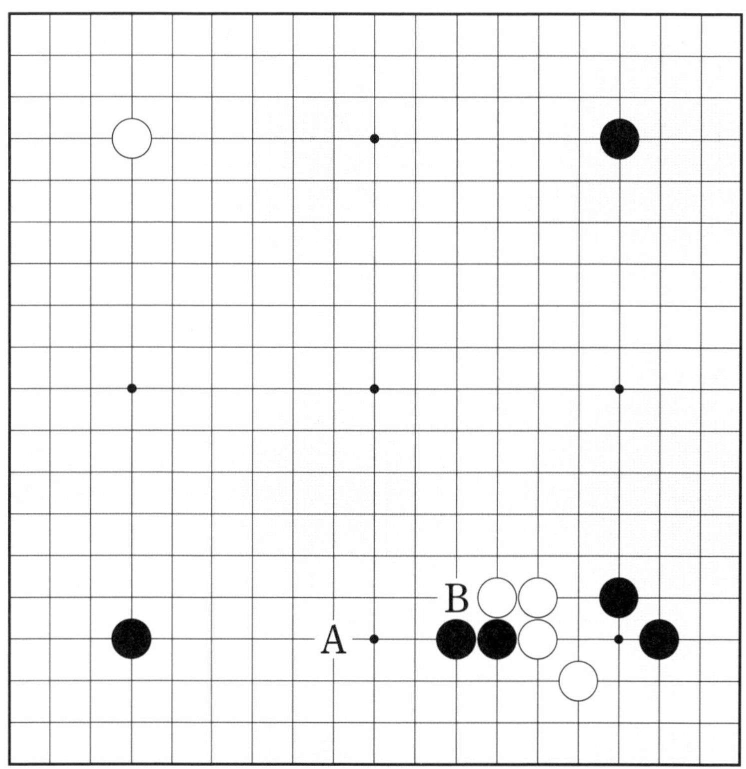

속도냐 힘이냐

2점 접바둑. 우하 쪽에서 흑의 다음 착점을 궁리해주기 바란다.

이 부근에서 속도를 중시한다면 A의 벌림, 힘을 중시한 다면 당연히 B의 꼬부림인데…

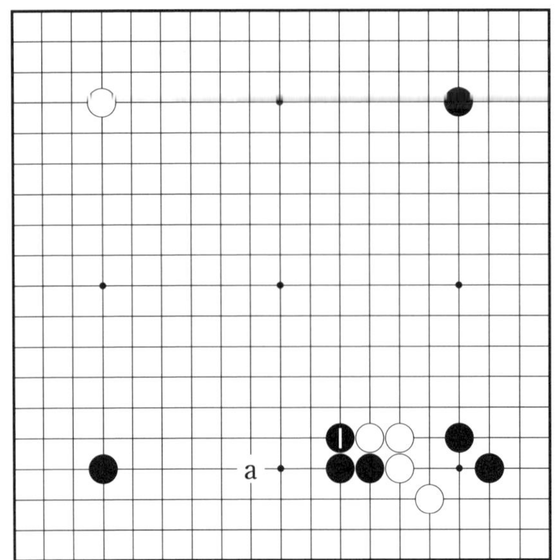

1도

1도 (천냥짜리)

흑1로 꼬부리는 수가 천 냥짜리 급소이다. 이런 곳을 흑a로 벌리다가 거 꾸로 백1을 허락해서는 안 된다.

꼬부림이 들어간 순 간 멀리 좌하 흑의 화점 까지 세력이 미치며, 오 른쪽 백과도 거의 대등 한 자세임을 알 수 있다.

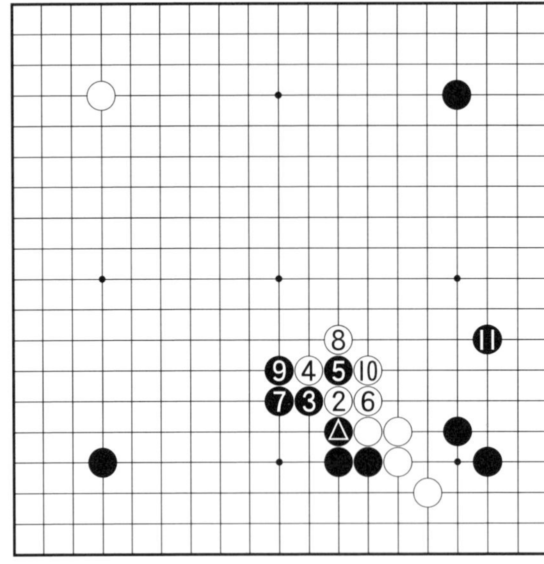

2도

2도 (리듬을 구한다)

앞서 둔 흑▲는 또한 다 음 착수에 리듬을 구하 고 있는데 백2, 4로 이 단 젖힌다면 흑5에서 9 까지 정비하고 가볍게 우변 11의 요소로 돌아 선다.

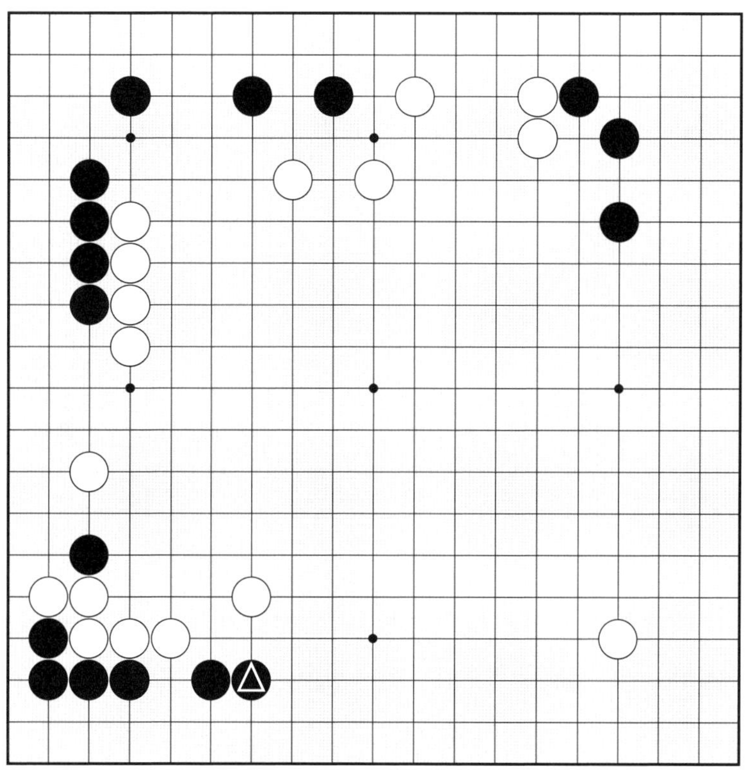

▨ 삭감의 감각

　혹은 세 귀를 차지해 착실하게 실리로 나가고 있고, 백은 좌중앙 쪽의 큰 세력이 눈에 들어온다.

　이런 국면에서 흑의 다음 작전을 궁리해 보자. 너무 막막하다고 생각되면 좌하 쪽에 머리를 내밀고 있는 흑▲를 힌트로 삼으면 어떨까.

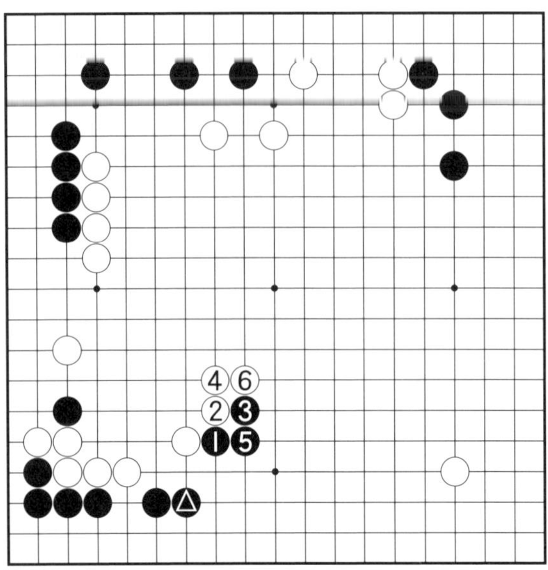

1도

1도 (실패)

단단한 흑▲로부터 둘러싸려는 흑1의 붙임은 방향은 맞으나 대세감각이 나쁘다. 백은 당연히 2로 젖힐 테고 흑3으로 이단젖혀 보지만 백4로 곱게 늘어둔다.

결국 흑5의 이음으로 돌아와야 하는데 백6의 꼬부림까지, 흑이 하변에서 머뭇거리는 동안 백 세력만 크게 부풀었다.

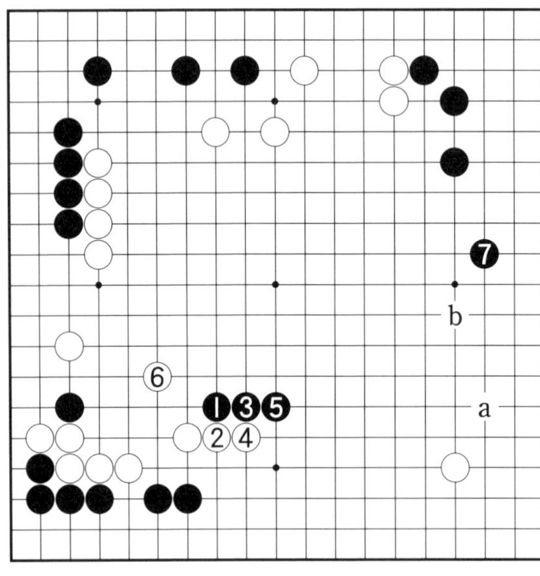

2도

2도 (어깨짚음이 급소)

흑1로 어깨짚는 것이 이런 경우 좋은 수. 이곳을 막힐 수 없으므로 백2로 미는 한 수인데 흑3, 5로 늘어 백 세력을 자연스럽게 지운다. 백6에는 흑7로 우변을 벌려두어 흑이 충분한 국면이다.

단, 흑1로 a의 걸침은 백b로 협공당해 자칫 백의 페이스에 말릴 우려가 높으므로 주의한다.

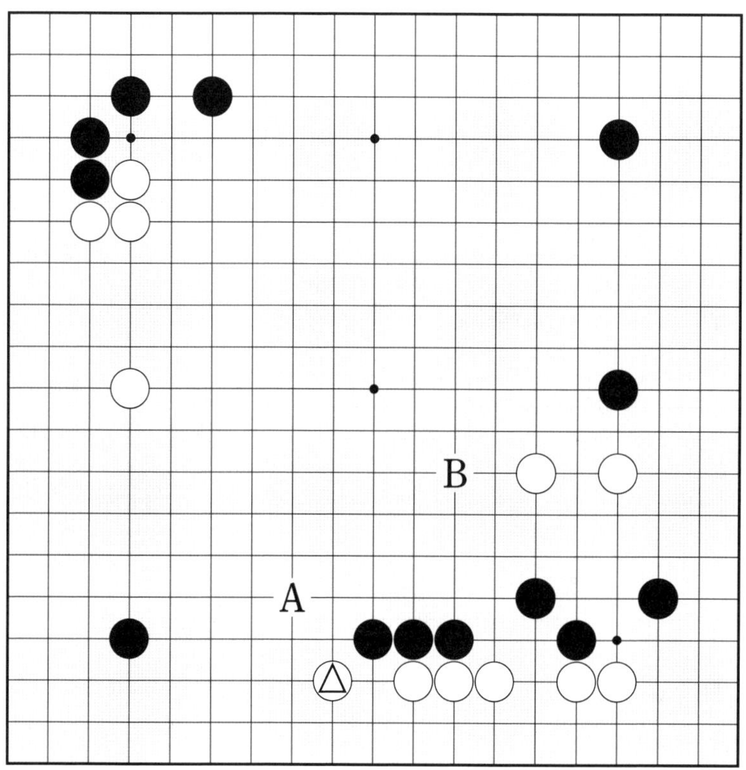

공격의 요령

우하의 모양은 두칸높은협공 정석에서 나온 것으로 방금 백△로 뛰었다.

여기서 흑의 다음 한수는 A의 날일자인가, B의 모자인가? 정석의 기본 코스인 우변에서 역협공한 취지를 알고 있다면 길이 금방 떠오른다.

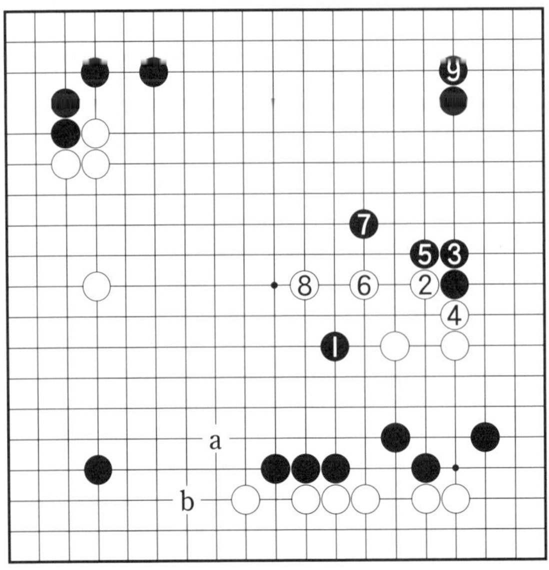

1도

1도 (모자공격)

흑1의 보사가 성남. 애초 흑이 하변에 씌워간 뜻은 이 모자 공격이었다고 해도 지나친 말은 아닐 것이다. 백2부터 우변을 돌봐야 하고 그 틈에 흑7까지 벽을 만든 다음 9로 우상귀를 굳히는 리듬이 나온다.

흑1로 a의 곳은 불투명하다. 오히려 기회를 보아 흑b로 다가서는 수가 좋을지도 모른다.

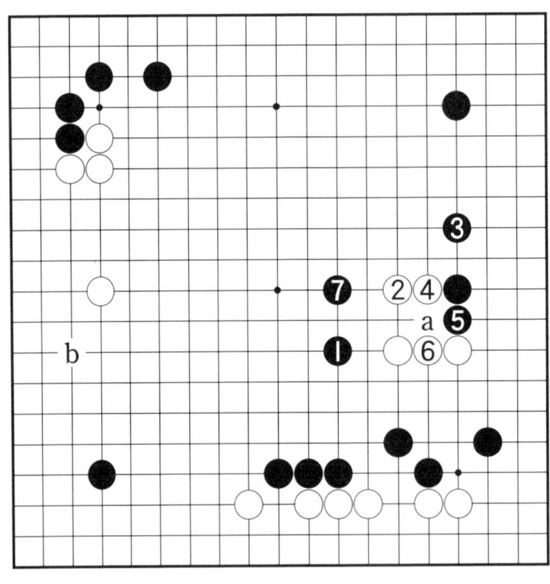

2도

2도 (변화)

흑1에 백2로 뛰면 흑3으로 뛰어둔다. 흑이 a에 들여다보는 약점을 방비해 백4라면 흑5로 치받고 다시 7로 한칸 뛰는 게 공격의 요령이다.

이것이라면 흑은 장차 좌변의 큰 자리인 b의 다가섬을 차지할 가능성이 높다.

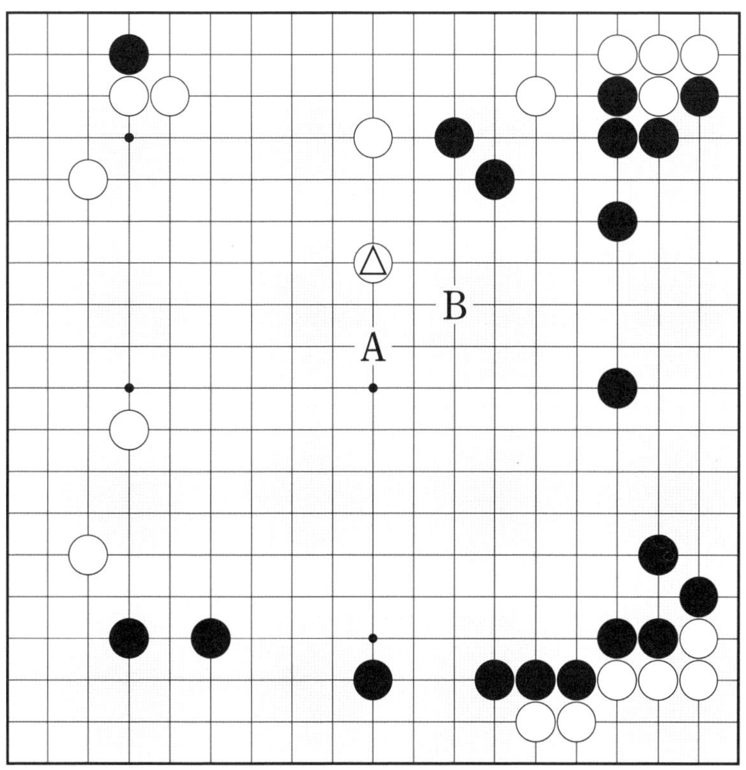

▨ 공중감각 (1)

흑이 우변일대에 큰 세력을 마련하고 있는 것이 눈에 들어온다. 이를 견제해 방금 백△로 뛰었는데 좌상 백세를 확장하면서 오른쪽 흑 세력을 제한하는 호점이다.

그렇다면 흑의 다음 한수는 A의 모자인가 B의 둘러싸기인가? 전체를 보고 행마의 방향을 결정하기 바란다.

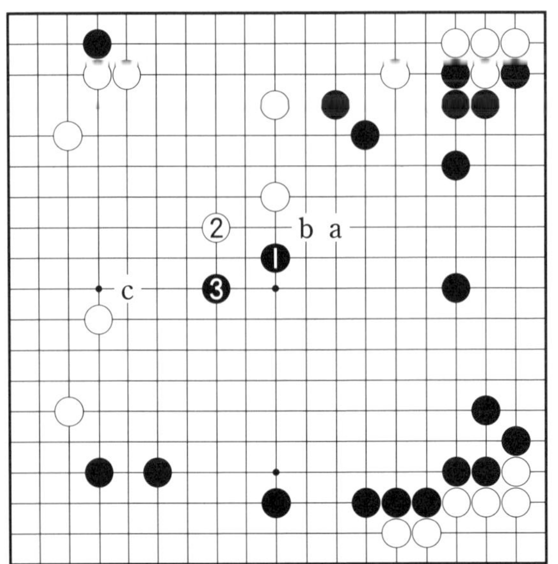

1도

1도 (세력다툼의 요소)

흑1로 대범하게 보자 씌우는 것이 서로 간 세력다툼의 급소이다. 백2라면 흑3으로 날일자하는 리듬이 좋다.

흑1로 a는 단단한 우상 흑진을 넓히는 데 지나지 않는 옹졸한 태도로, 자칫 일방가로 흐르기 쉽다. 흑3 다음 백b라면 흑c.

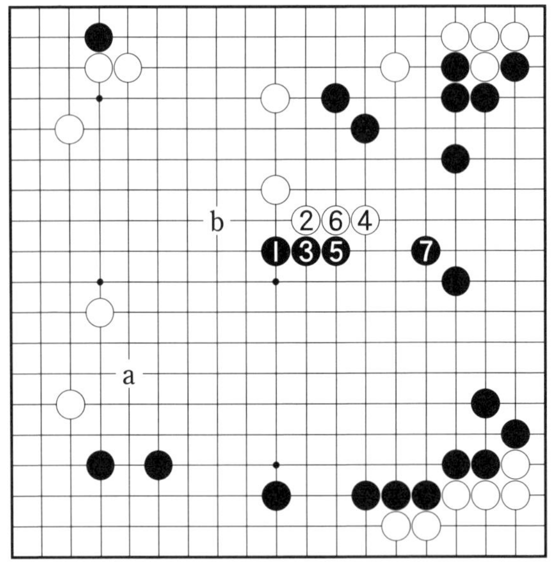

2도

2도 (변화)

흑1에 대해 곧장 백2의 마늘모로 들어간다면 흑3, 5로 밀어두고 7로 지켜두어 집으로도 충분하다. 다음 흑은 a의 확장과 b의 진출을 맞보기로 삼는다.

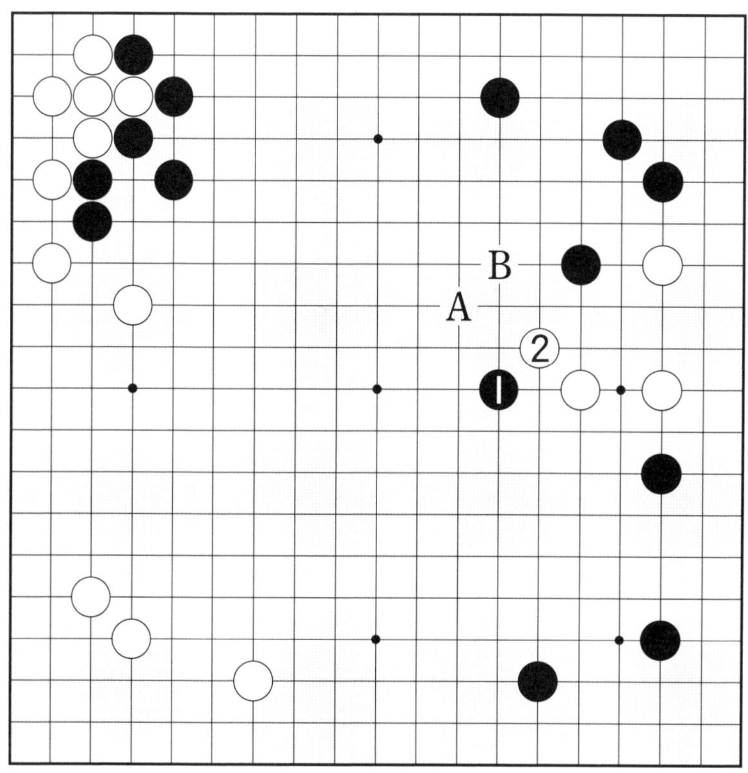

▨ 공중감각 (2)

　백의 한칸 뜀 위에 흑1로 모자하는 수는 좋은 공중감각이다. 이에 대해 백2의 마늘모로 나왔는데 여기서 흑은 어떻게 두는 것이 좋을까.

　'공격은 날일자'대로 흑A, 아니면 B의 한칸 뜀인가? 공격을 속행할 것인지, 상변 세력을 확대할 것인지에 따라 다음 착점이 틀려진다.

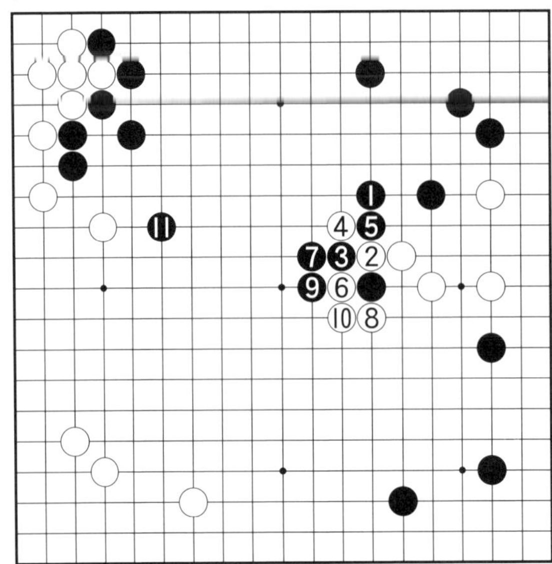

1도

1도 (흑, 세력 웅장)

이런 경우 흑1로 뛰는 것이 상변 세력을 확장하는 행마의 틀이다.

백이 방치하면 흑이 4의 마늘모로 두어 상변 흑 세력이 걷잡을 수 없이 커지므로 백2, 4로 밀고나올 텐데 이하 흑9까지 선수로 봉쇄해 두고 11로 다시 크게 넓힌다.

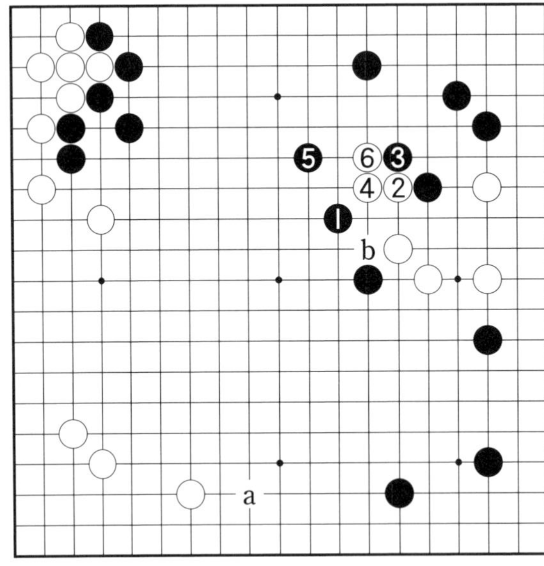

2도

2도 (작전 실패)

흑1은 '모자-날일자'라는 공격 패턴에 따른 것이나 여기서는 방향이 거꾸로다. 백2, 4로 붙여늘어 백은 리드미컬하게 흑진 속으로 미끄러져 들어와 애초의 구상에 금이 간 모습이다.

앞 그림 흑1의 뜀을 기억해 둘 일이다. 또, 흑1로 a는 백b로 흑이 나쁘다.

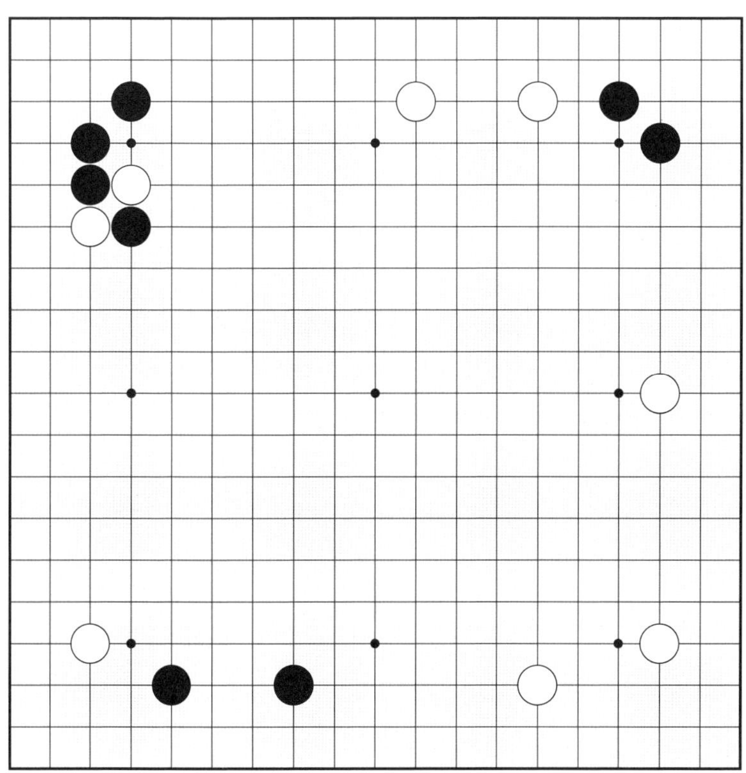

▨ 구상력

　돌이 여러 군데에 흩어져 있어 착점을 정하기가 쉽지 않다. 그러나 같은 호점이라도 작전의 구상을 어떻게 하느냐에 따라 차이가 크다는 것을 염두에 두고서 좌변 쪽의 포석을 생각하기 바란다.

　단, 여느 문제처럼 후보지는 따로 정해주지 않는다.

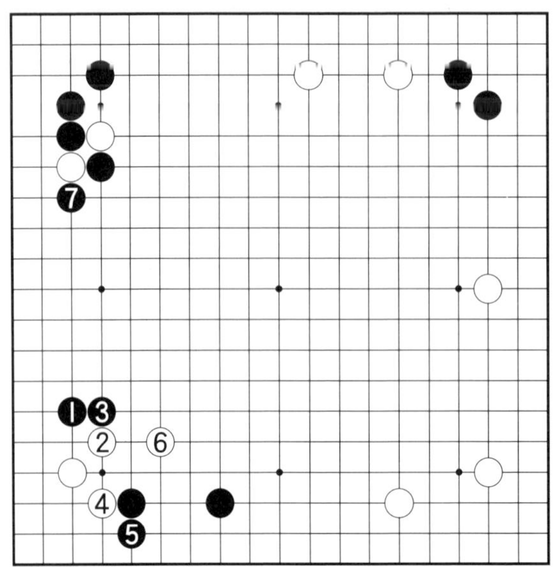

1도

1도 (흑1, 3이 긴요)

하변에 견실한 누간 멀림이 있다는 것에 착안한다.

흑1로 다가서는 수를 선행하는 것이 일감이다. 백2면 흑3으로 밀어올리고 백4, 6이라면 흑7로 한점을 잡아둔다. 좌변 흑진의 폭이 넓어 훌륭한 진용이다.

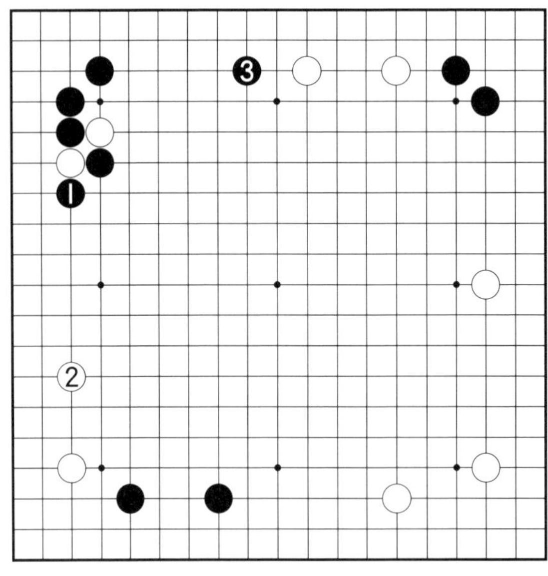

2도

2도 (단순)

그냥 흑1로 잡는 것은 부분적으로 크고 맛좋은 수이나 구상력이 없다. 백2로 벌리는 수가 절호점이 되어 실패이다.

이젠 흑3으로 상변을 벌리는 정도인데, 앞 그림과 비교하면 그 우열이 분명해진다. 좋은 포석은 구상력에서 나온다는 것을 다시 한 번 깨우치는 테마이다.

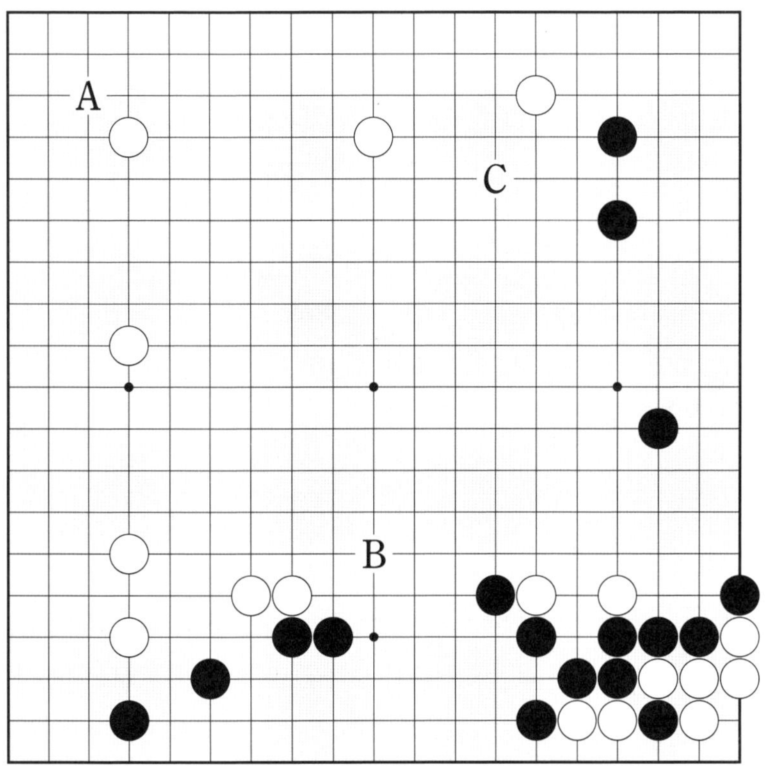

맞보기의 사고

　백이 우변 중국식 포진에 뛰어들어 방금 전 싸움이 일단 락한 시점이다. 흑은 우하일대에 두터운 세력을 쌓았고, 백은 좌변에서 상변으로 돌아가는 지역에 큰 세력권을 형성하고 있다.

　흑은 먼저 어느 곳부터 차지해야 할까? 다음 한수를 A, B, C 중에서 생각해주기 바란다.

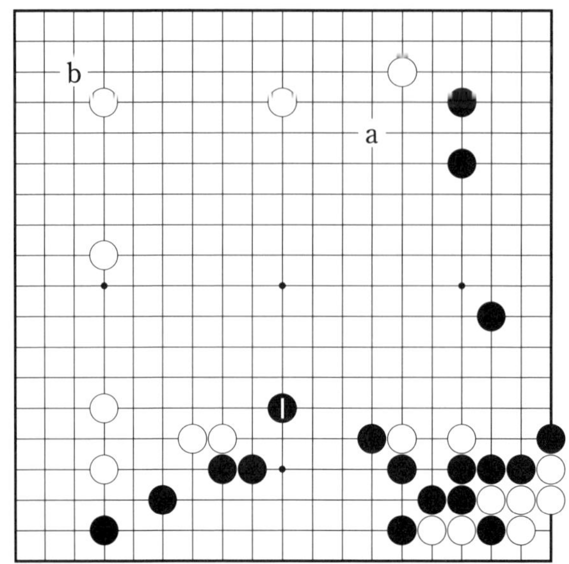

1도

1도 (하변에서 날일자)

흑1의 날일자가 대세의 요점. 먼저 우하일대의 세력확장에 주력한 다음 a 방면의 확장과 좌상 b 의 3三 침입을 맞보기로 하는 작전이다.

이렇게 쌍방 간의 세력이 대치하고 있는 경우 다음 한수를 정할 때는 맞보기의 사고를 이용하면 좋을 때가 많다.

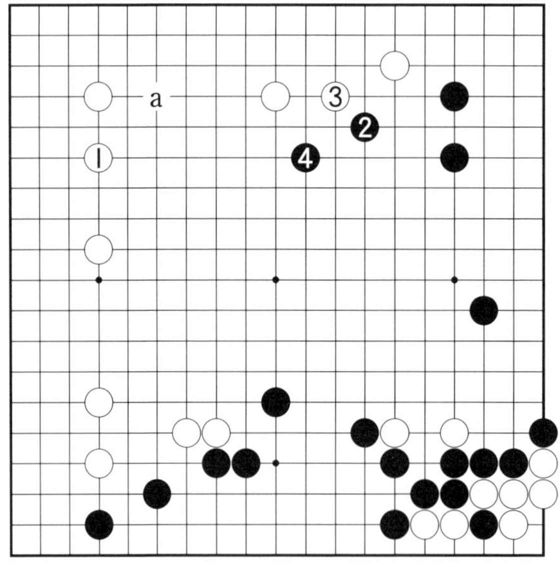

2도

2도 (흑, 둘 만하다)

가령 백1로 좌상을 굳힌다면 흑2에서 4로 우상을 키우는 작전이 좋다.

이 진행은 전체적으로 흑의 대세력이 백의 그것보다 웅장하고 집으로도 두텁다고 할 수 있다.

그리고 백1은 a의 굳힘도 있는데, 현 국면에서는 좌변을 중시하는 이쪽이 옳다.

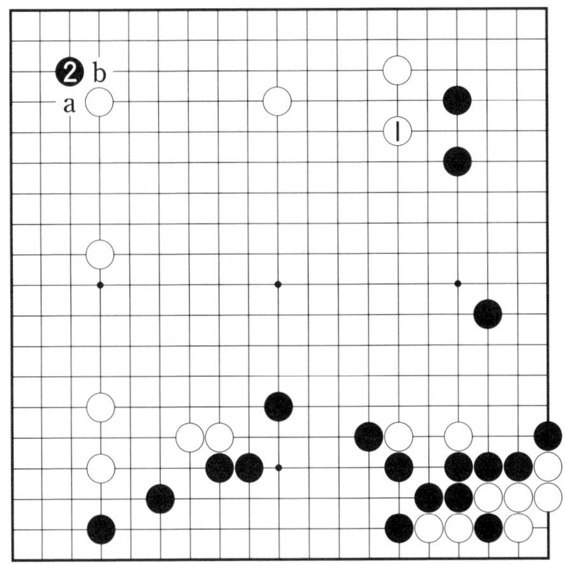

3도

3도 (3三침입)

백1로 우상을 뛴다면 이번에는 흑2로 3三에 뛰어드는 것이 예정된 작전이다.

화점으로부터 양날개를 펴고 있는 진영의 삭감은 이렇게 3三을 파는 게 간명할 때가 많다. 다음 백a면 흑b, 백b면 흑a로 진행된다.

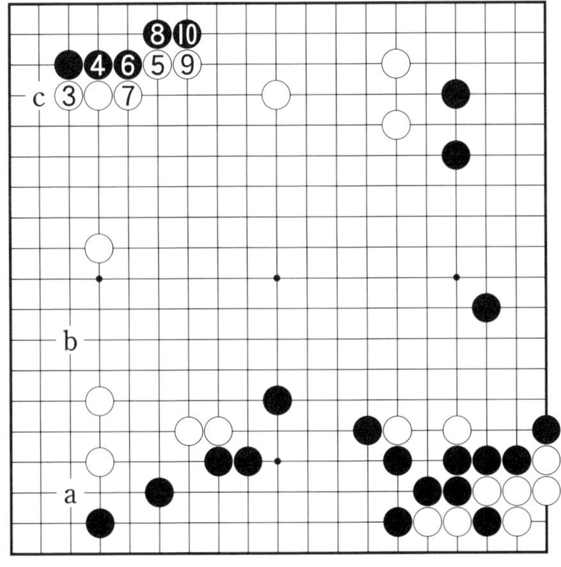

4도

4도 (흑, 좋음)

백3은 '넓은 쪽을 막아라'대로인데, 흑4 이하 10까지 파고 살아 흑이 나쁘지 않은 국면이다.

그리고 좌변 백진은 a의 3三, b 부근의 침입이 남아있고, 좌상에서 c부터의 젖혀이음이 선수로 들어 전체적으로 우하일대의 흑 세력이 돋보이는 포석으로 보여진다.

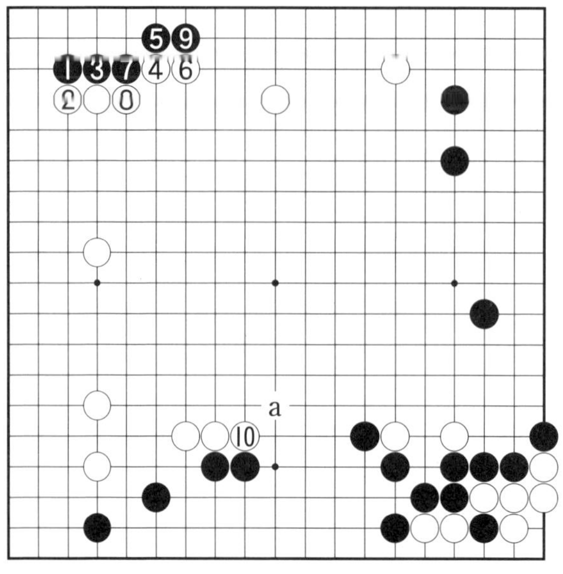

5도

5도 (천냥짜리)

처음부터 흑1로 뛰어드는 것은 일방적인 생각. 이하 흑9까지는 앞 그림의 진행 그대로인데 하변 쪽에서 백10으로 눌러오는 수가 두터운 일착이다.

흑a의 날일자와 비교하면 천냥짜리의 급소로, 이 바둑은 오히려 백이 재미있는 국면이다.

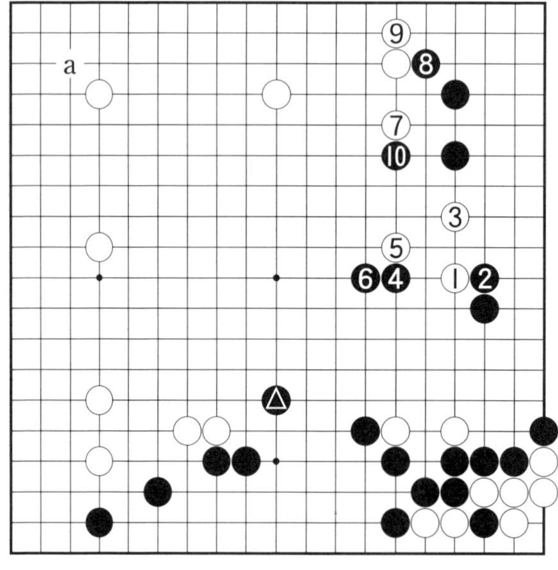

6도

6도 (우상 공방이 승부)

다음은 실전진행. 흑▲에 백은 1의 어깨짚음부터 우변을 직접 삭감하는 작전으로 나갔다.

흑2, 4로 공격하고 백은 5에서 7로 완강하게 저항하면서 때 이르게 복잡한 싸움으로 발전했는데, 흑이 아래쪽 두터움을 등에 업고 10으로 분단해 나가서는 백이 다소 괴롭게 되었다.

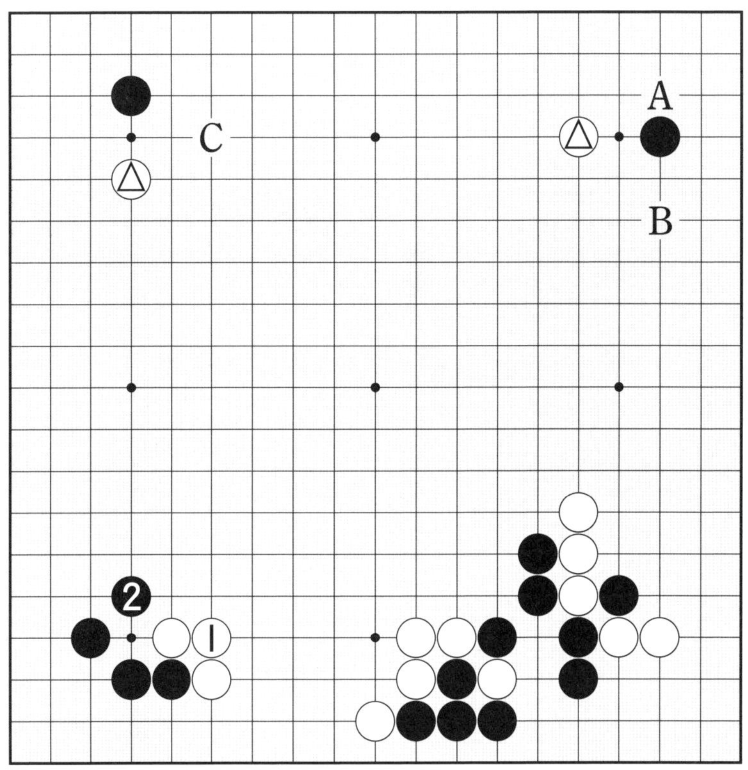

▨ 세력 만들기

백1로 잇고 흑2로 마늘모한 데까지 하변의 공방이 일단 락한 장면이다. 여기서 다음 백의 포석구상이 초점이다.

좌상과 우상에 백△의 높은 걸침, 우하 쪽에 두터움을 상기하면 일단 세력작전으로 나가고 싶은데, 과연 어디서 부터 실마리를 찾을 것인가? 출발의 후보지는 A, B, C 중 에서….

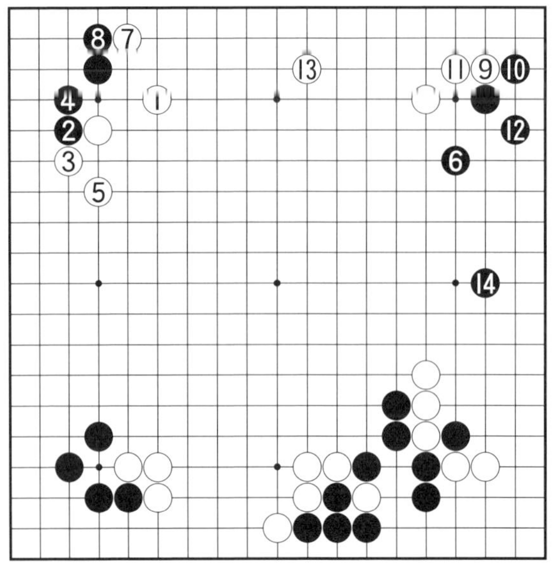

1도

1도 (역류)

먼저 좌상에서 백1의 날일자씌움은 근본적으로 방향이 잘못되었다. 흑2, 4로 붙여끌고 우상 6으로 향한 것이 기민하다.

이를 백의 입장에서 보면 주력할 두터움이 우하 방면인데, 흑이 먼저 그쪽으로 머리를 내밀었으니 싱겁다. 이하 흑14까지, 돌의 흐름이 거꾸로 가는 모습이다.

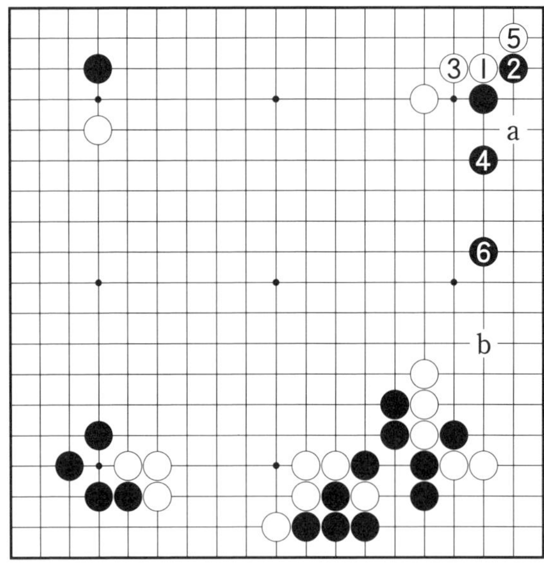

2도

2도 (잘못된 정석선택)

돌이 가야 할 방향은 역시 우상. 그런데 백1, 3으로 붙여끄는 것은 정석선택에 문제가 있다.

이에 대해 보통처럼 a에 호구치지 않고 흑4로 뛰는 것이 임기응변의 대응이다. 백5라면 흑6까지, 다음 b의 벌림이 호점으로 남아 우하 백의 두터움이 일시에 희석된다.

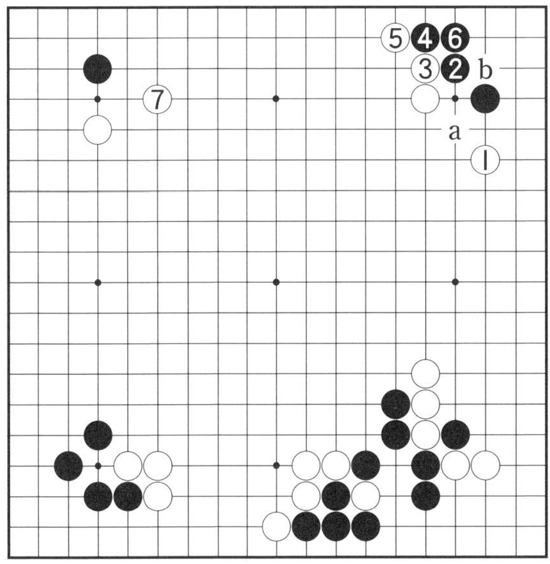

3도

3도 (원대한 구상)

백1로 다가서는 수가 우하의 두터움을 살리는 호착이다. 백1은 특수한 수단이지만, 정석에 구애되지 않는 돌의 방향에 주목한다. 흑2에서 6까지 안정하는 정도인데 백7로 좌상을 씌워가 백의 세력작전이 그럴듯하다. 흑2로는 a도 있는데 그러면 백b로 붙여가는 정석으로 만족한다.

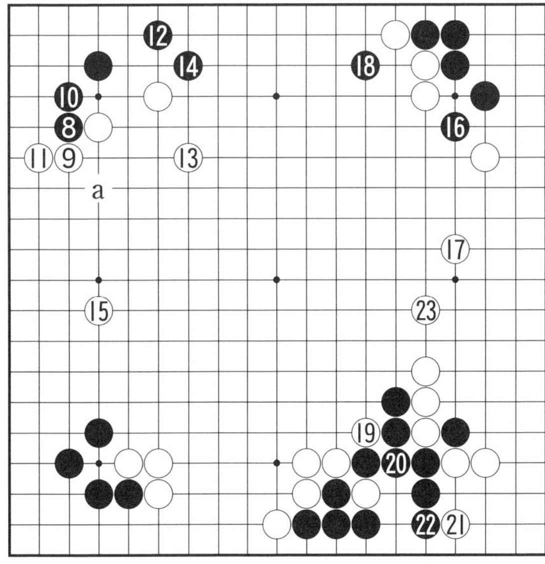

4도

4도 (백, 당당한 포석)

앞 그림에 계속해서 흑 8, 10으로 붙여끈 수에 백11로 내려선 것이 재미있다. 보통은 백a의 호구이음이지만 그러면 흑은 손을 뺀다.

흑12부터 백15까지는 이런 정도의 곳. 흑16에 백17로 우변을 둘러싸 이하 23까지, 장차 세력의 발전성 등을 생각할 때 백이 당당한 포석이다.

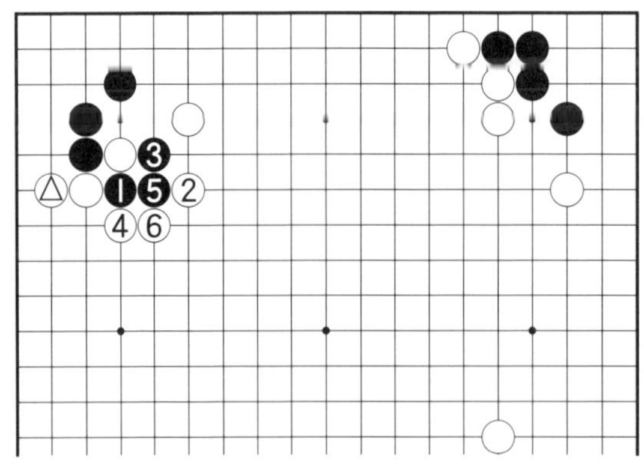

5도 (싸발린다)

좌상의 정석에 관한 보충 설명. 백△로 내려선 수에 대해 흑1로 끊으면 곤란할 것 같지만 실은 그렇지 않다. 흑1에는 백2로 뛰고 흑3이라면 백4, 6으로 싸발라 흑이 나쁘다.

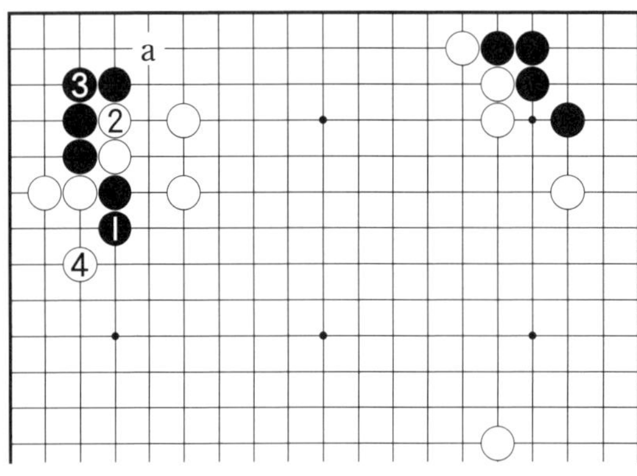

6도 (흑, 성급)

또, 앞 그림 3으로 이 그림 흑1로 뻗는 변화.

백2, 흑3 다음 백4로 뛰어나오게 되는데 귀쪽에서 a도 듣고 해서 이렇게 흑이 곧장 싸움을 일으키기는 힘들 것이다.

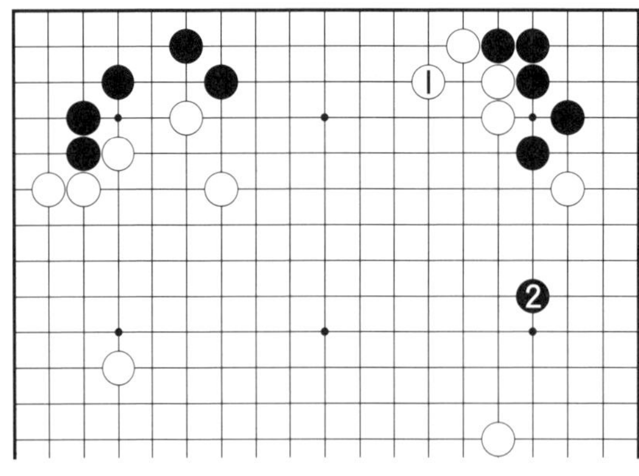

7도 (백1, 방향착오)

4도 백17도 대세를 놓치지 않는 침착한 수. 이 그림 백1로 지키는 것은 거꾸로 흑2의 협공이 좋아 애써 펼친 세력작전에 금이 가고 만다.

실전 행마편

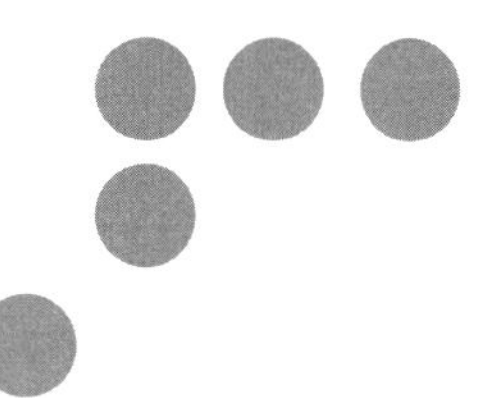

1장

초반을 주도하는 전략

포석에 있어서 가장 중요한 마음가짐은 국면의 성격을 정확히 파악하고 급소를 포착하는 것이다. 특히 주변의 배석에 따라 작전의 출발점이 달라질 것은 당연한데, 포석의 형태에 따라 선수를 잡아 발 빠르게 나가는 기본적인 행마에서부터 포석 후의 설계에 이르기까지 다양한 전략을 배워둘 필요가 있다.

이번 테마 역시 크게 보면 1부에서 배운 방향감각, 대세감각과 무관하지 않은데, 실전에서는 어떤 구상으로 구체화되는지 그 흐름을 알아본다. 이번 장에서는 정석선택, 공격과 타개, 침입과 삭감 등을 배경으로 초반 주도권을 잡는 전략 16가지의 유형을 모았다.

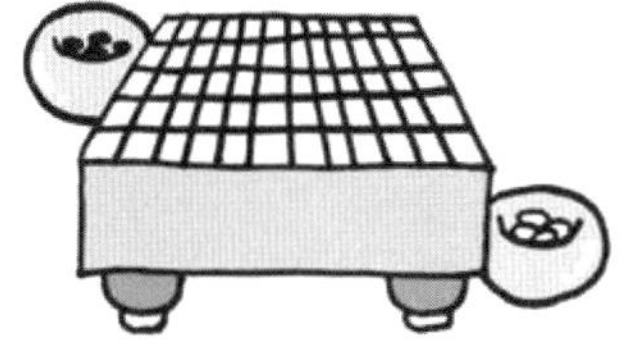

발 빠르게 나가는 선수전략

● 흑 차례

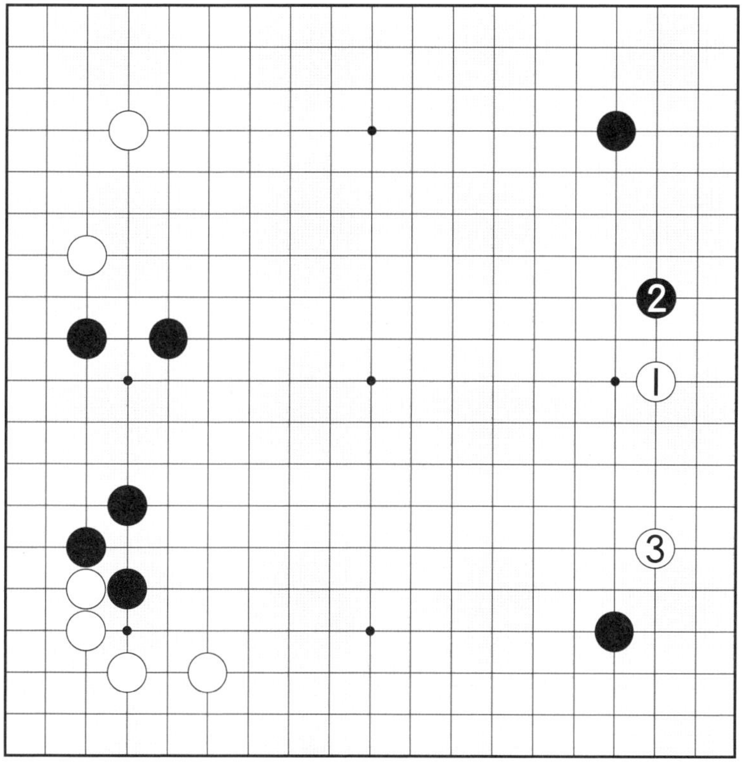

　　우변 흑의 2연성 포진에 백1로 갈라치고 3으로 다가섰다. 흑으로서는 대꾸하지 않고 다른 자리를 간다는 것은 생각할 수 없는 일이다.

　　국면을 적극적으로 개척하는 태도가 필요한데, 과연 어떻게 두는 것이 좋을까?

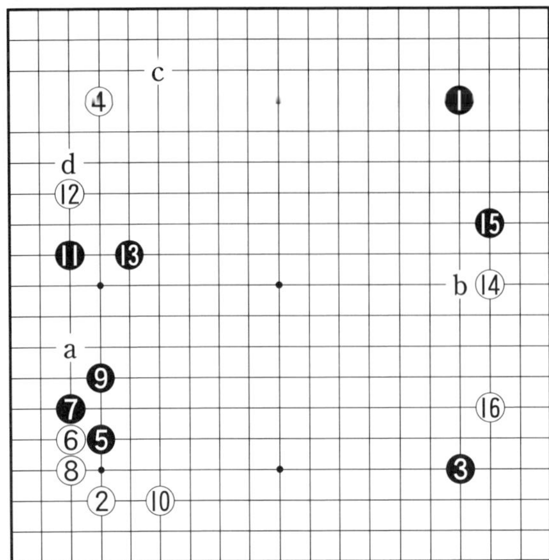

1도

1도 (경과수순)

좌변에서 흑5의 걸침에 백6, 8로 붙여늘기는 가장 평이한 정석이다. 흑11에 백12도 큰 자리. 흑13은 a의 침입을 대비한 수인데, 우변 b의 3연성도 유력한 포석이다.

흑9로는 c의 걸침과 백d를 교환하고 흑9, 11로 돌아오는 수도 하나의 유행형이다.

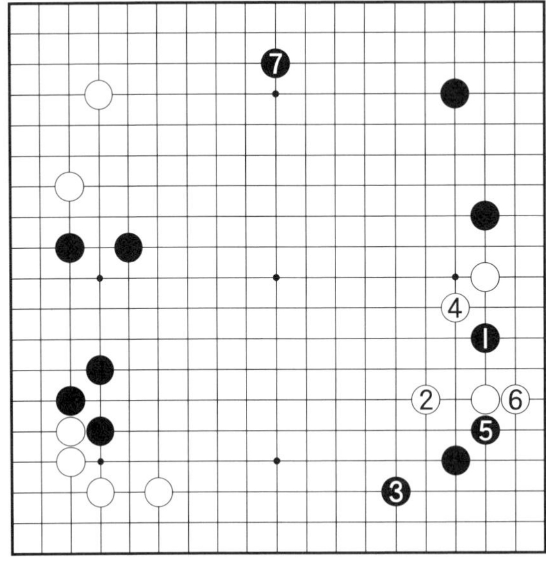

2도

2도 (희생타 전법)

흑1로 뛰어드는 것이 좋은 수. 백2에서 4의 씌움이면 흑5의 마늘모붙임으로 선수를 잡아 상변의 큰 자리 7로 달려 나간다.

흑은 결국 1의 희생타를 이용해 발 빠르게 국면을 개척하고 있음을 알 수 있다.

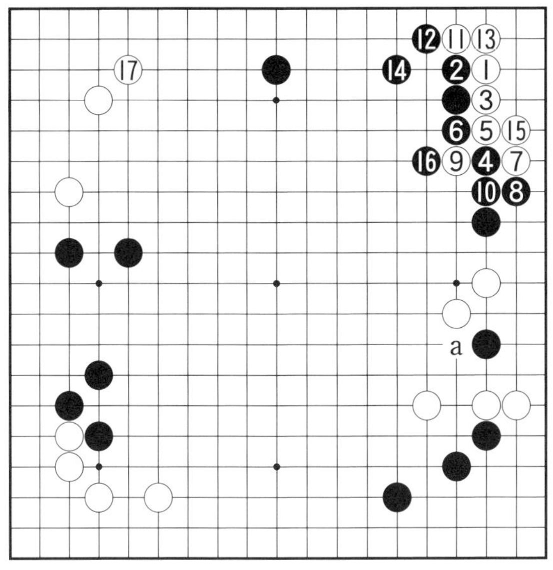

3도

3도 (가상도)

이것은 앞 그림에 이어지는 하나의 가상도. 백1은 흑의 양날개 포진을 삭감하는 급소인데 이하 흑16까지 정형. 다음 백17로 좌상 굳힘이 예상되는데, 흑은 우상이 두터워진 만큼 이제 a로 움직이는 수가 강력해졌다.

이 변화는 뒤에서 보기로 하고, 초반 우하의 공방을 자세히 검토하면…

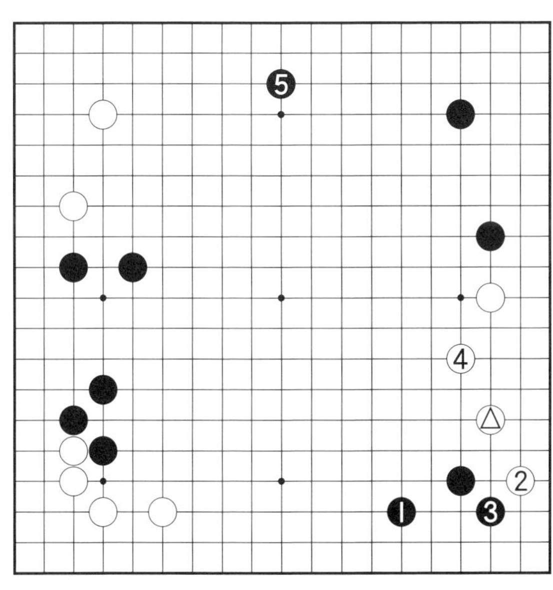

4도

4도 (백, 안심)

백△의 걸침에 흑1로 받는 것은 백2, 4로 훌륭한 진용이다.

백은 무엇보다도 깨끗이 안정해 흑으로서는 싱거운 느낌이 든다.

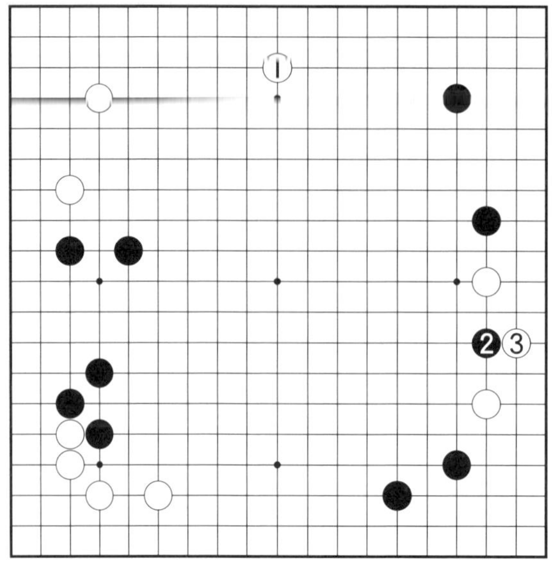

5도

5도 (손을 빼는 전략)

또, 앞 그림 백2로는 손을 뺄 수도 있다. 가령 백1로 상변의 큰 자리를 먼저 차지하는 전법이 그것으로 흑2로 뛰어들면 백3으로 수습한다는 생각이다.

물론 이것도 한판의 바둑이지만 백에게 작전의 선택권을 주고 있는 점이 흑의 불만이다.

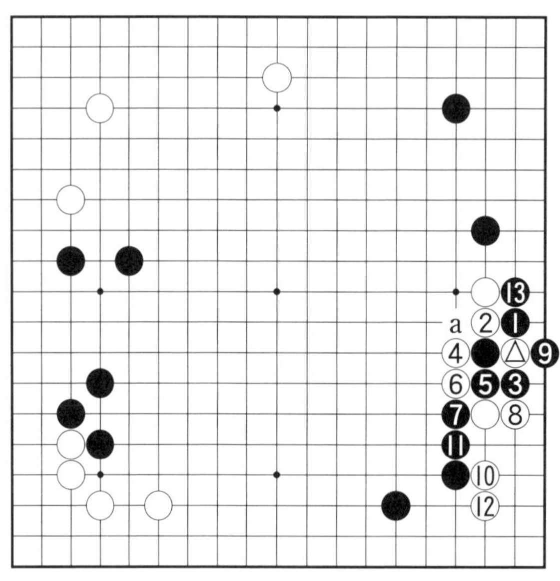

6도

6도 (백10이 맥)

백△에 대해 흑1로 바깥을 젖히는 변화부터 살펴보자. 백2 이하 6까지는 필연적인 수순이고 흑7의 끊음도 이 한수. 여기서 백8의 단수를 결정하고 10으로 붙이는 것이 맥이다. 흑11은 정수이고 백12, 흑13까지의 갈림이 된다.

축이 불리해 흑a의 끊음이 없는 모양으로 백의 수습형이다.

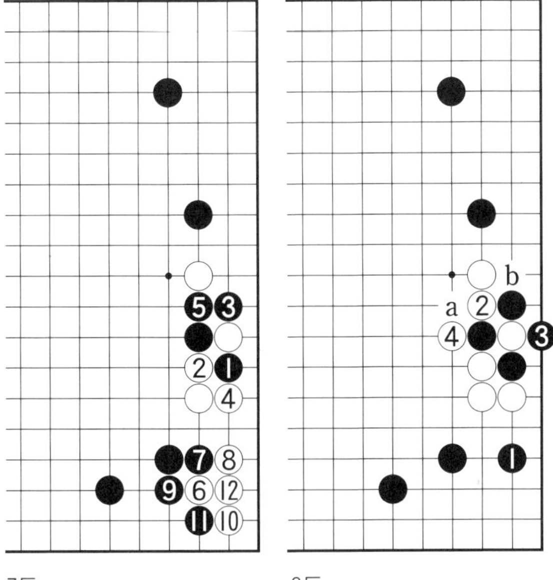

7도

8도

7도 (백4가 좋은 수)

흑1의 안쪽 젖힘도 있다. 백2, 흑3 때 백4가 중요한 한 수. 흑도 5로 그냥 잇고 이하 12까지, 이것도 백의 수습형이라 할 수 있다.

8도 (흑1, 욕심)

앞 그림 5의 수로 이 그림 흑1에 두는 것은 백2로 끊고 4로 몰아 흑이 다음 응수가 괴롭다.

백2로 4는 흑2, 백a, 흑b로 흑의 안심.

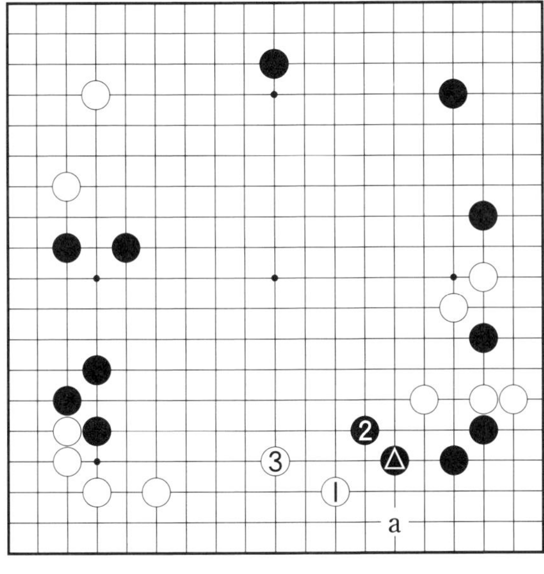

9도

9도 (높이 받으면)

2도와 관련된 얘기인데, 흑▲로 높이 받는 것은 문제이다.

백이 당장이라도 1로 다가서는 수가 급소가 된다. 봉쇄를 피해 흑2로 마늘모하는 한수인데, 백3으로 두고 나서 장차 a로 미끄러지는 수가 남아 흑이 좋지 않다.

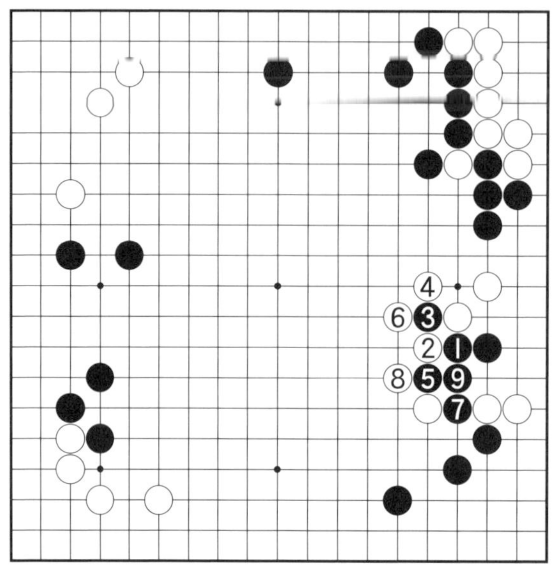

10도

10도 (나가끊음)

3도의 뒷얘기. 흑1에서 3으로 나가끊는 수가 준엄하다. 백4로 몬다면 반대쪽에서 흑은 5로 몰아 7, 9까지 백 두점을 잡는 성과를 얻는다.

백은 빵때림을 했다 하나 위쪽 흑이 두터워 그 영향력이 크다고 할 수 없다.

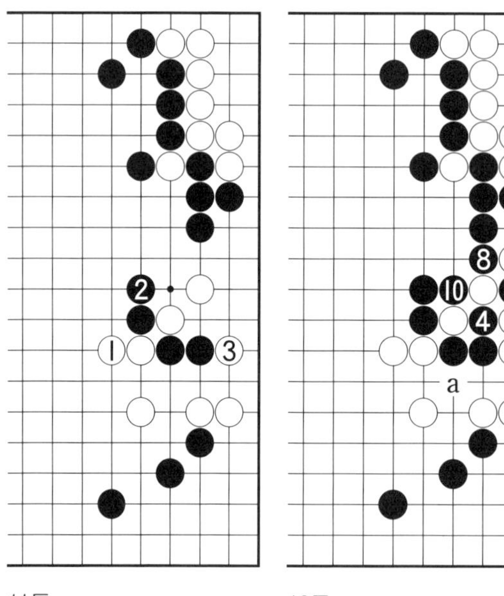

11도

12도

11도 (백3이 맥)

앞 그림 4로 이 그림 백 1에 늘면 흑도 2로 침착하게 늘어둔다. 이때 백 3으로 뛰어붙이는 수가 맥이긴 하지만….

12도 (흑6, 묘수)

흑4로 나가 6으로 끊는 것이 묘수. 백7에 흑8, 10으로 모양을 정돈할 수 있다. 다음에 흑a가 준엄한 수.

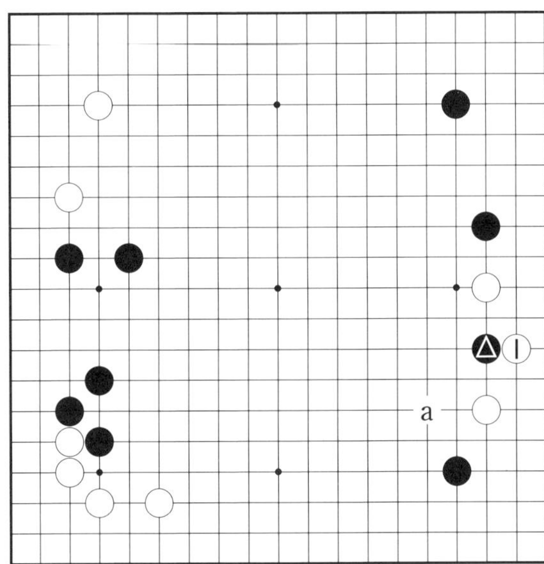

13도

13도 (그냥 붙이면)

흑▲로 뛰어들었을 때 백이 a에 뛰지 않고 그냥 1로 붙이는 수도 두어진다. 이때는 흑이 어찌해야 할까?

국면에 따라 여러 가지 전략이 있겠지만 가장 보통인 대처법을 소개하면….

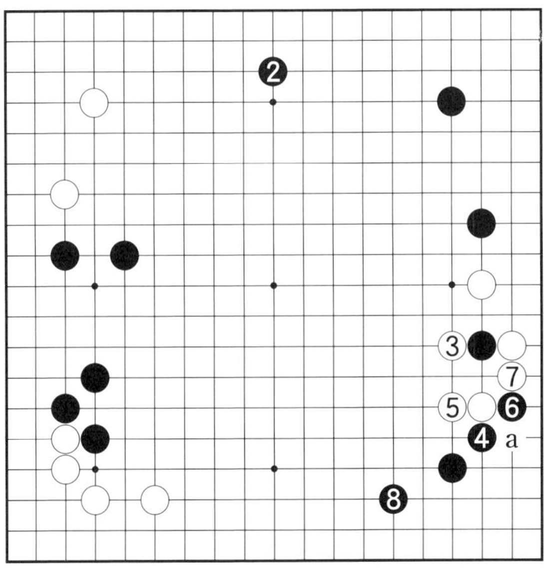

14도

14도 (발 빠르게 선점)

이 바둑에서는 흑2로 상변의 큰 자리를 선점하는 것이 좋은 전략이다. 백3으로 껴붙여 보강한다면 흑4에서 6의 젖힘을 아낌없이 교환하고 8로 둔다.

장차 a의 곳이 쌍방 큰 수로 남는데, 흑으로서는 여기까지 발 빠르게 둔 것으로 만족한다.

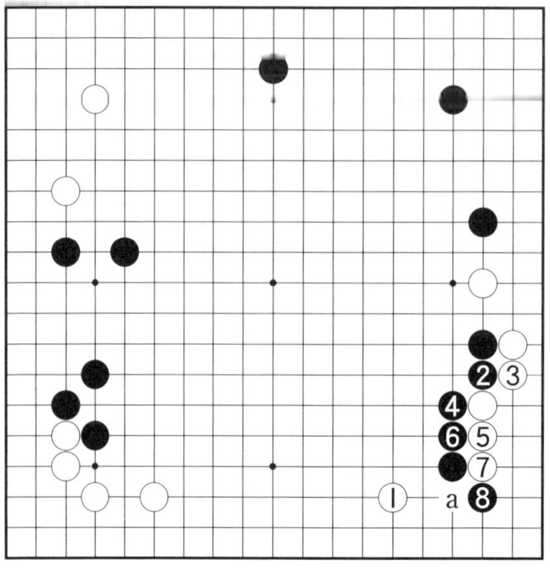

15도

15도 (흑2, 4가 긴요)

앞 그림 3으로 이 그림 백1에 양걸침해 오면?

이때는 흑2로 치받고 4로 틀어막는 것이 속수 같지만 좋은 처리이다. 다음 백7로 밀어오는 수에는 흑8로 기세 좋게 젖혀간다.

이 수로 흑a에 늦추면 백8로 두어 손해인 데 유의한다.

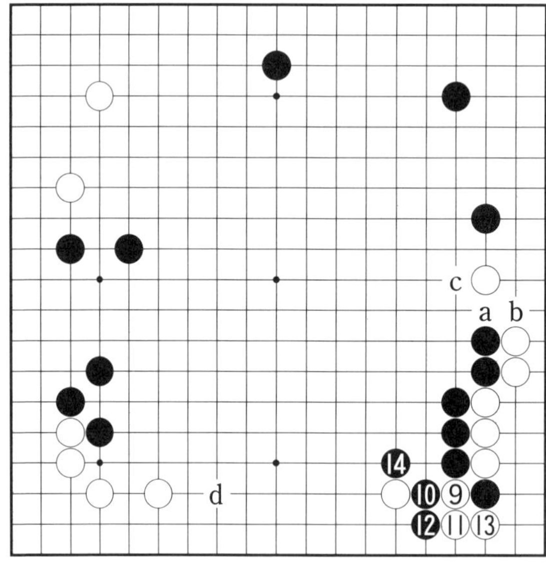

16도

16도 (흑, 두터움)

계속해서 백9로 끊는다면 흑10으로 몰아 14까지 막강한 두터움을 쌓는다. 다음 흑은 a, 백b, 흑c의 봉쇄와 하변 d의 다가섬이 맞보기이다.

지금까지 여러 가지 변화를 연구했는데, 부분적인 공방보다는 좌변 쪽의 배석이 어떤가에 따라 적절히 대응하는 태도가 중요할 것이다.

뒷문 열린 곳의 낌새

○ 백 차례

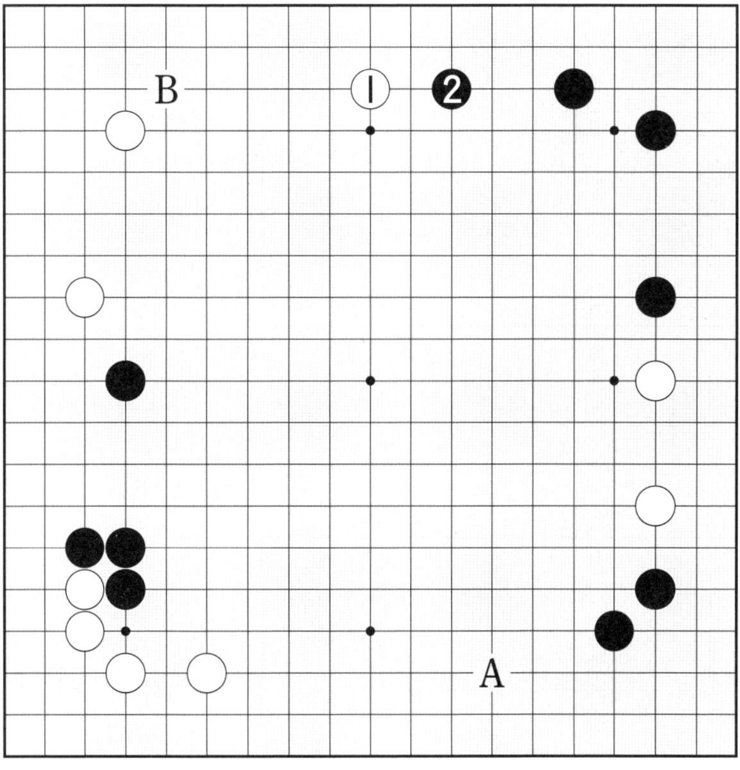

쌍방 차분히 실리로 나가고 있는 바둑이다. 방금 백1, 흑2로 둔 장면. 여기서 백의 다음 작전을 생각해 보자.

우선 백A는 좌하에 단단한 백진이 버티고 있어 급한 자리는 아닐 것이다. 역시 백1을 둔 이상 좌상 B의 곳을 지키고 싶은데, 문제는 그 전에 할 일이 있다.

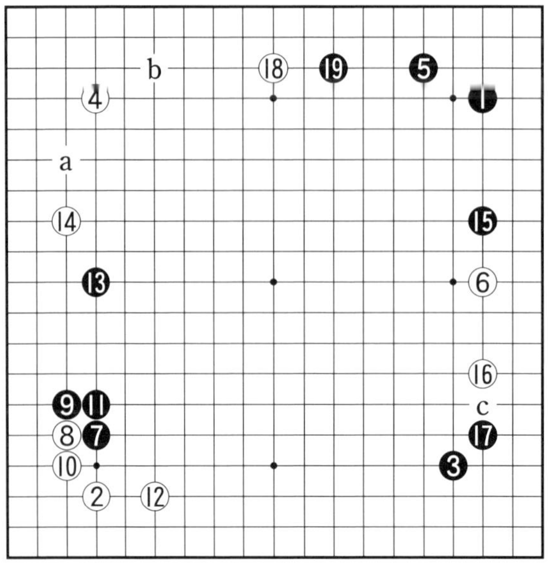

1도

1도 (경과수순)

흑13으로 높이 벌린 수에 백14는 큰 자리. 그 전에 흑11로는 a에 걸쳐 백b 때 흑11, 13으로 두는 바둑도 많다. 흑15는 우상 굳힘으로부터 다가서는 이 방향이 옳다. 또 백16은 c가 보통이지만 선수를 잡으려는 것으로 흑17에 백18로 상변을 차지하고 흑19로 벌린 것이 장면도의 수순이다.

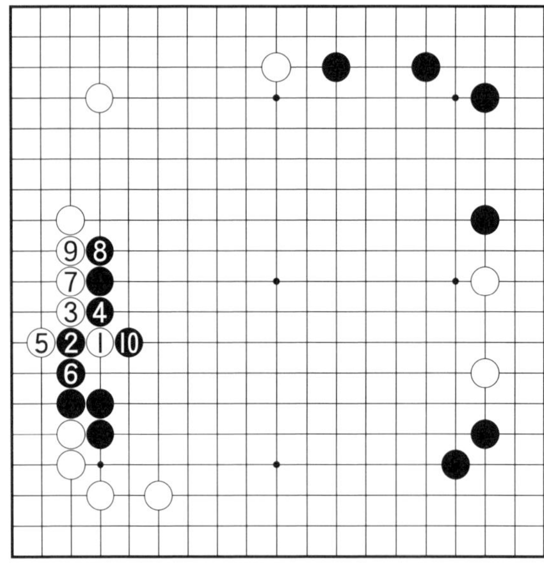

2도

2도 (별무신통)

먼저 백1로 뛰어드는 맥에 사로잡히기 쉬우나 여기서는 아니다.

흑2로 붙여 백3에는 흑4로 끊고 이하 10까지, 백은 집을 벌어들였으나 중앙 쪽에 생긴 흑의 두터움도 상당해 별무신통이다.

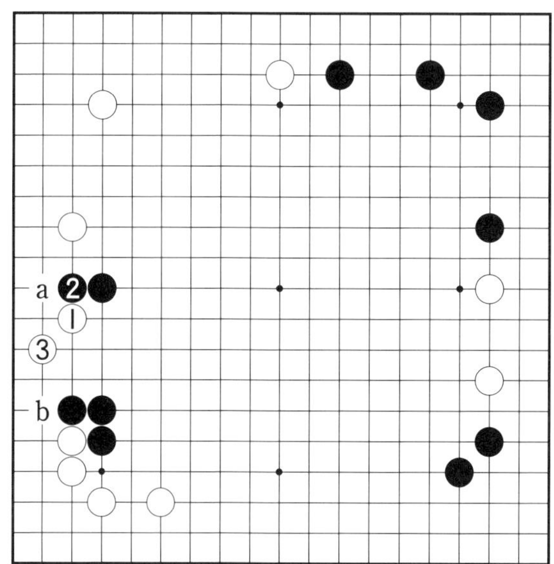

3도

3도 (턱밑의 급소)

이 경우 백1로 턱밑에 뛰어드는 수가 재미있다. 흑2라면 백3으로 마늘모하는 수가 호착.

　이 두 수가 절묘하게 콤비를 이루어 다음 백은 a, b의 건넘이 맞보기이다. 이 같은 맥은 실전에서도 응용할 기회가 많은 것으로 생각된다.

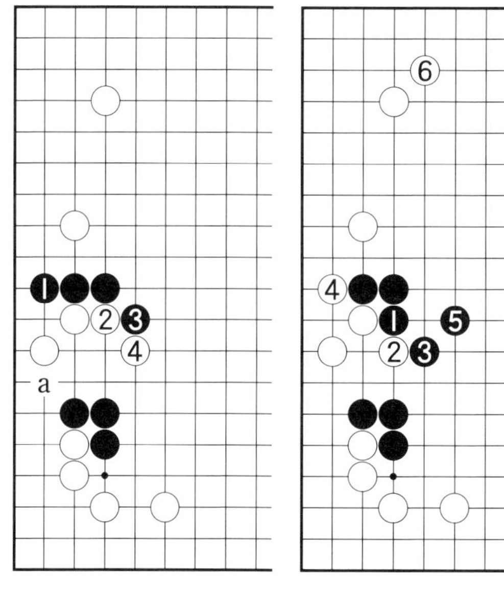

4도　　　　　5도

4도 (흑의 무리)

흑1로 차단하는 것은 무리. 백2로 밀고 4로 젖혀오면 흑이 상하로 분단되어 곤란하다. 물론 흑1로 a도 마찬가지.

5도 (백6, 요점)

흑은 1로 꼬부릴 수밖에 없다. 백2, 4로 넘으면 흑5로 지켜야 하는데 그때 백6으로 귀를 지키는 수순을 얻는다.

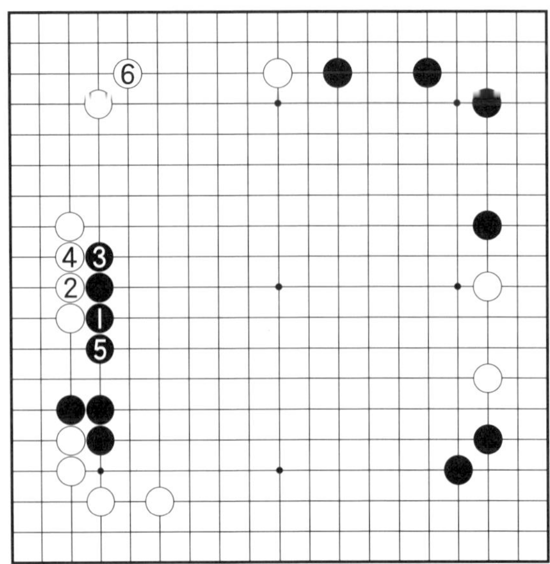

6도

6도 (집으로 두텁다)

흑이 처음부터 1로 막는 수도 생각된다. 그러면 백2에서 4로 꽉 이어 두어 자체로 두터운 모양이다.

흑5로 뻗어두지 않을 수 없을 때 역시 백6을 차지해 이것은 백이 앞 그림보다 더 기분 좋은 모습이 된다.

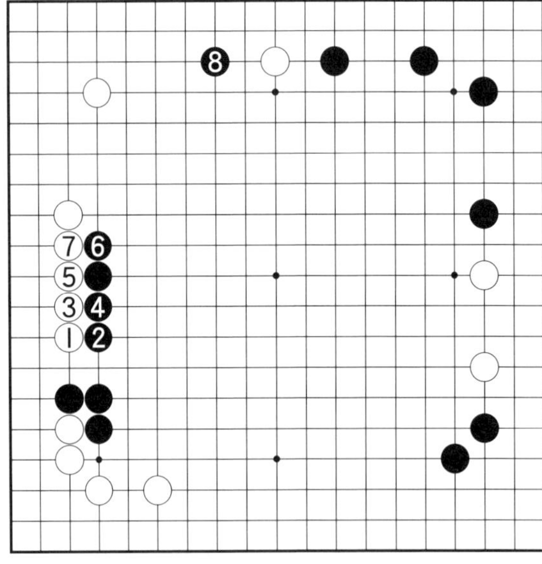

7도

7도 (빗나간 급소)

마지막으로 남은 변화는 백1의 침입수. 부분적으로는 급소이나 여기서는 초점이 빗나가고 있다. 흑2로 막으면 백3에서 7까지 후수인 게 불만. 이젠 흑이 상변에 먼저 8로 뛰어들어 흐름이 일변한다.

앞 그림과 모양을 비교해도 이 그림은 요긴하지 않은 1의 자리를 밀었다는 얘기가 된다.

주도권 장악을 위한 역습

● 흑 차례

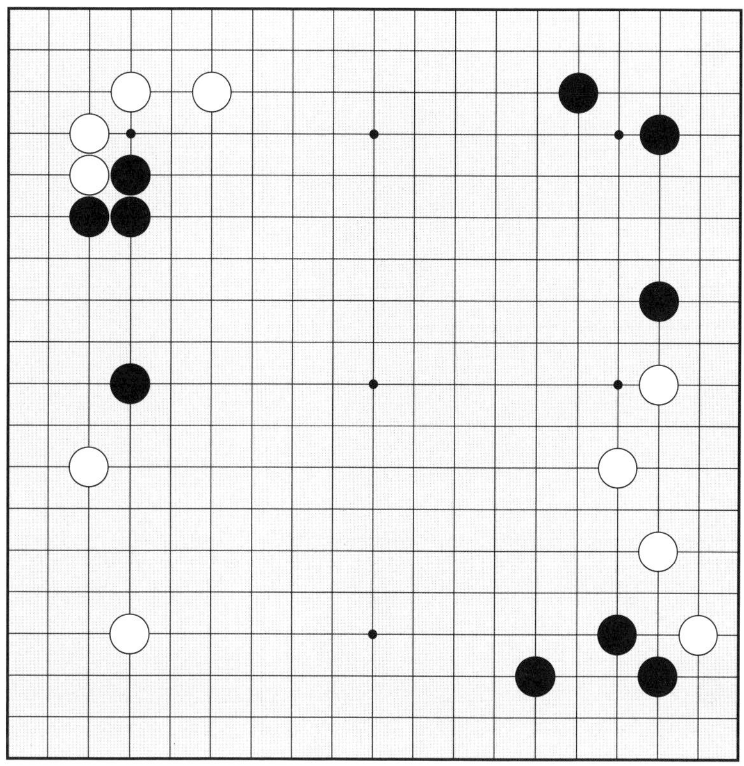

우하의 모양만 달라졌을 뿐 다른 곳은 앞의 유형과 비슷하다. 이번엔 흑이 둘 차례. 초점은 직감적으로 '좌변 어딘가'라고 느끼면 시야가 넓은 사람이라고 말해주고 싶다.

흑이 주도권을 잡는 다음 한수는 과연 어디인가?

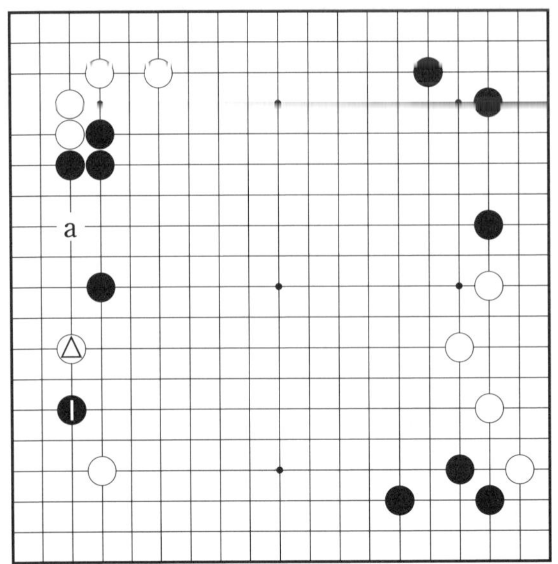

1도

1도 (역으로 침입)

기착찜 백△의 다가섬은 십으로도 크고 다음 a의 침입을 보는 수이다. 그와 같은 자리에서 거꾸로 흑1로 뛰어드는 것이 멋진 반격수단이 된다.

물론 백△를 두자마자 흑1로 두는 것은 성급. 우변의 포석이 끝난 지금이 찬스이다.

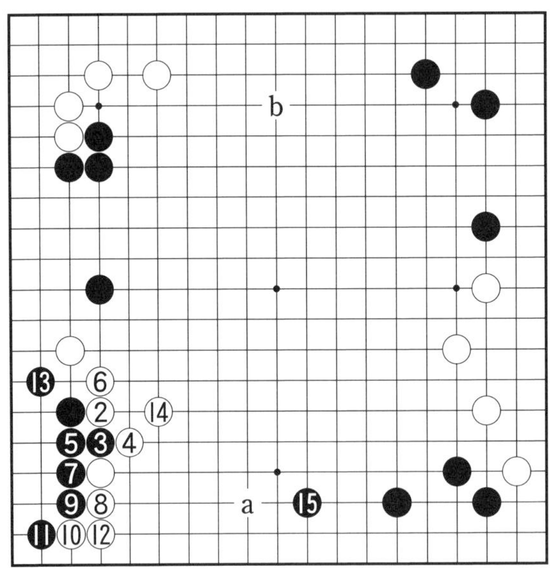

2도

2도 (부수고 산다)

백2에는 흑3으로 젖혀 끼우는 수가 준비된 맥. 백4로 막아 6으로 느는 정도일 때 흑7에서 13까지 귀를 크게 파헤치고 산다. 백14로 지켰을 때 흑15로 벌리는 것이 마지막 포인트이다.

이로써 흑은 전체적으로 튼실한 국면이라 할 수 있다. 흑15 다음 백a라면 흑b.

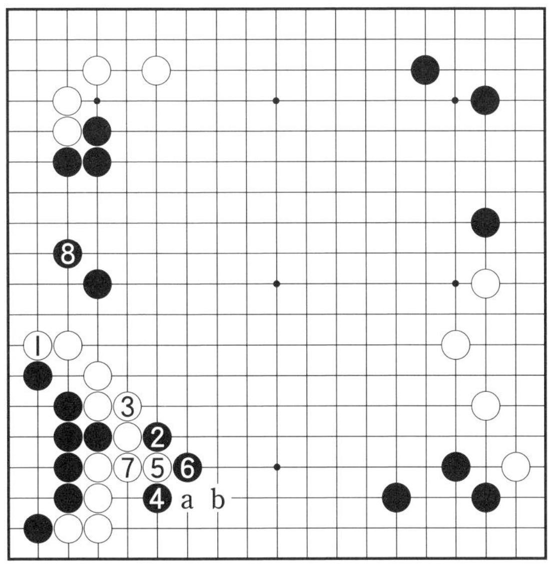

3도

3도 (흑2가 맥)

앞 그림 백14로 이 그림 1에 막는 것은 무리인 느낌이다. 흑2로 껴붙여 이곳 약점을 건드리면 백의 응수가 껄끄럽다. 백3에는 흑4로 뛰고 백5, 7의 방비에 흑8로 좌변을 두텁게 지켜 충분하다. 이후 백a에는 흑b로 몰아 가볍게 처리할 곳. 또, 백3으로 7은 흑3에 끊어 백이 불리한 싸움이다.

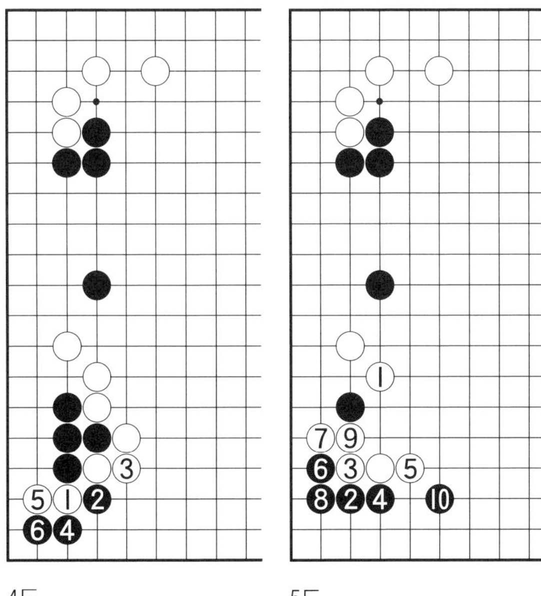

4도   5도

4도 (손해)

2도 백8로 1에 젖히면 흑2에서 4로 한점을 잡는다. 귀의 실리가 너무 커 백으로서는 생각할 수 없는 그림이다.

5도 (3三 침입)

역시 2도 백2로 이 그림 1에 씌워 온다면 흑2로 3三에 침입해 이하 10까지 충분하다. 백3으로 4는 흑3으로 맞좋게 넘어서 단연 흑이 좋다.

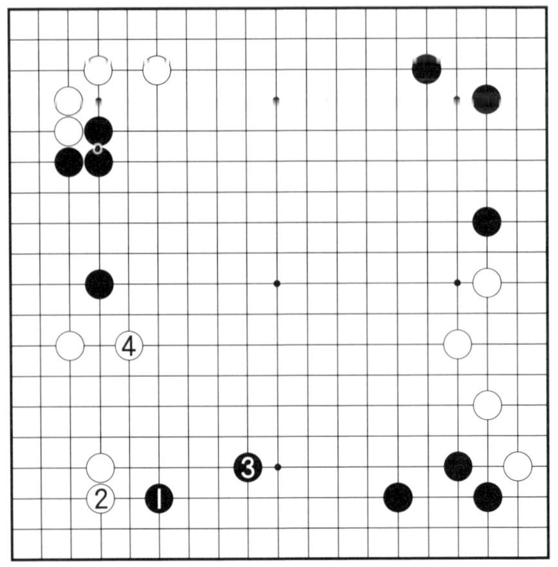

6도

6도 (흑, 불만)

이것은 논외의 그림이지만, 흑1로 설지는 것은 방향착오이다. 백2로 나란히 서고 흑3에는 백4로 지켜 고마울 것이다.

흑은 바둑을 '설렁설렁' 둔다고 할지…. 타이트하게 두고 있는 2도의 그림과 비교하면 그 차이가 분명해진다.

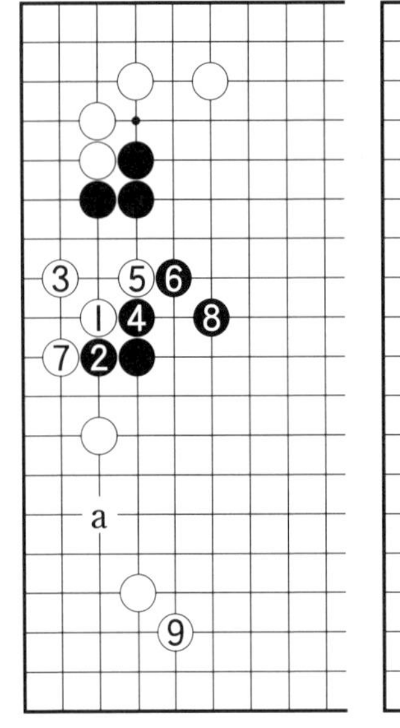

7도

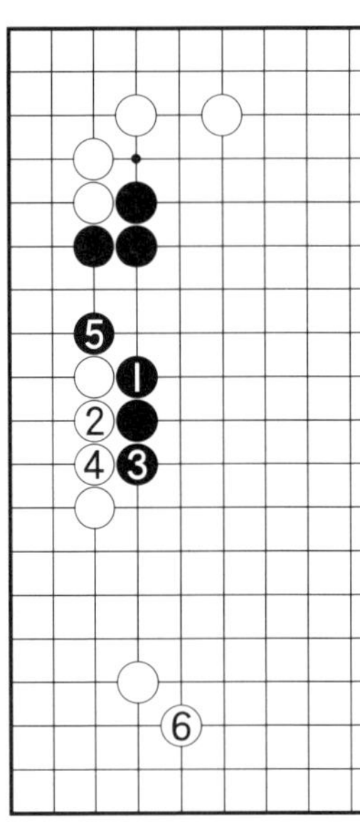

8도

7도 (백1, 호착)

흑이 a의 침입을 등한히 하면 거꾸로 백1에 뛰어드는 것이 호착이다.

흑2 이하 8까지는 불가피한 후퇴인데, 백9로 지키는 수순을 허용해서는 백이 만족이다.

8도 (대동소이)

흑1로 그냥 누르면 백2에서 흑5까지 앞 그림과 대동소이한 진행. 역시 백6으로 지키는 수순이 돌아간다.

양쪽을 다 둔다

● 흑 차례

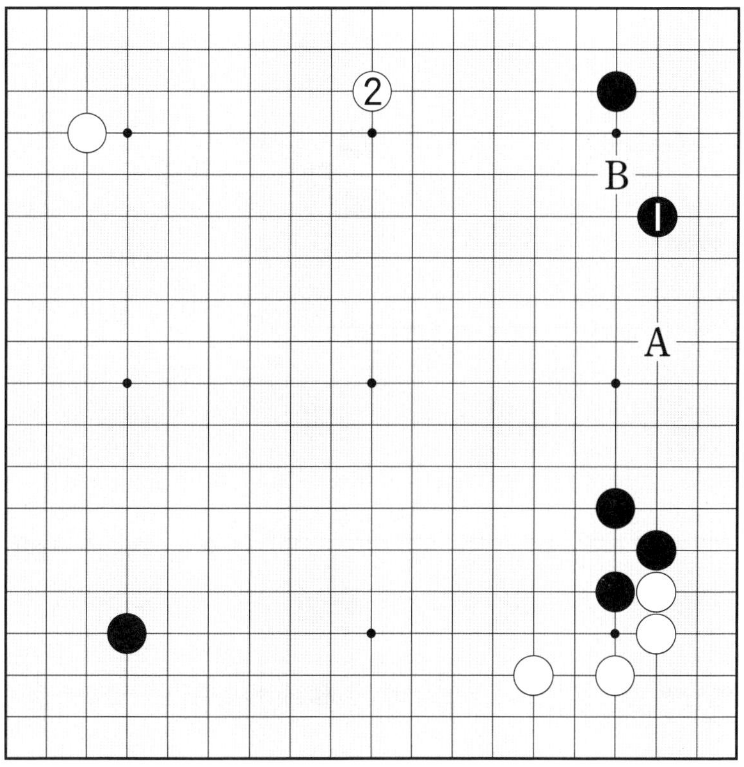

A의 벌림을 생략한 채 흑1로 굳힌 수는 사뭇 의미 있는 착점. 이 수로 단순히 A일 경우 백이 B로 뛰어드는 것을 싫어한 취향으로 풀이된다. 이에 백도 좌상을 굳히지 않고 2로 상변을 크게 벌렸다.

쌍방 허허실실의 작전이 읽히는데, 흑의 다음 한수가 초점. 흑은 상변과 좌상, 양쪽을 다 두는 궁리를 하고 싶다.

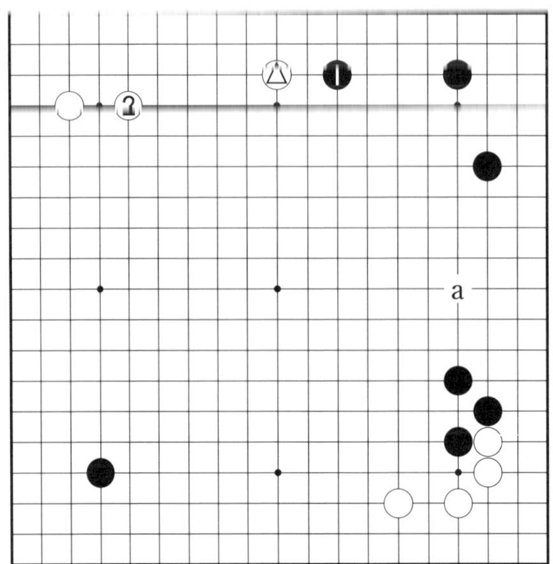

1도

1도 (흑의 불만)

상식적으로는 굳힘에서 벌려간 흑1이 큰 수. 이 수는 백a를 견제하는 뜻도 있다. 그러나 백2로 굳히고 나면 흑1이 좀 이상한 수로 변한다.

원래 백△의 위치까지 벌릴 수 있음에도 흑1로 좁게 가 백△를 허용한 셈이 되는 것이다.

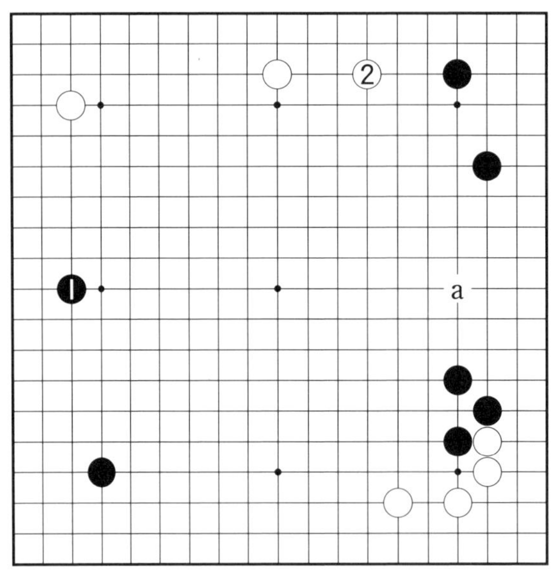

2도

2도 (백2, 절호점)

또, 흑1로 좌변의 큰 자리를 개척하는 것은 어떨까?

그러나 이것은 공방의 초점을 벗어난 수. 백2로 한번 더 벌려오면 이제 우변에서 a로 갈라치는 수가 준엄하게 된다. 그렇다면 남은 곳은 하나. 좌상을 먼저 걸쳐가는 방법이 그것인데…

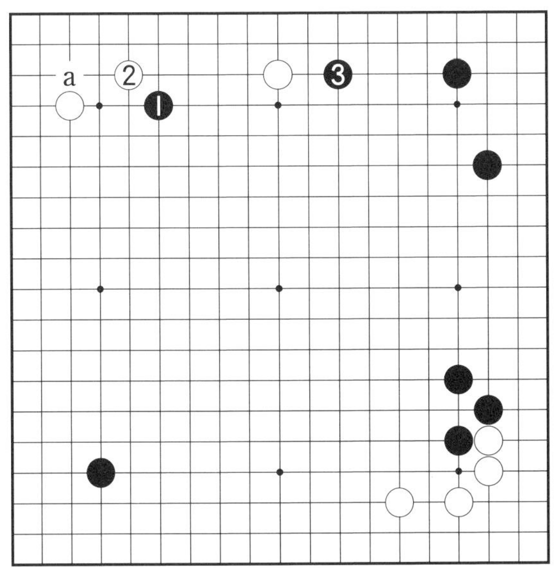

3도

3도 (하나 걸친 후 벌림)

흑1의 두칸높은걸침이 이 경우 적절한 수. 백이 손을 빼면 흑a의 붙임 등이 성가시므로 백2로 받는 정도일 것이다.

여기서 손을 돌려 흑3으로 다가선다. 흑1과 백2의 문답을 '활용'으로 보는 작전의 묘미랄까, 그런 뜻이다.

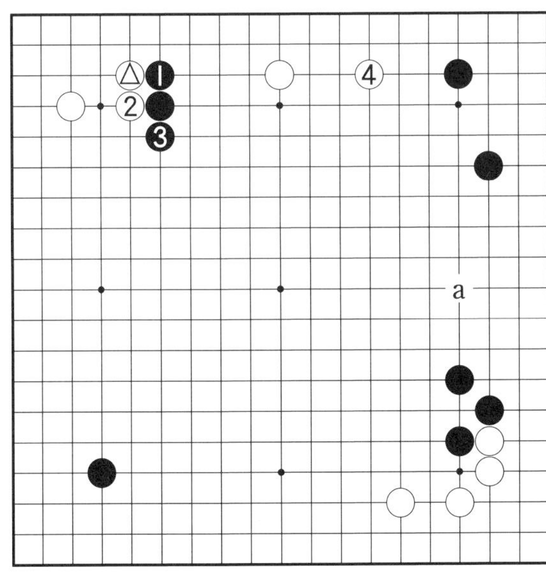

4도

4도 (흑의 완착)

백△에 대해 흑1로 막는 것은 완착. 백2로 밀어 올리고 흑3으로 늘지 않을 수 없을 때 백4로 벌려갈 것이다.

이것은 거꾸로 백이 양쪽을 둔 결과로, 흑이 한 곳에서 맴돌며 쌓은 두터움의 작용이 미미할 뿐 아니라 우변 백a의 침입이 노골화된다.

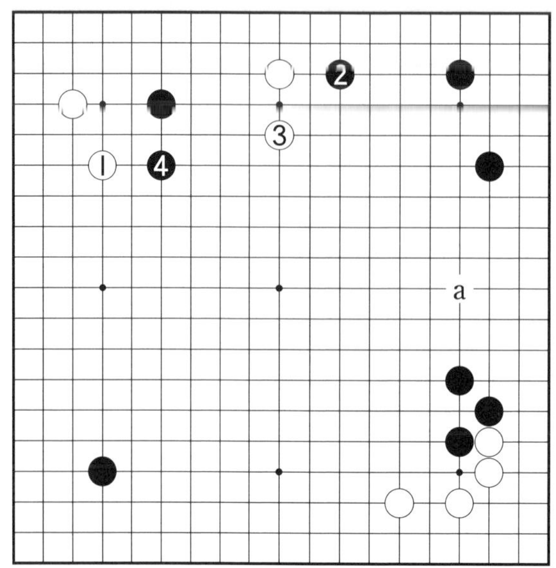

5도

5도 (흑, 호조)

흑의 질심에 백1의 날일자로 받는다면 흑2로 상변을 다가서고 백3 때 흑4로 뛰어나가는 것이 절호의 리듬이다.

이것이면 백은 상변의 두점이 부담스런 돌이 되어 a 따위로 뛰어들 엄두가 안 날 것이다. 흑으로선 최상의 그림.

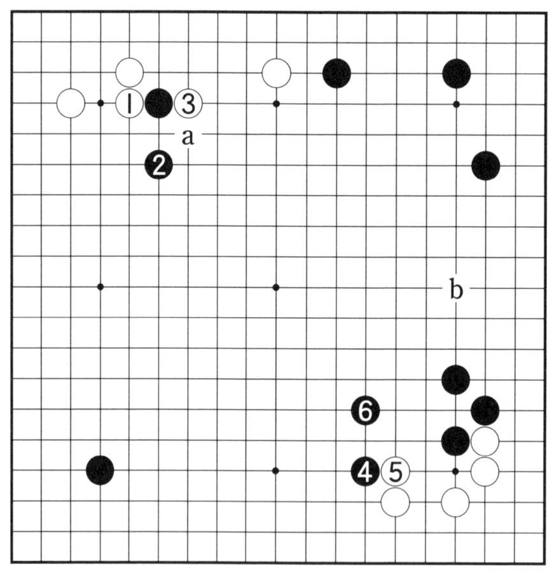

6도

6도 (흑4가 좋은 수)

3도에 이어 백1로 밀어두고 흑2의 뜀에 백3으로 껴붙인다. 여기까지가 쌍방 고심 끝에 나온 최선의 그림인데, 흑a의 부풀림이 듣고 있어 중앙은 흑의 세력권이라 할 수 있다.

이후 흑이 b의 보강을 생략한 채 4로 어깨짚고 6으로 뛴 것이 좋은 작전이다.

3三 침입의 대책 (1)

● 흑 차례

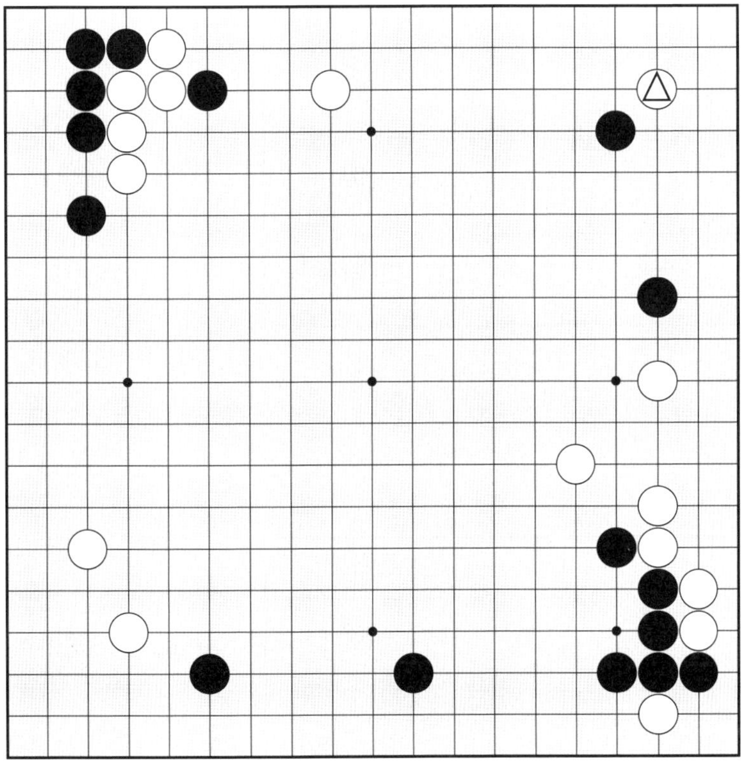

　　방금 백△로 뛰어들었다. 걸치든가 하지 않고 이렇게 3
三에 직접 뛰어드는 수는 귀의 흑집을 선수로 없애려는 기
민한 작전이라 할 수 있다.

　　이에 대해 흑은 어느 쪽을 막을 것인지, 정석이 일단락
된 후의 주변을 살피는 시야가 요구된다.

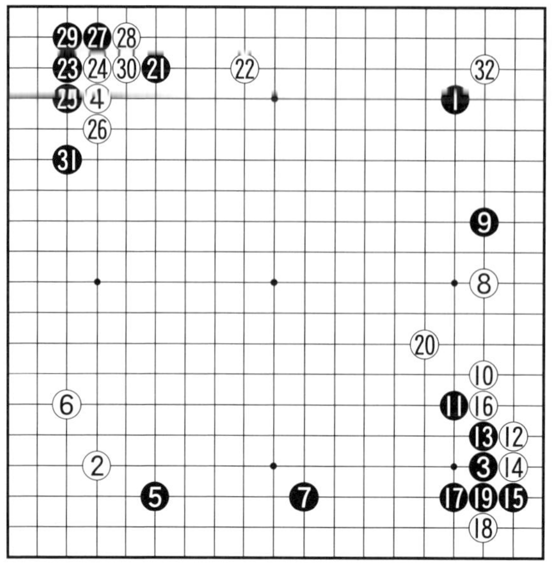

1도

1도 (경과수순)

먼저 우하 방면의 모양이 유행형으로 몇 가지 수들을 체크하고 가자.

흑5, 7은 우하의 소목과 함께 미니중국식으로 불리는 포진. 백8의 갈라침에 흑9로 이쪽을 다 가서고 백10에 흑11, 그리고 백12의 날일자 달림이 중요한 수들로 이하 백20까지는 한때 하나의 틀이었다.

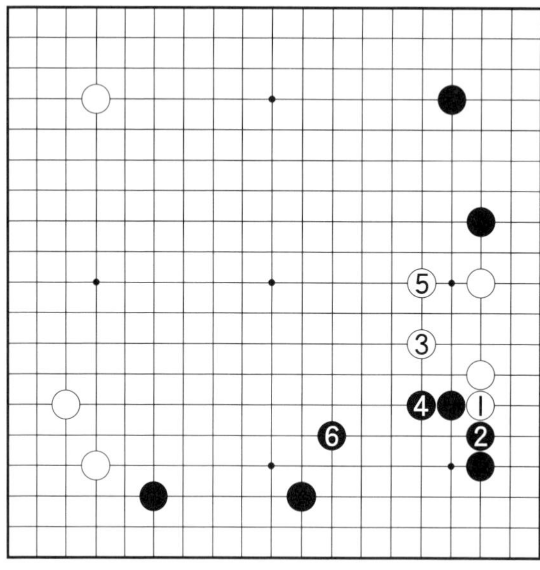

2도

2도 (흑의 주문 1)

앞 그림 흑11은 이 그림 백1로 두고 3이라면 흑4에서 6으로 하변의 집을 통통하게 구축하겠다는 주문을 담고 있다.

백3 때 흑4로 차렷하는 자세도 기억해두기 바란다.

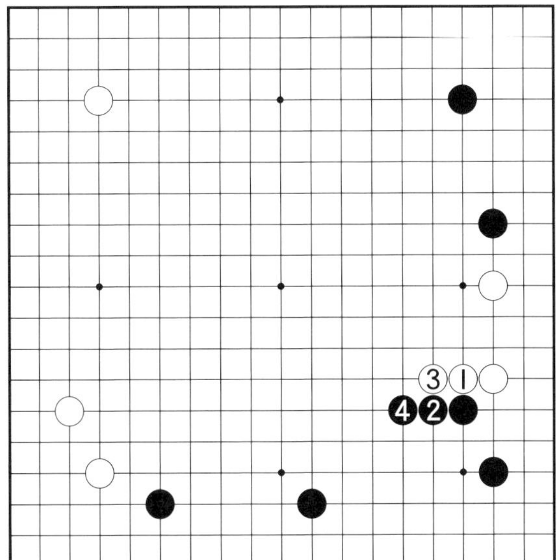

3도

3도 (흑의 주문 2)

또 백1로 밀어올리는 것은 흑2, 4로 죽죽 늘어 우변 백이 튼튼해진 것 이상으로 훨씬 하변 흑세가 부풀어 올라 흑은 쌍수를 들어 환영할 것이다.

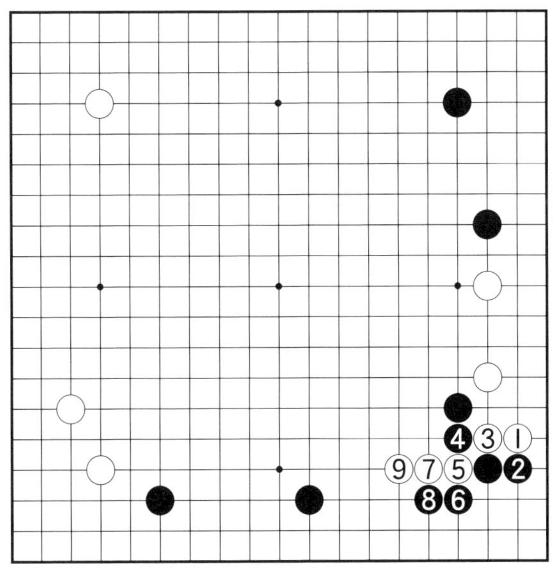

4도

4도 (흑, 곤란)

1도 흑13으로 이 그림 2에 막는 것은 백3, 5로 나와 끊어 이하 9까지 수습하기 곤란해진다.

그런 의미에서 백1도 의표를 찌르는 한수라 할 만한데, '행마의 묘'라고 보면 될 것이다.

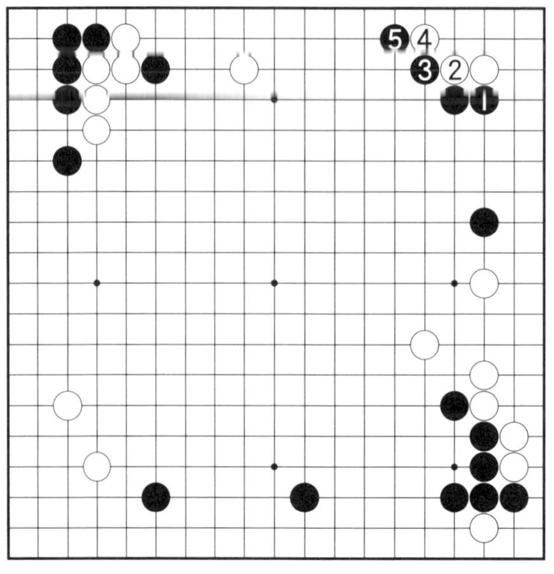

5도

5도 (이단젖힘)

이번 테마로 돌아가, 흑1로 이쪽을 막는 것이 옳다. 백2에 기세 좋게 흑3, 5로 이단젖혀 간다.

놓이고 보면 간단한 수순 같지만 흑1의 방향, 5의 이단젖힘 모두 이 한 수라는 사실이다.

하나만 달리 두어도 국면 운영에 차질을 빚게 된다는 것을 명심해야 한다.

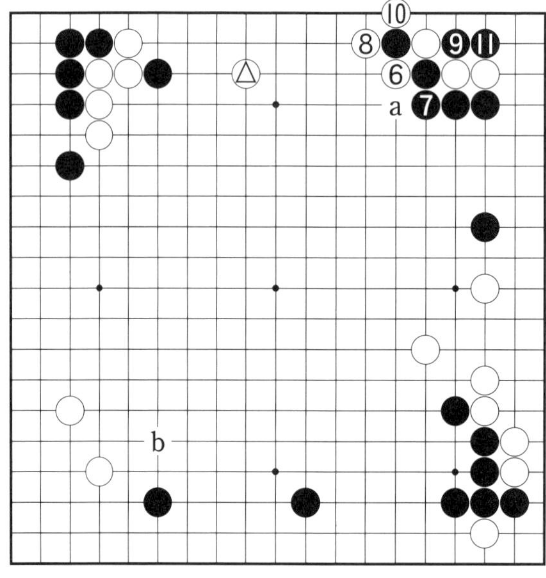

6도

6도 (흑, 실리로 만족)

계속해서 백6으로 끊어 8이면 흑9, 11로 귀의 두 점을 잡는 것도 중요하다. 이것으로 흑은 귀의 집을 튼실하게 확보해 만족이다.

그리고 무엇보다 백△의 위치가 어정쩡하다는 것, 흑이 과감하게 이 변화를 택한 주된 이유이기도 하다. 다음 백a라면 흑b로 키워 충분한 형세로 보여진다.

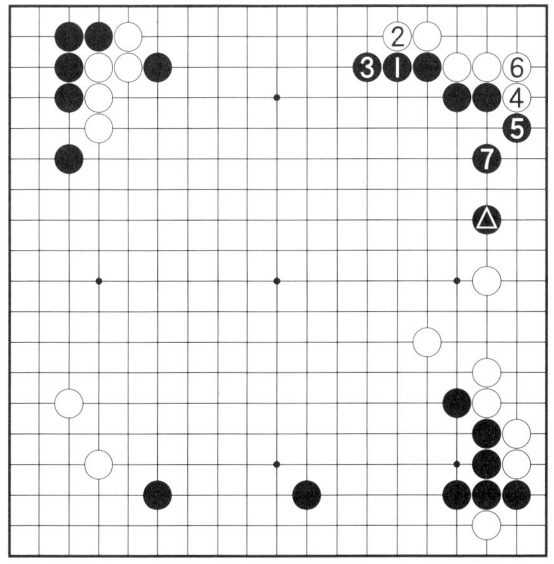

7도

7도 (흑, 나쁨)

5도 흑5로 이 그림 1에 느는 변화. 백2 이하 흑 7까지가 예상되는데 이번에는 흑▲의 위치가 불만이다. 튼튼한 세력에서 이렇게 좁게 벌린 꼴이니 흑이 당한 결과라는 것을 알 수 있을 것이다. 출발은 좋았으나 마무리가 나빠 흑이 스스로 돌의 편재와 중복을 부른 케이스이다.

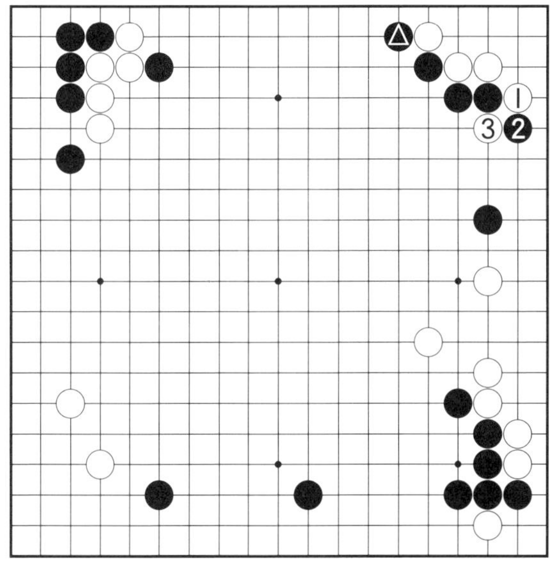

8도

8도 (젖혀끊음)

흑▲의 이단젖힘에 대해 반대쪽에서 백1로 젖혀 3으로 끊어오면?

정석에 약한 사람은 당황할 만한 수인데, 흑이 냉정하게 대응하면 결코 손해 보는 일은 없을 것이다.

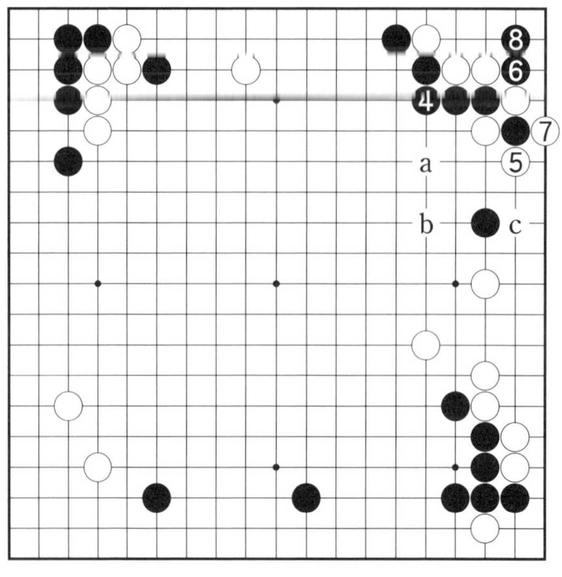

9도

9도 (백, 억울)

여기서는 흑4로 잇는 게 간명한 수. 백은 끊어간 체면을 살려 5, 7로 오른쪽 한점을 잡는 정도인데 흑은 6, 8로 귀의 실리를 취해 불만이 없다. 이후 백a라면 흑b로 쉽게 달아나는 자세. 그렇다고 백c로 넘자니 너무 억울한 느낌이다. 앞 그림 백1, 3은 괜한 손찌검이었던 것이다.

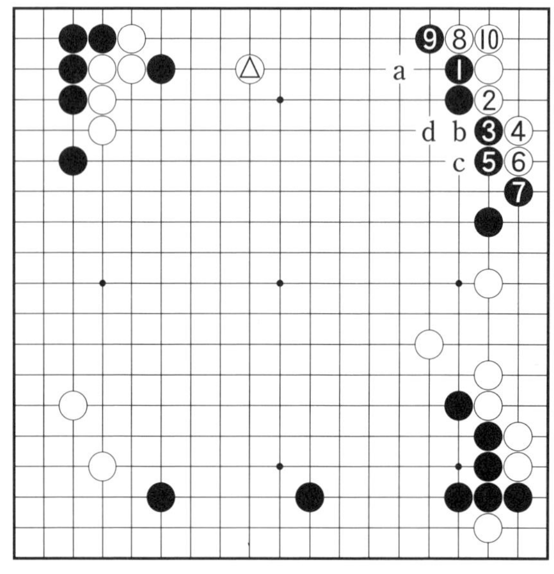

10도

10도 (흑, 괴롭다)

처음으로 돌아가, 흑1은 근본적인 방향착오. 이하 백10까지 되고 나면 백△가 머리를 내밀고 있어 애써 쌓은 흑의 세력이 빛을 잃는다.

백10 다음 흑a면 백b의 끊음이 준엄해 흑c, 백d로 바깥 흑이 양곤마이다. 따라서 흑d로 지키는 정도이나 이 또한 늘어진 수여서 탐탁지 않다.

3드 침입의 대책 (2)

○ 백 차례

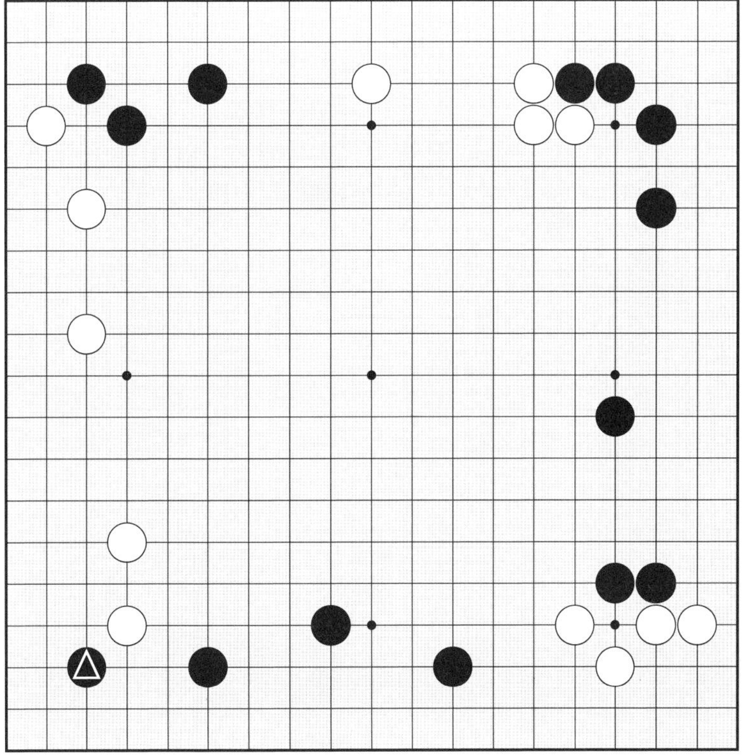

　　방금 흑❷로 뛰어들었다. 이 수는 다소 성급한 느낌이 드는데, 백으로서는 이 침입을 어떻게 처리하는 것이 좋을까?

　　정석이 일단락한 뒤 좌변의 운영 계획을 확실히 갖고 있다면 다음 한수는 분명해진다.

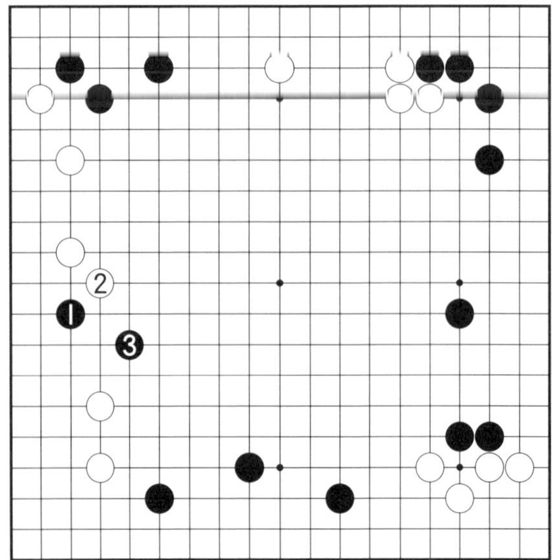

1도

1도(좌변을 삭감한다)

흑의 3三 침입이 다소 성급하다고 했는데, 먼저 좌변에서 흑1로 뛰어드는 것이 좋았다. 백2에는 흑3으로 달아나는 자세가 경쾌하다.

좌변의 백집은 크게 삭감당한 모습으로, 이랬으면 흑이 유리한 국면으로 이끌 수 있었을 것이다.

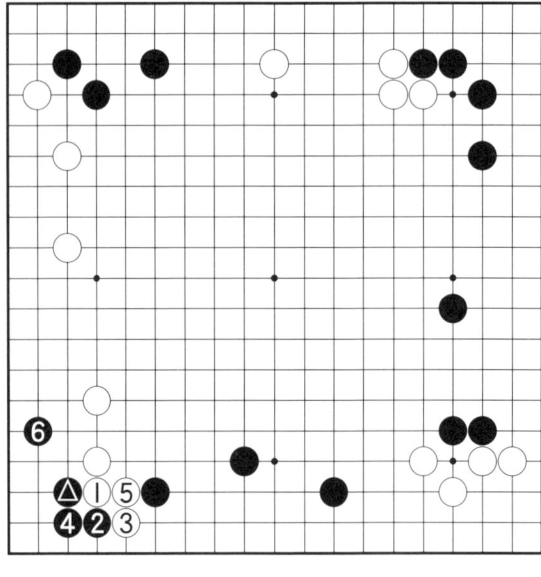

2도

2도 (방향 미스)

먼저 흑▲에 대해 백1로 이쪽을 막고 보는 것은 이 한수인데, 흑2에 백3으로 차단하는 수가 과욕이다.

흑4에서 6까지 자신이 소중히 해야 할 방향으로 미끄러져 들어오게끔 하는 발상이 나쁘다.

무엇보다도 흑에게 선수를 허용한다는 것인데…

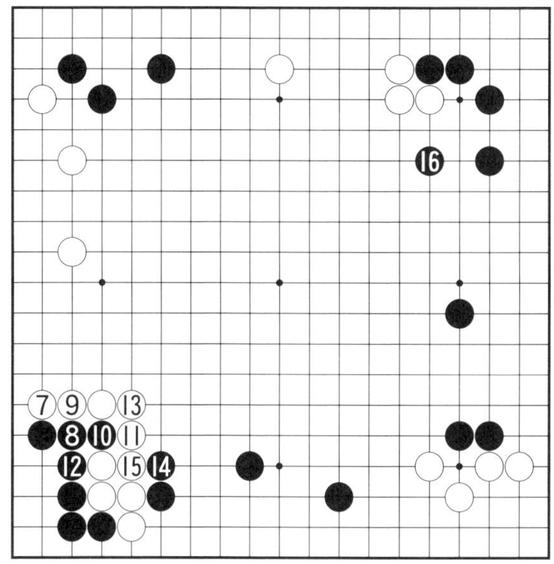

3도

3도 (흑의 바둑)

백이 좌변을 집으로 만들려면 7부터 틀어막아야 하는데 흑12까지 된 후 백13의 보강이 불가피하다.

거기서 흑14의 활용을 거쳐 유유히 우상의 큰 곳 16으로 손을 돌린다. 이것은 누가 봐도 흑이 기분 좋은 진행임에 틀림없다.

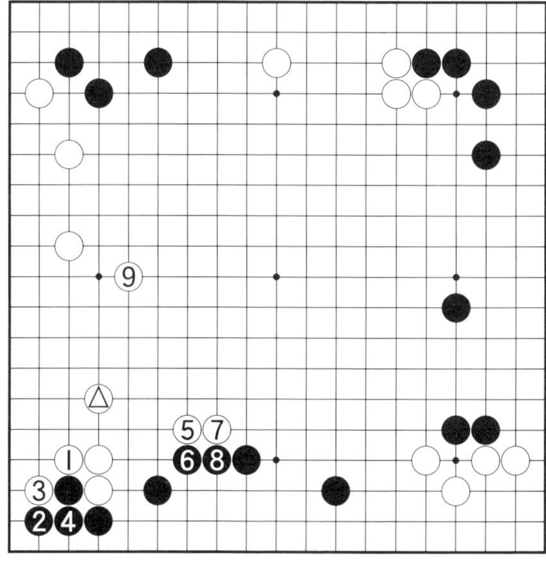

4도

4도 (선수에 역점)

2도 백3으로는 백1로 꼬부려 선수를 잡는 태도가 중요하다. 이하 흑4까지는 귀의 정석이라 해도 좋을 정형인데, 백은 어디까지나 선수를 잡아 5, 7로 확장하고 나서 9로 좌변의 운영에 주력한다는 생각이다.

아무튼 좌변이 넓고 백△의 한칸 뜀이 있는 곳에서는 대부분 이렇게 두는 것이 원칙이다.

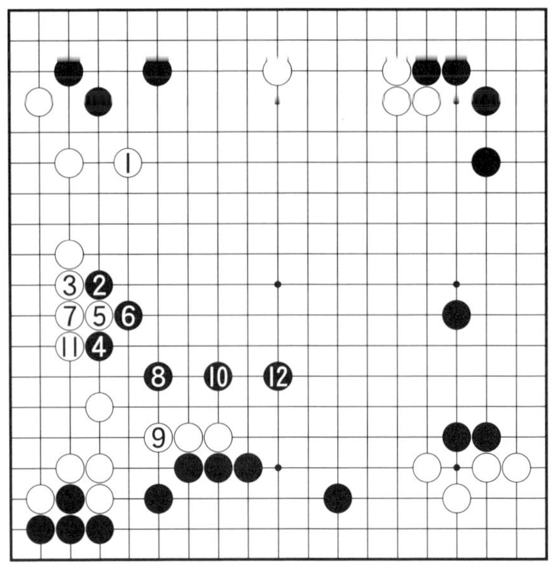

5도

5도(백의 욕심)
앞 그림 백9의 수로 이
그림 1로 뛰면?

  그러나 이 수는 욕심
이 지나치다. 흑이 당장
2로 어깨짚는 수가 날카
로운 삭감이다. 백3에는
흑4로 뛰어 이하 12까지
기껏 쌓은 백의 세력이
납작하게 변하고 만다.

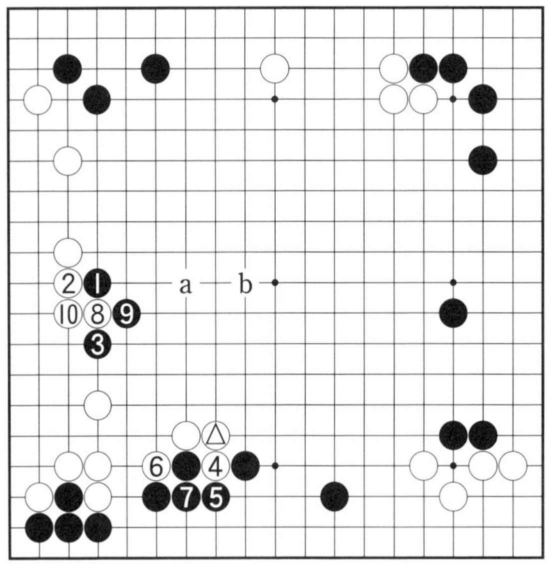

6도

6도 (흑, 무리)
그렇다고 하여 백△ 때
즉, 4도 흑8을 손빼 이
그림 흑1부터 좌변의 삭
감에 나서는 것은 다소
무리이다.

  백4, 6을 교환한 다음
8에서 10이면 흑의 다음
행마가 쉽지 않은 모습
이다(5도와 비교).

  가령 흑a라면 백b의
모자공격으로 괴로울 것
이다.

7형

침입의 단골무대

● 흑 차례

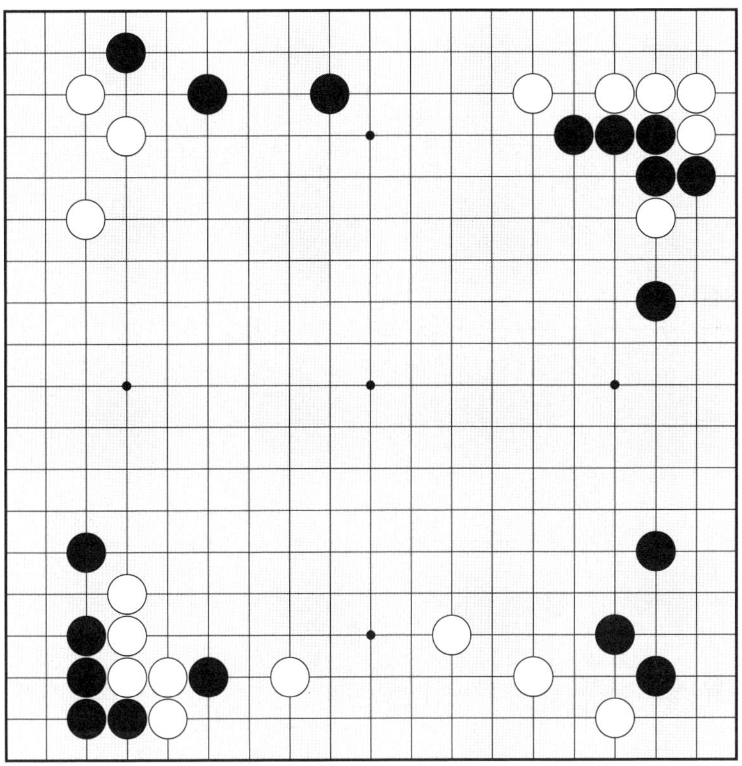

　한눈에 포석이 일단락된 시점이라고 느껴진다. 약한 돌이 없는 이 같은 포석에서는 한쪽이 상대의 진영에 뛰어들어 중반싸움으로 발전하기 마련이다.

　그렇다면 흑의 입장에서 눈길이 가는 곳은 어디인가?

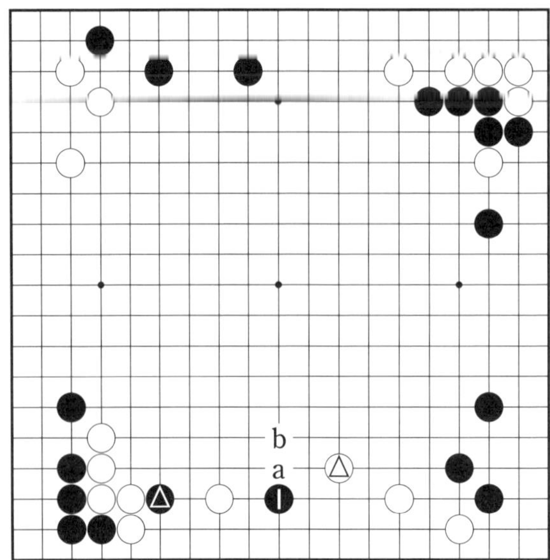

1도

1도 (침입의 급소)

하변 흑1로 뛰어드는 한 수. 이 수는 백△로 높이 구축한 모양의 급소이자 왼쪽에서 흑△ 한점을 움직이는 맛과 연계해 하변 백진을 송두리째 흔들려는 노림이 들어 있다.

이에 대해 백은 a의 붙임이나 b의 씌움 두 가지가 보통인데….

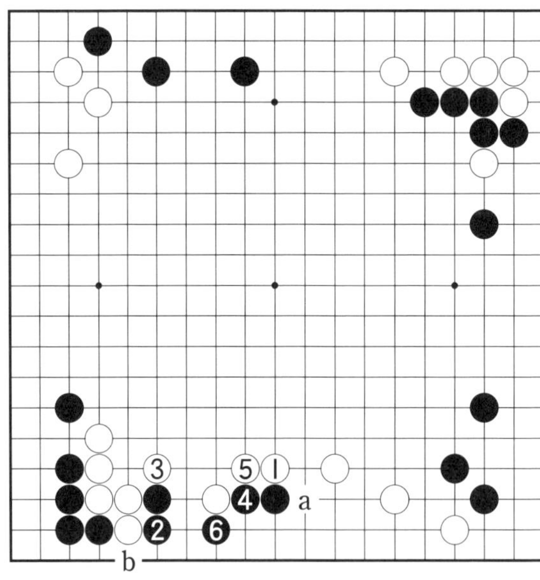

2도

2도 (쉽게 수가 난다)

먼저 백1로 붙이는 수를 보자. 흑2로 움직이는 것이 준비된 작전.

백3으로 젖히면 흑4에서 6으로 간단히 안정할 태세이다. 다음 백a면 흑b로 넘어 견딜 수 없으므로….

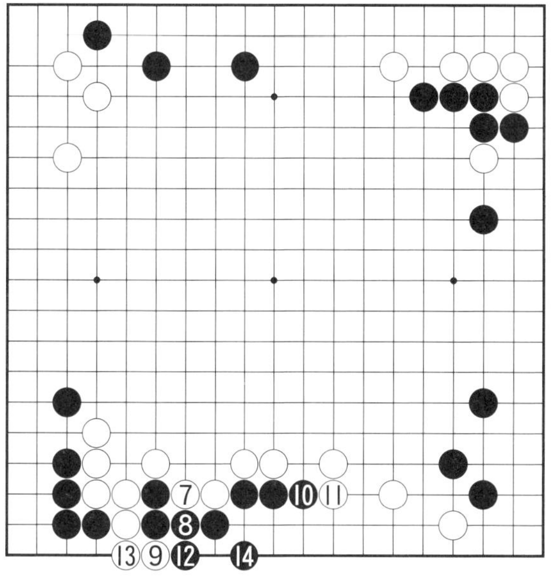

3도

3도 (흑, 성공)

백7에서 9로 차단할 텐데 흑10으로 급소를 내밀고 12, 14까지 알뜰한 삶이다.

　이 결과는 백집을 부순 것이 클 뿐 아니라 바깥에 단점이 있어 흑은 그야말로 꿩 먹고 알 먹은 격이다. 따라서 앞 그림 백1과 같이 뛰어 붙여서는 백이 재미없다는 결론이다.

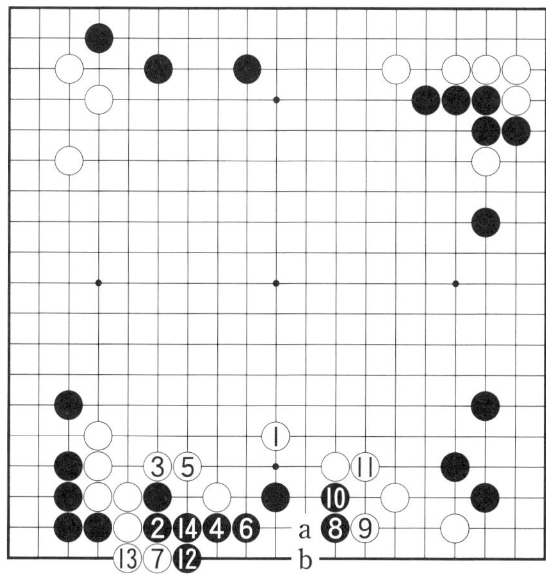

4도

4도 (백의 씌움 이후)

백1로 씌우면? 이에 흑2가 변함없는 호수. 백3의 젖힘에 흑4로 붙이는 것이 맥이다. 백5로 느는 정도인데 흑6으로 같이 늘어 이하 14까지 훌륭한 삶이 나온다.

　그래도 백의 입장에서 보면 바깥 단점이 적은 이 그림이 더 나을 것이다. 또 흑14 다음 백a면 흑b로 젖혀 사활은 이상 없다.

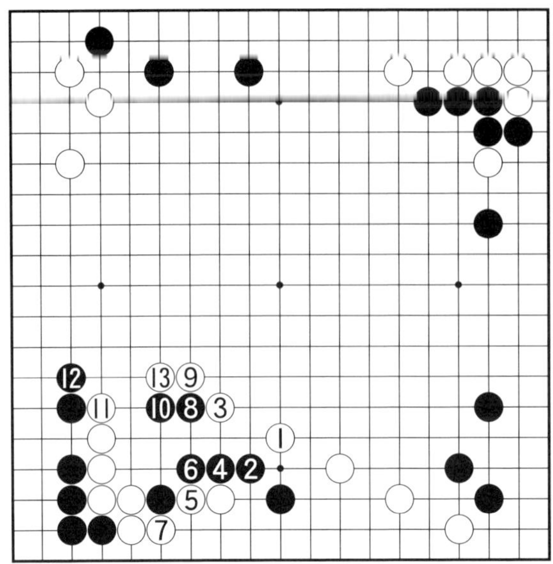

5도

5도 (손따라 두다)

흑이 주의할 것은 백1에 대해 흑2로 나가는 수이다. 다음 백3으로 한번 더 씌우는 리듬을 허용해 이하 13까지 앞이 갑갑해진다.

물론 이 그림은 백의 주문에 편승해 손따라 둔 꼴. 흑이 허둥대다 화를 부르고 있다.

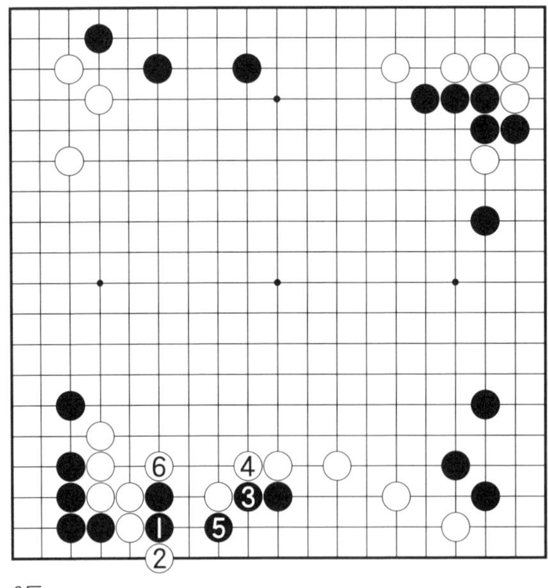

6도

6도 (기피하는 이유)

흑1로 넘자고 할 때 백2로 아래서 젖히면 흑3에서 백6까지, 이것은 앞의 3도와 비슷한 모양으로 돌아간다.

어쨌든 흑이 먼저 뛰어들면 백이 뾰족하게 잡는 수가 없다는 것인데, 침입의 맛 때문에 프로바둑에서는 하변과 같은 포진을 처음부터 기피하는 경향이 있다.

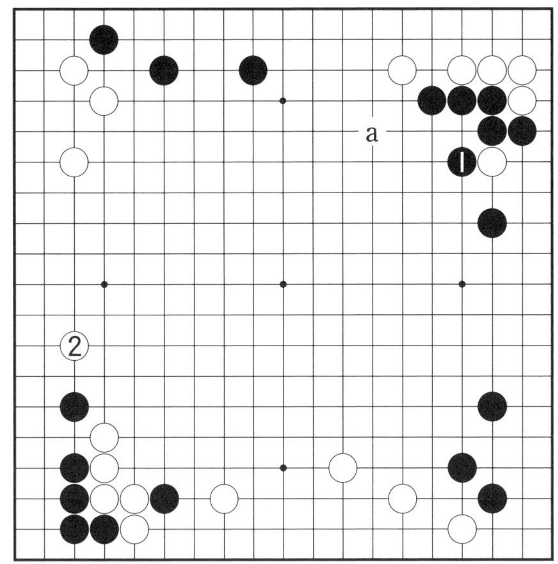

7도

7도 (백2, 절호점)

흑이 앞서와 같은 침입의 급소를 놓칠 경우, 즉 우상에서 흑1이나 a 따위로 둔다면 백2의 다가섬이 절호점이 된다.

백2는 자체로 좌변의 큰 곳이자 하변을 굳히려는 다목적인 뜻을 담고 있는데…:

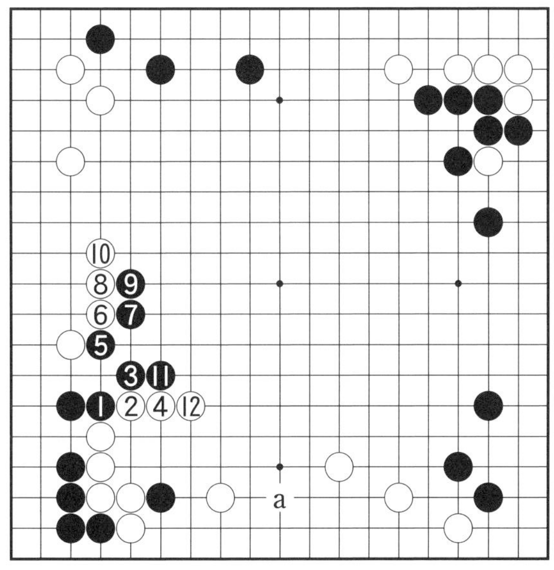

8도

8도 (백, 호조)

흑1로 밀어올리면 백2, 4로 젖혀 늘어 자연스럽게 하변을 확장하는 수가 그것으로, 이하 백12까지의 진행을 예상할 때 이젠 흑a의 침입하는 맛이 크게 완화된 모습이다.

흑이 한수 방향을 잘못 잡은 탓에 이렇듯 상황이 180도 달라진다.

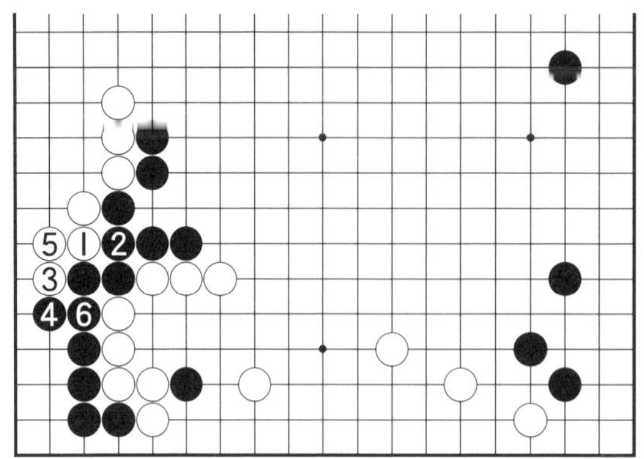

9도

9도 (도려내는 즐거움)

그리고 좌변만 해도 백1에서 3, 5로 흑집을 선수로 도려내는 즐거움이 남아 있다.

선후수 관계가 있지만 백3으로는 4에 치중하고 흑6, 백3도 가능하다.

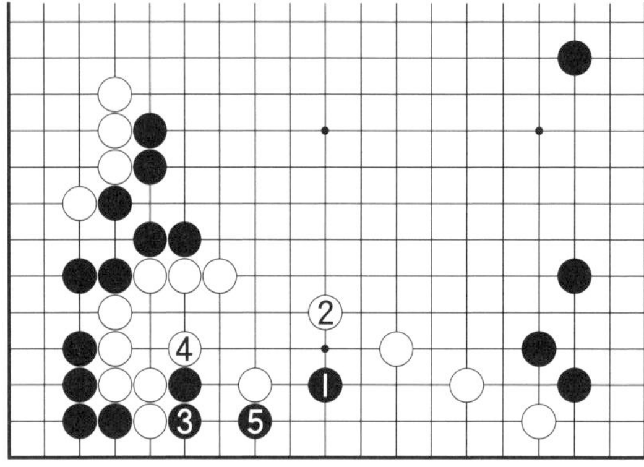

10도

10도 (때늦은 걸음)

이제 와서 흑이 1로 뛰어 드는 것은 때늦은 걸음이다. 백2로 씌우고 흑3에는 백4로 젖혀 흑이 무사하지 못할 것 같다. 흑5로 붙여 넘으려 하지만….

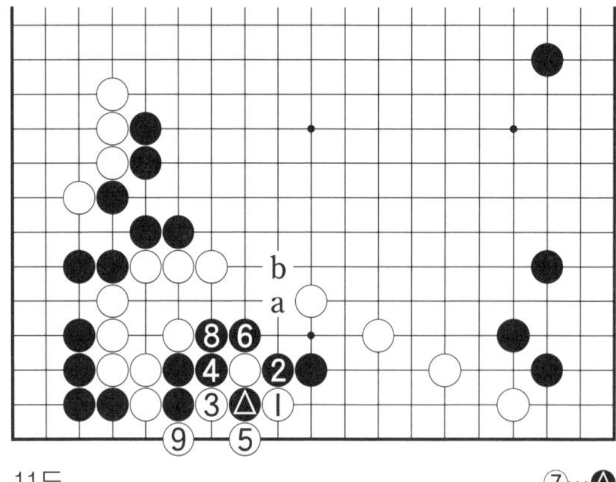

11도

⑦…△

11도 (흑, 망함)

백은 주위가 강한 것을 믿고 1로 젖히고 3으로 잡는다. 흑4, 6으로 저항해 보지만 백7로 잇고 흑8에는 백9까지, 다음 흑a에는 백b로 흑 전체가 안에 갇혀 목숨을 구걸하는 형편이 되는데 보다시피 살 수도 없다.

대세력을 공략하는 결정타

○ 백 차례

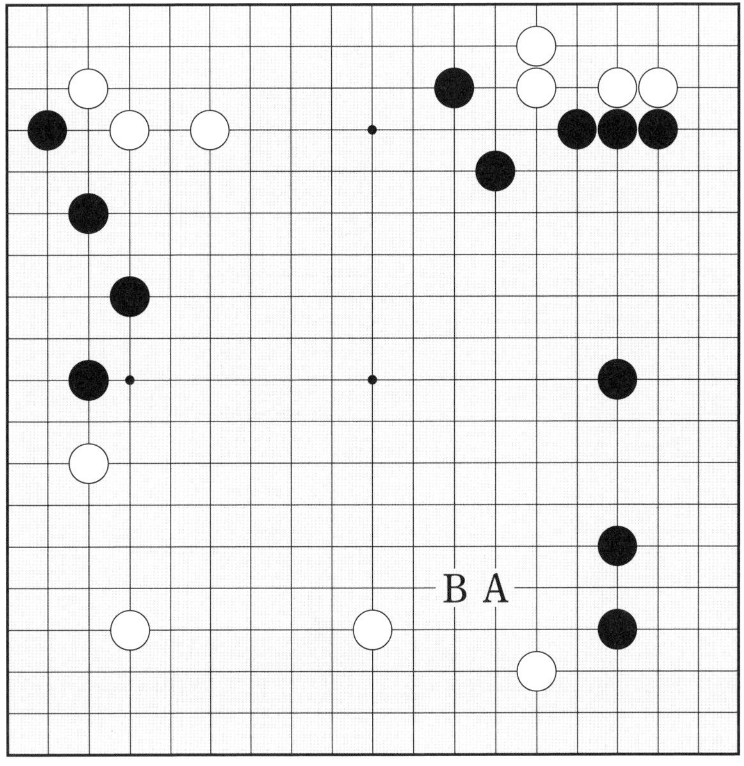

　흑이 3연성으로 출발해 우변에 대세력을 펼친 국면이다. 백이 더 이상 방치했다가는 흑A 또는 B로 확장해 감당할 수 없는 세력으로 변하고 말 것이다.

　백은 우변을 어떻게 뛰어들어야 좋을까? 단, 정답이 되는 출발점은 한 군데로 한한다.

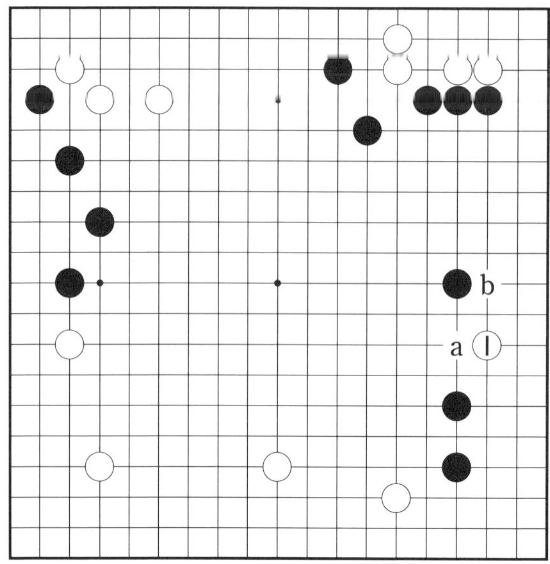

1도

1도 (침입의 급소)

급소는 백1로 3선상 한 가운데에 뛰어드는 한수 라고 기억하기 바란다.

다음 흑은 a로 붙여 봉쇄하는 수가 보통이며, 때로는 b로 철주를 내리는 것도 유력하다.

그리고 처음부터 백이 a로 높이 뛰어들 경우의 대처법도 함께 알아두자.

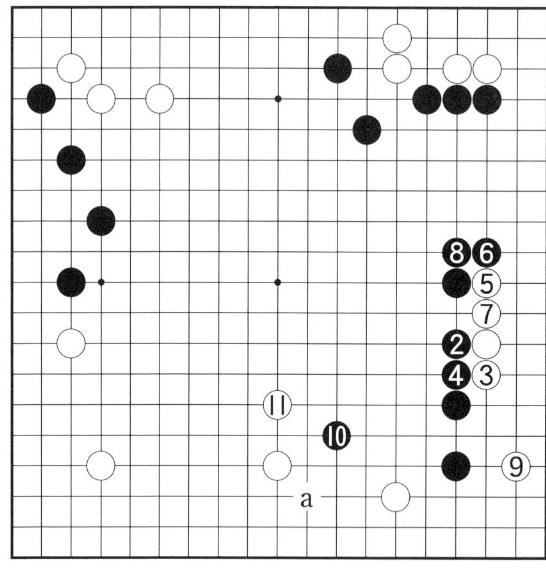

2도

2도 (크게 산다)

흑2로 붙이면 백3으로 고개를 내밀고 5, 7로 붙여끄는 것이 선수이다. 흑8의 이음에 백9로 달린 데까지 우변을 크게 부수고 살 수 있다.

다음 흑10에는 백11로 뛰어 충분하다. 백11은 보통 a지만 여기서는 하나의 임기응변이다.

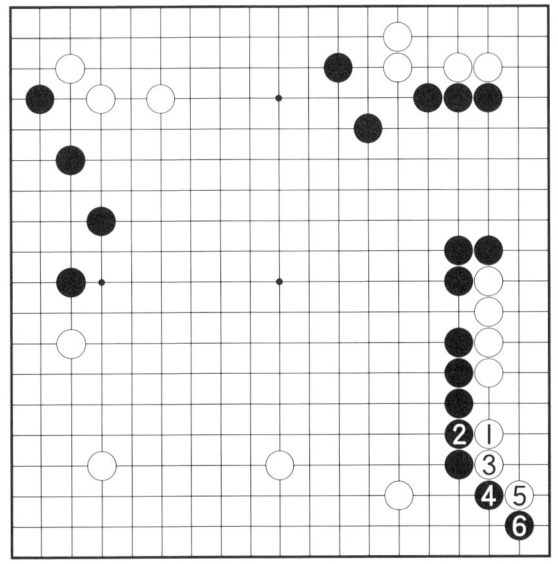

3도

3도 (타이트하게 민다)

앞 그림 백9로는 이 그림 1로 들여다보아 흑2와 교환한 다음 백3으로 밀어 타이트하게 나가는 것도 일책이다.

이 그림부터는 프로 바둑에서 나온 실전 예이므로 참조하기 바란다. 흑4, 6의 이단젖힘은 기세.

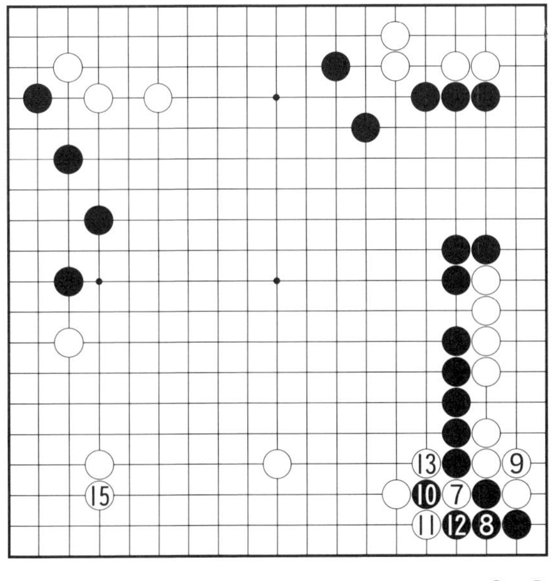

4도

4도 (백, 활발)

백7로 이쪽을 끊어 놓고 9로 잇는 게 중요한 수순이다. 흑10으로 잡기를 기다려 백11, 13을 듣게 하고 15의 굳힘.

이 결과 백이 우변을 선수로 부수고 좌하의 요점으로 향해서는 활발한 포석이라고 말할 수 있다.

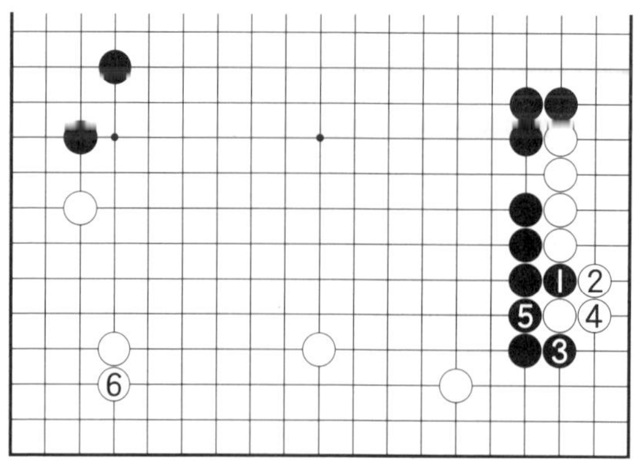

5도

5도 (변화)

3도 흑2로는 이 그림 1로 나가 3으로 막는 수도 있는데, 이때 백4로 가만히 잇는 것이 좋다.

흑5로 단점을 방비해야 하는데 백6으로 손을 돌린다. 이것 역시 백이 나쁠 까닭이 없다.

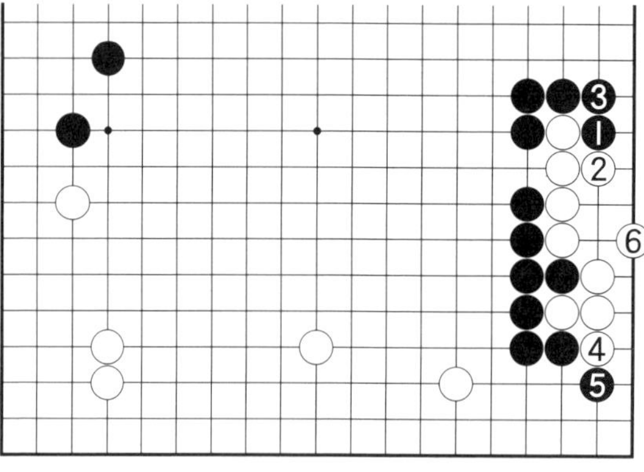

6도

6도 (살아 있다)

우변 백의 사활문제. 흑1, 3으로 잡으러 와도 백4, 6으로 확실히 살아 있다.

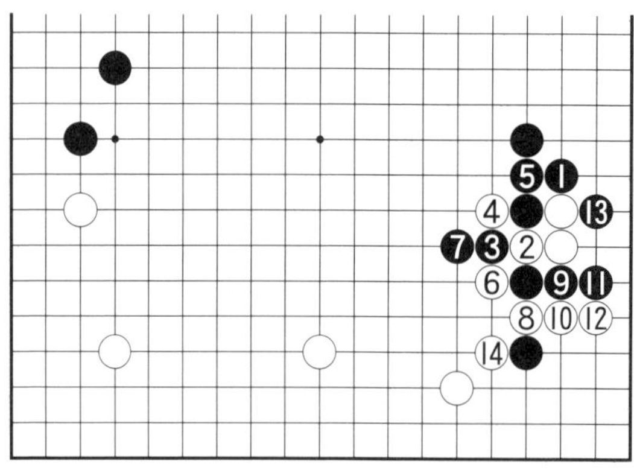

7도

7도 (흑, 무리)

그리고 2도 흑4의 수로 이 그림 1에 막는 변화.

백은 알기 쉽게 2로 나가 4부터 연단수로 모는 게 좋다. 이하 백14까지 흑이 막대한 손실을 입은 결과로, 흑1은 한마디로 무리수이다.

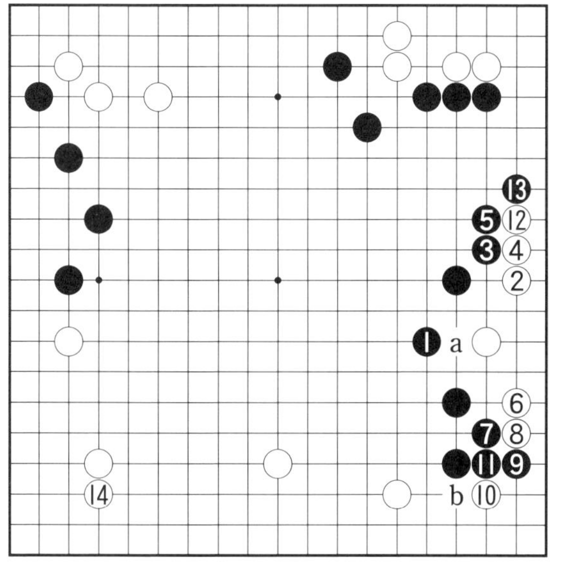

8도

8도 (껍데기만 남다)

처음으로 돌아가, 흑이 a에 붙이지 않고 1로 씌우는 수는 지극히 아마추어적인 발상이다.

백2로 평범하게 달리고 6 이하 12까지 선수로 살아서는 흑이 무참히 당한 꼴이다. 더구나 우하에서는 백b까지 남았다. 그리고 우변의 백은 2선을 여덟 번 긴 거나 다름없으므로 '육사팔활'의 팔활 삶에 해당한다.

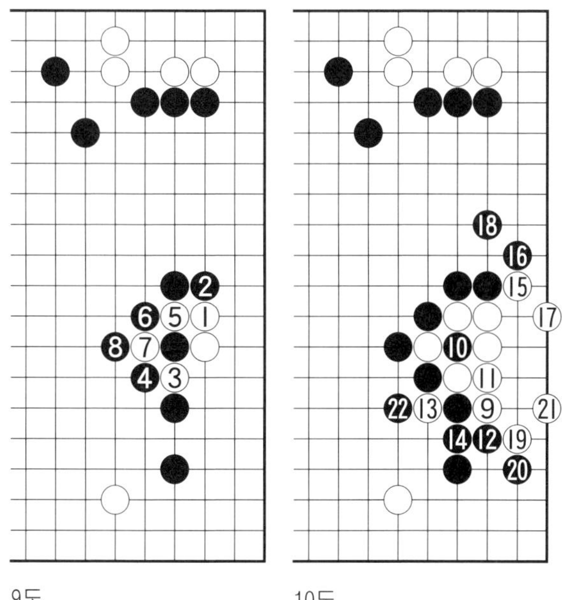

9도   10도

9도 (방향 미스)

또, 2도3으로 이 그림 백1은 방향 미스. 흑2로 막으면 백3, 5로 삶을 꾀해야 하는데 흑4 이하로 틀어막는 맥이 기다린다.

10도 (생불여사)

이하 백21까지는 필연적인 수순. 흑의 외곽을 잔뜩 굳혀주고 산 백 모양이 '생불여사'의 그것이 된다.

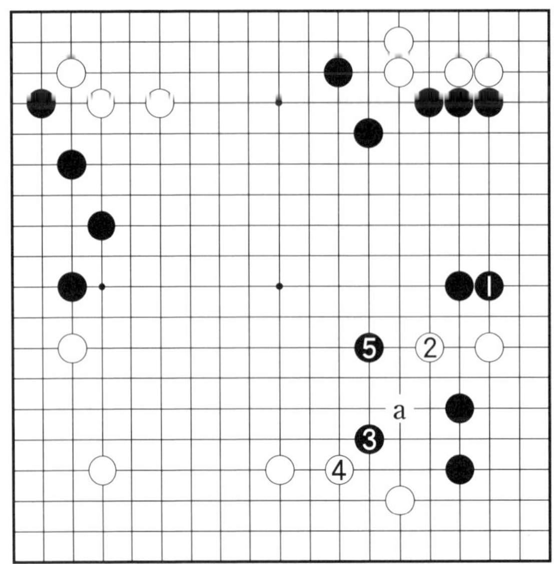

11도

11도 (철주)

이번에는 흑1로 철주를 내리는 수. 이에 대해 백2로 뛰어나가는 것은 일감이긴 하지만, 흑3에서 5로 씌워와 백의 진로가 순탄치 않을 것 같다.

설마 '흑3으로 a, 백5의 뜀'이라는 일방적인 수읽기를 하는 사람이 있을지도…:

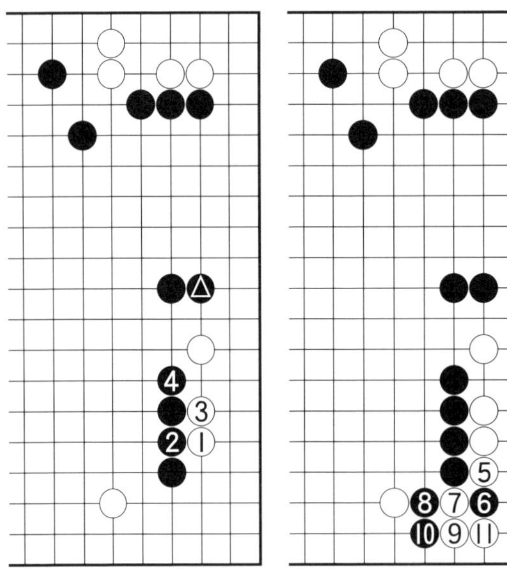

12도   13도

12도 (조기안정)

흑△에는 백1로 들여다보아 흑2라면 백3으로 두어 '조기안정'을 꾀하는 수법을 권한다. 흑4는 놓칠 수 없는 급소.

13도 (백, 실리가 크다)

이어서 백5로 밀고 들어가는 것이 강인하다. 흑6이면 백7의 끊음은 당연하고, 이하 11까지 귀를 크게 살아 만족이다.

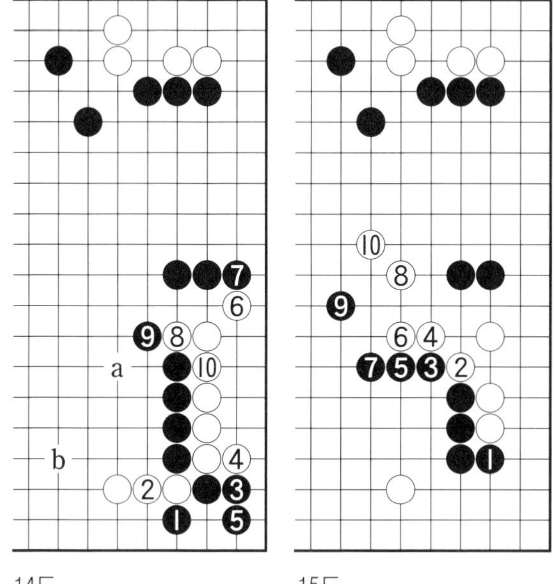

14도

15도

14도 (백, 충분)

앞 그림 8로 이 그림 흑 1에 몰고 3, 5로 살면 백 6에서 10까지 같이 살아 충분하다.

다음 흑이 바깥 단점을 방비해 a라면 백b.

15도 (세력 부수면서 타개)

흑1로 귀쪽을 막는다면 백2의 호구가 급소.

이하 백10까지 자연스럽게 흑 세력으로 미끄러져 들어가 타개하는 양상이다.

16도

16도 (연결형)

12도 2로 이 그림 흑1로 저항하는 변화.

이때는 백2, 4가 흑의 무리를 응징하는 좋은 수순이다. 흑5로 잇지 않을 수 없는데 백6, 8로 젖혀이음을 선수로 두고 10으로 날일자한다. 다음 흑a면 백b로 연결형인데, 이 결과도 백의 실리가 커서 흑의 손해임이 분명하다.

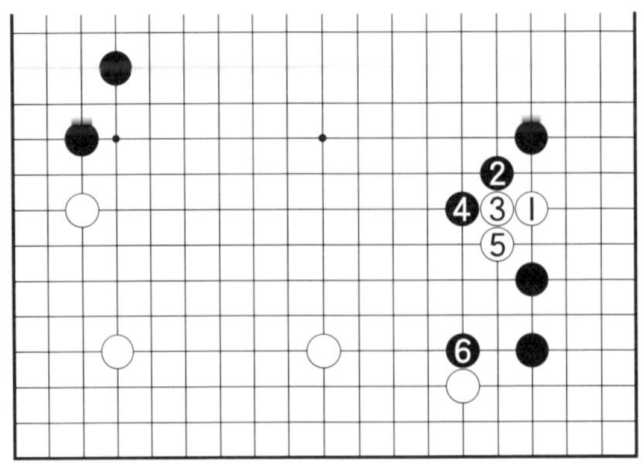

17도

17도 (접바둑용)

참고로 백1로 높이 뛰어드는 수에 대해….

이것은 접바둑에서 상수가 쓰는 상투수단의 하나로 흑2의 마늘모 씌움이 요점이다. 백3에는 흑4로 하나 두드려 놓고 6의 기대기전법으로 나간다.

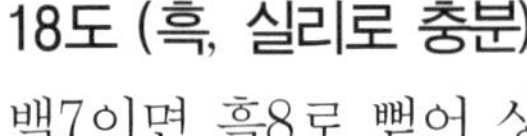
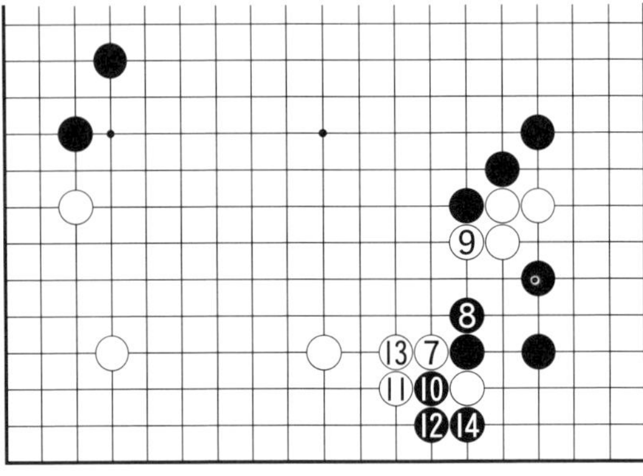

18도

18도 (흑, 실리로 충분)

백7이면 흑8로 뻗어 상하의 백을 동시에 노린다. 백9로 꼬부려 나와야 하는데 흑10 이하 14까지 흑은 귀의 실리로 충분하다.

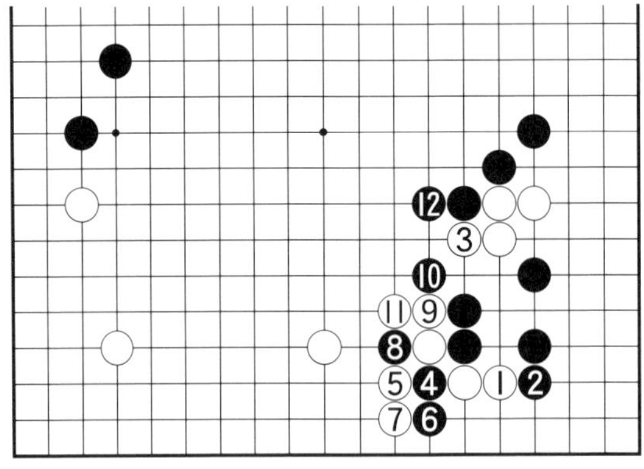

19도

19도 (백, 걸려들다)

백1에서 3이라면 흑4의 끊음이 통렬하다.

다음 백5, 7에는 흑8부터 12까지 우변 백이 보기 좋게 걸려든다.

두터움을 해체하는 협공작전

● 흑 차례

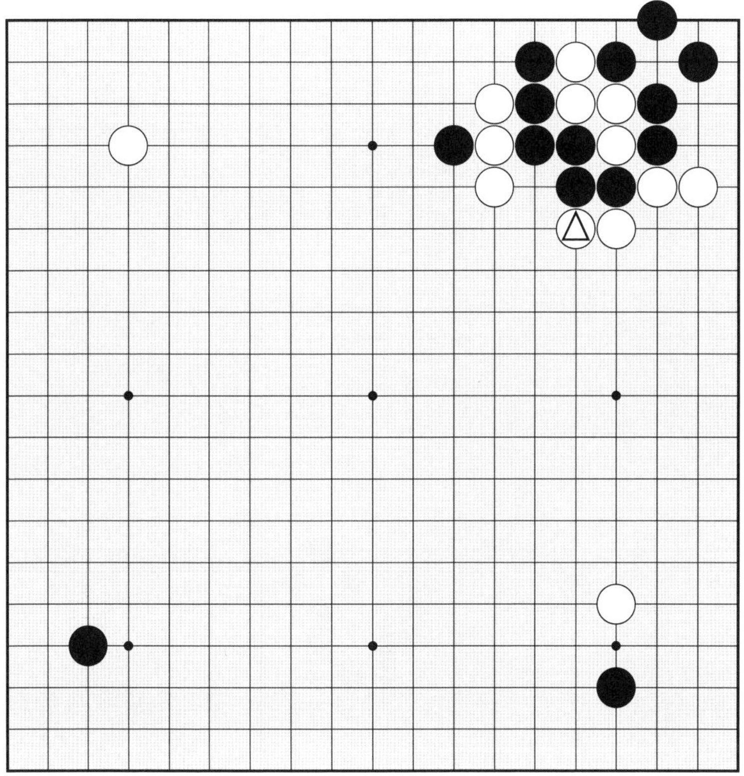

　　방금 백△로 밀어올려 우상의 정석이 일단락된 장면. 바야흐로 포석의 초점은 우하방면으로 옮겨가는데, 흑의 다음 한수라면?

　　위쪽 백의 두터운 세력을 해체하는 방향으로 행마를 가져가면 좋을 것이다.

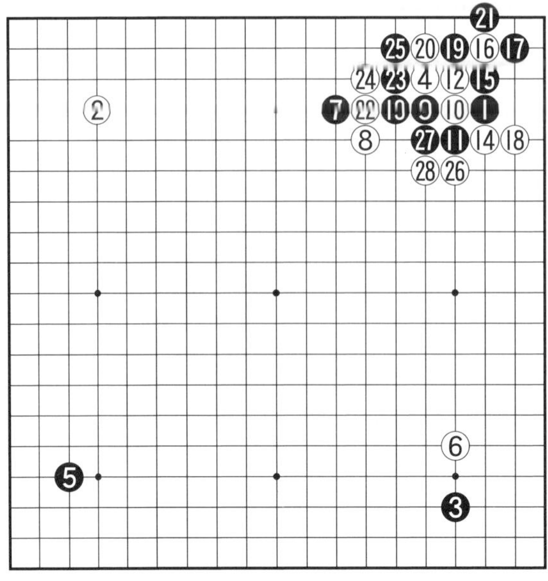

1도

1도 (가지와라 정석)

우상의 모양은 소목의 두칸높은협공에서 생긴 것으로 일명 '가지와라 (梶源) 정석'이라 불리는 형태이다.

흑15 때 백16으로 젖혀두고 18로 내려서는 것이 포인트. 넉점을 버림돌로 삼아 백22부터 돌파해 바깥을 싸바른다. 마지막 백28은 생략 가능하다.

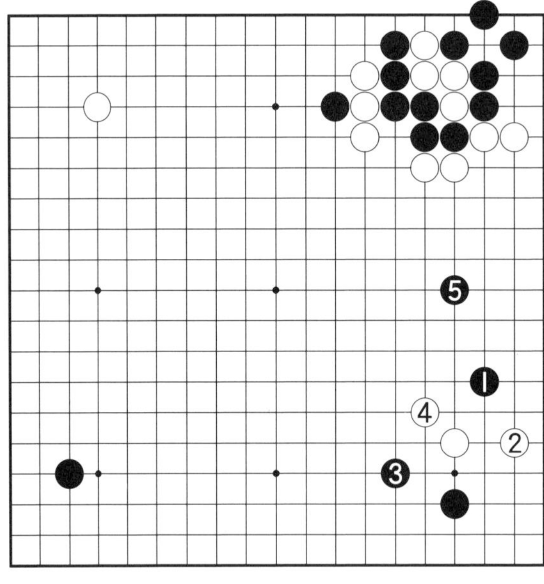

2도

2도 (낮은 협공)

우상 백의 두터움을 해체하는 방향은 흑1의 낮은 협공이 제일감이다. 이곳에 돌이 가면 백은 어떤 식으로든지 움직일 텐데 그에 따라 적절히 대응해 세력을 지우는 작전이다.

가령 백2면 흑3에서 5로 자연스럽게 우변에서 터를 잡을 수 있다.

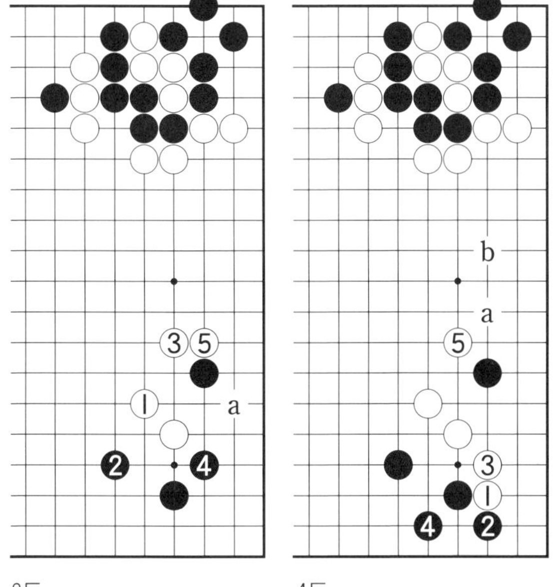

3도

4도

3도 (흑, 만족)

백1의 마늘모로 나오면 흑2로 날일자하고 백3에 흑4. 다음 백5로 막을 텐데 이것은 나중에 a의 맛도 있고 해서 흑은 실리로 만족한다.

4도 (독단)

앞 그림 3으로 이 그림 백1로 귀쪽에 붙여오면?

이하 5까지면 흑이 대번에 불리해지는 그림이 되지만(다음 흑a에는 백b), 흑2로는….

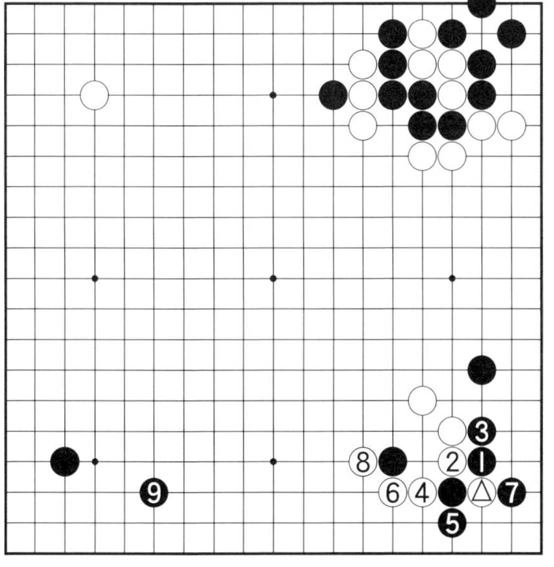

5도

5도 (흑의 반발)

백△에는 흑1로 젖혀가 백이 곤란하다. 이하 백8까지는 필연적인 정석으로, 이것이면 우상의 두터움이 빛을 잃는다.

따라서 앞 그림은 백의 일방적인 수읽기에서 비롯된 그림이었다.

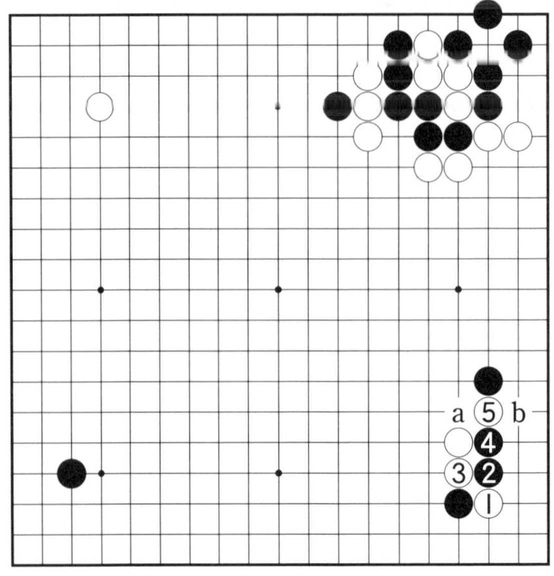

6도

6도 (흑의 선택)

그리고 백이 저음부터 1로 붙여오면 흑2, 4로 두는 정석을 취해 나쁠 게 없다. 문제는 다음 백5로 끼워올 때인데, 다음 흑은 a와 b 중 어느 쪽이 옳을까?

돌의 방향에 예민한 분이라면 금방 찾을 수 있을 것이다.

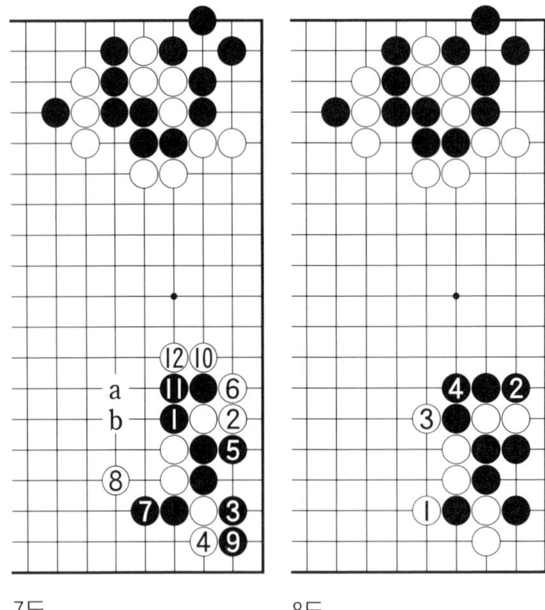

7도   8도

7도 (흑, 불리한 싸움)

흑1 이하 5까지는 익히 알려진 코스. 이때 백은 6으로 꼬부려가는 길을 택한다. 백12까지 된 다음 흑a라면 백b로 붙여 위쪽 두터움을 가동시켜 싸워 좋을 것이다.

8도 (역시 독단)

앞 그림 6으로 이 그림 백1, 3의 정석을 따르리라 생각하는 것은 역시 흑의 독단이다.

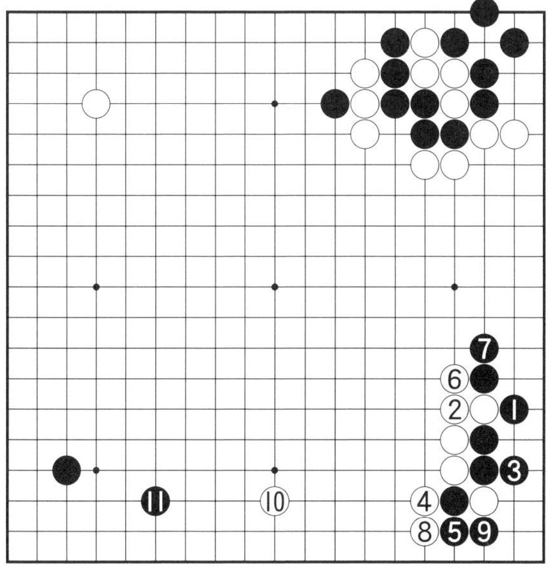

9도

9도 (흑, 좋음)

정답은 흑1로 아래쪽에서 모는 수이다. 다음 흑3으로 꼬부린 수가 침착하며 이하 9까지 일단락한다.

이것은 흑7의 돌출이 백 세력을 견제하고 있으므로 당연히 흑이 좋다. 다음 백10의 벌림에는 흑11로 두어 흑이 기분 좋은 그림이다.

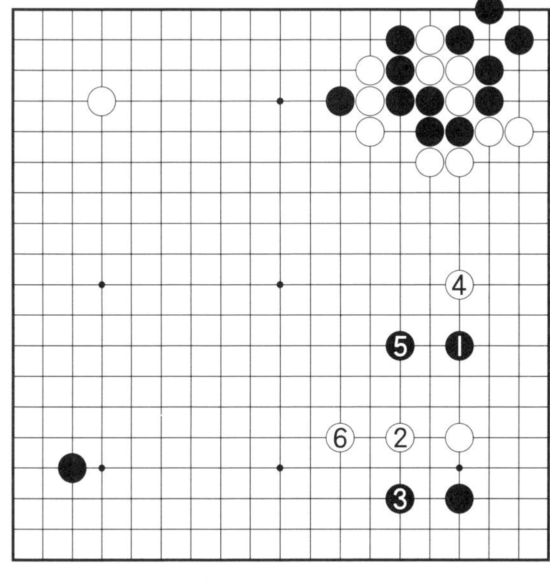

10도

10도 (의문의 협공)

같은 협공이라도 흑1의 두칸높은협공은 백에게 여유를 주어 상황이 크게 달라진다.

백2면 흑3으로 받아야 하는데 백4로 역협공하는 수가 그것이다. 이젠 우상 두터움이 크게 작용할 것 같다.

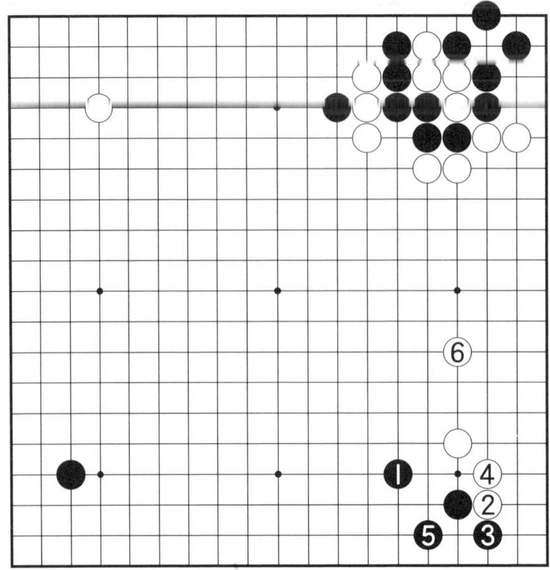

11도

11도 (너무 소극적)

협공 외의 그림 두 가지에 대해 잠시 언급하면….

먼저 흑1의 날일자로 받는 것은 무난하기는 하지만 백2에서 6의 두 칸으로 구축해 우변의 백 세력이 위협적인 모습이다. 2도초럼 적극적으로 싸우는 구상이 아쉽다.

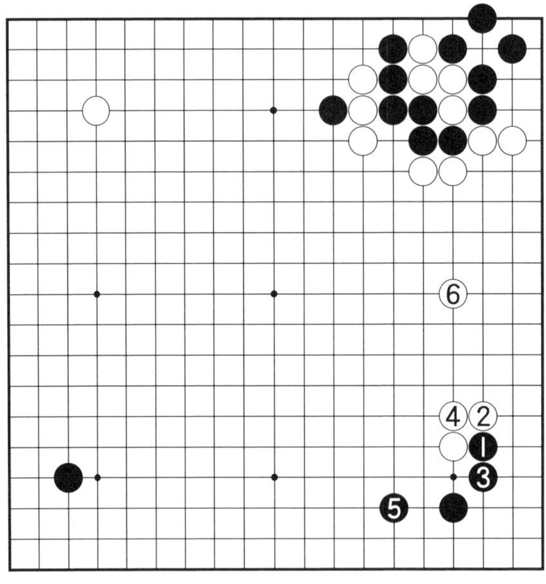

12도

12도 (무신경)

이런 국면에서 흑1, 3으로 아래붙임을 두려는 분은 무신경하다는 비난을 면치 못할 것이다.

백6까지 이것은 마치 흑 선수가 "승부 따위에는 관심 없으니 모두 가져가시오" 하며 점잔을 빼고 있는 격이 아닐까.

세력을 전투에 가담시키는 협공작전

● 흑 차례

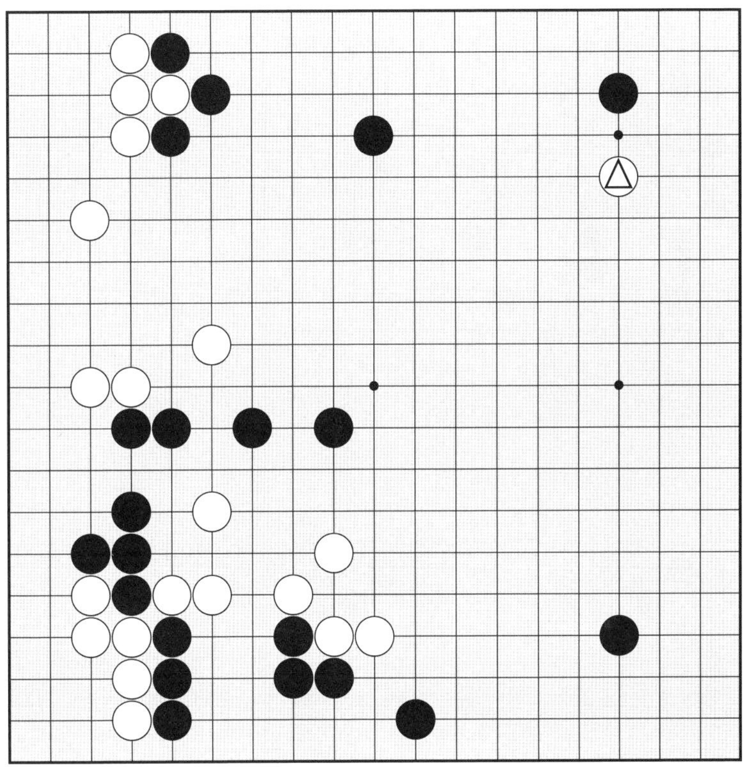

국면은 바야흐로 중앙전의 양상. 방금 우상귀의 백△로
걸쳐 왔다. 이에 대해 흑은 어떻게 싸울 것인가?
앞 테마가 상대의 세력을 분산하는 테크닉을 요구했다면
이번 테마는 좌중앙 방면에 진출한 흑의 세력을 활용해 주
도권을 잡는 방법을 묻고 있다.

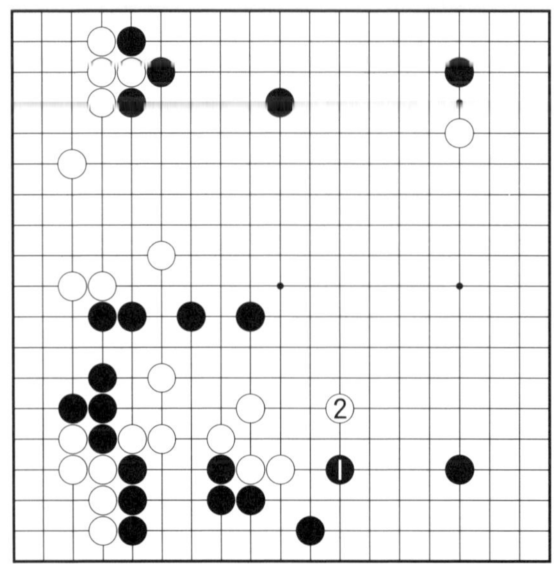

1도

1도 (빗나가다)

흑1은 집을 벌면서 좌하의 약한 백 일단을 공격하는 수. 그러나 백2로 달아나게 해 과연 득인지는 미지수이다.

　오히려 좌변에서 흘러나온 흑에 나쁜 영향을 끼치고 있다. 흑1은 한마디로 전선을 이탈한 수가 아닐까.

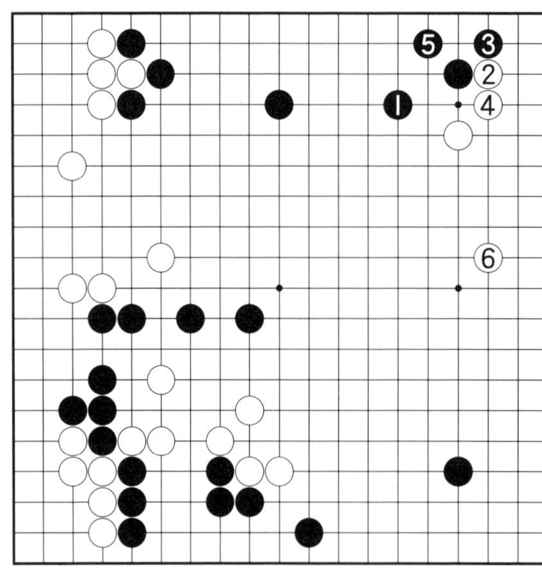

2도

2도 (시야에 문제)

초점은 역시 우상. 그런데 흑1로 받는 것은 의문이다.

　흑은 집을 에워쌌을 뿐 백이 2 이하 6까지 전개하고 나면 무얼 두었는지 모를 정도이다.

　이곳은 감각적으로 두더라도 협공을 생각해야 한다.

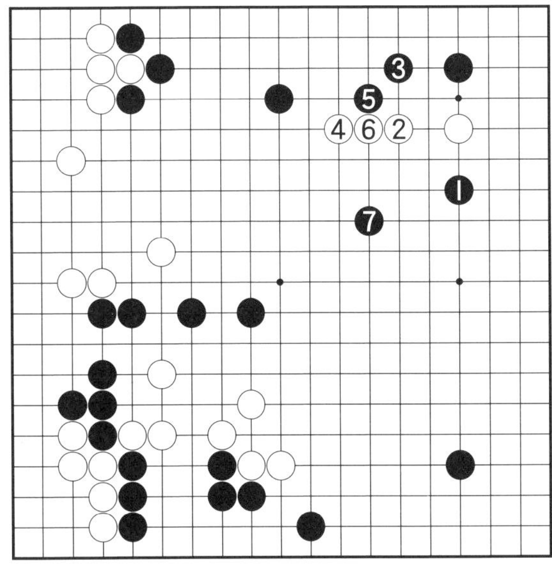

3도

3도 (한칸협공)

흑1의 한칸으로 협공하는 수가 좋다. 이렇게 타이트하게 간 것은 백에게 변화의 여지를 주지 않으려는 뜻이다. 백2, 4라면 흑3에서 5로 임시 조치하고 7의 씌움.

물론 백이 이렇게 쉽게 둘 리는 없지만 흑1이 그만큼 위력적이라는 얘기다.

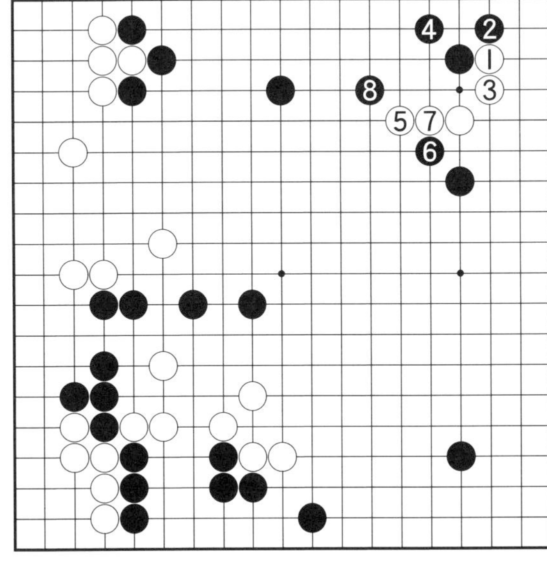

4도

4도 (공격으로 호조)

실전이라면 백1에서 3으로 붙여끌고 5로 뛰는 것이 예상되지만, 흑6으로 들여다보고 8로 받아 둔다.

향후 백은 어떤 식으로든 타개하겠지만 흑에게 공격의 부산물을 톡톡히 바쳐야 할 것 같다. 이젠 멀리 좌하 쪽에 미생인 채 떠있는 백도 눈에 들어온다.

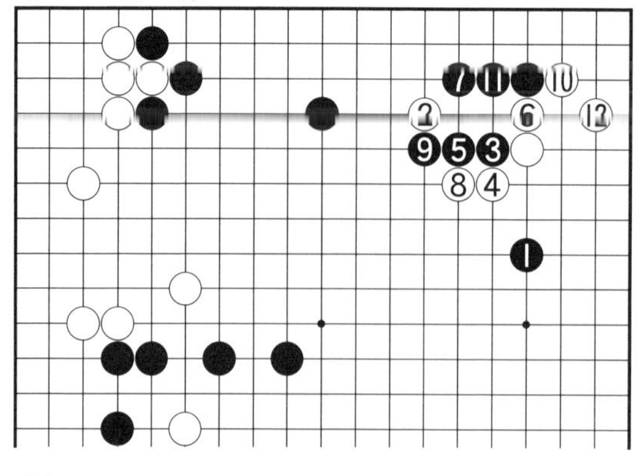

5도

5도 (느슨한 협공)

흑1의 누칸높은협공이면 백2의 눈목자로 씌우는 정석을 들고 나올 것이다.

　이하 백12까지 쉽게 안정해서는 흑은 닭쫓던 개 지붕 쳐다보는 격이 아닐까. 아무튼 흑1의 협공은 느슨하다.

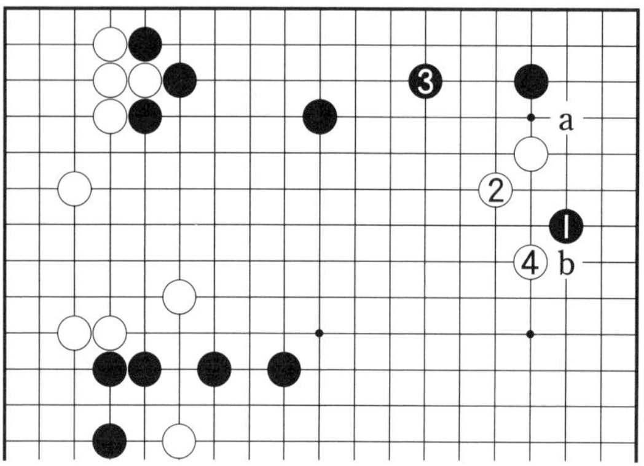

6도

6도 (백2가 좋은 수)

흑1도 거리상으로 보면 타이트한 수. 그러나 위치가 낮아 백2에서 4로 씌우는 리듬을 허용한다. 다음 흑a면 백b.

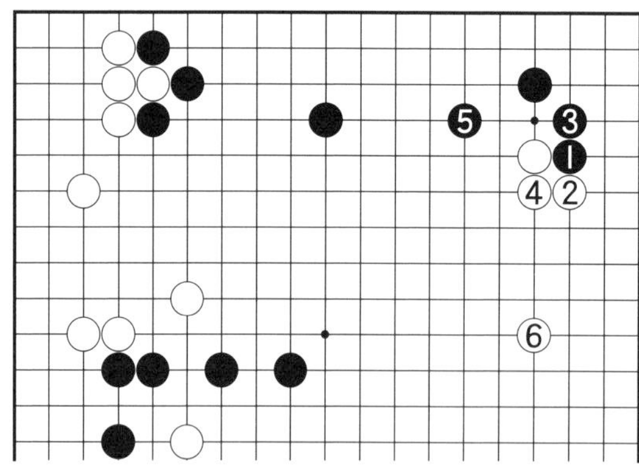

7도

7도 (무책)

마지막으로 흑1, 3으로 붙여끄는 수. 앞 테마에서도 이런 장면이 나왔는데, 흑은 책략이라고는 전혀 쓸 줄 모르는 선량한 기객이라 해야 할지….

　백6에 전개하면 거꾸로 좌중앙의 흑이 걱정된다.

흐름을 주도하는 경쾌한 변신

● 흑 차례

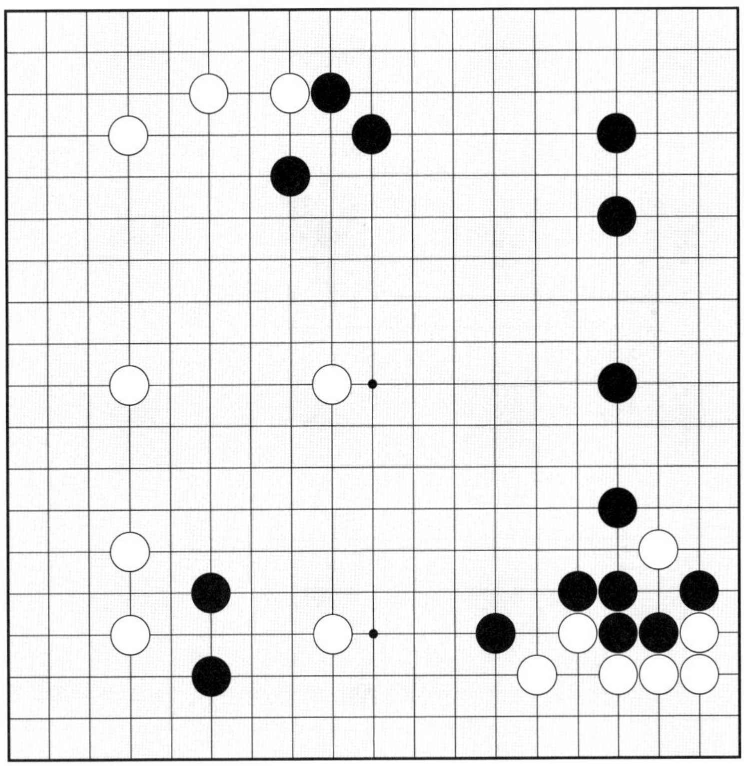

쌍방의 대세력이 맞서고 있는 바둑. 백 세력 속에 들어 있는 좌하 흑 두점을 어떻게 처리하느냐가 초점이다.

천원 부근의 백돌에도 주의. 이 돌이 작용하도록 행마를 가져가서는 자칫 불리를 초래할 수 있다.

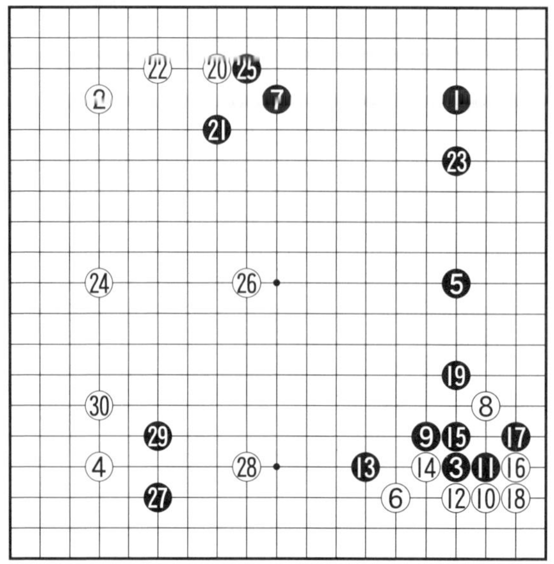

1도

백6의 걸침에 흑7로 4연성을 펴고 백8에 흑9 이하 19까지는 일관성 있는 하나의 구상이다. 흑21, 25가 오면 백26은 시급한 삭감으로 보여진다.

　여기서 흑27로 걸쳐가 이 부근의 공방이 어찌되느냐 하는 것이 문제의 장면이다.

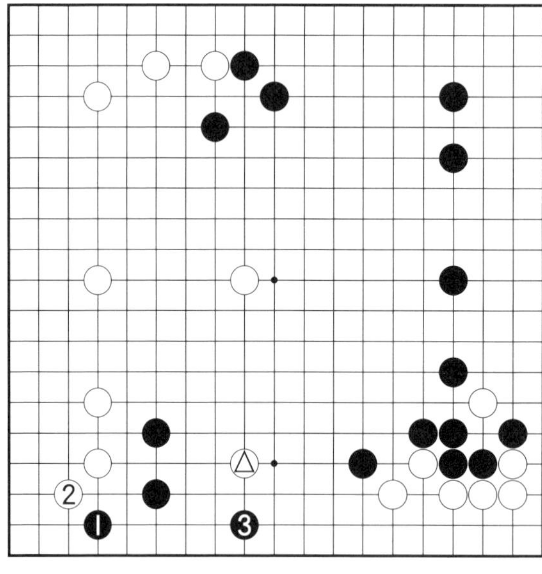

2도

2도 (정석이지만)

흑1로 달리고 3으로 미끄러지는 것은 정석이지만, 백△ 한점이 가볍게 활용되고 있는 꼴이어서 흑이 미진한 느낌을 지울 수 없다.

　이젠 천원 부근의 백돌이 확실하게 중앙 삭감의 교두보로 자리한 모양이다.

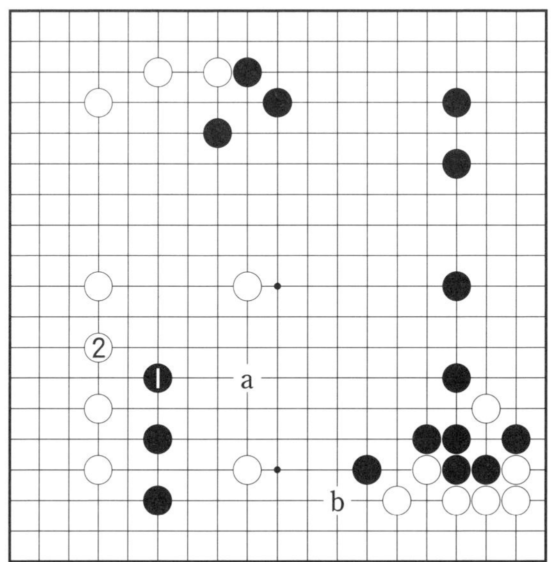

3도

3도 (흑, 무겁다)

그렇다고 곧장 흑1로 뛰면 백은 즐겁게 2로 받아둔다. 이것으로 흑은 돌이 무거워져 부담이 가중된 모습이다.

다음 흑a로 뛴다면 백b로 건너더라도 백은 불만 없으며, 계속해서 왼쪽 흑 석점의 엷음을 노린다.

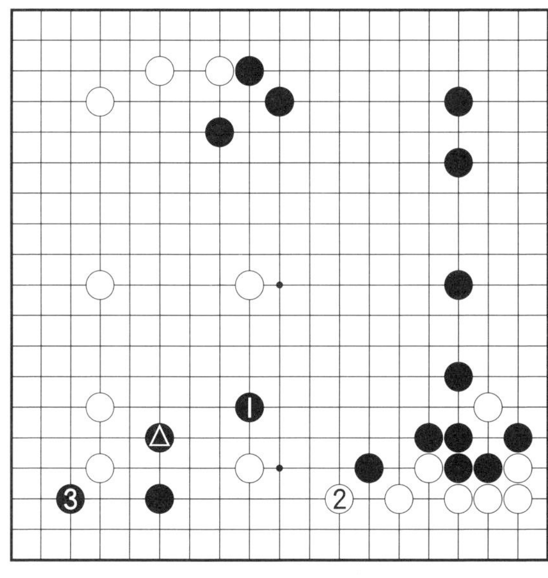

4도

4도 (경쾌한 씌움)

흑1로 씌워가는 것이 경쾌한 감각. 백2로 건너지 않을 수 없을 때 흑3으로 3三에 뛰어든다.

얼핏 흑▲의 뜀이 있는데서 귀에 들어가는 것이 이상해보이지만 실은 이것도 하나의 정석이다.

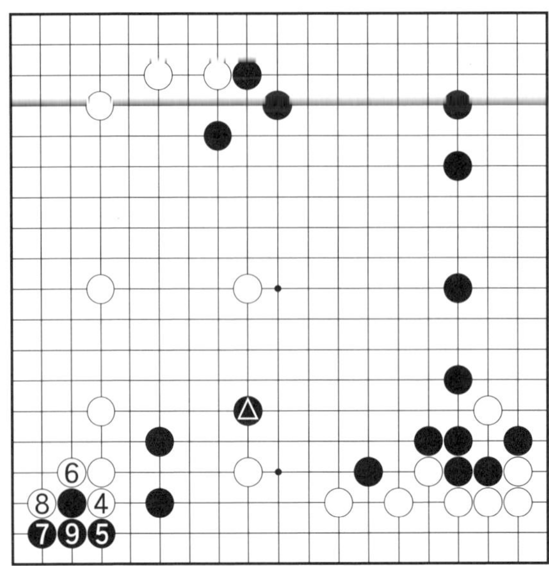

5도

5도 (흑, 만족)

계속해서 백4에서 6, 8 로 처리하는 정도의 곳 인데, 이것이면 흑은 귀 의 안정과 중앙 세력의 삭감이라는 두 가지 목 적을 달성했다고 할 수 있다.

여기서 흑▲로 씌워 둔 효과에 주목한다.

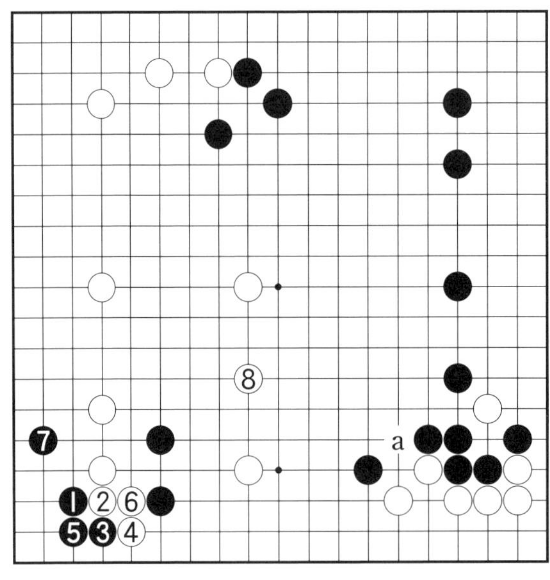

6도

6도 (백8, 절호점)

4도 1로 이 그림 흑1에 그냥 뛰어드는 것은 어 떨까?

이젠 백2, 4로 차단해 와 바깥 사정이 크게 달 라진다. 흑7까지 살게 한 다음 백8로 뛰는 수가 절 호점으로, 흑 두점이 크 게 들어갈 태세이다. 더 구나 백a의 젖힘마저 노 림 받게 된다. 이를 앞 그림과 비교해보라.

능동적이고 짜임새 있게 구상하라

○ 백 차례

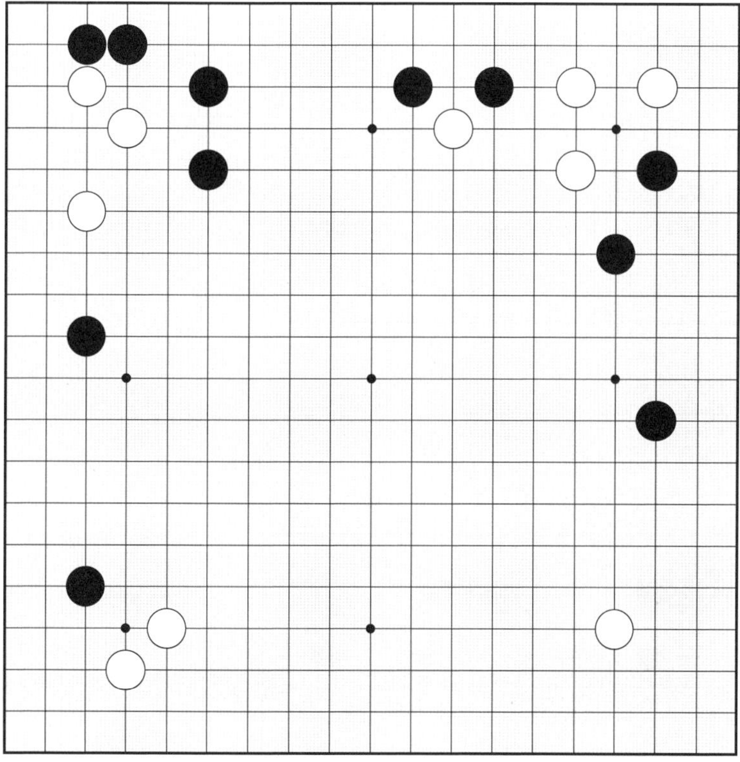

　　백으로서는 하변을 어떻게 운영하느냐가 당면 과제이다.
그 전에 우변을 적당히 요리할 수 있다면 좋겠지만, 좌상
백도 약해 성급하게 굴다가는 오히려 화를 부를 수도 있을
것이다.
　　뭔가 능동적이고 짜임새 있는 구상을 생각해보자.

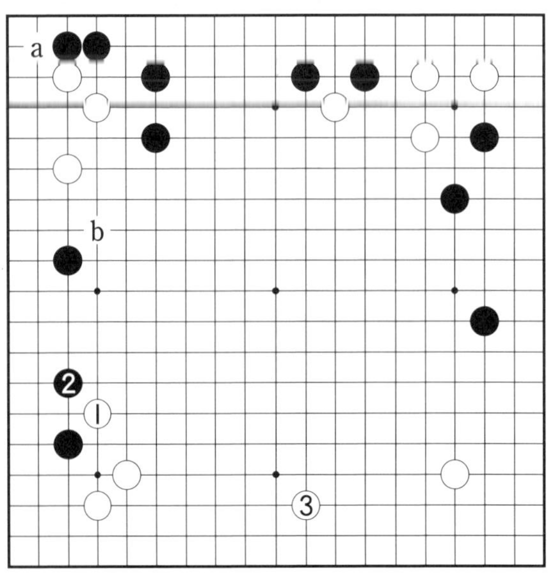

1도

1도 (좌변을 가볍게 보다)

우선 좌상의 백이 약하다는 점에 주의할 필요가 있다. 즉 흑a면 백b로 달아나야 하므로 좌변에서 직접 준동하는 것은 자제해야 한다.

정해가 되는 첫수는 좌변을 가볍게 보는 백1의 씌움. 흑2에 백3으로 하변의 큰 자리를 차지해 백의 포석이 그럴 듯하다.

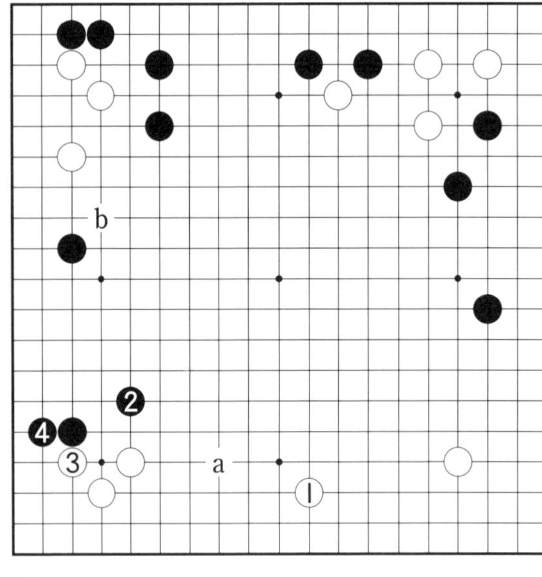

2도

2도 (흑2가 호점)

단순히 백1로 벌리는 것은 그야말로 생각이 단순하다. 거꾸로 흑2로 날일자하는 수가 호점이 된다.

이젠 하변 백진의 폭이 크게 좁아졌을 뿐 아니라 흑a의 침입이 노골화되었다. 역시 앞 그림 백1처럼 아낌없이 씌우고 가야 했던 것.

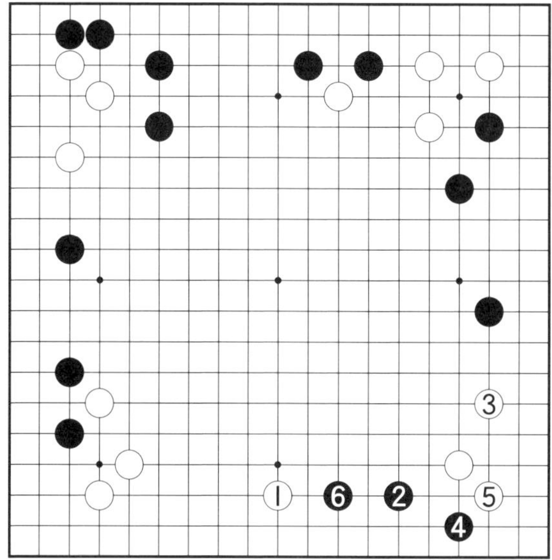

3도

3도 (한 줄의 차이 1)

1도의 백3은 여기까지 넓히는 게 적정선. 이 그림 백1이면 흑2로 걸쳐 오는 여유가 생긴다. 백3으로 받는다면 흑4에서 6으로 쉽게 안정해 결과적으로 좌변 흑진만 굳혀준 꼴이다.

물론 백3은 이렇게 고분고분 받는 게 억울하긴 하다. 이 수로는⋯.

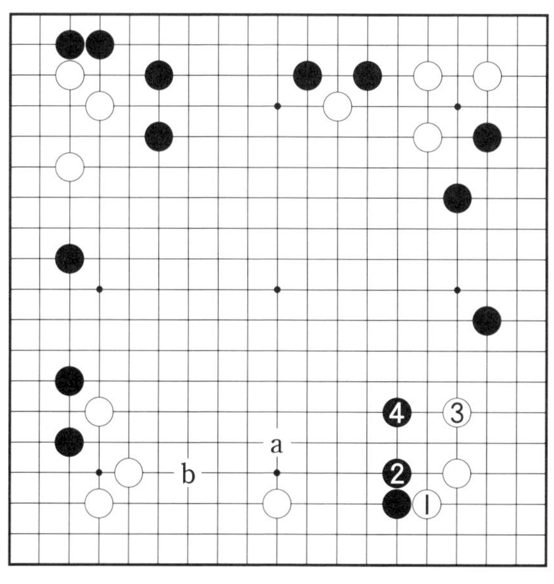

4도

4도 (한 줄의 차이 2)

백1로 붙여세우고 3으로 뛰는 수는 어떤가?

그러나 이것도 흑4로 뛰는 수가 당당한 자세. 다음 흑a의 모자씌움, b의 갈라침을 보아 백이 재미없을 것이다.

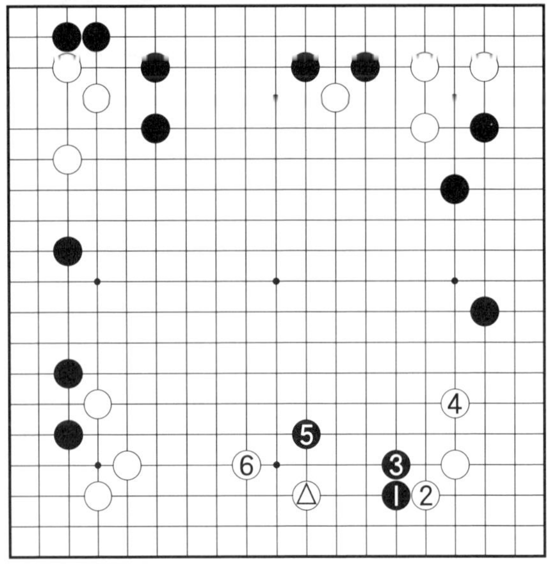

5도

5도 (껄끄럽다)

1도에서처럼 백△로 멀린 경우라면 흑1로 걸쳐오기가 껄끄러울 것이다. 이제 백2, 4의 공격이 제격. 흑은 5로 벗어나는 정도인데 백6으로 하변을 슬슬 굳히며 흑에 대한 공격을 엿본다.

한 줄의 차이가 공수관계를 이렇게 바꿔놓는 것이다.

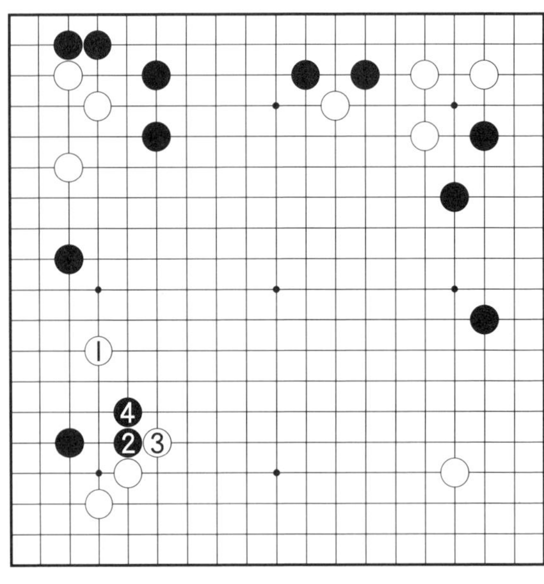

6도

6도 (무리한 침입)

처음부터 계속 강조한 사항이지만 백1로 좌변에 직접 쳐들어가는 것은 흑2, 4로 붙여나와 혼전이 될 것 같다.

필시 좌상에 약한 말을 두고 있는 백이 괴로운 싸움이 예상된다. 역시 1도가 산뜻한 구상이었다.

타개를 함축한 압박작전

○ 백 차례

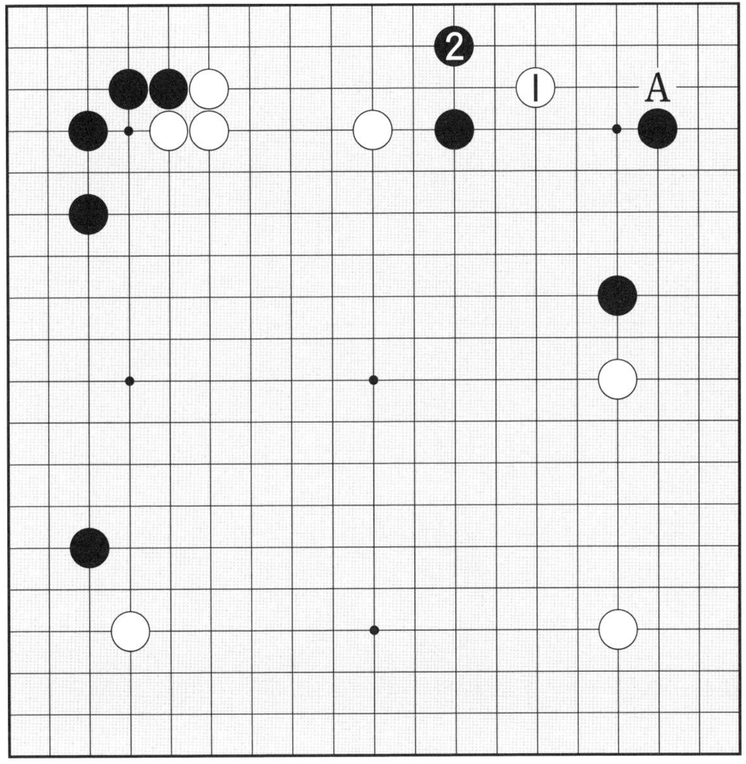

백1로 뛰어들자 흑2로 강력하게 차단하고 나왔다. 여기서 백의 다음 한수를 궁리하기 바란다.

첫수가 잘 떠오르지 않으면 보통처럼 A로 붙이는 정석을 따르는 것이 과연 좋을지, 우선 그것을 검토해 보고 다른 수단을 찾는 것도 하나의 방법이다.

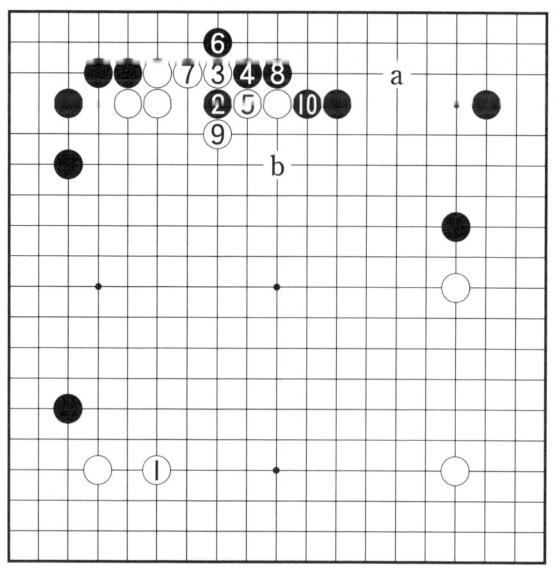

1도

1도 (서두른 이유)

먼저, 상변노 백1의 침입을 굳이 서두른 이유가 있다.

가령 백1로 좌하를 응수하면 흑2로 뛰어드는 수가 통렬하다. 백은 분단을 피해 3으로 붙여 수습하는 정도인데, 이하 흑10까지 굳혀 이제는 백a 따위의 침입은 엄두도 못 낼 것이다. 더구나 흑b의 날일자가 호점.

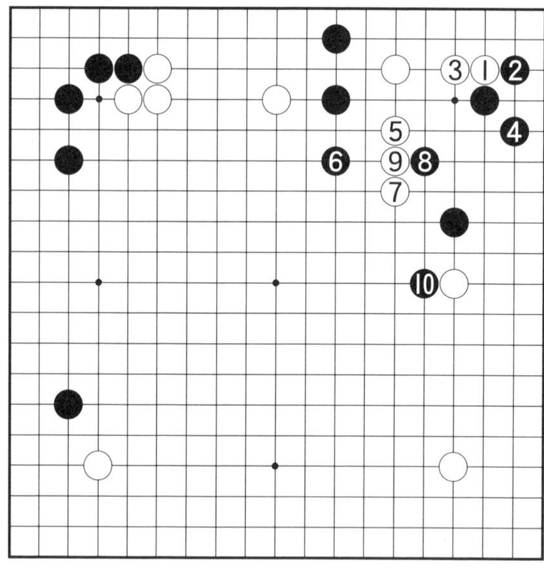

2도

2도 (백, 무겁다)

백1의 붙임은 흔히 두는 정석을 생각한 것이지만, 흑2로 귀쪽에서 받는 것이 좋은 수이다.

이하 백의 행마에서 보듯 무거운 말을 이끌고 나와서는 결국 흑10과 같은 기대기공격을 허용할 가능성이 높다.

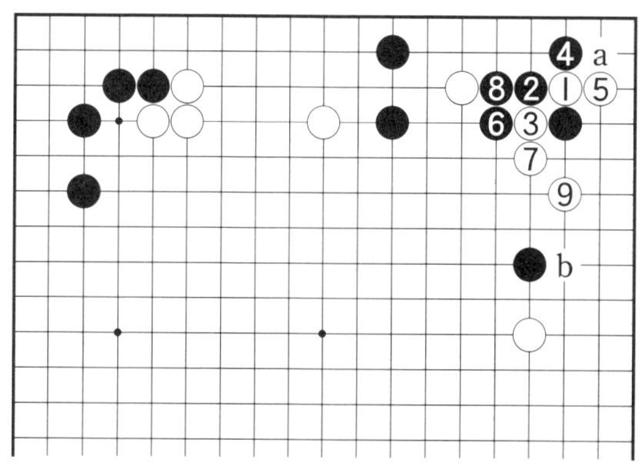

3도

3도 (백의 독단)

기력이 약한 분을 위해 굳이 짚고 넘어가는 그림.

백1 때 흑2로 젖혀만 준다면 백3으로 맞끊어 타개한다. 백9로는 원래 a가 정석이지만 여기서는 b의 넘음을 보는 임기응변이다.

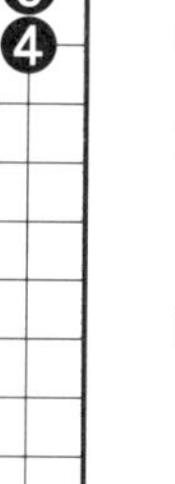

4도

4도 (백, 나쁨)

백1로 붙여 3, 5로 두는 것도 신통치 않다.

2도보다 하등 나을 게 없는 모양이다.

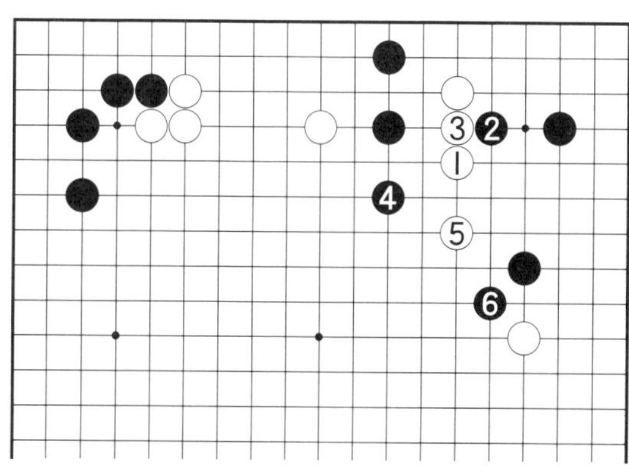

5도

5도 (고지식)

백1로 뛰는 것은 너무 평범하다.

흑2에서 4로 추격하고 6으로 갈라나와 역시 백의 고생길이 훤하다.

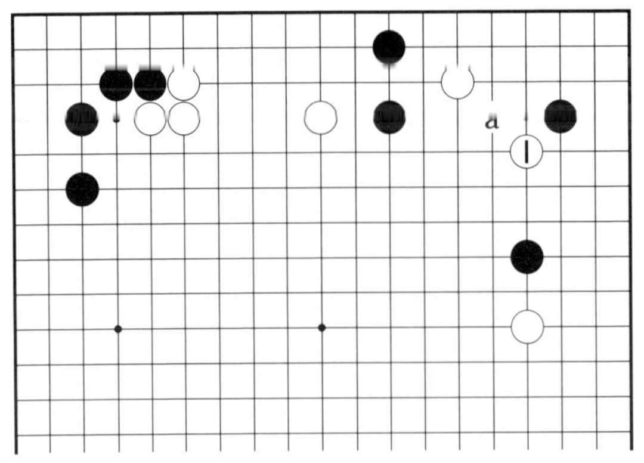

6도

6도 (타개의 밭전자)

백1의 밭전자 행마가 타개를 보장하는 유일한 출구이다. a의 곳 연결을 생략한 듯한 이 밭전자는 잘 떠오르지 않는 수인데, 때로는 이렇게 유력한 기대기 전법이 되기도 한다.

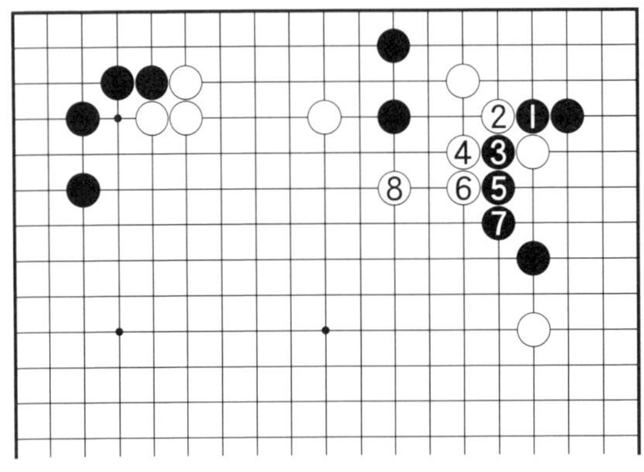

7도

7도 (나와끊으면)

흑1에서 3으로 나와끊는다면 백4, 6으로 밀어두고 8의 곳으로 뛰어서 좋다.

더구나 이 수가 위쪽 흑 두점을 압박하는 모자가 되어서 금상첨화다.

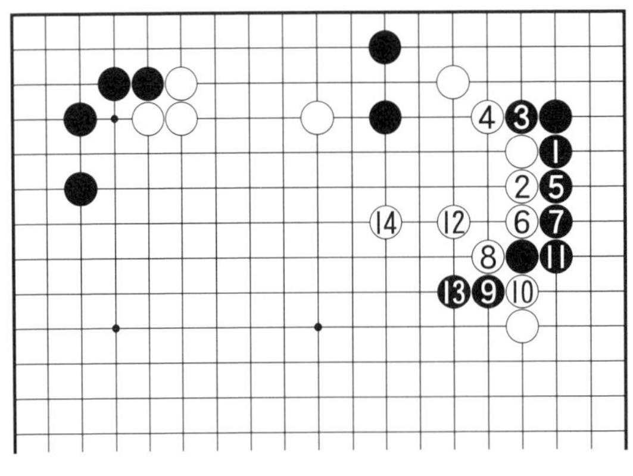

8도

8도 (수습 성공)

흑1로 받는다면 백2 이하로 쉽게 중앙으로 빠져나간다. 수순 중 백6은 이렇게 치받는 한수이며, 흑9에는 백10으로 끊어가는 수가 자랑이다. 이 그림 역시 상변 흑 두점을 공격하며 쉽게 탈출한다.

집짓기보다 공격으로 주도하라

● 흑 차례

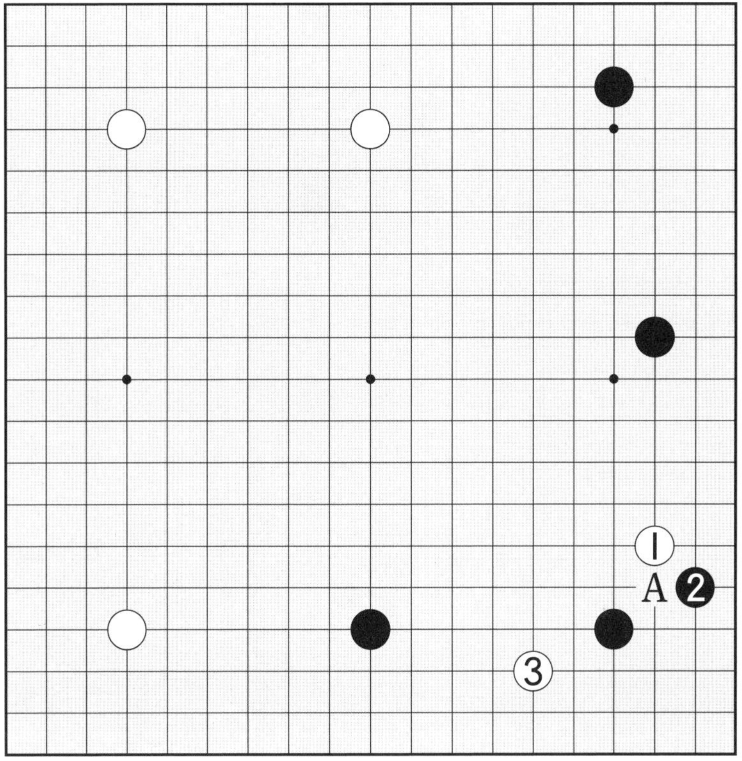

　흑은 우변에 중국식, 백은 좌변에 2연성으로 출발한 포석. 거기서 각각 변의 화점을 차지하고서 방금 백1에서 3으로 양걸침을 해왔다. 흑2로는 A의 마늘모붙임이 보통이지만, 2는 이것대로 의미를 갖는 수이다.

　흑으로서는 침입한 백을 어떻게 공격해 주도권을 잡을 것인가가 초점이다.

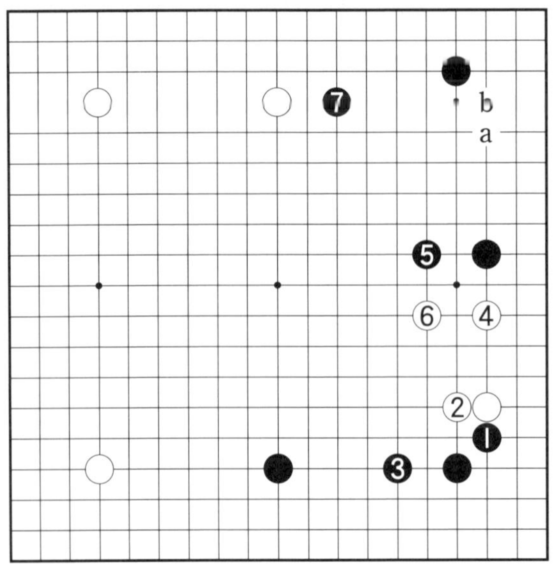

1도

1도 (공격의 리듬)

장면도 2로는 이 그림 흑
1의 마늘모붙임이 보통
이라고 했는데, 다음 3으
로 뛰어두고 백4의 벌림
에 흑5의 뜀이 요점이다.
백6과 교환한 다음 유유
히 기수를 돌려 흑7로 품
을 넓힌다.

들어온 상대의 수습
을 기다려 집을 벌면서
공격하는 아주 이상적인
흐름이다. 다음 백a에는
흑b로 같은 요령이다.

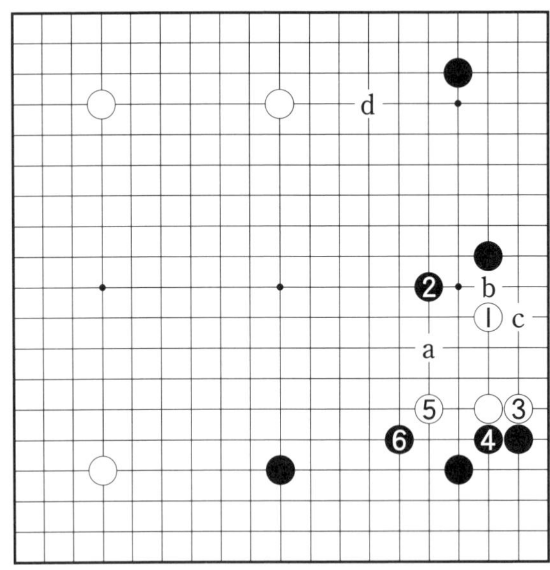

2도

2도 (흑, 유리)

그리고 장면도 3으로 이
그림 백1에 벌린다면 흑
2의 날일자로 공격하는
한수이다.

백3은 근거의 요소인
데 흑4에서 6으로 덮어
씌워 압력을 가한다.

다음 백a라면 흑b, 백
c를 교환해 두고 흑d로
충분한 국세이다.

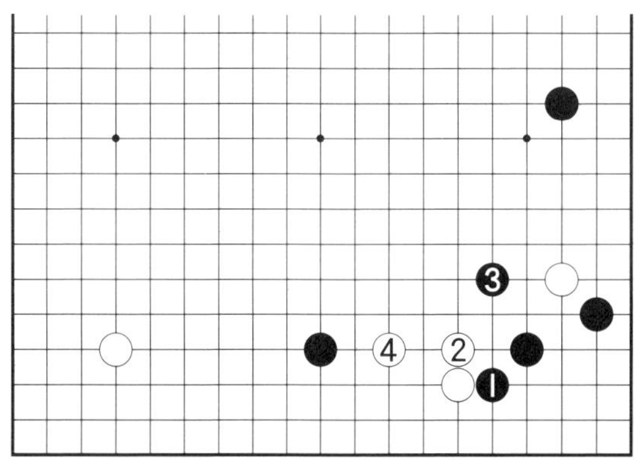

3도

3도 (갈라나감)

이번 테마로 돌아가 여기서도 흑1, 3으로 백을 갈라나가는 것이 준엄한 수법이다. 오른쪽 백의 날일자 교환을 악수로 만드는 의미도 있고, 역시 공격의 이상형이라는 것을 쉽게 알 수 있을 것이다.

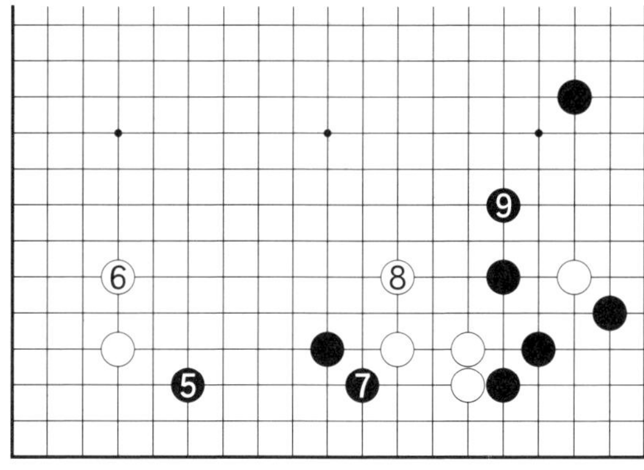

4도

4도 (공격 호흡)

계속해서 흑5로 걸쳐 7로 다가서는 호흡이 중요한데, 하변 흑을 적당히 강화하면서 오른쪽 백을 공격하는 리듬이다.

다음 백8로 뛰지 않을 수 없고, 거기서 흑9로 우변의 세력을 키워 간다.

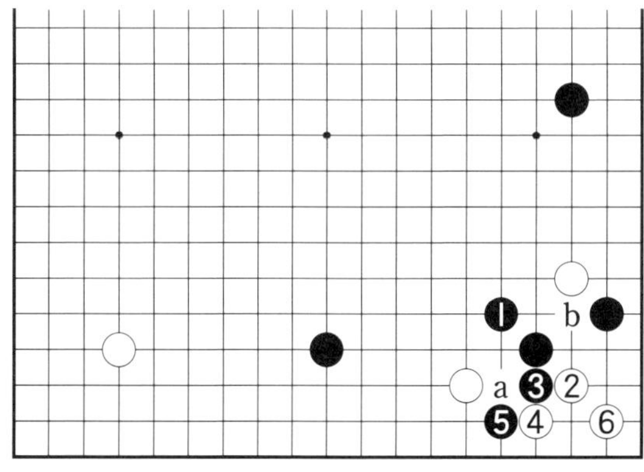

5도

5도 (3三침입)

a의 붙임을 생략한 채 그냥 흑1의 마늘모면 백2의 3三침입이 급소가 되는데 유의한다.

흑3의 차단에 백은 4, 6의 맥으로 다음 a와 b의 끊음이 맞보기가 되는 사정이 그것이다.

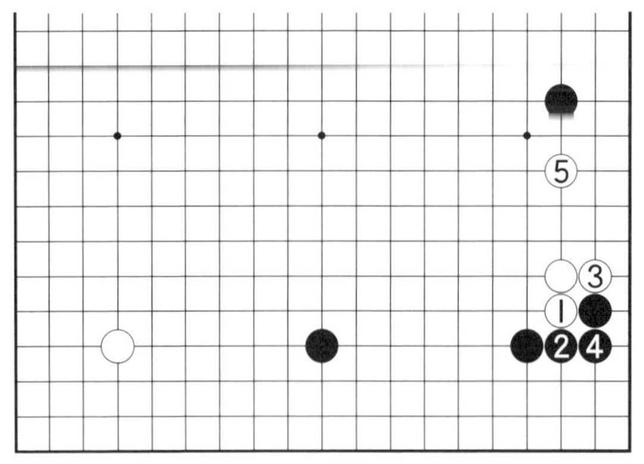

66도

6도 (백1, 속수)

다음은 아마추어 실전에서 많이 나오는 장면인데, 백1로 찌르고 3으로 막는 수에 흑4로 잇는 사람이 많다. 백5로 물론 안심이다.

날일자를 치받은 백1의 속수를 어떻게 응징해야 할까?

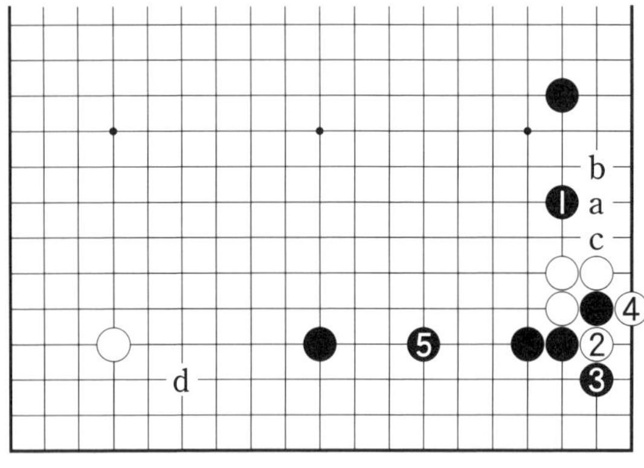

7도

7도 (응징)

앞 그림 4로는 이 그림 흑1로 다가서는 것이 호착. 백2, 4로 끊어잡으면 다시 흑5로 발 빠르게 둔다.

다음 백a, 흑b, 백c, 흑d의 진행을 예상하면 일그러진 백 선수의 얼굴이 눈에 선하다.

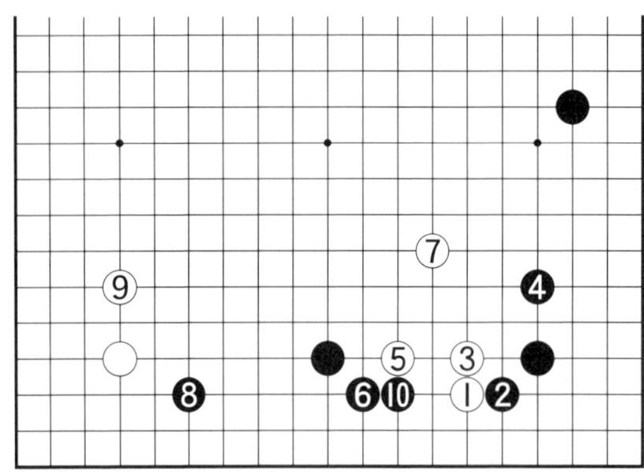

8도

8도 (흑, 호조)

처음부터 백1로 이쪽을 걸쳐온다면 흑2, 4로 1도에서 얘기한 그대로의 리듬이다.

이하 흑10까지 하변과 우변을 동시에 굳히며 백을 공격해가서 충분하다.

공격 포인트를 포착하라

● 흑 차례

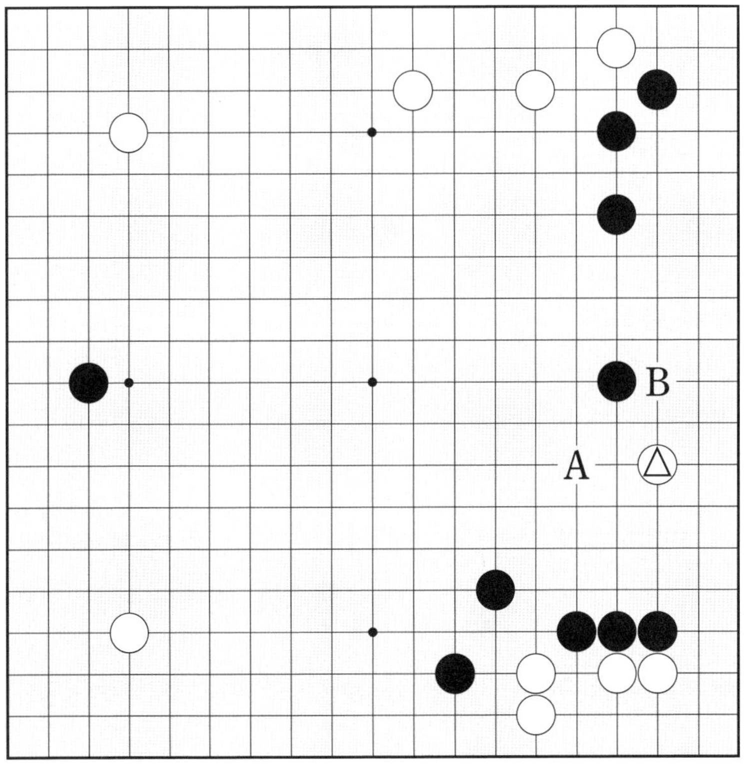

우변은 3연성 포진에서 생긴 모양. 방금 백△로 뛰어들었는데, 과연 어떨지…. 만약 이런 수가 통한다면 흑의 포석에 처음부터 문제가 있었다는 얘기가 될 것이다.

그러나 공격의 포인트를 제대로 포착하지 못하면 무리한 수인지 알면서도 속절없이 당하는 예가 허다하다. 자, 흑의 대응수단을 A와 B 중에서 찾아보자.

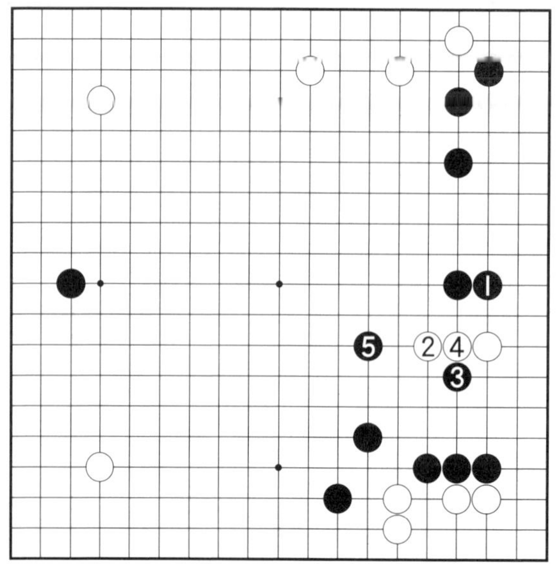

1도

1도 (철주 공격)

공격의 포인트는 흑1로 철주를 내리는 수. 백2에는 흑3, 5. 근거를 없애 놓고 백을 밖으로 내모는 전형적인 패턴이다.

흑1로 2에 씌우는 변화는 잠시 후에 나오는데, 자칫 잘못하면 우변의 집이 크게 부서지고 껍데기만 남을 우려가 있다.

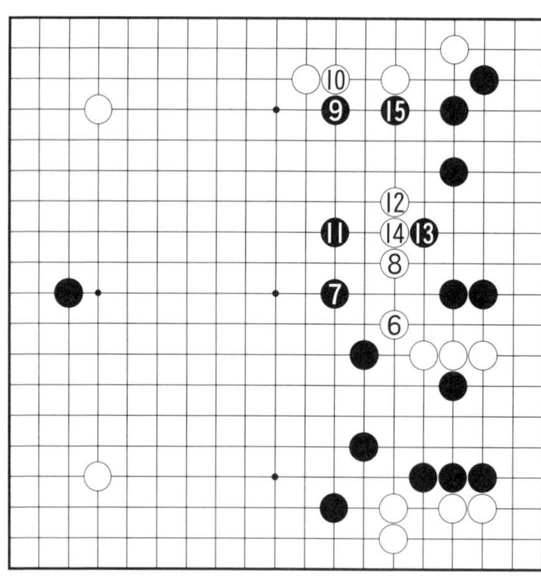

2도

2도 (공격의 전형)

계속해서 백6이라면 흑7의 날일자 이하 호쾌한 공격이 이어진다.

도중 흑9로 들여다보는 잽이 좋은 수이며 11도 중요한 방향이다.

결국 흑15의 기대기로 나서 백이 수습하기 괴로운 모습이다.

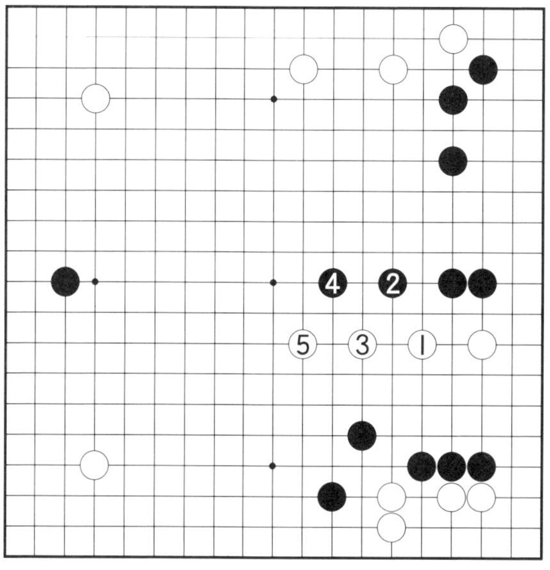

3도

3도 (방향이 거꾸로다)

백1로 달아난 수에 흑2 이하의 추격은 방향에 문제가 있다. 흑은 그저 쫓아가고 있을 뿐 공격의 효과를 기대하기 힘들다.

오히려 아래 자신의 약한 말 쪽으로 몰아 거꾸로 공격을 받으러간 꼴로, 앞 그림과 같은 양 동작전의 즐거움은 온데 간데 없게 되었다.

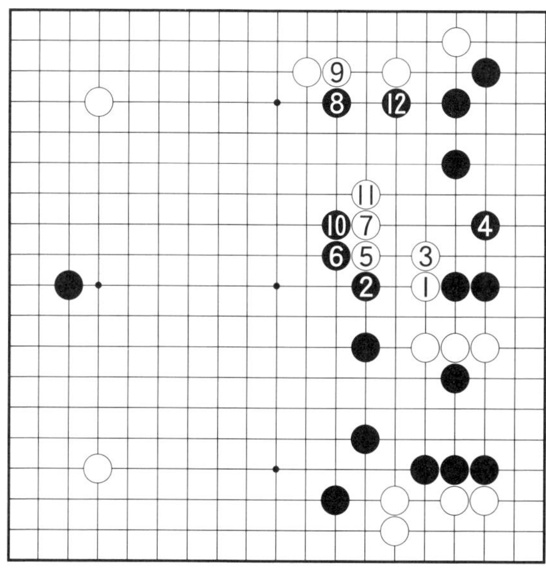

4도

4도 (흑, 호조)

2도 6으로 이 그림 백1로 붙여 나오면?

이때는 흑2로 뛰는 것이 좋은 수. 백3이면 흑4로 지켜 두고 이하 12까지 앞서 본 기대기의 요령 그대로이다.

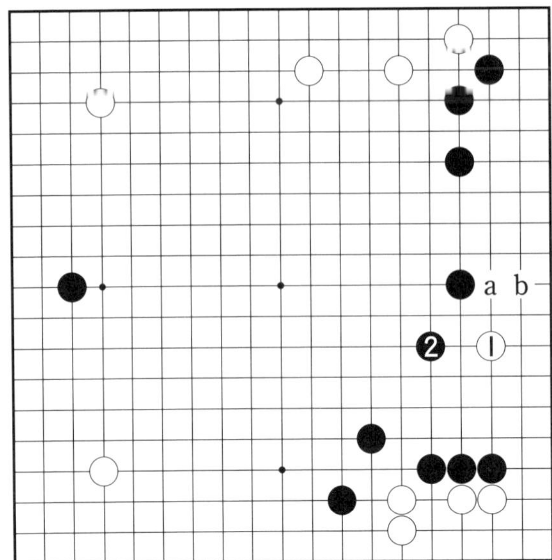

5도

5도 (날일자씌움)

이번에는 백1에 대해 흑2로 씌우면 어떨까?

호쾌하기는 하지만 결과가 따르지 않아서는….

다만 여기서는 백의 대책을 궁리해 보자. 백의 다음 한 수는 a인지 b인지 생각해본다.

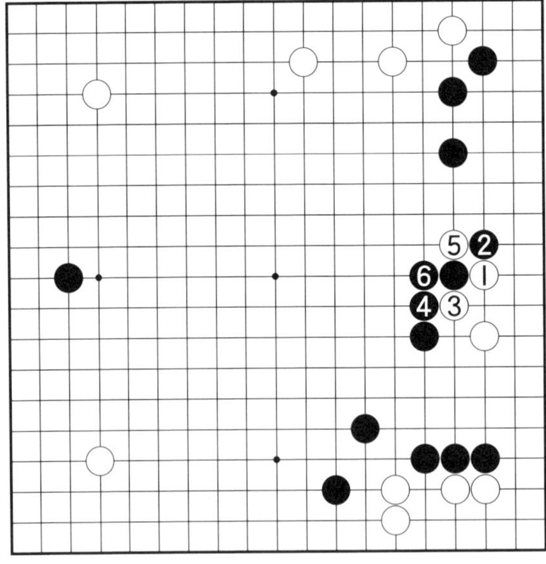

6도

6도 (속수 같지만)

백1로 붙이는 것이 정답. 흑2에 백3으로 부풀리고 5의 단수가 듣는 게 자랑이다.

속수 같지만 이것으로 알기 쉽게 삶을 꾀할 수 있다.

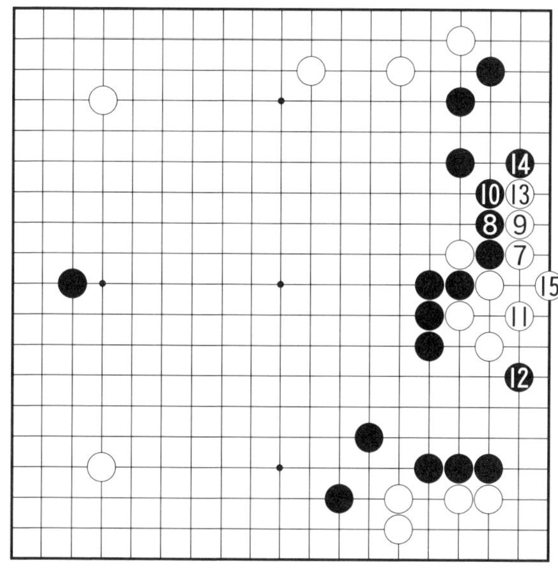

7도

7도 (백11, 급소)

계속해서 백7에서 9로 밀어두고 11의 자리가 눈모양의 급소로 이하 15까지 완생한다.

물론 이것으로 백이 유리한 국면이냐 하면 그렇지는 않다. 바둑은 이제부터다. 백이 우변을 부수고 살긴 살았으나 그에 상응하는 세력을 흑에게 허용했기 때문이다.

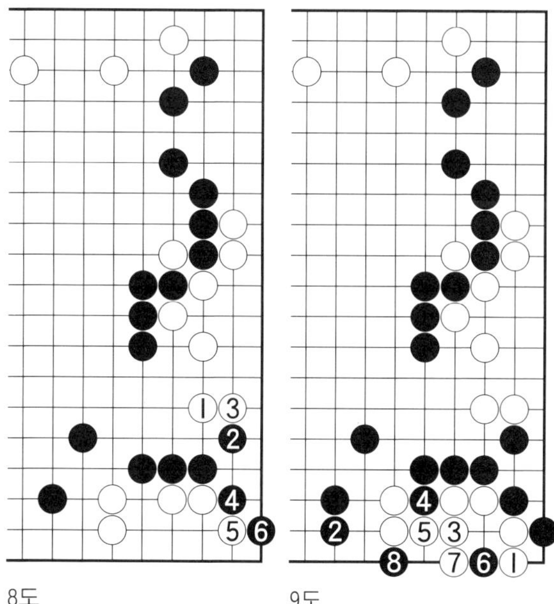

8도   9도

8도 (귀에 영향)

앞 그림 15로 이 그림 백1로 넓히는 것은 다소 문제이다. 흑2에서 4, 6으로 젖혀와 우하귀가 괴롭게 된다.

9도 (백, 죽음)

만약 백1로 내려서면 장차 흑2로 두는 수가 통렬한 급소 일격이다.

이것으로 귀의 백은 죽음이다. 이하는 그것을 확인하는 수순.

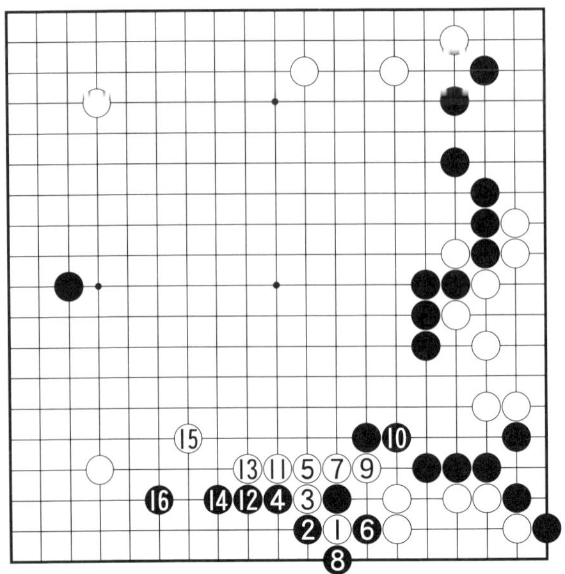

10도

10도 (공격의 효과)

또, 백1로 붙이는 수에
는 흑2로 젖혀 싸운다.

백3으로 맞끊을 수밖
에 없고 이때 흑4로 몰
아두고 6으로 잡아 이하
16까지, 공격의 효과로
하변을 차지해서 흑은
충분하다.

11도 (흑, 맛만 나쁘다)

처음으로 돌아가, 백△
에 대해 흑1로 느는 것도
생각되지만 오히려 맛만
나쁘다. 백을 잡을 수 있
으면 좋겠지만 백2, 4로
나와끊어 이하 10까지
훌륭한 삶이다.

12도 (백, 괴롭다)

백1로 그냥 달리는 것은
문제. 흑2, 4로 평범하
게 막으면 백5, 7로 삶
을 꾀해야 하는데 귀쪽
에 나쁜 영향을 끼친다.
더구나 우변의 백은 확
실히 살아 있지도 않다.

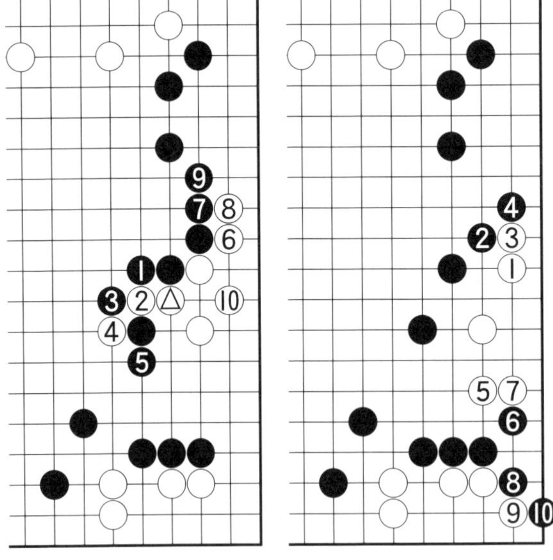

11도   12도

16형

중반의 입구에서

○ 백 차례

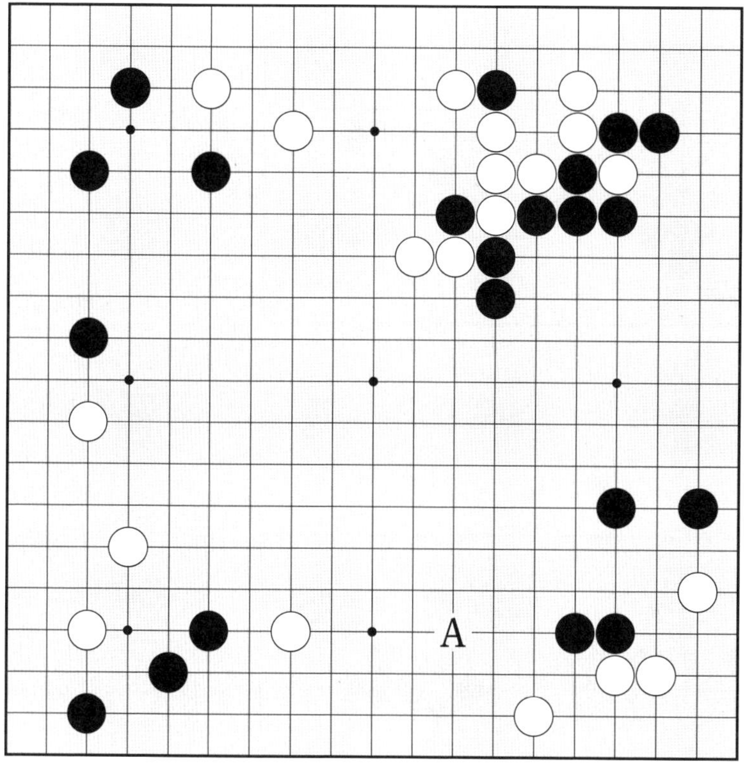

　바둑은 바야흐로 중반의 입구. 한번쯤 형세판단을 해보고 새롭게 작전을 구상해야 할 그런 때인데, 아무래도 우변의 흑 세력이 커 보인다.

　방치하다 흑A의 한 수가 더해지는 날이면 감당하기 어려워질 것이다. 그렇다면 삭감의 교두보가 되는 백의 다음 한수는 어디인가?

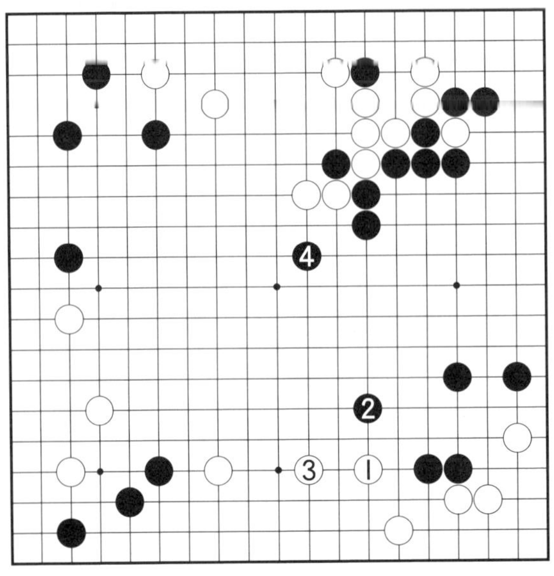

1도

1도 (초점이 빗나가다)

'상대의 급소는 나의 급소'. 백1로 하변을 차시하는 수는 얼핏 자신의 집을 넓히면서 위쪽 흑 세력을 제한하는 요점 같아 보이나 그것은 일방적인 생각이다.

흑은 아낌없이 2로 뛰고 4로 크게 보자기를 펴서, 이젠 우변의 흑집이 일당백의 위세다. 백은 가만히 앉아서 바둑을 지고 말 것이다.

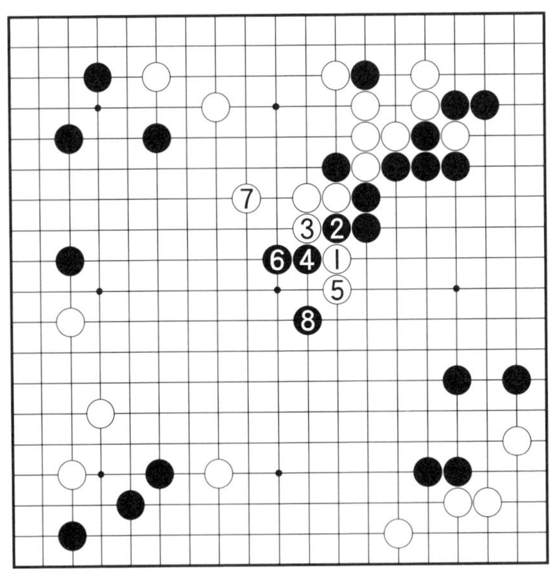

2도

2도 (무리한 싸움)

위쪽에서 백1로 뛰어 삭감하는 작전은 어떨까? 그러나 흑2, 4로 나와끊어 8로 씌워오면 과연 견딜 수 있을지 의문이다.

요컨대 바둑에서 싸움을 잘한다는 것은 결코 불리한 환경에서 억지로 수단을 만들어내는 것이 아니라 싸움의 장소를 적합하게 포착하고 거기서 능숙하게 처리함을 뜻한다.

3도 (어깨짚음)

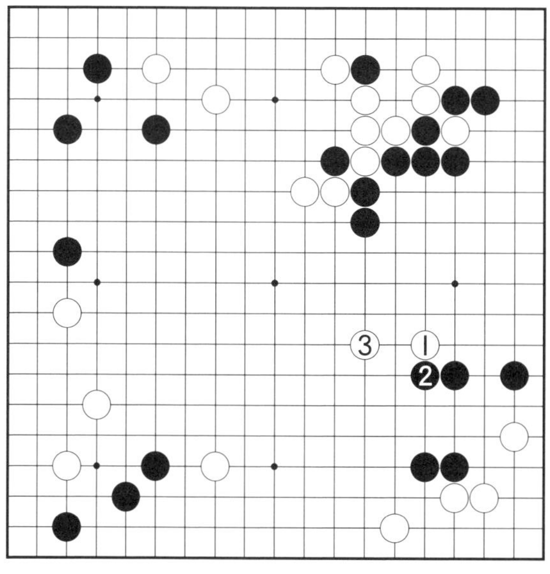

3도

백1로 어깨를 짚는 수가 삭감의 포인트였다. 앞 그림보다 백은 안쪽으로 깊숙이 들어갔음에도 오히려 급소가 된다는 사실인데, 그것은 바로 이 수가 흑 세력의 취약점을 정확하게 포착했기 때문이다.

계속해서 흑2로 민다면 백3으로 뛰어 가볍게 벗어나 삭감 성공이다.

4도 (가볍게 탈출)

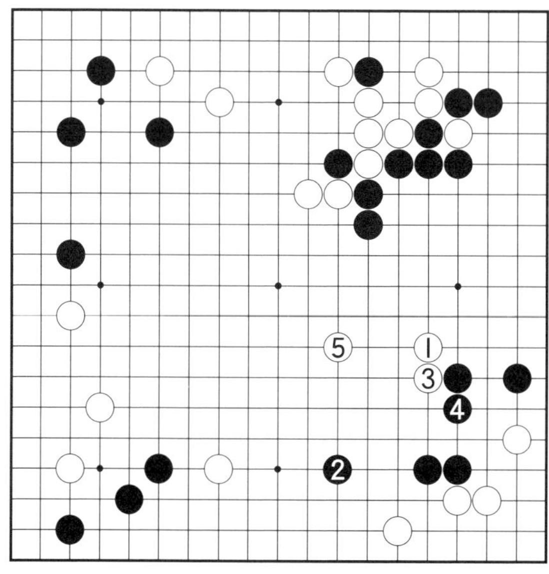

4도

백1에 대해 흑2로 뛴 수는 차제에 품을 크게 넓혀 공격한다는 생각이다. 그러나 백3으로 하나 밀어 두고 5로 뛰어 나온다.

아마 흑의 입장에서는 이것을 정해로 해야겠지만, 백은 흑 세력 속에서 나래를 펴면서 유유히 빠져나오는 모습이다.

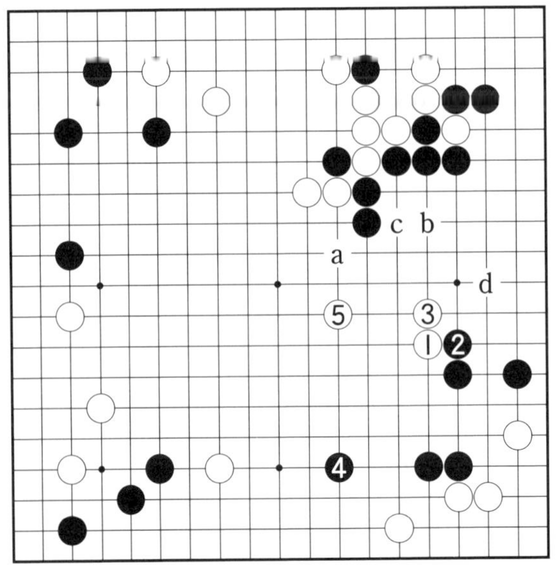

5도

5도 (백, 즐거움)

백1에 흑2로 밀어두고 4로 뛰면 어찌되는가?

그러나 역시 백5로 뛰어서 즐겁다. 다음 백a로 봉쇄하는 것과 b로 들여다보아 흑c면 백d로 우변을 부수러 들어가는 수가 맞보기이다.

결과적으로 흑2는 이적행위였다는 얘기인데, 앞 그림처럼 2의 곳에 그냥 뛰는 게 나았다.

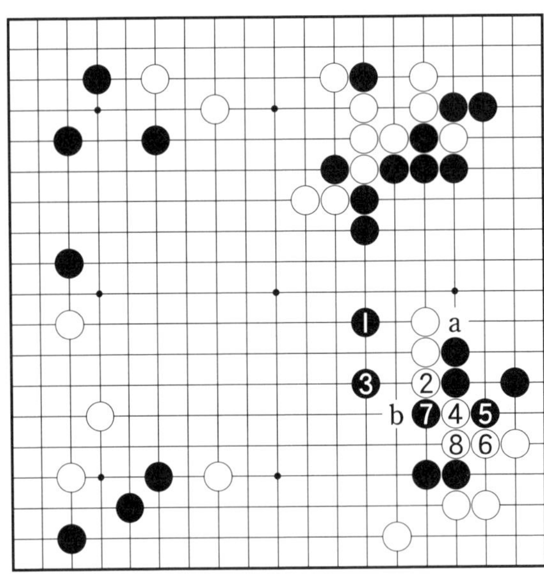

6도

6도 (잡히지 않는다)

앞 그림 흑4로 이 그림 1로 진로를 방해하고 백2 때 아예 흑3으로 한번 더 뛰어 잡으러 오면?

그러나 백4, 6으로 차단해 역습하면 오히려 흑이 곤란하다. 백8 다음 a로 막아 우변 흑 넉 점을 잡는 것과 b로 몰고 나오는 수가 맞보기이다. 결국 흑의 강공책은 실패로 돌아간다.

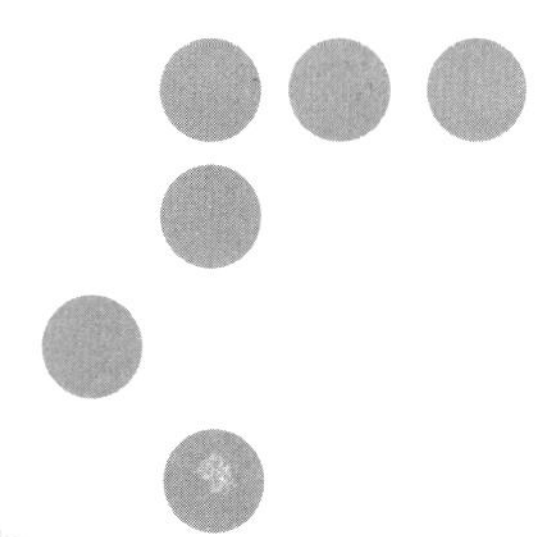

2장

실전 속력 행마
(포석에서 행마법)

프로와 프로의 바둑, 본격 실전편이다. 프로바둑에서는 지극히 당연한 애기가 될지 모르지만 한판의 바둑을 두면서 어느 한 쪽이 일거에 우세를 장악한다거나 쉽게 무너지지 않는다. 서로가 균형을 맞추며 평균점을 두다 보면 미세한 계가바둑으로 어울리는 게 보통이며, 그것은 실력 차가 거의 없다는 것을 뜻한다.

다만 서로가 높은 기량을 지녔으면서도 초반 포석의 갈림길에서 정석선택이 조금 부적합하거나 큰 자리를 사이에 두고 조금씩 완착을 두게 되면 눈에 보이지 않게 형세가 벌어지기 마련이다. 물론 '파워 속력행마'의 테마는 흐름이 완만하게 교차하는 경우보다는 급회전하여 우열이 선명하게 드러나는 경우가 대부분이다.

소개하는 테마들은 대개 초반 20~30수 언저리에서 장면을 골랐다. 초반 행마의 포인트, 정석선택의 문제, 공방의 급소 등등, 말하자면 실전이지만 파워 속력행마의 종합편이라 할 수 있다.

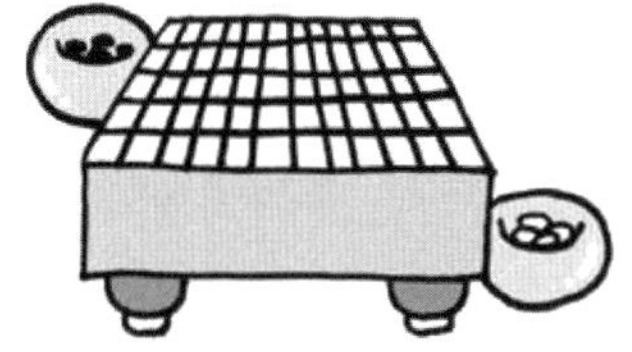

악수를 호착으로 연결하다

○ 백 차례

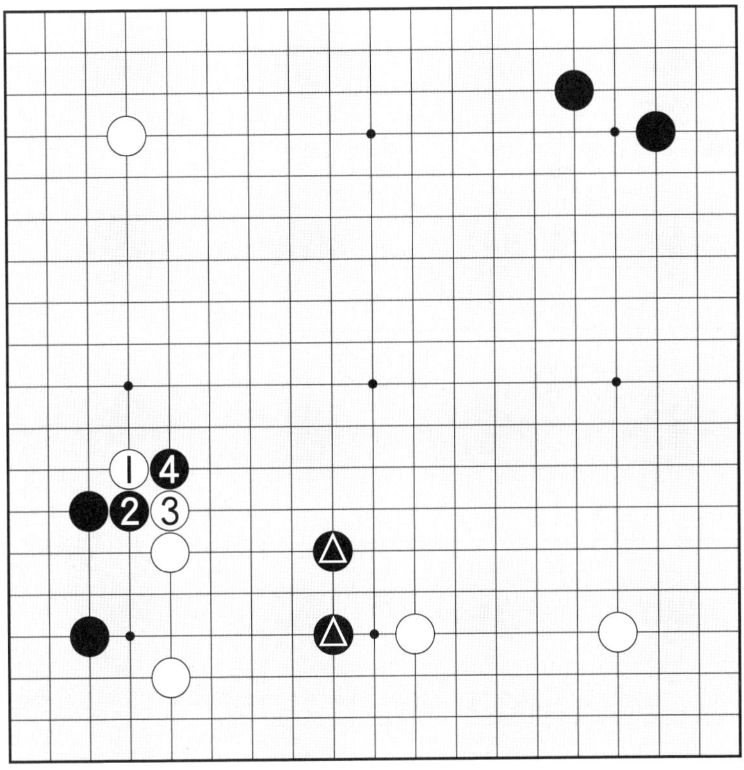

좌하에서 세칸높은협공 정석이 진행 중. 백1로 씌워간 수에 흑2, 4로 나와 끊은 장면으로 흑△가 버티고 있어 백의 다음 행마가 쉽지 않아 보이는데…

힌트라면 악수라도 상황에 따라 호착으로 바뀌는 경우가 있다는 점이다.

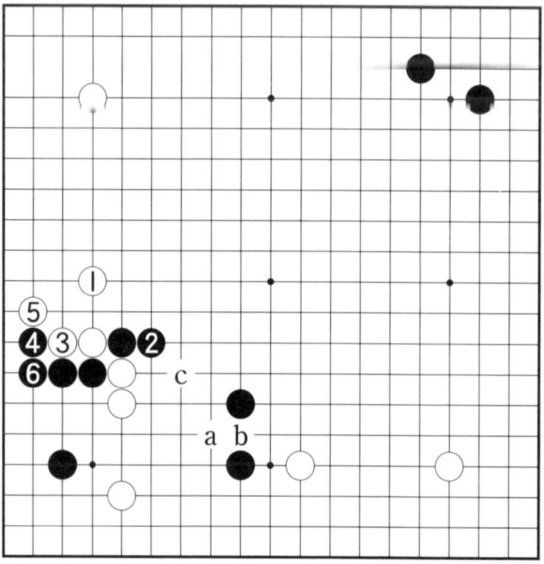

1도

1도 (다음 행마가 궁하다)

대왕전 본선에서 서능욱(흑)과 소윤현의 대국.

부분적으로는 백1로 뛰고 흑2 이하 6까지 되는 곳이나 백의 다음 행마가 궁하다. 여기서 백a로 들여다보아 흑b로 이어준다면 백c로 뛰어나가 괜찮지만 그게 마음대로 안 된다.

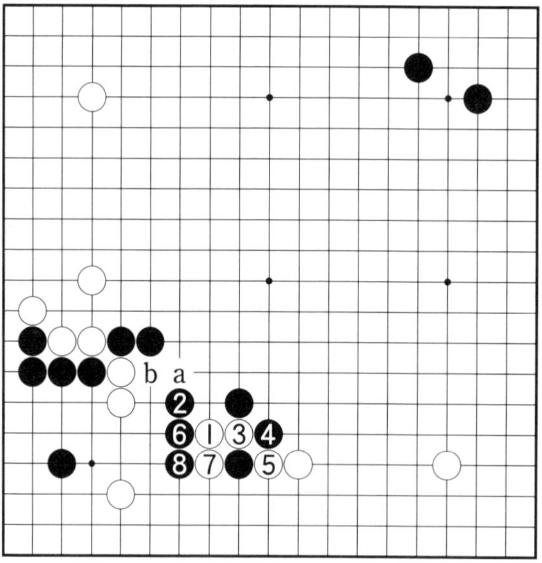

2도

2도 (때가 늦다)

이제 와서 백1로 들여다보는 수에는 흑이 잇지 않고 2로 씌워온다. 백3으로 뚫으면 흑4에서 6이하로 왼쪽 백 석점이 크게 떨어지는 모양이니 얘기가 안 될 것이다.

처음부터 백1로 a도 흑b로 나와 사정은 마찬가지다.

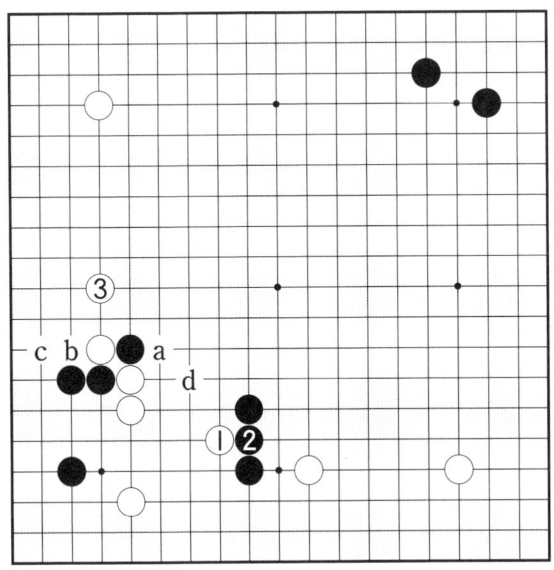

실전도

실전도 (불가피한 악수)

앞서와 같은 이유로 백1
로 미리 들여다보는 수
를 택했다. 한칸 뜀을 굳
혀주는 악수이지만 이
경우에는 아주 재미있는
맥이었다. 흑2는 상대가
악수를 두어주므로 그것
을 곱게 받아 챙긴다는
생각이고 이 교환을 거
쳐 백3으로 뛴다. 여기
서 흑a면 백b, 흑c 이하
로 둔 다음 백d의 진출
이 빤히 보이므로….

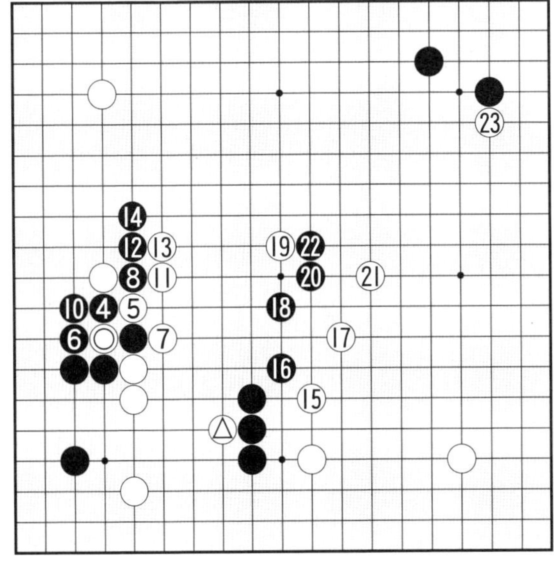

실전진행

실전진행 (백, 만족)

흑은 할 수 없이 4로 몰
고 백도 5로 되몰아 14
까지의 진행은 쌍방 간에
예정된 코스일 것이다.

　다음 백이 15의 추격
으로 돌아서 이하 22까
지 우하 일대에 세력을
쌓는 진행이 되었는데,
당초 백△로 들여다본
효과로 백이 만족할 만
한 결과를 이끌어냈다고
보여진다.

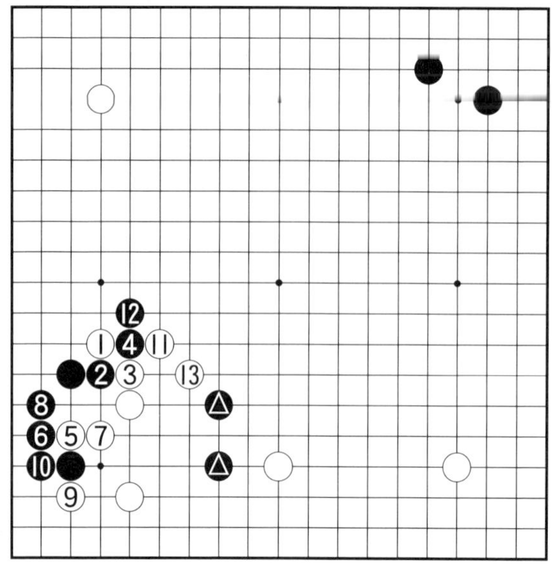

13도

3도 (정석 1)

참고로 흑△의 위치가 한줄 좁은 형태. 즉 두칸 높은협공으로 출발했다면 백5의 붙임수가 많이 두어진다.

흑6으로 아래쪽으로 받으면 백9의 활용을 거쳐 11, 13까지, 이 갈림은 백이 둘 만한 것으로 되어 있다. 따라서 흑6으로는…

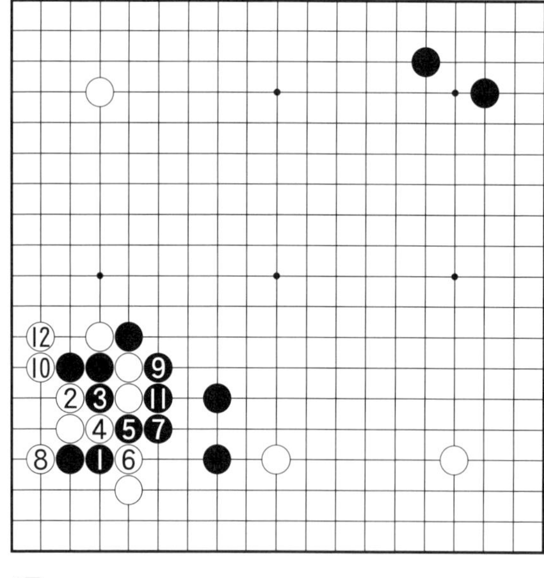

4도

4도 (정석 2)

흑1로 반발해 백2 이하로 세력과 실리의 큰 바꿔치기가 이루어지는 정석도 있다.

흑이 거북등을 때린 모양이 다소 중복이긴 하지만, 귀쪽 맛을 이용해 하변 쪽을 죄어붙이는 수 등 보이지 않는 두터움을 얼마만큼 작용케 하느냐가 정석 후의 문제로 대두된다.

두터움과 스피드

● 흑 차례

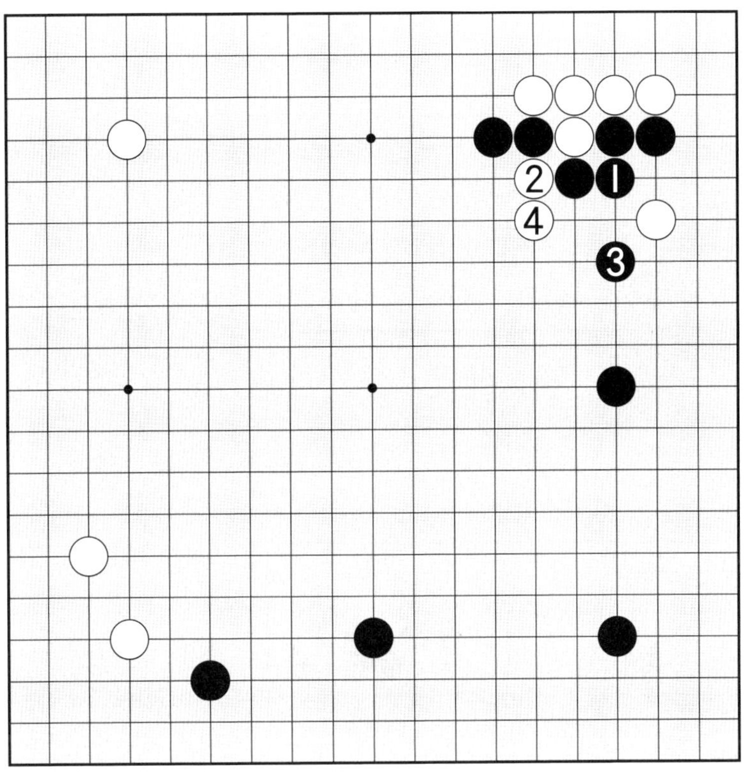

3연성 포석에서 생긴 형태로 흑1로 잇자마자 백2로 끊어간 것이 '축 유리'를 믿고 둔 강수이다. 흑3으로 비켜뛰기를 기다려 백4로 싸우러 나왔다.

여기서 흑이 다음 행마를 어떻게 할 것인지가 초점이다.

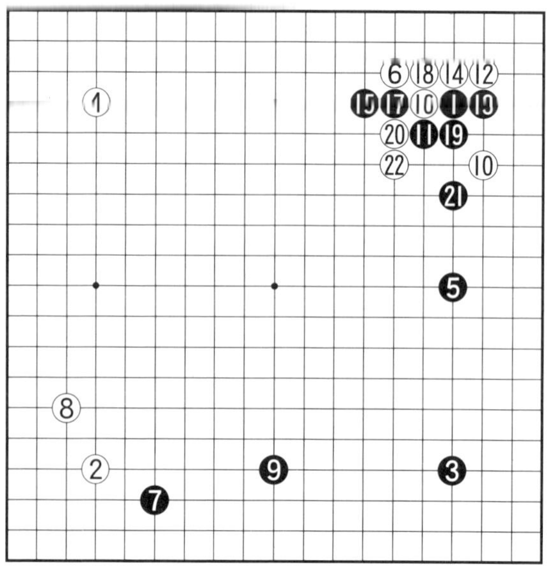

경과도

경과도 (1~22)

후지쯔배에서 다케미야 (흑)와 저우허양의 대국.

일본의 다케미야 9단 이 애용하는 흑1, 3, 5 의 3연성으로 출발해 백 6의 걸침에 하변으로 손 을 돌려 흑7, 9로 큰 모 양을 지향하는 바둑이 되었다. 백10의 양걸침 에 대해 흑11의 마늘모 를 두고 이하 19까지는 예정된 진행이다.

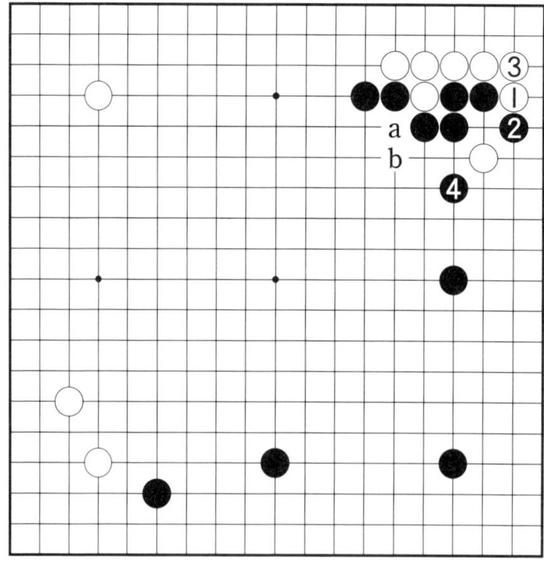

1도

1도 (축이 나쁘면)

좌하 방면의 축 관계가 백에게 불리하다면(백a 의 끊음에 흑b) 경과도 백20의 수로는 이 그림 백1, 3으로 젖혀 잇는 것 이 보통이다.

거기서 흑은 대범하 게 4로 씌워가는 진행이 된다.

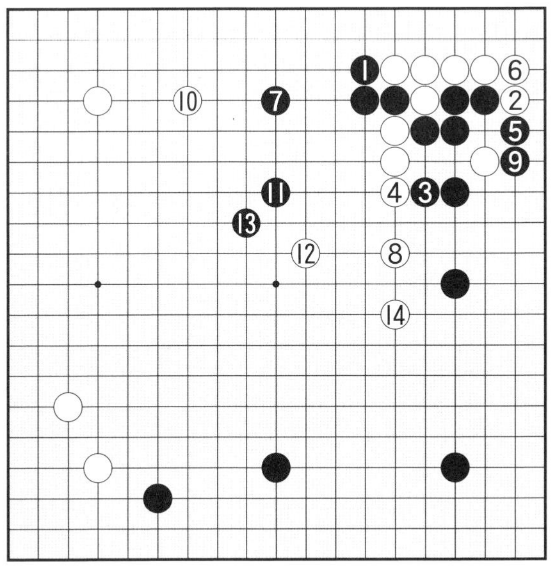

실전진행

실전진행 (백이 좋다)

장면도에 이어, 흑1로 꽉 막은 수가 실전. 백2의 젖힘에 흑3으로 물러서지 않을 수 없고 백4 이하 10까지의 진행이 이루어졌는데, 이 갈림은 백쪽에 손을 들어주고 싶다.

무엇보다 백8의 뜀이 기분 좋은 곳이고 10의 요소까지 차지해 흑은 세력작전에 크게 금이 간 것으로 판단된다.

2도 (변화 1)

기본 맥에 관한 얘기지만, 실전진행의 3으로 이 그림 흑1로 곧장 막는 것은 백2로 끊어 다음 a의 절단과 b로 잡는 수가 맞보기이다.

3도 (변화 2)

실전진행 흑9는 백10을 허용해 완착인 듯하지만 실은 불가피한 수. 백이 거꾸로 1로 맛 좋게 넘게 되면 우변의 흑 일단이 크게 불안해진다.

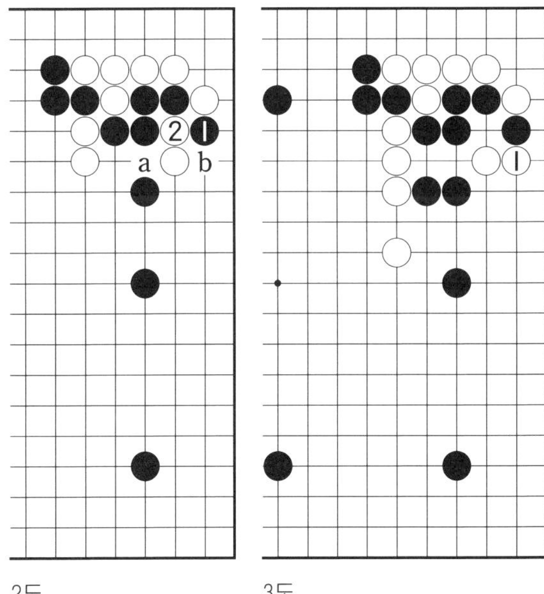

2도   3도

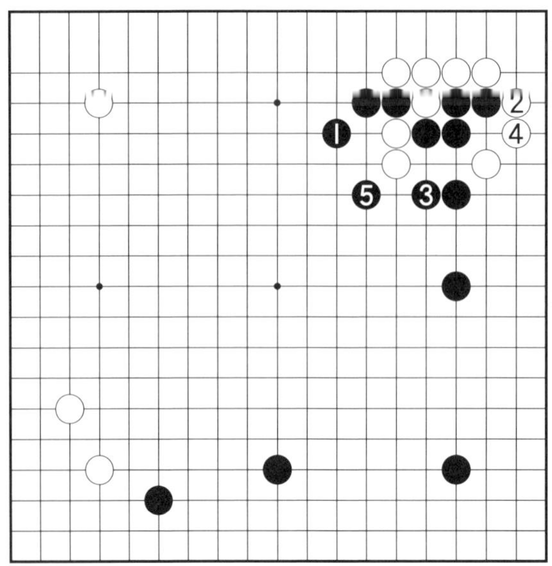

4도

4도 (마늘모 호착)

흑1의 마늘모 행마가 정답. 지금은 중앙 쪽에 힘을 경주할 장면으로 백2, 흑3 다음 백4로 뻗으면 흑5로 씌워 백의 요석 두점을 잡는다.

실전진행의 흑1은 기세이지만 두터움이 지나쳤다. 오히려 이 그림 흑1이 두터움과 스피드를 동시에 추구하는 호착이라 할 만하다.

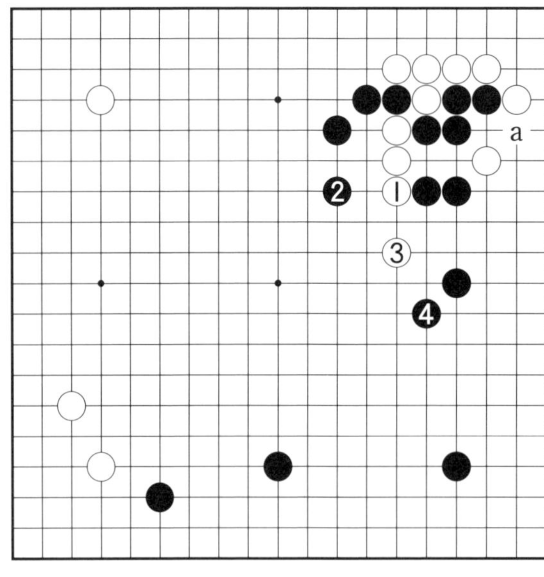

5도

5도 (공격으로 호조)

4도의 백4 대신 이 그림 1로 이제라도 중앙 쪽 두점을 살려나오는 변화.

그러나 이젠 흑2로 바짝 붙어서 추격해 백은 피곤한 여행을 감수해야 한다. 백3에는 흑4. 흑은 기회를 보아 a로 막게 되면 우변의 흑집이 상당히 크다.

한번의 방향착오로 그르치다

○ 백 차례

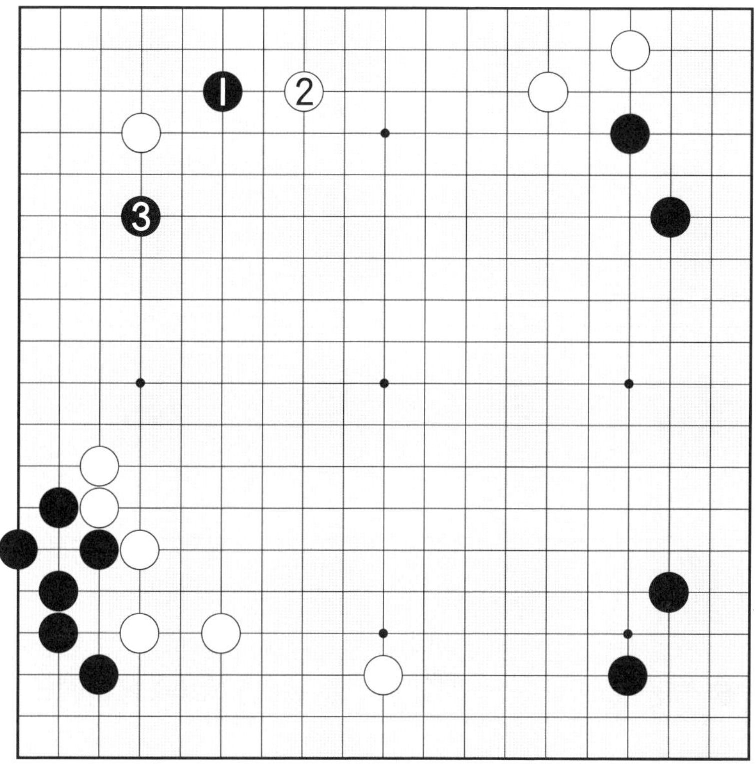

　　좌상 흑1로 걸친 수에 백2로 협공한 것은 좌하 쪽 세력을 의식한 작전이다.

　　이에 대해 흑3으로 높은 양걸침을 해왔는데, 결론부터 말하면 이 수는 크게 잘못된 의문수였다. 백이 어떻게 응징해야 할까?

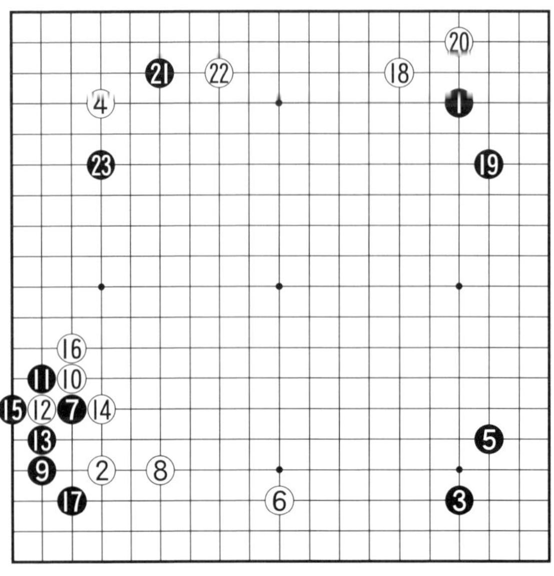

경과도

경과도 (1~23)

LG배 세계 기왕전에서 이창호(흑)와 샤오웨이 강의 대국.

좌하에서 흑9의 달림에 백10의 옆구리붙임을 듣고 나와 흑17까지 세력과 실리의 갈림이다.

이 절충은 백의 세력이 흑의 실리를 능가한다. 백은 군살 없이 늘씬한 반면, 흑은 9의 한점이 다소 중복된 모습이다.

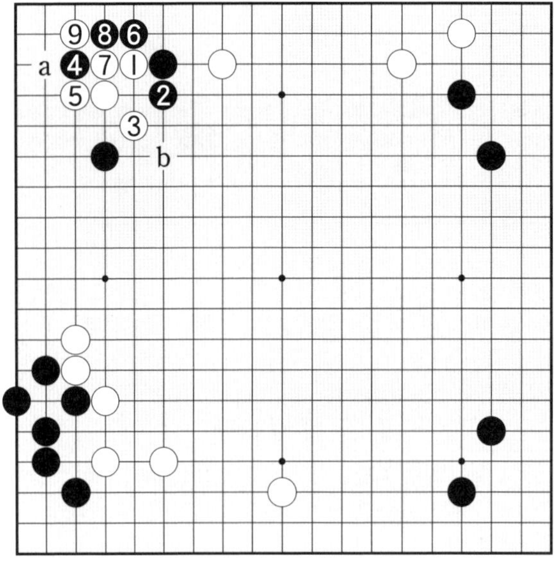

실전도

실전도 (호수 마늘모붙임)

백1의 마늘모붙임을 두고 3으로 갈라나간 것이 득의의 행마이다. 흑4로 백의 급소를 찔러 들어왔지만 백5로 막고 7, 9로 웅크려 두어 흑은 좌우를 수습하기가 쉽지 않은 모양이다.

흑a로 빠지는 것이 언제든지 듣고 있다고 하지만 함부로 b 방면을 봉쇄하기는 어렵다.

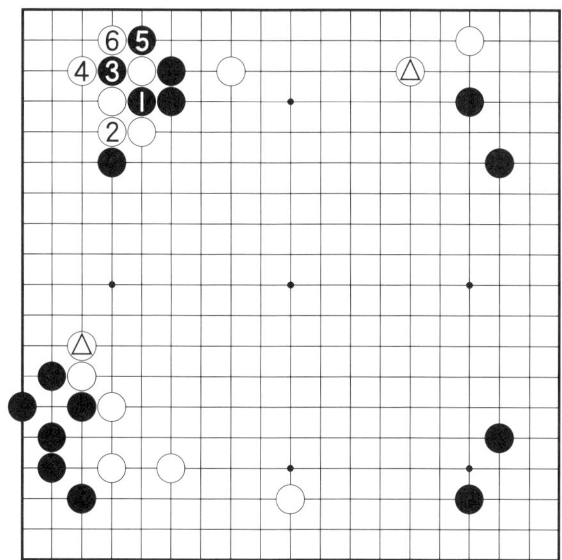

1도

1도 (수습 곤란)

실전도의 4로 이 그림 흑 1, 3으로 끊어잡는 것도 정석이나 백은 패를 불사한다는 태도로 6으로 세차게 몬다. 좌하, 우상 쪽에 백△가 대기하고 있어 상황은 호전되지 않는다.

흑으로서는 이 그림 이 불가하다고 보고 실전을 택했겠지만…

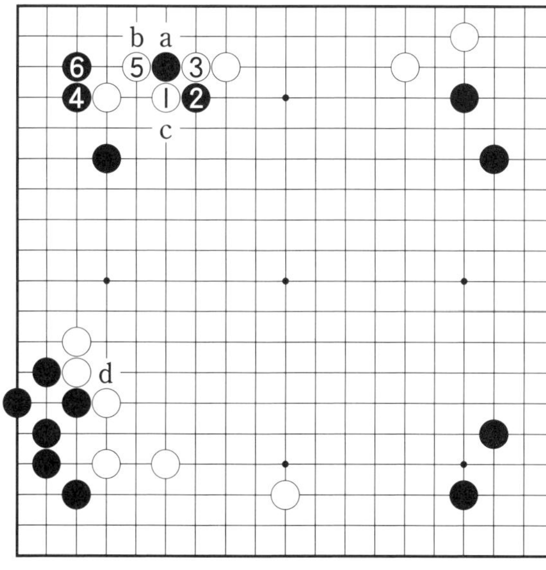

2도

2도 (흑의 주문)

백1의 붙임은 방향착오로 흑의 주문. 흑2로 젖혀두고 이하 6까지, 다음 흑a, 백b, 흑c의 후속 수순을 생각하면 세력작전을 표방한 백의 구도에 금이 가고 만다.

이대로라면 흑이 d의 단점을 강조하며 슬슬 두어 충분할 것이다. 결국 흑 혼자만의 달콤한 그림이었다는 애기다.

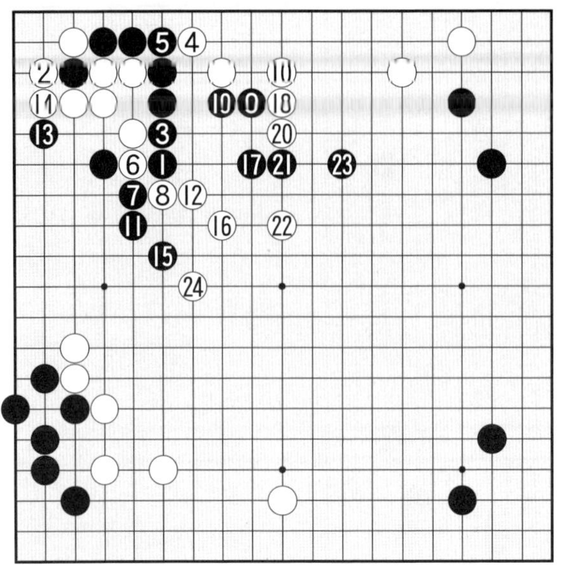

실전진행

실전진행 (백의 페이스)

실선노의 계속. 흑1로 씌운 수에 백2로 따낸 것이 침착한 대응이다. 흑3으로 이었지만 백6, 8로 나가 끊어 일전을 불사할 태세이다.

이후는 쌍방이 빈틈없는 행마로 일관하고 있지만 백18이 급소 일격이다. 흑19로 물러서고 이하 24까지 완연한 백의 페이스이다.

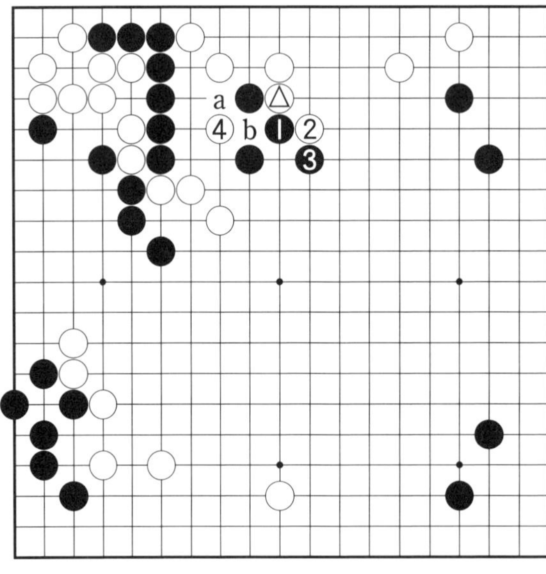

3도

3도 (통렬한 습격)

실전진행의 백18이 급소인 이유. 백△에 대해 흑1로 호구자리를 곧바로 막고 싶지만 백2로 젖혀두고 4로 들여다보는 것이 통렬한 습격이다.

흑은 a와 b의 양쪽 단점을 동시에 커버할 수가 없는 모양으로 왼쪽 흑 일곱점이 빈사 상태에 빠진다.

공격이냐 대세지향이냐

○ 백 차례

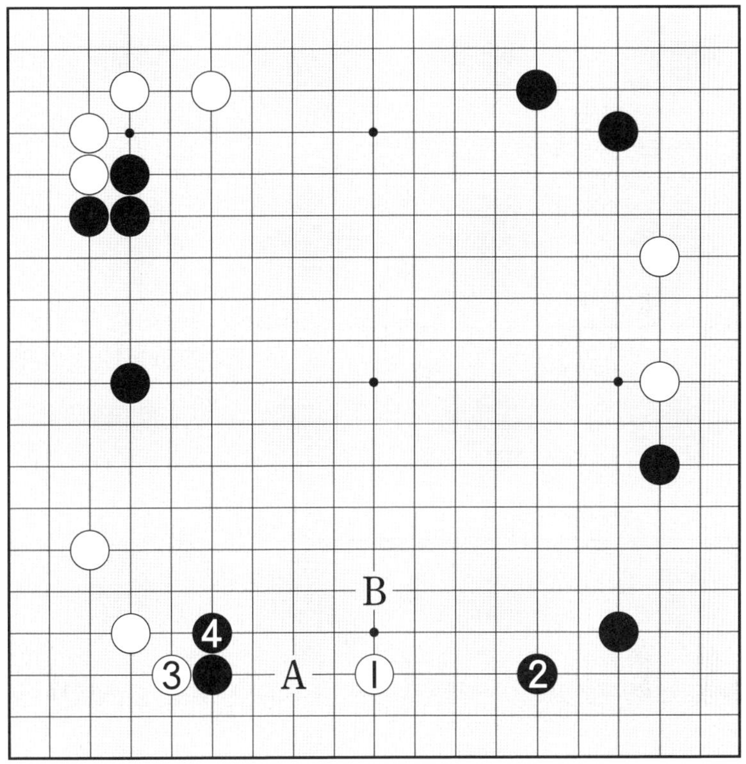

하변의 공방이 포인트. 백1로 갈라치고 흑2에 백3으로 붙여세운 것은 당연한 수이다. 다음 백의 행마는 A냐 B냐?

흑 두점에 대한 직접적인 공격이라면 A의 다가섬이고, 대세를 지향한다면 B의 뜀이다. 단순한 취향의 문제로 간주해서는 안될 것이다.

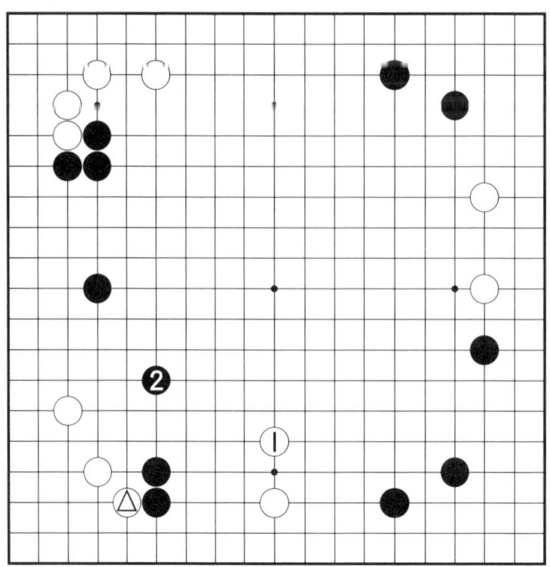

1도

1도 (유장한 뜀)

삼성화재배에서 서봉수(흑)와 혼다 구니히사의 대국. 백1의 뜀을 감각적으로 두고 싶다. 흑도 2로 뛰는 정도인데, 백은 이 자체로 여유 있는 자세이며 서로 숨이 긴 바둑이다.

백△로 흑 두점을 무겁게 만든 것으로 충분하며, 당장 공격의 실효를 거두기에는 탄력 있는 모양임을 명심해야 한다.

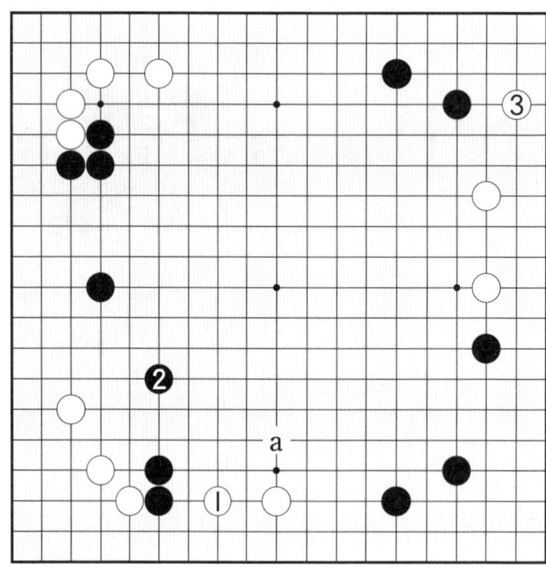

실전진행1

실전진행1 (의욕 앞서다)

실전에서는 백1로 다가서서 직접 공격하러 나왔는데, 당연해 보이는 이 수가 중반 이후의 운영에 상당한 차질을 빚은 이상감각이었다.

흑은 역시 2로 뛰고 백3으로 전환하는 바둑이 되었는데, 누가 봐도 이 자리는 백1이 a에 있는 게 낫다고 판단할 것이다.

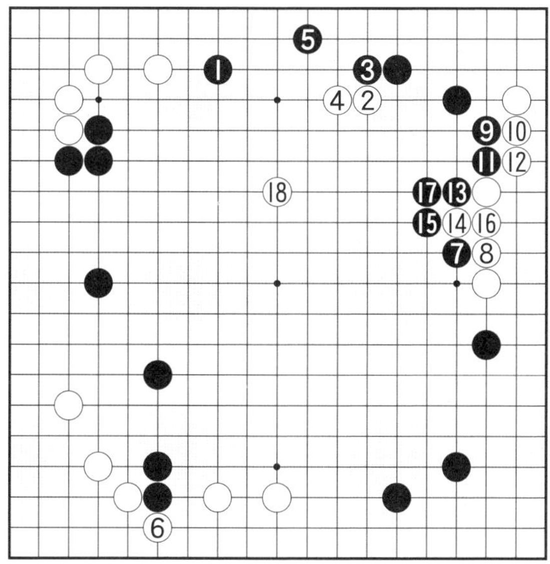

실전진행2

실전진행2 (우상에 세력)

실전의 계속. 흑1로 한껏 다가서자 백2, 4로 삭감한 뒤 6으로 젖혔는데, 흑은 우상으로 가볍게 손을 돌려 7에서 9 이하로 두터움을 마련한 것이 실전감각이다.

백18 다음 흑의 다음 한수라면?

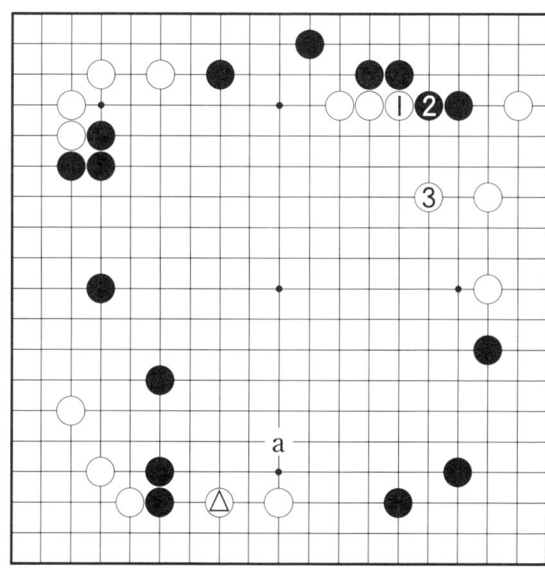

2도

2도 (찬스를 놓치다)

먼저, 실전진행2 6으로는 이 그림 백1에서 3으로 뛰어두는 것이 균형을 맞추는 수로 최선의 대응이었다.

백△ 한점이 a의 곳에 있었다면 더 좋았겠지만 이 정도이면 바둑이 금세 나빠지지는 않았을 것이다.

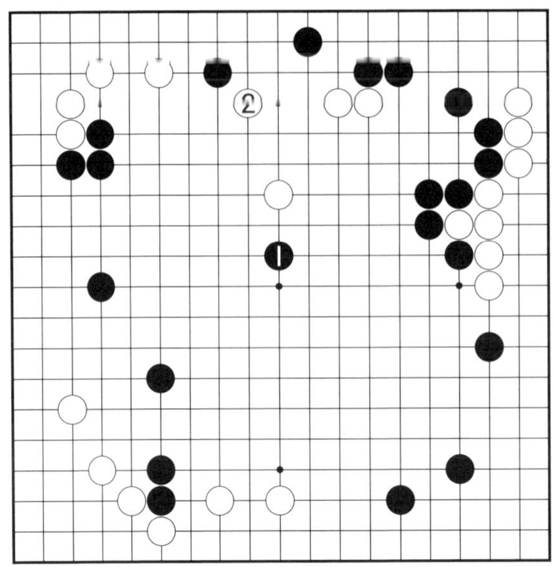

3도

3도 (모자 공격이면)

실선신행2의 백18이 누어진 장면에서, 이 그림 흑1의 모자공격으로 나서고 싶지만 백2로 뛰고 나면 이후의 공격이 여의치 않을 것 같다.

실전은 흑의 다음 행마가 백의 의표를 찌른 호착이었는데….

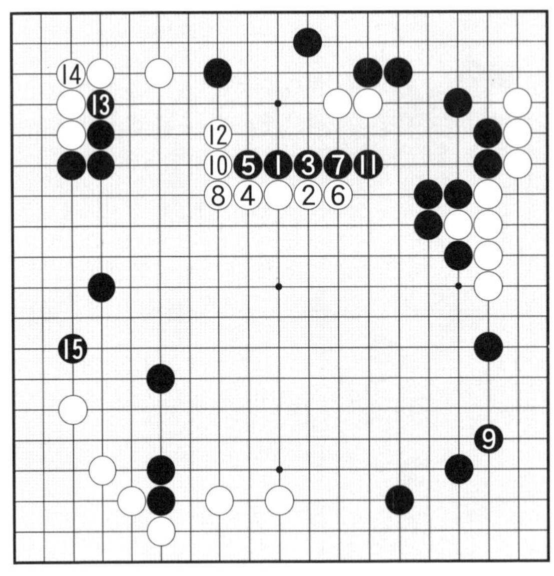

실전진행3

실전진행3 (흑, 우세 장악)

흑1로 붙여 백2에 흑3 이하로 차단한 것이 고등전술이다.

백 두점을 수중에 넣고 우하에서 흑9, 좌변에서 15로 큰 자리를 차지해서는 흑의 우세가 뚜렷해졌다. 수순 중 백2로 3은 흑2로 맞끊어 백이 곤란하다.

축머리를 둘러싼 고등전술

● 흑 차례

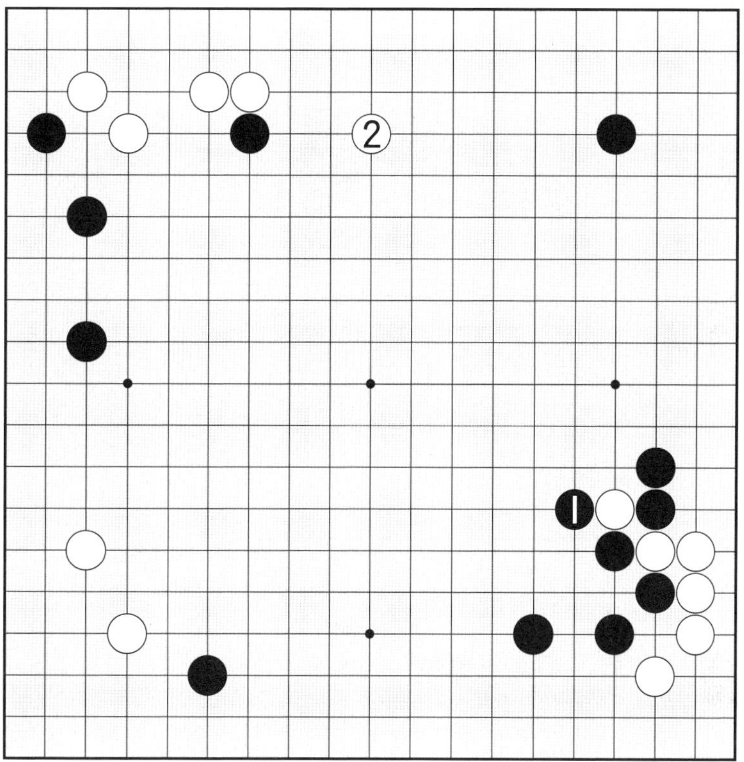

흑 세력, 백 실리의 구도. 우하에서 흑1로 한점을 축으로 잡자 상변에서 백2로 축머리를 두어왔는데, 실은 이 수가 완착이었다.

원대한 세력 건설에 걸맞는 흑의 다음 작전이라면 무엇일까?

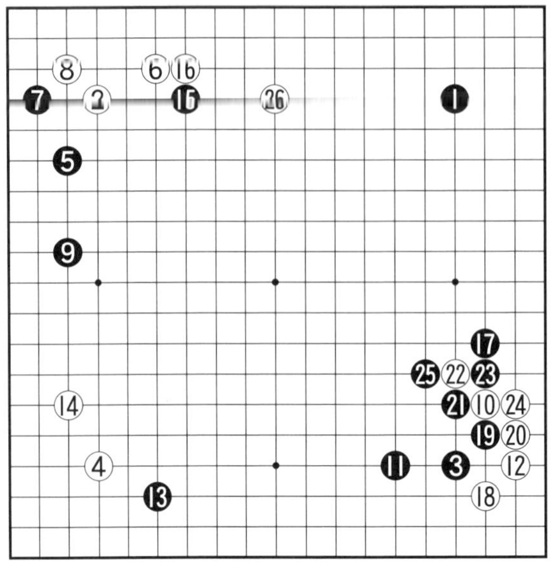

경과도

경과도 (1~26)

한중 전원선에서 장하오 (흑)와 이창호의 대국.

흑5와 백10의 안쪽 걸침이 이채로운 포석으로 출발하고 있다. 흑15로 축머리를 두고 17 이하 25까지는 눈에 익은 정석으로 세력과 실리로 선명하게 갈리는 바둑이 되었다. 백26으로 재차 축머리를 쓴 데까지가 장면도의 수순이다.

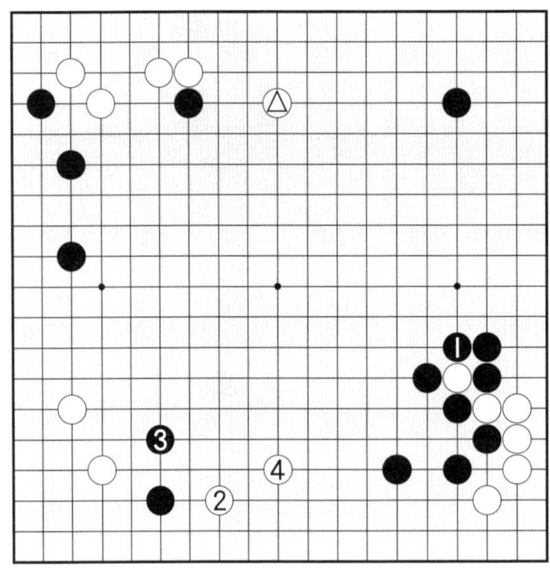

실전진행

실전진행 (흑, 완착)

흑1로 때려낸 것이 실전. 백△의 축머리 공작을 염두에 두고 맛좋게 후환을 없앤 것인데 실은 완착이었다.

백2로 하변에 뛰어들어 4로 좌정해서는 일찌감치 선착의 효가 사라져 버렸다. 그렇다면 흑1로는…

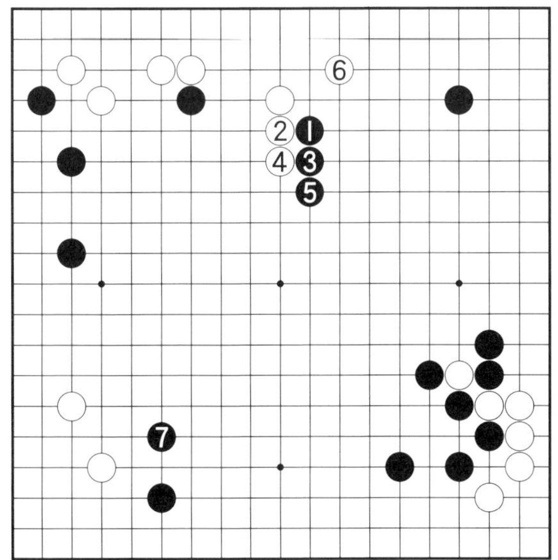

1도

1도 (역으로 씌워간다)

상변에서 흑1로 재차 씌워가는 것이 축머리를 겸한 대세점이었다.

　백이 이곳을 응한다면 2, 4로 밀어 두고 6으로 달리는 정도인데, 흑7로 하변의 큰 자리를 선점한다. 우변의 세력과 함께 일당백의 위용.

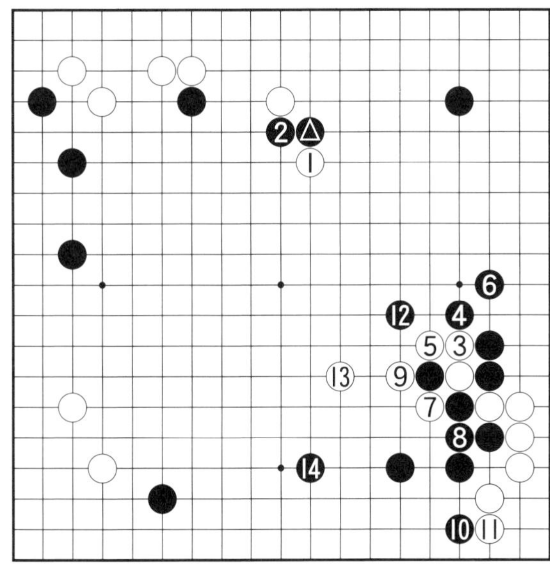

2도

2도 (받아 챙긴다)

애기를 너무 확대하는 경향이 있지만, 흑▲에 대해 백1로 다시 축머리를 둔다면 당연히 흑2이다. 이 교환 자체가 악수이니 받아 챙겨서 좋다.

　백3으로 움직인다면 이하 14까지 적당히 수습한다. 백 일단은 빵때림을 했으면서도 아직은 미생인 점이 흑의 즐거움이다.

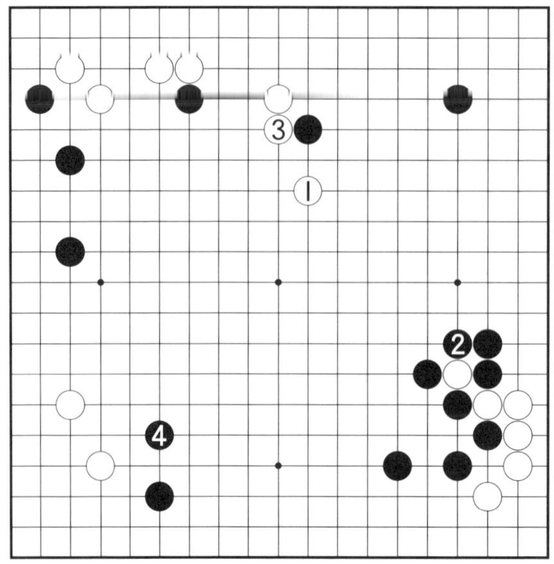

3도

3도 (흑4, 명당자리)

2도 백1이 악수인 점을 꺼려 이 그림 1로 두어 온다면 이제는 흑2로 때려낸다. 백은 기세 상 3으로 두어야 하는데, 흑4의 명당자리를 차지할 수 있다.

말하자면 실전진행 흑1은 '축머리 문제'를 꼭 해결해야 한다는 강박관념이 빚은 완착이었던 셈이다.

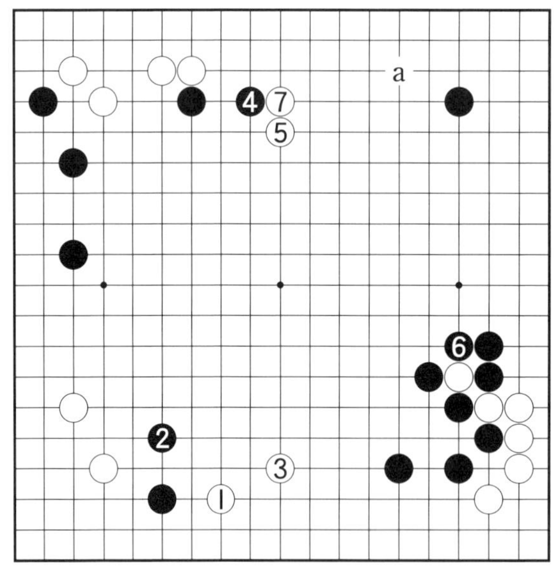

4도

4도 (급한 곳은 하변)

장면도 백2가 완착이었던 이유를 알아보면….

백은 축머리를 느슨하게 두고 있을 게 아니라 이 그림처럼 백1, 3으로 하변을 부수는 것이 급선무였다. 흑4로 상변을 둔다면 그때 백5, 7로 축머리 공작을 펴도 늦지 않았던 것.

흑4로는 6이 정수로, 그러면 백a로 걸쳐가는 바둑이다.

세력을 무너뜨린 2선의 묘수

○ 백 차례

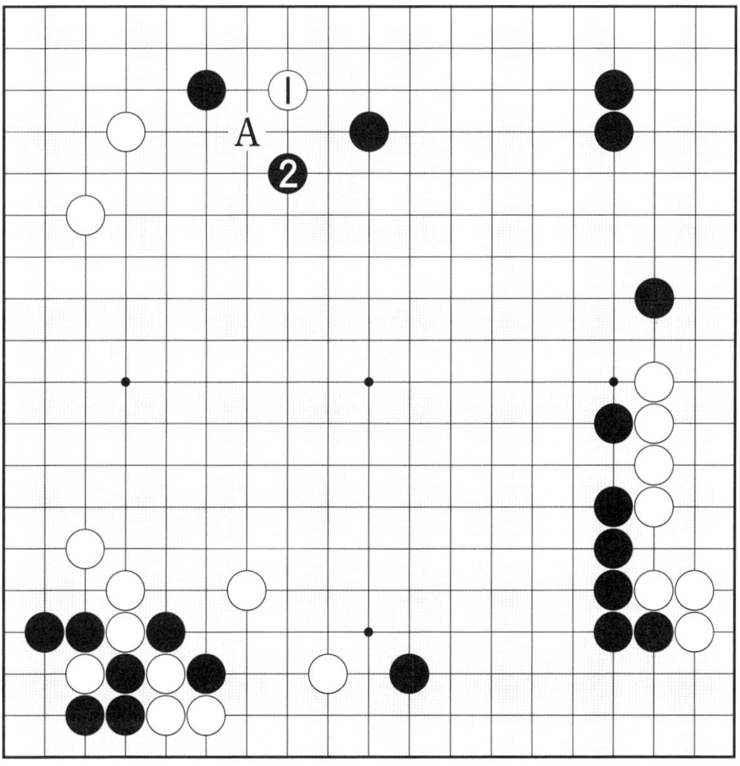

　흑의 세력작전이 한눈에 읽히는 국면. 백1로 뛰어든 수에 대해 흑2의 날일자는 세력노선을 계승한 뜻과 함께 나름대로 책략이 풍부한 행마이다.

　여기서 백이 작전의 기로에 섰다. 평범하게 A로 나올 것인지, 아니면 특별한 작전이 있는가?

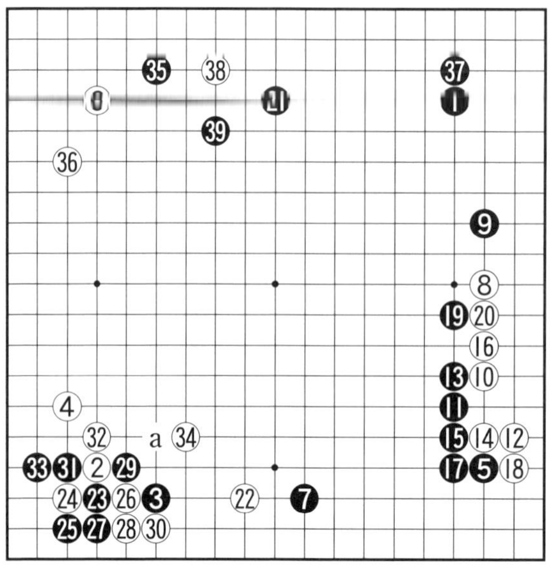

경과도

경과도 (1~39)

명인전 도전기에서 조훈현(흑)과 이창호의 대국. 백20까지는 현대 유행포석이다. 흑21은 a로 뛰면 보통이지만 하나의 취향이므로 달리 언급을 요하지 않는다.

백22는 기세의 침입. 이하 34까지 무난한 갈림이며 흑35에서 37, 39로 고압작전을 편 데까지가 **장면도**의 수순이다.

실전도

실전도 (묘 수순)

백1의 마늘모붙임을 두고 3으로 차렷 자세를 취한 것이 다음 a와 7의 곳을 맞보는 묘 수순이다.

흑4, 6으로 차단한 것은 어쩔 수 없는데 백7로 뛰어나가 상변 흑진을 부수면서 백이 우위에 서게 되었다.

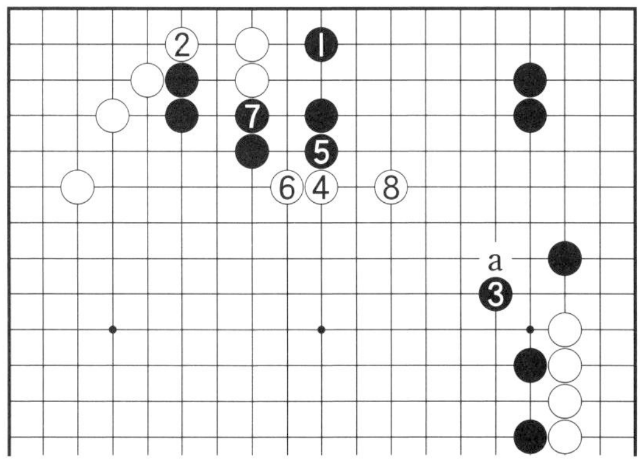

1도

1도 (허술한 대모양)

그렇다면 실전도의 4로 이 그림 흑1에 뛰어 우변을 봉쇄하는 것은 어떤가?

백2에 흑3으로 씌우는 한수이나 백4로 급소를 들여다보고 6에서 8로 뛰어 흑의 대세력이 쉽게 지워지고 만다.

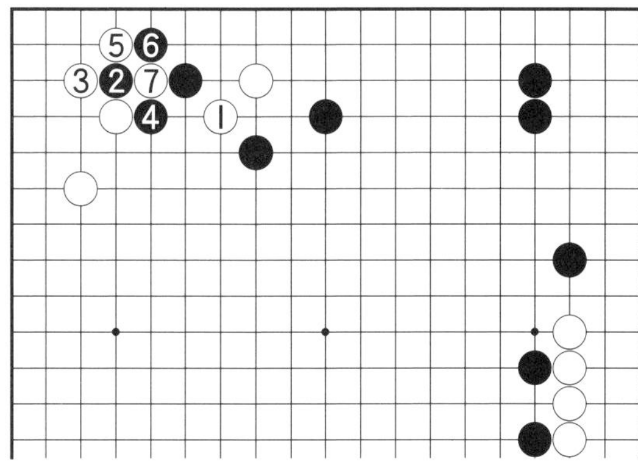

2도

2도 (흑의 주문)

백1로 평범하게 나오는 것은 흑2, 4로 공작을 펴고 백5에는 흑6의 패 모양으로 강경하게 버틴다.

백7로 패를 때린 다음 흑은 좌하 쪽에 절대 팻감이 있는 게 자랑이다. 따라서 이 싸움은 백이 견딜 수 없을 것이다.

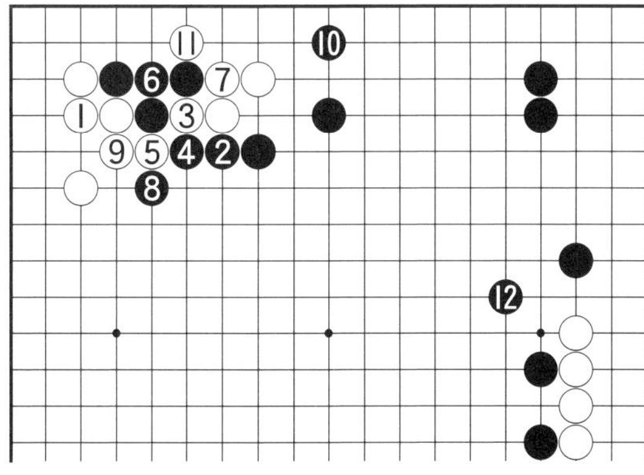

3도

3도 (사석작전)

그렇다고 백이 패를 꺼려 1로 물러서면 흑2 이하로 죄어붙이는 사석작전이 멋들어지게 통한다.

흑10까지 봉쇄한 다음 12로 둘러싸면 순식간에 흑이 우위를 장악한다.

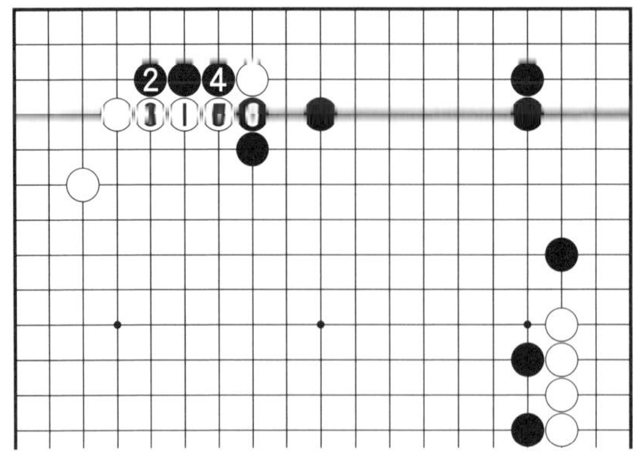

4도

4도 (백, 무리)

백1로 붙이는 수도 생각된다. 그러나 흑2로 나가면 백은 3인지 5인지 다음 응수가 궁하다. 그림처럼 백3으로 잇는다면 흑4, 6으로 절단해 백의 무리임이 한눈에 들어온다.

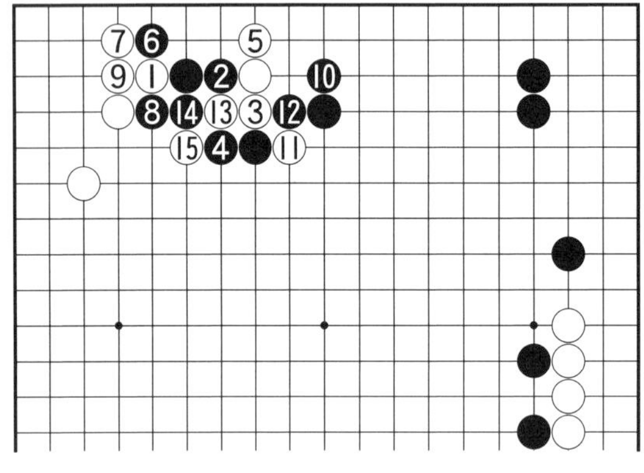

5도

5도 (흑의 파탄)

실전으로 돌아가, 백1로 붙인 수에 대해 흑2로 치받으면 어떻게 되는가?

그러나 백3에서 5로 나란히 서면 흑6, 8에서 10으로 봉쇄하는 정도인데 백11, 13으로 나와 흑이 파탄을 면치 못한다.

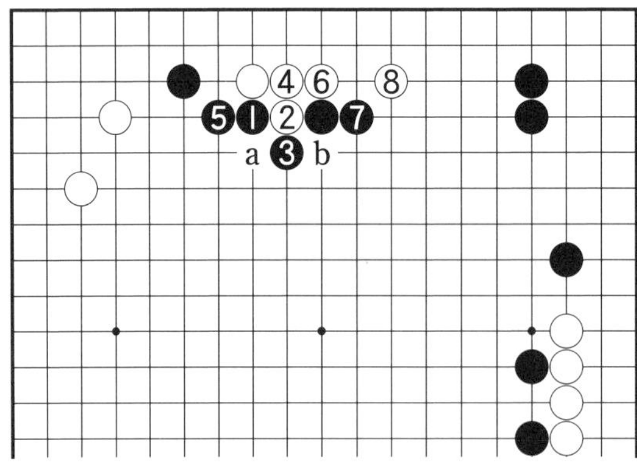

6도

6도 (처음부터 붙이면)

장면도의 흑2 때부터 이 그림 1로 붙이는 변화가 있었을 법한데….

백2로 끼우고 흑3에는 백4 이하 8까지 a, b의 단점도 그렇고 아무래도 흑에게 좋은 그림은 나오지 않는다.

의표를 찌르는 기대기 작전

● 흑 차례

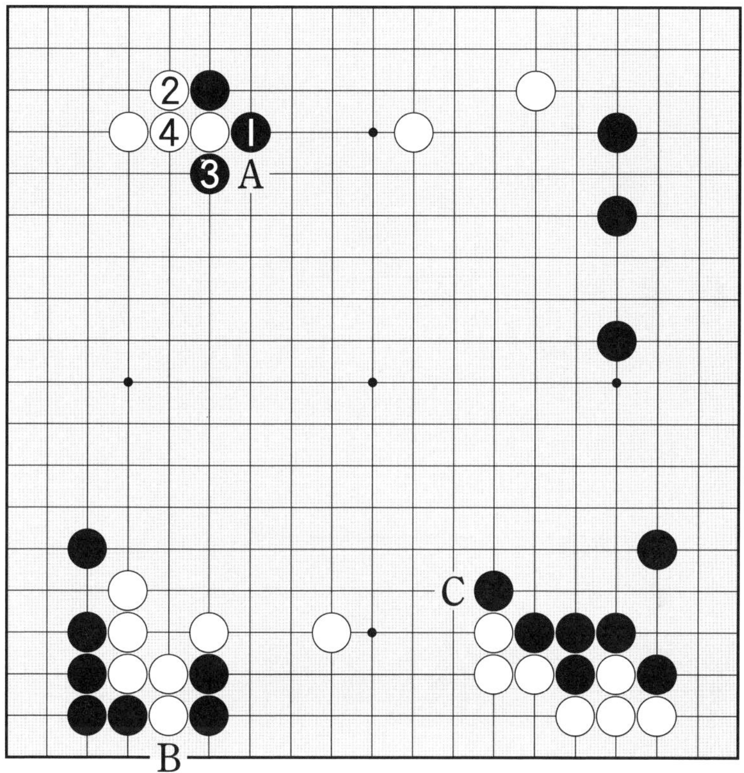

하변의 접전이 일단락하고 국면의 초점은 상변으로 옮겨 가고 있다. 흑의 걸침에 백4까지 붙여막기 정석을 택해 흑의 태도를 물어왔다.

이다음 상식적인 응수라면 흑A, 하변으로 손을 돌린다면 B나 C이다. 그러나 이 두 곳은 서로 맞보기이니 급하지 않은 곳. 상변을 어떻게든 처리하고 싶다.

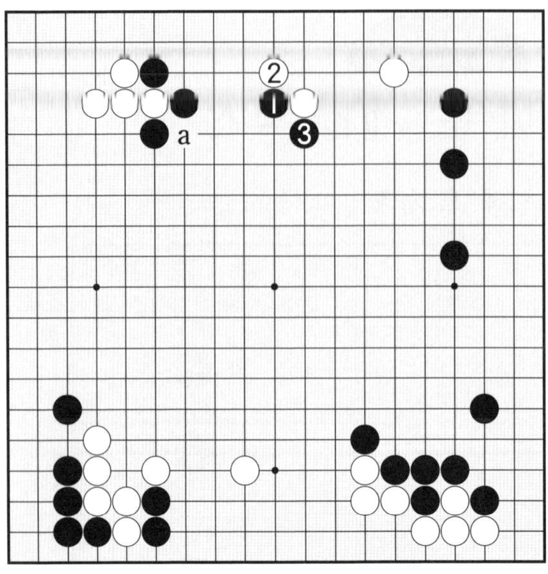

실전도

실전도 (임기응변 호착)

박카스배 천원전에서 이 장호(흑)와 김승순의 대국. 흑1의 붙임이 기대기 작전. 백2로 젖히자 흑3으로 다시 되젖혀 가능한 한 a의 이음을 생략하려는 고도의 임기응변이었다. 백은 함부로 둘 수 없다. 흑이 여차하면 좌상 방면의 단점을 가볍게 보고 우변일대의 세력 건설에 최대한 주력할 것이기 때문이다.

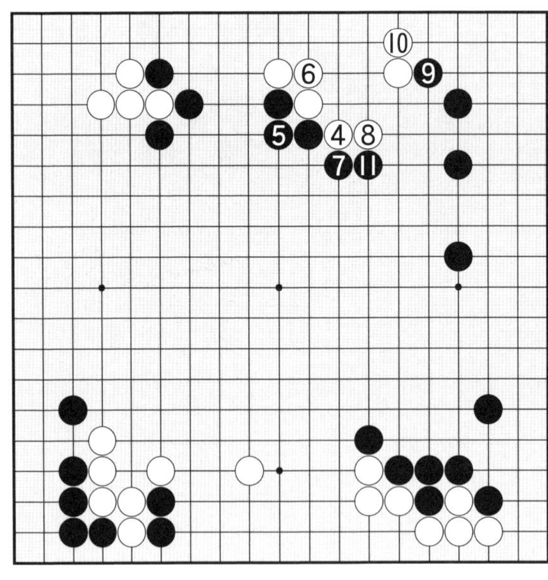

실전진행

실전진행 (흑, 대성공)

계속해서 백은 기세에 눌릴 수 없으므로 4로 이 단젖혀 갔으나, 흑5에 백6의 후퇴가 불가피하고 흑이 7에서 11로 바깥을 두텁게 봉쇄하는 진행이 이루어졌다.

결과적으로 우변의 흑 세력이 크게 부풀 조짐이어서 흑의 작전이 성공을 거둔 모습이다.

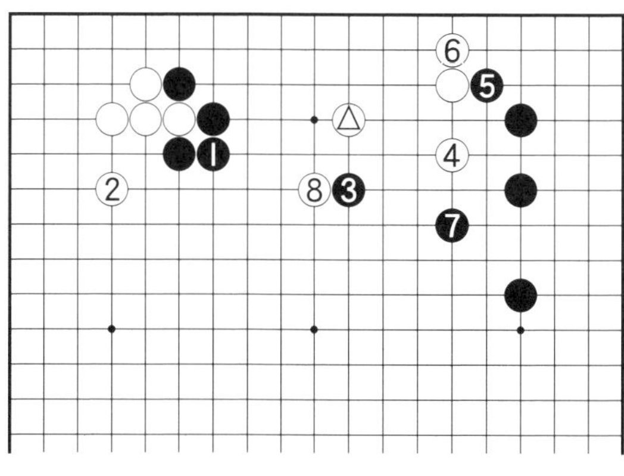

1도

1도 (흑, 무겁다)

흑이 좌상 쪽 단점을 보강
한다면 1의 이음이지만,
백△가 버젓이 다가와 있
어 돌이 무거운 느낌이다.
흑3으로 씌워 보지만 백4
에 흑5, 7로 이쪽을 저지할
때 백8로 붙여나와 흑의
다음 행마가 마땅치 않다.

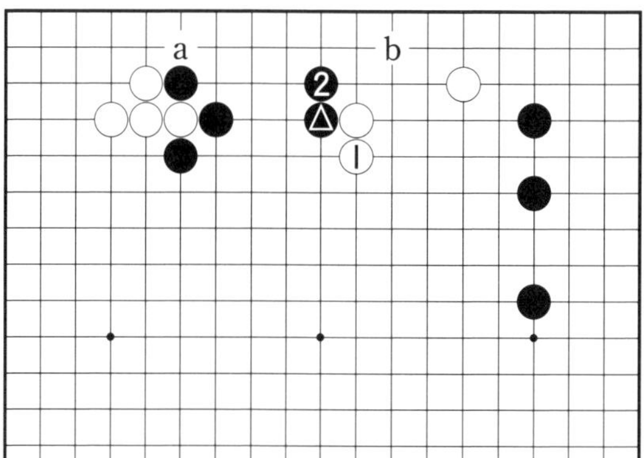

2도

2도 (백, 기세부족)

흑△에 대해 백1로 느는
것은 우변의 흑 세력을 견
제해 변화를 꺼린 것이지
만, 이제는 흑도 가만히 2
로 뻗어 a의 내려섬과 b의
달림을 맞본다.

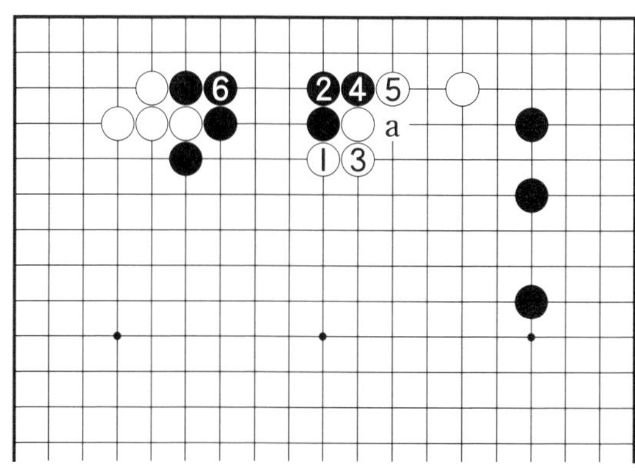

3도

3도 (흑의 변신)

백1로 위쪽을 젖혀도 흑2
로 침착하게 빠져 4, 6으
로 변신을 꾀한다.

이곳을 안정해 두면서
a의 단점을 강조해 역시
백으로서는 달갑지 않을
것이다.

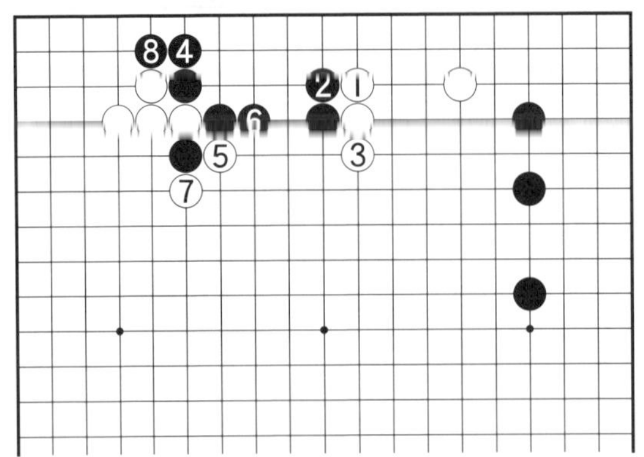

4도

4도 (흑2가 침착)

백1로 빠시면 흑2로 따라 박는 것이 착실한 보방이다. 두점머리를 피해 백3으로 늘지 않을 수 없을 때 흑4에서 8로 꼬부려 역시 흑이 기분 좋은 절충일 것이다.

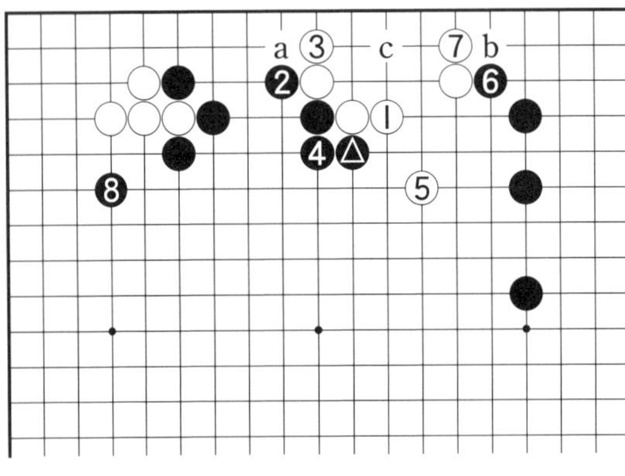

5도

5도 (굼뜬 행마)

흑▲에 백1로 느는 것은 굼뜬 행마로 당장 흑2로 이단 젖히는 급소를 허용한다. 백5라면 흑6에서 8로 전환한 데까지.

나중에 흑a, b의 막음이 c를 보아 반쯤 선수로 듣는 것도 흑의 자랑이다.

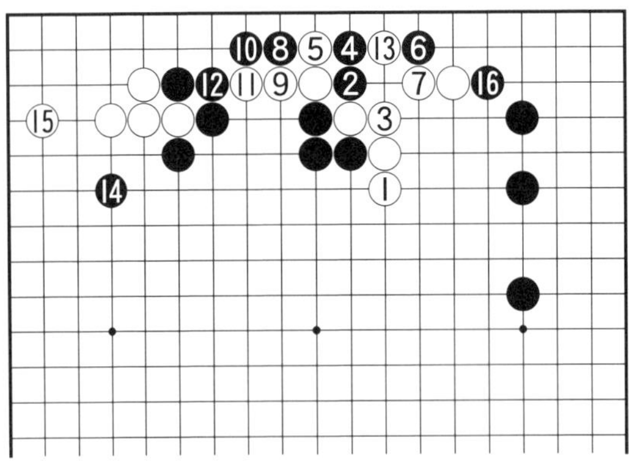

6도

6도 (백, 무리)

마지막으로 실전진행 백6 대신 이 그림 1로 뻗는 변화. 흑2에서 4, 6으로 키워죽이는 것이 요령으로 백7에 흑8 이하로 죄어붙여 놓고 14, 16으로 깨끗하게 마무리해 대세가 기울고 만다.

선택의 기로에서

● 흑 차례

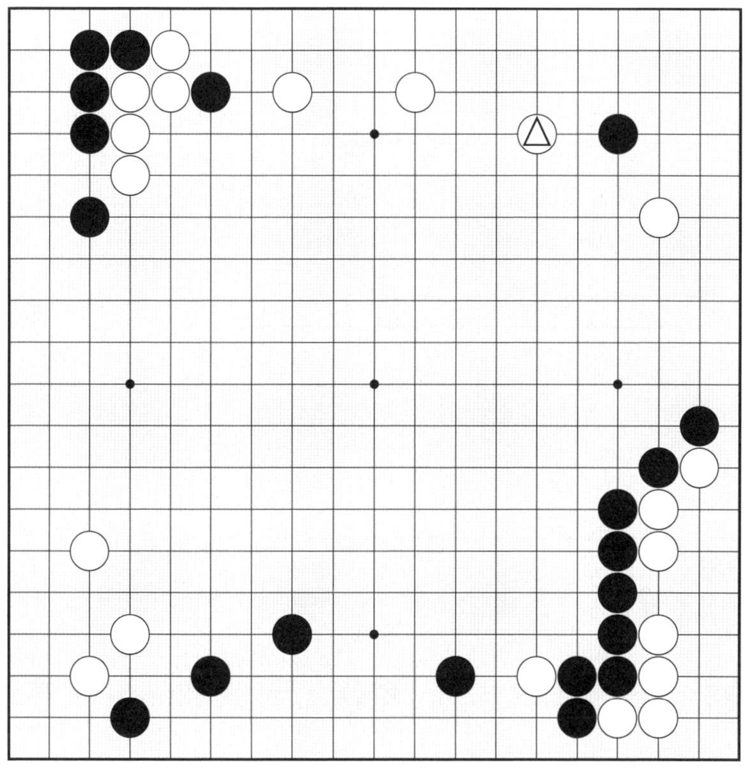

하변에서 흑이 세력을 쌓고 백은 발 빠르게 나가고 있는 포석임이 한눈에 들어온다. 방금 우상에서 백△로 양걸침을 해왔다.

이에 대해 흑이 어떤 정석을 선택해야 할지가 초점이다. 백△의 위치가 높다는 것을 염두에 두고 세 수 정도만 머릿속에 그려보길 바란다.

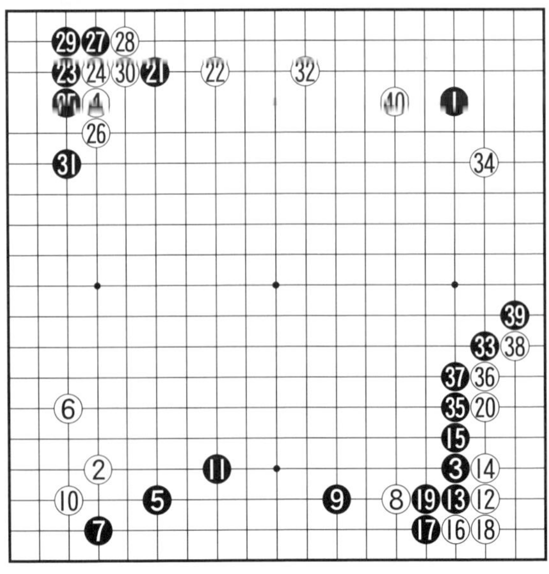

경과도

경과도 (1~40)

패왕선 노선기에서 이성 새(흑)와 소문연의 대국.

서로가 양화점으로 출발해 흑31까지는 평이한 흐름. 우변에서 흑 33 이하는 하변 흑 세력을 최대한 활용하려는 적극전법으로 풀이된다.

백이 두 차례 손을 빼 34, 40으로 양걸침한 것이 장면도의 수순이다.

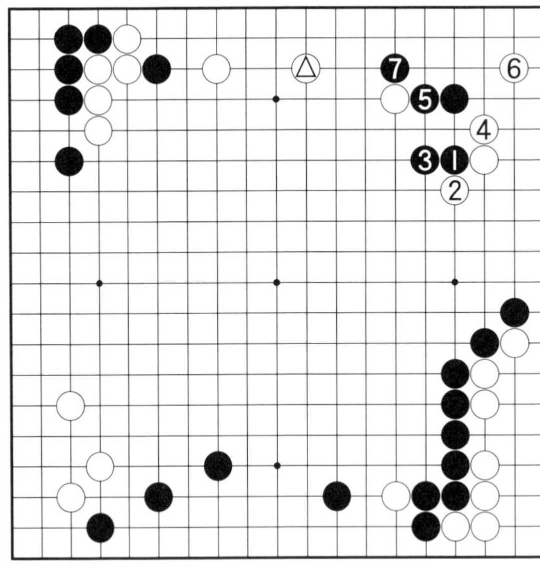

1도

1도 (실패)

흑1, 3으로 붙여뻗는 것은 이 형태의 가장 대표적인 정석이지만 여기서는 의문이다.

백4, 6에 흑7로 젖혀두는 데까지 일단락하는데, 백△ 한점이 버티고 있어 바깥 세력이 작용하지 못한다. 흑으로서는 백에게 귀의 실리만 빼앗긴 꼴이다.

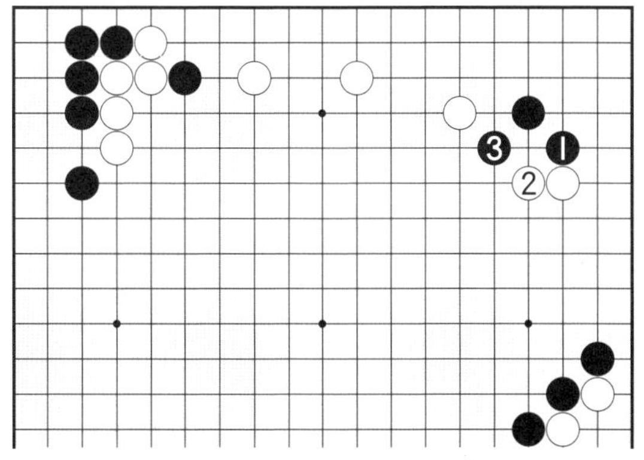

실전도

실전도 (붙이고 마늘모)

흑1로 붙이고 3의 마늘모로 진출하는 것이 옳다.

이 그림은 실전이기도 한데, 아마 정석에 밝은 사람이라면 이 수순이 무얼 의미하는지 금방 알 것이다.

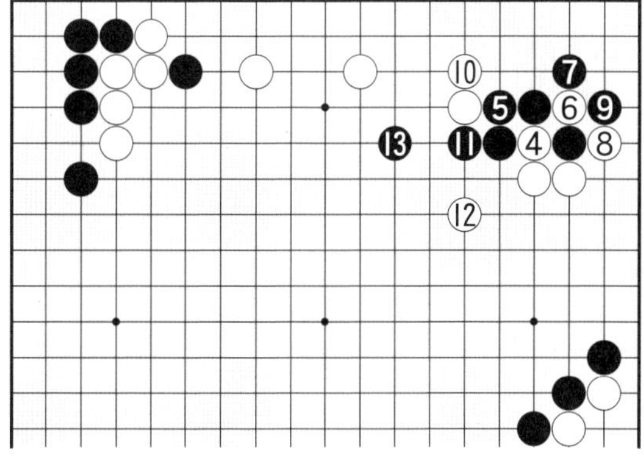

실전진행1

실전진행1 (흑9, 요점)

앞 그림에 계속되는 실전. 백4에서 6, 8로 끊어잡아 안정을 서두른 것은 당연하다.

이때 흑9는 놓칠 수 없는 수로 쌍방 근거에 관계되는 요점이다.

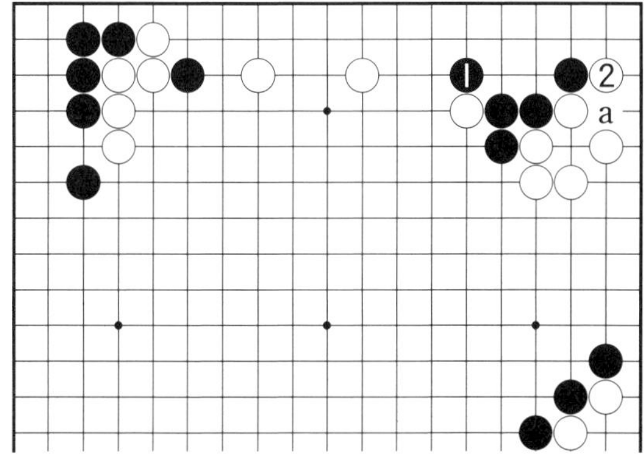

2도

2도 (흑, 큰 손해)

앞 그림 흑9의 수로 이 그림 1로 젖혀 백 한점을 제압하고 싶지만 백2의 젖힘을 당하면 흑은 여전히 미생이다.

역시 흑1로는 a에 모는 한수이다.

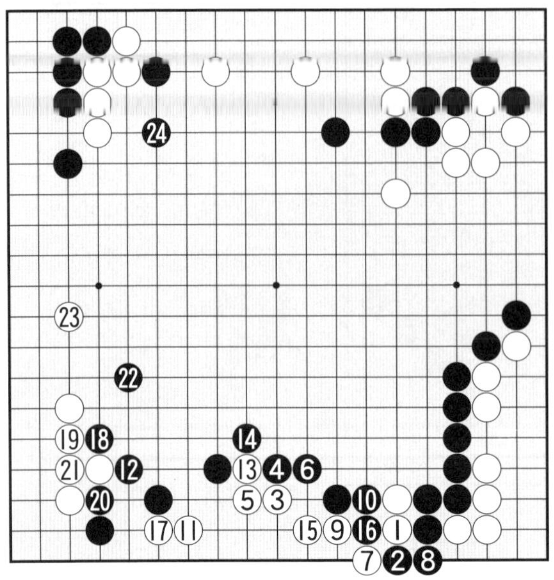

실전진행2

실전진행2 (하변 부수다)

백1부터 하변 흑진을 삭삭하러 산 것은 낭년하다. 흑2의 차단에 백3은 급소 침입. 이하 17까지 제법 크게 살았는데, 하변 흑진은 이 같은 삶의 수단이 남아 있다는 정도로 이해하기 바란다.

흑은 22까지 바깥에 두터움을 쌓은 것으로 만족하고 24부터 상변 백진의 삭감에 나섰다.

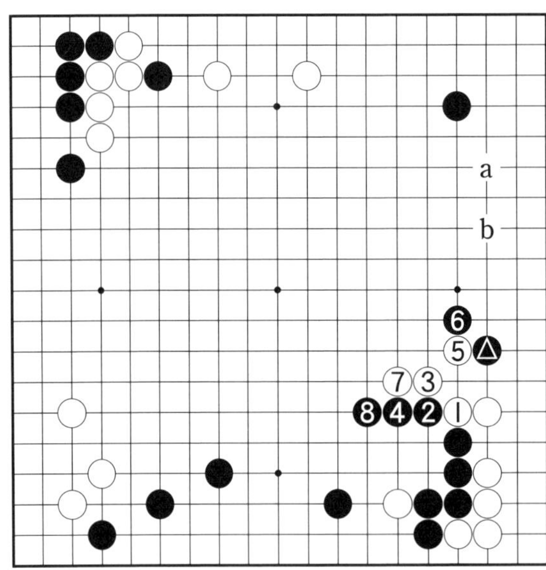

3도

3도 (흑의 주문)

참고로, 초반 우변의 진행에서 흑▲에 백이 손을 빼 우상으로 향한 것은 나름의 이유가 있다.

즉 백1로 밀어올리면 흑8까지의 진행이 예상되는데 하변의 흑진이 저절로 굳어지게 되며, 우변에서도 다음 백a면 흑b로 협공하는 수가 제격이기 때문이다.

의표를 찌른 날일자 신수

○ 백 차례

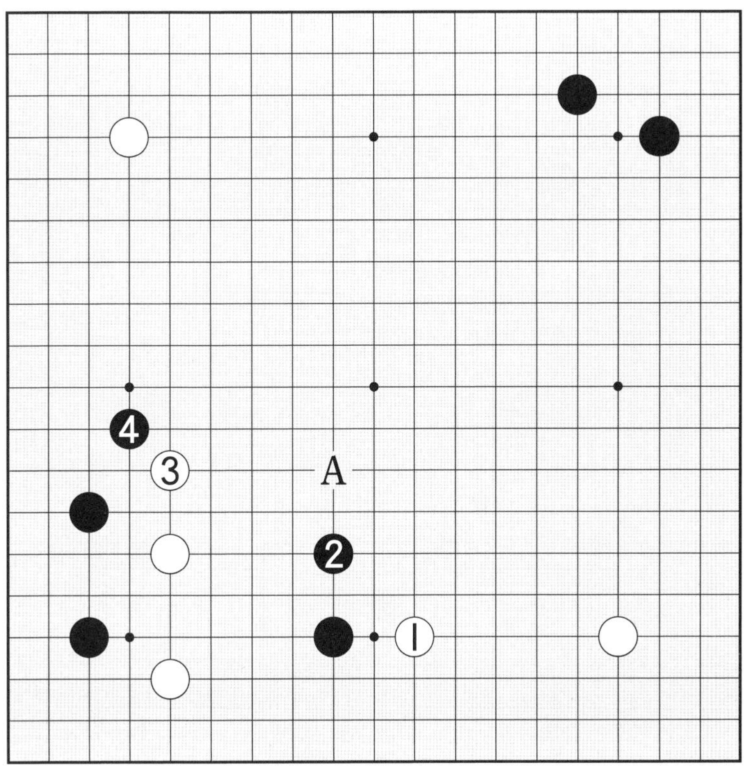

좌하 세칸높은협공 정석에서 백1로 역협공하고 흑2에 백3으로 뛰고 흑4로 받은 장면이다.

여기서 백의 다음 수는 A의 모자이면 보통인데, 뭔가 다른 행마를 궁리하고 싶다.

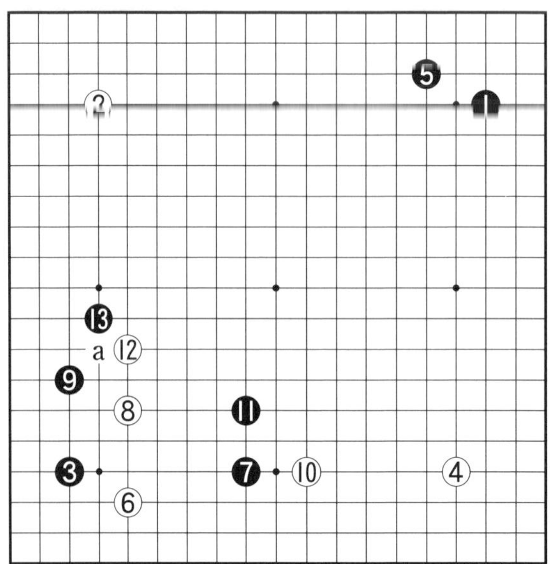

경과도

네크콘매 프로기전 결능 5빈기에서 소내 수상컵을 놓고 다툰 유창혁(흑)과 조훈현의 1국이다.

대각선 포석으로 출발해 좌하 흑7의 협공부터 접근전에 돌입한다. 이하의 진행은 정석화된 패턴이다. 백10이나 12로는 a에 씌우는 수도 있는데, 그러면 흐름이 급박해진다.

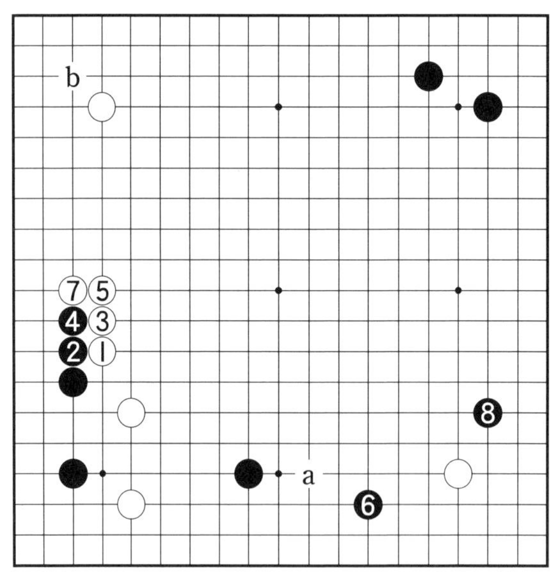

1도

1도 (주도권 빼앗긴다)

앞서 말한 것처럼 경과도 10으로 이 그림 백1에 씌우면 어떻게 될까?

그러면 흑2, 4로 밀어두고 백a의 공격을 방비해 흑6으로 하변을 차지할 가능성이 높다. 백7은 기세인데 흑8로 양걸침을 허용해 주도권을 빼앗긴다. 그리고 좌상은 흑b의 3三 침입이 남았다.

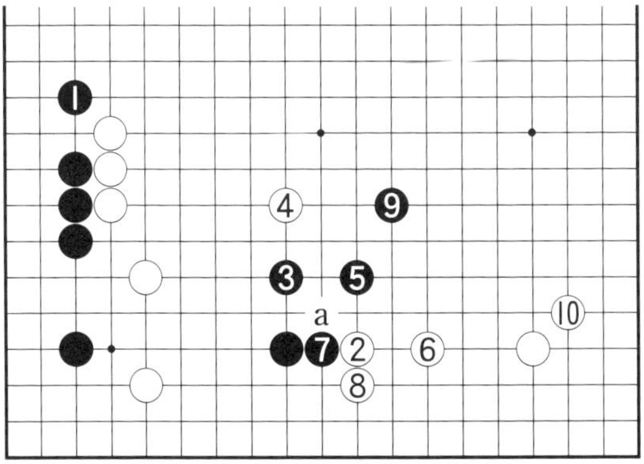

2도

2도 (공격을 감수)

앞 그림 6으로는 이 그림 흑1로 뛰고 백2의 공격을 감수하는 바둑도 있다.

흑3에 백4의 모자씌움이 좋은 리듬. 흑5로 뛰면 백6으로 같이 뛰고 a의 약점을 방비해 흑7이면 백8에서 10까지 예상된다.

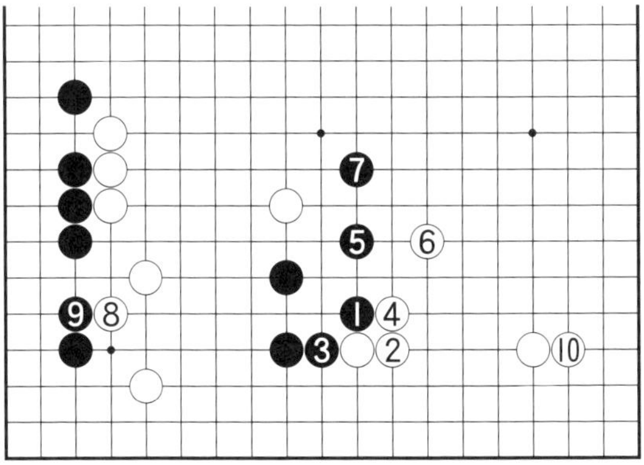

3도

3도 (일반형)

앞 그림 5로 이 그림 흑1에 붙인다면 백2로 늘어둔다. 흑3으로 치받고 백4에 흑5, 7로 뛰어나가는 진행도 하나의 일반형이다.

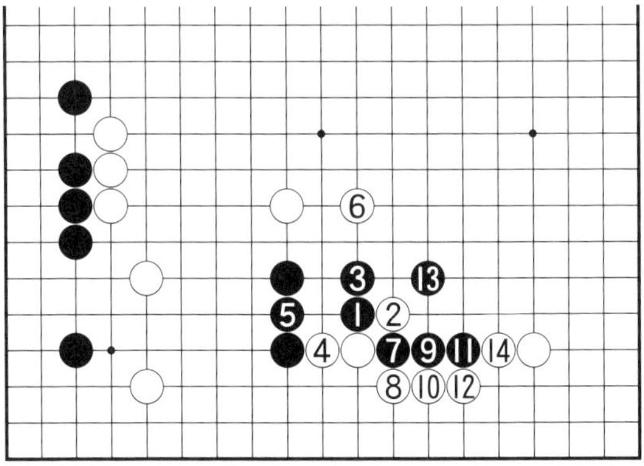

4도

4도 (실전 예)

흑1에 백2로 젖혀 4로 밀고 들어가 위쪽에서 6으로 뛴 실전 예도 있다.

흑7의 끊음부터는 필연이며, 이하 백14까지 일단락하는 진행이다.

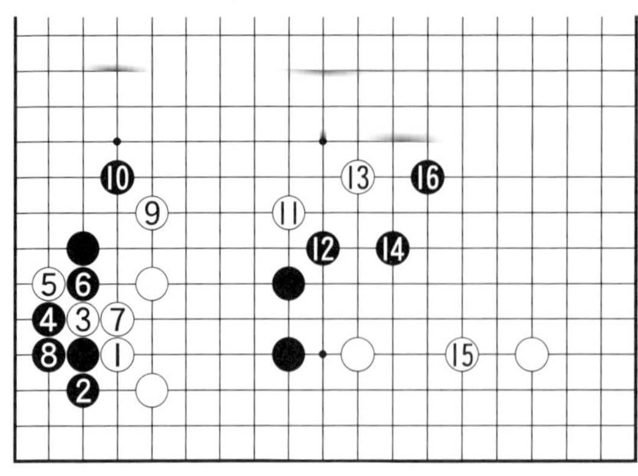

5도

5도 (이단젖힘)

경과도 12로 이 그림 백1
의 [illegible]은 두고 혹2
에 백3, 5로 이단젖혀 가
는 수도 있다. 그러면 백
11의 모자공격을 확실하
게 둘 수 있다. 흑2로 3은
백2로 근거를 갖는 여유를
주므로 흑의 불만이다.

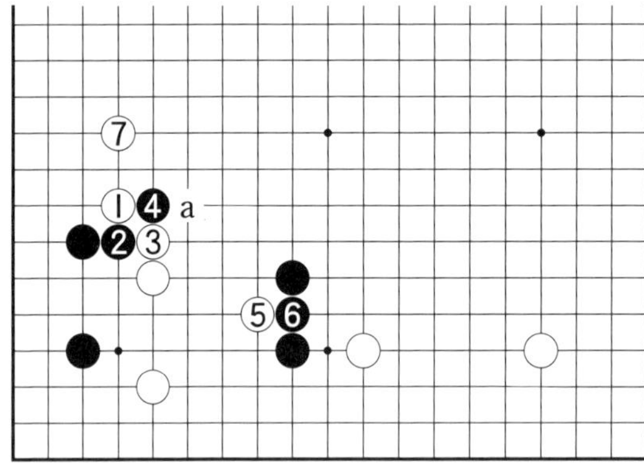

6도

6도 (악수이지만)

다음은 실전 예인데 백1에
흑2, 4로 나와끊자 백5로
들여다보고 7로 뛴 적이
있다.

백5는 악수이지만 불가
피한 수로, 단순히 7일 경
우 흑a로 서서 싸우는 변
화에 대비한 뜻이 있다.

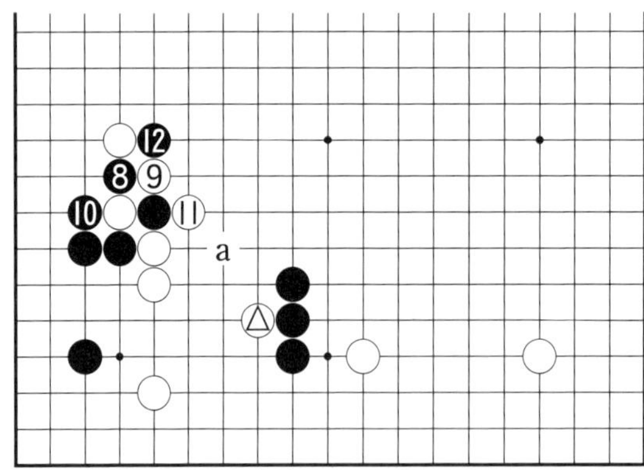

7도

7도 (봉쇄)

계속해서 흑8에 백9, 11은
봉쇄를 위한 상용의 맥.

수순 중 흑8로 11이면
백이 10의 곳을 막아 흑이
이쪽을 어떻게든 보강할
때 백a로 빠져나간다. 이
때 백△ 한점의 역할에 주
목한다.

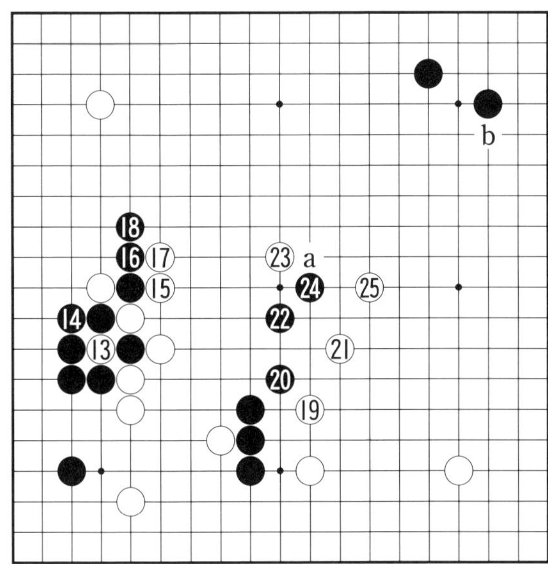

8도

8도 (호쾌한 공격)

이어 백13으로 따내고 15, 17로 벽을 쌓은 것은 예정된 작전. 거기서 백19의 한칸 뜀이 요점으로 이하 25까지 호쾌한 공격을 펼친다.

다음 흑a에 백은 b로 붙여가던가 우하귀를 굳히든가 할 것이다.

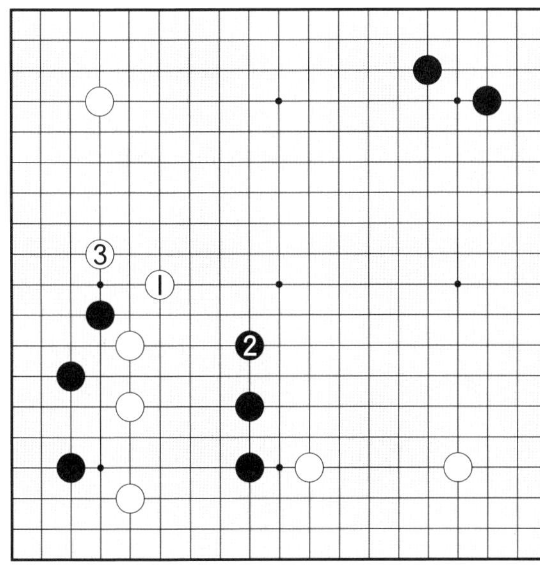

실전도

실전도 (신수)

이번 테마로 돌아가, 백1의 날일자가 그럴듯한 수였다. 백의 모자공격을 피해 흑2로 뛰면 백3으로 둘러싸 좌변 흑의 진출을 가로막는다.

백1은 당시 신수라는 평가를 받았는데, 상식을 마다하고 국면을 개척한 공로(?)가 인정되었다고 할지…. 아무튼 매번 똑같은 길을 고집하는 것은 재미가 없다.

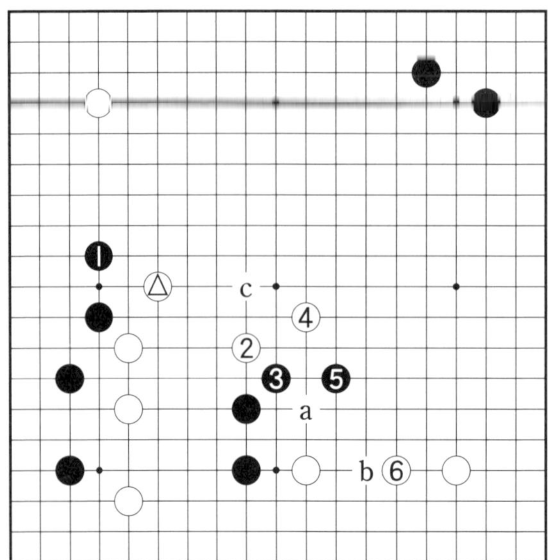

9도

9도 (백의 뜻대로)

백△에 대해 흑1로 받아 순다면 백2의 모자씌움이 안성맞춤. 흑3 이하 백6까지는 5도에서 본 그대로이다.

백6은 이렇게 지킬 자리이고, 흑3으로 a면 백 b가 요령이다. 그리고 백2로는 a에 뛰고 흑2 때 백c로 덮어가는 바둑도 가능할 것이다.

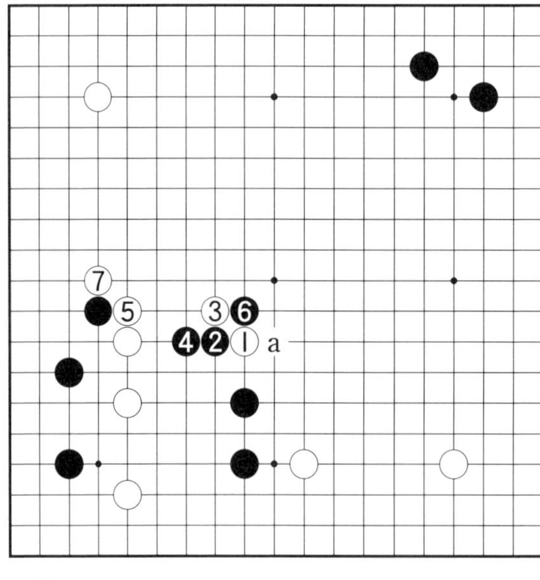

10도

10도 (복잡한 싸움)

실전도 1로는 처음부터 백1로 모자 씌우는 것이 보통인데 그러면 흑2, 4로 붙여 나와 서로 장담할 수 없는 싸움이 된다.

가령 백7로 a에 서서 싸우면 이후는 복잡한 힘겨루기의 양상이다. 말하자면 실전도 백1은 이 변화를 피한 뜻도 있는 것이다.

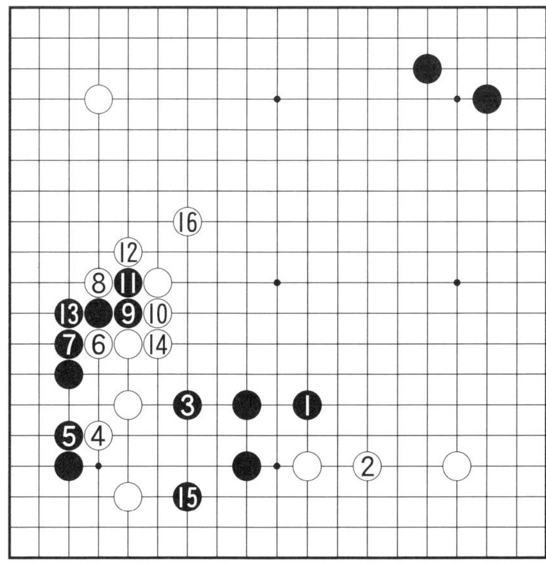

11도

11도

11도 (올바른 방향)

그런데 실전도 흑2의 뜀은 생각을 요했다. 이 그림 흑1로 ㄱ자 뜀을 하고 백2에 다시 흑3으로 두어 왼쪽 백의 엷음을 찌르는 게 좋았다.

백4 이하로 위쪽을 정비할 수밖에 없고 흑15로 안정한 데까지, 이것이었으면 흑도 편한 국면이었던 것이다.

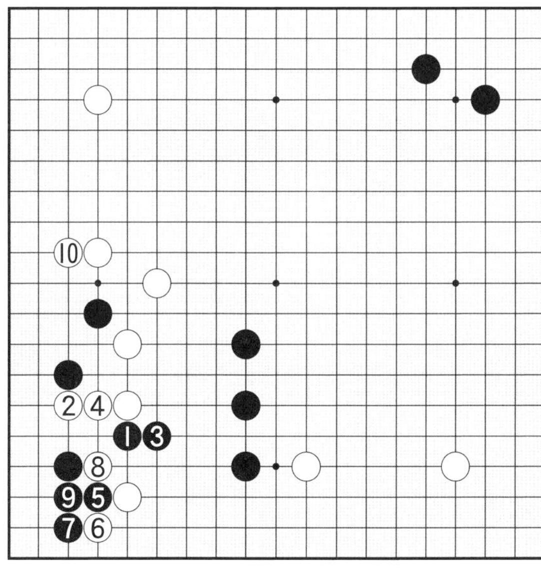

실전진행1

실전진행1 (백2, 묘착)

실전도에 이은 실전. 흑1로 붙여 이쪽 백의 엷음을 노려갔을 때 백이 3의 자리에 곱게 받지 않고 2로 반대쪽에 뛰어붙인 수가 묘착이었다.

흑은 기세로 3으로 뻗고 백4로 이어 이하 10까지 바꿔치기가 되었는데, 맛이 남은 하변 흑집보다 깨끗이 들어간 좌변의 백집이 매끈하다.

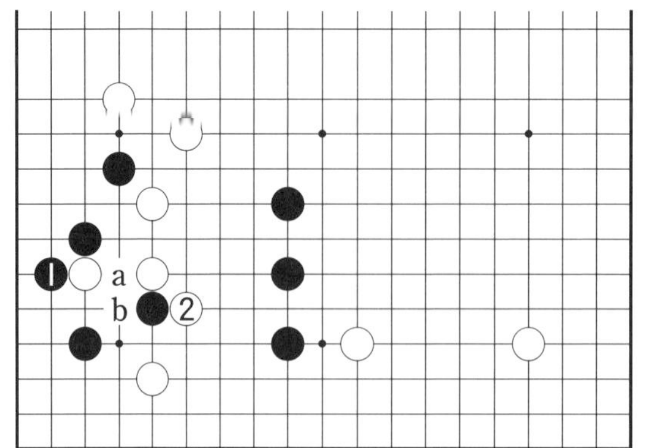

12도

12도 (맥의 효과)

백의 뛰어붙임에 대해 흑1
로 받아수면 그때 백2로 받
아 흑의 응수가 궁하다. 다
음 흑a면 백b의 양단수가
듣는다.

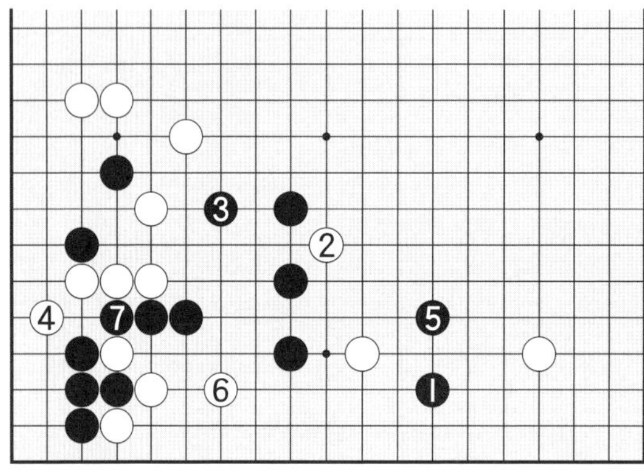

실전진행2

실전진행2 (백2, 완착)

흑1로 파고들 때 백2로 들
여다본 수가 벌어들인 포
인트를 그대로 잃어버린
대완착이다.

흑3과 교환되자 좌하 쪽
에 나쁜 영향을 끼쳤고 백
4의 보강이 불가피하게 되
었다. 흑5로 뛰어서는 흐
름이 이상해진 느낌이다.

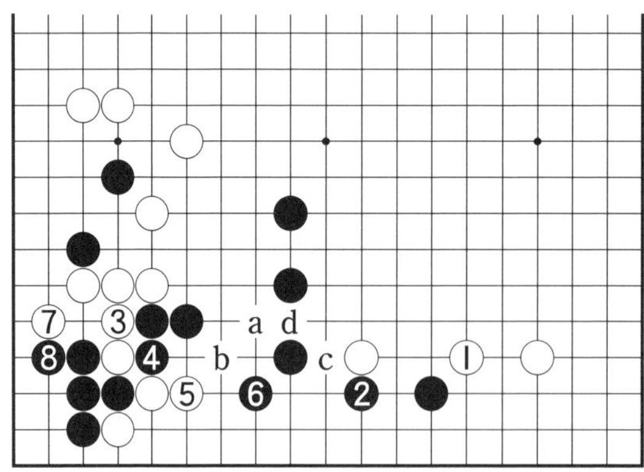

13도

13도 (노림)

앞 그림 2로는 이 그림 백
1로 압박하는 게 알기 쉬
웠다. 흑2로 넘어가면 백3
에서 5로 늘어 하변의 움
직이는 맛을 노린다.

이후 백a, 흑b 다음 백c
에서 d로 돌파하는 수가
그것이다.

대세를 본 어깨짚음 연타

○ 백 차례

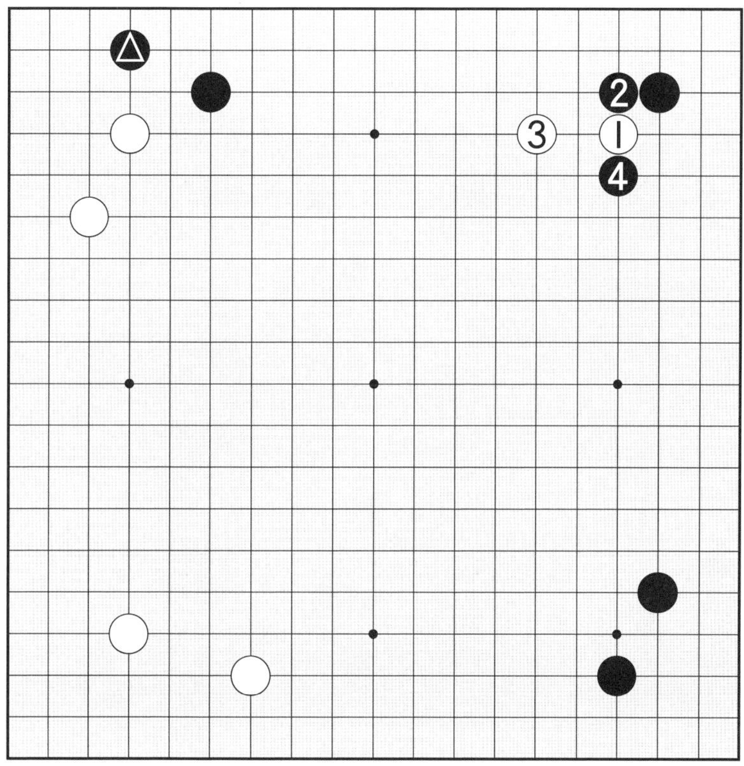

　흑△로 미끄러진 수에 대해 이곳을 보류하고 백1로 우상을 짚어간 수가 포석상의 타이밍이다. 흑2로 이쪽을 민 것은 우하의 굳힘을 의식한 방향이며, 백3으로 가볍게 뛰고 흑4로 껴붙인 데까지는 이런 정도의 곳이다.

　여기서 백의 다음 수는 1을 계승하는 오직 한곳인데 과연 어디일까?

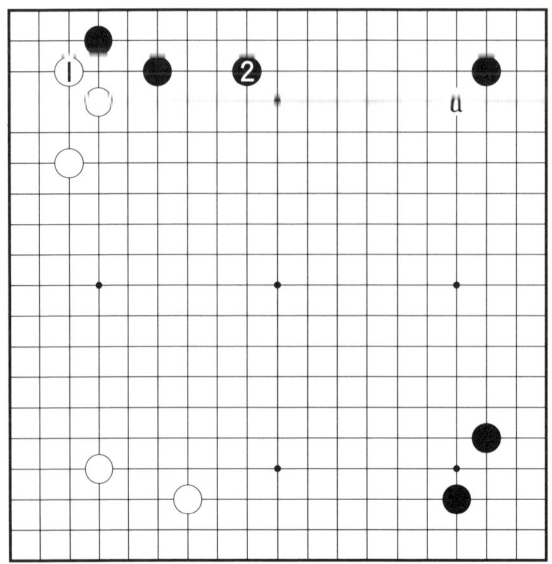

1도

1도 (걸림돌)

먼저 이 바둑은 동양증 권배 본선에서 숭숙의 왕리청(흑)과 창하오가 둔 대국이다.

좌하귀를 백1로 받아 주면 흑2로 벌릴 텐데, 그러면 백a로 어깨짚어 가는 묘미가 떨어진다. 흑2의 벌림이 백의 작전에 걸림돌이 되는 것이다.

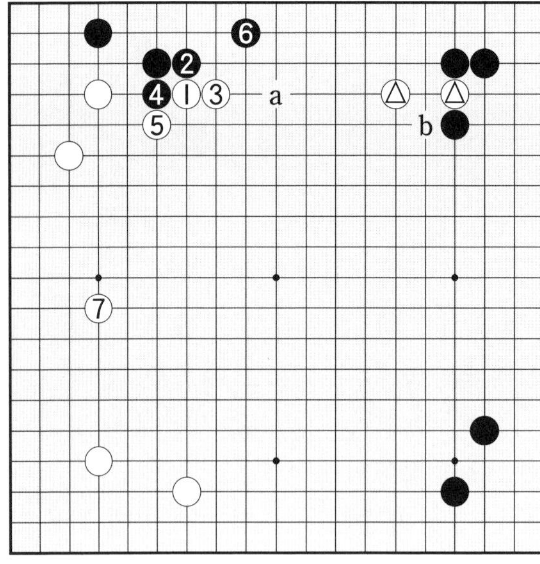

실전도

실전도 (고압작전)

좌상 백1의 어깨짚음이 대세를 지향하는 고압작전. 흑2로 이쪽을 미는 한수인데 백3으로 늘어 두어 이하 7까지 우상 △의 돌들과 고리를 이루며 흑의 실리작전에 대항한다. 다음 흑a면 백b라는 리듬이다.

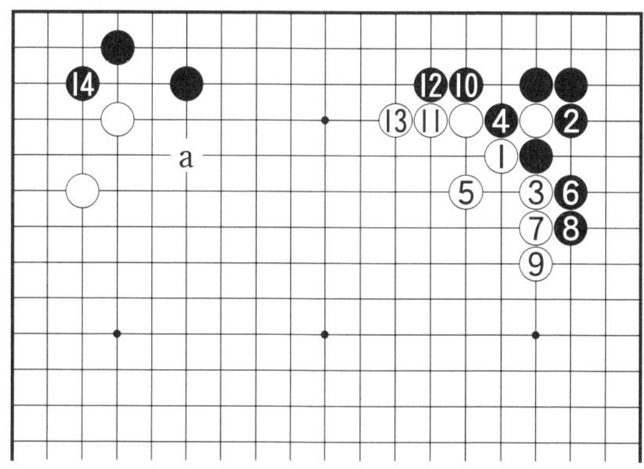

2도

2도 (백, 불만)

우상에서 백1로 호구쳐 흑 2에 백3 이하의 정석을 결정하는 것은 13까지 후수인 게 불만이다.

흑에게 좌상 14의 요점을 빼앗긴다. 또, 흑14로는 a로 뛰는 것도 호점.

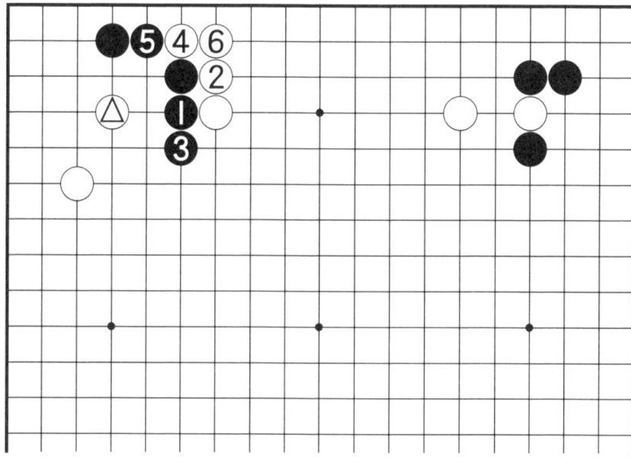

3도

3도 (방향착오 1)

실전도 흑2의 수로 이 그림 1쪽을 미는 것은 방향이 좋지 않다. 백은 늘지 않고 2로 틀어막는 수가 강수이다. 흑3은 내친걸음인데 백4, 6으로 젖혀잇는 수가 기분 좋다. 백△ 한 점이 흑 모양의 급소에 놓여있는 것.

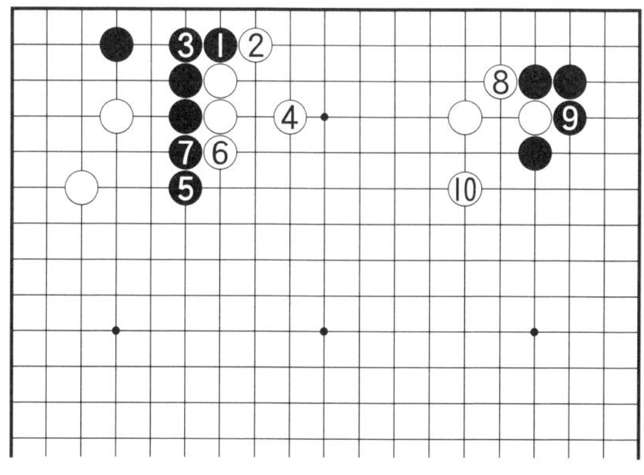

4도

4도 (방향착오 2)

그렇다고 흑1, 3으로 먼저 변쪽을 젖혀도 백은 자연스럽게 4, 6으로 모양을 갖추어 만족한다.

출발이 나빴던 탓으로 흑에게는 아무래도 좋은 그림이 나오지 않는다.

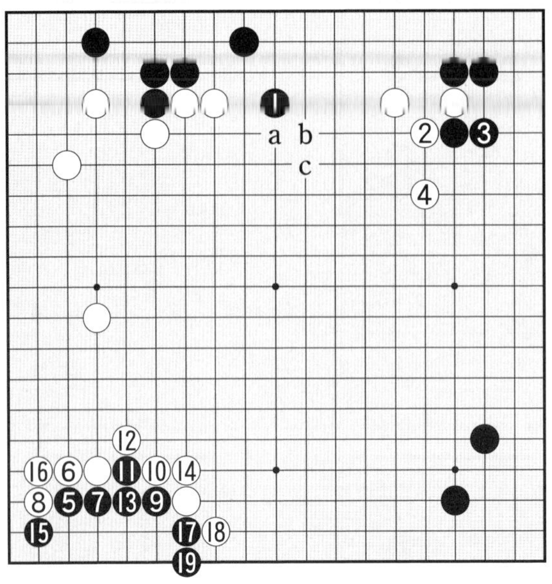

실전진행

실전진행 (결정적 실착)

흑1은 백의 세력확산을 방지하는 급소인데, 이제 백2에서 4로 우상을 결정한다. '백 세력, 흑 실리'라는 필연적인 포석의 흐름이다.

그런데 흑5가 실리를 너무 탐한 수로 이 바둑의 결정적인 패인이었으니…. 이제 상변은 백a, 흑b, 백c로 막히는 모양이다.

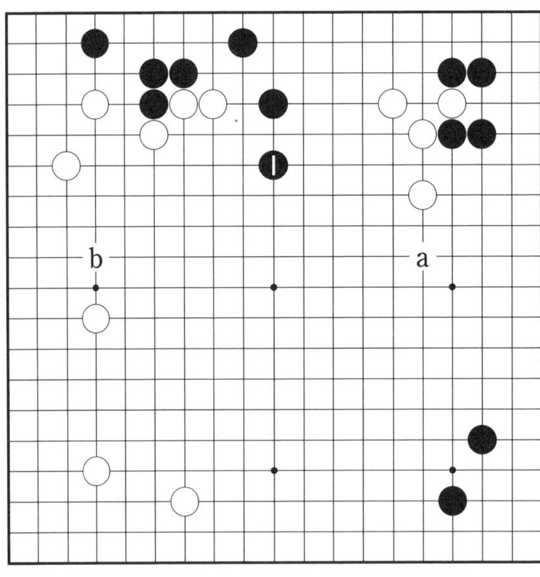

5도

5도 (대세의 요점)

앞 그림 5로는 이 그림 흑1로 뛰는 한수였다. 다음 흑a의 공격이 두려우므로 백은 이곳을 뛰는 정도인데, 그때 흑b로 좌변에 뛰어드는 게 올바른 작전이었다.

말하자면 흑1 다음 a, b의 곳을 맞보기로 삼았으면 아직 팽팽한 국세였던 것.

두터움을 살리는 임기응변

○ 백 차례

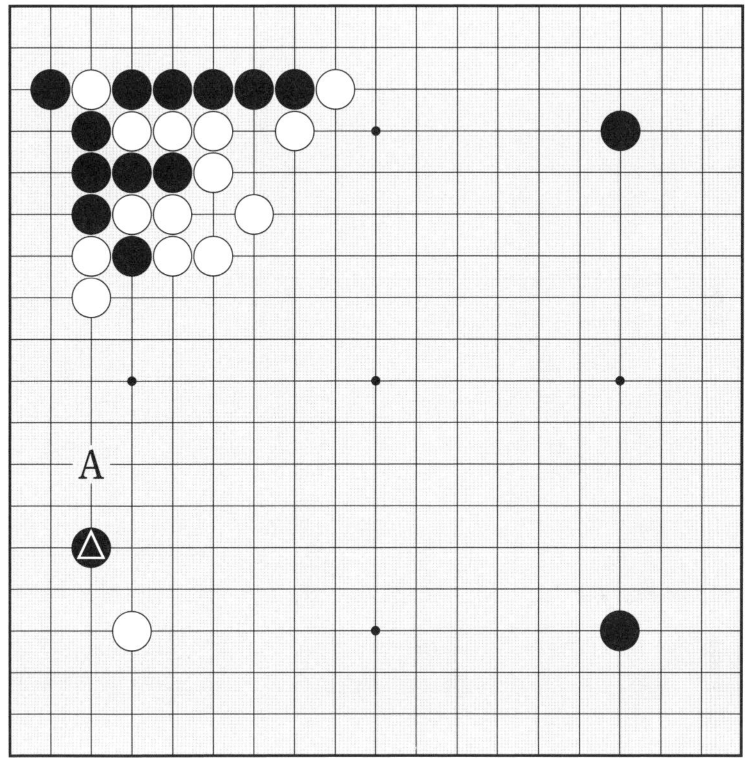

　좌상에서 정석이 일단락하고 방금 흑△로 걸쳐왔다. 백으로서는 좌상 쪽의 두터움을 십분 활용하면서 국면을 능동적으로 꾸려가고 싶은데, 과연 어떤 작전이 좋을까?

　일단 A로 협공하고 싶은 곳인데 협공을 하더라도 그 이후의 수순을 잘 생각해야 한다.

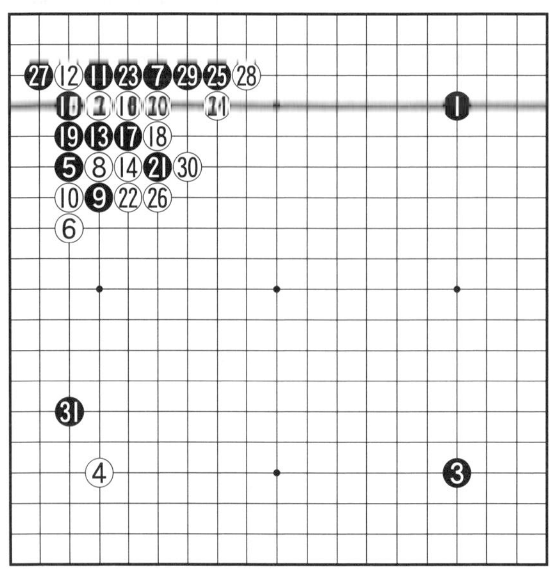

경과도

경과도 (1~31)

9기 비씨카드배 신인왕 선 본선에서 녹신석(흑) 과 권오민이 둔 대국.

좌상의 정석에서 백 26이 새로운 시도. 흑27 을 강요해 백28에서 30 으로 빵따냄을 한 데까 지, 중앙을 확실한 두터 움으로 만든 백의 전략 을 높이 평가하고 싶다.

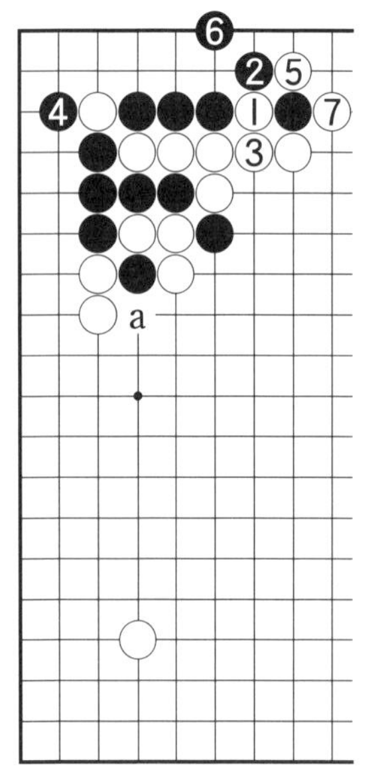

1도

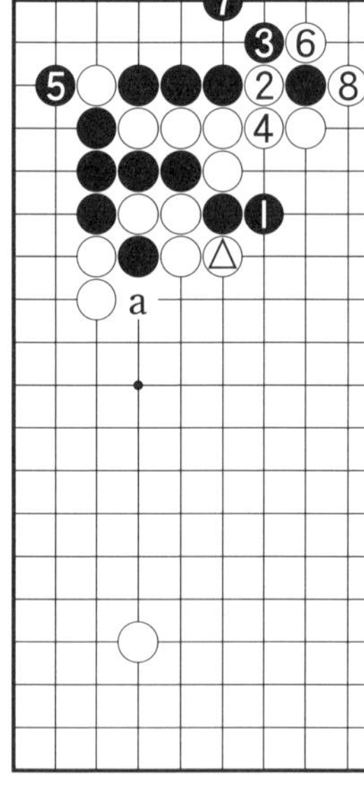

2도

1도 (보통)

경과도 26으로는 이 그 림 백1, 3으로 끼워잇고 이하 7까지가 보통이다. 다음 흑a로 빠져나가는 변화가 서로 어려운데, 백26은 바로 이 같은 그 림을 피한 뜻이다.

2도 (백의 주문)

백△에 대해 흑1로 나가 는 것은 백의 주문. 흑a 로 움직이는 수가 없어 진 만큼 흑이 손해이다.

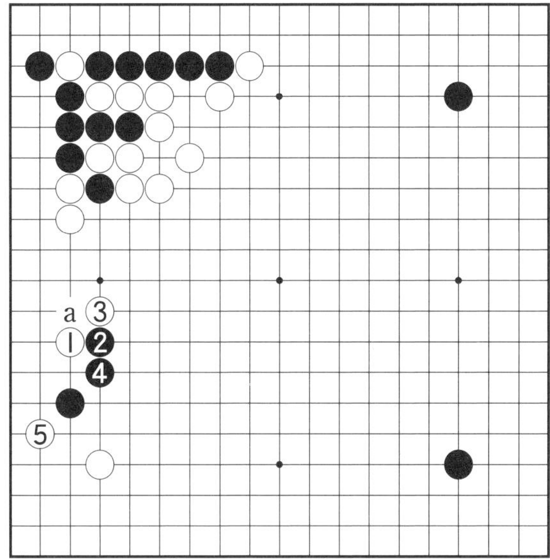

3도

3도 (한칸협공)

백1의 한칸협공이 좋은 출발. 좌상의 두터움을 한껏 이용하는 기분으로 이렇게 타이트하게 육박하고 싶다. 흑2, 4로 붙여끄는 정도인데, 거기서 백5의 날일자로 귀를 지키는 것이 수순이다.

다음 흑a의 끊음이 예상되지만 이에는 준비된 복안이 있다.

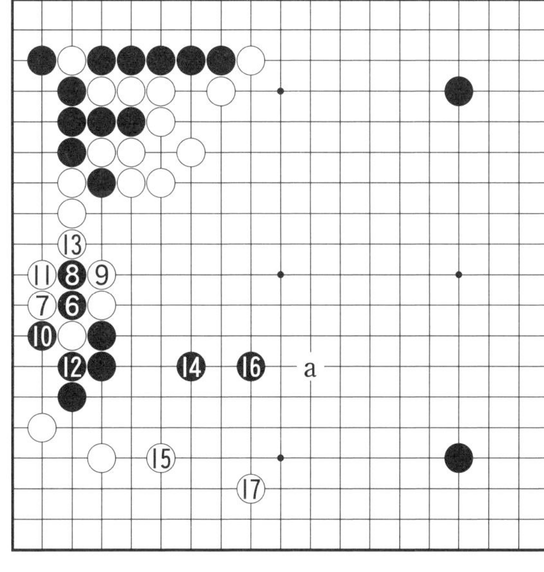

4도

4도 (준비된 수)

흑은 필시 6으로 끊어올 텐데 백7로 몰고 9로 위쪽을 막는 수가 임기응변으로 흑10에는 백11, 13으로 죄어붙인다.

다음 흑14로 뛰는 정도인데 백15에서 17로 자연스럽게 하변을 차지해 이것이면 백이 충분한 바둑으로 보인다. 중앙 흑은 백a의 모자공격 등이 남은 것도 즐거움이다.

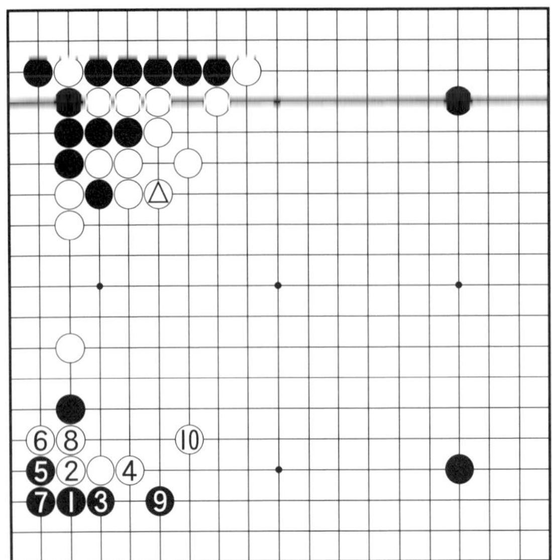

5도

5도 (백, 호조)

백의 협공에 대해 흑1로 3三에 뛰어늘면 백2로 당연히 이쪽을 막아 흑9 까지의 정석으로 백이 환영할 일이다.

백10의 날일자는 곧 장 두고 싶은 수로, 백이 좌상의 두터움을 한껏 뽐내게 된다. 또한 백△ 의 신수가 빛을 발하는 최상의 그림이기도 하다.

6도

6도 (백1, 고지식)

앞 그림과 관련해 3도 5 로 이 그림 백1로 뻗는 변화. 흑은 당연히 2로 협공할 테고 백3에는 흑 4의 3三으로 변신할 것 이다. 백5에는 흑6 이하 10까지 좌변의 석점을 버리는 작전으로 나가 백은 재미없다.

이것은 흑a의 젖혀이 음이 듣고 좌변 쪽의 세 력도 앞 그림에 비해 백 이 훨씬 못한 모습이다.

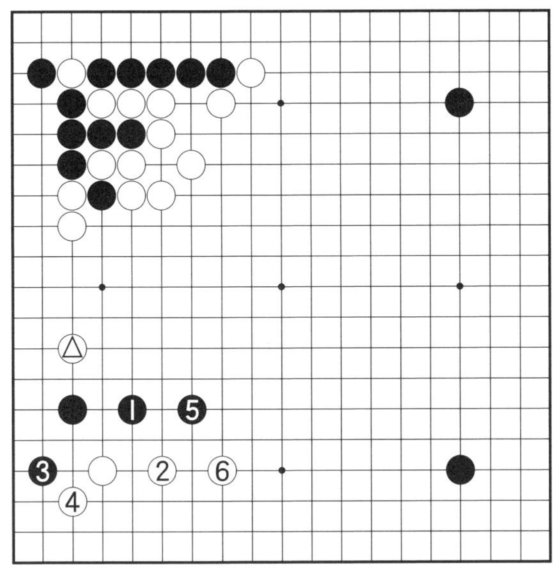

7도

7도 (아마추어적 발상)

백의 한칸협공에 대해 흑1로 뛰는 것은 아마추어적인 발상이다.

　백6까지 흑은 실속 없는 모습으로 백△ 한점이 흑의 근거를 빼앗고 있는 눈엣가시 같은 존재여서는….

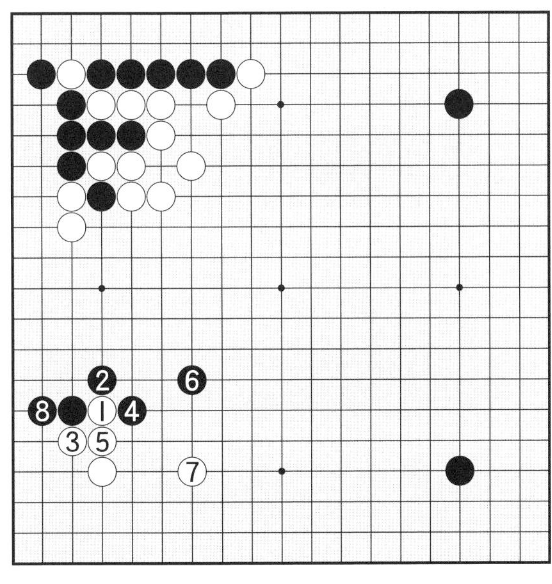

실전진행1

실전진행1 (정석선택 잘못)

실전은 백1, 3으로 붙여 막기 정석을 택했는데 이 수가 이상했다.

　흑4로 하나 얻어맞는 자체가 너무 아픈 데다 6으로 가볍게 모양을 갖추어서는 중앙의 백 세력이 단숨에 빛을 잃고 말았다. 좌상에서의 의욕적인 신수가 무색케 된 순간이라고 할지….

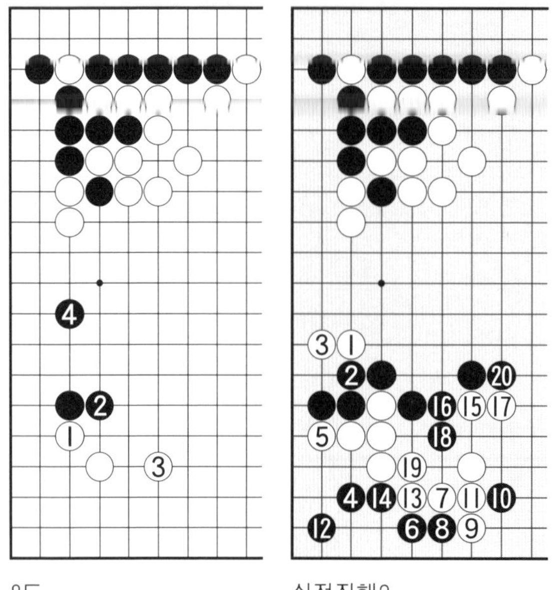

8도

실전진행2

8도 (하다못해)

실과 돈석인 얘기시만 백은 하나못해 1, 3으로 두었어도 상황은 달랐을 것이다.

세력을 스스로 지워버린 실전과 비교해 얘기가 그렇다는 것이다.

실전진행2 (미진한 공격)

백1, 3에 흑4의 3三침입이 날카로운 수. 이하 14까지 귀가 살자 백만 실속을 잃은 모습이다.

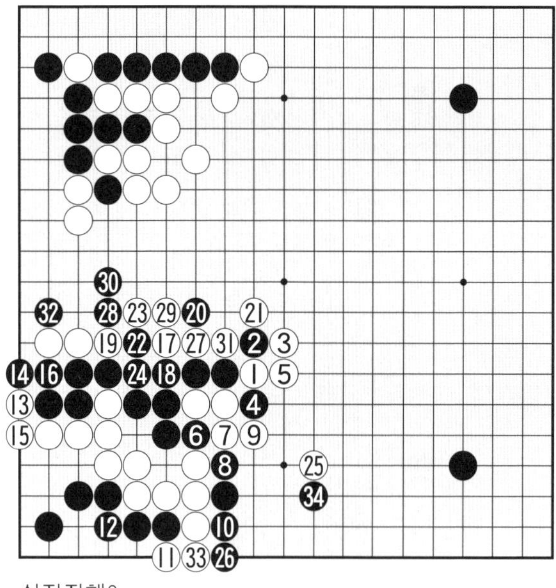

실전진행3

실전진행3 (거꾸로 잡히다)

백1, 3의 이단젖힘은 기세였으나 당장 흑4로 반발해 6, 8로 나가끊고 10으로 막자 좌하의 백이 거꾸로 갇힌 모양이다.

이하는 필연적인 공방으로 이어졌고, 결국 백 대마가 잡히면서 113수만에 끝나는 단명국이 되고 말았는데, 돌이켜보면 한번의 방향착오가 빚은 파국이었다.

느림보 행마가 속력의 원천

● 흑 차례

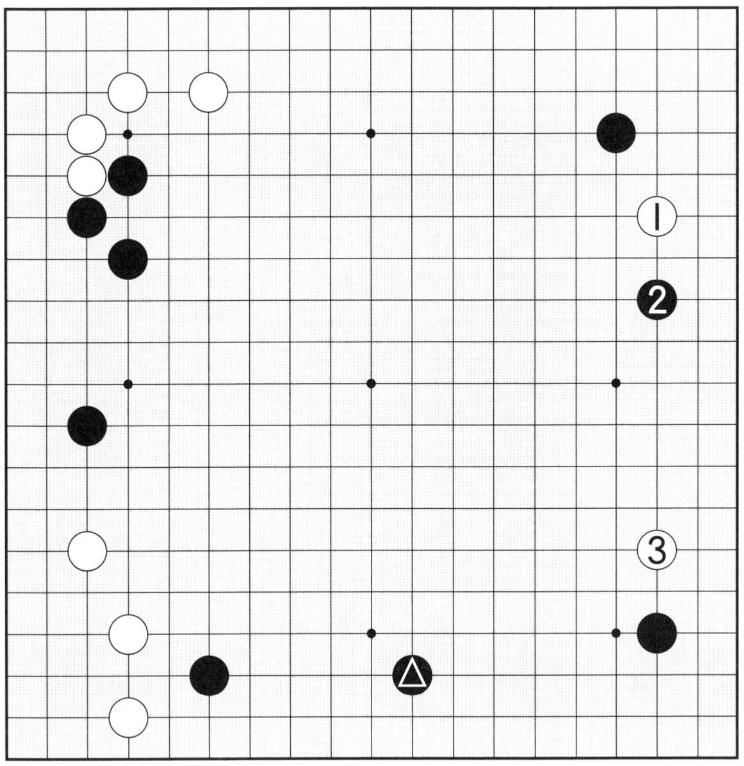

 흑❹로 하변에 미니중국식을 펴자 우상에서 백1로 걸치고 흑2의 협공에 다시 백3으로 우하 쪽에 바짝 다가섰다.
 비교적 생소한 이 수에 흑은 어떻게 대응해야 할지, 국면을 능동적으로 이끄는 흑의 다음 한수라면 어디인가? 직감에 의존해서는 백의 주문에 걸려들기 쉽다.

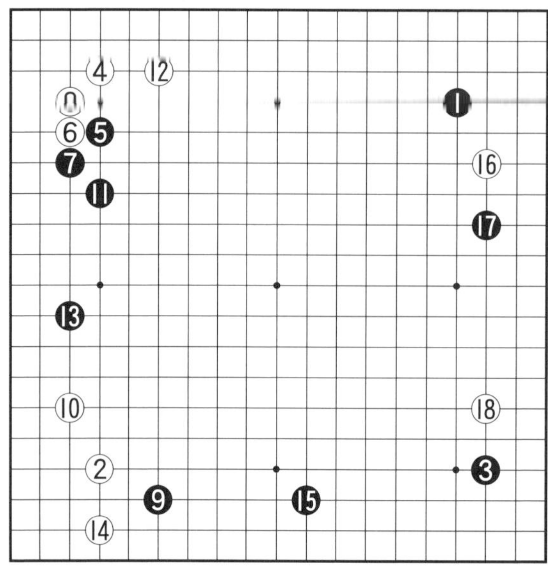

경과도

경과도 (1~18)

패왕전 도전기 3국에서 소운현(흑)과 이성재가 둔 바둑이다.

좌상 흑5, 7에서 13 까지는 익히 나오는 패턴이다. 백16에 흑17은 하변의 세력을 의식한 적극적 협공. 이에 대해 백18은 변화를 구한 것으로, 우상에서 평범하게 응해서는 재미없다는 뜻으로 풀이된다.

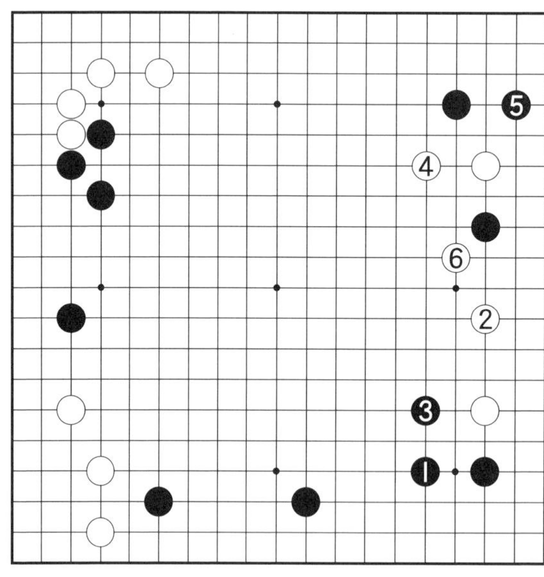

1도

1도 (느슨한 받음)

흑1의 한칸받음은 상식적인 응수이지만 여기서는 느슨하다.

우선 백2가 벌림 겸 협공하는 호착이고, 다음 흑3으로 하변의 세력을 키운다고 가정할 때 백4에서 6까지 백이 우변에서 이렇듯 쉽게 안정해서는….

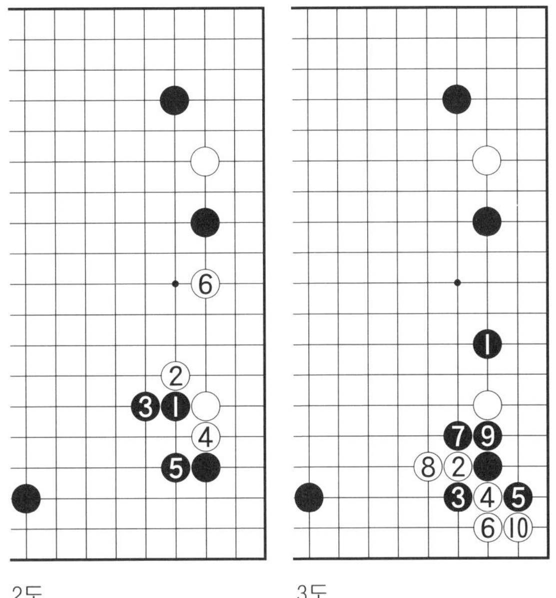

2도   3도

2도 (붙여뻗기 정석)

이번에는 흑1, 3으로 두는 수. 이하 붙여뻗기 정석으로 돌아가는데, 역시 백6이 벌림과 협공을 겸한 절호점이다.

3도 (변화 여지를 준다)

흑1로 협공하고 싶은 생각도 들지만 그러면 백2, 4로 붙여끊어 변화해 올 것이다. 이것은 정석 선택의 좋고 나쁨을 떠나 보기 좋게 의표를 찔리는 기분이다.

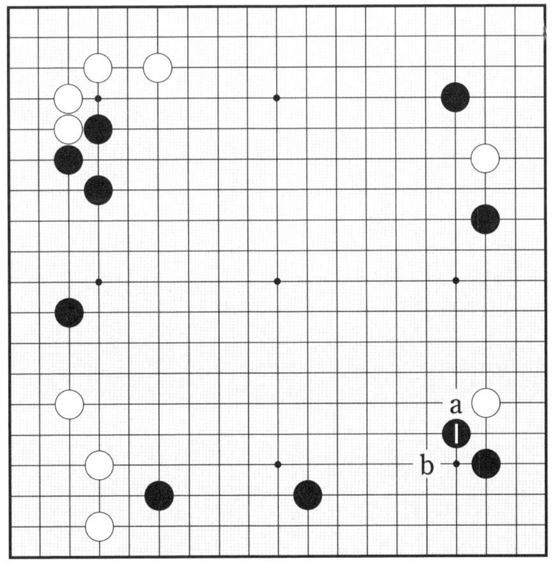

실전도

실전도 (마늘모 압박)

이 국면에서는 흑1로 마늘모하는 수가 재미있다. 측면에서 다가서서 백 한점을 지그시 압박하는 모양이 조금 야릇한 행마이지만, 하변 일대의 세력화를 꾀하면서 백의 행마에 제한을 가하는 침착한 한수이다.

또, 다음 흑a로 누르는 박력을 생각할 때 b의 한칸과 비교가 된다.

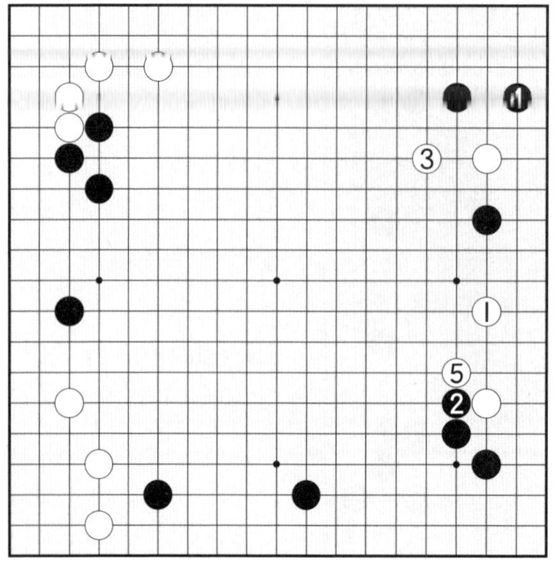

실전진행1

실전진행1 (하변에 세력)

흑의 마늘모에 대해 백은 그냥 1로 벌리고 흑2로 곧장 눌러간 것은 기세이다.

우상에서 백3, 흑4로 서로 뛴 데까지 흑은 하변의 대세력에 꿈을 거는 바둑으로, 흑이 만족할 만한 포석이다.

백이 다시 5로 젖혀 안정을 서두른 것은 당연하다.

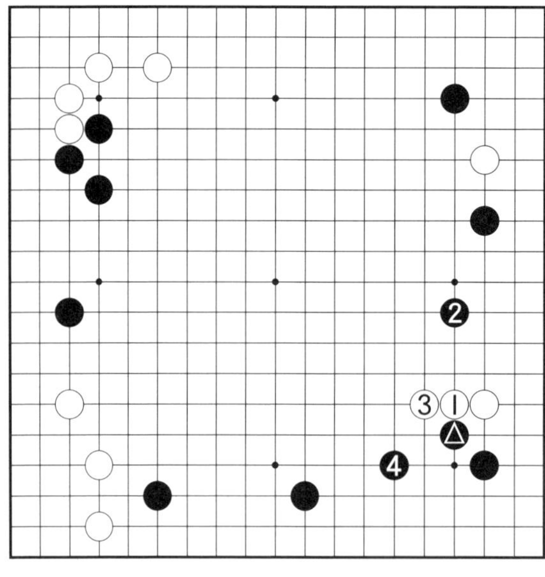

4도

4도 (흑의 주문)

흑△에 대해 부분적으로는 백1로 밀어가는 게 돌의 기세. 그러나 흑2로 협공하고 4로 날일자하는 리듬이 너무 좋다.

무거워진 상대에 대해 집을 벌어가며 공격하는 전형적인 케이스로, 느림보 행마인 흑△가 속력의 원천이 되는 모습이라고 해도 무방할 것이다.

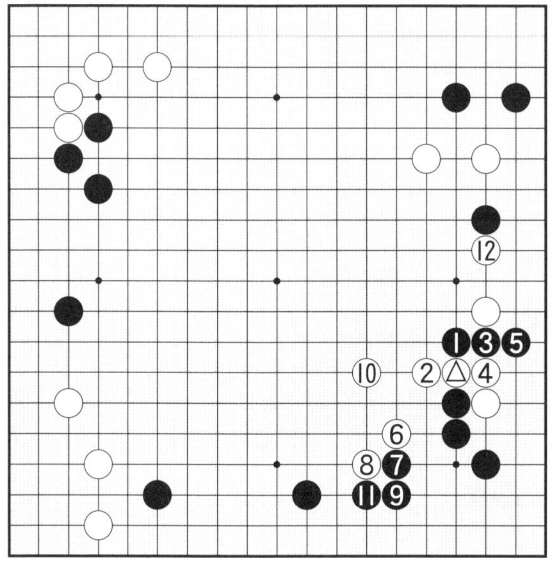

실전진행2

실전진행2 (흑1이 맥)

백△를 두자마자 흑1로 껴붙여간 수가 맥점. 백은 기세로 2로 치솟고 흑3, 5로 우변을 돌파한 데까지 필연적인 절충이며 백6 이하 흑11까지도 이런 정도의 곳이다.

여기까지의 절충은 흑이 좋다 보였는데 백12가 예상 못한 날카로운 역습이다. 그 사정에 대해서는 맨 나중에 보기로 한다.

5도 (굴복)

흑▲에 백1로 받는 것은 굴복. 흑2의 단수 한방이 아픈 모양으로 흑이 선수로 우변의 백을 납작하게 만들고 4로 유유히 상변을 벌려간다.

6도 (백의 무리)

그렇다면 백1로 잇는 수는?

흑2에 백3의 끊음이 성립해야 하는데 흑4로 빠져나간 후 이하 8까지 백의 무리이다.

5도

6도

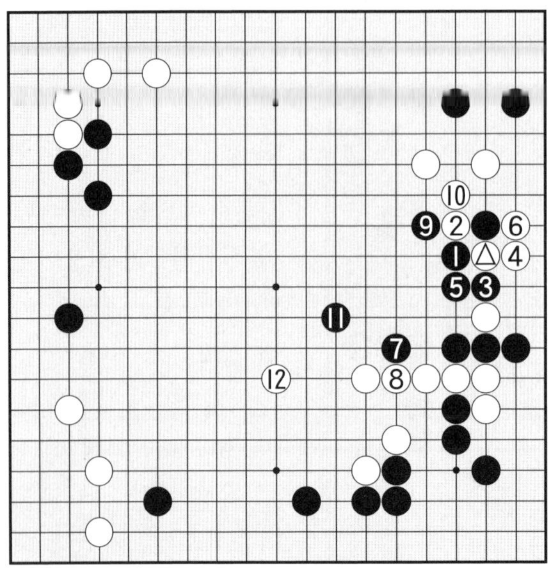

실전진행3

실전진행3 (역습)

실전진행2의 마지막 수 백△가 날카로운 역습이라고 했는데, 막상 이렇게 붙여오니까 흑의 응수가 궁했다.

흑1로 젖혀갔으나 백2의 맞끊음이 맥. 흑3 이하 백10까지 달리 어쩔 수 없는 진행으로 백이 흑 한점을 끊어 안정해서는 형세는 원점으로 돌아가고 말았다. 그렇게 된 원인은 뭘까?

7도 (꼬부림이 정수)

흑은 애초 1로 꼬부려 둘 자리. 이하는 실전처럼 흑7까지, 이랬으면 우변의 백 한점이 확실히 제압되어 흑의 우세였다.

결과적으로 실전은 흑 1 대신 a로 빠진 것 하나 때문에 흑이 거꾸로 탐탁지 않게 되었으니, 우변에서의 공방은 마무리가 나빠 '공든 탑이 무너진' 격이라고 해도 무방하다.

7도

흐름을 주도한 임기응변

● 흑 차례

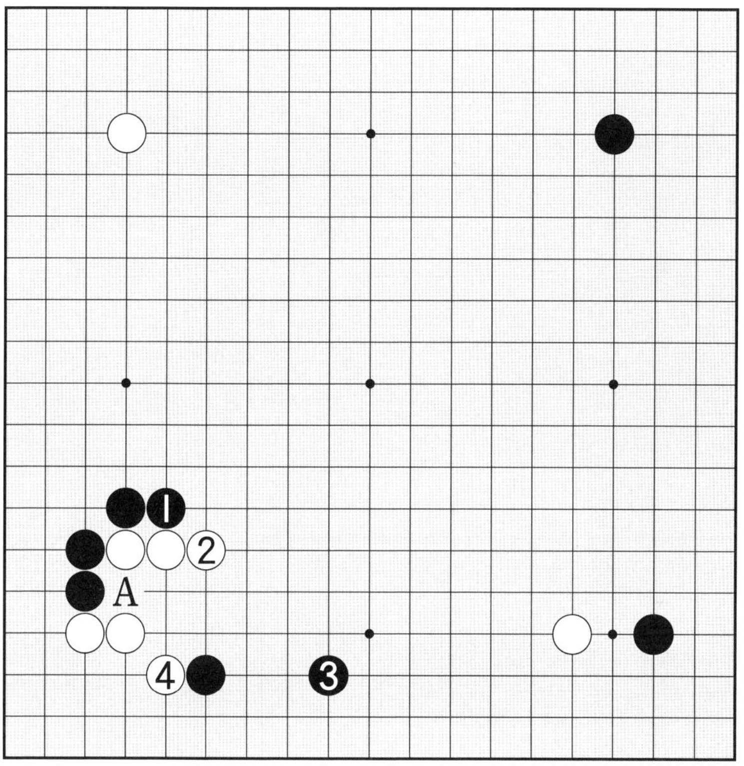

　　좌하는 흑이 날일자 양걸침으로 생긴 모양이다. 흑1로
밀어올린 수는 A의 나가끊음을 강조하면서 발 빠르게 두
려는 취향이다. 백2에 흑3으로 벌렸다. 백4로 붙여왔을 때
흑의 다음 한수는 어디인가?
　　하변의 배석과 관련해 국면을 적극적으로 리드하는 구상
을 해보길 바란다.

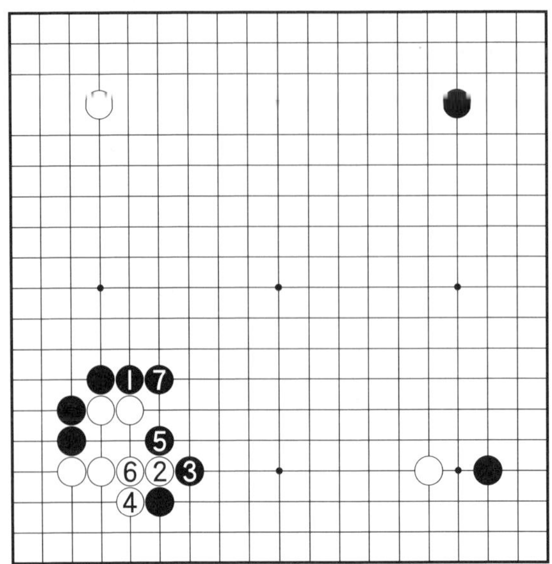

1도

1도 (견실한 수법)

기성전 리그, 조훈현(흑)과 안조영의 한판 승부.

우선 흑1로 미는 것 자체가 보기 드문 수인 만큼 상세하게 설명하기로 한다. 먼저 백2의 붙임은 견실한 수법. 흑은 7까지 바깥을 두텁게 하고, 백은 선수를 얻어 피차 나쁘지 않다.

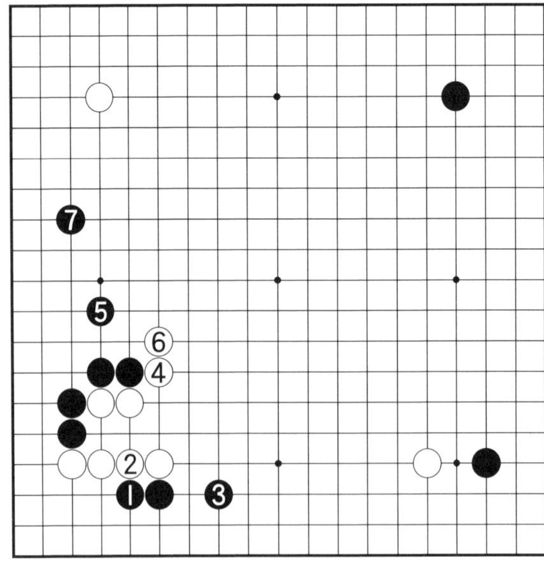

2도

2도 (양쪽을 두다)

앞 그림 3으로는 이 그림 흑1로 들어가는 수도 있다. 백2에 흑3으로 뛰어두면 백4로 젖히지 않을 수 없고 흑5, 7로 전개해 이것도 둘 만할 것이다.

또, 흑5로는 6의 자리에 젖혀 중앙에 힘을 쏟는 바둑도 가능하다.

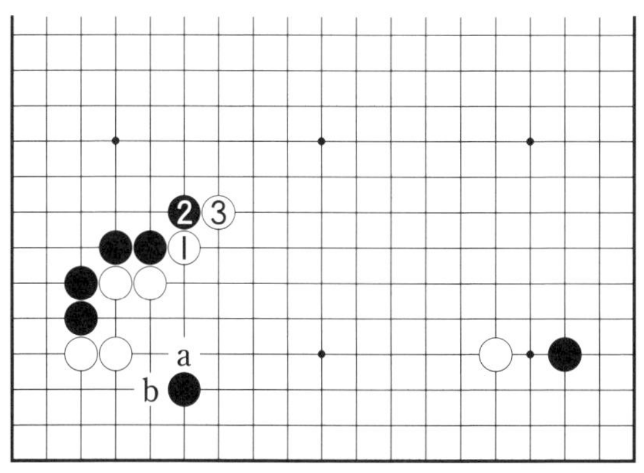

3도

3도 (백3, 무리)

백이 중앙의 세력을 유지
하려고 한다면 1로 젖히는
수도 있다.

다만 흑2에 백3의 이단
젖힘은 다음 그림에서 보
듯 무리. 백3으로는 a에 붙
이고 흑은 3에 뻗든가 b로
기어들던가···.

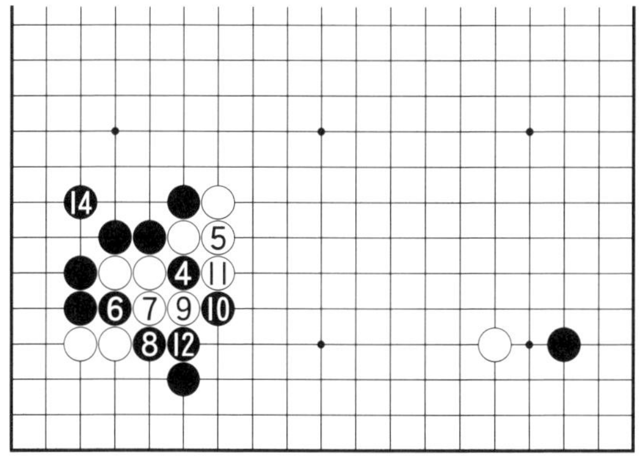

4도　　　　　　　⑬···❹

4도 (포도송이)

계속해서 흑4의 단수를 결
정하고 6, 8로 나가끊으면
백은 포도송이를 면치 못
한다. 이하 흑14까지 백이
망한 결과이다.

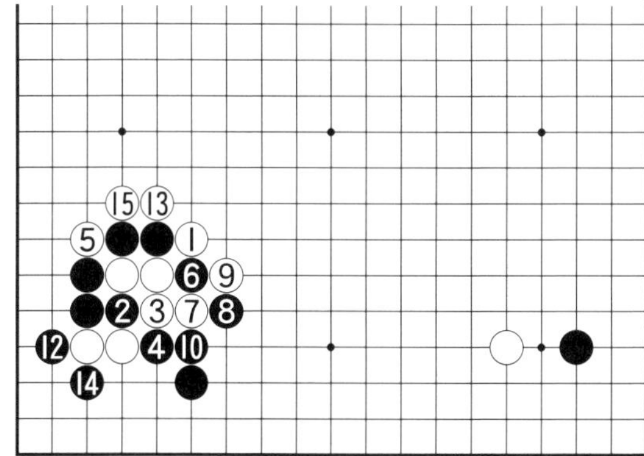

5도　　　　　　　⑪···❻

5도 (바꿔치기)

백1로 젖히자마자 흑2로
나가끊어 바꿔치기를 바랄
수도 있다. 이하는 거의 필
연적인 수순으로 흑 실리,
백 세력의 갈림이다.

수순 중 백3으로 4는 흑
3으로 몰려 백의 수습불능
이다.

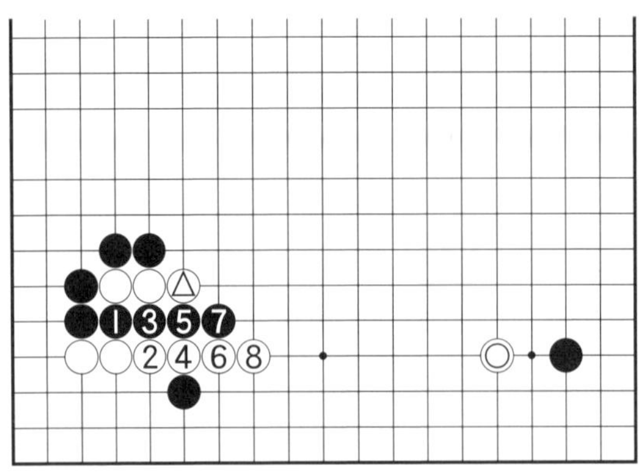

6도

6도 (거의 호각)

백△에 대해 흑1로 나가면 이하 백8까지는 실전식 고 스로 거의 호각이다.

　부분적으로 흑의 두터 움이 다소 나아 보이나, 지 금 국면에서는 우하에 백 ◎가 절호점으로 버티고 있어 백도 나쁘지 않다.

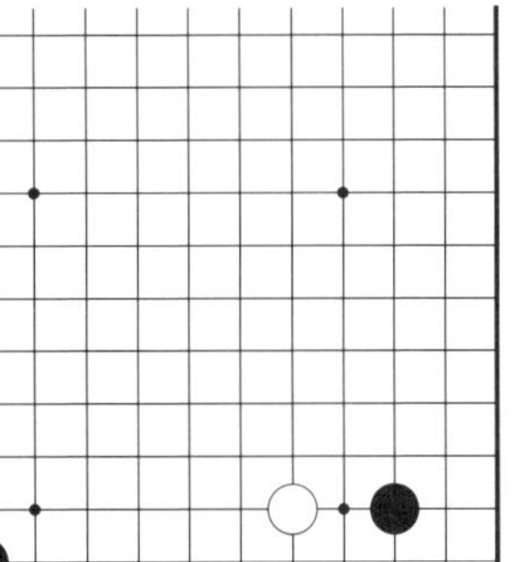

7도

7도 (백, 두터움 선택)

흑1로 한번 더 미는 수. 백 은 2로 늘어 두고 흑3에는 백4로 꼬부려 두터움으로 두는 바둑도 있다. 흑3으 로 4면 백은 당연히 a.

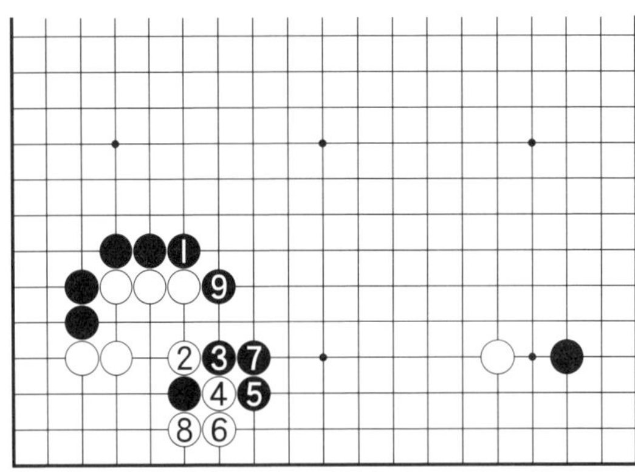

8도

8도 (백, 실리와 선수)

흑1에 백2에서 4로 붙여 끊는 수법은 실리와 선수 를 얻으려는 뜻이다.

　흑5 이하 9까지 실리 대 세력의 갈림이다.

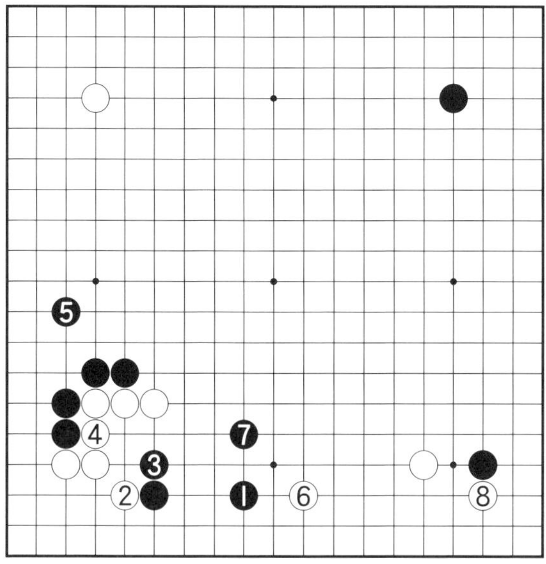

9도

9도 (백의 주문)

장면도로 돌아가, 흑1로 하변에 벌린 것은 우하의 백을 염두에 둔 수이다. 백2의 붙임 때 흑3으로 서는 것은 백4에 흑5로 지키지 않을 수 없는데, 다음 백6이 절호의 육박이다.

흑7의 보강을 기다려 백8로 붙여가는 데까지, 이것은 백이 바라는 대로일 것이다.

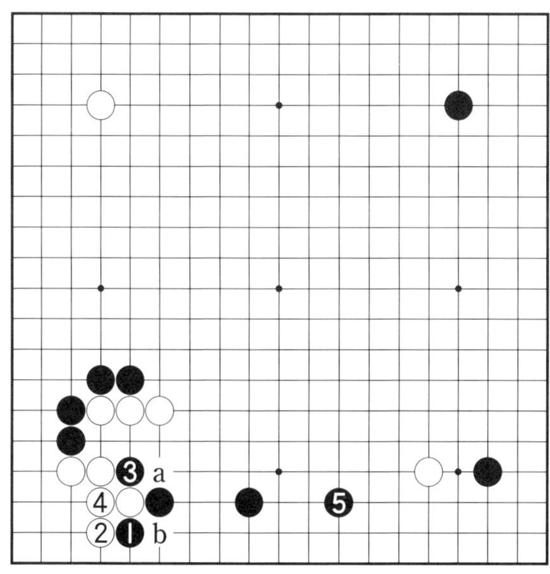

10도

10도 (호조의 리듬)

흑1로 젖혀가는 것이 정해. 백2라면 흑3으로 몰아두고 5로 발 빠르게 벌려가는 리듬이 좋다.

이후 백a든 b든 흑은 끊은 쪽을 되몰아 가볍게 둔다.

수순 중 흑3은 속수 같지만 이렇게 결정하고 두는 게 임기응변이다.

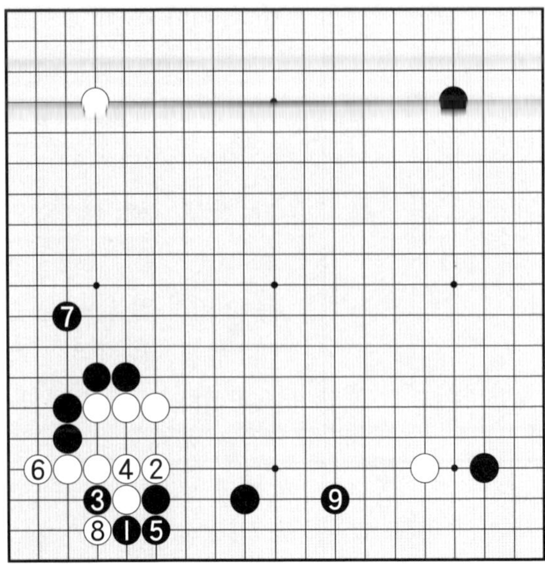

실전도

실전도 (일석이조)

따라서 백은 2로 부풀렸는데, 흑은 3의 난수를 듣게 하고 5로 잇는다.

백6에서 8까지의 응수를 강요한 다음 흑9로 벌리면 앞 그림과 대동소이한데, 흑9가 역시 벌림과 협공을 겸한 일석이조의 역할을 하고 있음에 주목한다.

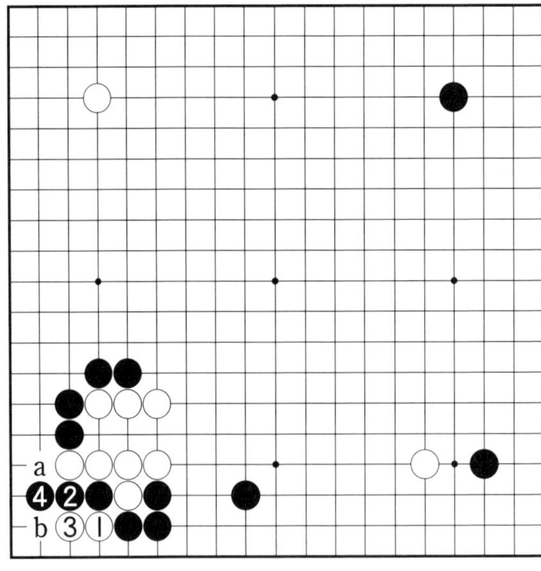

11도

11도 (취약점 1)

실전의 백은 여러 모로 궁색한 면을 내포하고 있다.

즉 백은 a에 뻗는 수로 1에 끊어 한점을 잡고 싶지만 그러면 흑2, 4로 빠져나가는 수가 성립한다. 흑은 다음 a, b가 맞보기.

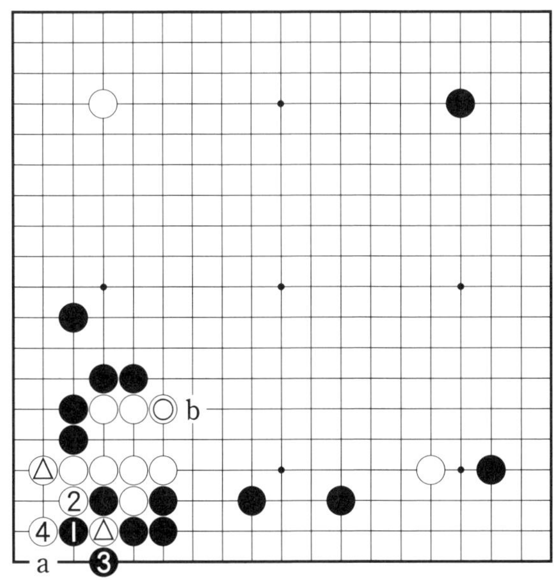

12도

12도 (취약점 2)

또 실전에서 좌하의 백은 △의 두 수를 소비했음에도 흑이 1, 3으로 몰고 넘는 수단이 남아 있다. 백4 다음에 흑a로 젖혀 패로 저항하는 뒷맛까지 있다.

그리고 백◎의 위치도 b에 있지 않는 게 불만이라면 불만이다.

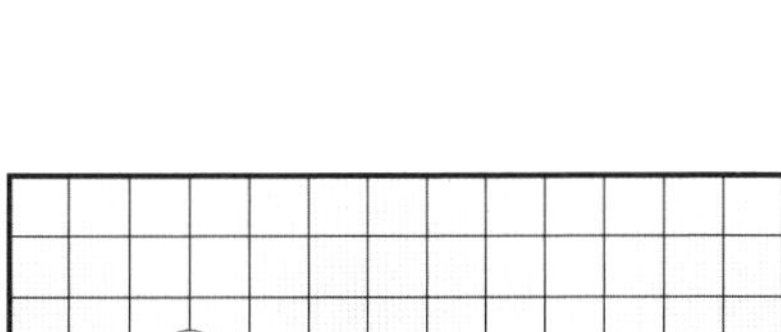

실전진행1

실전진행1 (임기응변)

백1로 씌워갔으나 흑2, 4로 붙여끊고 백5에 흑6, 8로 둔 것이 임기응변으로 다음 백의 응수가 곤란하게 되었다.

아래쪽에 흑의 벌림이 대기하고 있어 백이 마음대로 싸울 수가 없는 것. 그것은 이후 진행에서 그대로 나타난다.

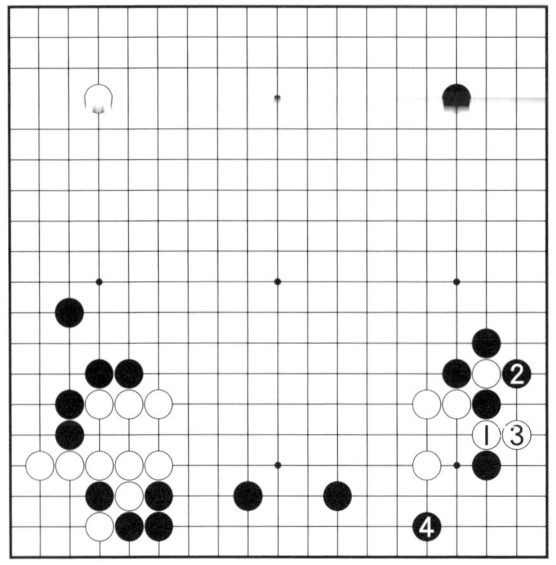

13도

13도 (백, 필패의 바둑)

앞 그림 백7의 수도 이 그림처럼 1로 끌고 3으로 빠지는 것도 생각되지만, 그러면 흑은 알기 쉽게 4로 달리기만 해도 백이 궁색한 자세를 면치 못한다.

빵따냄은 빵따냄대로 주고 하변도 흑의 독무대가 되어서는 얘기가 안 될 것이다.

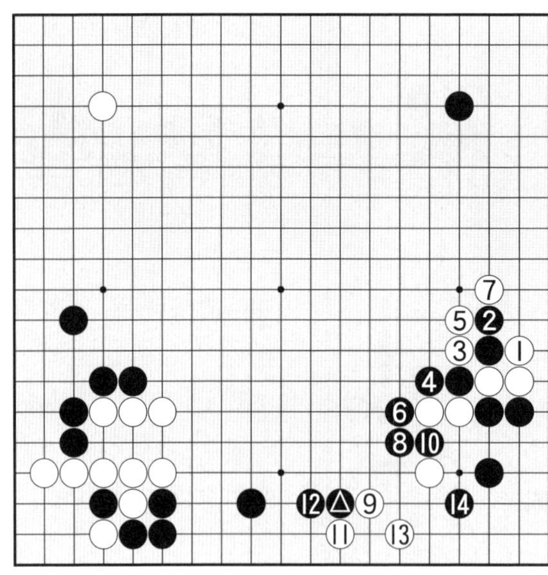

실전진행2

실전진행2 (흑, 우세)

백1로 꼬부려나간 수에 흑2는 희생타전법. 흑에게 6, 8의 수순이 돌아오고 백은 9로 타협하는 정도이다. 흑10으로 두 점을 잡아서는 국면은 흑의 호조가 역력하다.

결과론적인 얘기이지만 초반 좌하의 공방으로부터 얻은 흑▲의 벌림이 톡톡히 역할을 한 셈이다.

3장

실전 속력 행마
(포석 이후 행마법)

프로의 바둑은 엄격하게 설계되고 고심하는 가운데 한수 한수가 누어진다.

특히 포석의 구상이나 포석 후의 설계에 많은 시간을 투자하는데, 이번 장에서 소개하는 장면들은 바로 그렇게 해서 이루어진 것이다. 이를 통해 올바른 포석의 구상과 행마의 묘를 배워두기 바란다.

이번에는 주로 포석 시기가 약간 지난 초반 30수 이후와 중반전에서의 능동적 행마법이 등장한다.

역으로 들어가는 발상

● 흑 차례

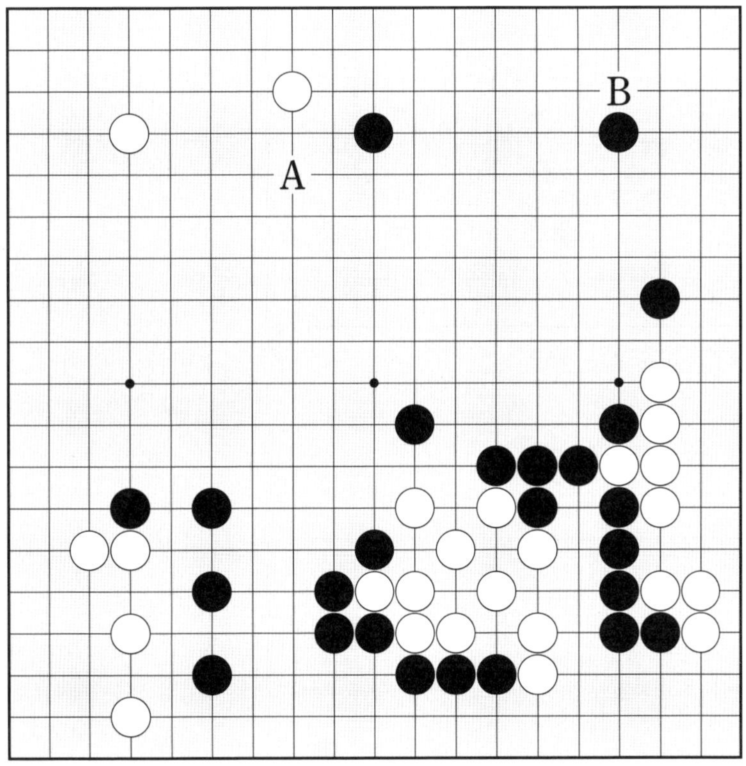

공방의 초점은 좌상 방면으로, 흑이 중앙세력을 살린다면 A의 날일자가 상식적인 행마이다.

실리작전으로 나간다면 우상에서 B로 쌍점하는 수도 보이는데, 물론 정답은 여기에 한하지 않는다. 흑의 다음 한 수는 어디인가?

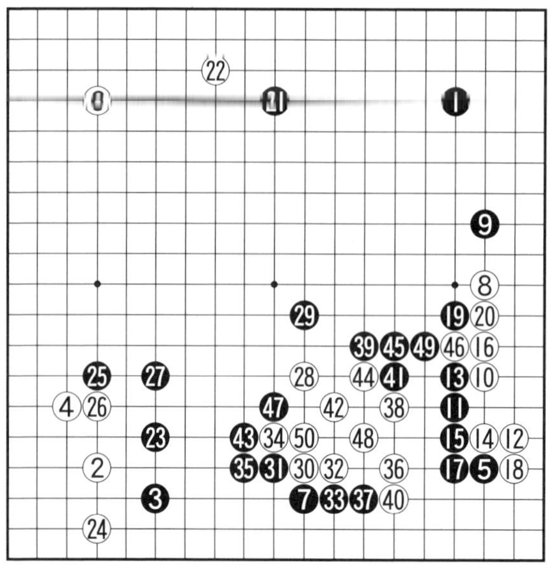

경과도

경과도 (1~50)

배달왕전 도전기에서 조훈현(흑)과 이창호의 대국. 흑7까지 미니중국식으로 출발해 21까지는 현대 유행포석이며, 백22의 상변 다가섬에 대해 흑23은 대세점이다.

백28로 삭감해 50까지 흑의 세력을 부수며 사는 진기한 진행이 이루어졌는데, 흑도 외곽에 두터움을 마련해 승부는 이제부터로 보인다.

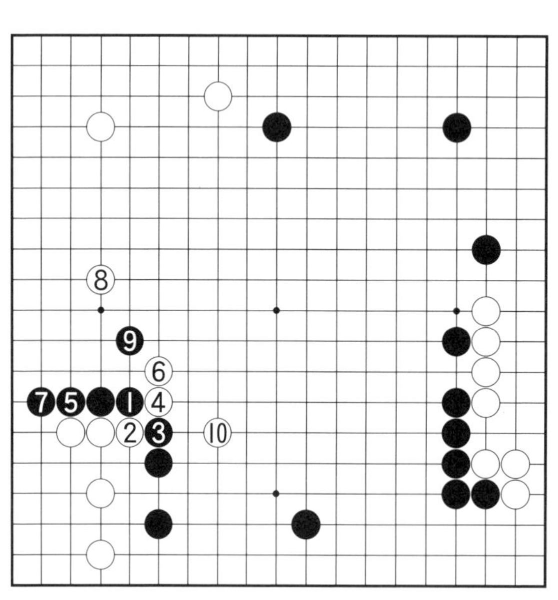

1도

1도 (난해한 싸움)

참고로 경과도의 수순 중 27로는 이 그림처럼 흑1로 느는 것이 보다 엄한 행마로 기풍에 따라서는 이렇게 둘 수도 있을 것이다.

백은 기세 상 2, 4로 나와 끊고 10까지 쌍방 난해한 힘겨루기가 예상된다.

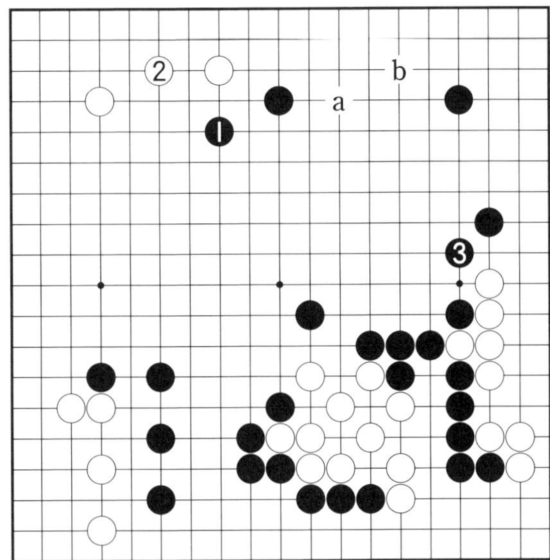

2도

2도 (상식의 한수지만)

좌상의 형태는 통상 흑1로 날일자하고 백2로 지키는 자리이다.

다음 흑3으로 중앙을 둘러싸는 진행인데, 백a나 b 등으로 교란해 올 경우 흑이 중앙을 온전하게 집으로 만들 자신이 있어야 한다.

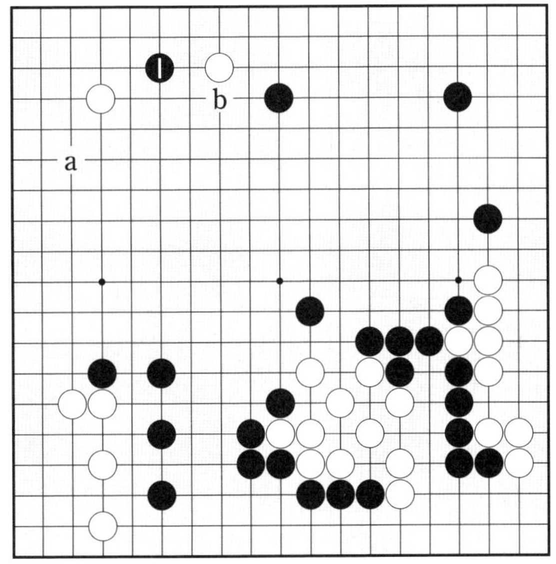

실전도

실전도 (역으로 침입)

실전에서 택한 수는 흑1로 뛰어드는 것이었다.

2도처럼 세력작전을 펴는 것이 여의치 않을 것이라는 판단 아래 역으로 침입해 실리로 변신을 꾀한 작전이라 할 수 있다. 다음 백a라면 흑b로 붙여 충분하다.

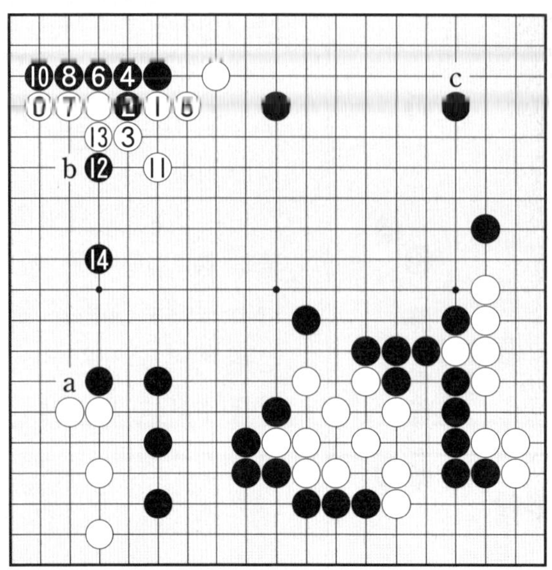

실전진행

실전진행 (변신 성공)

백1의 붙임은 당연하고 흑2의 끼움이 준비된 맥이다. 백이 3 이하 11까지 바깥을 보강하기를 기다려 흑12에서 14로 다시 공세를 취한다.

흑이 선수로 귀를 차지하고 장차 a의 막음이나 b의 내려섬 등 상당히 잘된 결과이다.

흑14로는 우상의 c도 좋은 수이다.

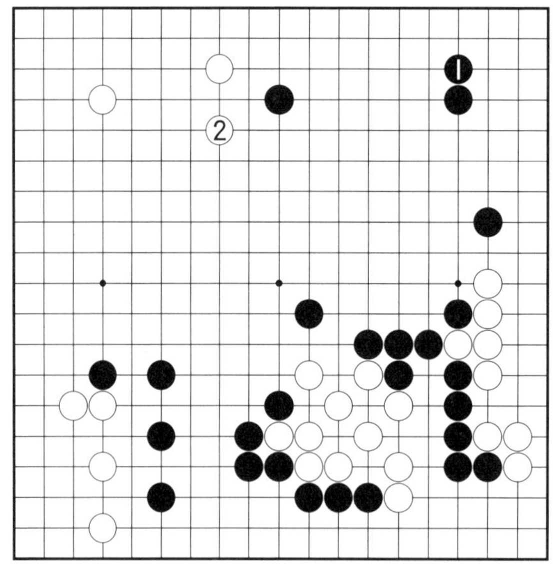

3도

3도 (시기상조)

흑1로 우상을 굳히는 것도 물론 짭짤한 수이다. 그러나 백이 도처에 탄탄하게 실리를 마련하고 있는 현 국면에서는 시기상조로 보인다. 백2로 뛰는 수가 천하의 요점.

흑은 역시 실전도처럼 적극적으로 대시해 들어가는 것이 상황에 걸맞은 타이밍이었다.

급소를 보는 시각 차이

○ 백 차례

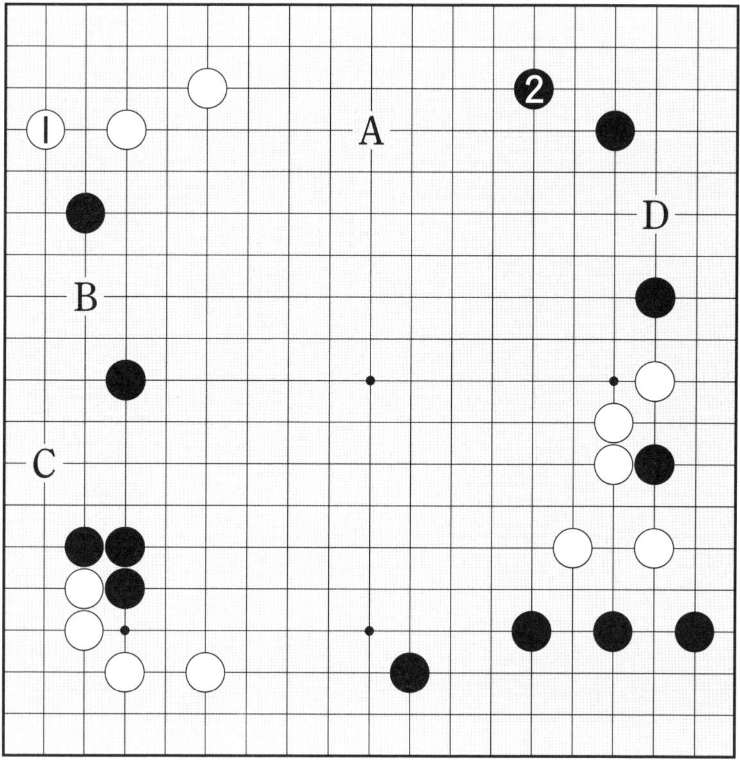

서로 차분하게 포석을 전개하고 있는 가운데 백1, 흑2로 각각 귀를 굳혔다. 백의 다음 초점은 어디일까?

우선 상변 쪽이라면 A의 전개, 좌변이라면 B나 C의 곳, 그리고 우상 D의 뛰어들기도 보인다. 상식적인 급소라도 의외로 가치가 작은 경우가 있다는 데에 유의한다.

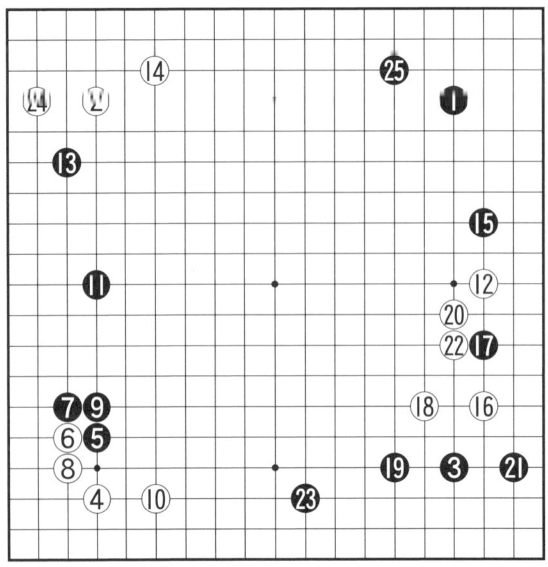

경과도

경과도 (1~25)

대왕전 본선에서 이세돌(흑)과 이성재의 대국.

좌변에서 흑11로 높이 전개하고 백12로 갈라치는 수는 흔히 나오는 수법이다.

우변에서 백16의 걸침에 대해 흑17의 한점을 투입해 이하 23까지 전개한 데까지 쌍방 간에 나무랄 데 없는 모범 포석이다.

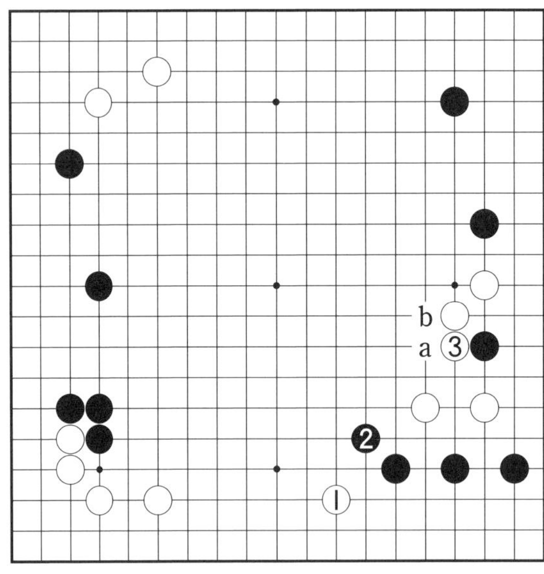

1도

1도 (우하의 변화)

경과도 백22로는 먼저 1로 흑의 앞길을 가로막고 흑2 때 백3으로 두는 것도 일책이다.

다만 흑2로 3의 자리에 나와 백a, 흑b로 끊는 변화가 있어 **경과도** 백22와 같이 자중한 것으로 보인다.

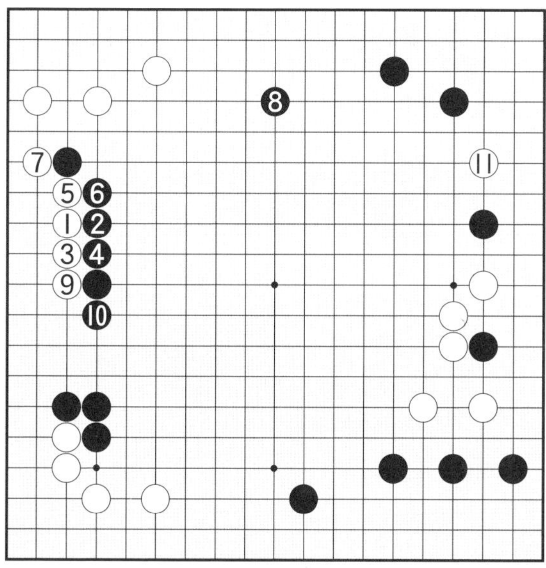

실전진행

실전진행 (안일한 침입)

장면도로 돌아가, 실전에서는 백1로 좌변에 뛰어들어 7까지 이곳을 도려냈는데 실은 무사 안일한 행마였다. 백이 집을 벌어들이긴 했지만 흑8의 요점을 빼앗겼고 10까지 외세를 허용한 마이너스가 더 크다.

또한 '형태의 중복'이랄까, 좌변은 흑이 먼저 한수 더 들여도 그대로 집이 되는 곳은 아니다.

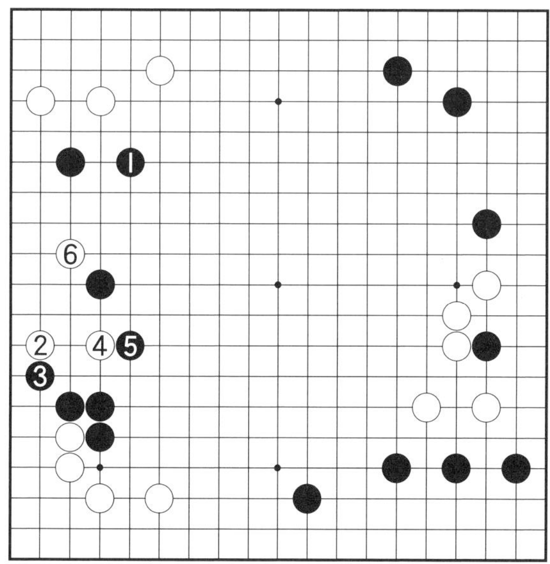

2도

2도 (여전한 침입수)

흑이 좌변을 지킨다면 1로 뛰는 정도인데, 백2로 뛰어들어 흑3에 백4에서 6으로 헤집고 들어가는 수단이 남아있다.

그런 곳을 백은 굳이 상대에게 강대한 두터움을 마련해 주면서까지 서둘러 들어갔다는 얘기가 된다.

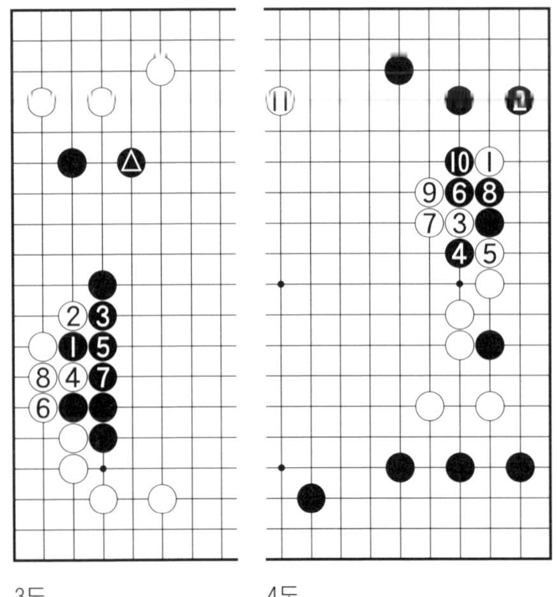

3도   4도

3도 (중복)

흑1은 상식적 응수이나 백2 이하 8로 넘어 흑▲로 한수 더 들인 세력치고 중복의 냄새가 난다.

4도 (의외로 작다)

백1로 우상에 뛰어드는 것은 생각보다 작은 수이다. 흑2 이하 10까지, 백이 선수로 바깥을 두텁게 했다고는 하지만 흑도 우상의 집을 짭짤하게 굳히고 있다.

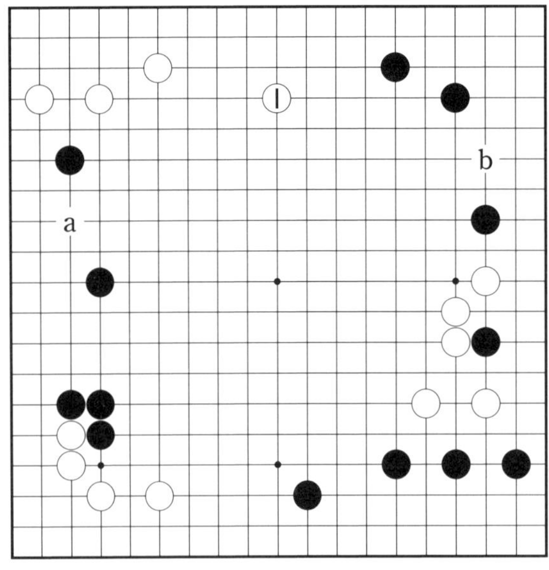

5도

5도 (평범하지만 대세점)

앞서와 같은 사정을 감안하면 백은 역시 1로 상변을 차지하는 것이 보통이었다. 대세점을 선점해 놓고 백a와 b의 뛰어들기를 보아도 보아야 했던 곳이다.

초반에 눈에 들어오는 급소가 없다면 이렇게 평범하게 변의 큰 자리를 차지하는 게 요령이기도 하다.

잡으러 가느냐, 측면공작이냐

● 흑 차례

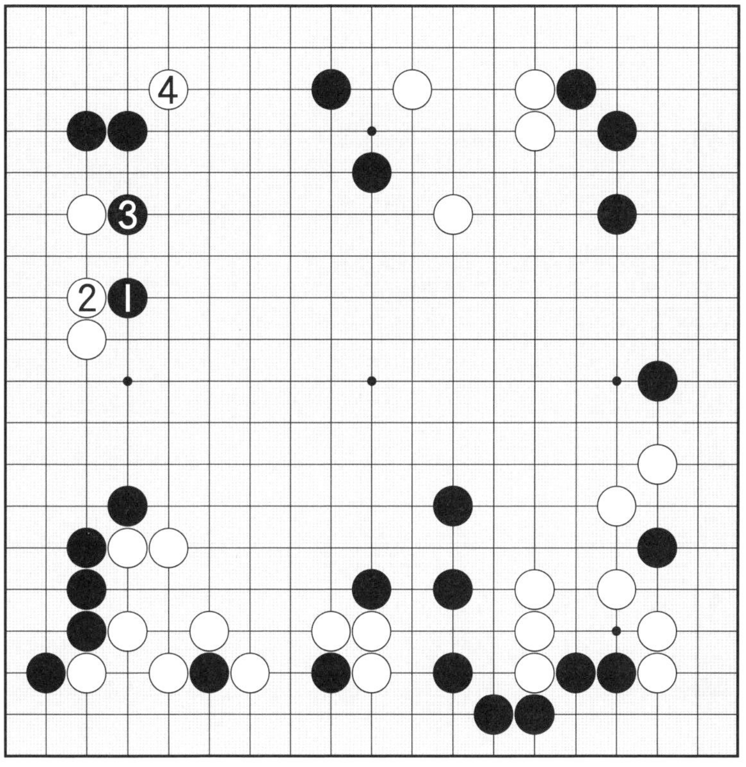

　하변에서의 공방전이 일단락하고 국면의 초점은 상변이다. 흑1, 3으로 세력을 확장하자 백4로 깊숙이 뛰어들었다.
　흑은 이 한점을 어떻게 공격할 것인가? 직접 잡으러 가느냐, 아니면 측면에서부터 공작을 펴느냐…

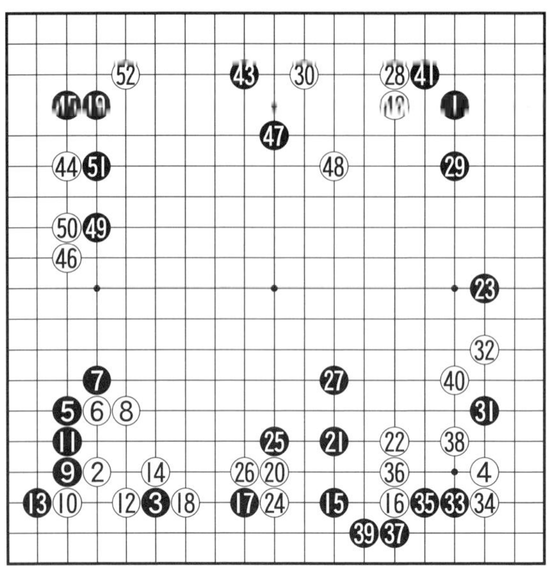

경과도

경과도 (1~52)

대왕전 본선에서 조훈현
(흑)과 심반수의 대국.

하변에서 백20 때 이
에 불응하고 흑21로 뛴
수가 포인트. 백22에 흑
23으로 우변의 큰 자리
를 선행하고 백24에 흑
25, 27로 날아오른 데까
지, 일련의 수순은 가히
속력행마의 표본이라 할
만하다. 바둑은 흑31 이
하의 기민한 운영을 기
점으로 흑의 우세 속에
서 중반에 접어들었다.

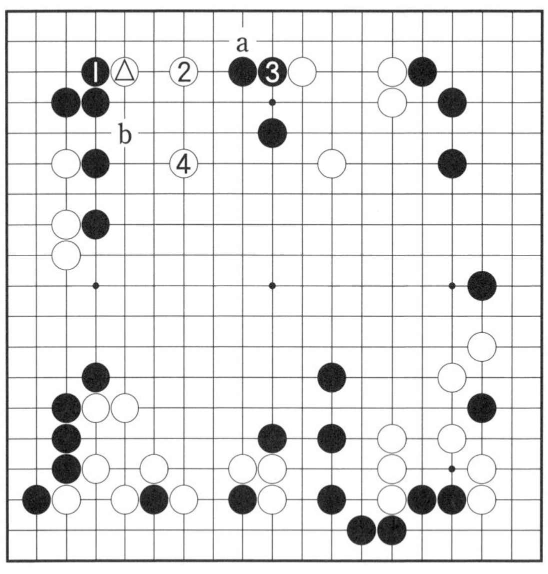

1도

1도 (공격이 여의치 않다)

흑이 뛰어든 백△ 한점
을 잡으려면 1로 막고 봐
야 하는데, 백2에서 4로
뛰어나와 공격이 여의치
않을 것 같다.

수순 중 흑3은 백a의
붙임에 대비한 것이며,
백4 다음 b의 들여다봄
이 듣고 있는 형태이다.

420 **실전 행마편**

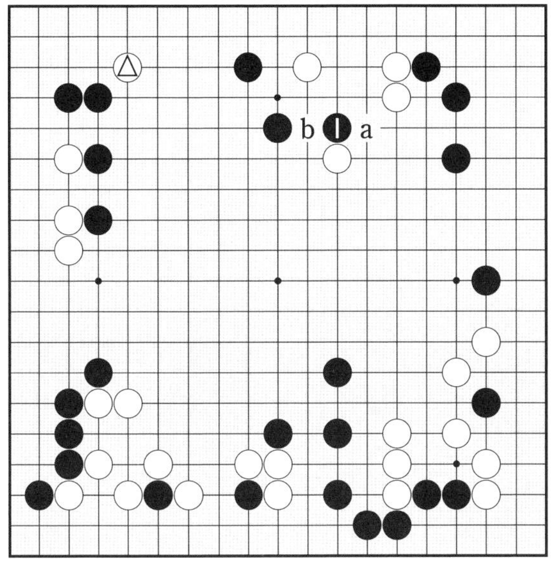

실전도

실전도 (유력 측면공작)

흑1로 붙여 측면공작을 시도한 것이 실전진행으로 바로 정답이었다.

백은 다음 a나 b, 어떻게든 응수를 해야 하는데, 이쪽에 두터움이 쌓이면 좌상의 백△ 한 점은 자동적으로 그 움직임이 봉쇄될 공산이 크다.

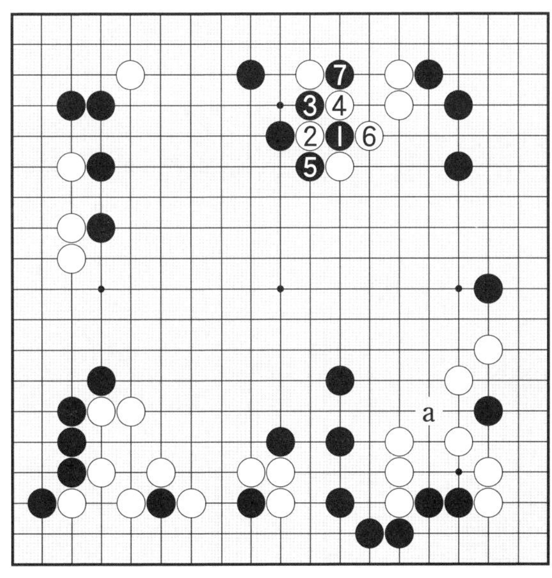

실전진행1　　　　⑧…②

실전진행1 (흑7, 강수)

계속해서 백2로 끼우고 흑3에 백4로 되몬 것은 수습의 맥점이었지만, 흑7로 끊은 것이 강수로 우하 쪽 a의 절대 팻감을 믿고 있다.

백8로 일단 패를 따냈지만, 거꾸로 흑이 이 곳을 정복하게 되면 좌상에 침입한 백 한점은 그야말로 고사를 면치 못할 것 같다.

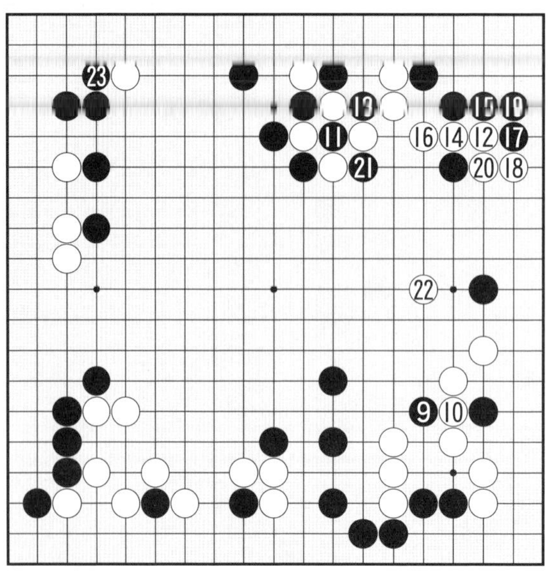

실전진행2

실전진행2 (완전 제압)

흑9가 앞서 말한 절대 팻 삼. 흑11로 다시 패를 때리고 백12에 불청하고 흑13. 백14 이하의 피해를 감수하고 흑21로 연타한 데 이어 23으로 좌상 한점을 완전히 제압해서는 흑의 승리가 굳어졌다.

패를 통한 바꿔치기가 대개 그렇듯 돌의 기세란 이토록 무섭다.

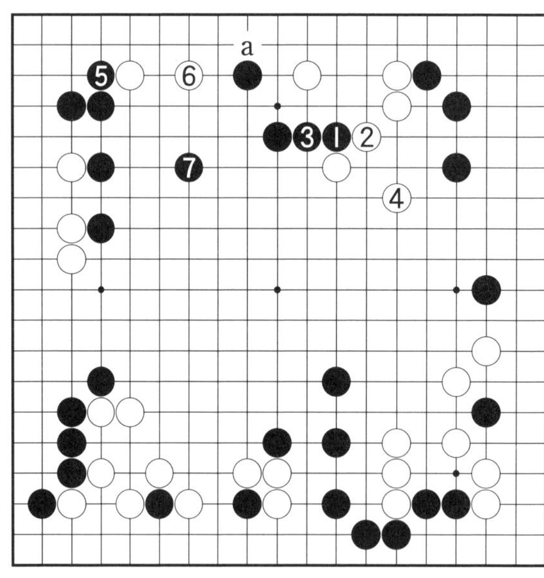

2도

2도 (좌상 제압)

흑1에 백2로 순순하게 막는다면 흑3으로 꼿꼿이 잇고 백4로 모양을 갖추기를 기다려 흑5로 쐐기를 박는다.

백6으로 움직여도 이제는 a로 붙이는 맛이 없으니, 흑이 직접 7 정도로 씌워 백은 살 길이 없는 것이다.

대 삭감작전의 ABC

● 흑 차례

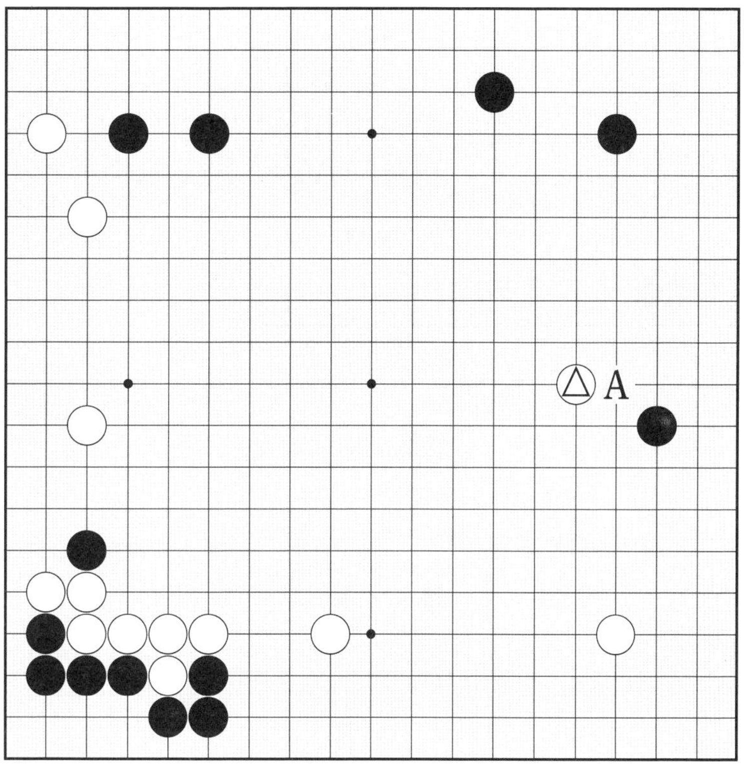

좌변에서 하변으로 이어지는 백의 두터움과 상변에서 우변으로 돌아가는 흑의 세력권이 좋은 대비를 이루고 있는 가운데 방금 백△의 씌움이다.

백A의 어깨짚음보다 살짝 얕게 삭감하는 수법이 모자를 연상케 하는데, 이에 대한 흑의 응수방법이 초점이다.

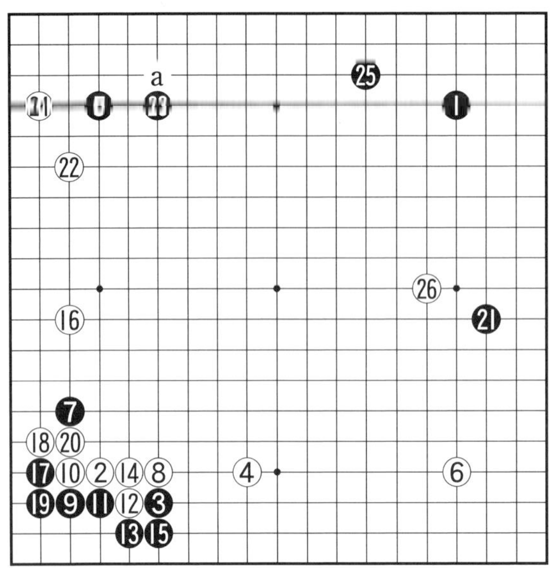

경과도

경과도 (1~26)

후지쯔배 8강전에서 일본의 왕빙완(흑)과 이창호가 둔 대국이다.

좌하 흑7의 양걸침부터 이하 20까지는 실리와 세력의 좋은 갈림이다. 백22로는 a쪽 걸침이 보통이다.

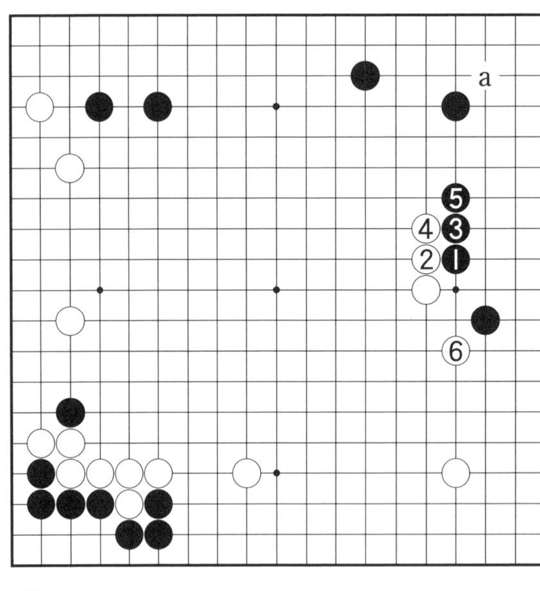

1도

1도 (백의 주문)

흑1로 받는 것은 아마추어적 발상. 백이 아낌없이 2, 4로 밀고 6으로 씌우게 되면 중앙이 새하얗게 변한다.

더구나 우상귀 백a의 침입도 남았다.

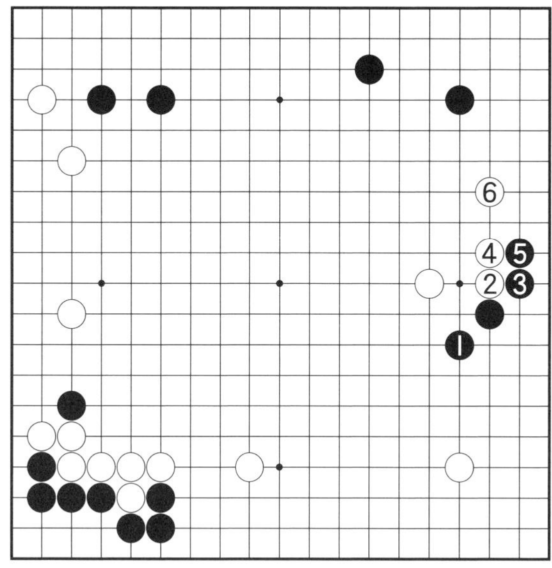

2도

2도 (마늘모)

흑1의 마늘모 행마는 이런 경우 부분적으로는 하나의 틀이다.

그러나 백2, 4로 붙여 나간 후 6으로 뛰어 우상의 흑집이 부서지는 게 빤히 보인다.

백의 세력작전을 견제하는 효과만으로는 미흡하다.

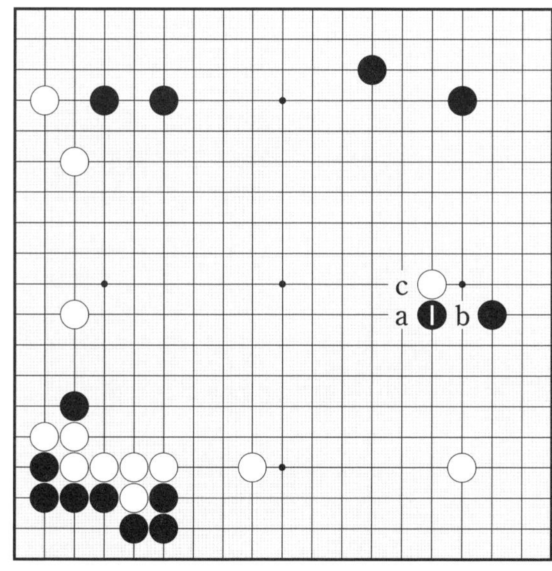

실전도

실전도 (뛰어붙임)

이 국면에서는 흑1의 뛰어붙임이 강력한 대응이다. 1도에서와 같은 백의 노골적인 세력작전을 견제하면서 우상의 집도 어느 정도 보존하고자 하는 그런 뜻이라 보면 된다.

백은 다음 a, b, c 세 가지의 응수가 있는데….

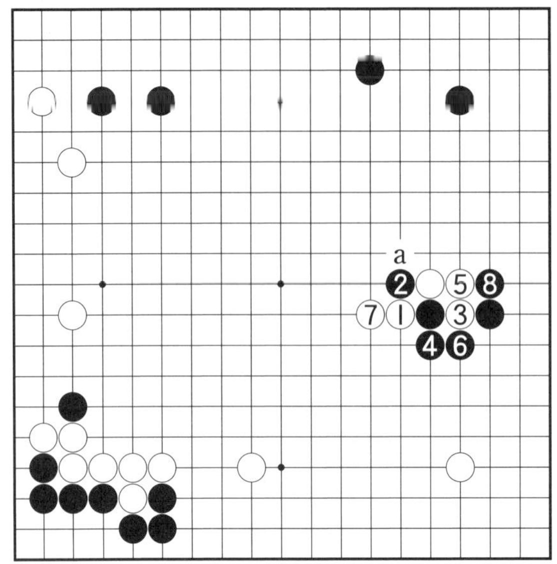

3도

3도 (맞끊음)

흑의 빌자 노림은 이 그림 백1의 씌움에 흑2로 맞끊어 가겠다는 것이다.

백3, 5에서 7로 싸워야 하는데 흑8 때 백a로 모는 축이 안 된다.

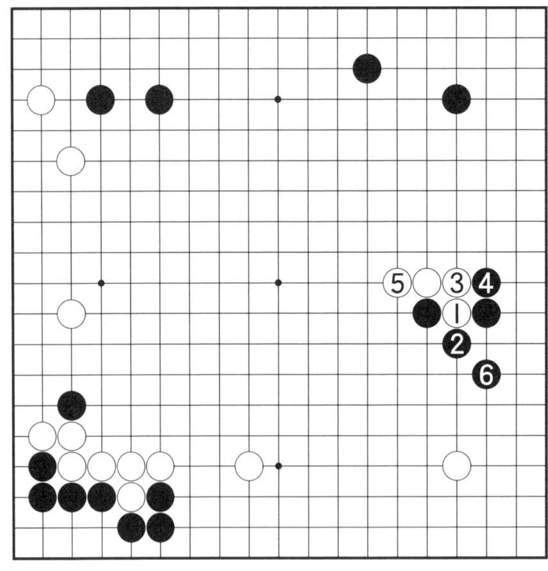

4도

4도 (끼워이음)

이번에는 백1, 3으로 끼워잇는 수. 그러나 이것 역시 흑4에서 6으로 호구치는 자세가 좋다. 반면 백은 무겁게 공중에 떠있는 모양이다.

이래저래 백에게는 마땅한 응수가 없다는 얘기가 된다. 그럼 실전을 보자.

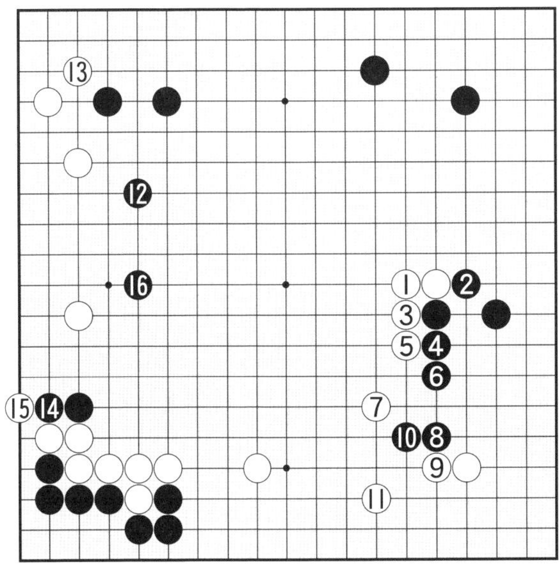

실전진행1

실전진행1 (흑, 성공)

백은 고심 끝에 1로 늘었는데, 달리 어쩔 도리가 없다.

흑2로 맞좋게 부풀리고 이하 11까지 흑이 만족스런 결과이다. 흑이 선수를 잡아 대세점 12로 향해서 앞서는 국면이 되었다.

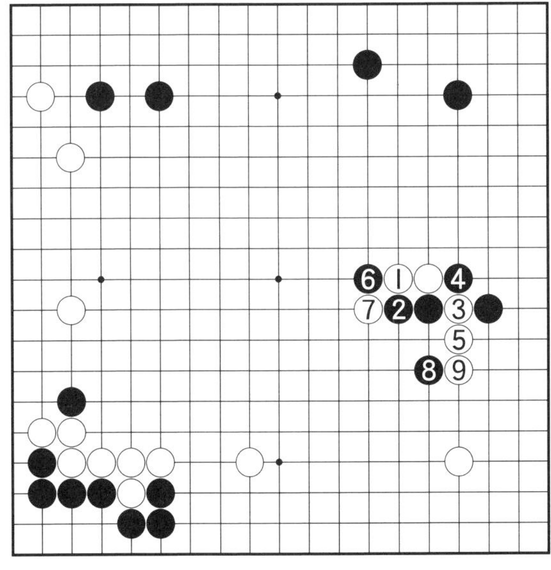

5도

5도 (흑2, 욕심)

실전진행1 흑2는 이것이 정수. 즉, 이 그림 백1 때 흑2로 욕심을 부리면 백3으로 끼워잇는 찬스를 준다.

흑4 이하 백9까지 이것은 뭐가 뭔지 모를 난전의 양상. 흑으로서는 모험인 것이다.

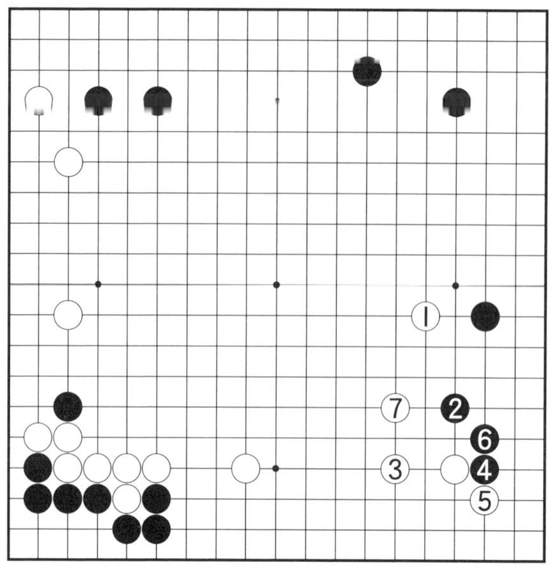

6도

6도 (엉성하다)

백이 저음부터 백1로 모사를 씌우는 것은 어떨까?

그러나 이것도 흑2 이하 6으로 붙여끌면 백7로 두어야 하는데, 백의 자세가 엉성해 선뜻 채택하기 힘든 그림이다.

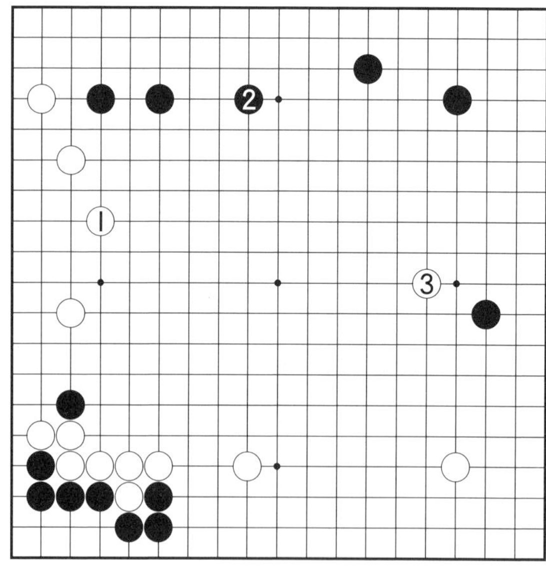

7도

7도 (좌변부터)

그보다 백은 우변을 삭감하기에 앞서 좌변에서 뭔가 조치를 취해야 했다.

이 그림 백1로 지키고 흑2로 상변을 같이 지킨다면 그때 백3으로 향하는 그림이 그것이다. 이랬으면 실전진행1의 흑12와 같은 수를 당하지 않아도 되었다.

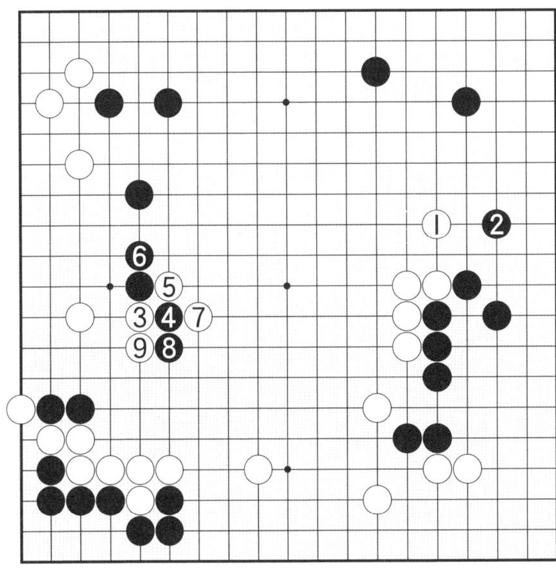

실전진행2

실전진행2 (무리였지만)

계속해서 실전을 보자. 우상에서 백1, 흑2를 교환한 후 백3으로 붙여가고 흑4의 젖힘에 백5, 7, 9로 강하게 싸움을 걸어 갔는데 백7이 실은 무리였다.

실전에서는 서로 착각을 범해 부지불식간에 넘어 가고 말았지만…

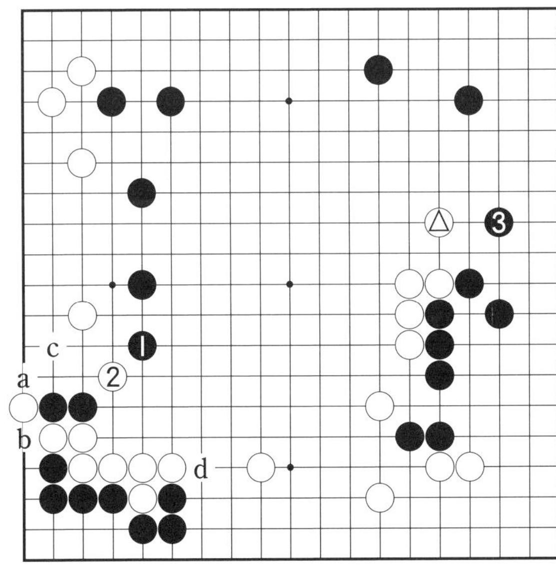

8도

8도 (빠뜨린 수순)

앞 그림의 실전 흑2는 손따라 둔 수. 즉 백△에 대해 흑1, 백2를 교환하고 흑3으로 받을 자리로, 이랬으면 실전과는 큰 차이였다.

백2를 생략하면 흑a, 백b, 흑c로 둔 다음 d의 젖힘을 노려 백이 곤란하다.

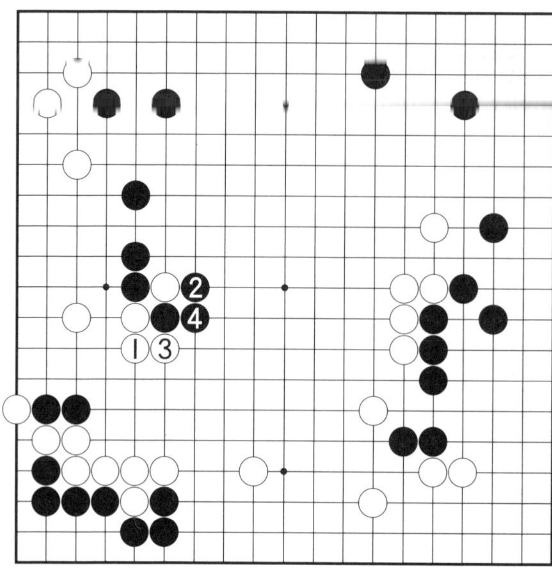

9도

9도 (백의 정수순)

실선신행2의 백7로는 백1로 늘고 흑2 때 백3으로 모는 정도였다.

결과론적인 얘기이지만 이 바둑은 백이 포석에서 뒤져 줄곧 고전했음에도 중반 이후 흑이 수 차례의 결정적인 찬스를 무산시킨다.

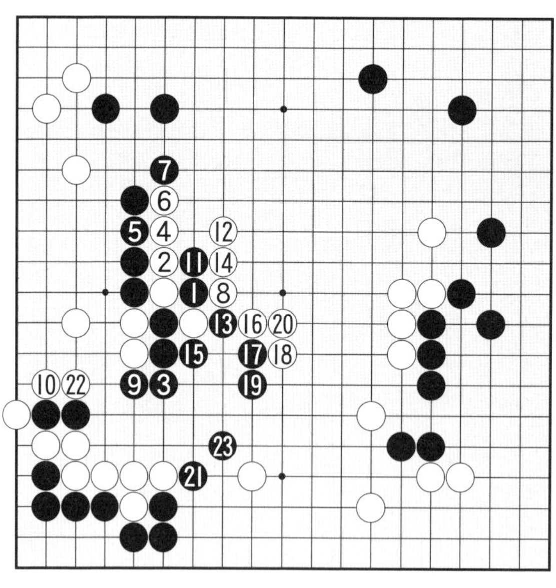

실전진행3

실전진행3 (백의 역전승)

흑1로 끊어 이하는 거의 외길 수순. 위쪽 흑의 세력권이던 지역에 백이 세를 쌓고 흑은 하변 쪽 백집을 잠식하며 연결하는 결과가 되었다.

다만 이후 서로가 착각을 주고받으면서 형세가 엎치락뒤치락 했으나 결과는 백이 행운의 역전승이었다.

쾌속진출을 모색하는 후방의 응수타진

○ 백 차례

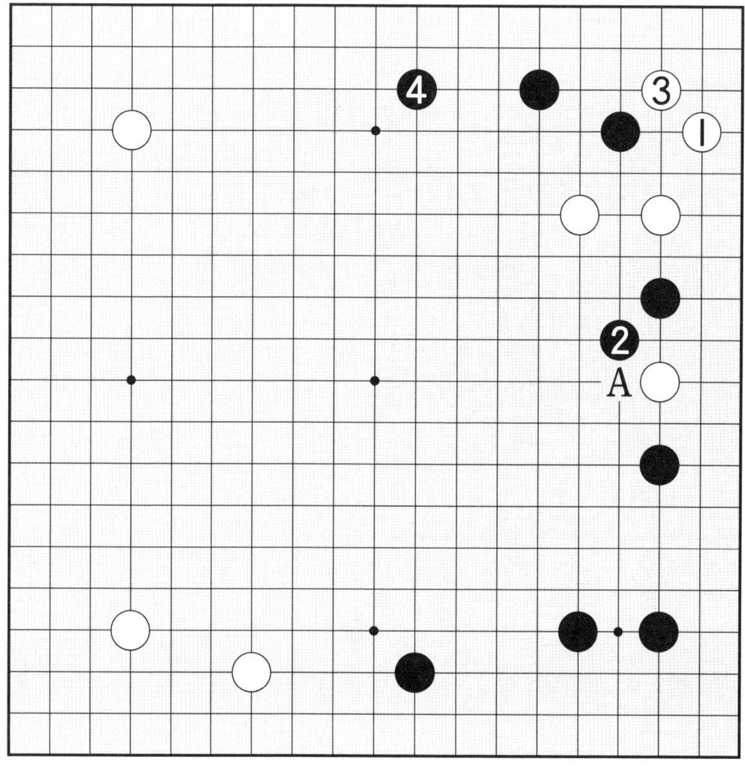

　　우상 쪽 공방이 초점. 백1로 귀쪽을 미끄러진 수에 흑2의 마늘모 진출은 기세이며, 백3으로 들어가 흑4의 벌림까지는 이렇게 될 곳이다.

　　여기서 백A로 움직여 나오는 것은 기정사실인데 다만 그 타이밍이 문제이다. 백은 뭔가 공작을 펴고 싶은데…

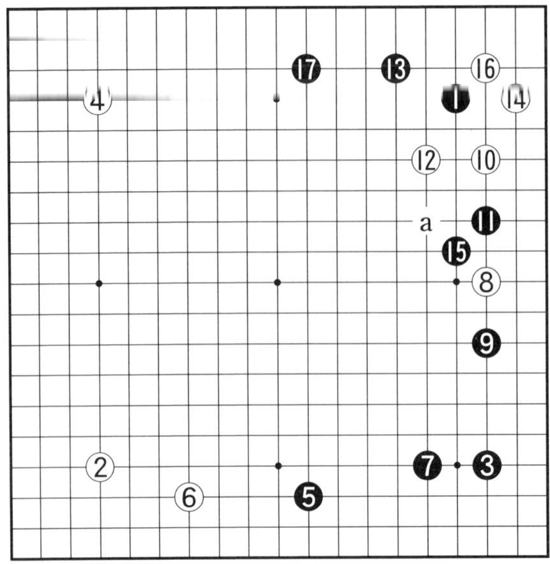

경과도 (1~17)

최고위전 도전기에서 조훈현(흑)과 이창호가 둔 최종국이다.

흑5는 변형 중국식. 백6에 흑7의 굳힘, 백8의 갈라침은 각기 포석상의 요점이다.

우변의 공방에서 백14로 15에 씌우면 견실. 흑15로 a에 뛰는 경우도 있다.

경과도

1도 (현대포석)

앞 그림 5로는 이 그림 흑1로 먼저 걸치고 3으로 미니중국식을 펼치는 포석이 많이 두어진다. 백4에 흑5로 다가서고 백6에 흑7로 짚어가는 것이 중요한 수로, 이하 13까지 되면 보통이다.

다음 백은 14로 상변의 큰 자리를 차지하든가 a나 b에 두던가 할 것이다.

1도

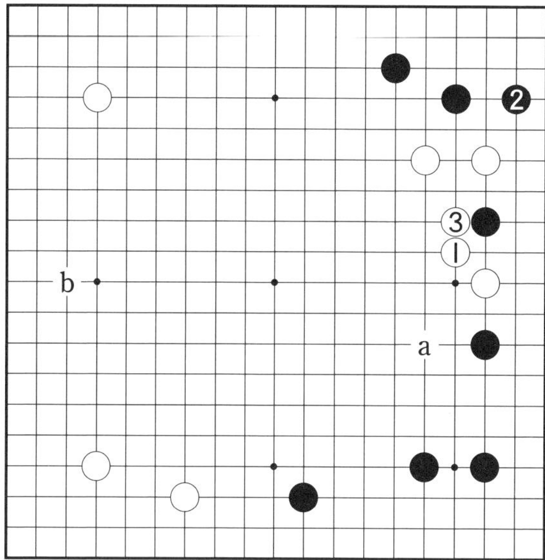

2도

2도 (백, 너무 견실)

경과도 14로 이 그림 백 1로 씌우고 흑2에 백3 으로 제압하면 두텁긴 한데, 너무 발이 느린 인 상이다.

당장 흑a로 뛰기만 해 도 우하 흑 세력이 웅장 하며, 또는 b로 좌변을 갈라쳐 가서 이것은 전 체적으로 흑이 재미있는 바둑이 된다.

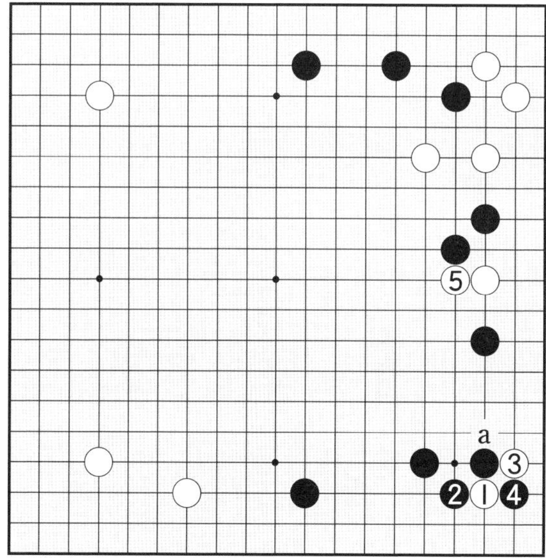

실전도

실전도 (사전공작)

백이 우변을 움직이기 전에 귀쪽에서 1로 먼저 붙여 응수를 묻는 것이 좋은 타이밍이다. 흑은 귀살이 맛을 남길 수 없 으니 2, 4는 정수이다. 여기까지 공작을 해두고 백5로 밀어올린다.

장차 백a의 단수가 절 대선수임을 이용해 중앙 진출을 보다 순조롭게 하려는 백의 고급작전으 로 이해하기 바란다.

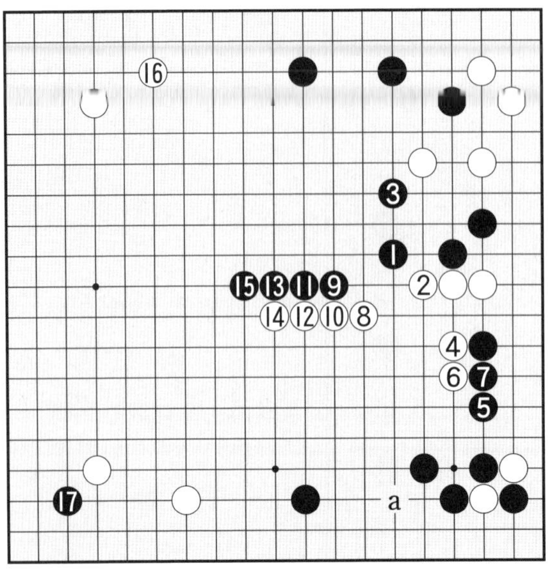

실전진행

실전진행 (순조로운 진출)

흑1로 뛰고 백2, 흑3까지는 행마의 틀. 이때 백4도 지금이 타이밍이다. 흑은 5로 뛰는 정도인데 백6을 마저 듣게 하고 8의 날일자. 여기까지가 백의 모범적인 진출방법이라 할 수 있다.

흑9로 씌워 이하 17까지는 취향인데, 하변에서 a의 단점이 노출돼 좀 더 생각을 요했다. 그것은 다음 그림에서….

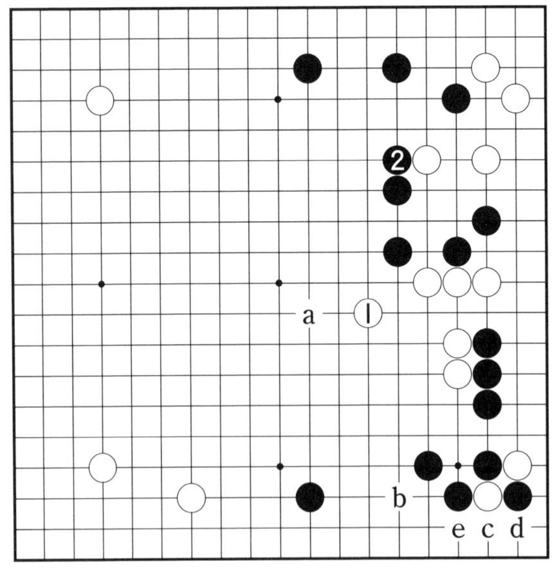

3도

3도 (흑2가 정착)

백1 때 흑은 2로 막아두고 싶은 곳이다. 이랬으면 흑a의 공격이 살아 있으므로 백b로 뛰어드는 맛이 자동 견제되는 뜻도 있다.

이 부근의 맛이란 백 b 다음 c로 빠져 흑d 때 백e로 움직이는 수이다.

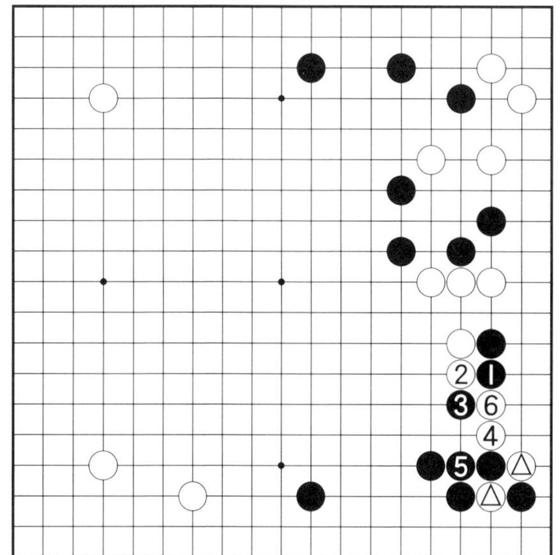

4도

4도 (뛰어받은 이유)

실전진행 흑5로 뛴 수는 다소 억울한 느낌이 들지만 실은 그렇지 않다.

가령 이 그림 흑1로 늘면 백2 때 어차피 흑이 3의 곳을 젖힐 수 없는 모양이다.

만약 그림처럼 흑3이면 귀쪽에서 백4로 몰고 6으로 끊어 당장 수가 난다. 백△의 역할에 주목.

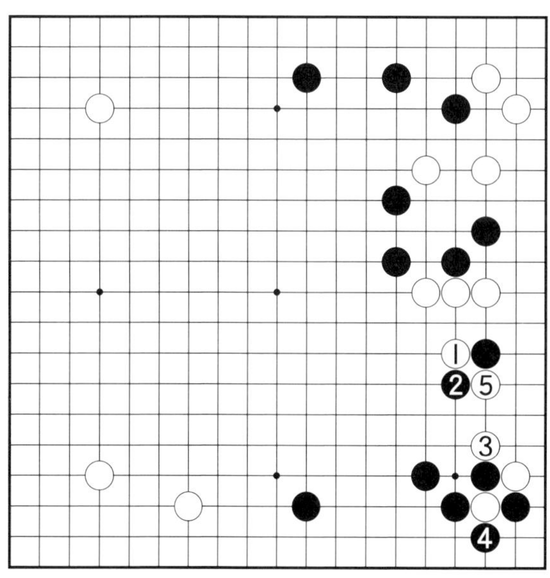

5도

5도 (흑, 무리)

또, 백1에 대해 처음부터 흑2로 젖히는 것도 무리. 당장 백3으로 몰아두고 5로 끊어 쉽게 안정해 버린다.

이처럼 백이 귀쪽에서 맛을 남겨놓고 둔 수가 은연중에 역할을 하고 있는 것이다.

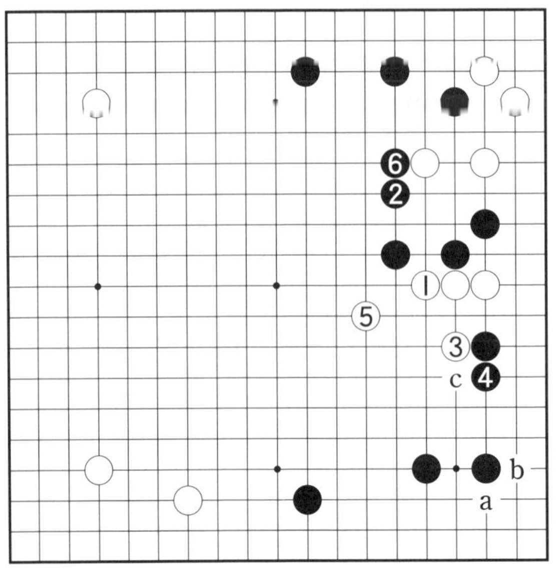

6도

6도 (때가 늦다)

만약 백이 1에서 5로 신 굴하는 수를 결행하면 얘기가 사뭇 달라진다.

우상 쪽에서 흑6으로 눌러막는다 치고 이후 백a라면 흑은 실전처럼 두지 않고 b로 받을 우려가 있다. 그러면 백c가 선수라고 볼 수 없는 모양. 그리고 앞서 흑4로도 c에 젖히게 되면 전혀 다른 바둑이 될 것이다.

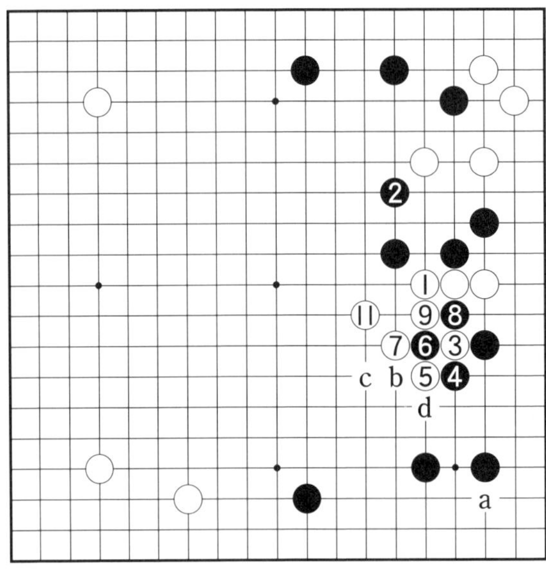

7도

7도 (묘미가 없다)

가령 백1, 3 때 흑4로 젖히면 어떻게 되는가?

백5로 이단젖히고 흑6에 백7로 되몰아 이하 11까지 수습하는 모양인데, 이제 와서 백a로 붙이는 수가 별 의미가 없다.

이 바둑과 똑같은 실전 예도 있는데, 백11 다음 곧장 흑b, 백c, 흑d로 끊어 잡았고, 그것으로 괜찮았던 것 같았다.

책략이 담긴 '날일자에서 양붙임'

○ 백 차례

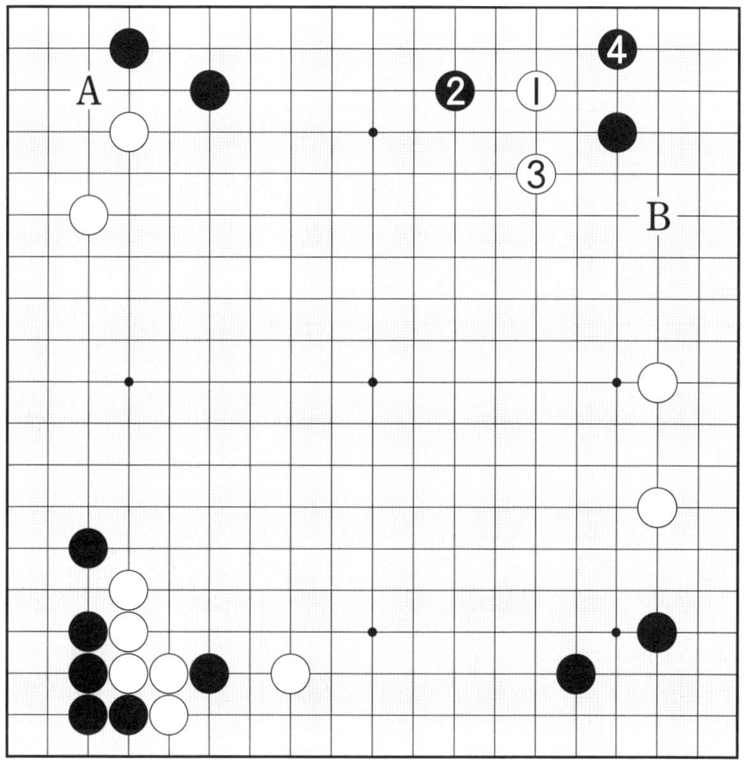

좌상에서 A의 지킴을 생략한 채 백1로 우상을 걸친 것은 흔히 보는 바둑이다. 흑도 질세라 2로 타이트하게 협공하고 백3으로 뛰자 흑4로 야릇하게 귀쪽을 뛰어 받았다. 흑4로는 B가 보통이다.

바로 그 차이점을 염두에 두고 백은 작전을 펼치고 싶은데, 과연 어디서부터 실마리를 찾아야 할까?

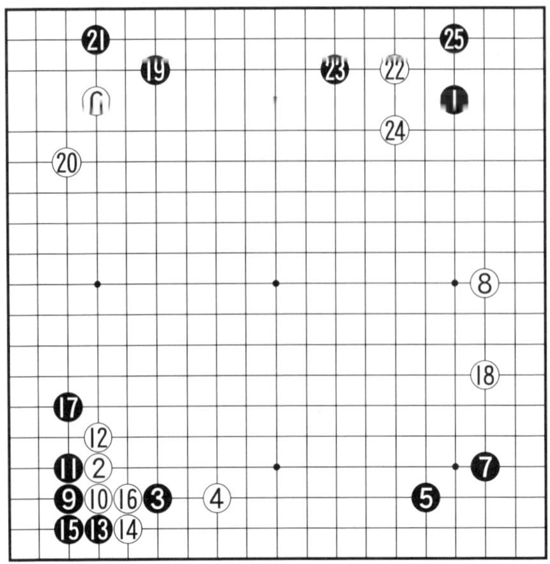

경과도

경과도 (1~25)

한국동신프리텔배 본선에서 신예 이상훈(흑)과 조훈현의 대국이다.

이 같은 포석은 흔히 나오는 패턴으로, 빈 귀를 놔두고 좌하에서 흑3으로 먼저 걸친 점, 흑21을 보고도 좌상 백22로 전환하는 착상은 스피드를 중시하는 현대바둑의 흐름으로 이해해 주기 바란다.

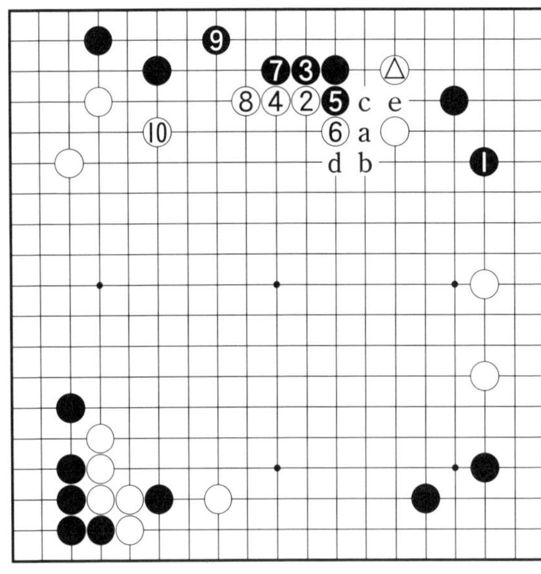

1도

1도 (백의 주문)

장면도 흑4의 응수는 일리 있는 착상. 평범하게 이 그림 흑1로 받는 것은 백2로 씌워가는 리듬이 좋아진다. 흑7에서 9로 넘는 자세가 저위에 편재돼서는 한눈에 흑이 당한 꼴임을 알 수 있다.

다음 흑a에는 백b 이하 부호 순으로 두어, 백 △ 한점은 그야말로 부스러기다.

2도 (나가끊음)

흑이 앞 그림처럼 상변을 기는 게 싫어 이 그림 1, 3으로 나가끊으면 어찌 될까?

백4로 몰고 6으로 막는 것은 예정된 수법. 이후의 공방에 재미있는 변화가 숨어 있는데, 좌하 방면의 축머리가 얽혀 있어 이 부분을 깊이 읽고 두지 않으면 어느 한쪽이 크게 다친다.

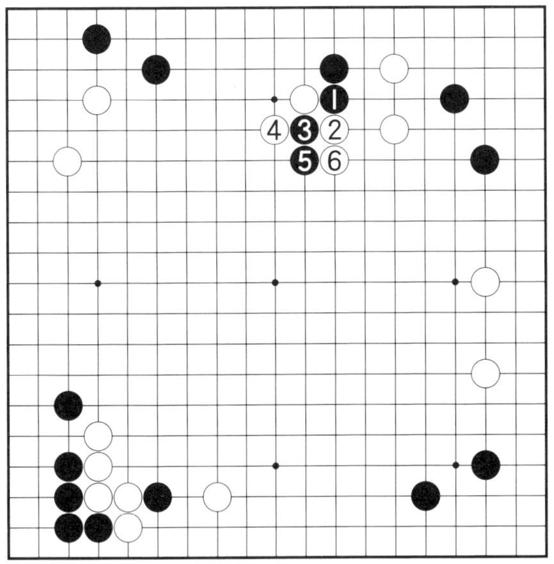

2도

3도 (망하는 길?)

흑7로 끊고 이하 진행은 필연. 백16, 18로 몰아야 하는데 보다시피 좌하에 흑▲ 한점이 대기하고 있어 축이 안 된다.

그렇다면 백이 애초 상변을 씌워간 것은 무리한 취향으로, 결국 망하는 길일까? 물론 겉으로는 그렇게 보이지만…

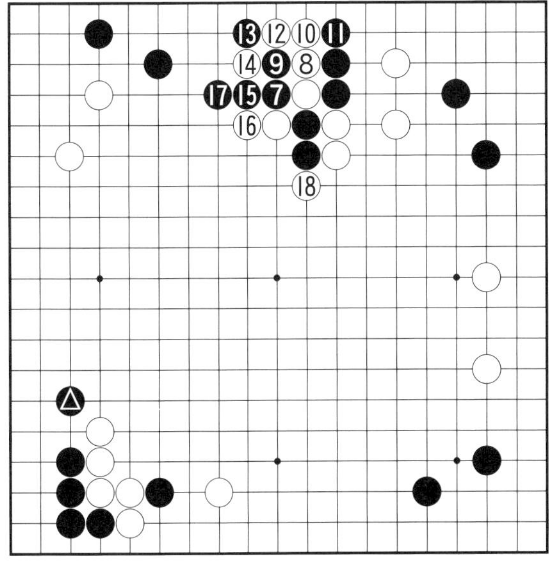

3도

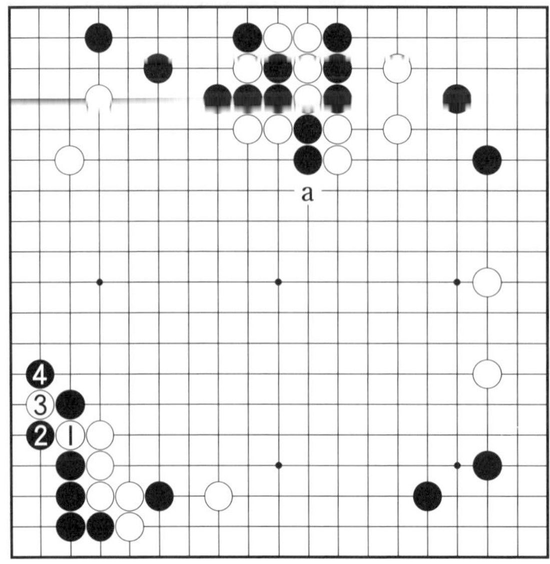

4도

4도 (이번에는 축)

이것은 하나의 가상도인
네, 좌하에서 백이 적당
한 시기에 1, 3으로 나
가끊어 두면 얘기가 달
라진다.

이제는 상변에서 백a
의 축이 성립한다는 것
을 직접 눈으로 확인하
기 바란다. 2도 흑1, 3의
반발은 이 같은 사정으
로 무리라는 결론이 나
온다.

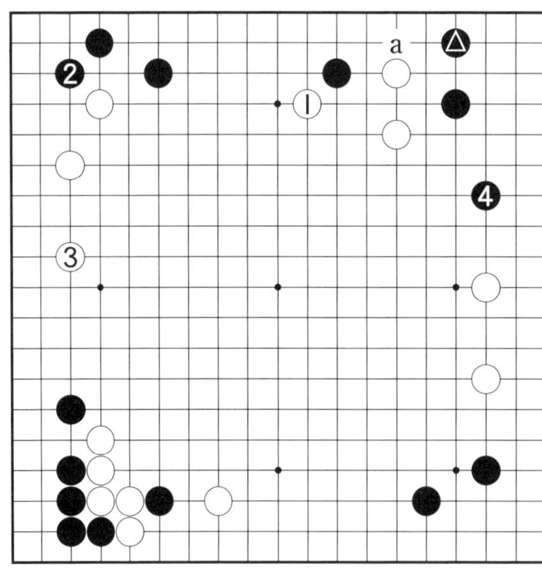

5도

5도 (흑의 임기응변)

이번 테마로 돌아가, 우
상에서 흑▲로 받은 지
금은 얘기가 또 다르다.

백1로 씌우면 흑은 a
의 붙임이 남은 것을 믿
고 손을 빼 좌상 쪽 2로
돌아설 공산이 큰 것이
다. 백3의 벌림을 생략할
수 없는데 우변에서 다
시 흑4로 벌려갈 것이다.

이 진행은 백이 거꾸
로 흑의 속력행마를 허용
한 기분이 들지 않는가.

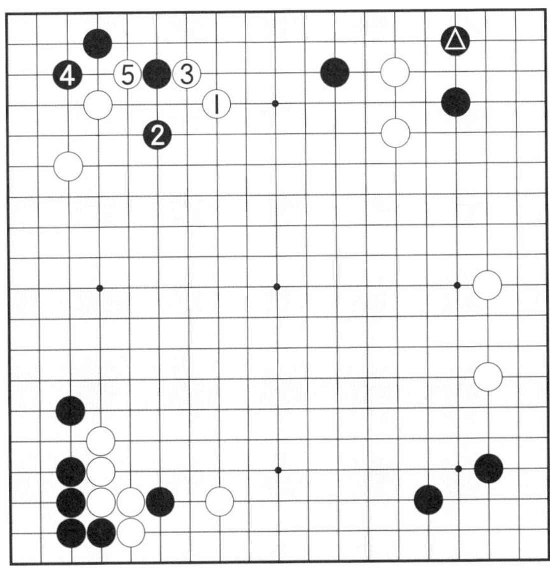

실전도

실전도 (양붙임 책략)

흑△로 받은 지금은 백1
부터 좌상 쪽을 공략하는
것이 재미있는 수였다.

다음은 실전으로, 흑2
의 뜀을 기다려 백3으로
붙여가고 흑4에는 백5
의 껴붙임. 보기에도 희
한한 '양붙임' 맥이 생겼
는데, 흑 모양을 재빠르
게 무너뜨림으로써 언뜻
보아 백의 책략이 통한
느낌이 든다.

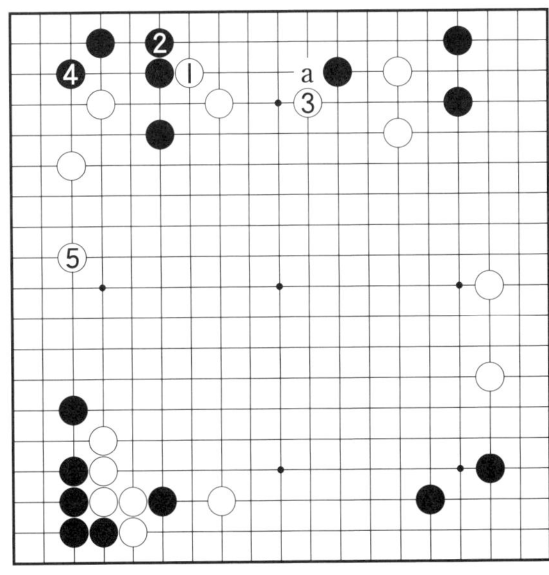

6도

6도 (활용)

백1에 대해 흑2로 곱게
내려선다면 이때는 백3
으로 씌워가는 리듬이
좋다.

계속해서 흑4에는 백
5로 벌려둔 데까지, 장
차 흑a로 움직일 경우를
생각하면 앞서 백1, 흑2
의 교환은 '활용' 그 자
체다.

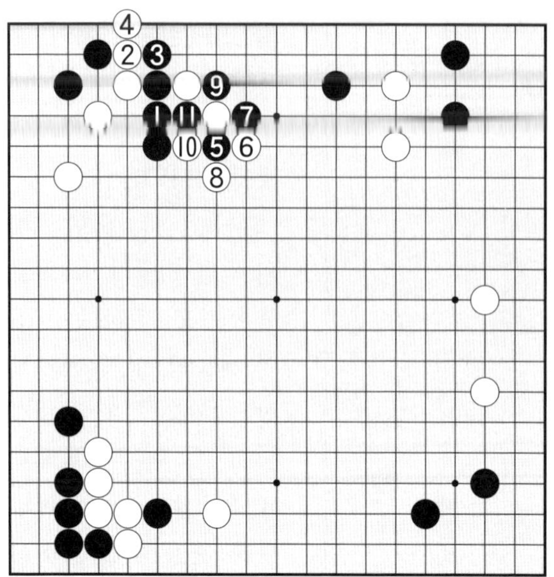

실전진행1

실전진행1 (돌파)

실전도에 이어, 흑은 1
도 잇는 한수이고 백2,
4의 돌파까지는 쌍방 간
에 기세의 진행이다.

다음 흑5로 붙이고 7
로 맞끊었는데, 이것은
흑이 공세를 펴는 게 아
니라 오히려 수세의 입
장에서 모양을 정돈하려
는 수습의 맥으로 생각
된다. 백8 때 흑9, 11도
같은 맥락.

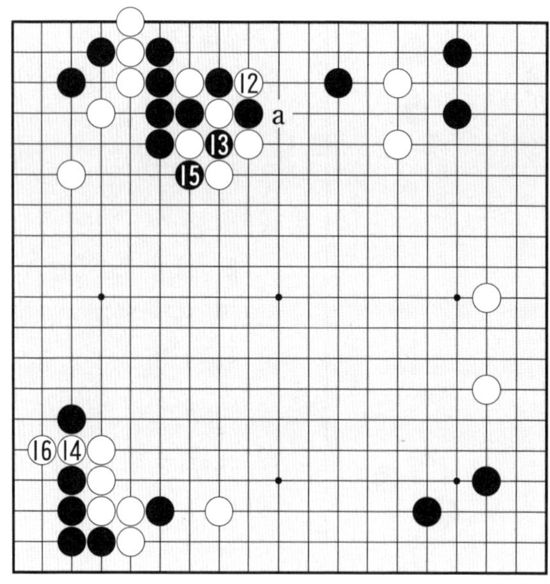

실전진행2

실전진행2 (큰 바꿔치기)

백12로 끊어 즉각 큰 패
를 만든 것은 때 이른 승
부수. 흑13의 따냄에 좌
하에서 백14로 팻감을
찾고 흑15, 백16까지 큰
바꿔치기로 이어졌다.

이 결과는 물론 좌하
귀를 제압한 백이 크게
유리하다. 상변 흑의 두
터움은 빵따냄이라 봐야
중복된 모양이고 아직
백a도 남았기 때문이다.

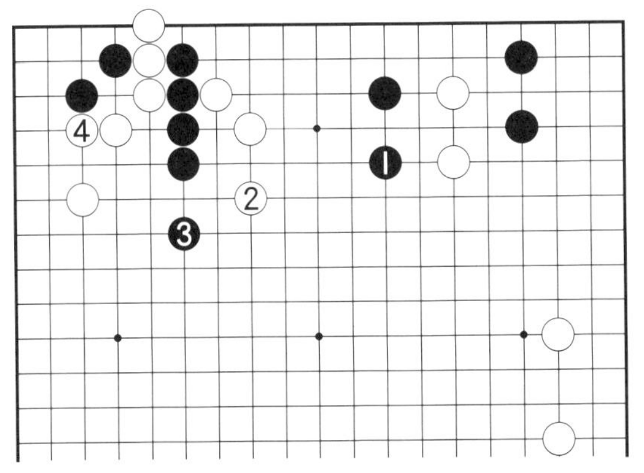

7도

7도 (흑, 싱겁다)

실전진행1의 흑5로 이 그림 1로 뛰어나오는 것은 싱거운 행마이다.

백2로 뛰면 흑3으로 같이 뛰어야 하는데, 백4로 좌상귀를 완전히 수중에 넣어 흑의 불리가 명백하다.

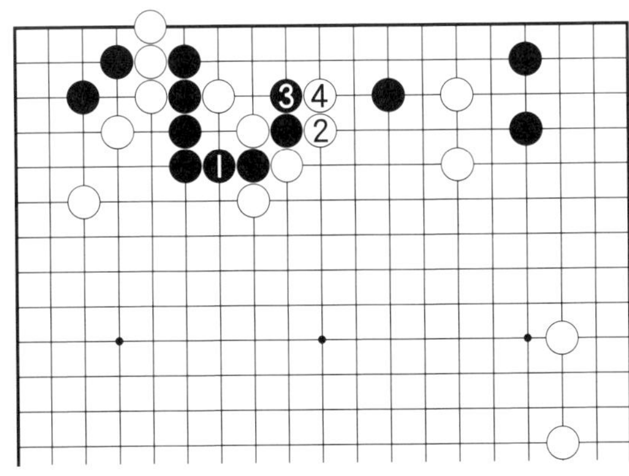

8도

8도 (흑, 무기력)

또, 실전진행1의 흑7로 이 그림 1로 뻗는 것은 백2가 안성맞춤의 리듬이 된다.

다음 흑은 3부터 좌상을 살아두어야 하는데, 백8에서 10으로 뛰어나오게 되면 이것은 누가봐도 백의 바둑이다.

9도 (논외)

역시 실전진행1 흑9의 수로 이 그림 1에 잇는 것은 백2, 4로 몰고 막아 논외다. 실전처럼 맞끊어 수습하는 맥이 아니면 안 된다.

이것은 그만큼 실전도 백1, 3, 5가 날카로운 수단이었음을 뜻하기도 한다.

9도

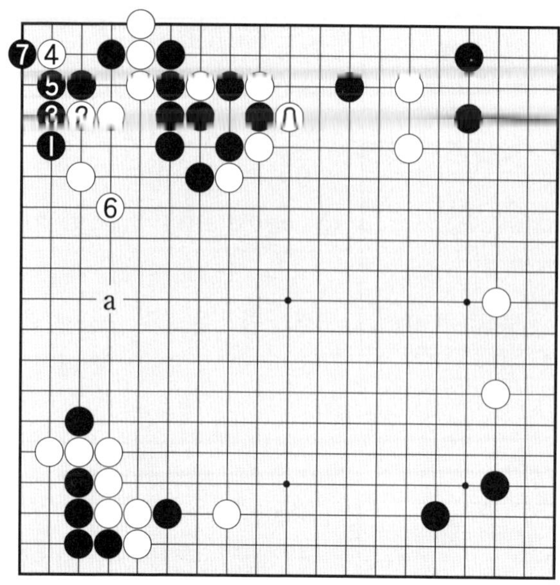

실전진행3

실전진행3 (뒷맛)

패의 바꿔치기가 끝나고 좌상에서 흑1부터 7까지 산 것은 8도에서 보인 그대로이다.

여기서 백은 a에 벌리지 않고 8로 막았는데, 이 수가 남아 있어서는 흑이 패의 대가로 얻은 이곳 두터움이 별 게 아님을 알 수 있다.

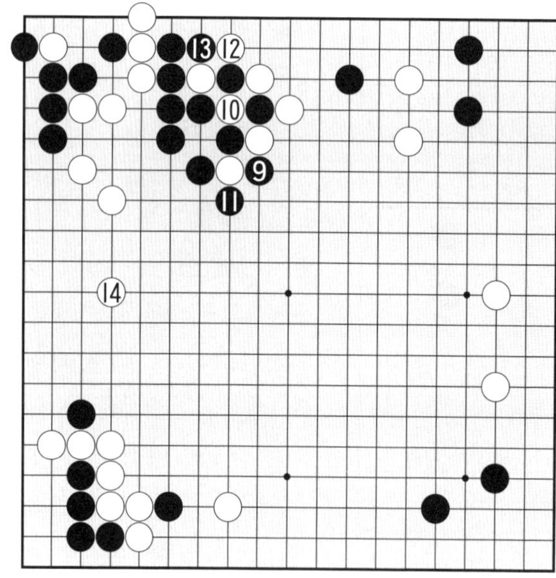

실전진행4

실전진행4 (백, 우세)

흑9로 몰고 이하 13까지는 필연. 백은 흑에게 중앙 쪽에 빵따냄을 허용한 대신 상변은 이제 흑이 한수로 제압하는 수단이 없어진 것이 자랑이다. 백14로 뛴 데까지 백이 우세를 확립한 국면으로 보인다.

그러나 이 바둑의 결과는 이후 상변 공방에서 어이없는 실수가 나와 백의 역전패로 끝났다.

비약적 진출을 위한 옆붙임

○ 백 차례

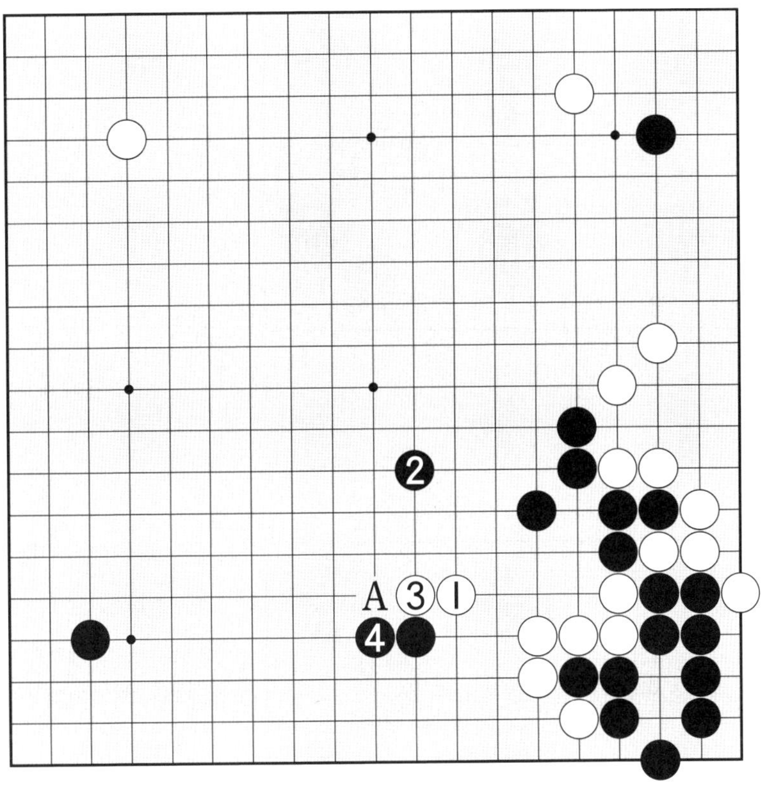

우하에서 대형정석이 나타나면서 바둑은 일찌감치 중반
으로 들어서고 있는 느낌이다.

백1로 벗어난 수에 대해 흑2로 중앙을 먼저 뛰고 백3에
흑4로 늘었는데, 여기서 백이 어떻게 진출하느냐가 초점이
다. 백A로 밀어야 할지, 아니면 다른 묘책이 있는지….

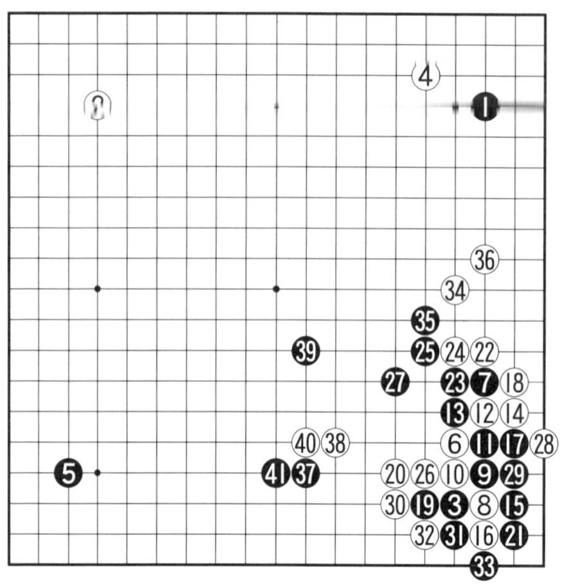

경과도

경과도 (1~41)

왕위전리그에서 신예 목진석(흑)과 조훈현이 겨룬 일전이다.

우하에서 백18로 꼬부려 가면서 대형정석으로 발전한다.

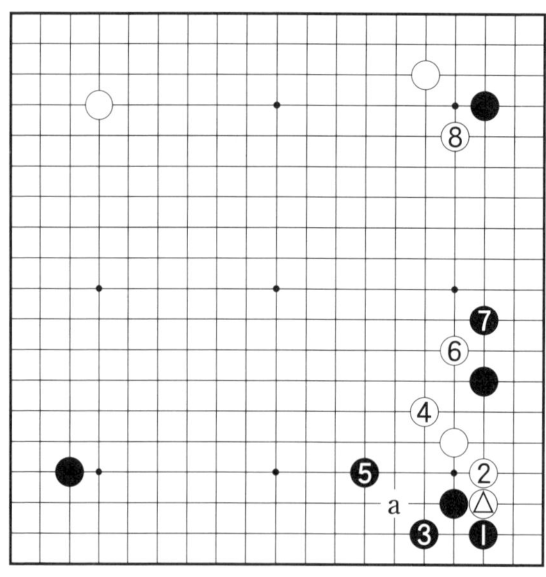

1도

1도 (저위로 편재)

먼저 우하 정석진행의 필연성에 대해 얘기한다.

백△ 때 흑1, 3으로 받는 것은 백4, 흑5 다음 백6에서 8로 씌워가 흑이 저위를 강요당하게 된다. 그렇다고 흑5를 생략하면 백a의 급소 공격으로 때 이르게 흐름이 급해질 것이다.

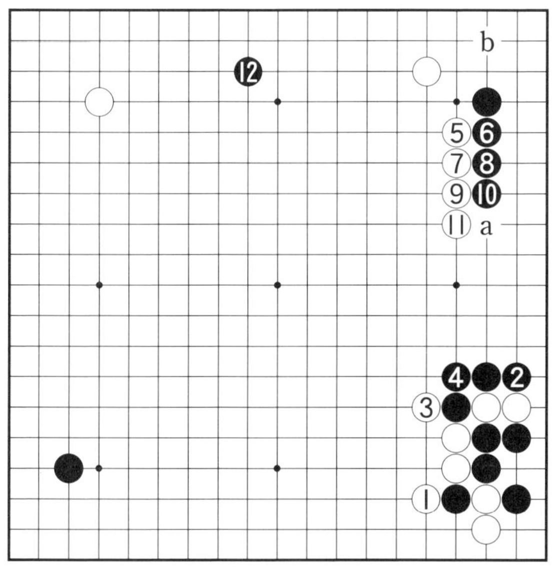

2도

2도 (이유 있는 꼬부림)

경과도 백18은 이 그림 1로 잡고 우상을 5로 씌워가면 간명하지만 백7 때 흑8, 10으로 밀어두고 상변으로 손을 돌려 12쯤으로 갈라쳐오는 게 예상된다.

다음 백a면 흑b로 두는 정도인데, 우하 쪽 흑이 두터워 백이 뭔가 탐탁지 않다. 상대에게 임기응변을 허용하는 그림이 싫었던 것이다.

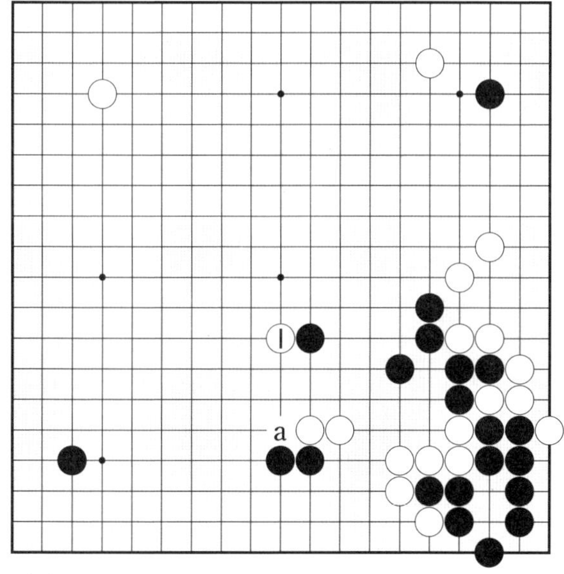

실전도

실전도 (회심의 붙임)

장면도로 돌아가, 백1로 옆에다 붙인 것이 회심의 한수였다.

이 수는 다음 흑이 어떻게 받느냐를 물어 진로를 적절히 결정하려는 뜻으로, 단순히 a의 밀기를 생략한 채 흑의 등에 올라탄 자세가 보는 그대로 '비약적인 속력행마'랄까.

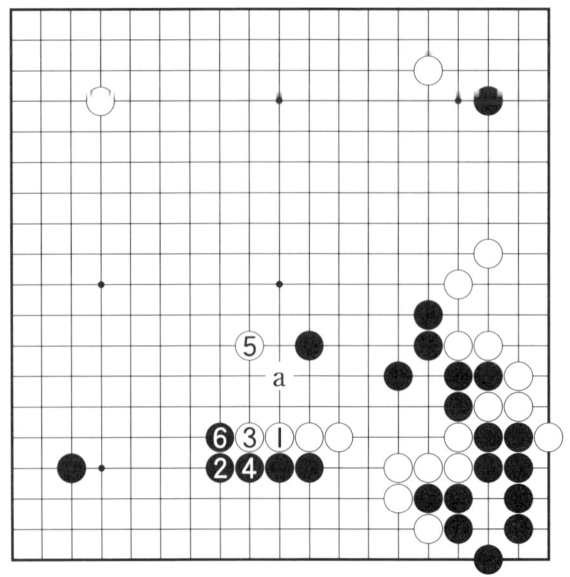

3도

3도 (책략이 없다)

처음부터 백1, 3으로 밀고 5로 뛰어나가는 것은 평범한 행마로 책략이 없다.

다음 흑6으로 꼬부리면 a의 마늘모 급소를 보아 중앙 쪽 백의 모양이 무너진다. 게다가 하변의 흑진도 크게 굳어질 태세이다.

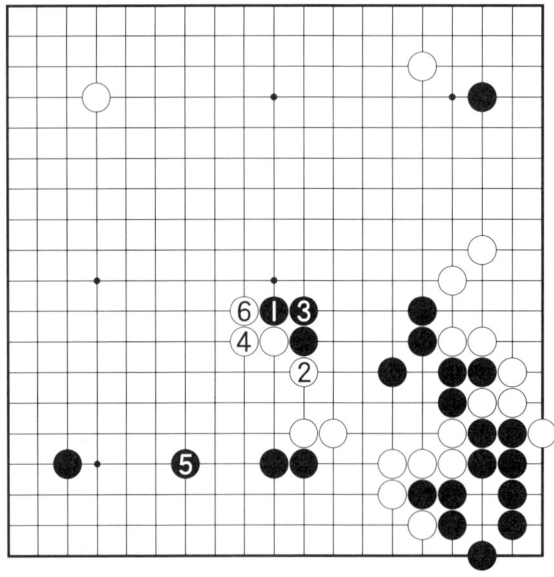

4도

4도 (백, 스피드 행마)

실전도에 이어, 흑1로 바깥에서 젖혀 온다면 백2로 되젖혀 탄력을 붙이고 흑3에 백4로 진출한다. 흑5의 지킴이 불가피한데 거기서 백6으로 꼬부려 간 데까지, 다음 백은 중앙 공격과 우상의 흑을 핍박하는 것이 맞보기이다.

앞 그림보다는 벌써 스피드가 붙어 있는 모습임을 알 수 있다.

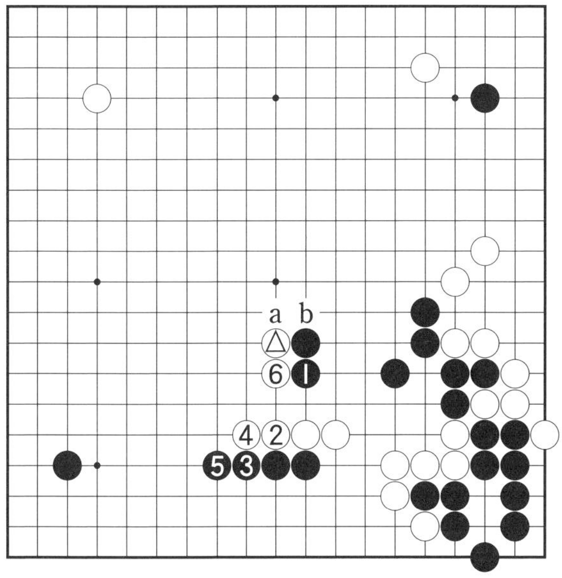

5도

5도 (역시 자세가 좋다)

또, 흑1로 는다면 이번에는 백2, 4를 듣게 하고 6으로 반듯하게 막는 자세가 좋다.

다음 흑a에는 백b로 끊고 싸울 수 있으며 여유 있게 중앙으로 빠져 나가는 모습이다.

그리고 보면 백△가 속력의 시발점이 된 멋진 맥임을 다시 한 번 느낄 수 있을 것이다.

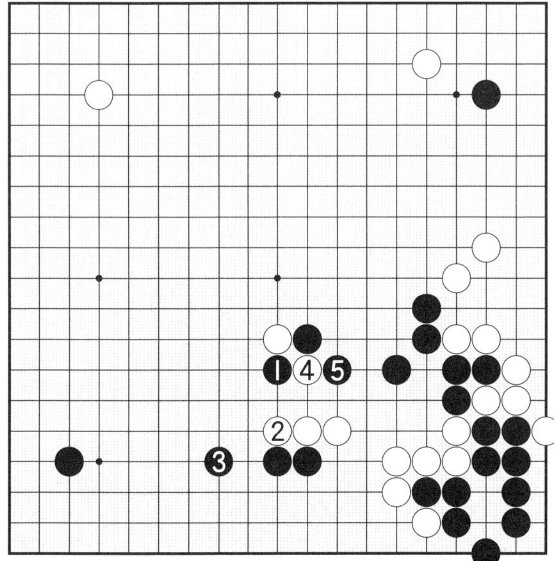

실전진행1

실전진행1 (맞끊는 맥)

마지막으로 흑1로 안쪽으로 젖혀오는 변화로 실전의 진행이다. 백2로 하나 밀어두고 4로 맞끊은 것이 준비된 맥이었다.

이로써 백은 충분히 타개하는 자세를 얻을 수 있을 것 같다. 흑5로 몰기를 기다려….

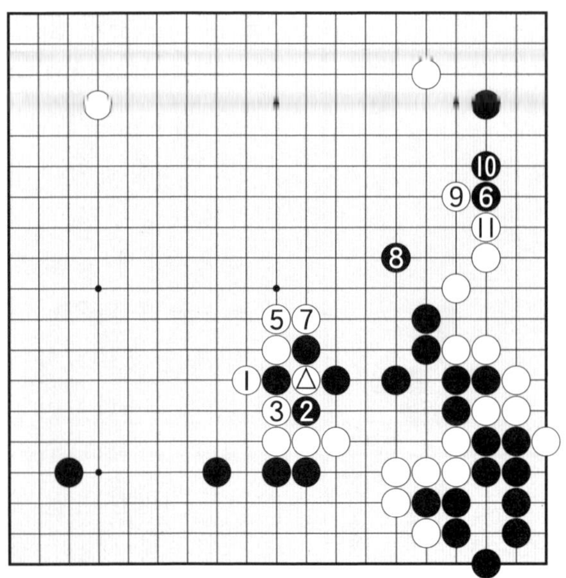

실전진행2

실전진행2 (수습에 성공)

백1로 되모는 것도 이 한 수. 백△ 한점은 가벼운 돌이므로 이렇게 버리고 두는 게 올바른 맥이다. 백3에서 5로 고개를 내민 데까지 역시 중앙을 수월하게 진출하는 데 성공했다.

우상 흑6은 생략할 수 없는 요점. 거기서 백7로 두텁게 꼬부려두고 9, 11로 우변 백을 돌보는 리듬이 좋다.

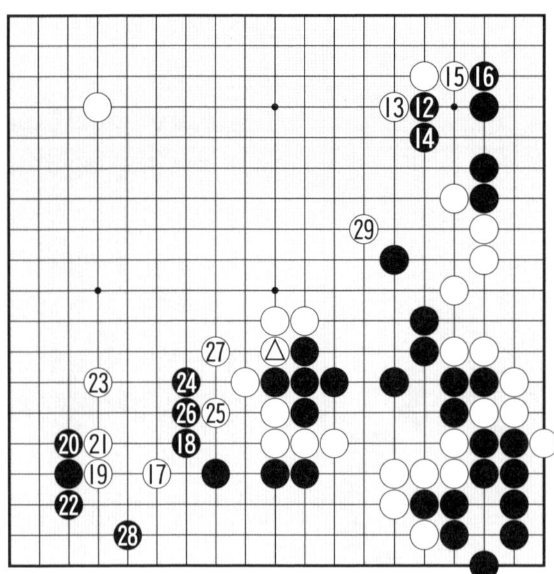

실전진행3

실전진행3 (백, 승세)

백은 대망의 선수를 얻어 17부터 하변에 침입한다. 하변 흑 세력을 적당히 지우고 29의 중앙 공격으로 돌아선 데까지, 백의 활약이 눈부실 정도이다.

백이 이렇듯 국면을 주도적으로 꾸려나갈 수 있었던 것은 순전히 실전도 백1(이 그림 백△) 덕분이었다고 생각한다.

국면을 선도하는 발 빠른 구상

● 흑 차례

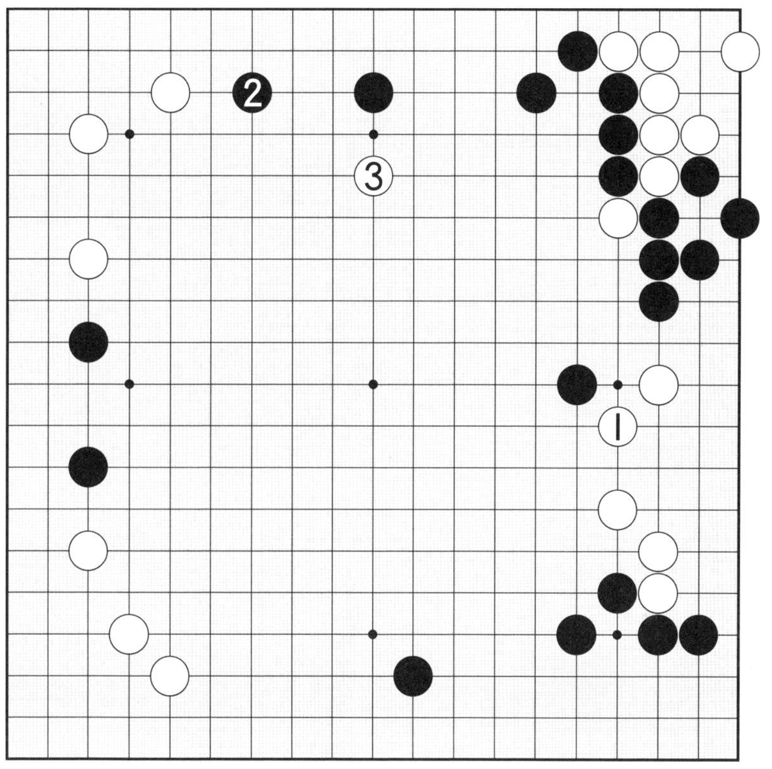

　백1로 우변을 지킨 수에 흑2는 놓칠 수 없는 큰 곳. 여기서 백3으로 모자를 씌워왔다. 이 수는 물론 우상의 세력이 더 이상 커지는 것을 방지하려는 삭감 수단이다.

　여기서 흑은 어떤 작전이 좋을지 생각해 보자.

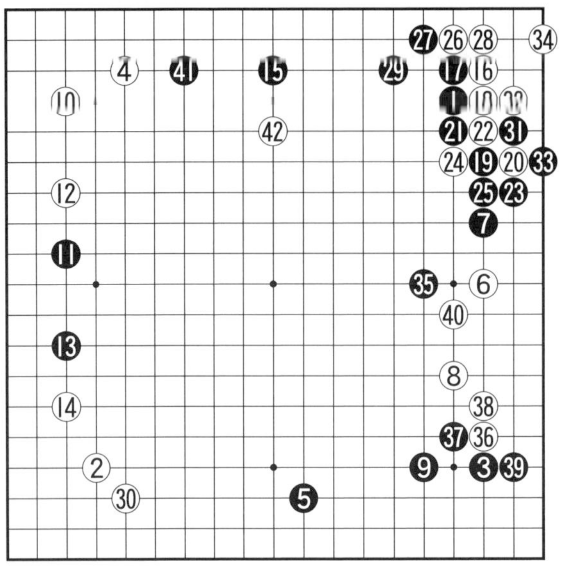

경과도

경과도 (1~42)

이 바둑은 여류프로국수
선, 이영신(흑)과 윤영
선의 결승3번기 제1국.

흑5의 변형 중국식에
백6은 유연한 갈라침. 흑
9의 한칸받음과 13은 모
두 견실한 행마로 일관
한다. 우변에서 흑35의
모자씌움이 기분 좋은
수. 이에 대해 백36 이하
40은 이상감각이다. 그
것은 잠시 후에….

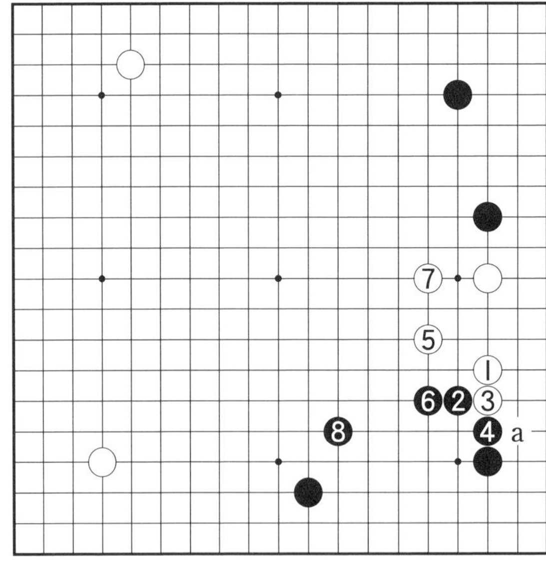

1도

1도 (낮게 벌리면)

경과도 백8은 이 그림 1
로 낮게 벌리는 수도 있
다. 그러면 흑2로 씌우
는 것이 호수. 백3에서 5
면 흑6의 차렷으로 선수
를 잡고 8로 둘러싸 흑
이 단연 좋다.

따라서 백3으로는 a로
달리는 것이 최근의 유
행이다. 그에 대해서는
이미 앞서 다룬 바 있다.

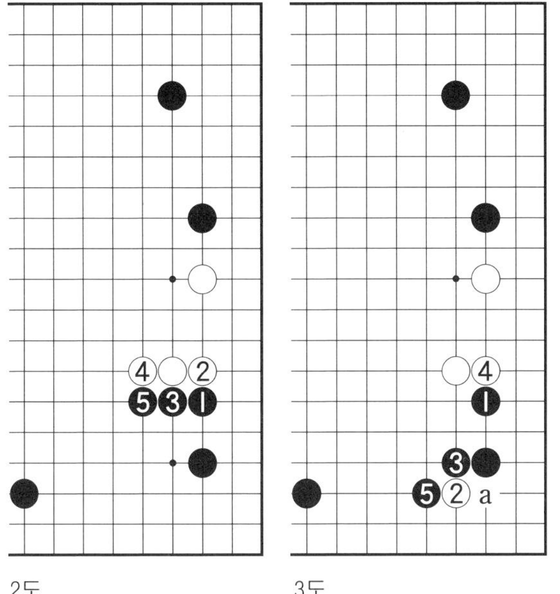

2도   3도

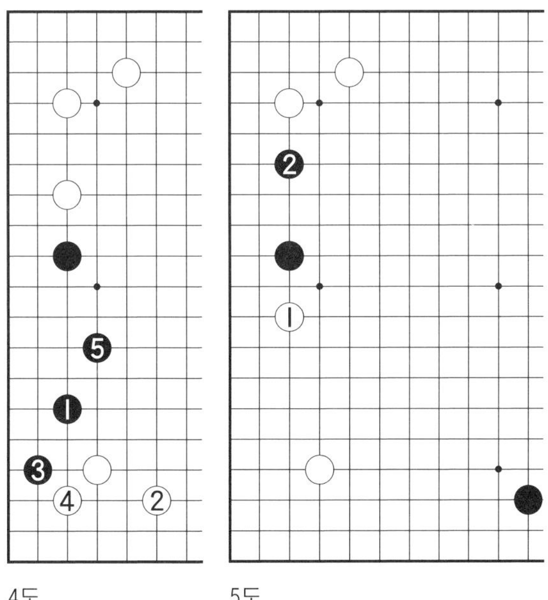

4도   5도

2도 (하변의 집이 크다)

경과도 흑9로는 이 그림 1로 바짝 다가서고 싶다.

백2라면 흑3, 5로 밀어올려 하변이 부풀어 오르므로 흑이 좋다.

3도 (흑, 충분)

따라서 흑1에 대해 백은 2나 a로 귀쪽에 맛을 남기고 4로 막는 정석이 예상되는데, 이것은 이것대로 흑은 5로 한점을 제압해 불만 없을 것이다.

4도 (바라는 정석)

역시 경과도 13으로도 이 그림 흑1로 걸쳐 이하 5까지의 정석을 바라고 싶다. 이것이면 좌변이 훌륭한 진용이다.

5도 (일장일단)

그리고 앞서 다가섬의 방향에 관한 얘기인데, 넓은 쪽을 다가선다면 백1이다. 그러나 이것은 귀의 굳힘도 엷어지는 뜻이 있으므로 실전과는 일장일단이 있다.

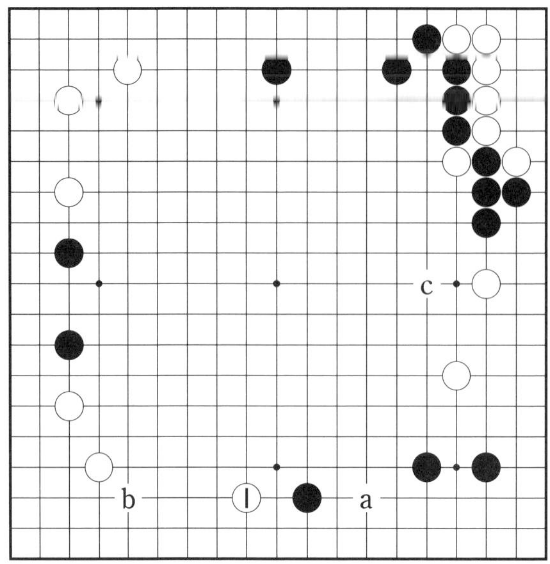

6도

6도 (능률적 벌림)

경과도 백30은 보통 실리의 요소이나 이 국면에서는 대세에 뒤처진 느낌이다. 이 방면을 두려면 백1로 한껏 벌리고 싶다.

　이것이면 백a의 침입이 있고 기회를 보아 b로 굳힌다면 실전보다는 훨씬 더 능률적이다. 또, 백1로 그냥 c로 우변을 보강할 수도 있다.

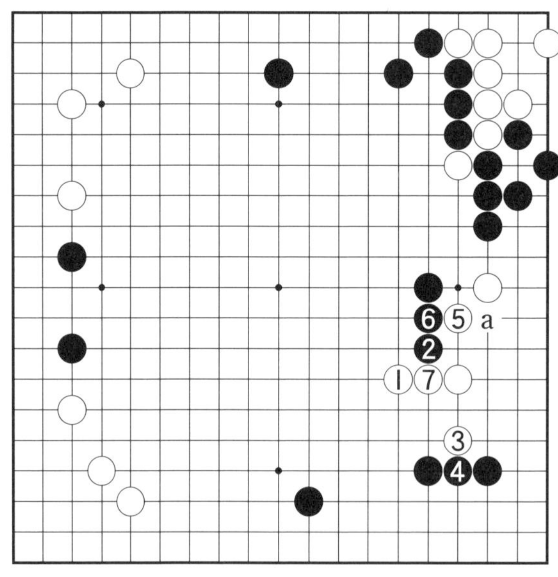

7도

7도 (백1이 당당)

끝으로 경과도 36으로는 이 그림 백1로 뛰는 수가 당당했다. 흑2로 공격해오면 a의 차단이 걱정되나 백3에서 5, 7로 받아 산뜻하게 흑의 포위망을 벗어난다.

　실전은 백이 40까지 모양을 갖추고도 불안정한 자세가 되었으니…

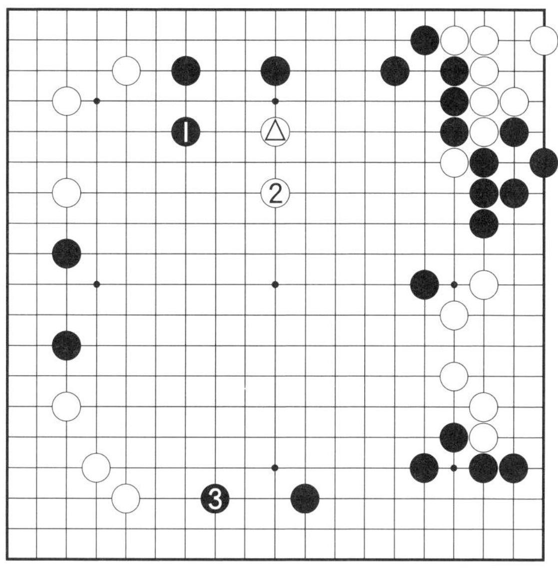

8도

8도 (뛰고 하변으로)

서두가 장황했다. 백△에 대해서는 흑1로 뛰는 것이 요점. 백도 같이 2로 뛰어나오는 정도이고 거기서 유유히 손을 돌려 하변의 큰 자리 흑3으로 향한다.

사소한 대목 같지만 국면은 바야흐로 중반의 입구. 흑은 이것이 대세를 주도하는 발 빠른 응접이었던 것이다.

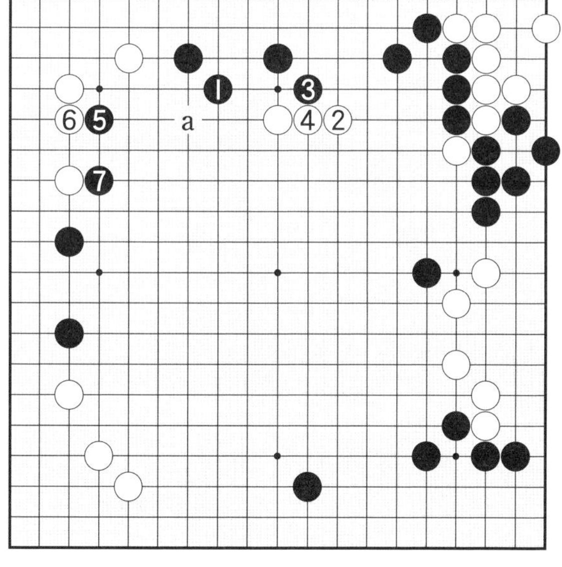

실전진행1

실전진행1 (지나친 견실)

흑1로 마늘모한 것은 부분적으로 견실한 착점이나 백에 대한 영향이 a의 뜀보다 못하다.

물론 다음 백2는 너무 깊이 들어간 느낌이 들지만, 어쨌든 백의 행동반경이 넓어졌고 그 때문에 흑의 페이스에 변조를 가져왔으니(백2로는 a가 정수)….

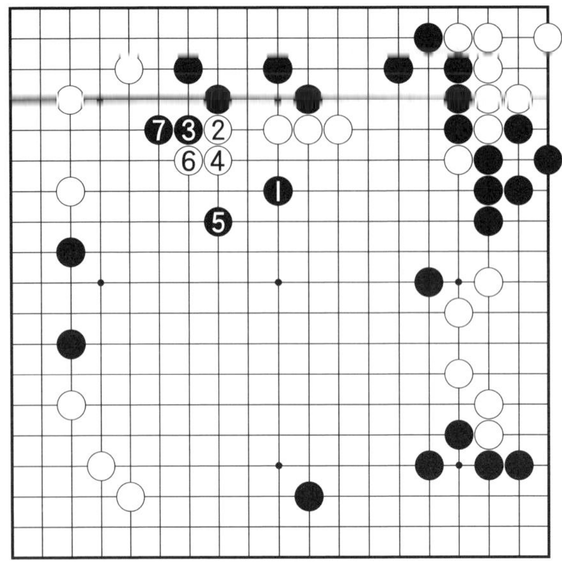

9도

9도 (직접 공격)

실전진행1 흑5, 7은 기대기선법이나 여기서는 당장 흑1로 공격의 포문을 열고 싶다. 다음 백2, 4로 붙여 나온다면 흑5에서 7로 슬슬 늘어 이제야말로 좌변 백에 대한 기대기를 본다.

이랬으면 물론 흑이 순조롭게 우세를 지속했을 터다.

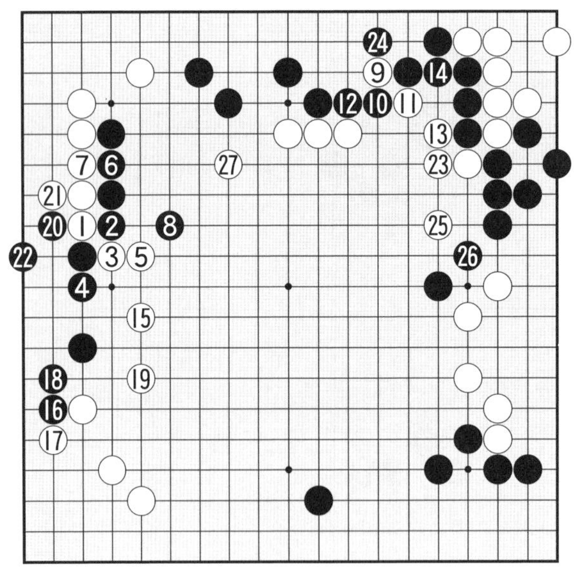

실전진행2

실전진행2 (백, 형세 만회)

흑이 8까지 좌변 쪽에서 머뭇거리는 사이 백9, 11로 적당히 활용한 다음 15의 절호점을 차지해서 백이 어느 정도 형세를 만회한 모습이다.

이후 흑의 실수가 겹쳐 결국 흑의 역전패로 끝나고 말았다.

상대 스피드에 브레이크 걸다

● 흑 차례

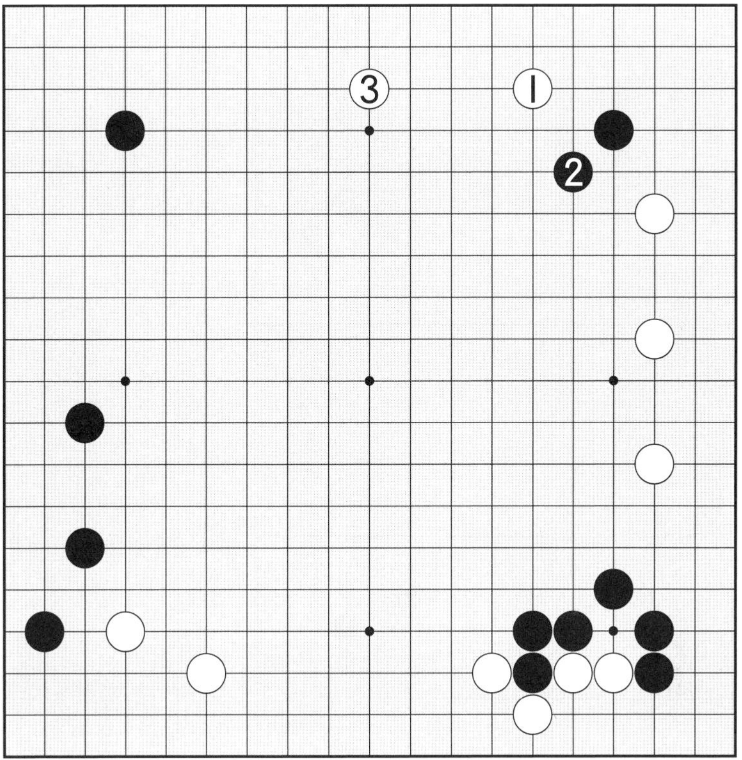

　　우상에서 백1로 양걸침하고 흑2의 마늘모에 백3으로 벌린 장면. 흑은 계속해서 상변 어딘가를 두어야 할지, 아니면 우하 백의 약한 돌을 공격해야 할지 결정해야 한다.

　　전체적인 돌의 움직임으로 보아 흑이 자칫 방향을 잘못 잡으면 백의 스피드에 밀려 집 부족증에 허덕일 공산이 크다는 걸 명심하면서 다음 한수를 생각해 보길 바란다.

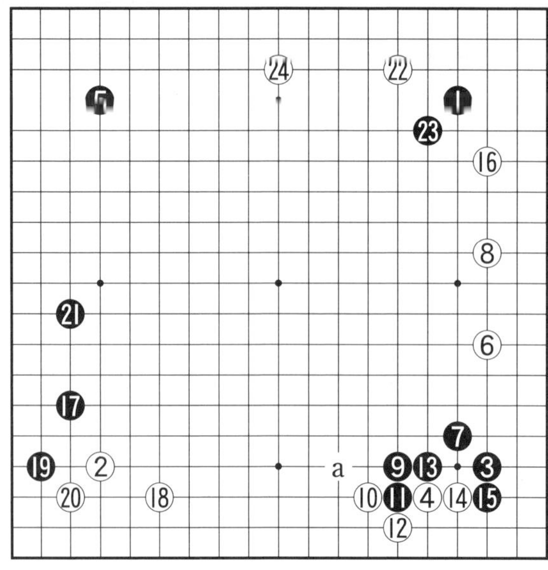

경과도

경과도 (1~24)

대왕선 노선자결성선에서 이세돌(흑)과 소훈현이 둔 대국이다.

백6, 8은 조 9단이 좋아하는 발빠른 취향. 흑 9로 씌우고 15까지는 좀처럼 보기 힘든 수법인데, 우하의 정석에서 어떤 문제점이 있지 않았는지….

실은 이것이 이번 주제의 골자를 이룬다.

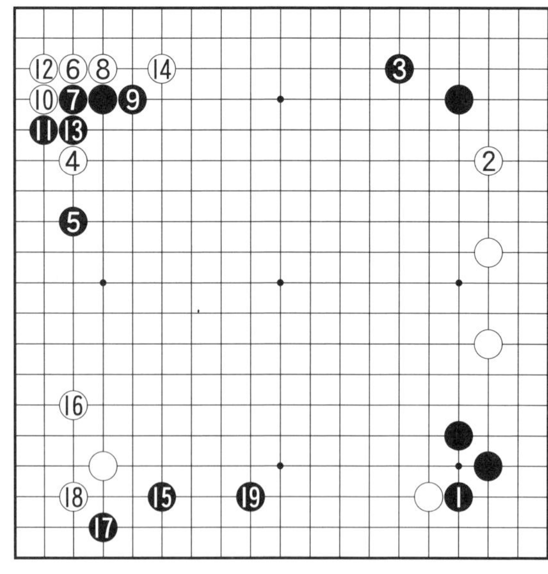

1도

1도 (보통의 포석)

경과도 흑9, 11의 수는 다소 어깨에 힘이 들어가지 않았는지….

애초 우하에서 흑1의 마늘모붙임을 두면 평범했으며 그것으로 나쁘지 않았다. 참고로 이하 19까지 진행된 실전 예도 있다.

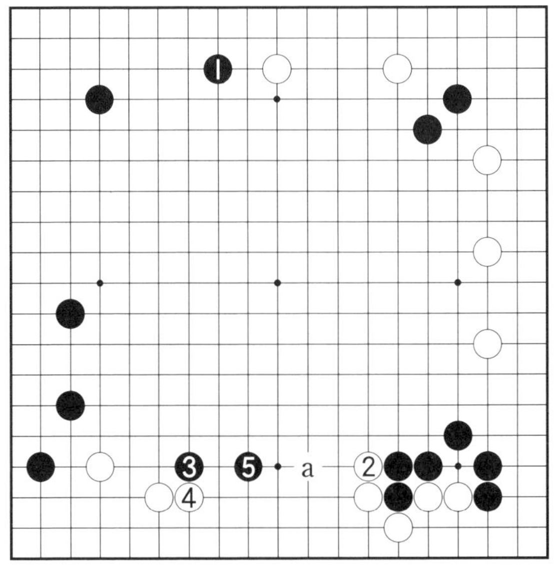

2도

2도 (다가선다)

흑의 최선은 상변에서 1
로 다가서는 것이 정답
이다. 하변에서 백2로
밀어올리는 한수인데 흑
3으로 어깨짚어 그런대
로 한판이다.

　잠시 후에 보겠지만
실전은 흑1로 a부터 공
격했는데, 우하 백은 보
기보다 탄력 있는 말이
다. 그림처럼 유연하게
두는 발상이 필요하다.

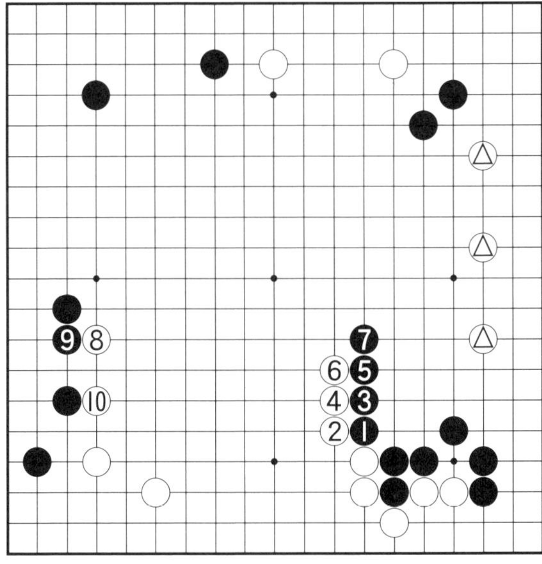

3도

3도 (흑, 손따라 두다)

앞 그림 3으로 이 그림
흑1로 젖혀 3 이하로 느
는 것은 방향착오다.

　흑이 중앙에 잔뜩 세
를 키웠지만 우변에서
보란 듯이 자리하고 있
는 백△들이 빛나는 모
습이다. 백8, 10이면 거
꾸로 하변 백 세력의 골
이 깊어져 흑이 무얼 두
었는지 모르게 된다.

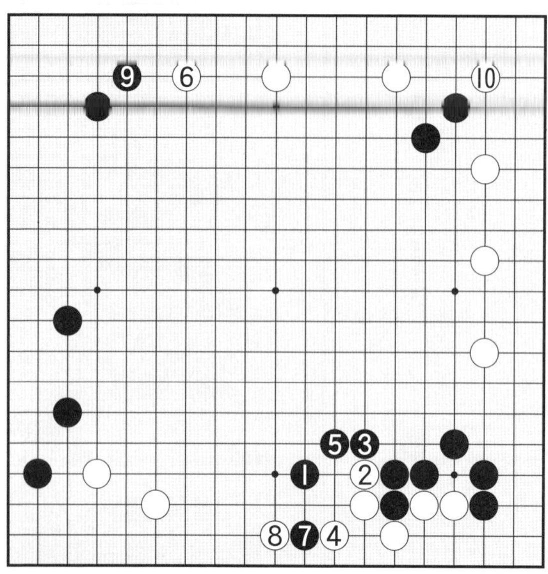

실전진행1

실전진행1 (백의 스피드)

흑1로 직접 씌우자 백2에서 4로 자세를 갖춘 다음 6의 큰 자리를 선행하고 흑9에 백10으로 발빠르게 나갔다.

이 진행에서 흑이 우하에서 쌓은 두터움은 단순히 에워싸고 있다는 느낌으로, 흑 스스로 백이 한껏 스피드를 내도록 도와준 격이 아닐 수 없다.

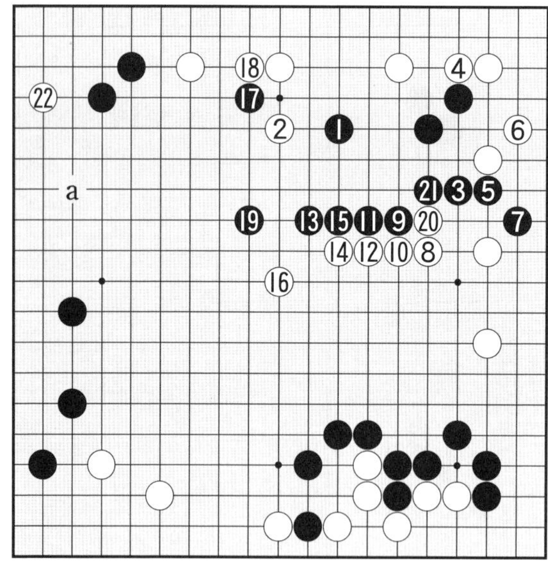

실전진행2

실전진행2 (백의 흐름)

흑1로는 a의 곳을 차지해야 마땅하나 그것으로도 일방가인 형세이다.

이하의 진행에서 보듯 백은 흐름을 타고 16까지 훨훨 날고 있는 국면이다. 백에게 좌상 22의 침입이 돌아와서는 백의 낙승이 예상된다.

전체의 흐름을 읽는 돌의 방향

○ 백 차례

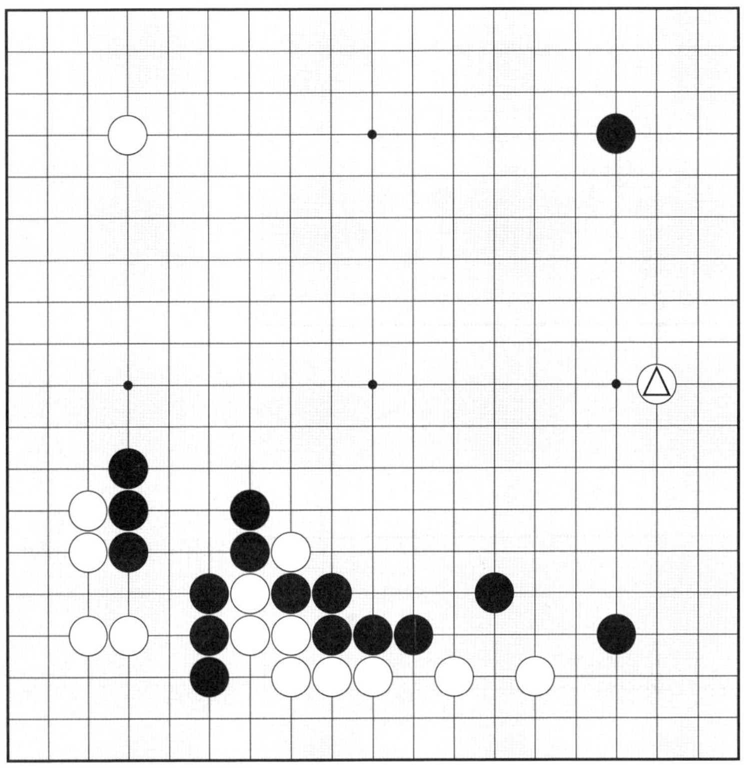

　　중앙 아래쪽에 흑 세력이 길게 뻗쳐 있는 국면. 눈길이 가는 곳은 우변인데, 과연 백이 어느 쪽을 걸칠 것인가?

　　우변의 기착점 백△의 갈라침을 어떻게 작용시킬 것인지가 걸침의 방향을 결정하는 단서가 된다.

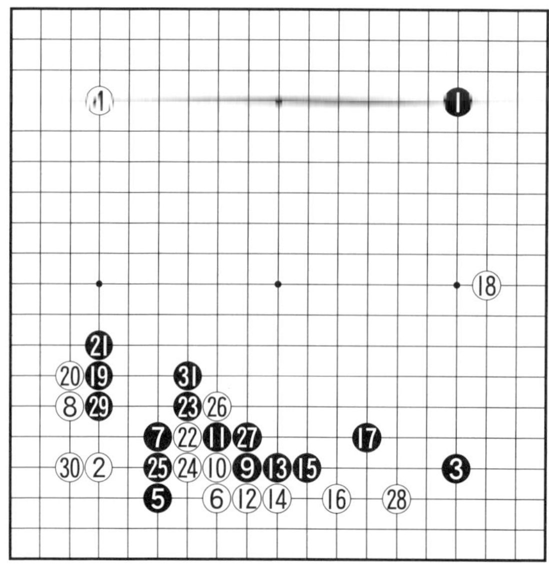

경과도

경과도 (1~31)

이동통신배 배달왕전 결승에서 조훈현(흑)과 이창호가 둔 대국이다.

흑7에서 9로 씌우는 정석은 당시 유행형. 흑19부터는 22의 곳 약점을 간접적으로 보강한 의미라 할 수 있다.

흑31까지 일단락한 하변의 공방은 흑이 약간 두텁다.

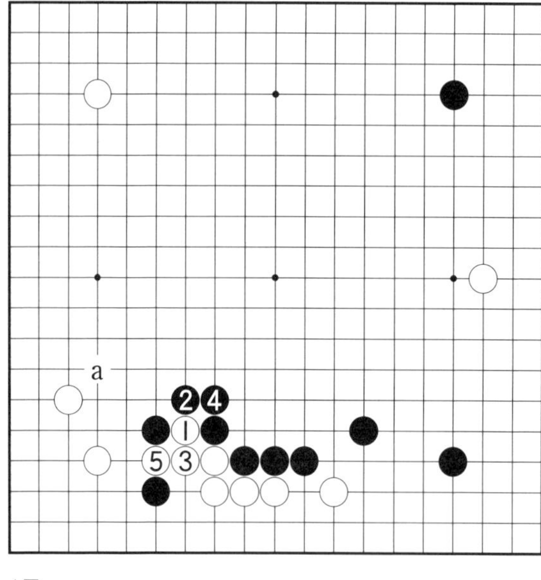

1도

1도 (단점에 대해)

앞서 말한 흑의 단점이란 백1로 끼워오는 수. 그러면 흑2, 4로 잇고 백5로 뚫는다.

따라서 흑은 그것을 견제할 셈으로 a로 어깨 짚어가 **경과도**와 같은 모양이 생겨났다.

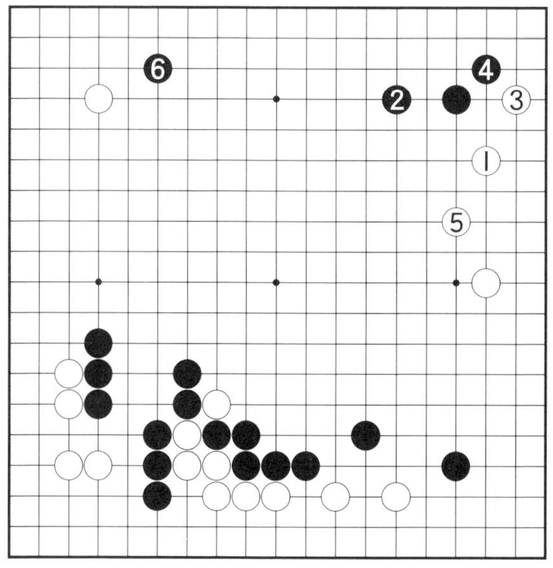

2도

2도 (역행)

이번 테마로 돌아가, 백 1의 걸침은 흐름을 거꾸로 읽고 있다. 흑은 잠자코 2, 4로 받아두고 6으로 걸쳐가 상변을 운영할 것이다.

하변에 기다랗게 누워 있는 흑의 두터움이 작용하는 방향은 바로 상변이다. 흑이 가고 싶은 곳으로 가게끔 등을 떠밀고 있다고 할지….

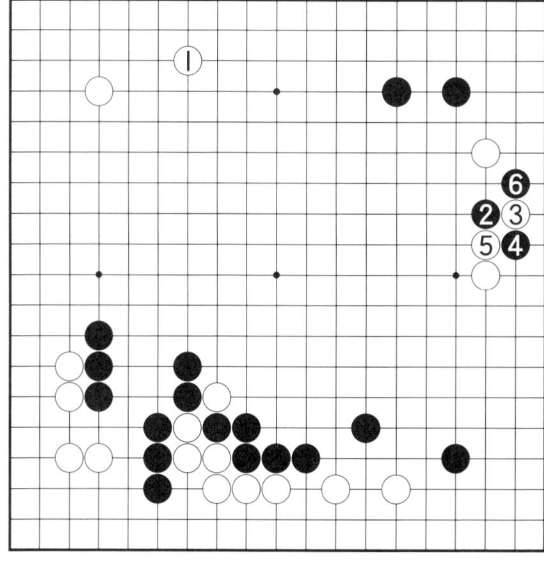

3도

3도 (손을 빼면)

앞 그림 백3을 손 빼서 좌상 백1의 굳힘으로 향하는 것은 어떤가?

흑2로 뛰어들면 백3으로 붙여 수습한다는 작전이 읽히는데, 그게 뜻대로 안 된다. 흑은 당연히 4로 젖히고 6으로 잡는다.

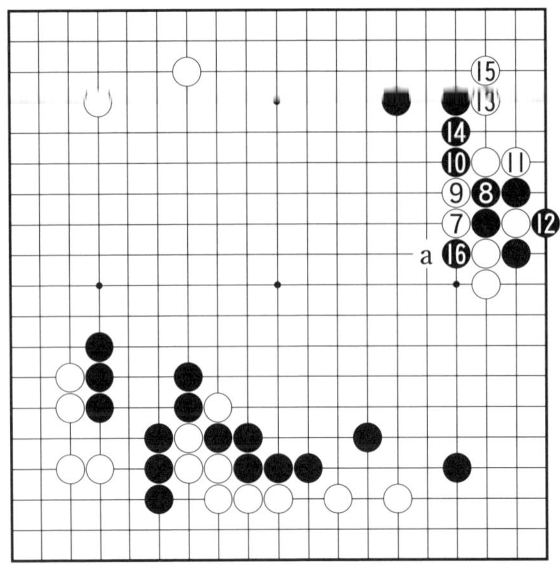

4도

4도 (백, 괴롭다)

백7, 9에는 당연히 흑10의 끊음이다. 다음 백11에서 13의 맥으로 귀에서 살지만 흑16으로 끊어 백은 수습하기 힘들 것이다.

　아래쪽에 흑의 대세력이 버티고 있고, 더구나 그 때문에 백a로 모는 축이 성립할 리는 만무하다.

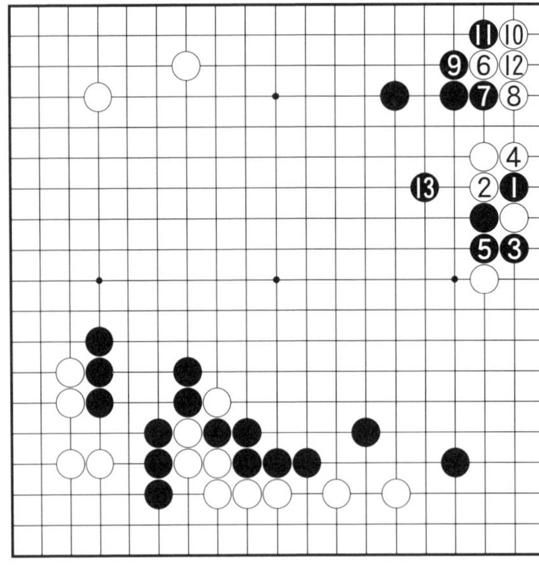

5도

5도 (흑, 대세력)

흑1로 이쪽을 젖히는 수도 있다. 흑3 때 백4로 그냥 몰고 흑5의 이음이 각각 긴요한 수. 이하 백12까지 일단락하는데 다음 흑13이 절호점이다.

　결과적으로 백은 굳이 자신의 단점을 만들어 놓고 엉뚱한 방향으로 날아갔다는 얘기인 것이다.

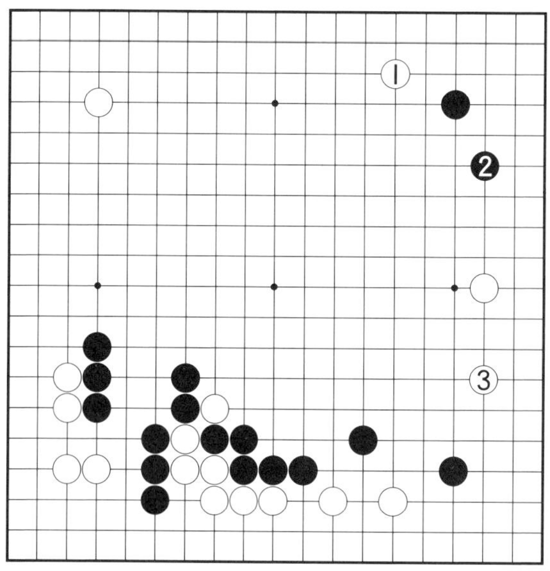

6도

6도 (일석이조)

갈라침의 기본 취지가 좌우의 벌림을 맞보기로 삼는 것임을 잊지 않았다면, 우변은 급하지 않다는 사고가 자연스럽게 나온다.

따라서 돌의 방향은 백1로 이쪽을 걸치고 흑2에는 백3으로 벌려둔다. 백은 상변을 개척하면서 하변 세력을 견제하는 일석이조의 효과를 거두고 있다.

7도

7도 (수습)

다음 상변에서 흑1로 협공한다면 백2에서 6으로 쉽게 수습하며 안정할 수 있다.

도중 백4의 이단젖힘은 이럴 때 긴요한 맥.

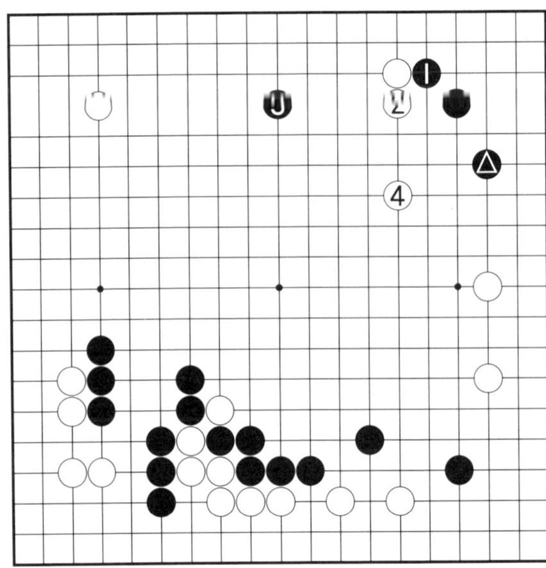

8도 (효과 불확실)

백이 손을 뺀 곳이므로 흑1로 붙여세우고 3으로 공격하는 수가 떠오르지만, 백4로 뛰어두면 흑▲의 위치가 낮아 그 효과가 의심스럽다.

자칫 잘못했다가는 오히려 좌우 어느 한쪽의 흑이 역습을 받을지도 모른다.

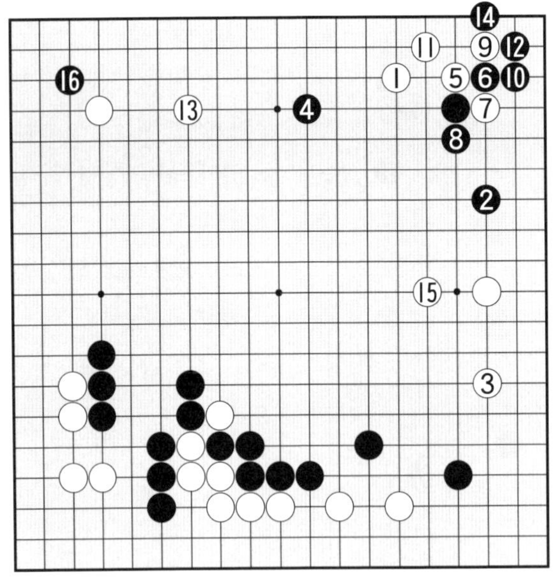

실전진행 (백15, 대세점)

실전은 백1로 걸쳐 흑2의 눈목자받음에 백3의 벌림. 6도와 같은 맥락이다.

흑4의 두칸높은협공에 백5, 7로 붙여끊어 12까지는 정석인데, 백은 손을 빼 좌상 13으로 두 칸 전개하고 흑14에 다시 우변의 호점 백15로 향했다. 이후 흑이 우상의 패싸움에서 우세를 확보해 그대로 골인한다.

우세에 쐐기를 박은 과감한 전환

● 흑 차례

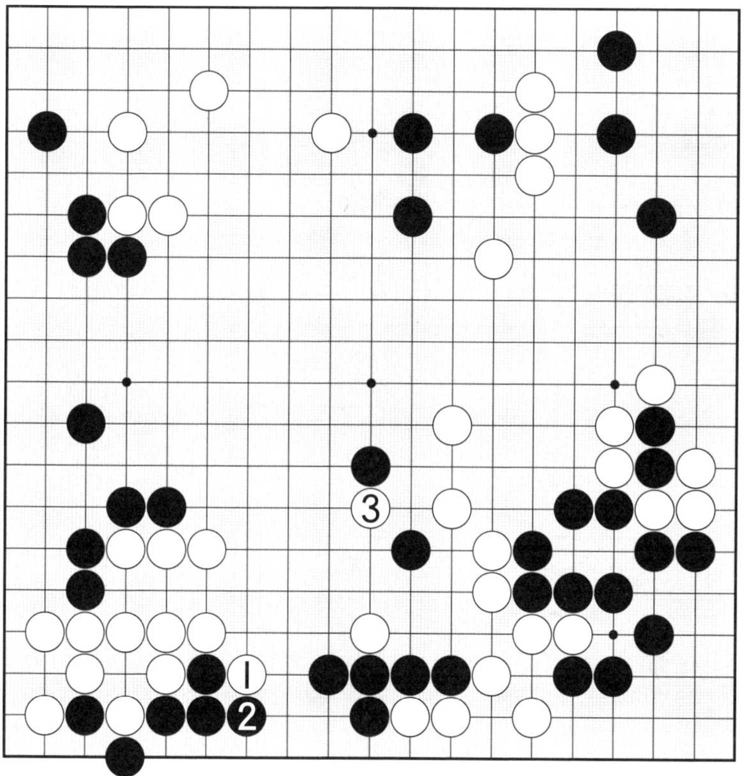

2장 장면 13의 바둑에서 이어지는 테마. 방금 하변에서 백1로 하나 젖혀두고 3으로 건너붙여 왔다. 겉으로는 하변 흑의 엷음을 노리고 있는 것으로 보이는데, 실은 백에게는 다른 뜻이 있다.

백의 이 같은 의도를 잘 간파해 흑의 다음 대응을 궁리해 주기 바란다.

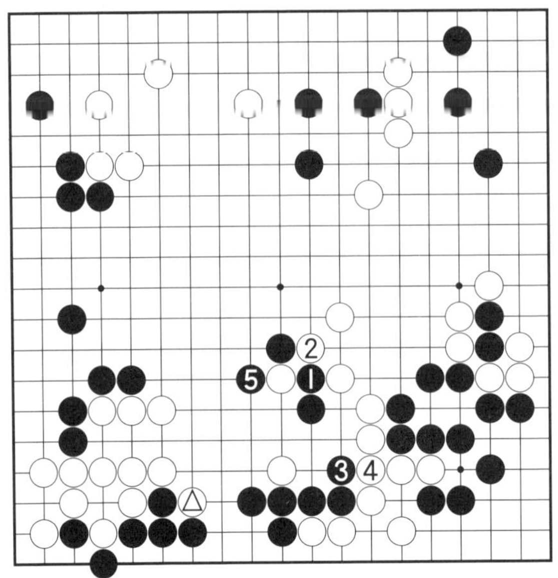

1도

1도 (미묘한 관계)

흑1로 잡아당기면 백2 나
음 흑3으로 끌어나오는
수가 들어 5로 몰면 백
한점을 잡는다. 그러나
여기에는 미묘한 관계가
도사리고 있다.

겉으로 보기에는 백
이 보태주는 것 같지만
아래쪽 백△ 한점의 존
재가 작용한다.

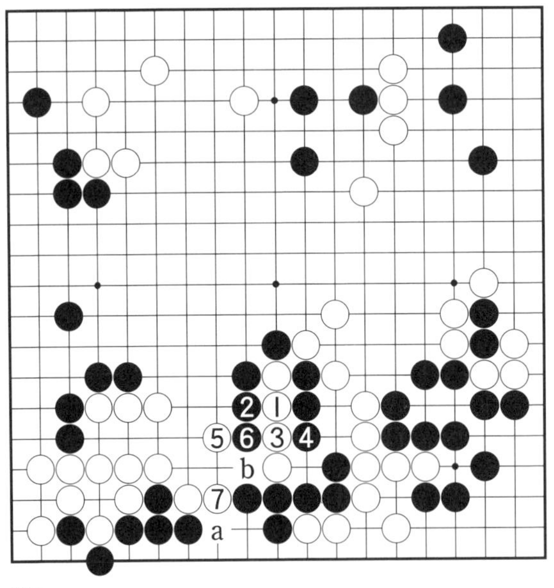

2도

2도 (백5, 7이 묘수)

백1, 3으로 나가면 흑4
로 이쪽을 막아야 하는
데 이때 백5로 들여다보
는 것이 교묘한 수이다.
흑6에 백7로 치받아 수
가 난다.

다음 백은 a의 돌파와
b의 연결이 맞보기. 이
렇게 섣불리 대응했다가
는 흑이 걸려든다.

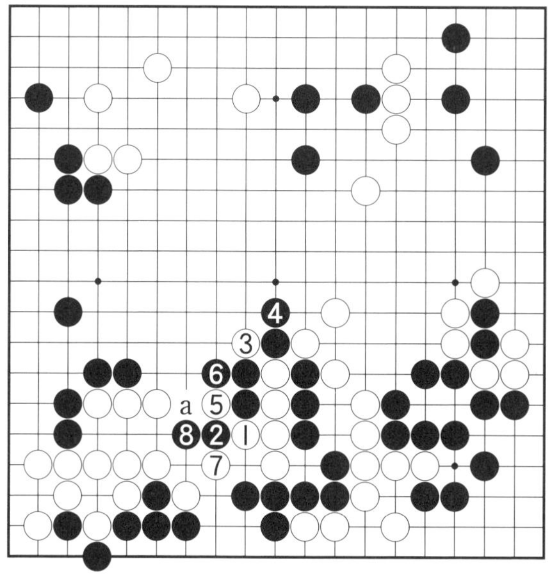

3도

3도 (흑8, 침착)

다만 앞 그림 백5로 이 그림처럼 1~5로 빠져 나가면 왼쪽을 탈출하는 것처럼 보이지만 실은 수읽기 잘못이다.

백7 때 흑이 a에 때리지 않고 8로 가만히 뻗으면 뒤의 백 다섯점이 떨어지고 만다. 역시 우격다짐 식으로는 잘 안된다.

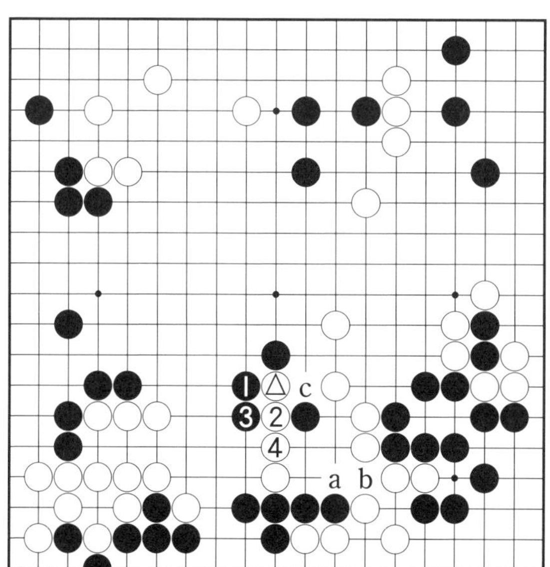

4도

4도 (흑, 불안)

백△의 건너붙임에 대해 흑1로 뒤에서 몬다면 백2, 4로 뻗어나오고, 흑이 만약 이쪽에 한수를 더 들이면 상변의 약한 흑돌과 함께 양동작전에 말릴지도 모른다.

물론 다음 흑a, 백b, 흑c면 2도로 환원.

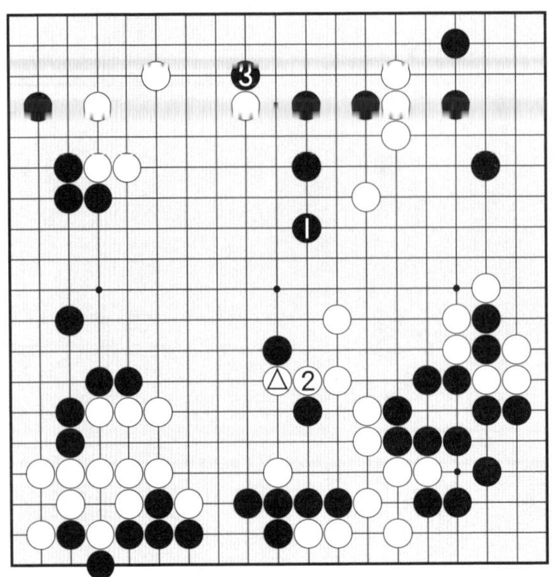

실전도

실전도 (대꾸 않고 전환)

이것은 실선이기노 한데, 백△의 늘림에 흑이 대꾸하지 않고 1의 뜀으로 전환한 것이 자신 있게 둔 한수이다.

백2로 허리가 끊겼지만 3부터 상변 흑의 안정에 주력한 것이 결국 승착이 되었다.

그렇다면 하변 흑 대마는 이상 없는 것일까?

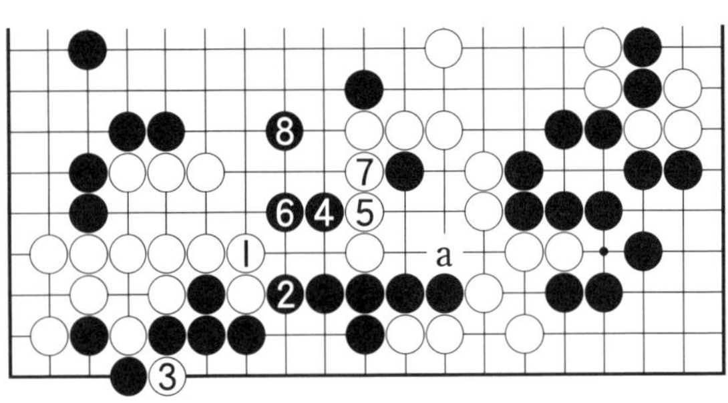

5도

5도 (사활)

하변 흑은 손을 빼도 살아있음을 나타낸 그림.

백1, 3으로 파호하면 흑4에서 8로 쉽게 탈출한다(흑a가 들어 백7의 이음이 불가피).

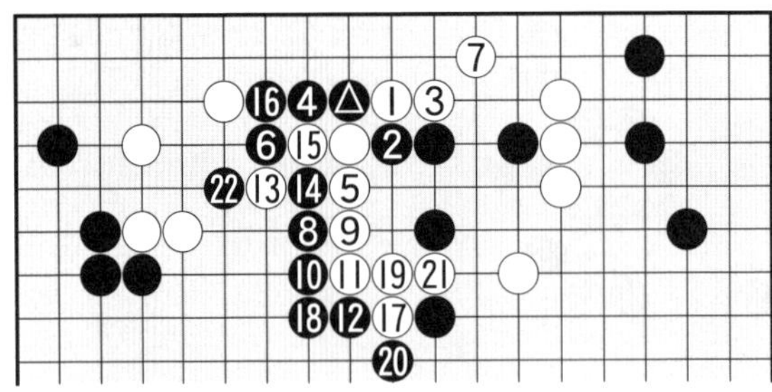

실전진행

실전진행 (마무리작전)

흑△에 대해 백1로 젖혀간 것은 형세가 절박하다고 느낀 승부수이다.

그러나 흑은 이후 정확한 수읽기로 상변과 좌상 간의 바꿔치기에 성공함으로써 종지부를 찍었다.

타개를 거부하는 승부호흡

● 흑 차례

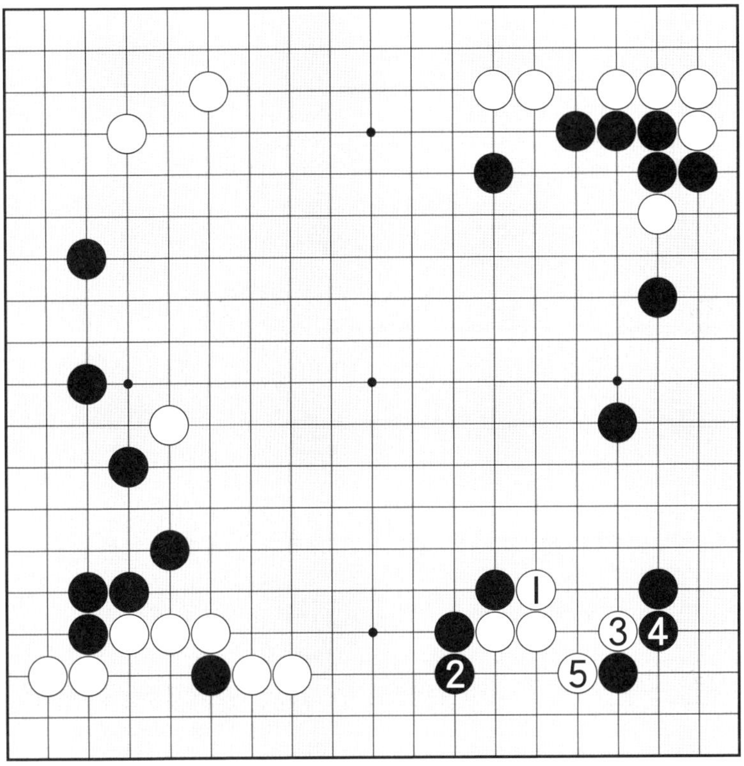

우하에서 백이 타개에 부심하고 있는 장면이다. 백1로 꼬부린 것은 이 한수이며 흑2로 내려선 수도 기세. 여기서 백3으로 붙이고 5로 부풀려 나왔다.

이에 대해 흑의 다음 응수가 초점이다. 포석의 흐름을 냉정하게 읽고 이후의 진행수순을 몇 수 정도 그려보길 바란다.

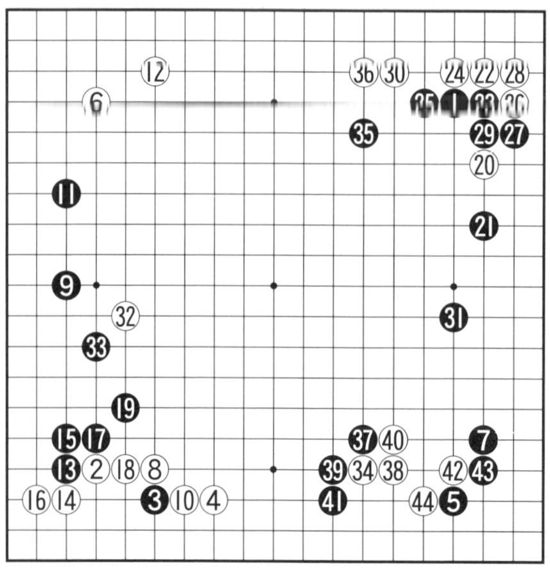

경과도

경과도 (1~44)

최고위선 노선자결정전에서 안소닝(흑)과 소문현이 둔 대국이다.

흑31까지 '흑 세력, 백실리'의 구도. 백34의 등에 올라탄 흑37의 붙임은 우변의 흑 세력을 의식한 수법이며, 백38로 나간 것도 이 한수이다. 이 수로 백40에 젖히면 흑38로 맞끊어 백이 불리한 싸움이다.

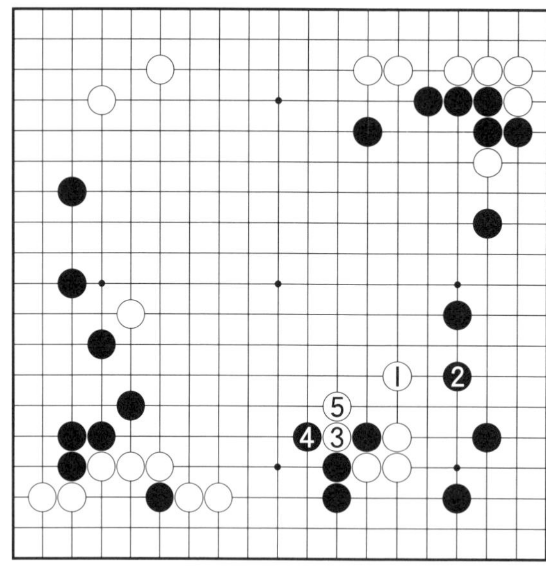

1도

1도 (경쾌)

경과도 42로는 이 그림 백1로 경쾌하게 뛰는 수도 좋았다. 흑2로 받는 정도인데 백3, 5로 끊어 쉽게 안정할 수 있다.

그러나 이 수는 왠지 밋밋하다는 느낌이 들어 실전처럼 귀쪽에 붙여가게 되었는데, 이랬으면 물론 싸움의 양상은 크게 달라졌을 것이다.

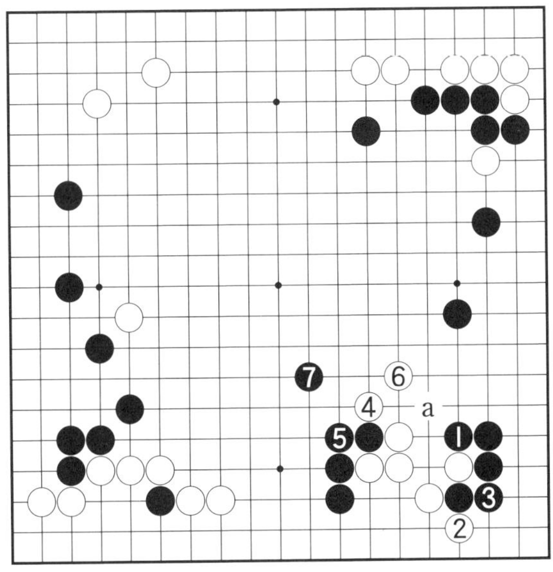

2도

2도 (흑에 주도권이)

흑1로 강하게 몰 자리였다. 백은 기세 상 2로 모는 한수인데 흑3으로 곱게 이어둔다. 다음 백4로 몰고 6으로 호구치는 정도인데 흑7의 날일자가 호수이다.

이랬으면 흑은 백 일단에 대한 공격을 보며 초반 주도권을 잡을 수 있었다. 흑a가 듣는 것도 즐거움.

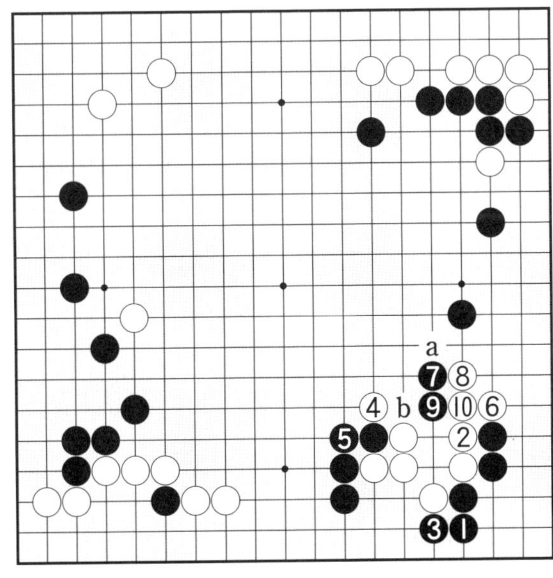

실전진행1

실전진행1 (백6, 실착)

흑1로 참은 것이 실전. 제자리걸음하듯 흑3으로 꼬부리는 동안 백4로 나가는 리듬을 허용해서는 흑이 뒤처진 느낌이다.

그런데 백6이 무심코 둔 실착. 흑7로 들여다보자 백의 응수가 난감해졌다. 백은 할 수 없이 8로 두었으나 흑9가 기분 좋은 활용. 다음 흑a, 백b의 진행인데, 백 일단이 잔뜩 무거워진다.

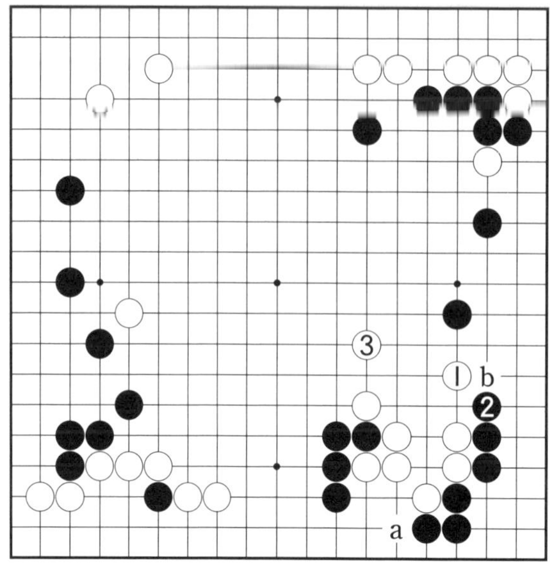

3도

3도 (가볍게 뛸 자리)

실전진행1의 백6으로는 1로 뛰는 것이 보통이었다. 흑2에는 백3으로 뛰어두어 서로 둘 만할 것이다. 장차 하변 백a의 막음과 우변 b의 막음이 남아 있어 집으로도 괜찮은 국면이었던 것.

그런데 앞 그림 백10으로는 기발한 수단이 숨어 있었다.

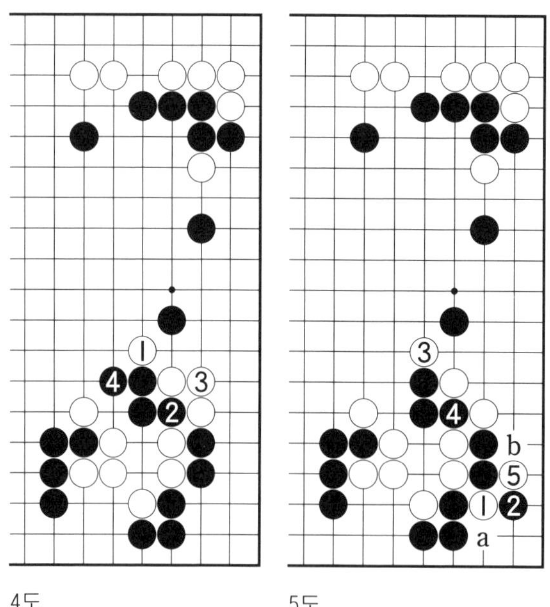

4도   5도

4도 (백, 망함)

먼저 백1로 젖히는 것은 흑2로 끊겨 무리. 백3에는 흑4의 빈삼각으로 달아나 백이 망하게 된다.

그러나 백이 먼저 귀 쪽에서….

5도 (하나 끊어둔다)

백1로 하나 끊어두는 것이 묘수. 흑2에 백3으로 젖혀 두고 흑4 때 다시 백5로 맞끊어 간다. 다음 흑의 응수는 a나 b.

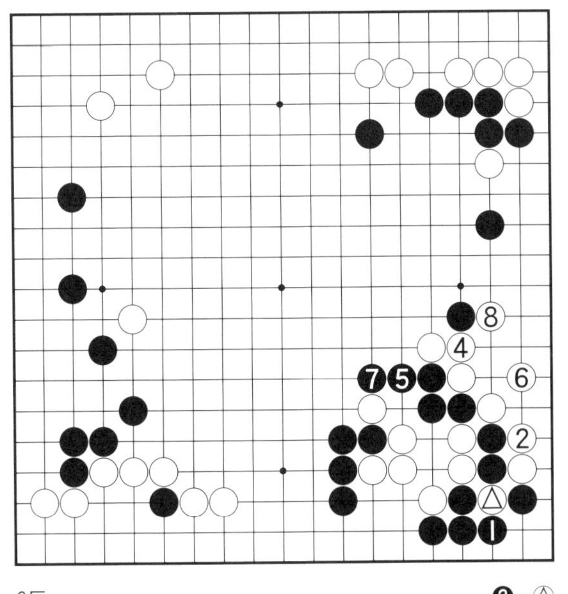

6도

6도 (바꿔치기)

흑1로 따내면 백2의 단수를 마저 들게 하고 4로 잇는다. 흑5에는 백6으로 호구쳐 둔다.

다음 흑7로 한번 더 손질하는 정도이고 백8로 젖혀 우변을 산 데까지 큰 바꿔치기다. 이랬으면 백은 최소 실전보다 나았던 것이다.

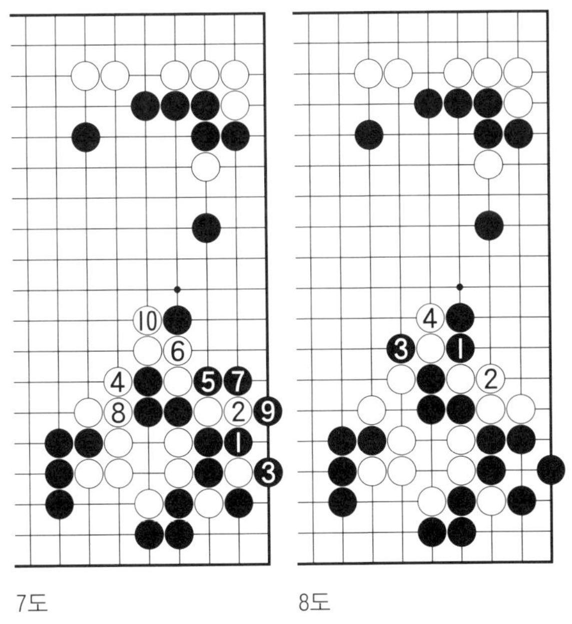

7도   8도

7도 (죄어붙임)

이 그림 흑1로 이쪽을 잡으면 백2, 4로 흑 석점을 싸안아 죄어붙인다. 다음 흑5, 7로 잡기를 기다려 백8로 계속 죄어붙이고 10으로 꼬부린다.

이것이면 확실히 실전보다 백이 우월하다.

8도 (석점 잡힘)

앞 그림 흑5로 무심코 이 그림 1에 끊었다가는 그대로 석점이 잡힌다. 흑3이면 백4로 그만.

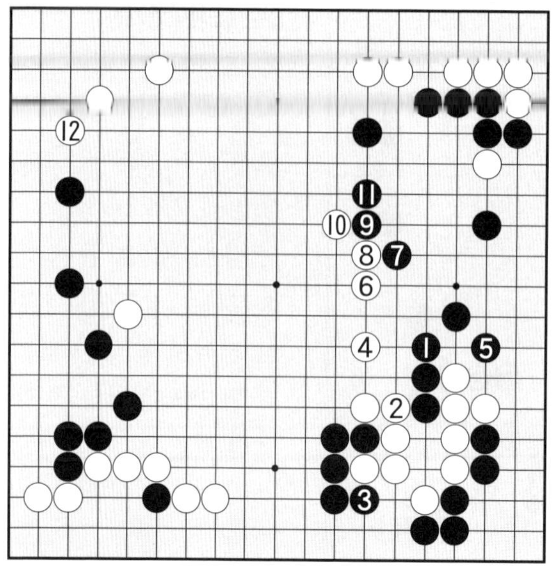

실전진행2

실전진행2 (흑, 약간 리드)

흑1로 늘고 3으로 넘자 백 전체가 무겁게 떠있는 인상이다. 백4는 이 한수인데 흑5 이하 11까지 우변의 흑집을 크게 굳혀 흑이 약간 리드한 국면으로 보인다.

백12는 필쟁의 요소. 그런데 우변을 지킨 흑5는 생각을 요했다. 이 수로는…

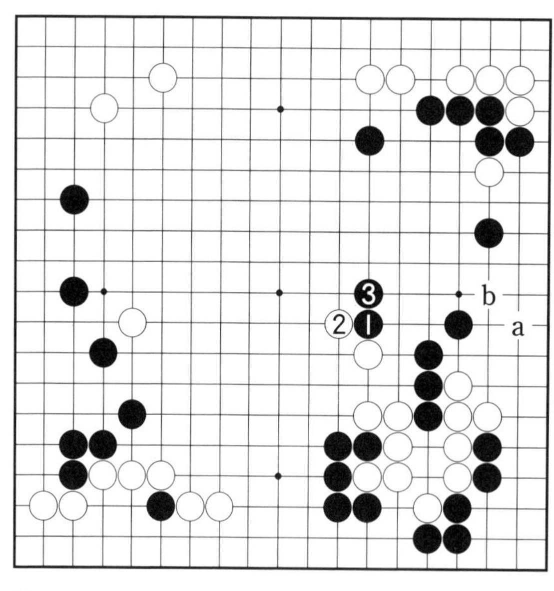

9도

9도 (흑, 유망)

흑1, 3으로 붙여뻗을 자리. 다음 백a면 흑b로 받는다 치고, 이랬으면 흑이 확실히 유망했다.

크게 에워싸 공중전에서 승부

● 흑 차례

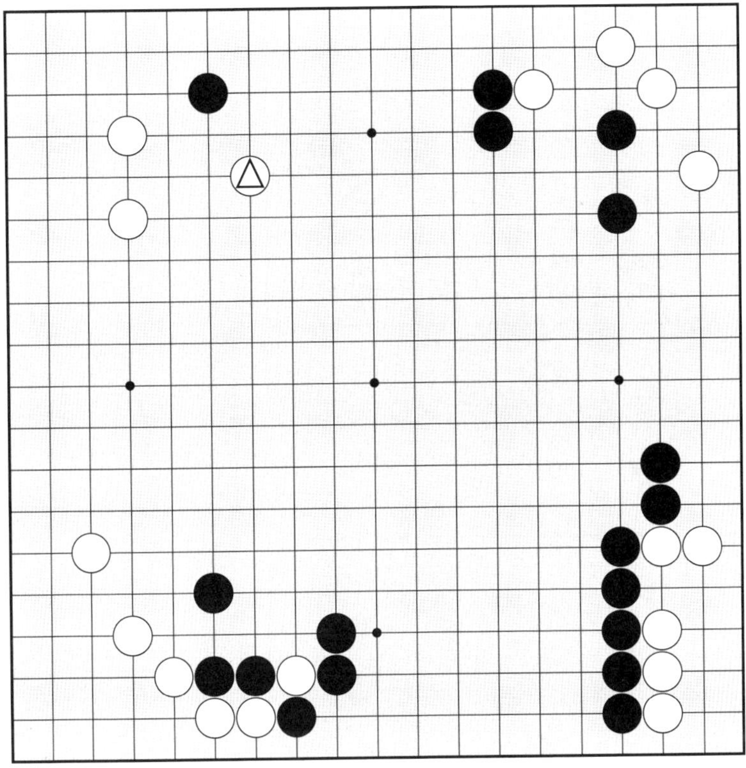

하변에 크게 펼쳐져 있는 흑의 대세력이 눈에 들어온다. 방금 백△로 뛴 장면.

여기서 흑이 상변을 받는 것은 백의 리듬에 편승하는 꼴이다. 따라서 중앙 어딘가를 둘러싸고 싶은데, 우선 어느 곳이 좋을지 생각해 보자.

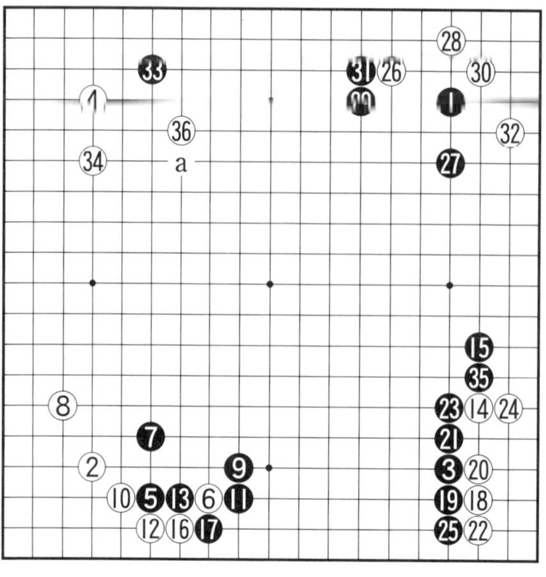

경과도

경과도 (1~36)

지금은 폐지되고 없지만 한숭일 삼국이 겨루는 진로배 세계바둑 최강전의 최종전으로, 조훈현 (흑)과 중국의 마샤오춘의 대국이다.

흑은 속기전답게 대세력작전을 펼쳤고, 중반에서 혼전을 거듭한 끝에 대마를 잡고 승리한 바둑이다. 흑35로는 a의 뜀도 생각할 수 있다.

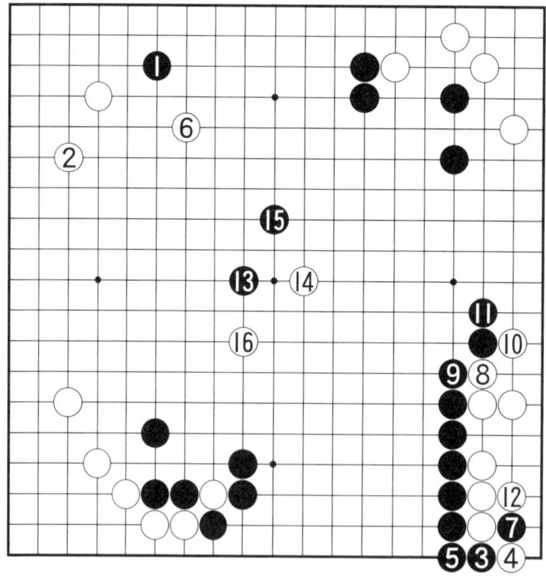

1도 (참고)

다음은 하루 전에 두어진 이창호와 마샤오춘의 대국으로, 앞 그림 백32의 수순까지는 이 그림과 똑같다.

앞 그림은 흑33의 걸침에 백34로 높이 받으면서 달라졌는데, 이 그림에서는 흑3, 5에 백6으로 삭감을 서둘러 이하의 진행이 되었다.

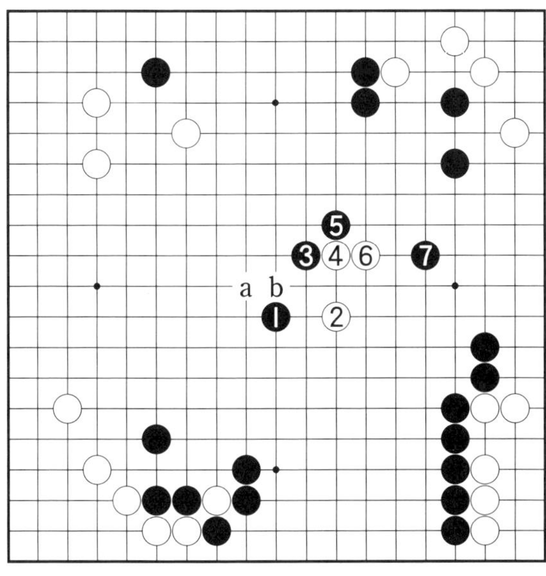

2도

2도 (크게 에워싼다)

천원의 한 줄 아래 흑1이 적당하다. 이것은 감각의 분야에 속하는 문제로 우하가 두터운 만큼 흑a나 b까지 가도 무방할 것이다. 다만 좀 더 견실하게 두어놓고 뛰어드는 상대를 맞아 싸운다는 생각이다.

백2는 실전이기도 한데, 이 수에는 흑3으로 에워싸고 백4, 6이면 흑7로 육박한다.

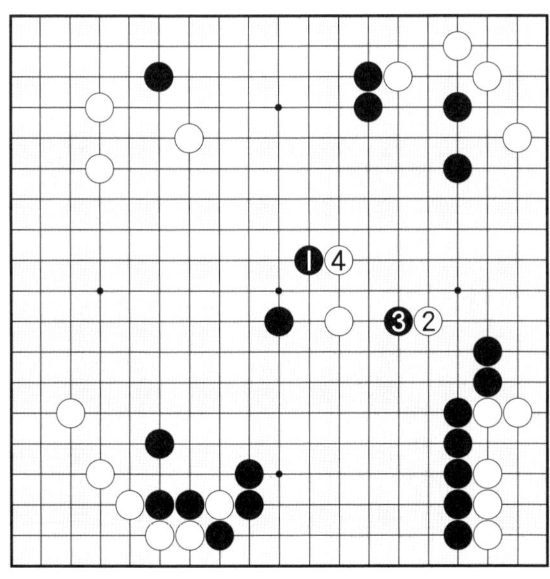

실전도

실전도 (흑3이 강타)

흑1로 씌운 수에 백2로 두칸 뛰었다. 흑3으로 허리를 붙여간 것이 통렬한 수단이다. 상대가 수습할 틈을 주지 않으려는 것으로, 이에 백은 직접 대응하기 거북하다 보고 4로 붙여나갔다.

그러나 이후의 공격에 문제가 있어 주도권을 잡을 좋은 기회를 놓쳤으니….

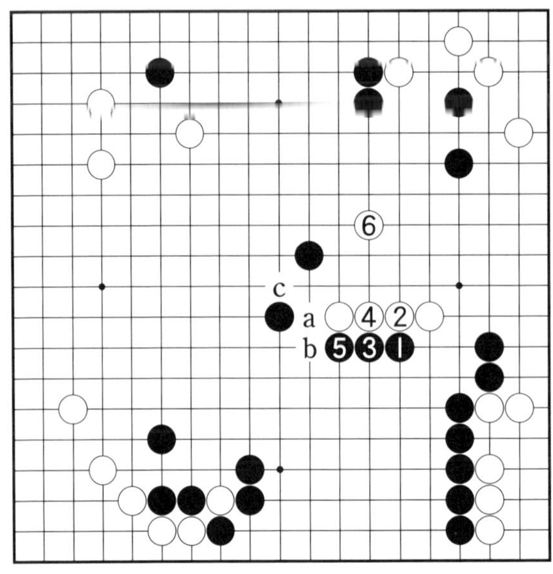

3도

3도 (맛이 나쁘다)

실전의 진행을 보기 전에, 앞 그림 3으로 이 그림 흑1 이하로 두는 것은 어떤가?

그러나 이것은 집으로는 크지만 백a, 흑b, 백c로 젖히는 맛이 나빠 채택하기 힘들다.

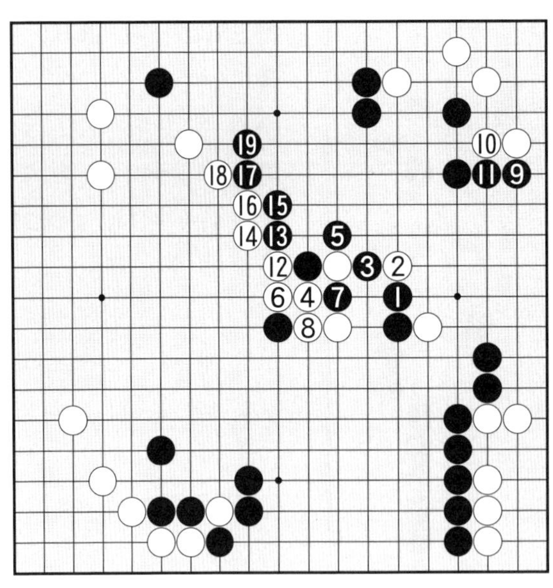

실전진행1

실전진행1 (흑9, 성급)

흑1로 뻗은 것은 기호지세. 백2로 붙인 수에 흑3으로 끼우고 백4에 흑5로 몰아 백8까지는 일종의 바꿔치기인데, 이것은 빵따냄을 한 흑이 두터운 결과로 보인다.

우상의 흑집은 물경 50집. 그러나 곧 흑9, 11이 성급했다. 백12의 꼬부린 수가 좋아 흐름이 이상해지고 말았으니…

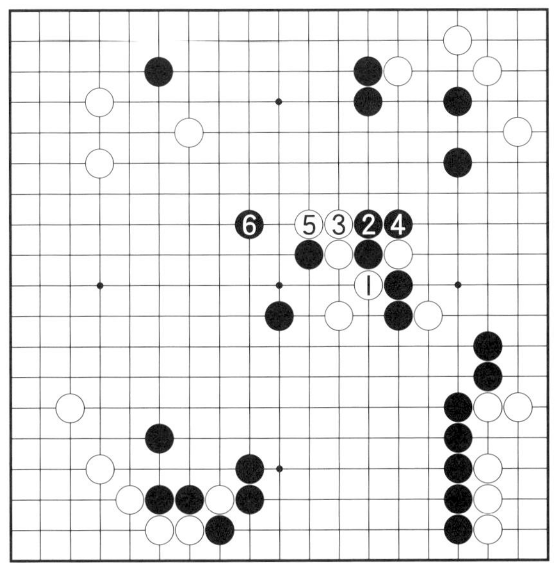

4도

4도 (흑6이 강렬한 공격)

먼저 실전진행1의 4로는 이 그림 백1에서 3으로 몰고나가는 수도 생각할 수 있다.

그러나 흑4, 백5 다음 흑6으로 공격하는 수가 기다리고 있어 이것은 피차 장담할 수 없는 바둑이다.

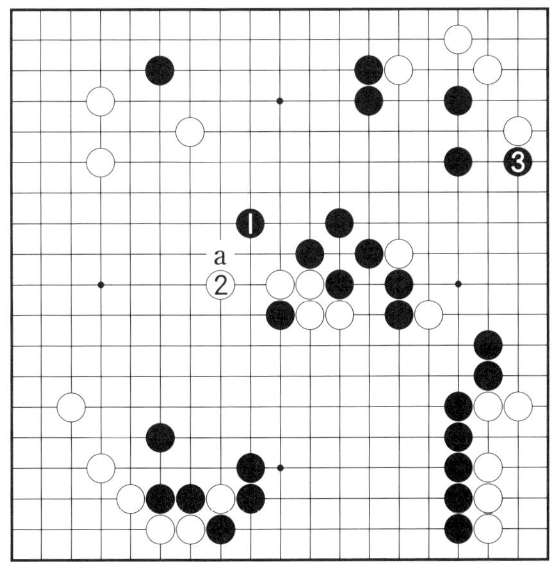

5도

5도 (흑, 우세)

실전진행1의 9로는 이 그림 흑1로 날일자하는 수가 대세점이었다. 백은 2로 뛰지 않을 수 없고, 그때 흑3으로 우상을 틀어막는 수순이었으면 바둑을 쉽게 끌어갈 수 있었다.

실은 대국 중에 흑1이나 a로 두는 것도 생각했을 것인데 그만 실전 흑9로 손이 나가고 말았던 것이다.

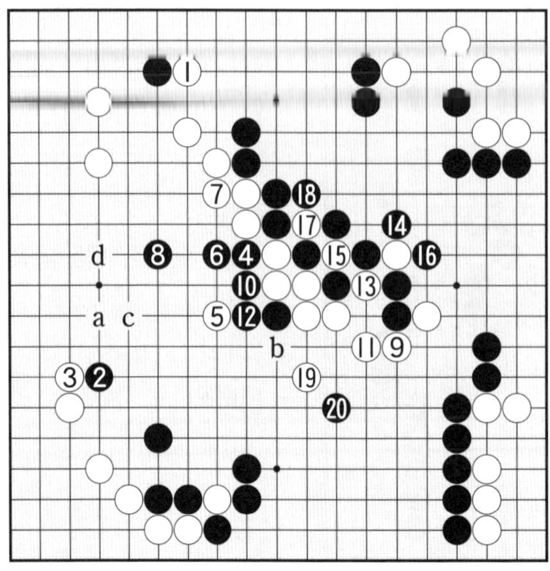

실전진행2

실전진행2 (난전)

흑4로 끊으면서 바둑은 난전의 조짐. 그러나 냉정하게 두었으면 흑4로는 a로 뛰는 정도가 아니었을지….

백9는 너무 수단을 부리려는 인상. 이 수는 백b에 몰고 흑c 때 백d로 실속을 차리며 두었으면 흑이 재미없는 바둑이었을 것이다. 흑10의 반격으로 쌍방 사활이 걸린 혈전으로 치달았다.

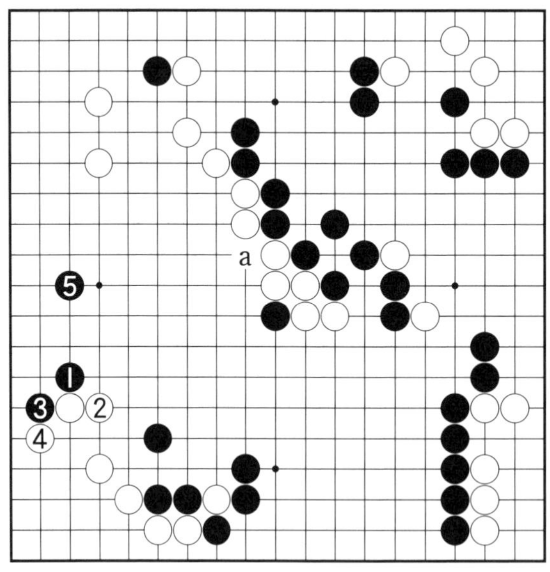

6도

6도 (흑1의 붙임이 맥)

실전진행2 흑2는 a의 끊음(실전 흑4)을 위한 일종의 잽이었으나, 실은 이 그림 1의 옆구리붙임이 올바른 맥이다.

다음 백2로 서는 정도인데 흑3, 5로 좌변에서 터를 잡는 게 좋았다.

파워 실전 바둑

❺ 파워 속력 행마

2판 1쇄 | 2024년 2월 5일
감　　수 | 김희중 · 김수장
엮　　음 | 이 수 정
발 행 인 | 김 인 태
발 행 처 | 삼호미디어
등　　록 | 1993년 10월 12일 제21-494호
주　　소 | 서울특별시 서초구 강남대로 545-21 거림빌딩 4층
　　　　　www.samhomedia.com
전　　화 | (02)544-9456
팩　　스 | (02)512-3593

ISBN 978-89-7849-700-8　14690
ISBN 978-89-7849-565-3　14690 (세트)